美国注册管理会计师（CMA）
认证考试辅导教材

第一部分

财务规划、绩效与分析

（中文版）

美国管理会计师协会（IMA）　主编
美国注册管理会计师（CMA）认证考试辅导教材译审委员会　译
曹容宁　主译
曹容宁　汪　冉　审校

中国财经出版传媒集团
经济科学出版社
Economic Science Press

图书在版编目（CIP）数据

财务规划、绩效与分析/美国管理会计师协会（IMA）主编.
—北京：经济科学出版社，2021.8
书名原文：Financial Planning, Performance, and Analytics
美国注册管理会计师（CMA）认证考试辅导教材
ISBN 978－7－5218－2682－1

Ⅰ.①财…　Ⅱ.①美…　Ⅲ.①企业管理－财务管理－资格
考试－自学参考资料　Ⅳ.①F275

中国版本图书馆 CIP 数据核字（2021）第 131781 号

审图号：GS（2019）5968 号

责任编辑：周国强　程辛宁
责任校对：蒋子明
责任印制：王世伟

财务规划、绩效与分析（中文版）
美国管理会计师协会（IMA）　主编
美国注册管理会计师（CMA）认证考试辅导教材译审委员会　译
经济科学出版社出版、发行　新华书店经销
社址：北京市海淀区阜成路甲 28 号　邮编：100142
总编部电话：010－88191217　发行部电话：010－88191522
网址：www.esp.com.cn
电子邮箱：esp@esp.com.cn
天猫网店：经济科学出版社旗舰店
网址：http://jjkxcbs.tmall.com
固安华明印业有限公司印装
880×1230　16 开　45.25 印张　1270000 字
2021 年 8 月第 1 版　2021 年 8 月第 1 次印刷
ISBN 978－7－5218－2682－1　定价：190.00 元
（图书出现印装问题，本社负责调换。电话：010－88191510）
（版权所有　侵权必究　打击盗版　举报热线：010－88191661
QQ：2242791300　营销中心电话：010－88191537
电子邮箱：dbts@esp.com.cn）

出版说明

　　本书为美国管理会计师协会（IMA）主编的美国注册管理会计师（CMA）认证考试辅导教材，旨在满足广大读者学习和备考需求，以及为中国读者提供先进的管理会计理念。

　　英文原版有在线测试题库（online test bank）等在线功能，本次出版的"中文版"并不提供这些功能，但为了方便读者了解原版书的结构及判断在线功能的作用，本书在文中依然保留了相关表述。

　　本书不足之处恳请读者批评指正，反馈电子邮箱 zhouguoqiang@ esp. com. cn。

经济科学出版社

始于 1 9 1 9 年 的 百 年 权 威
美国管理会计师协会

美国管理会计师协会（The Institute of Management Accountants，简称 IMA®）成立于 1919 年，是全球领先的国际管理会计师组织，为企业内部的管理和财务专业人士提供最具含金量的资格认证和高质量的服务。作为全球规模最大、最受推崇的专业会计师协会之一，IMA 恪守为公共利益服务的原则，致力于通过开展研究、CMA®认证、持续教育、相关专业交流以及倡导最高职业道德标准等方式，积极引领传统财务领域转型，服务全球财务管理行业，从而推动企业优化绩效，成就 IMA 成员个人职业发展。

IMA 在全球 150 个国家和地区、300 多个分会及精英俱乐部中已拥有约 140 000 名成员。总部设在美国新泽西州，通过设立在瑞士苏黎世、阿联酋迪拜、荷兰阿姆斯特丹、印度班加罗尔和中国北京、上海、深圳、成都的办公室为 IMA 成员提供本土化服务。

IMA 旗下的美国注册管理会计师（Certified Management Accountant，简称 CMA®）认证是对会计和财务专业人士的权威鉴定，其所侧重的战略规划、技术与分析、报告与控制及决策支持等内容，与当今财会专业人员在工作中所应用的专业知识与技能保持一致，在全球范围内受到企业财务高管的广泛认可。CMA 认证坚持用最实用的知识体系培养管理会计精英，用最严格的测评标准保证认证的权威性，是全球财会领域的黄金标准。

CMA 认证提供英文和中文两种语言的考试，是唯一推出中文考试的管理会计认证，帮助中国会计和财务专业人士掌握管理会计知识体系和专业技能。

目 录

第一章
外部财务报告决策（15%）   3

第二章
规划、预算编制与预测（20%）   103

致　谢

美国注册管理会计师（CMA）认证考试辅导教材旨在帮助考生理解美国注册管理会计师（CMA）考试大纲（LOS）中的概念及计算方法，考试大纲由美国注册管理会计师协会（ICMA）制定。

IMA 非常感谢以下各位专家的全力支持，专家团队与 IMA 员工一起完成了本教材的编写工作。

教材内容贡献者

马乔丽·E. 尤萨克（Marjorie E. Yuschak），注册管理会计师（CMA），工商管理硕士（MBA），从事过很多工作。她曾在强生公司的消费品、药品以及业务部门从业 21 年，主要负责成本/管理会计、财务报告以及员工股票期权计划。随后，她在全美会计荣誉学会（Beta Alpha Psi）罗格斯商学院新布朗斯维克校区（Rutgers Business School, New Brunswick）担任会计学兼职教授和指导老师。她为维拉诺瓦大学（Villanova University）的 CMA 复习课程提供了长达 6 年的帮助，目前她是新泽西学院的会计学兼职教授。她拥有一家咨询机构，提供会计、沟通技巧和小型企业管理培训服务，是美国管理会计师协会（IMA）新泽西州拉里坦谷（Raritan Valley）分会的会员。此外，她还是美国智越咨询公司（AchieveGlobal）和智睿企业咨询（DDI）的认证培训师，并且是人才发展协会（ATD）会员。

威廉·G. 亨宁格尔（William G. Heninger），博士、注册会计师（CPA），是杨百翰大学（Brigham Young University, BYU）会计学院副教授。他在杨百翰大学获得会计学学士学位和会计学硕士学位，并在佐治亚大学获得会计学博士学位。亨宁格尔教授本科生和研究生的会计信息系统、数据通信、数据分析以及财务和管理会计课程。他曾在纽约州立大学布法罗分校（State University of New York, SUNY）、新加坡管理学院（Singapore Institute of Management）以及克罗地亚萨格勒布的国际商学院和阿格布拉大学（International Graduate

School of Business and Algebra University）教授 e-MBA 课程。他的研究领域包括线上财务披露、线上团队决策、盈余管理和 ERP 系统。他是杨百翰大学 SAP 校园协调员。他曾担任《会计信息系统教育家杂志》（*Accounting Information Systems Educator Journal*）的编辑和副主编。在进入学术界之前，他曾在安永会计师事务所（Ernst & Young）担任审计师，并在塞浦路斯矿业公司（Cyprus Minerals Corporation）担任系统管理员。

之前的内容贡献者

　　基普·霍尔德内斯（Kip Holderness），博士、注册会计师、注册管理会计师、注册舞弊审计师，是西弗吉尼亚大学（West Virginia University）会计学副教授。霍尔德内斯博士毕业于杨百翰大学，拥有会计学学士学位和会计学硕士学位。他在宾利大学（Bentley University）获得了会计学博士学位。他教授管理会计和法务会计，并与博士生广泛合作进行各种研究项目。霍尔德内斯博士的研究主要关注欺诈和员工违纪行为对个人和组织的影响以及改进的检测方法，他还研究了性格和职场代际差异的影响。他在欺诈和取证、审计、管理会计、信息系统和会计教育等领域的从业者和学术期刊上发表过文章。此外，霍尔德内斯博士还获得了美国防止欺诈协会（Institute for Fraud Prevention）和管理会计师协会（Institute of Management Accountants）的大量研究资助。

　　梅根·切法拉蒂（Meghann Cefaratti），博士，是北伊利诺伊大学（Northern Illinos University）会计系副教授。她在弗吉尼亚理工大学（Virginia Tech）获得会计学博士学位。切法拉蒂教授主讲财务会计和审计服务。她主要的研究方向是审计师对舞弊风险的评估判断。她的论文在 2011 年被美国会计学会（AAA）法务与调查会计分会认可。此外，她的研究成果还获得了会计和信息系统教育家协会颁发的奖项，并已在《信息系统杂志》《信息系统协会杂志》《法务与调查会计杂志》和《内部审计师》等期刊发表多篇论文。她是空军审计局（AFAA）的前任审计师，她的审计工作范围包括美国马里兰州安德鲁斯空军基地、国防部和各种空军国民警卫队设施。在为 AFAA 工作之前，她曾在马里兰州巴尔的摩的普华永道会计师事务所任税务专员。

　　加里·柯金斯（Gary Cokin），管理认证师（CPIM），在企业和公司绩效管理（EPM/CPM）制度方面是国际公认的专家、演说家和作家。他是基于分析的企业绩效管理有限公司（Analytics-Based Performance Management LLC.，www.garycokins.com）的创始人。他的职业生涯起步于一家《财富》100 强公司，他担任首席财务官并负责一些经营工作。随后，他在德勤、毕马威和 EDS（已被惠普收购）担任顾问长达 15 年时间。1997 ~ 2013 年，加里曾是一家商业分析软件供应商——SAS 公司的首席顾问。他最新的著作是《绩效管理：整合战略的执行、方法、风险和分析》和《预测性商业分析》。他毕业于康奈尔大学，获得工业工程/运筹学学士学位，并在西北大学凯洛格商学院（Northwestern University Kellogg）获得工商管理硕士学位（MBA）。

丹尼尔·J. 吉本斯（Daniel J. Gibbons），注册会计师，从 2001 年起在瓦邦斯社区学院（Waubonsee Community College）担任会计学副教授。在从事教育工作之前，他在会计和金融领域工作了近 21 年的时间。他在东北伊利诺伊大学（Northeastern Illinois University）获得会计学学士并在北伊利诺伊大学（Northern Illinois University）获得金融硕士学位。他居住在伊利诺伊州的内珀维尔（Naperville）。

约瑟夫·康斯坦丁（Joseph Kastantin），注册会计师、注册管理会计师、工商管理硕士、国际注册会计师（ACCA），威斯康星大学拉克罗斯分校（University of Wisconsin-La Crosse）的会计学教授和毕马威中欧和东欧校友，1997 ~ 2008 年，他在毕马威中欧分部的专业实践和培训部门全职或兼职地从事工作。康斯坦丁还曾在北方中央信托公司（现更名为信用点公司，North Central Trust 更名为 Trust Point）的董事会和审计委员会任职 3 年，并且在拉克罗斯基金公司（La Crosse Funds）担任了 4 年的董事会主席。此外，他还担任过几家非营利组织的总裁和董事会成员，担任过一家小型制造公司的首席执行官、一家汽车经销商的业务经理、一家纺织品批发企业的总会计师，并曾是公共会计个人执业者。他发表过 30 多篇期刊文章和著作。他最近发表的一些文章是关于欺诈以及国际财务报告准则（IFRS）和美国公认会计原则（US GAAP）下减值的实务指导。他曾在美国陆军服役近 10 年（SFC E-7），先后被派驻韩国和越南等地，他是美国陆军军事学校（US Army AG School）的教官和美国军职编码（MOS）的作者。

另外，特别对蔡楚粲、肖迪、郑晓博、吕鹏老师之前所做的翻译工作表示感谢。

考生须知

CMA 认证

美国注册管理会计师（CMA）认证为会计人员以及专业的财务人员提供与管理会计知识和能力相关的客观衡量标准。作为专业财务人员重要的资质证明，CMA 在全球范围内被认可，它促使财务人员拓宽专业技能和打造全球视野。

CMA 考试由两部分组成，其目的是开发和考核批判性思维与制定决策的能力，以期实现以下目标：

- 通过确认管理会计的专业职责，基于管理会计和财务管理的知识构建管理会计体系和相关课程，通过课程的学习使管理会计得到认可。
- 鼓励在管理会计和财务管理领域实施更高的教育标准。
- 建立一套客观的评价指标，用来衡量个人在管理会计和财务管理领域的知识和胜任能力。
- 鼓励持续发展专业技能。

获得 CMA 认证的人员会获得如下收益：

- 展现出更出色的商业能力以及战略财务技能。
- 获得最新的专业知识并提升对企业成功至关重要的技能和能力。
- 承诺不断追求卓越，以强大的职业道德感为基础并进行终身学习。
- 促进职业发展、薪酬提升和职位晋升。

CMA 认证由美国注册管理会计师协会（ICMA）独家授予。

CMA 考试大纲（LOS）

CMA 考试内容基于美国注册管理会计师协会（ICMA）所制定的考试大纲（LOS）。LOS 以章和节的形式描述了参加 CMA 考试需要掌握的知识和技能。本教材紧扣 LOS，并涵盖了 LOS 中列示的所有知识要点。考生依据 LOS，确保能全面理解各种概念的内涵与外延，并且有能力将其灵活运用到不同的商业情境中。考生还应该掌握 LOS 中所要求的计算能力，并可以完成计算或给出计算过程中所遗漏的步骤。当然 LOS 并不能代替最终的考试题目。考生应该将其作为在备考过程中了解考试涉及内容的学习指南。

本教材在最后的附录 A 中给出了美国注册管理会计师协会制定的 LOS。鼓励考生浏览美国管理会计师协会（IMA）的网站获取与考试相关的其他信息，网址为 www. imanet. org。

CMA 考试形式

CMA 考试是一个高水平的内容测试，这意味着通过标准是熟练掌握而非初级了解。因此，对所有主要考点，均会考核考生在信息综合、情境评估以及提出建议等方面的能力。另外还会考核考生对问题的理解和分析能力。然而，与之前版本的考试相比，新的 CMA 考试将会更多地考核高难度的问题。

考试内容基于考试大纲的框架，考核的是大纲中管理会计师预期应该具备的专业水平和能力。

CMA 考试包括两个独立科目的考核：第一部分：财务规划、绩效与分析；第二部分：战略财务管理。每门考试时间均为 4 小时，考试形式包括选择题和简答题。先是 100 道选择题，然后是 2 道简答题。所有考题，无论是选择题还是简答题，均在 LOS 的框架内。因此考生在备考时不仅应理解各考点相关的学习内容，还应该练习如何回答选择题和简答题。制定学习计划部分和本教材的最后一部分可以帮助考生学习如何回答不同类型的题目。

考生应掌握的基础知识

CMA 的考试内容基于考生已经掌握了必备的一系列基础知识的假设。这类知识包括经济学、统计学基础以及财务会计的相关知识。以下举例说明这些知识如何被运用到考试当中：

- 如何计算边际收入和边际成本，以及理解市场结构与产品定价之间的关联。

- 在金融风险管理中，如何计算方差。
- 作为交易分析的组成部分，如何编制现金流量表以及如何评估交易对财务报表所产生的影响。

　　需要注意的是，强烈建议考生在备考时要确保自己掌握足够的会计和财务基础知识。

对考生的总体期望

　　完成 CMA 考试需要考生投入足够的时间和精力，完成每一个部分的备考至少需要 150 个小时的学习时间。完成两部分的考试是一项重大的投资，但回报也同样丰厚。CMA 可以帮助你奠定坚实的职业基础，有别于其他会计人员，提升你的职业发展水平，让你终身受益。

　　能否成功完成这些考试，将取决于你是否制订了严密的学习计划，以及切实执行该计划的能力。IMA 为考生提供学习资源和工具帮助考生度过备考阶段，我们希望考生能够尽快注册成为 CMA 学员，最大化地利用这些学习资源和工具去满足你个人学习的需要。同时，为了进一步了解 CMA 的相关知识以及 LOS，我们也建议考生去寻求其他资料。

　　想了解更多关于 CMA 认证、CMA 考试或 IMA 所提供的考试资源等相关信息，请访问网站 www. imanet. org。

　　权威文献中的标准和公告发生变动的发布日期和生效日期，可能有早于适用日期的情况。这些变动将在生效日期一年后出现在 CMA 考试中。本教材所反映的内容是涉及目前考试的标准。

教材使用说明

本教材基于美国注册管理会计师协会（ICMA）构建的 CMA 知识体系进行编写。本教材的目的是帮助考生学习管理会计的相关知识，出版商和教材作者并不提供法律或专业服务。尽管这本教材基于 CMA 考试的知识体系进行编写并且涵盖了两部分的考试大纲（LOS），但教材的开发人员不能使用当前的 CMA 题库。考生需要学习美国注册管理会计师协会公布的 LOS，了解所有与 LOS 相关的概念和计算方法，牢牢掌握如何在 CMA 考试中解答单项选择题和简答题。

一些备考工具提供了关键考点总结，另一些备考工具则能帮助考生练习与特定知识点相关的样题。本教材作为一个综合备考工具，可以帮助考生学习 LOS 内容，掌握如何完成 CMA 考试以及练习回答各种题型的考题。

教材内容

本教材**目录**根据美国注册管理会计师协会制定的 CMA 考试内容说明编写。每一个章、节、小节基于考试内容说明命名并参考了根据考试内容说明制定的**考试大纲（LOS）**。当你学习各章节时，可以参考附录 A 中给出的 LOS，进而复习教材中的内容，帮助掌握考试大纲中概念和公式的运用。

LOS 索引提供了对考试大纲的快速参考，以及其中的关键要点。这部分不应该取代这本书中对材料的深入讨论。然而，这些索引内容确实有助于复习所学的知识，并可以作为一种工具来巩固你所获得的知识。

本节习题和**本章实战练习**按照考试真题的样式给出，通常来说这些问题比较复杂，涉及大量的文字叙述或计算。考生可以试着利用你所学到的知识回答这些问题，并通过在线测试题库查找更多的样题来练习（参见下文）。

本教材也给出了一份**参考文献**，考生如果需要，可以根据这份参考文献更加全面地了解更多 LOS 中的学习要点。我们鼓励考生使用已发表的学术资源。尽管一些信息可以在网上找到，但我们不鼓励考生去使用开源但未经审核的信息，例如维基百科。

教材学习流程建议

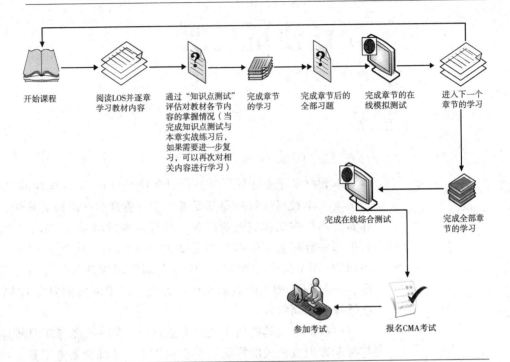

注：本书不提供在线功能。

教材中的特殊标记

本教材使用了很多有特色的标记，以吸引考生注意某些内容：

关键术语用**黑体字**表示，教材中会给出关键术语的定义，以方便考生快速浏览以及学习这些定义。

重要公式通过左边图标表示。考生要确保能够完全理解这些公式，并且可以正确应用这些公式。

本节习题在每一小节的最后，并且都是具有代表性的考试真题，以帮助考生测试对本节内容的理解和掌握程度。

学习指南图标表示与 CMA 考试相关的学习策略和备考方法。

本章实战练习在每个章节后面，这些习题可以帮你巩固所学的章节内容，并且可以在考试中熟练解答类似问题。

LOS 图标会在章节内容中突出表示，方便考生了解每个章节的学习要求。

在线测试题库[①]

在您所购买的教材的第一部分中，包含了一个在线测试题库。这个题库包含**六个章节的测试题**，每章测验的试题是从你选择的这一章节中随机生成。该题库还提供了一套与第一部分 CMA 考试相关的综合模拟题，该套模拟试题各章节内容与实际考试中所占比例大体相同。这是一个有超过 1 800 道习题的在线测试题库，所以每次测试都可以随机挑选到涵盖该章节中各个考点的不同问题。所有的选择题都会根据考生的答案给出反馈。

建议考生可以将在线测试题库的应用贯穿在整个的学习过程当中。章节测试应该与教材内容的学习同步进行，阅读和学习章节内容然后通过在线测试题库练习该章相关内容，可以帮助考生进一步了解对知识点的掌握情况，还可以帮助考生确认在开始下一章节内容的学习前是否需要对本章内容进行深入的学习。

综合的模拟测试帮助考生模拟真实 CMA 考试的环境。当你完成了 CMA 第一部分所有内容的学习你可以尝试去做模拟测试。建议考生自行营造一个模拟考试环境——在没有干扰的情况下进行 4 个小时的测试，中间不要看书，像真正考试一样完成模拟测试。这可以使你更好地准备考试以及对自身的准备情况有所了解。

此外，在线测试题库还提供了简答题样题，用于模拟真实的考试环境。也提供了正确答案，使考生可以对自己的回答进行打分。

建议考生充分利用所有的在线练习和复习工具。需要注意的是，这些复习工具通常是需要订购的，并且只能在注册后的一定月份内使用。

CMA 应试技巧

CMA 考试时间为 4 个小时，考试采用单项选择题和简答题的形式，来测试考生对教材内容的理解程度。这意味着你必须掌握在考试中完成两种题型的技巧。关于简答题，本书中提供了答题技巧、答题指南以及简答题举例等信息。考生一定要学习书中给出的"简答题应试指南"，并使用在线测试题库中的简答题进行练习，以此来掌握简答题的答题技巧。

[①] 本书不提供在线测试题库，相关叙述之所以保留，只是为了读者能了解英文原版教材的在线功能。

制定学习计划

CMA 认证考试由两部分组成，每一部分均综合采用单项选择题和简答题这两种形式，来测试你对这一门课程的概念、术语和计算方法的掌握情况。制定并严格执行你的计划是考试取得成功的关键。下面的建议和策略将会帮你制定和执行你的学习计划。

学习建议

学习有很多方法，计划的制定将取决于你的生活方式（什么时间学习和怎样安排学习时间）、你的学习方式、对内容的熟悉程度，以及你应试写作的熟练程度。只有当你评估了这些因素以后，才能制定有效的计划。

以下建议是很多考生的经验之谈。

- 合理安排学习时间，不可轻易改变。
- 避免进行突击式学习。可以尝试将学习任务和时间进行分解。举个例子，你可能在没有打扰的情况下专心学习 45 分钟，然后休息 15 分钟，在这段时间里去做一些其他事情。你可以离开房间，和别人聊聊天或做一些运动。
- 留意关键知识点，特别是不熟悉的知识。随后温习，以确保理解。
- 对教材当中的术语和公式要特别注意，确保掌握 CMA 知识体系中常用的缩略词。
- 使用具有个性特点的方式来帮助记忆关键信息。比如，使用"CCIC"去记忆 4 个道德标准：胜任能力（competence）、保密（confidentiality）、正直（integrity）和可信（crediblity）。
- 使用小卡片等手段辅助学习。
- 使用索引卡，把问题写在一面，然后把答案写在另一面。这会帮助你加强学习，因为读和写同步进行。例如：_____是什么？列出_____的 5 个部分。
- 需要注意的是，在阅读过程中，为你不熟悉的知识点和问题、关键术语和公式以及其他要点制作记忆卡。
- 保持随身携带一些卡片的习惯，当你有时间的时候可以查看，比如在电梯里，约会等人时等等。

- 找伙伴帮助你学习，这个人不需要有会计知识。他或她只需要有耐心坐在你身边帮助你读记忆卡上的问题。

- 考试时间临近时，开始忽略一些简单的问题，将注意力关注于有挑战性的知识点和问题。

- 如果某些知识点理解上比较困难，可以使用其他资源（如网络、图书馆、从事会计工作的同事或大学教授等），以帮助你理解复杂的知识点。

- 灵活运用你的学习计划，在你对 CMA 知识内容有了一定的了解以后可以相应调整学习计划。

- 使用书中的本节习题评估你对刚刚学过的内容的掌握情况。

- 完成了单章的学习后，使用与该章节相关的在线测试题库的单项选择题进行测试，评估你对这种题型的解答能力。在完成了 40 道测试题后，使用教材复习你在测试中发现的薄弱之处，然后再接着进行在线测试。

- 需要学会如何去解答单项选择题。本书配有很多关于选择题答题技巧和指南的在线资源。

  - 一定要答完所有的问题。答错了并不会倒扣分。如果你因为不确定而不去试着回答，你也就失去了答对的可能性。

  - 使用第一部分的在线测试，评估在模拟考试中选择题的答题情况。

- 学习写出有效的简答题答案的技巧

  - 使用这本书中给出的"简答题应试指南"。"简答题应试指南"给出了简答题的评分标准，以及好、较好和最佳答案示例，另外还有一些实用的简答题应试技巧。

  - 了解简答题的评分规则，争取获得尽可能多的分数，哪怕你对那个问题不是很有把握。

  - 通过本教材和在线测试题库中的样题，进行简答题应试练习。

- 在考生对内容完全掌握之后，再使用在线测试题库和简答题样题进行练习。

好好休息保持体力，确保你的身体条件能应付得了 CMA 考试，因为每一部分的考试时间长达 4 个小时，中间没有休息时间，也不能吃东西。掌握选择题和简答题的应试技巧，并在心理上和身体上同时做好准备，这样可以显著提高你的成绩。全面学习教材内容，以充满信心、灵活变通的心态去夯实基础，成功地通过 CMA 考试。

前言

欢迎学习美国注册管理会计师（CMA）认证考试辅导教材的第一部分，即《财务规划、绩效与分析》。

第一部分由六章内容构成：

第一章："外部财务报告决策"（15%）包含4张财务报表（资产负债表、利润表、股东权益变动表和现金流量表），以及确认、计量和估价。

第二章："规划、预算编制与预测"（20%）考查基本的预算概念和预测技术，预算信息可以帮助公司执行战略并实现长短期目标。

第三章："绩效管理"（20%）是将实际财务业绩与预算进行比较的方法。本章也描述了整合财务指标和非财务指标的各种工具，从而使组织的计划与总体战略相匹配。

第四章："成本管理"（15%）描述了各种成本核算制度，它们可以用于监控公司成本，并为管理层提供管理所需的各项经营和绩效的成本信息。

第五章："内部控制"（15%）本章从风险的评估与管理谈起。实施内部审计活动的基础在于了解风险，了解风险也使得公司制定决策所使用信息的安全性和可靠性有了保障。

第六章："技术和分析"（15%）是CMA考试中一个新的章节，包含了管理会计领域的新兴主题。随着您职业生涯的发展，了解信息系统并能够应用新技术和新方法（包括数据治理、技术支撑的财务转型和数据分析）将变得越来越重要。

CMA认证考试第一部分所考核的诸多知识点为第二部分考试奠定了基础。

第一章

外部财务报告决策（15%）

为了履行好自己的职责，管理会计师必须理解对外披露的四张财务报表——资产负债表、利润表、股东权益变动表和现金流量表，以及支撑这些报表的概念，即确认、计量、估价。此外，管理会计师也需要理解美国公认会计原则（GAAP）和国际财务报告准则（IFRS）之间的主要差异。

本章内容包括：财务报表、资产和负债的估价、所得税、租赁、股权交易、收入和费用的确认、收入的计量与厘定，以及美国公认会计原则（GAAP）和国际财务报告准则（IFRS）之间的差异。

财务报表

　　本节中讨论的四张财务报表均是美国证券交易委员会（SEC）要求所有（在美国）上市的企业应披露的内容，用以呈现企业的综合财务情况。这四张财务报表包括利润表、股东权益变动表、资产负债表和现金流量表。

LOS
§1.A.1.f

　　整体而言，四张报表具有很强的相关性。资产负债表和利润表（净利润）是通过股东权益变动表中留存收益的变化建立联系的。资产负债表中现金及其他的财务状况变化会被体现在现金流量表中。资产负债表中股本变化则被体现在股东权益变动表中。

LOS
§1.A.1.e

　　在"第2节：确认、计量、估价和披露"中，将具体讲解不同的财务事项影响财务报表各要素的方式以及不同财务事项的恰当分类。

　　为更好地表述与讲解，在本节使用一家虚拟的制造型企业"罗宾制造公司"指定年度的财务报表，同时报表间的相互关联科目与具体相关金额也被着重标注出来。

　　除了披露当年的财务报表信息，大多数企业也会同时列报出之前年份的财务信息以供比较。例如，利润表与现金流量表通常会显示连续三年的数据。这样有利于分析师将过去财务业绩与现在财务业绩进行比较，预判公司未来的业绩。

　　本节的最后将讨论财务报表的外部使用者（如投资者和监管机构）的需求，以及财务报表如何满足这些不同使用者的需求。

　　请先**阅读**附录 A 中列举的本节考试大纲（LOS），再来学习本节的概念和计算方法，确保您了解 CMA 考试将要考核的内容。

利润表

LOS
§1.A.1.b

　　利润表通常也被称为损益表（P&L），反映了某一特定时期（一个季度或者一个财务年度）企业的经营成果。利润表用来衡量企业的盈利能力、信用可靠性及投资价值。与其他财务报表的信息相结合，这将有助于评估企业未来现金流的金额、产生时点以及不确定性。

收益和其他综合收益

在利润表中列报的财务报表要素包括：收入、费用、利得和损失。财务会计准则委员会（FASB）制定的会计准则汇编（ASC）第 220 号《综合收益》（之前为 SFAS 第 130 号）要求企业将特定未实现的利得和损失作为其他综合收益，与净利润分开列示。综合收益等于净利润加上（或减去）其他综合收益。

企业可以将综合收益的计算作为利润表的组成内容（附在最后）进行列报，或另外编制一张综合收益表单独列示。

利润表（财务信息）的格式

利润表的格式一般有两种：单步式利润表与多步式利润表。

单步式利润表

单步式利润表中的"单步"指的是一次性将费用与损失从总收入与利得中扣除，得到净利润。不区分费用和收入的类别，也不计算小计数。然而，尽管单步式利润表有着简洁明了的优点，但实务中多步式利润表还是被更广泛地使用，这是因为多步式利润表能提供更多的财务信息，也便于反映企业的财务经营成果。

图表 1A-1 例示了罗宾（Robin）制造公司第 1 年的单步式利润表。

图表 1A-1 单步式利润表

罗宾制造公司	
利润表	
截至第 1 年 12 月 31 日	
收入	
销售净额	$ 2 734 620
股利收入	90 620
租金收入	67 077
收入合计	2 892 317
费用	
产品销售成本	1 823 938
销售费用	416 786
管理费用	322 709
利息费用	115 975
所得税费用	61 579
费用合计	2 740 987
净利润	$ 151 330
普通股每股收益	$ 1.89

该数据**流向**股东权益变动表（见图表 1A-4）

注：$ 为美元符号，全书同。——译者

多步式利润表

多步式利润表将财务信息区分为经营活动与非经营活动两类。与经营活动无关的部分被称为"其他收入和利得"以及"其他费用和损失"。其中包括处置固定资产时产生的利得或损失,财务费用中的利息收入或费用,或企业收到的股利。

多步式利润表包含更多的财务细分科目,如产品销售成本(COGS)、营业费用(销售费用与管理费用)、其他收入与费用,以及利得和损失。这些明细科目可以帮助报表使用者比较企业不同时期的经营成果,或者是与企业的竞争对手相比较。当然,用于比较的利润表财务年度越多越完整,所得出的结论也将越有价值。

多步式利润表通常会报告毛利和营业利润的小计数,这对于财务报表分析尤其有用。例如,毛利可以用来比较竞争压力对于边际利润的影响程度。

图表 1A – 2 示例了一份多步式利润表。

图表 1A – 2 多步式利润表

罗宾制造公司
利润表
截至第 1 年 12 月 31 日

销售收入			
销售额			$ 2 808 835
减去:销售折扣		$ 22 302	
减去:销售退回和销售折让		51 913	74 215
销售净额			2 734 620
产品销售成本			
库存商品第 1 年 1 月 1 日(期初)		424 321	
本期购入	$ 1 830 518		
减去:采购折扣	17 728		
购入净额	1 812 790		
运输和装卸费用	37 363	1 850 153	
可供出售的商品总额		2 274 474	
减去:库存商品第 1 年 12 月 31 日(期末)		450 536	
产品销售成本			$ 1 823 938
销售毛利			910 682
营业费用			
销售费用			
销售人员工资和销售佣金		186 432	
销售管理人员工资		54 464	
差旅和招待费用		45 025	
广告费用		35 250	

罗宾制造公司
利润表
截至第 1 年 12 月 31 日

运输和装卸费用	37 912		
易耗品费用	22 735		
邮费和办公费	15 445		
销售设备折旧费用	8 285		
电话和网络费用	<u>11 238</u>	416 786	
管理费用			
经理人员工资	171 120		
办公室人员工资	56 304		
法律和专业服务费	21 823		
公共事业费	21 413		
保险费	15 667		
办公建筑折旧费用	16 614		
办公设备折旧费	14 720		
办公工具、易耗品和邮费	2 645		
其他办公费用	<u>2 403</u>	<u>322 709</u>	<u>739 495</u>
营业利润			171 187
其他收入和利得			
股利收入		90 620	
租金收入		<u>67 077</u>	<u>157 697</u>
			328 884
其他费用和损失			
债券和票据利息费用			<u>115 975</u>
税前利润			212 909
所得税费用			<u>61 579</u>
本年净利润			<u>$ 151 330</u> →
普通股每股收益			<u>$ 1.89</u>

该数据**流向**股东权益变动表（见图表 1A－4）。

其他利润表列报项目

有时候，企业会遇到正常经营之外的交易事项，这些交易事项需要在持续经营的营业利润下方单独列报。

中止经营（discontinued operations）。企业有时会处置一些业务分部，中止这些分部的经营活动，这样的处置行为及其产生的处置现金流明显有别于企业持续的经营活动。因此，需要在利润表持续经营营业利润下方单独列报。中止经营的列报应使用税后净额。

图表 1A－3 示例了中止经营项目出现时净利润是如何确定的。

图表 1A-3　包含其他利润表项目的多步式利润表

销售净额

－产品销售成本

销售毛利

－营业费用

营业利润

＋／－其他利得和损失

税前收益

－所得税费用

持续经营产生的利润

＋／－中止经营项目

净利润

股东权益变动表

根据财务会计准则委员会（FASB）的要求，企业在发布资产负债表时，需要披露每位股东权益账户发生的变化。这个要求体现了 FASB 对财务报告完整性的建议，完整的财务报告应该包括当期股东对公司的投资以及公司对股东的分红信息。要求企业列报股东权益变动，其目的是帮助外部报表使用者分析评价企业财务结构的变化可能对企业财务弹性造成的影响。

主要构成内容和分类

股东权益包括以下内容：股本（普通股及优先股股票的面值）、资本公积、留存收益、累计其他综合收益和库存股。股本和资本公积共同构成了企业的实收资本，也就是投资者投入企业的资本。

1. 股本是股票的面值（或票面价格）。
2. 资本公积是购买股票时超出面值的溢价部分。
3. 留存收益包括了企业的一般留存收益和用于特定目的的留存收益。

股东权益变动表报表格式

股东权益变动表通常按照如下顺序列示相关信息：
- 期初余额；
- 本期增加额；
- 本期减少额；
- 期末余额。

图表 1A-4 例示了股东权益变动表样表。这张样表中给出了分栏格式的

股东权益变动表，该公司仅有普通股股份在外流通。

图表1A-4 股东权益变动表

来自利润表
（见图表1A-1
和1A-2）

	普通股面值1美元	资本公积	留存收益	合计
	罗宾制造公司 股东权益变动表 截至第1年12月31日			
期初余额，第1年1月1日	$24 680	$345 520	$90 251	$460 451
净利润			151 330	151 330
发放现金股利			(33 330)	(33 330)
发行普通股股票	1 000	14 800		15 800
期末余额，第1年12月31日	$25 680	$360 320	$208 251	$594 251

对应于资产
负债表（见
图表1A-6）

资产负债表

　　资产负债表（又称为财务状况表）是可用于评估预期现金流的金额、产生时点以及不确定性的一项重要工具。该表被称为资产负债表的原因在于它是按照以下会计恒等式来编制的：

$$资产 = 负债 + 股东权益$$

　　从该会计恒等式推导也可以得出股东权益等于资产减去负债，即净资产。资产负债表体现了在某一个特定时点上企业资产以及资产所有权的状况。

　　尽管资产负债表并未直接反映出公司的价值，但是结合其他财务报表和相关信息，报表外部使用者能够依据资产负债表估算出公司价值。比如，未来的现金流预测就是一个很好的"相关信息"。

　　资产负债表帮助使用者评估企业的资本结构，分析其流动性、偿债能力、财务灵活性和经营能力。

　　资产负债表对于理解利润表也很重要，因为收入和费用反映了资产和负债的变化，所以分析师必须把两张报表放在一起进行评价。

主要构成内容和分类

　　资产负债表划分为三个部分：资产、负债和股东权益。这样分类可以把类似的项目组合在一起，以便分析起来更加容易。资产的排列按照其流动性，流动性最强的项目排在最前面，流动性最差的项目排在最后。负债是按照偿债截止日期的远近排列的。股东权益则是按照索取权的强弱程度来排列的，将索取权强的排在最前面。图表1A-5汇总了每种类别常见的明细分类。

　　本章的第2节将对资产、负债和股东权益构成进行更深入的讨论。

图表1A-5　资产负债表构成内容

资产	流动资产（现金、应收账款［A/R］、存货等）
	长期投资
	不动产、厂房及设备（PP&E）
	无形资产（专利权、商誉等）
	其他资产
负债	流动资产（应付账款［A/P］、应付利息、一年内到期的非流动负债等）
	长期负债（应付债券、抵押贷款等）
	其他负债
股东权益	股本
	资本公积
	累计其他综合收益
	留存收益
	库存股（权益的扣除项）

资产负债表格式

资产负债表最常见的两种格式为：账户式和报告式。无论哪种格式的资产负债表都是将资产、负债和股东权益细分为图表1A-5中的类别（流动资产等）进行列示。账户式资产负债表将资产列示在左边，负债和股东权益列示在右边。报告式资产负债表如图表1A-6所示，它将资产列示在上方，负债和股东权益列示在下方。在美国以外的国家，也会使用到其他格式的资产负债表，例如"财务状况表"格式就是将流动资产减去流动负债来体现出企业的营运资本。

在图表1A-6中，资产和负债进一步按照财务灵活性与适配性水平进行分类。例如，流动资产与固定资产分别单独列示。

图表1A-6　资产负债表

罗宾制造公司
资产负债表
截至第1年12月31日

资产

流动资产：

现金和短期投资	$24 628	→ **流向**现金流量表（见图表1A-9）
应收账款，扣除坏账准备30 000美元后的净额	552 249	
其他应收款	18 941	
应收票据——关联方	80 532	
存货	252 567	
预付保险费	7 500	
流动资产合计	936 417	

固定资产：

不动产与设备	209 330

续表

罗宾制造公司
资产负债表
截至第 1 年 12 月 31 日

减去：累计折旧	(75 332)
固定资产净值	133 998
资产总计	$ 1 070 415
负债和股东权益	
流动负债：	
应付账款	$ 175 321
应计费用	2 500
长期债务的流动部分	36 000
短期借款	145 000
流动负债合计	358 821
长期负债	117 343
流动负债和长期负债合计	476 164
股东权益：	
普通股，面值	25 680
资本公积	360 320
留存收益	208 251
股东权益合计	594 251
负债与股东权益总计	$ 1 070 415

来自股东权益变动表（见图表1A－4）

现金流量表

现金是企业流动性最强的资源。因此，它直接影响着公司的变现能力、营运能力和财务灵活性。财务会计准则委员会（FASB）的会计准则汇编（ASC）第230号《现金流量表》［前财务会计标准说明书（SFAS）第95号］指出，现金流量表"必须报告在其会计期间公司的现金流入、现金流出和经营活动、筹资活动以及投资活动产生的现金流变化的净额，并依据期初现金余额调整出期末现金余额。"

现金流量表可以帮助利益相关各方明确公司是否需要外部筹资，或公司产生的正向现金流量是否满足偿还债务和支付股利的需要。需要注意的是，高收入的公司其现金流量可能为负。许多新公司为刺激销售牺牲流动性，导致无力偿还债务而破产的例子也屡见不鲜。

主要构成内容和分类

现金流量表中的现金收入和现金支出与企业的经营活动、投资活动和筹资活动有关，并依此分类：

经营活动

经营活动产生的现金流量是指与企业日常业务相关的活动产生的现金流量，在利润表中列报的所有交易行为都可以被归为经营活动。现金流入包括销售或类似业务活动形成的现金流入、收回应收账款、收到贷款利息或收到现金股利。现金流出包括支付给员工、供应商、承包商、国税局（IRS）的现金支出以及支付给债权人的利息。

公认会计原则（GAAP）要求按照权责发生制编制财务报表。因此，净利润包含了非付现的收入（例如，未收回的赊销款）和非付现的费用（例如，未支付费用）。其他按照权责发生制计算的项目还包括：折旧、损耗、摊销和当期计入的之前其他期间发生的费用项目。这些项目会减少净利润，但不会影响当期的现金流量。

因此，在确定经营活动产生的净现金流量时，这些项目需要加回。应在净利润基础上加回的非付现费用及收入包含以下内容：

- 折旧费用和无形资产的摊销；
- 递延成本的摊销（例如债券的发行成本）；
- 递延所得税费用的变化；
- 应付债券的溢价或折价摊销；
- 权益法计算得到的投资收益。

为了确定经营活动产生的现金流量，FASB 的会计准则汇编（ASC）第 230 号公告——《现金流量表》允许公司采用间接法或直接法编制现金流量表。

间接法

间接法又称调整法，其应用最为广泛，这种方法将净利润转化为经营活动净现金流量。间接法从"净利润"开始逐步调整，先将非付现的费用与账面损失加回，然后减去非付现收入与账面利得，因为这些项目对当期的经营现金流量并无影响。此外，还需加减当期与经营活动有关的流动资产与流动负债的正负变化（见图表 1A –7）。例如，应收账款（流动资产）增多意味着从客户那里收到的现金少于报告中的应计收入，就应该从净利润中减去相应的金额以得到经营现金流。图表 1A –7 列示了间接法编制的现金流量表。

LOS §1.A.1.g

图表 1A –7　经营活动产生的现金流量（间接法）

净利润

+ 非付现费用（典型的折旧和摊销费用）

– 投资和筹资活动形成的利得

+ 投资和筹资活动形成的损失

+ 流动资产减少

– 流动资产增加

+ 流动负债增加

– 流动负债减少

右上角：续表

+ 应付债券的折价摊销	
− 应付债券的溢价摊销	
经营活动形成的现金流量	

直接法

在直接法（或利润表法）中，计算经营活动形成的现金净流量是通过将权责发生制下的收入和费用转换为收付实现制而呈现的。尽管财务会计准则委员会（FASB）鼓励使用直接法，但这一方法在实际中应用甚少。此外，如果使用直接法编制现金流量表，FASB 要求需要将净利润调整为经营活动现金净流量的过程进行披露，并独立列报。图表 1A – 8 列示了直接法下现金流量表的编制。（为便于理解，图表中还列示了相关数据。）

图表 1A – 8　经营活动产生的现金流量（直接法）

收到客户支付的现金	$100 000
支付给供应商的现金	(40 000)
支付利息的现金支出	(5 000)
支付税款的现金支出	(10 000)
营业费用的现金支出	(25 000)
经营活动形成的现金流量	$20 000

投资活动

投资活动中的大多数项目都来自长期资产账户的变化。其中，投资活动的现金流入包括出售不动产、厂房及设备（PP&E）的流入，出售对其他企业的债券或权益性证券时收到的现金，以及收回对外贷款的本金部分（利息在经营活动产生的现金流量中反映）。投资活动的现金流出包括购置 PP&E、购买其他企业的债券或权益性证券时支出的现金或向其他公司发放贷款。

筹资活动

筹资活动的大多数项目来自长期负债或股东权益账户变化。筹资活动的现金流入包括出售企业的权益性证券或发行债券收到的现金（例如发行债券和票据）。筹资活动的现金流出包括派发给股东的现金股利、回购股本或赎回企业未偿债务。简而言之，投资活动涉及购买或出售固定资产和投资其他公司的证券，而筹资活动涉及发行和赎回企业自有的股权和债务类证券。

附注

现金流量表的附注要求披露所有重大的非付现投资和筹资活动，例如为构建固定资产而定向增发新股或将债务转换为股权（债转股）的交易等。此外，当采用间接法计算经营活动的现金流量时，需要同时披露支付的利息和所得税支出。

现金流量表示例

图表 1A-9 示例的现金流量表使用最常用的间接法来计算经营活动的现金流量。其中的现金流量根据其活动分类（经营活动、投资活动、筹资活动）分别进行列示并汇总。这三类现金流入（负数代表现金流出）的总和等于该期间净现金值的增加或减少，计算得到的现金净流入（或流出）的总额加上（或减去）资产负债表中现金的期初余额就得到现金的期末余额（以灰色标明）。因此，现金流量表解释了资产负债表中现金和现金等价物（接近到期日的短期高流动性投资）从期初到期末的变动净额。

图表 1A-9 现金流量表（间接法）

经营活动	
净利润	$151 330
将净利润按照收付实现制调整：	
折旧和摊销费 *	75 332
应收账款减少（增加）	(31 445)
库存商品减少（增加）	(4 165)
应付账款增加（减少）	6 740
应计工资和应付工资增加（减少）	4 543
应交所得税增加（减少）	3 984
递延所得税增加（减少）	(4 950)
出售店铺利得 +	(1 225)
经营活动产生的净现金流量	200 114
投资活动	
不动产、厂房及设备的增加	(123 730)
商店销售利得	3 980
投资活动耗用的净现金流量	(119 750)
筹资活动	
应付票据增加（减少）	1 100
资本公积增加（减少）	14 800
长期负债增加（减少）	(50 500)
普通股股票增加（减少）	1 000
支付现金股利	(33 330)
筹资活动耗用的净现金流量	(66 930)
现金及现金等价物净增加额	13 434
现金及现金等价物的年初余额	11 194
现金及现金等价物的年末余额	$ 24 628

来自利润表（见图表 1A-1 和 1A-2）

LOS §1.A.1.f　LOS §1.A.1.g

来自股东权益变动表（见图表 1A-4）

来自资产负债表（见图表 1A-6）

注：通过比较连续两年的资产负债表，可以获得各种资产和负债账户的变化（例如：增加/减少）。

* 折旧和摊销费用包含在利润表的管理费用中。

+ 店铺出售利得包含在利润表的其他收入中。

财务报表的局限性

财务报表的局限性有如下几项：

- 历史成本。绝大部分非金融性的资产类科目是按照历史成本法入账的。虽然历史成本计量因为入账金额能够可靠验证被认可，但在评估公司当前的财务状况时，历史成本则不如公允价值或当前市场价值估值更接近实际情况。例如，一家公司以一定的价格购买诸如钢铁之类的原材料。如果三个月后钢材价格大幅上涨（假设20%），那么单是这项资产就可以说是一笔不错的投资。

- 不同的会计核算方法。采用不同的会计核算方法将得到截然不同的净利润。当需要选择的会计核算方法有两种或更多时，每种选择都会进一步改变报告的结果，即使这些方法都会被披露出来，也依然让比较不同企业的任务变得非常困难。

- 忽视无法量化的项目价值。财务报表并未包含那些无法客观地用数字量化的资产，哪怕这些资产具有重要的财务价值。例如，人力资源的价值、无形资产（如品牌认可度和美誉度），或无法准确或可靠估计的企业客户基础价值，所以这些项目并未包括在资产负债表中。因此，资产负债表并不能很好地衡量公司的整体价值，以及判断为何可以获得比竞争对手更高的销售量和销售收入。

- 会计估计与判断。财务报表包含了过多的假设性估计和专业判断。估计差异意味着两个或更多企业的利润表可能难以比较。常见的会计估计包括：应收账款计提坏账准备的金额，及某台设备的使用寿命和残值的估计等。

- 表外信息。一些交易可以以表外的方式出现，以避免披露在资产负债的项目中，例如应收账款的保理。2002年《萨班斯－奥克斯利法案》（SOX）要求上市公司在向证券交易委员会（SEC）提交的文件中披露这些表外信息。

- 非付现交易。现金流量表忽视了非付现的交易行为，例如，用股票交换不动产、非货币性资产交换、优先股或债务转换成普通股以及发行权益性证券偿还债务。任何影响资产或负债的非付现的交易仅仅需要在附注或补充性报告中加以披露。

财务报表使用者

财务报表旨在帮助制定决策。效率越高的公司越能更好地吸引投资者，或越容易从银行获得信贷，这些公司产生高投资收益的可能性也就越大。此外，一家公司将其内部资源合理分配到利润率更高的领域（包括产品或标准服务方向），也可以变得更高效。财务报表是企业内部和外部使用者在决策过程中不可或缺的一部分。

内部和外部使用者

内部使用者

企业的内部使用者需要在财务报表以及其他来源的信息协助下做出内部决策。这些信息被用于企业长短期的运营计划与控制。这些决策的质量将影响着企业的内部资源分配和利润的实现，最终将成为企业赖以生存的关键。财务报表的内部使用者包括高管、经理、管理会计师和其他员工（包括那些持有股票期权或在企业有投资的员工）。不同于外部使用者的是，内部使用者可以提出对信息的要求，并获得财务信息系统内所有可用的信息。内部使用者也可以脱离公认会计原则对于财务信息的编制束缚，比如将不同的间接费用与共担费用分摊到特定的产品上以分析出更精准的产品毛利。这些信息可能被滥用，这就要求组织对信息的使用和访问进行内部控制。当然内部控制不应妨碍内部决策者及时访问信息并进行相关决策。

外部使用者

其他的利益相关者都是报表的外部使用者，他们在做决策时需要依赖企业公布的财务报表以及其他公开的信息。一些外部使用者，如贷款机构可能会额外要求企业提供一些非公开的信息。如前所述，财务会计准则委员会（FASB）将外部使用者定义为当前和潜在的投资者、债权人及他们的顾问，这些顾问拥有商业逻辑和经济学等知识，并且愿意以合理的方式努力研究信息。投资人、债权人、工会、分析师、财务顾问、竞争对手以及政府机构都是财务信息的外部使用者，投资人包括个人投资者和企业投资者，债权人包括提供贷款的机构、原材料和其他商品的供应商。

外部使用者的需求

企业的财务报表会首先满足其投资人及债权人的需求，因为他们是上市公司两大资本来源最主要的提供者。根据财务会计准则委员会（FASB）的规定，财务报表应该为对外部使用者提供有用的信息，帮助他们在选择投资、信贷和其他类似决策中作出合理选择。使用者无法处理无限量的数据，因此过多的信息可能会掩盖企业成败最相关的数据与指标。因此，财务会计的目标是将大量信息汇总为可理解的报告和信息披露，核心目的是"价值评估"。财务会计准则委员会（FASB）仅设置了报告与披露的最低要求，如何使这些信息更好地服务于使用者则取决于企业的自觉行为。相比之下，管理会计的目标是促进调查与提出问题，从而引导更好地做出决策，其宗旨是"创造财务价值"。

投资人和债权人的需求

财务信息必须具备高度的相关性与可靠性，才能发挥其作用。及时提供信息，也是为了确保其相关性。无论是投资人还是债权人，都很关注投资的回收风险和收益率。只有当企业能够维持其资本时，他们才能收回投资，进而通过分红及利息的形式获得投资收益。

当市场预期对于企业的运营持续乐观时，投资人也可以从股票市场中获得投资收益。那些持有企业股票的投资人或潜在投资人需要通过财务信息作出对应的财务决策以决定是否购买、持有或出售公司股票或证券。

企业实际与潜在的债权人更关注企业的偿债能力，以此决定是否延长信贷、维持信贷、拒绝信贷或撤销信贷。债权人关心财务报表的另一个原因是用来判断贷款的风险水平。对于风险水平更高的投资，贷款机构自然期待更高的投资收益率，而对于风险较低的项目可以接受较低的投资收益。因此，一个企业的信用评级特别重要。信用评级主要依据企业的流动性、偿债能力和财务灵活性，所有这些均由企业的财务报表和相关披露的信息内容确定。

财务报表的其他使用者包括证券交易所（制定规则、核准上市和取消上市资格），工会（谈判工资）和分析师（为其他人提供建议）。

综合报告（IR）

综合报告（IR）从 2020 年 CMA 考试窗口开始列入考核内容。综合报告的概念始于 1999 年提出的想法，它在多年发展的基础上由国际综合报告理事会（IIRC）于 2013 年正式版权化并予以发布。大家对综合报告可能不熟悉，因为它不是美国上市公司年度报告的强制性要求，它只是代表公司的自愿性行为，国际综合报告理事会希望综合报告在全球范围内被上市公司和私营企业所采用。国际综合报告理事会将综合报告、综合思考和综合呈报分别定义如下：

LOS
§1.A.1.h

综合报告（integrated reporting，IR）：一个建立在综合思考基础上的过程，这使得组织在一段时间内获得关于价值创造的定期综合报告，也有利于组织内部关于价值创造方面的相关沟通。

综合思考（integrated thinking）：是组织对其经营和职能部门与该组织所能使用的或施加影响的资本之间关系的积极思考。综合思考导致综合性决策和行为，而这将兼顾短期、中期和长期的价值创造。

综合呈报（integrated report）：一个简要的说明，它涉及外部环境背景下组织的战略、治理、绩效和展望如何影响其短期、中期和长期的价值创造。

版权（2013 年 12 月）。国际综合报告理事会版权所有，经国际综合报告理事会许可方可使用。请联系国际综合报告理事会（info@ the iirc. org）以获准复制、保持、传送或其他用途的文本使用权限。

综合思考是综合报告过程的基础，它成为公司一段时间内价值创造模式的重要组成部分。综合报告本身是信息集中的表现，也是将信息传递给报告外部使用者的方式。综合报告的目的是提供有关影响公司的外部环境、公司所能使用的或施加影响的资源（资本）以及公司及时响应于外部环境并运用资本创造价值的相关信息。

LOS
§1.A.1.i

采用综合报告的主要目的是向财务报表的外部使用者特别是资本提供方传递相关信息，人们相信这样做资本的配置就会更有效率和成效。

LOS
§1.A.1.j

价值的创造可以在短期、中期和长期体现出来。综合报告不仅关注短期结果，而且注重开发战略，并在决策时考虑其中期和长期的可行性。这体现了"持续经营"的原则，即一家在今天运营的公司希望长期经营下去，偿还所有债务并尽到一切义务，应该为公司的所有内部和外部利益相关者创造价值。

内部利益相关者是公司的员工，外部利益相关者可分为客户、供应商、业务伙伴、债权人、社区和其他利益相关者等六个方面。综合报告可以通过六种不同类型资本的综合内容来体现，图表 1A – 10 提供了这六种类型资本的信息。

图表 1A – 10　六种不同类型资本

资本	描述	例子
1. 财务方面	公司可用于生产产品或提供服务的资金	来自：债务或股权融资；运营产生的资金；津贴；投资
2. 生产设备和设施方面	可供公司生产产品或提供服务的实物	建筑物；设备；道路、场地、桥梁、废物和水处理设备等基础设施
3. 知识产权方面	知识型无形资产 组织独有	专利；版权；软件；许可证；权利 知识；系统；流程；程序
4. 人力资源方面	员工的胜任力，能力，经验，创新动力	员工协同和支持公司管理，遵循公司的道德价值观；有理解、制定和实施企业战略的能力；对公司忠诚且潜能被激发；具有领导、管理和协作的能力
5. 社会关系方面	机构、社区和利益相关者群体内部和之间的关系 为了个人和集体的福祉而共享信息的能力	共同的准则、价值观和行为；基于信任和意愿的关键利益相关者关系；公司的品牌和声誉
6. 自然资源和生态方面	可再生和不可再生环境资源；支撑公司过去、现在和未来发展的生态循环系统	土地；水；空气；矿产；森林；生物多样性；生态系统健康

以上六种不同类型的资本是价值创造过程中不可或缺的部分。这六种不同类型的资本借助公司的商业模式通过价值创造过程的整合形成了企业的投入，这些投入由经营活动转换成产出，以提供期待的成果。公司的使命和愿景推动了其商业模式的发展，但是公司管理人员有责任建立导致价值创造的管控机制。价值创造受到风险和机会、战略和资源分配、绩效和前景的影响，它也受到包括经济、日新月异的技术、环境问题和社会问题等外部因素的影响。

LOS
§1.A.1.k

公司成果应产生总体价值，揭示价值创造过程中六种不同类型资本的增减或转换。图表 1A – 11 演示了价值创造的过程。

图表1A-11 价值创造过程

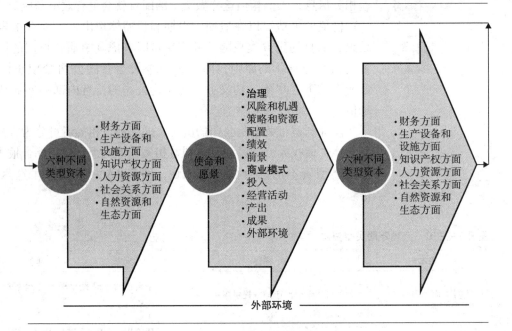

　　与任何成功的过程一样，价值创造过程所取得的成果必须与预期相比较，这样可以提供反馈并通过适当的判断将其与最初投入的六种不同类型的资本进行对比。

　　在许多方面，综合报告使用了纳入在《公认会计原则》中的一些概念。这些概念包括但不限于：可靠性和完整性；免于重大错误；对综合报告中的内容进行成本/效益分析；一致性；可比性；重要性。

　　国际综合报告理事会提供的指引规定了综合报告的内容要素，旨在回答以下问题：

- 公司从事什么业务？其经营环境如何？
- 公司治理结构如何支持价值创造？
- 公司的商业模式是什么？
- 公司达到何种程度上的战略目标？
- 基于战略实施过程中面临的挑战和不确定性，公司的前景如何？
- 未来公司的目标是什么？公司打算如何实现未来目标？

本质上，综合报告阐述了价值创造过程中包含的所有要素。

　　国际综合报告理事会（IIRC）没有规定综合报告的具体报告格式，报告可以是独立的，也可以作为公司其他报告或说明的单独部分而存在。IIRC提供了如下总的报告指引：

　　1. 实质性事项披露包括对事项的解释及其他对战略、商业模式或资本的影响。有关实质性事项的关键信息应包括（但不限于）：相关互动和相互依存性、公司对这一事项的看法、管理这一事项的行为和效果及其定量和定性的披露内容。

　　2. 利用定量指标披露资本的情况可提高信息的可比性、相关性和一致性。内容应包括目标（预测），并体现三年或更长时期的信息。同时，披露的信息应包括定性内容以增强可读性并为定量数据提供必要的说明。

3. 综合报告的短期、中期和长期的时限由公司决定，通常比其他形式的报告更长。报告时限可能受到行业或部门的影响。例如，技术型行业综合报告的时限可能比汽车工业的时限要短得多，后者的时限则涵盖了横跨 8 年至 10 年的两个循环周期。

4. 如何整合和分解综合报告由公司决定，整合和分解可根据国家、子公司或部门来进行。

采用综合报告的益处和面临的挑战

公司采用综合报告既有益处也面临挑战。主要益处是综合报告有利于提高提供给资本供应者的信息质量，并根据公司在一段时间上创造价值的能力，提供更加精华和更加高效的有关公司运营的信息内容和披露方式。综合报告有利于公司加强使用上述六种资本的管理和问责制的实施。

公司采用综合报告面临的第一个挑战就是综合报告本身并没有相应的标准。编制综合报告对于具有多样性业务的组织来说是复杂的，它也会给中小型组织带来额外的负担，增加了企业的成本。同时，使用包括目标和预测在内的定性和前瞻性的信息可能产生诉讼风险。

本节习题：
财务报表

说明： 回答所提供的每一个问题，正确的答案和解释出现在本节习题之后。

1. 一名会计师正在用间接法编制现金流量表，她发现资产负债表上上年度设备余额为 295 700 美元，本年度的设备余额为 304 000 美元，本年度折旧费用为 22 400 美元。年内该公司以 4 万美元的价格出售设备，获得 21 600 美元的收益。在现金流量表中，今年购买设备的现金流出是多少？
   - ☐ **a.** 4 300 美元。
   - ☐ **b.** 49 100 美元。
   - ☐ **c.** 52 300 美元。
   - ☐ **d.** 70 700 美元。

2. 下列哪一项**不**属于流动负债？
   - ☐ **a.** 收到承租人为期一年租约的押金。
   - ☐ **b.** 1 月 2 日收到的本年度租金。
   - ☐ **c.** 未分配的股票股利。
   - ☐ **d.** 110 个月前售出的 10 年期债券。

3. 一家公司在 1 月份收到了一张上年度 12 月份其仓库用电量的发票，并在当月计入了费用。公司采用权责发生制进行核算，这一计费对公司上年底的财务报表有什么影响？
   - ☐ **a.** 流动负债被低估，留存收益被高估。
   - ☐ **b.** 营业费用被高估，留存收益被高估。
   - ☐ **c.** 现金和现金等价物被高估，留存收益被低估。
   - ☐ **d.** 应计费用被高估，留存收益被低估。

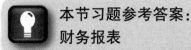

本节习题参考答案:
财务报表

1. 一名会计师正在用间接法编制现金流量表,她发现资产负债表上上年度设备余额为 295 700 美元,本年度的设备余额为 304 000 美元,本年度折旧费用为 22 400 美元。年内该公司以 4 万美元的价格出售设备,获得 21 600 美元的收益。在现金流量表中,今年购买设备的现金流出是多少?
   - ☐ **a.** 4 300 美元。
   - ☑ **b.** 49 100 美元。
   - ☐ **c.** 52 300 美元。
   - ☐ **d.** 70 700 美元。

   　　首先计算当年售出设备的账面价值,而账面价值是通过现金收入减去销售确认的收益来计算的。本题中,当年售出设备的账面价值为 18 400 美元(40 000 美元 – 21 600 美元)。

   　　计算设备本年度余额的公式是上年度余额减去折旧,减去已售出设备账面价值,再加上当初采购金额。应用这个公式,购买设备的现金流出等于 49 100 美元(304 000 美元 – 295 700 美元 + 22 400 美元 + 18 400 美元)。

2. 下列哪一项**不**属于流动负债?
   - ☐ **a.** 收到承租人为期一年租约的押金。
   - ☑ **b.** 1 月 2 日收到的本年度租金。
   - ☐ **c.** 未分配股票股利。
   - ☐ **d.** 110 个月前售出的 10 年期债券。

   　　未分配的股票股利不属于流动负债。流动负债是指公司必须在一年内偿还的债务。股票股利是指公司将其股票而不是现金作为股利分配给股东。股票股利作为权益部分的金额重新分类计入资产负债表,它并不影响公司的负债状况。

3. 一家公司在 1 月份收到了一张上年度 12 月份其仓库用电量的发票,并在当月计入了费用。公司采用权责发生制进行核算,这一计费对公司上年底的财务报表有什么影响?
   - ☑ **a.** 流动负债被低估,留存收益被高估。
   - ☐ **b.** 营业费用被高估,留存收益被高估。
   - ☐ **c.** 现金和现金等价物被高估,留存收益被低估。
   - ☐ **d.** 应计费用被高估,留存收益被低估。

   　　这家公司的流动负债被低估了,留存收益被夸大了。在权责发生制下,费用是在发生的期间而不是在费用支付的时候入账。本公司应在 12 月份的财务报表中记录电费及相关负债。因此,公司的上年度流动负债和费用被低估了一年。由于费用被低估,净收入和留存收益被夸大了。

确认、计量、估价和披露

财务会计准则委员会（FASB）新的会计准则汇编（ASC）842《租赁》将从2020年1月窗口开始纳入考试的测试内容中。

财务会计准则委员会制定了新的《会计准则更新（ASU）2014－09》，即《源于客户合同的收入（主题606）》，这项内容已从2019年1月窗口开始纳入考试的测试内容中。

财务会计准则委员已经更新了以成本与市价孰低法来报告库存的准则。自2018年1月考试窗口以来，财务会计准则委员会的会计准则汇编《库存（主题330）》已经被纳入考试的测试内容。

　　请先**阅读**附录 A 中列举的本节考试大纲（LOS），再来学习本节的概念和计算方法，确保您了解 CMA 考试将要考核的内容。

应收账款

LOS
§1.A2.a

公司的资产负债表上可能有几种不同类型的应收账款。应收款项是企业的资产，表示企业将会收到来自其他企业承诺的款项。应收款项可以分为商业应收账款（通常称为应收账款，A/R）、应收利息、保险索赔或诉讼成功的补偿款。商业应收账款是在卖家向购买方提供赊销时产生的，应收账款被认为是在现金之后具备较高流动性的资产。

应收账款类型

应收账款可以分类为当期应收账款和非当期应收账款。当期应收账款应在一年内或当期经营周期内收回，以较长者为准。非当期应收账款回收期则更长一些，一般长于一年或一年以上的营运周期。

商业应收账款

商业应收账款是最常见的应收账款形式，因为这类应收账款来自企业日常经营：即产品和服务的赊销。

- **应收账款**（accounts receivable，A/R）是指客户承诺为已交付的商品或服务进行支付而产生的资产。此类应收账款通常有着 30 ~ 60 天的"账期"（付款周期），这也是为什么它们通常被归为流动资产的原因。
- **应收票据**（notes receivable）也是一种商业应收账款，形式上更正规。应收票据的支付条款与支付日需要明确的以书面形式体现，这类应收账款可能是流动资产也可能是非流动资产，这取决于其到期日。

非商业应收款项

非商业应收款项（nontrade receivables）是指除日常经营活动以外的其他各种类型的应收款项。它包括应计利息和应收股利、损毁押金和其他保证金，为管理层或子公司预付的款项，也包括应收保险公司、承运方、被告方、政府的款项，以及因客户产品退回、遗失或损毁形成的企业声索款项。非商业应收账款通常在资产负债表中作为单独项目列报。

销售行为对应收账款（A/R）余额的影响

应收账款可能被商业折扣和现金折扣所影响。此外，如果顾客对购买的商品不满意，所产生的销售退货或销售折让也会对应收账款产生影响。

商业折扣

商业折扣（也称为数量折扣或批量折扣）允许企业为其目录中给定的商品设立一个价格，以不同的折扣价格将商品出售给各种批发商和零售客户。有商业折扣的销售仅以协商价格记录。

现金折扣

现金折扣用于鼓励客户尽快付款。如果购买方在指定的截止日期前付款，则购买方可以自动获得此类折扣。现金折扣可以用一种特定的缩写形式表达，例如（2/10，n/30）。这是指如果在 10 天内付款的话，购买方可以获得 2% 的折扣。若非如此，净金额（任何未付余额）应在 30 天内支付。客户放弃（2/10，n/30）现金折扣的机会成本是 37.25%。

$$实际折扣成本 = \frac{折扣率}{(100\% - 折扣率)} \times \frac{365}{(信用期限 - 折扣期限)}$$

$$= \frac{0.02}{0.98} \times \frac{365}{30 - 10} = 0.02041 \times 18.25 = 37.25\%$$

由于客户可能会以低于此比率的价格借入资金，因此对于他们而言，在折扣期内借钱还款比延期还款更划算。

具有现金折扣的应收账款可以按其总额或净额记录。

- **总额法**（gross method）按照总额或未扣除现金折扣金额记录每笔应收账款和销售额。如果在折扣期内收到付款，销售折扣（收入账户的抵减账户）将被确认。销售总额扣除销售折扣之后的销售净额在利润表中列示。

- **净额法**（net method）假设客户会全部享受现金折扣，因此每笔销售扣除现金折扣后按其净额登记应收账款和销售收入。这种方法更加符合配比原则，因为它按照客户预期享受的折扣计提了该笔费用，并且将这些费用从当期销售额中扣除，因而使得记录的销售额更加接近企业实现的净值。为了核算客户未使用的销售折扣，"放弃销售折扣"账户被用于登记调整分录。

销售退回和折让

销售退回和折让是一个收入的抵减账户，用于记录因客户不满意他们收到的商品而减少的销售收入的净值。

如果卖方提供了折让并且买方同意保留货物，则销售收入和应收账款都必须减少对应的折让金额。

但是，如果客户发生实际退货，则销售方需要增加一个会计分录来确认货物的回收或报废，产品销售成本（COGS）也会因此而降低。

一些公司有着比较高的"退货率"，以至于他们通常根据预期退回记录净销售额，通过设立一个"销售退回准备"账户作为应收账户的抵减科目而存在。

商业应收账款记录

应收账款应按其到期价值入账。

商业应收账款必须按其可变现净值（NRV）在资产负债表上进行记录和列报。**商业应收账款的可变现净值**（NRV for trade receivables）是指公司预计收到的现金净额，不包括估计的不可收回金额（坏账）和预期销售退回（如果有退货政策）。换句话说，应收账款是在资产负债表中以扣除坏账（即应收账款减去备抵金额）后的净额列报的。

坏账

当财务人员将销售金额入账时，总会面临着一个问题，即企业可能无法全额收回这些应收账款。在预估坏账费用的金额时，一般会使用如下几种方法。

备抵法

如果采用"备抵法"，公司是根据所有赊销或所有未清应收账款的数额估计预期不可收回金额。从应收账款中扣除坏账准备（资产抵减）以确定应收账款的可变现净值（NRV），这是公司预期收到的金额。坏账费用在利润表中列报为营业费用。在"备抵法"中，有两种方法可以用来预估和确认坏账准备。

- **资产负债表法**（balance sheet approaches）。此类方法重点关注资产负债表上的应收账款与坏账准备之间的关系。

1. 应收账款（A/R）余额百分比法。该方法评估实际坏账与应收账款之间的历史趋势与关联。根据趋势预估一个百分比，用以乘以当期应收账款期末余额，继而计算得到当期需要计提的坏账准备。例如，如果企业当期期末应收账款余额为 100 000 美元，坏账准备的计提比率为 4%，则坏账准备期末余额应为 100 000 美元×4% ＝4 000 美元。因此，应收账款的可变现净值为 100 000 美元 –4 000 美元 ＝96 000 美元。

假设坏账准备账户现有贷方余额为 1 000 美元，将坏账准备账户调整到期望的期末余额需要计提的坏账准备为 3 000 美元：

坏账准备账户	
已有余额	1 000
调整额	**3 000**
期望期末余额	4 000

同样，假设坏账准备账户中的借方余额为 1 000 美元，那么将坏账准备账户调整到期望期末余额 4 000 美元则需要计提坏账准备 5 000 美元。

坏账准备账户		
	借方	贷方
已有余额	1 000	
调整额		**5 000**
期望期末余额		4 000

2. 应收账款（A/R）账龄分析法。应收账款随着时间的推移变得越来越难以收回。账龄统计分析表可以用于将应收账款按其未偿还的时限长短进行分类。债务逾期越久，其中无法收回的比例也就越高。图表 1A – 12 是一个账龄分析表的例子。

图表 1A – 12　应收账款账龄分析表

	旁氏（Bounce）体育用品公司					
	账龄分析表					
客户名称	12 月 31 日 应收账款余额	60 天以内 的应收账款	61～90 天 的应收账款	90～120 天 的应收账款	超过 120 天 的应收账款	所需备 抵余额
伊斯特·赛德（East Side）体育装备供应商	$54 880	$44 800	$10 080			
罗克福德（Rockford）健身房与运动场	179 200	179 200				
弗里德姆（Freedom）网球产品供应商	30 800				$30 800	
百老汇（Broadway）体育用品	41 440	33 600	——	$7 840	——	
总额	$306 320	$257 600	$10 080	$7 840	$30 800	
预计无法回收百分比		×5%	×15%	×20%	×25%	
预计坏账准备金额		$12 880	$1 512	$1 568	$7 700	$23 660

冲销和冲销后再收回

在备抵法中，如果明确某笔应收账款（例如 1 200 美元）是不可收回的，应收账款应被冲销（减少），同时部分坏账准备应被冲抵（坏账准备也减少）。与被冲销的特定账户相关的费用在冲销期间不再被确认，因为该费用在记录坏账准备时已经被确认。换句话说，坏账费用和坏账准备是用来吸收未来的冲销。因此，资产负债表上应收账款的账面净值不受影响。

应收账款保理

应收账款保理是企业出售应收账款以获取现金而无需额外借入贷款或发行股票的一种融资方式。在保理业务中，银行或财务公司是常见的保理商，它们购买应收账款、接受账单并承担收款的责任。使用保理的企业可以立即获得现金，并可以砍掉其信贷部门。因为保理商通常会进行信用核查，提供或拒绝信贷业务并直接从客户处收取款项，同时收取被保理企业一部分佣金，而企业与客户之间的一切商业活动照常进行。应收账款保理是将部分信贷决策交给保理商，从而降低保理风险，因而降低了服务成本。但公司也必须接受这些决策，这有可能导致一些客户的赊销不被批准。

大多数保理商仅支付应收账款价值的 80% 至 90%，以涵盖销售退货、折让以及坏账费用。此外，保理商还会根据其应收账款的总规模和预估的坏账风险程度收取佣金。企业将这部分的佣金记录为费用或损失。有两种类型的保理安排：有追索权的保理和无追索权的保理。

有追索权的保理

有追索权的保理是卖方需要向保理商支付已售出的应收账款中无法收回的坏账。由于卖方（企业）始终与应收账款相关，因此采用财务构成法记录该项交易，该方法要求卖方仅确认保理后能控制的资产和负债。

例如，一家公司出售 500 000 美元的有追索权的应收账款，并估计追索债务（估计出售应收账款的坏账）的公允价值为 6 000 美元。保理商收取 3% 的佣金，并认为会有 5% 的坏账可能。使用有追索权保理的损失计算如图表 1A – 13 所示。

图表 1A – 13　计算净款项额

应收账款保理损失：		
保理商财务服务费（3% × $ 500 000）	15 000	
追索债务	6 000	
应收账款保理损失		$ 21 000

与此交易相关的会计分录是：

借：现金	460 000	
保理商坏账预留（5% × $500 000）	25 000	
应收账款保理损失	21 000	
贷：应收账款		500 000
追索债务		6 000

在资产负债表上，25 000 美元的"保理商坏账预留"是一项流动资产，如果应收账款中没有坏账则应退还给公司，6 000 美元的追索债务表示公司估计在已售出的应收款中可能出现的坏账公允价值。在利润表中，如果公司将保理应收账款作为其正常业务的一部分，则将 21 000 美元的"应收账款销售损失"报告为营业费用。如果不作为一项常见的业务活动，则将其列为"其他费用和损失"。

无追索权的保理

应收账款的保理也可以是无追索权的保理，这意味着购买者承担坏账的风险。由于此类保理转移了所有权与对应风险，因此它被完全认定为形式上的销售。由于无追索权的应收账款保理同时转让了授信和收款的控制权，它在实质上也被完全认定为销售。如果前一个例子中的 500 000 美元的应收账款以无追索权的形式出售给其保理商，公司将不接受任何追索债务，相关的会计分录是：

借：现金	460 000	
保理商坏账预留（5% × $500 000）	25 000	
应收账款保理损失	15 000	
贷：应收账款		500 000

在这种情况下，如果应收账款中没有坏账，则资产负债表将 25 000 美元的"保理商坏账预留"作为流动资产并返还给公司。因为"无追索权"确保了卖方对于卖出的应收账款没有进一步的责任，不存在因为坏账导致流动负债出现的情况。利润表包括的 15 000 美元的"应收账款保理损失"将根据这类交易的频率列报在营业费用或"其他费用和损失"下。

存货

存货（inventory）包括在企业日常经营过程中持有待售的资产，处在生产流程或销售过程中的产品，或用于生产待售商品的原材料。非日常经营活动销售的资产项目不属于存货。

存货可以按其用途分类。零售商通常只有一个类型的存货，即已采购的用于出售的零售商品。制造型企业通常有三类存货：原材料、在产品和产成品。直接材料、人工成本、制造费用和仓储成本会根据情况进行追溯或分配到这些类别中。制造型企业为了便于内部管理，通常也需要将其他内部使用的材料进行存货分类，例如分为制造类物料、间接材料、零件库存或生产类低值易耗品。

存货估价

存货估价就是确定哪些项目和成本应该包含在存货中以及应使用何种成本流转假设的过程。有两种存货核算的系统方法：永续盘存制和定期盘存制；也有四种成本流转假设供企业选择：个别计价法、平均成本法、先进先出法（FIFO）和后进先出法（LIFO）。

产品的总体成本被分配在已售产品和待售产品中。**可供出售或使用的产品成本**（cost of goods available for sale or use）为期初库存价值加上整个期间所获得或生产的产品成本。**产品销售成本**（cost of goods sold）是可供销售或使用的产品成本减去期末库存产品即期末库存的成本。具体计算如图表 1A – 14 所示。

图表 1A – 14　产品销售成本的计算

期初存货余额，1 月 1 日	$350 000
本年购入或生产的产品成本	670 000
可供出售的产品总成本	1 020 000
减期末存货余额，12 月 31 日	400 000
本年产品销售成本	$620 000

哪些产品应该包括在存货中？

尽管产品买方只在收到货物后才在账户中登记购入存货，法律上的所有权在名义上已经转移给了购买方。下面介绍几种不适用于上述说法的特殊情况：

- 委托代售产品。委托代售是一种销售代理模式，可以减轻零售商（受托人）因产品滞销面临的风险，因为销售人（委托人）保留货物所有权直至销售完成。销售人从零售商那里收到货物的付款，零售商则获得销售货物的佣金。销售人（委托人）将产品保留在库存中，直到销售给第三方，零售商（受托人）不需要将货物记录为存货。

- 在途产品是已经发货但尚未到达目的地的产品，在途产品的所有权何时转移由运输条款决定。在起运点交货价（free on board shipping point）交货方式下，当卖方将物品交付给作为买方代理人的承运商，产品所有权就发生转移。在离岸货价（free on board destination）交货方式下，产品到达买方的仓库时所有权才发生转移。所有权很重要，因为产品的损毁是所有者的责任。所有权转移之前，产品归属于卖方，所有权转移之后，产品必须在买方账簿上登记。

- 销售协议中涉及所有权转移点与所有权相关风险转移点可能有所不同。高比率销售退回一般发生在出版业、体育用品、音乐和其他季节性行业。为了促进销售，这些行业也会给予客户可以退还产品的权利并获得全额或部分退款。如果可以合理估算退货数量，则应将货物视为已售出并建立销售退回和折让账户。但是，如果不能做出合理的预估，卖方就不应该记录销售情况，直到确认退货金额为止。

- 附带回购协议的销售严格来讲更是一种交换抵押行为，公司出售其库存并同意以特定价格和特定时间回购。这种交易又称为"停车场交易"，因为卖方短时间将存货"停放"在买方的资产负债表上。实际上，卖方是在用存货融资，并且仍保留着与存货所有权相关的风险，但是存货名义上已经转移。因此，当回购协议设定的回购价可以补偿买方的全部成本加上存货成本时，回购协议中的存货和负债应该在卖方的资产负债表上列报。

哪些成本应该包括在存货中？

接下来讨论确定存货的价值时哪些成本要包含在内，哪些要排除在外。

- 制造费用。对于自己生产并出售产品的企业来讲，库存成本应该包括生产中发生的所有直接和间接成本。购置成本和生产成本包括在制造费用内。产品制造费用的分摊需要使用传统的或作业成本法，例如，生产线经理的工资将作为固定制造费用分摊至特定的产品线。
- 产品成本。产品成本包括货物的进货运费、人工成本和直接或间接的采购、生产及加工成本。
- 现金折扣。如前所述，现金折扣是因为提前付款所获得的折扣。总额法指按照总价款登记购入存货，折扣金额只有在发生时才从价款中直接扣除。净额法是指采购时就只登记扣除折扣后的净额，未享受折扣的损失计入费用账户中。
- 期间费用。未列入"库存成本"中的项目（如销售和管理费用）称为期间费用，这些成本通常与生产无关。与预备存货有关的利息成本也被视为期间费用。根据公认会计原则（GAAP），只有自建的固定资产或独立的项目（如船舶或供租售的不动产）的利息费用可以资本化，常规用于购置库存的融资成本不予资本化。

永续盘存制和定期盘存制

许多公司试图将其库存降至销售所需的最低水平，以保持经营的高效流畅。企业需要有一定的库存以供销售，但是又需要避免累积过多的库存，因为过多的库存将带来不必要的成本以及面临受损与过期等风险。企业可以使用企业数据库、条形码扫描系统和其他技术来跟踪库存并保存实时的记录。为了降低持有库存的非必要时间，企业会使用及时生产（JIT）系统，并与供应商建立直接数据链接，以方便他们判断何时装运特定物品。

存货的记录有两种基本方法：永续盘存制和定期盘存制。永续盘存制依靠计算机和条形码扫描仪在购买和销售时不断更新库存记录。定期盘存制相对更传统些，在有电脑系统之前常被使用。

永续盘存制

永续盘存制随时记录存货账户的变动情况。先进的数据库技术用来实时更新销售、采购、生产和发货。零售系统在销售时直接记录存货的变动情况，同时更新存货余额和产品销售成本（COGS）。采购、销售退回和折让、折扣及运输费在发生时更新。

当公司采用永续盘存制时，每次销售时会计分录都是贷记存货，借记产品销售成本。但是，如被盗的存货、其他未开发票的发出存货以及其他未登记的被弃置和损毁的存货，并不是都进行了记录。因此，账面登记的存货数通常会高于实际持有的存货数。使用永续盘存制的企业必须定期盘点实际库存，冲销账簿登记的差额数，并减少存货账面数。由于存货的实际数和账面登记数之间的差额可以衡量，因此，管理层也会据此来判断每年的非正常损失金额。

永续盘存制的基本计算公式是：

期初存货余额 + 购入存货（净额）− 产品销售成本 = 期末存货余额

考生请注意： 在分析库存错误的影响时，计算期末存货或产品销售成本的基本公式很有用。请记住，产品销售成本是一项成本，会影响利润表和净利润。而期末存货是一项资产，会影响资产负债表上的流动资产部分，也可能影响公司的流动比率。

定期盘存制

相比之下，定期盘存制不跟踪期间产品销售成本，这种方法是在实际库存盘点完成后，于每个期末计算产品销售成本。定期盘存制中，用于计算的基本公式是：

期初存货余额 + 购入存货(净额) − 期末存货余额 = 产品销售成本

由于越来越多的公司采用库存跟踪数据库和相关技术，定期盘存制正在变得过时。

该系统不会实时记录产品销售成本的增加或销售时库存的减少。相反，这些数据，在每个会计期末的时候，通过计算得出：

	采购成本
−	采购折扣
−	采购退回与折让
+	运费
	购货成本

	购货成本
+	库存商品（期初余额）
	可供销售的货物成本

	可供销售货物成本
−	库存商品（期末余额）
	产品销售成本

由于产品销售成本每年仅确定一次，因此信息不及时。为了解决这个问题，公司可以使用一个改进后的永续盘存制，在备忘录账户中保存详细的数量记录（但不包括价格）。定期盘存制的另一个缺点是它不但不能测量由于盗窃或损坏造成的损失，还错误的将这些损失包含在了产品销售成本（COGS）中。

成本与市价孰低原则

在财务会计准则委员会（FASB）制定的会计准则汇编（ASC）中关于存货的更新发布后，其修订**不再适用**于使用后进先出法（LIFO）或零售价盘存法估价的存货。这些存货将继续按"成本与市价孰低原则"（LCM）进行计量。市场价格仍被定义为基于当前存货效用下的重置成本，发生的差额将在当期确认为亏损。存货最初是按历史成本记录的，但如果由于陈旧、损坏或价格变化而导致存货跌价，则应将存货减值至其当前价值。

"成本与市价孰低原则"（LCM）现在适用于使用后进先出法（LIFO）或零售价盘存法估价的存货过时或价值下降（例如，国外竞争带来价格下降）的情况。

在这种情况下，存货的计算按其成本或市场价值中较低者为准。市场价值通常被认为是替代该项目时需要购买或重置的成本。因此，这是采购市场而不是销售市场的价值。存货的价格下跌时需调减存货账面价值，而不是销售时调减存货的市场销售价格。该方法假设资产的重置价格下降了，通常意味着该项目的销售价格也将被迫下降以保持竞争力。

成本与市价孰低原则的最高限额与最低限额

使用重置成本作为市价衡量指标时有两个限制条件：

1. 最高限额——市价不得大于存货的可变现净值。

2. 最低限额——市价不得低于存货可变现净值减去正常加价或毛利的折让后得到的金额。设置最高限额（或上限）的目的在于确保不高估资产，也不低估损失，从而避免在未来期间进一步确认损失。设置最低限额（或下限）的目的在于确保不高估损失，也不低估存货，从而防止未来高估利润。

成本与市价孰低原则的应用

只要在各年度间持续使用统一的规则，成本与市价孰低（LCM）的原则**适用**于某类单独的产品、分类或总库存。当将 LCM 应用于某一个分类或总库存时，其中某些产品的市场价格上涨倾向于被用来抵消同类中其他产品市场价格的下降，这样涉及的数额会小于对单类产品独立应用 LCM 原则的数额。出于税缴的目的，对于同类产品统一应用 LCM 原则的方法最为常见。此类产品级 LCM 将会产生最保守（最低）的库存价值和最大的持有损失，因为对每个产品都是选择了成本或市价中较低的一个。表 1A–15 示例了 LCM 各种方式的应用。

图表 1A – 15 LCM 的应用

存货	成本	市价	按照产品	按照分类	合计
		成本与市价孰低原则的各种可选方法的应用			
橡胶产品部：					
网球（盒）	$120	$84	$84		
壁球（盒）	144	156	144		
	$264	$240		$240	
球拍部门：					
网球拍1部	$192	$230	192		
网球拍2部	240	211	211		
	$432	$441		432	
合计	$696	$681			
存货价值			$631	$672	$681
确认损失 *			$65	$24	$15

注：* 按照个别库存：$696 – $631 = $65；

按照分类库存：$696 – $672 = $24；

汇总库存：$696 – $681 = $15。

成本与市价孰低原则的记录

差额在当期确认为损失，并在利润表中列报。

成本与可变现净值（NRV）孰低原则——准则更新

LOS
§1.A2.e

更新版中的修订适用于采用先进先出法（FIFO）或平均成本法计量的存货。企业应"从采用日期开始，对存货进行前瞻性计量"。在向新的准则过渡时，企业可以"在采用后的第一个财年中期和财务年度披露会计原则变更的性质和原因"。此外，在新准则采用之前，如果公司就已经通过先进先出法或平均成本法将库存减记到低于成本的水平，则在采用更新的准则后，减少的金额被重新认定为成本。

由于 NRV 是一个估计值，因此财务报表使用者应该知道其中的固有风险。在随后的库存计量产生重大和非正常损失时，财务报表应该予以披露。

可变现净值（NRV）的定义是：

可变现净值（NRV）是指在"以日常商业活动中的预估售价减去合理预计的完工成本、处置成本和运输成本"。

一旦发生存货的可变现净值低于其成本时，差额需要在当期确认为损失，目的是公允地反映该期间的收入。这一类的损失可能是由于库存损坏、物理恶化、报废或价格水平的变化而导致的。换句话说，自购得以来商品的效用有所减弱。

与 LCM 应用原则类似，成本与可变现净值孰低原则也适用于某类单独的产品、分类或总库存。（可参考图表 1A – 15，LCM 的应用），这里依旧可以使用相同的数据来解释说明更新后的准则。只要将标题改为"成本与可变现净值孰低原则的应用",第二个标题改为,"成本与可变现净值孰低原则的各种可选方法的应用",同时在第三栏中,将"市价"改为"可变现净值"就可以列报相应的可变现净值(NRV)。

成本流转假设

LOS
§1.A2.d

LOS
§1.A2.f

LOS
§1.A2.i

"成本流转假设"是财务记录库存成本的方法,并不体现实际生产中存货的流转。四种常用的成本流转假设是:个别计价法、平均成本法、先进先出法(FIFO)和后进先出法(LIFO)。以先进先出法(FIFO)举例,这并不是表示最早的存货最先卖出去。相反,成本流转假设只是简单地确定哪些成本依旧留在资产负债表上作为存货(资产),哪些被分配到了利润表上作为产品销售成本(COGS)。此外:

- 个别计价法,跟踪每个单独物品的成本,并根据该物品是否已售出将该物品记录在产品销售成本或库存成本中。只有当所有商品都有独特的标签,这种方法才是可行的,所以对于少量昂贵的商品,例如珠宝或汽车,特殊订单或使用分批成本法制造的产品,这种方法效果最佳。
- 平均成本法是试图确定所有相近类型存货的平均成本的一种方法,并在此期间使用该平均成本将成本分摊到产品销售成本和期末存货中去。
  - 在**永续盘存制**(perpetual inventory system)中,这种方法又称为"移动平均法",因为每次购买后都必须计算新的平均成本,该平均成本将被采用,直到发生新的购买行为,计算出又一个新的平均成本。图表1A–16,列示了在"移动平均法"下一个月的平均成本。

图表1A–16 移动平均法下存货成本流转假设

	旁氏体育用品公司 移动平均存货成本流转假设 (永续盘存制)	
7月1日,存货期初余额	1 000 件 × $40/件	$40 000
7月7日,购入存货	1 000 件 × $60/件	60 000
7月7日,存货余额	2 000 件 × $50/件	$100 000
7月15日,销售存货	(1 000) 件 × $50/件	(50 000)
7月15日,存货余额	1 000 件 × $50/件	$50 000
7月20日,购入存货	500 件 × $56/件	28 000
7月20日,存货余额	1 500 件 × $52/件	$78 000
7月28日,销售存货	(300) 件 × $52/件	(15 600)
7月31日,存货余额(期末)	1 200 件 × $52/件	$62 400
产品销售成本(1 300 件)	$50 000 + $15 600	$65 600

- 在**定期盘存制**(periodic system)中会使用到"加权平均"的方法。将可供出售的商品的总成本(期初库存+采购)除以可供销售的商品总数以得到每单位的加权平均成本。以期末存货数量乘以平均成

本，以确定期末存货的价值。要计算已售商品的成本，则从可供销售的商品成本中减去期末库存的价值，或将平均成本乘以已售出的单位数量。

平均成本法相对客观且使用简单，所以公司从实际操作的角度可能会选择使用这个方法。

- 先进先出法（FIFO）是将较早的库存确认为成本，而将较近的库存成本作为期末库存。

这意味着当成本增加时，先进先出法产生的产品销售成本较低，因为它包括的是之前较低的成本，而期末库存相对较高，因为它由较高的近期成本组成。当价格下跌时，则体现出相反的结果。这里继续使用图表 1A – 16 的数据，在图表 1A – 17 中使用了永续盘存制计算得到产品销售成本和期末库存。当销售数量超过以最早价格获得的单位数量时，将使用下一个最近购买的价格。意味着，销售商品的成本总是基于最早的成本。

图表 1A – 17　永续盘存制下的 FIFO

旁氏体育用品公司 先进先出存货成本流转假设 （永续盘存制）	
产品销售成本（1 300 件）：	
7 月 15 日，1 000 件 × $40/件	$ 40 000
7 月 28 日，300 件 × $60/件	18 000
合计	$ 58 000
存货期末余额（1 200 件）：	
期初存货余额 + 本期购入存货 − 产品销售成本 = 期末存货余额	
$ 40 000 + $ 88 000 − $ 58 000 = $ 70 000	
700 件 × $ 60/件	$ 42 000
500 件 × $ 56/件	28 000
	$ 70 000

如果使用定期盘存制，则期末存货按照最新购入的成本计算。可供出售商品成本减去期末存货等于产品销售成本。**在永续盘存制下的 FIFO 和定期盘存制下的 FIFO 通常会产生相同的结果，因为"最先进入"的成本总是相同的。**图表 1A – 18 列示了定期盘存制下的 FIFO 估值方法。

FIFO 更近似于存货的实际流转。当越早期购入的商品越先被销售时，FIFO 与个别定价法的数值相近，并且 FIFO 下的期末存货账面价值也更接近于库存的重置价格。然而，FIFO 却没有将当期的成本与当期的收入相匹配，而是将最早期的成本与最近的收入匹配在了一起，因此 FIFO 会造成净利润的扭曲并导致利润虚增。

图表 1A-18 定期盘存制下的 FIFO

旁氏体育用品公司
先进先出存货成本流转假设
（定期盘存制）

期末存货余额（1 200 件）：	
700 件 × $60/件	$42 000
500 件 × $56/件	28 000
合计	$70 000
产品销售成本（1 300 件）：	
期初存货余额 + 本期购入存货 − 期末存货余额 = 产品销售成本	
$40 000 + $88 000 − $70 000 = $58 000	

- 后进先出法（LIFO），将最近购入库存的成本分配到产品销售成本，最早期的成本被分配在期末库存中。当成本上涨时，与其他方法相比，LIFO 下将出现最高的产品销售成本和最低的期末库存。

  在**永续盘存制**（perpetual inventory system）中，按照实际发生的顺序记录每一笔交易行为。因此，在 LIFO 下，每次销售后都必须确定已售商品的成本。这里继续使用图表 1A-16 的数据，在图表 1A-19 中，列示了永续盘存制下 LIFO 方法的计算。

图表 1A-19 永续盘存制下的 LIFO

旁氏体育用品公司
后进先出存货成本流转假设
（永续盘存制）

产品销售成本（1 300 件）：	
7 月 15 日，1 000 件 × $60/件	$60 000
7 月 28 日，300 件 × $56/件	16 800
合计	$76 800
存货期末余额（1 200 件）：	
期初存货余额 + 本期购入存货 − 产品销售成本 = 期末存货余额	
$40 000 + $88 000 − $76 800 = $51 200	
1 000 件 × $40/件	$40 000
200 件 × $56/件	11 200
	$51 200

与先进先出法（FIFO）不同的是，后进先出法（LIFO）下，永续盘存制和定期盘存制计算得到的产品销售成本和期末存货的金额是不同的。这是因为定期盘存制下，LIFO 是按会计期末的成本计算，而永续盘存制下，LIFO 是按照每次销售发生日期来计算。

在**定期盘存制**（periodic system）中使用 LIFO 时，产品销售成本是通过从可供出售商品成本中减去期末存货计算得到。图表 1A-20 列示了定期盘存制下 LIFO 的存货估价方法。

图表 1A-20 定期盘存制下的 LIFO

旁氏体育用品公司
后进先出存货成本流转假设
（定期盘存制）

期末存货余额（1 200 件）：	
1 000 件 × $40/件	$ 40 000
200 件 × $60/件	12 000
合计	$ 52 000
产品销售成本（1 300 件）：	
期初存货余额 + 本期购入存货 - 期末存货余额 = 产品销售成本	
$ 40 000 + $ 88 000 - $ 52 000 = $ 76 000	

　　LIFO 的一个主要优势在于可以更好地衡量当期收益，因为它可以将较近的成本与当前收入相匹配。当成本上升和库存水平持稳时，LIFO 还可以递延所得税，因为与其他方法相比，LIFO 更高的产品销售成本使得净利润更低。这样，较低的税收增加了公司的现金流量。在价格下跌时，LIFO 可以帮助企业一定程度上进行套期保值，因为随着价格的下跌，它不需要按照市场价格调低成本。而 FIFO 就可能会遇到这个问题。虽然 LIFO 较低的报告收益带来税收减少，却不利于那些期望更高报告利润的企业。LIFO 会造成资产负债表的失真，因为它低报库存和营运资本。

　　图表 1A-21 概述了库存成本流转的假设。

图表 1A-21 库存成本流转假设

估价方法	简介	期末库存	产品销售成本	净利润	永续盘存制	定期盘存制	LCM	LCNRV
个别计价法	跟踪每个单独物品，以确认库存与产品销售成本	n/a	n/a	n/a	n/a	n/a	n/a	n/a
平均成本法	平均同类产品成本，以确认库存与产品销售成本	库存与销售成本计算结果介于 FIFO 与 LIFO 之间			移动平均法——每次销售后重新计算平均成本	加权平均		×
先进先出法	较早采购先进入产品销售成本	↑	↓	↑	两种制度下，库存与产品销售成本的值都相同			×
后进先出法	较晚采购先进入产品销售成本	↓	↑	↓	分层计算每次购买和随后的销售	分层确定每一个时间周期，然后计算产品销售成本	×	
零售库存法	先计算成本零售比率，再把这个比率运用在期末零售库存，来预估期末库存成本	n/a			n/a		×	

LCM：成本与市价孰低原则；

LCNRV：成本与可变现净值孰低原则；

成本零售价比率：可供出售的商品成本除以可供出售商品的零售价格。

后进先出法（LIFO）清算

后进先出法（LIFO）按不同的采购时间和成本分层记录库存，将最早的成本作为"基础层"。如果在一个时期内销售额超过购买额，则需要进行"LIFO 清算"。**LIFO 清算**（LIFO liquidation）是由于多层级库存构成的销售导致公司按照当前价格确认收入的同时，产品销售成本却混合了当前与早期的价格。当价格上涨时，它会导致报告收入增加，可能使企业交纳更多的所得税。

解决 LIFO 清算问题的一个方法是使用货币价值后进先出法（dollar – value LIFO），即在计算成本池的数额的增减变动时，按照总的货币价值而不是实物的数量进行。这样使得"成本池"的界定范围更加宽泛，从而减少后进先出清算的机会。

后进先出法（LIFO）准备

虽然从税务的角度，后进先出法（LIFO）具备着优势。但它对于内部管理却用处不大，因为它不能体现货物的实际流转，而且对于内部期间报告来说很麻烦。因此，许多公司仅使用 LIFO 进行缴税和外部报告，但在内部使用平均成本法或先进先出法。此外，财务报表的外部使用者很难将使用 LIFO 的公司与使用 FIFO 或平均成本法的公司进行比较，因为选择何种存货成本流量假设会直接影响资产负债表和利润表。因此，**公认会计原则（GAAP）要求使用 LIFO 的公司在备抵账户（称为 LIFO 准备）中报告** LIFO 和 FIFO 不同计算方法下的差额，将库存降至 LIFO 计算的价值。"LIFO 准备"中余额的变化称为 LIFO 效应。

将 LIFO 转换为 FIFO 的影响

出于不同的目的，一家公司有可能希望改变他们库存会计核算的方法。在通货膨胀时期，如果公司选择 LIFO 而不是 FIFO，公司会列报出更高的产品销售成本（COGS）和更低的税前收入，进而更低的所得税。因此，在当年有避税需求的公司会选择后进先出法（LIFO）。反之，寻求报表利润最大化的公司会选择先进先出法（FIFO）。

当企业使用不同的流转方法时，他们的财务数据是很难直接比较的。财务报表的外部用户必须将不同的流转方法转化为同一种方法时才能真正意义上进行比较。由于使用 LIFO 的公司需要披露其后进先出法（LIFO）差异准备，因此将 LIFO 转换为 FIFO 更容易。图表 1A – 22 中数据采自于一家以 LIFO 为基本方法的企业。

图表1A –22　采用 LIFO 的企业财务报表（部分）

	第 2 年	第 1 年
资产负债表节选：		
存货（FIFO 成本估计值）	$ 338 757	$ 307 566
减：LIFO 差异准备	$ 32 231	$ 11 820

续表

	第 2 年	第 1 年
LIFO 成本	$ 306 526	$ 295 746
利润表节选：		
产品销售成本（COGS）	$ 2 590 650	
净利润	$ 108 690	

在示例中，LIFO 的差异准备增加了（32 231 美元 – 11 820 美元）＝ 20 411美元。因此，如果公司使用先进先出法，其产品销售成本（COGS）会较低，其净利润较高，如图 1A – 23 所示。这个例子里，假设税率是 40％。

图表 1A – 23　将 LIFO 转换为 FIFO

基于 LIFO 得出的产品销售成本	$ 2 590 650
LIFO 差异准备的变化	
LIFO 准备，第二年	$ 32 231
LIFO 准备，第一年	11 820
减：LIFO 准备的增加额	20 411
基于 FIFO 得出的产品销售成本	$ 2 570 239
LIFO 法下的净利润	$ 108 690
在 FIFO 下，调整之前因为产品销售成本造成的税前利润差异	＋ $ 20 411
税收的差异影响	
税前利润的变化	$ 20 411
税率	×40%
FIFO 法下税前利润增加的税费	－ $ 8 164
FIFO 法下的净利润	$ 120 937

后进先出法（LIFO）差异准备是自企业开始使用 LIFO 起，LIFO 和 FIFO 之间的总成本差异的累积。将当前的 LIFO 差异准备与税率相乘，即可得出使用 LIFO 下节省的所得税额。在这个例子中：40% ×32 231 美元 = 12 892 美元。因此，长期来看，该公司可以投资其业务的资本多了 12 892 美元。

不同的成本流转假设对资产与收入的影响

当成本上升时，使用 LIFO 会将收入降到最低，从而可以降低所得税。LIFO 也遵循着会计的匹配性原则，将近期成本（接近重置成本）与当前的收入相匹配。

图表 1A – 24 显示了使用前面例子的数据，对采用先进先出法、平均成本法以及后进先出法产生的不同结果所进行的比较。

图表1A-24 对比永续盘存制下存货成本流转假设

成本流转假设	可供出售的产品成本	产品销售成本	期末存货余额
永续盘存制下 FIFO	$128 000	$58 000	$70 000
永续盘存制下移动平均法	$128 000	65 600	62 400
永续盘存制下 LIFO	$128 000	76 800	51 200

公认会计原则（GAAP）接受并允许企业根据自身情况在这些成本流转假设中进行选择。事实上，许多库存估价方法（每种方法导致不同的净收入水平）都被 GAAP 允许，这使得比较不同公司的财务报表更加困难；因此，公司必须在财务报表附注中披露他们使用的是哪种成本流转假设。

国际会计准则委员会（IASB）不接受后进先出法（LIFO）进行存货估价。随着国际会计准则委员会（IASB）和美国财务会计准则委员会（FASB）正逐步对差异进行调整，有趋同的趋势，库存估值方法可能会受到影响。

存货错报的影响

错误的对存货计价主要体现在两种情况下：期末存货错报和采购错报。

- 期末存货错报。当期末库存里的某些项目被错误地遗漏，资产负债表上的存货就会被低估，而留存收益、营运资金和流动比率也随之被低估。同时这会使得产品销售成本高估，因而利润被低估。如果错误在下一个期间没得到更正，就会产生相反的结果。把两个期间的报表放在一起看，会得到相同的利润总额，就好像没出什么差错。只是在单独分析时，每年的净利润是错误的。当期末存货被高估时，其结果正好相反；净利润、存货、留存收益、营运资本和流动比率被高估，同时，产品销售成本被低估。

例如，图表1A-25 示例了第 1 年高估的期末库存（增加 10 000 美元）的影响以及第 2 年的这一错误的修回。增加或减少用上或下箭头表示。

图表1A-25 更正存货错报

	时间	变化
期末存货错报	第 1 年	↑ $10 000
产品销售成本	第 1 年	↓ $10 000
营业利润	第 1 年	↑ $10 000
所得税费用（税率40%）	第 1 年	↑ $4 000
净利润	第 1 年	↑ $6 000
留存收益	第 1 年	↑ $6 000
期初存货余额	第 2 年	↑ $10 000
产品销售成本	第 2 年	↑ $10 000
营业利润	第 2 年	↓ $10 000
所得税费用（税率40%）	第 2 年	↓ $4 000
净利润	第 2 年	↓ $6 000
期末存货余额	第 2 年	正确
留存收益	第 2 年	正确

- 被采购错报的。如果采购没有记录或包含在期末库存中，则资产负债表会低估库存和应付账款。流动比率是否被高估或低估取决于初始流动比率的大小。不过，因为购入和期末库存都被低估了，因此在利润表中产品销售成本是正确的。因此，净利润不受影响。如果初始流动比率大于 1 比 1，流动比率会被高估，因为当同时等量减少流动资产和流动负债会产生更高的比率。例如，如果流动资产是 200 000 美元，流动负债是 100 000 美元，那么流动比率应是 2 比 1。但是，如果流动资产和流动负债都被错误地漏报了 50 000 美元，那么这个比率将是 3 比 1，这便高估了比率。

但是，如果初始的流动比率小于 1 比 1，那么流动比率就会下降并被低估。例如，当流动资产减少到 75 000 美元，而流动负债保持在 100 000 美元时，初始流动比率就是 0.75 比 1。这时如果流动资产和流动负债都产生 50 000 美元的漏报，流动比率将是 0.5 比 1，这便低估了比率。当购入和库存同时被高估时，上述情况正好相反。

公允价值的标准和计量

企业在列报其债券或股票证券投资时候，通常使用公允价值。

定义（definition）。公允价值可以被定义为在某一评估日期的当时市场状况下，在市场参与者之间的有序交易中，出售资产所收到的价格或转让负债所支付的价格。公允价值有时候被称为市场价值或公允市价。所有这些术语都意图表示和"公允价值"相同的概念。公允价值计量的假设条件是资产或负债是在计量日的有序交易中，发生在市场参与者之间的交换。

- 例如，资产的公允价值是市场参与者愿意为购买资产支付的金额。
- 当存在一个"主要市场"时，公允价值被定义为该市场的价格。主要市场是资产或者负债交易活动量最大的市场，在这里，企业可出售资产或转移负债。
- 在没有主要市场的情况下，应使用最有利于市场价格（最大化收到资产的金额或最小化转移负债的金额）来确定公允价值。例如，汽车经销商可能有多个市场，包括终端消费者市场或其他经销商市场，这里的最有利于市场可能是其他经销商市场。
- 公允价值计量是假设市场参与者将"最高和最佳"化的使用非金融资产（即最大化资产价值的用途），并且基于市场参与者对资产的使用会基于这种最优方案，即便资产用途有所不同。例如，如果优质住宅区的土地被收购建造一个仓库，则该土地的公允价值将视作住宅用途时的价值。"最高和最佳"使用概念仅适用于非金融性资产。

公允价值的计量。公允价值的计量方法有三种，包括市场法、收益法和成本法。**市场法**（market approach）是指按照市场交易中相同或类似资产的价格或其他相关信息来确定公允价值。**收益法**（income approach）是指采用估价方法将未来现金流贴现为当前价值的方法。**成本法**（cost approach）是基于资产的重置成本来确定公允价值。

为了增强在使用"公允价值"时的一致性和可比性,将公允价值计量方法的标的项目分为三个级别。财务报表在列报时,必须将每种主要资产和负债类别的信息归入以下三个级别:

第一级别:这个级别里,"公允价值"的确定性最高。企业准备计量的某类资产存在着活跃的市场,且企业在计量日期(通常在年末或期末)可以获取公允价值的相关信息。例如,如果一家公司持有迪士尼的股票,那么该公司可以很容易地计算出该股票的公允价值,因为"迪士尼股票"有一个活跃的市场,并且信息很容易获得。第二个级别在计量公允价值时,无法获得第一级别那么高的确定性。公允价值计量的水平因此会低于第一个级别。比如,公司拥有的资产没有一个单独的活跃市场,但是与其类似(不完全相同)的资产存在着活跃市场时,这个"参考价格"可用于公允价值第二级别的计量。第三级别的公允价值计量是最不确定的衡量标准。这种情况下,公司正在计量的资产不存在独立的活跃市场,也没有类似资产的活跃市场,即没有可用的第一级别或第二级别公允价值计量的参考。企业需要使用贴现现金流量等财务模型来估算公允价值,从而衡量第三级别资产的公允价值。

使用公允价值的优点与缺点。与历史成本法相比,公允价值评估提供的关于资产评估信息更为准确实时。许多金融机构和投资者会依靠公允价值来进行有关金融资产和负债的决策。使用公允价值的不利之处包括列报的价值体现出高波动性,导致"估计值"的不确定性增加,特别是对于使用第三级别衡量标准评估的资产。

对于公允价值的披露要求,国际财务报告准则(IFRS)与美国公认会计原则(U. S. GAAP)类似。

各种公允价值计量方法被概括在图表 1A–26 中。

图表 1A–26 公允价值计量方法

	公允价值计量方法	级别	评估的可靠性
市场法	同类或类似资产的市场交易的价格或其他相关信息	1	最可靠
成本法	资产的重置价值	2	略可靠
收益法	将未来现金流金额贴现为当前价值	3	最不可靠

资产公允价值	市场	同质的资产	相似的资产
第 1 级别	活跃	存在	存在
第 2 级别	活跃	不存在	存在
第 3 级别	不活跃	不存在	不存在

图表 1A–27 总结了不同存货计价方法的优缺点。

图表 1A-27　存货计价方法

存货计价方法	优点	缺点
个别计价法	• 准确的库存成本和产品销售成本	• 跟踪个别项目的成本，所以它不适合大量的库存项目和同类产品
平均成本法	定期盘存制： • 简单易用 • 客观的 • 只在期间末期计算一次平均成本	永续盘存制： • 要求在每次购买后计算新的平均成本
先进先出法	• 永续盘存制和定期盘存制会报告相同的结果 • 全球通用，不需要由于国家不同使用不同的存货计价方法 • 存货价值贴近存货的重置成本 • 贴近实际的货物流动情况	• 在通货膨胀时期增加了税负，现金流量减少 • 不匹配当期成本和收入，扭曲净收入，产生虚假利润
后进先出法	• 是衡量当前收益的更好方法 • 在通胀时期降低税负，增加现金流量（在美国范围内） • 将当前成本与收入相匹配，从而更好地衡量收益 • 对冲价格下跌，很少需要按市值减记	• 永续盘存制和定期盘存制会报告不相同的结果 • 由于低估存货价值和营运资本而扭曲资产负债表 • GAAP 要求报告 LIFO 准备 • 不被国际会计准则理事会（IASB）允许

资产估价

资产在资产负债表中按流动性强弱顺序进行估值和列报，即资产转换为现金的能力及（或）管理者的意愿。如果公司预计该资产在年度或运营周期内（以较长者为准）将全部转换为现金或使用完成，则此类资产列报为流动资产。流动资产通常包括现金、短期投资、应收账款、存货、低值易耗品和预付费用。将持有超过一年（或一个运营周期）的资产归类为长期资产，包括投资性资产、不动产、大型机器、设备和无形资产。

投资性资产

本节主要阐述投资性资产的会计处理，此类资产包括对其他公司的债务或权益性证券投资等。

债务性证券

债务性证券（debt security）是从一个实体向另一个实体提供贷款的一种

形式，包括联邦政府和地方政府证券、商业票据、公司债券、证券化债务债券和可转换债券。它们被用来保值资本和产生收益。债务性证券被归类在图表1A－28中。

图表1A－28　债务性证券投资

分类	持有至到期投资	可供出售金融资产	交易性金融资产
标准	管理层有意图和有能力持有至到期	管理层打算在未来出售	管理层打算在近期出售
估价	摊销成本：购入成本加上任何未摊销溢价或减去任何未摊销折扣	公允价值	公允价值
记录未实现的持有收益或损失	无	其他综合收益－权益	收入
记录利息收入	收入	收入	收入

在资产负债表上，企业需要将单项投资划分为流动资产或非流动资产，这取决于管理层何时出售债务性投资并将其转化为现金。对于归为可供出售和持有至到期的证券，必须披露它们的合计公允价值，未实现的（持有）收益和损失总额以及成本的摊销基础。

"公允价值变动损益"科目（估值记录/调整账户）用于根据市场价值调整交易性和可供出售金融资产投资组合的账面价值。在每个资产负债表日，对"公允价值变动损益"进行调整，以使投资组合（按成本）和估值准备金的总和等于证券的公允价值，并确认未实现的收益或亏损。销售有价证券时，投资账户的成本转出，同时登记已实现的利得或损失。

持有至到期投资

权益性证券可以持有到期日，因为合同有一个明确的日期。债务性证券如果要归为"持有至到期投资"，报告主体必须既有积极的意愿也有能力持有该证券到截止期（即证券的到期日，当日本金投资将归还给投资公司/投资人）。

因此，出售持有至到期投资的情况比较少见。在出售时，证券的摊余成本，相关收益或损失以及导致决定出售或转让证券的情况必须在财务报表附注中披露。

如果存在未摊销的折价或溢价部分，应该减去或加上取得成本，计算得到账面价值。未实现的收益和损失不予确认，因为该项资产没有按公允价值记录。"持有至到期投资"采用实际利率法计算利息收入。在此计算方法中：

- 对于以溢价购买的债券：

$$账面价值 \times 实际利率 = 利息收入$$

$$面值 \times 票面利率 = 应收利息$$

$$应收利息 - 利息收入 = 溢价摊销$$

$$原账面价值 - 溢价摊销 = 新账面价值$$

● 对于以折价购买的债券：

$$账面价值 \times 实际利率 = 利息收入$$
$$面值 \times 票面利率 = 应收利息$$
$$利息收入 - 应收利息 = 折价摊销$$
$$原账面价值 + 折扣摊销 = 新账面价值$$

可供出售金融资产

可供出售的证券（available-for-sale securities）包括所有打算在未来某一时间出售的证券，这些证券没有明确的持有时间，也不涉及积极利用市场价格暂时差异进行交易。"可供出售金融资产"类的资产组合按照公允价值计量，在资产负债表日由于价格波动导致的未实现的利得或损失计入其他综合收益，并在股东权益中单独列示。

图表 1A - 29 示例了可供出售金融资产投资组合如何调整为公允价值。在这个例子中，有去年未实现损失 14 257 美元。同时，由于当年年末的未实现损失为 12 000 美元，比去年同期减少 2 257 美元，债务性投资的价值实际上已经增加，因此未实现的收益需要被记录下来。

分录的借方是对债务投资价值调整账户中证券公允价值调整的金额。

借：证券资产公允价值调整	2 257
贷：未实现的利得或损失计入（权益类）	2 257

图表 1A - 29　计算债券的公允价值调整——可供出售金融资产

可供出售债券投资组合
截至第 1 年 12 月 31 日

投资	摊销成本	公允价值	未实现利得（损失）
X 公司债券，利率为 10%（投资组合总额）	$300 000	$288 000	$（12 000）
前期公允价值变动余额——贷方			（14 257）
证券公允价值变动——借方			$2 257

图表 1A - 29 中"可供出售金融资产"类的资产组合在财务报表中如何列报，体现在图表 1A - 30 中。

图表 1A - 30　可供出售债券在资产负债表和利润表中的列报

资产负债表（部分）	
流动资产	
应收利息	$×××
投资	
可供出售金融资产（按照公允价值计量）	$288 000
股东权益	
累计其他综合收益	$12 000

续表

综合的收益表	
净利润	$×××
其他综合收益	
未实现的可供出售债券持有利得（损失）	（12 000）
其他综合收益合计	×××
综合收益	$×××

交易性金融资产

交易性金融资产是那些准备在短期内（一般在购买后 90 天或 3 个月内）出售的并通过短期价格差异产生收入的金融资产。在购买时，每笔证券均以其购买价格进行记录，其中包含佣金、费用和税金。由于公司的意图是从这些证券的交易中获利，所以交易性金融资产可以以投资组合的形式以公允价值列报。在资产负债表日，将证券投资组合按照市场价格（公允价值）列报，所产生的投资组合的未实现（持有）利得或损失记录在收益中。已确认但未收到的股利或利息收入被视为应收款项。

图表 1A –31 列示了一项交易性债券的投资组合，包括成本、公允价值和未实现利得或损失的信息。

图表 1A –31　按照公允价值计价的交易性债券调整金额的计算

投资	成本	公允价值	未实现利得（损失）
	交易性债券投资组合 第 1 年 12 月 31 日		
X 公司债券，利率为 12%	$ 54 386	$ 64 860	$ 10 474
Y 公司债券，利率为 10%	228 445	216 248	（12 197）
Z 公司债券，利率为 8%	107 086	114 600	7 514
投资组合合计	$ 389 917	$ 395 708	5 791
前期公允价值调整——贷方			3 201
证券公允价值变动——借方			$ 2 590

权益性证券投资

随着《会计准则汇编（ASC）321——投资权益性证券》的发布，《会计准则更新（ASU）2016 –01——确认和计量金融资产和金融负债》修订了在其他企业进行股权投资的相关会计准则。

最重大的变化是取消了持股比例低于 20% 时对"可供出售"和"交易性"金融证券的类别，这意味着所有导致财务报表日未实现的持有损益的公允价值调整必须报告在利润表中。这些未实现的损益不能再以权益的形式反映在其他综合收益中。

　　权益证券代表对另一个实体的所有权。它们包括普通股、优先股（不包括可赎回优先股）、股票认购权证和股票期权，不包括可转换债券。当投资者收购被投资公司的股票时，这些权益性证券如何进行会计处理取决于收购的享有投票权的股票比例。图表 1A‑32 总结了股权证券投资的会计处理和报告方法。

图表 1A‑32　股权证券投资

股权持有率	<20%	≥20%～50%	>50%
影响或利益	消极的	重大的	控制的
会计方法	成本法	权益法	权益法或成本法
估价	如果公允价值容易确定：使用公允价值 如果公允价值不容易确定：使用成本减去任何减值	净权益，除非选择了公允价值	无
记录未实现的持有收益或损失	收入	收入	无
资产负债表的呈现	流动或非流动投资的区分取决于管理层的出售倾向	通常是非流动投资	合并财务报表
记录股息收入	收入	投资账户	投资账户

持有股权少于20%——公允价值（成本）法

　　由于没有到期日，因此拥有股票比例低于 20% 的股权投资不能划分为持有至到期投资。持股少于 20% 的投资者一般对被投资方的影响甚微或没有影响。

　　在公允价值（成本）法下，股权投资最初以其购买价格进行财务记录，其中包含部分费用，如转让费或中介费。以非现金交易（如提供服务或土地交换）购入的股票按所给予"标的"的公允价值或所收到的股票的公允价值进行记录，以两者中更容易确定者为准。

　　投资者将被投资单位宣告发放的现金股利确认为股息收益。在每期期末，此类资产组合按公允价值计价，持有期间未实现的利得或损失计算如图表 1A‑33 所示。

图表 1A‑33　权益性证券公允价值调整及其计算

	权益性证券投资组合 第 1 年 12 月 31 日		
投资	成本	公允价值	未实现利得（损失）
X 公司	$228 536	$242 000	$13 464
Y 公司	279 400	267 520	(11 880)

续表

权益性证券投资组合
第 1 年 12 月 31 日

投资	成本	公允价值	未实现利得（损失）
Z 公司	124 388	91 520	（32 868）
投资组合合计	$ 632 324	$ 601 040	（31 284）
前期证券公允价值变动余额——贷方			（1 000）
证券公允价值变动——贷方			$（30 284）

投资组合产生的未实现净损益将确认在利润表上。

当投资组合中的股票被卖出时，已实现的损益或损失是从出售的净收益中扣除购置成本计算的。已实现损益在销售日确认在收入账户。此外，未实现的损益账户余额与公允价值调整数额一并剔除。年内出售或购入权益性证券将会改变投资账户的基础成本。

持有股权介于20% ~ 50% 之间——权益法

当投资者对被投资方的经营和财务政策可以施加重大影响时，根据会计准则汇编（ASC）第 323 号公告《投资——权益法与联合经营》要求，必须采用权益法进行会计核算。这里的"重大影响"并不局限于"高于 20%"这一股权比例，也可以体现在董事会代表的席位、重大的集团内部交易和其他相关方面。

然而，除非存在明确证据，否则"股权占比是否达到 20% 或超过 20%"将是判断"重大影响"的主要依据。

权益法会计核算

在权益法下，投资性资产以最初的购买价格加上相关费用入账。在后续记录中，投资性资产的账面价值，随着被投资方创造的利润（或亏损）增加（或减少）；具体的变化金额取决于投资方控制的股权比例。当被投资方实际支付了（或已经宣告）股利分红后，投资方根据股权比例记录收益，同时调低投资性资产账面价值。

在使用权益法记录投资类资产的时候，投资人需要确认投资资产，并通过反映被投资者权益账户的变化，对应调整这项投资资产的价值，需要关注的有：

- 经营结果。投资者需要按照持股比例确认投资产生的收益（或亏损），其中扣除公司内部交易行为产生的利润（或亏损）的份额。
- 被投资人的其他综合收益项目。当其他综合收益项目中将引起权益变动，并给投资人带来投资金额和其他综合收益金额的增加（假设这些项目将增加权益份额），投资人应将这些其他综合收益项目按比例份额予以列报。

- 被投资方的分红。投资方需要按其持股比例确认其收到的分红。增记现金或应收股利，减记持有投资资产。
- 持有被投资方的账面价值与投资成本/公允价值之间的差异。这个差异通常归因于可辨认资产、负债或商誉。投资人应对被投资人固定资产的公允价值和账面价值之间的差额按持有份额进行摊销处理。商誉，严格来讲不进行摊销，而是进行减值测试。

举例，ABC 公司（投资方），用 20 000 000 美元购入了 XYZ 公司（被投资方）30% 的股份。在投资日，XYZ 的账面价值是 50 000 000 美元。因此，初始投资成本超过了被投资方账面价值中投资方持有的部分。具体为 5 000 000 美元（20 000 000 美元 – 50 000 000 美元 × 30% = 5 000 000 美元）。在这个案例中，这笔差额在商誉（2 500 000 美元）、存在使用年限的无形资产（1 500 000 美元），以及低估的被投资方应折旧资产（1 000 000 美元）间分配。无形资产在 5 年的时限内进行摊销，应折旧资产按照 10 年的时间进行折旧处理。

在第一年结束时，当 XYZ 公司公布其经营业绩时，ABC 公司也必须按持股比例入账 XYZ 的经营成果，包括其他综合收益的比例部分。在这个例子中，XYZ 列报了 4 600 000 美元的净利润，并宣布发放 1 400 000 美元的年终股息。ABC 公司同时还必须入账记录多支付的购买价格所产生的摊销和折旧。图表 1A – 34 列示了年末时，ABC 公司记录的会计分录。

图表 1A – 34　权益法下年末权益性证券核算的会计分录

借：长期股权投资——XYZ 公司	1 380 000	
贷：投资收益		1 380 000
按持股比例记录 XYZ 公司的净利润		（$4 600 000 × 0.3）
借：现金	420 000	
贷：长期股权投资——XYZ 公司		420 000
记录收到 XYZ 公司发放的现金股利（$1 400 000 × 30%）		
借：投资收益（普通收益）	400 000	
贷：长期股权投资——XYZ 公司		400 000
记录超过账面价值的投资成本的摊销：		
低估的应折旧资产（$1 000 000/10 年）		$100 000
未登记的无形资产（$1 500 000/5 年）		300 000
合计		$400 000

长期股权投资的账面价值计算如图表 1A – 35 所示（假设 6 月份，XYZ 宣告发放股利 700 000 美元，按照其中 ABC 占股的 30% 确认投资收益 210 000 美元）。

图表 1A-35 长期股权投资账面价值的计算

ABC 公司对 XYZ 公司的长期股权投资，截至第 1 年年末		
初始取得成本，第 1 年 1 月 1 日	$ 20 000 000	
加上：发放股利和摊销前享有的第 1 年的收益份额	1 380 000	$ 21 380 000
减去：		
收到的现金股利，6 月 30 日	(210 000)	
收到的现金股利，12 月 31 日	(420 000)	
低估应折旧资产的分摊	(100 000)	
未登记的无形资产的摊销	(300 000)	(1 030 000)
账面价值，第 1 年 12 月 31 日		$ 20 350 000

持有股权超过50%

当一个公司取得了控制权益（超过被投资方 50% 的股份）时，双方依旧需要继续各自独立的会计记录。从投资方的角度，该投资视为长期股权投资，并使用权益法列报在其财务报表上。在会计期末的时候，母公司需要合并其和子公司的经营成果。在合并资产负债表中，为避免重复列报，长期股权投资账户被抵消，并由子公司的资产和负债替代。合并财务报表将各自独立的实体视为一个单一的会计实体。

企业合并

企业合并是一种交易或商业行为，在这种交易或商业行为中，收购方获得对一个或多个企业的控制权，而控制权体现在拥有另一家公司 50% 以上的带有投票权的股份上。如果一项收购行为符合企业合并，公认会计原则（GAAP）要求使用"购买法"列报。

"购买法"要求企业按以下四步列报：

1. 确定收购日期。

2. 确认并计量可辨认资产、承担负债及被收购方的非控股权益。

3. 确认并计量商誉或者低价收购时产生的利得。

4. 在收购过程中企业付出的"对价"，需要按照在收购日以公允价值计量，其中包括转让的资产、承担的负债和收购方提供的股权收益。

与收购行为相关的成本一般在发生时确认为费用。

被收购公司的净资产按公允价值记入合并财务报表。收购所支付的金额与被收购公司净资产的公允价值之间的差额被记为商誉，商誉必须每年进行减值测试，并在明确减值时调减其金额。

如果被收购的公司仍然是独立的法人实体，则被视为收购方（母公司）的子公司，并同时保留自己的一套账簿与财务报表体系。母公司在账簿中的"对子公司的投资"账户中记录对于子公司的投资。收购后，这个账户需要每年调整一次。如果母公司持有 20% 到 50% 的股权，通常使用权益法后续计量其在子公司中的投资。如果母公司拥有实际控制权益（通常大于 50% 的所有权），则需要采用权益法并合并财务报表。

假设艾克米·达沃斯（Acme Diversified）公司用 3 840 000 美元购入了阿布科（Abco）公司 60% 的股权。3 840 000 美元的投资款比阿布科账面价值高出 480 000 美元。本例中，240 000 美元被认定为商誉，另外 240 000 美元被认定为是应折旧资产的市场价值超出账面价值的部分（分五年摊销）。

在第 1 年度，阿布科公司公布了 432 000 美元的收入和 144 000 美元的红利。收入为 432 000 美元，股息后的收入为 288 000 美元。图表 1A-36，比较了成本法与权益法下的不同会计分录。图表 1A-37 示例了如何计算投资账户的账户余额。

图表 1A-36　成本法与权益法比较——母公司

成本法——第 1 年度		权益法——第 1 年度	
借：长期股权投资——阿布科公司	3 840 000	借：长期股权投资——阿布科公司	3 840 000
贷：现金	3 840 000	贷：现金	3 840 000
登记初始投资额		*登记初始投资额*	
借：现金	86 400	借：现金	86 400
贷：投资收益（股利收益）	86 400	贷：长期股权投资——阿布科公司	86 400
登记收到的现金股利（0.6 × $144 000）		*登记收到的现金股利（0.6 × $144 000）*	
		借：长期股权投资——阿布科公司	259 200
		贷：投资收益（子公司股利收益）	259 200
		登记分享子公司的净利润（0.6 × $432 000）	
		借：子公司投资收益	48 000
		贷：长期股权投资——阿布科公司	48 000
		登记补提折旧，调减子公司的净收益	
		（$240 000/5 年）	

图表 1A-37　长期股权投资：成本法与权益法对比

成本法		权益法	
长期股权投资——阿布科公司		**长期股权投资——阿布科公司**	
第 1 年度 初始成本	3 840 000	第 1 年 成本	3 840 000	
		收到股利		86 400
		净收益	259 200	
		计提折旧额		48 000
第 1 年年末余额	3 840 000	第 1 年年末余额	3 964 800	

通过比较这两种方法，可以得出：

- 被投资方支付或者宣告支付的股利。投资方需要按照对应持股比例列报对应金额。在成本法下，这部分被列报为收入；在权益法下，用来调减长期投资资产。
- 权益法下，投资者在被投资公司的收入按所占份额增加投资；但在成本法下，不以核算。

- 在权益法中，会确认资产在获取时所出现的增值部分的额外折旧费用，但在成本法下不会核算。

固定资产折旧方法

折旧的主要目的是为了更好地体现财务的匹配性原则，将固定资产成本作为生成收入的费用项，按照有效使用寿命分摊到资产的各个受益期间的一种会计处理方式。折旧并不是用于对资产的价值计量，仅仅是一种成本分配的方法。因此，通过"折旧"计算出的账面价值并不一定是资产的公允价值。为了计算折旧额，必须确定以下因素：

- 待折旧基数；
- 可使用寿命；
- 折旧方法。

资产的待折旧基数是指资产原值减去余值（残值）即预估的可使用寿命结束时资产的经济价值后得出的结果。资产的"可使用（经营）寿命"可能短于资产的实际物理寿命，因为在实际报废之前它有可能已经不再适用于企业的经营活动了。

当资产在年中某一时间购入或卖出时，首先需要计算得到整年度的折旧费用，然后再按照本年使用期限按比例计算本年的折旧费用。例如，如果整年度的折旧费用是 120 000 美元，4 月 1 日购入资产，则本年应计提的折旧费用为：120 000 美元 ×9/12 =90 000 美元。

以下使用几种不同的折旧方法，针对同一个资产进行折旧计算。假设，一台机器设备的成本是 1 000 000 美元，期满残值为 150 000 美元，经济使用寿命是可生产70 000件产品或使用 7 年。

工作量法

工作量法通过资产被使用的量来进行折旧计算。"被使用"的量可以用"投入量"（使用小时数），或者"产出量"（生产的产品数量）。

年度分摊折旧的计算公式为：

$$折旧额 = \frac{折旧基础 \times 产品产出量或耗用的小时数}{产品总产量或有效使用寿命内的工作小时数}$$

以上述案例为例，设备的待折旧基数是 1 000 000 美元（成本）减去 150 000美元（残值），为 850 000 美元。假设设备在第一年的实际产出量是 9 500，则计算得到的第 1 年折旧费用为：

$$\frac{850\ 000\ 美元 \times 9\ 500}{70\ 000} = 115\ 357.14\ 美元$$

另一种计算方法是首先根据单位的数量确定一个速率。将 85 万美元除以 7 万个单位，得到 12.1428 美元/单位。然后将该比率应用于实际活动，取 9 500 乘以 12.1428 美元，得到第一年 115 356.60 美元的折旧费用。这一数额与先前计算的数额之间的差额是由于四舍五入造成的。

工作量法适用于机器设备和车辆的折旧计算，但厂房建筑物等则不适用，因为建筑物的折旧与产量关系不大，与使用时间的关联性更高。工作量法下，资产使用较少的期间发生的折旧较低，反之，使用多的期间折旧较高。它将资产的成本分摊与该资产产生的收入相互配比，资产的"经济效用"随着资产的耗用量不断下降。因此，工作量法被认为是 GAAP 原则下处理通过损耗和使用进行折旧的项目的最佳方法。

直线折旧法

相对而言，直线折旧法更为简单，使用也更为广泛。这种方法的分摊基础是"时间"，将折旧按照使用时长平均分配到每一个周期。对于有明确"到期日"的资产，这样的折旧显然更合理。直线法还适用于在有用的寿命期内持续产生稳定收入的资产。

年度折旧的计算公式为：

$$每年的折旧额 = \frac{折旧基础}{预计使用寿命}$$

以上述案例为例：

$$年度折旧额 = \frac{850\ 000\ 美元}{7} = 121\ 428.57\ 美元$$

直线折旧法假设资产在每一年度的"使用程度"都完全一致，并会产生完全相同的维护费用，这可能并不符合实际情况。另外一个不合理之处是，"直线折旧"在匀速且持续地降低账面价值，如果使用资产每年形成的收入保持稳定的话，则资产的收益率会因此不断上升。

加速折旧法

加速折旧法（或余额递减法）是指在使用期的前期多计提折旧，折旧额在以后各期逐渐减少。这个方法背后的逻辑是，在资产使用的早期，其价值的大部分会丧失掉，并且资产寿命期内维修成本一般会逐渐增加。因此，虽然后期的"折旧"分摊低了一些，但是高额的维修费用可以拉高资产的使用成本，使得综合后各年的使用成本趋于平均。同时，加速折旧法也更适用那些在前期会产生更多收益的资产。

折旧是一项非现金费用，它的存在降低了企业的营业利润以及应付税款。因此，在加速折旧法下，资产使用的早期多计提折旧费用将减少公司早期的所得税费用，使得早期的现金流量更加充足。

- 年数总和法。年数总和法用"待折旧基数"（成本减去残值）乘以逐年递减的折旧率。折旧率的计算如下所示：

$$折旧率 = \frac{剩余有效使用年限}{全部使用寿命的年数求和}$$

可使用年限为 7 年中的第 1 年折旧率 $= \dfrac{7}{7+6+5+4+3+2+1} = \dfrac{7}{28}$

或者：

$$全部可使用寿命年数求和 = \frac{n\ (n+1)}{2} = \frac{7 \times (7+1)}{2} = 28$$

（其中 n = 有效使用寿命）

图表 1A-38 示例了如何运用这种方法计算案例中设备的每年折旧额。

图表 1A-38 年数总和法

年份	折旧基础	剩余使用年限	折旧率	折旧费用	年末账面价值
0					$ 1 000 000 *
1	$ 850 000	7	7/28	$ 212 500	787 500
2	850 000	6	6/28	182 143	605 357
3	850 000	5	5/28	151 786	453 571
4	850 000	4	4/28	121 429	332 142
5	850 000	3	3/28	91 071	241 071
6	850 000	2	2/28	60 714	180 357
7	850 000	1	1/28	30 357	150 000 +
合计		28	28/28	$ 850 000	

* 购买日账面价值（即：取得成本）；

\+ 残值，最后一期的账面价值也就是资产的残值。

- 余额递减法。余额递减法类似于一种采用了特定折旧百分比的直线折旧法。在直线法中，具有 10 年寿命的资产，可以理解为每年以 1/10 = 10% 的比率折旧。余额递减法通常采用 150%（1.5 倍余额递减）或 200%（双倍余额递减）的直线折旧率。

余额递减法根据资产账面价值计算折旧，而不考虑残值。因此，当资产账面价值逐年下降时，采用固定的折旧率会导致每年确认的折旧费用也逐年降低。

例如，案例中的设备使用寿命为 7 年，直线折旧率为 1/7，即每年为 14.29%。

如果采用余额递减法，并使用 150% 的倍数，折旧率为 $1/7 \times 1.5 = 1.5/7 = \underline{21.43\%}$，如果使用双倍余额递减，折旧率为 $1/7 \times 2 = 2/7 = \underline{28.57\%}$。

图表 1A-39 示例了一张折旧计算表，并分别使用 150% 和双倍（200%）余额递减法。值得注意的是，当资产的账面价值达到残值时，将不再进行折旧。在这个例子中，余额递减计算在使用 1.5 倍余额递减折旧率时，比使用双倍余额递减增加一年的折旧计提时间，也就意味着采用双倍余额递减比率会提前一年达到残值，完成折旧分摊。

图表 1A-39 余额递减折旧法

	旁氏体育用品公司 余额递减折旧法			
年份	资产年初账面价值	折旧率	折旧额	资产年末账面价值
	1.5 倍余额递减折旧法			
1	$ 1 000 000	21.43%	$ 214 300	$ 785 700
2	785 700	21.43%	168 376	617 324
3	617 324	21.43%	132 293	485 031
4	485 031	21.43%	103 942	381 089

续表

旁氏体育用品公司 余额递减折旧法				
年份	资产年初账面价值	折旧率	折旧额	资产年末账面价值
1.5 倍余额递减折旧法				
5	381 089	21.43%	81 667	299 422
6	299 422	21.43%	64 166	235 256
7	235 256	21.43%	50 415	184 841
8 *	184 841		34 841	150 000
			$ 850 000	

* 在第 8 个年度，通过调整折旧费，使得资产的残值为 $ 150 000。

双倍余额递减折旧法				
1	$ 1 000 000	28.57%	$ 285 700	$ 714 300
2	714 300	28.57%	204 076	510 224
3	510 224	28.57%	145 771	364 453
4	364 453	28.57%	104 124	260 329
5	260 329	28.57%	74 376	185 953
6 *	185 953		35 953	150 000
7				
			$ 850 000	

* 在第 6 个年度，设备直接被完全折旧调整至残值 150 000 美元。

无论是为了确保资产的账面价值不低于其残值或是资产可以按照计划年限折旧，一些企业会在资产临近其可使用寿命结束时改用直线折旧法计提折旧。例如，在 1.5 倍余额递减折旧法的第 5 年，资产的账面价值为 299 422 美元，则资产的"待折旧基数"为 149 422 美元（299 422 美元 – 150 000 美元）。此时，资产可使用寿命还剩下 2 年，因此第 6 年和第 7 年的折旧额可以计算为 74 711 美元（149 422 美元/2）。

折旧方法的选择

企业可以根据不同的资产类型来选择对应的折旧方法。比如厂房与建筑物在可使用寿命期间内提供的效益是稳定持续的，适合于直线折旧，而早期损耗更多的设备则更适合于使用余额递减法折旧。

图表 1A – 40 比较了直线折旧法和加速折旧法对于折旧费用、营业利润、税费以及账面价值的不同影响。

图表 1A – 40　不同折旧方法的比较

	直线法	年数总和法	1.5 倍余额递减法	双倍余额递减法
折旧费用				
第 1 年	$ 121 429	$ 212 500	$ 214 300	$ 285 700
第 7 年	$ 121 429	$ 30 357	$ 50 415	$ 0

续表

	直线法	年数总和法	1.5 倍余额递减法	双倍余额递减法
对营业利润的影响				
第 1 年	—	↓ $ 91 071	↓ $ 92 871	↓ $ 164 271
第 7 年	—	↑ $ 91 072	↑ $ 71 014	↑ $ 121 429
对税费的影响（税率 40%）				
第 1 年	—	↓ $ 36 428	↓ $ 37 148	↓ $ 65 708
第 7 年	—	↑ $ 36 429	↑ $ 28 406	↑ $ 48 571
对账面价值的影响				
第 1 年	—	↓ $ 91 071	↓ $ 92 871	↓ $ 164 271
第 7 年	—	↑ $ 91 072	↑ $ 71 014	↑ $ 121 429

　　出于税务的目的，企业通常会使用美国国家税务局（IRS）的改进的加速成本回收制（MACRS）。在这个制度下，根据资产可使用寿命，可以针对性地设置不同的折旧率和折旧方法。

　　财务报告和税收目的的折旧方法的差异经常产生递延所得税负债。比如，假设在先前讨论的案例中（图表 1A-40），公司有折旧前营业利润 1 000 000 美元，并且财务报表使用的是直线折旧法，而申报纳税时使用的是年数总和法。

　　在直线折旧法下，税前收入 878 571 美元（1 000 000 美元 – 121 429 美元），而公司需列报的税费应为 351 428 美元（878 571 美元×40%）。

　　而在申报纳税时，使用年数总和法的税前收入 787 500 美元（1 000 000 美元 – 212 500 美元），而公司需列报的税费应为 315 000 美元（787 500 美元×40%）。

　　这将会造成递延所得税负债 36 428 美元（351 428 美元 – 315 000 美元）。也就是说，虽然企业可以在当期降低税费，但这部分税费只是被拖延到了之后的期间缴纳。

　　如果企业完整地持有并使用资产 7 年的时间，那么所得税负债将被相应的纳税增加所抵消（例如，第 7 年度就多缴了 36 429 美元），从而消除这种暂时性差异。大多数公司更希望在之前的年份中缴纳较低的税款，以获得更多的资金用于业务再投资。

减值

　　不动产、厂房及设备（PP&E）按历史成本入账，公允市价的上升不予确认。然而，当 PP&E 的账面价值低于通过出售或持续使用带来的收益时，视为资产发生减值，账面价值则需要减记至公允价值。

　　当下列情况发生时，不动产、厂房及设备（PP&E）需要进行"减值测试"：

- 资产的市场价值显著下降；
- 资产的使用程度或方式或资产的物理状况发生了重大的不利变动；

- 法律因素或商业环境发生了重大的不利变化，可能对资产的价值带来影响；
- 为取得或建造资产的成本显著增加，远超预期；
- 资产造成当期营业损失或者负向现金流，这样的情况也曾经发生过，并且判断与该资产相关的损失会持续下去；
- 预期资产会在达到预计可使用寿命前被售出或报废。

当任何一种上述的情况发生时，企业需要进行一个"两步可恢复性测试"，以判断是否已经发生了资产减值的情况。

第一步。如果使用一项资产和处置它时所获得的未来净现金流在贴现前的总额小于该资产的账面价值，则可判定该资产发生资产减值。如果未贴现未来净现金流的总额大于或等于账面价值，则被认为未发生资产减值。

第二步。如果存在减值，则该资产被减记至公允价值，减记的部分作为资产减值损失列报。如果资产存在一个交易价格，可以被企业和资产转让的第三方认可，则该价格可以作为该资产的公允价值；如果不存在该价格，则公允价值用预期未来净现金流量的现值来计算。

例如，一项资产的成本为 1 000 000 美元，累计折旧为 200 000 美元，账面价值即 800 000 美元。继续使用该资产和处置它所获得的未来净现金流，在贴现前为 700 000 美元，则资产发生减值。如果预估资产的公允价值为 650 000 美元，则应确认减值损失 150 000 美元（800 000 美元 – 650 000 美元）。

减值损失应计入持续经营中的其他费用和损失科目中。同时需要披露已经确认的减值，包括减值的资产、减值的原因、减值损失金额和确定公允价值的方法等信息。

无形资产

许多无形资产（如客户名单、合同协议、版权或专利）难以估价，因此无法在财务报表中列报。然而，资产负债表确实包括购入的无形资产，并以成本摊销的方式计量。本节主要讲解无形资产的特性，并讨论商誉的估值、摊销、减值测试、核算以及研究开发（R&D）。

无形资产的特点

无形资产（intangible assets）具有两个特点：它们不具备物质实体，也不是金融性资产或工具。区分无形资产和有形资产的其他因素包括：

- 无形资产的价值更容易受到外部竞争条件的影响。
- 它们可能只对拥有它们的公司有价值。
- 未来收益可能不容易确定。
- 无形资产的使用寿命更难确认。

无形资产通常被归类为非流动资产。

无形资产的类型

会计准则汇编（ASC）第 805 号公告《企业合并》，将无形资产确认为以下六种不同的类型：

1. 营销类无形资产（marketing intangibles）是用来帮助商业推广或协助企业营销的资产，包括商标、商业字号、公司名称、互联网域名和非竞争协议等。它们包括有辨识度的文字标识或符号，可以用来识别产品、服务或公司。美国专利商标局将对注册商标给予 10 年期续展（每十年续注，无限次），一些未经注册的商标也受到普通法的保护。外购的营销类无形资产在收购时按收购价格进行资本化。内部开发的营销类无形资产按总费用进行资本化（其中包括法律费、注册费、设计费和咨询费以及其他费用），其中不包括研发费用（R&D）。大多数营销类无形资产都有无限期的使用寿命，因此它们的成本无法摊销。

2. 客户类无形资产（customer intangibles）包括客户名单、产品订单或待发货品以及其他客户合同和客户关系。大多数客户类无形资产可以在可用年限内摊销。

3. 艺术类无形资产（artistic intangibles）包括书籍、电影、戏剧、诗歌、音乐、照片和音像内容的版权。个人获得艺术类无形资产的保护期至创作者死后 70 年，逾期不再延续。此类资产的购买以及维护成本需要在预计收益期内进行摊销，预计收益期可能短于法律保护期。

4. 合同类无形资产（contract intangibles）是由合同协议授予企业的权利，如建筑许可、广播权、特许经营权或许可协议以及服务合同。例如：取得特许经营的初始费用（如法律费用或预付款）记录在无形资产账户中，如果该特许经营有时限的话在特许经营期内摊销。然而，根据特许经营协议支付的年费应在发生时确认为费用。

5. 技术类无形资产（technological intangibles）包括技术专利、商业秘密和其他创新技术等。产品和工艺专利的法律保护期是 20 年。外购的专利权按照购买价格资本化，为保障和维护专利权的任何必要法律费用也需要资本化。然而，和专利产品及工艺相关的研发成本必须在发生时确认为费用。资本化后的技术类无形资产需要选择其法定寿命或使用寿命中较短的时间进行摊销。

6. 商誉（goodwill）是指企业在收购时所支付的价格与被收购方可辨认资产的公允价值之间的差额。稍后会针对商誉进行详细讲解。

无形资产的计价

无形资产的计价取决于企业获得无形资产的渠道。外购的无形资产与企业自建的无形资产有着不同的会计记录方法。

- 购置的无形资产按照购置成本加上附加成本（如法律费用）予以记录。如果是通过股票或其他非货币性资产交换取得的无形资产，则换出资产和换入无形资产的公允价值中更能可靠计量的被用来记录交易。如果它们是"一揽子交易"的一部分，总价将在收到的各项无形资产中按照相应的公允价值进行分配。

- 自建的无形资产如果不具有明确的可辨识性，无法确定估值，或者是持续经营中固有的且与企业不可分离的，则需直接在当期确认为费用。在内部自建中唯一可以被资本化的费用是向外部支付的注册费和法律费。内部开发专利的研发成本要在发生时确认为费用。

无形资产的摊销

如果无形资产的使用寿命无法被准确预估则无需进行摊销，但是需要每年进行减值测试。可以预估其使用寿命的无形资产需要在其预计的受益期限内进行摊销。以下要素可以用来预估无形资产的使用寿命：

- 无形资产的预计用途；
- 是否有法律、法规或合同条款明确了无形资产的使用期限；
- 续约权以及其他有关延长使用期限的条款；
- 是否存在无需重大投入依旧可以续约/延长使用期限的条款存在；
- 是否存在技术更新、性能过时、竞争或客户需求等其他经济要素的影响；
- 与无形资产相关的其他资产的预期使用期限；
- 为获得资产预期的未来收益企业需要投入的维护成本（维护成本高意味着有限的使用期限）。

与固定资产折旧类似，当一项无形资产存在使用时效时，也需要将其"待分摊价值"（初期资本化成本减去残值）在其使用期限内进行摊销。无形资产的残值通常为零，除非企业相信该项资产在其完成摊销后依旧存在出售的可能。（比如，邮购列表的购买承诺）。无形资产通常使用直线法进行摊销。摊销的会计分录是借记摊销费用账户，同时贷记无形资产账户或单独的累计摊销账户。

商誉

本节主要谈论的是商誉的会计记录，及其减值测试的方法。在企业合并中，商誉是按照（a）超出（b）的差额计量的：

a. 以下项目的合计数：

1. 收购方支付的对价（如现金、股票、债务），在收购日以公允价值计量；
2. 被收购方非控股权益的公允价值；
3. 收购方已经持有的被收购方权益在收购日的公允价值（分段式收购下）。

b. 在收购日，从被收购方获得的可辨认资产和负债的净值。

商誉实质上就是指支付的收购成本超过所取得的被收购方资产净值（资产减去负债）部分的价值。

商誉的记录

商誉只有在外购且在整个企业被收购时才可以被资本化。作为一个整体它不能独立于企业，但它又是企业持续经营的一个组成部分。企业内部自建的商誉不可以被列报为资产。

当一家公司收购另一家公司时，收购价的基础首先是依据被收购公司的资产和负债的公允价值（而非账面价值）确定。新子公司净资产的公允价值通常需要通过独立的审计工作来确认。通常当资产的公允价值被确定之后，谈判双方会再对无法公允定价的无形资产进行协商（如管理层专业素养与职业声誉），最终达成收购价。因此最终的收购价要比被收购企业的公允价值高出很多。在少数情况下，会发生收购价格低于公允价值，则会产生负商誉。这种情况也被称为廉价购买，这种情况很罕见，因为卖方更理性的经济决策是拆分各业务单元单独出售，以确保获得市场价值。

假设，一家公司购入另外一家公司，作为其子公司；该子公司的资产减去负债的净资产公允价值为 35 000 000 美元，但是公司的购买价格为 40 000 000 美元，因此 5 000 000 美元的差额确认为商誉。图表 1A－41 列示了购买价格的组成：

图表 1A－41　商誉的计算

购买价格		$ 40 000 000
减去：		
现金	$ 2 500 000	
应收账款	5 000 000	
存货	9 000 000	
不动产、厂房及设备	22 000 000	
专利权	1 500 000	
负债	(5 000 000)	
可识别净资产的公允价值		35 000 000
商誉		$ 5 000 000

商誉减值测试

商誉无需进行摊销，但每年都需要进行商誉减值测试，当确认发生减值时需要进行调减。

当某项持有资产的公允价值低于其账面价值（含商誉部分）的时候，就有可能出现商誉的减值。商誉发生减值时，必须列报对应的损失。商誉减值损失按照商誉隐含公允价值与财务报表中账面价值之间的差额予以确认。其中，值得留意的是"隐含商誉"，指的是某一单位的公允价值减去可识别的净资产价值后的剩余部分。

例如，某子公司公允价值是 40 000 000 美元（含商誉），可辨认净资产（不含商誉）的价值是 36 000 000 美元，那么"隐含商誉"就是 4 000 000 美元。如果母公司商誉的账面价值为 5 000 000 美元，则应将商誉账面价值调减 1 000 000 美元，确认商誉减值损失 1 000 000 美元。

| 借：减值损失 | 1 000 000 | |
| 贷：商誉 | | 1 000 000 |

减值损失额不能超过商誉的账面价值，并且商誉减值后不得转回。

无形资产减值的账务处理

同商誉一样，其他的无形资产也需要每年进行减值测试。

有限期无形资产的减值测试

应摊销的无形资产进行减值测试的方式与不动产、厂房及设备（PP&E）的减值测试方式一致。（详细内容请参考"不动产、厂房及设备"关于可收回金额的测试。）

当无形资产账面价值无法收回时，即无形资产的账面价值超过其公允价值，应确认无形资产减值损失。无形资产减值一旦确认并冲销后，无形资产价值再度上升时不可转回。

无限期无形资产的减值测试

无法进行摊销的无形资产应该每年都进行减值测试，即比较无形资产的公允价值与其账面价值是否存在差异。如果账面价值大于公允价值，则将差额部分确认为减值损失，减值损失一经确认不可转回。

负债的会计处理

预计再融资的短期债务

应付账款是由赊购产生需要支付给供应商的款项。根据账单协议条款，应收账款可以提前付款以获得一定的现金折扣，前面在"应收账款"部分讨论过，术语表达如"2/10，N/30"。应付账款应在货物的所有权转移或获得服务时记录，因此必须特别留意那些发生在会计期末附近的交易。应付账款按所欠金额估价并列报。

应付票据是更加正式、按照特定金额在特定日期支付货款的书面协议。票据分短期票据和长期票据，既可以是带息票据也可以是零息票据。带息票据按照从贷款人那里取得初始现金的金额登记入账。利息费用和应付利息按照持有的票据本期内的利率计算金额予以确认。票据到期时，借款人按照票据面值和利息金额偿还借款。零息票据则指的是票据面值即是借款人必须在到期日偿还的总金额，但借款人在签署票据时只收到该金额的现值，差额部分则代表隐含的利息。

更多的公司倾向于将负债披露为非流动负债，而不是流动负债。这样可以改善其财务报告的流动性状况并降低企业直接面临的流动性风险。在资产负债表日的一年内到期的负债可以重新分类为非流动负债，不过必须符合一定的标准。根据公认会计原则（GAAP），如果一家公司既有意图又有能力用长期债务为短期债务进行再融资，则该债务可以被列报为非流动负债。其意图必须得以证明（例如，董事会会议记录），并且在财务报表发布之前证明其具备必要的能力。公司可以通过三种方式证明其达到能力标准：公司必须确实为债务做长期的再融资，与可靠的贷款人签订不可撤销的融资协议，发行股票证券以取代其债务。如果短期债务大于现有融资或协议进行的融资，则只有该协议融资所涵盖的部分债务可以被归类为长期债务。

保修费用、保险费用和优惠券

根据会计配比性原则，与某类产品相关的保修费用、保险费用和提供的优惠券相关的成本在产品销售期间计入费用，同时确认负债。过往经验可以作为预估的依据，预计修理费用和更换保修期内产品的成本。同样，也可作为兑现现金回扣和提供保险费用以换取盒顶标签的依据。当在保修期内的产品发生实际的维修成本、支付现金折扣或交付保费时，减少预计负债。保修费用、优惠券和保险费用属于或有损失。

新的收入确认标准下核算保修费用

2014 年 5 月，财务会计准则委员会（FASB）发布了《会计准则更新 2014 - 09 号：源于客户合同的收入（主题 606）》。这个新的收入确认标准要求公司区分保证产品性能的保修和服务类保修之间的差异。

为了评估保修是否为客户提供了服务，除了保证产品符合商定的规范外，还应考虑以下三个因素：

1. 法律是否要求保修：法律要求提供保修的，不属于履行义务。

2. 保修期长短：保修期越长，越有可能是履行义务。

3. 要履行义务的属性：如果实体需要履行特定任务来提供保证，它就不是履行义务。一个例子是有缺陷产品的退货运输服务。

保证担保（assurance warranties）仍是在《会计准则汇编（ASC）460 - 10：担保》的成本—权责制原则指引下进行核算。

- 如果不太可能发生负债，或不能合理估计负债，则需要收付实现制核算。如果保修费用不大或保修期很短，也可使用此方法。在这种方法中，在销售期间无需确认估计的保修责任，只有保修权利被行使时才予以确认保修费用。同时，收付实现制是所得税申报时要求采用的方法。

  当保修责任很可能发生，并且公司能够合理估计发生的保修费用时，公司需要采用权责发生制为核算基础。

  服务类保修基于前面提到的三个标准。定义标准是客户何时有权可以选择购买，这种类型的担保是作为一个单独的履行义务进行核算的。

- 延长保修期限产生的收入做递延处理，通常按照直线法在整个保修期内确认。

  如果某公司按照 100 美元的价格提供产品额外的 2 年保修延长服务，并且公司在第 1 年度销售了 100 份这样的保修延长服务，服务型保单销售的账务处理如下：

借：现金或应收账款	10 000	
贷：未实现保修收入		10 000

在第 2 年度和第 3 年度期末，按照直线摊销法确认保修收入（10 000 美元/2 = 5 000 美元）：

借：未实现保修收入	5 000	
贷：保修收入		5 000

企业也可以选择另外一种方法，当保修费用在两年延长期内发生的时候确认保修收入。

递延所得税

由于美国国税局（IRS）税法不同于公认会计原则（GAAP）的会计处理，因此会导致"税前会计利润"和"应纳税所得额"之间存在差异。**税前会计利润**（pretaxfinancial income）（或报表上的税前利润）是一个经济实体根据 GAAP 得到的可供财务报告使用的利润。**应纳税所得额**（taxable income）是 IRS 税法要求下的基本所得额（扣除允许抵扣项目），用于计算应交的所得税。

暂时性差异

暂时性差异（temporary difference）是指当期因为 IRS 和 GAAP 要求不同而产生的税前会计利润与应纳税所得额之间的差额，会在后续期间被抵消，最终使得总纳税额相同。当有差异出现在税务会计和企业财务报表的不同期间里，就需要在各个期间分摊税款差额。企业在列报其"所得税费用"是基于 GAAP 要求下生成的"税前会计利润"，但是记录其"应交所得税"时则是基于 IRS 的要求生成的"应纳税所得额"。这两者之间的差异会形成"递延所得税资产"或"递延所得税负债"。

例如，某公司财务报表中列示了货物售出时计提的保修费用，但税法认为只有保修真正发生时才予以抵扣相关费用。因此，在那一年的报表中，IRS 下的"应纳税所得额"就会比 GAAP 下"税前会计利润"要高。于是，企业需要在借方记录递延所得税资产，用以反映当年"应交所得税"高出"所得税费用"的部分：

借：所得税费用	GAAP 计算额
递延所得税资产	差额
贷：应交所得税	IRS 计算额

当未来实际发生了保修并完成后，GAAP 下的"税前会计利润"将高于 IRS 下的"应纳税所得额"，所以公司将贷记（递减）递延所得税资产：

借：所得税费用	GAAP 计算额
贷：递延所得税资产	差额
应交所得税	IRS 计算额

由于实现"递延所得税资产"带来的收益存在不确定性，可以用"准备

类科目"来减少递延所得税资产，这样在这部分差异不会被抵消时依旧可以公允地体现在财务报表中。

还有一些情况会造成相反的结果，GAAP 下"税前会计利润"要高于 IRS 下的"应纳税所得额"。例如，一家公司财务报表中使用直线折旧法，出于纳税目的使用改进的加速成本回收制。如果公司采用分期销售方式，GAAP 下的利润将高于 IRS 下的利润，这导致分期销售时可折旧资产早期时递延所得税负债的产生。

借：所得税费用	GAAP 计算额
贷：递延所得税负债	差额
应交所得税	IRS 计算额

同样的，当公司未来在可折旧资产寿命后期报告折旧时，IRS 下的"应纳税所得额"将大于 GAAP 下"税前会计利润"，因此该公司将确认负债的履行（递减）情况：

借：所得税费用	GAAP 计算额
递延所得税负债	差额
贷：应交所得税	IRS 计算额

根据会计准则汇编（ASC）第 740 号所得税要求，递延税需要使用资产负债法计量。该方法衡量因财务报告和税务申报的不同目的引起资产和负债账面价值的差异所产生的税务影响。暂时性差异的例子包括：

- 分期付款销售法——分期付款的销售模式在 IRS 下是认可的，但通常在 GAAP 下并不允许。
- 长期建造合同——IRS 以现金收付作为收入确认的标准，但新的收入确认原则中采用产出法或投入法。
- 折旧——IRS 与 GAAP 的折旧方法不同。
- 商誉——IRS 通常会在 15 年的时限内进行分摊，而 GAAP 则不进行分摊，而是需要每年进行减值测试。
- 预估成本——IRS 按照现金支付的原则记录，GAAP 则是按照权责发生制记录（比如，保修费用）。
- 预收收入——IRS 在收入发生时记录到"应纳税的收入"中，GAAP 下会先确认为负债，待实际履行责任后再确认收入。
- 投资资产的估价——IRS 接受成本法，GAAP 下允许使用权益法。
- 净资本损失——IRS 接受这部分损失可以结转以抵消未来的资本利得，但按 GAAP 需要在本期内确认。
- 递延补偿金（报酬）——IRS 在支付前不予扣除，GAAP 则要求在员工的任职期内计提。
- 或有负债——IRS 在其被确认前不允许扣除，GAAP 在可能发生且价值可预估时确认。
- 超额慈善捐款——IRS 允许分摊到未来几年，GAAP 要求在当期确认为费用。
- 收入确认——IRS 允许使用修正的收付实现制确认收入，GAAP 坚持使用权责发生制。

永久性差异

由于公认会计原则和税法之间不同导致的差异，有一些在以后期间不可转回，因为这些事项只影响其中一种方法。永久性差异的例子有：

- 实际税率的变化。由于税率改变，一部分暂时性差异可能会形成永久性差异（例如，税率从 40% 下降到 35%，5% 的税率变化会成为永久性差异，因为当暂时性差异被转回时，这部分差额已不需要再交税）。
- 收到股利的税务抵扣。根据持股比例的不同，公司收到的部分股利可以在 IRS 用于税务抵扣，但 GAAP 必须全额计入"应纳税所得"。
- 政府债券利息收入。一些符合 IRS 条件的政府债券可以全额免税，但财务报表上依旧要确认为税前利润。
- 百分比折耗法。在使用百分比折耗法时，超过成本的损耗可以按百分比作为纳税抵扣额，但不能在财务报告上予以抵扣。
- 政府税收豁免。政府有时会立法豁免了一些应税收入，并允许 GAAP 许可项目之外的一些特别抵扣项，或对一些特定行业增加税收以限制行业发展。这时候，公司的实际税率和法定税率（财务报表中使用的税率）之间存在差异。这个差异也将是永久性的。

暂时性与永久性差异的比较说明

下列的例子，可以比较说明暂时性与永久性的所得税差异是如何进行财务上的不同处理的。

艾克米（Acme）公司在第 1 年列报了税前会计利润 100 000 美元，第 2 年列报了会计利润 110 000 美元，以及第 3 年的 120 000 美元；企业的所得税税率为 40%，并且艾克米公司每年会获得 20 000 美元的政府债券利息收入。根据税法规定，该项利息收入完全免税，但在财务报告中依旧需要体现在税前利润中。此外，公司有一笔分期销售行为，分期销售了一台 15 000 美元的资产，公司在第 1 年的财务报告中全额确认了收入，但根据税法规定，每年只需要确认 1/3 的收入。图表1A－42，示例了艾克米公司每年应交所得税的计算过程。

图表 1A－42　应交所得税暂时性和永久性差异的计算

	第 1 年	第 2 年	第 3 年
税前会计利润	$ 100 000	$ 110 000	$ 120 000
永久性差异			
免税收入	（$ 20 000）	（$ 20 000）	（$ 20 000）
暂时性差异			
分期销售 *	（$ 10 000）	$ 5 000	$ 5 000
应税收入	$ 70 000	$ 95 000	$ 105 000
应交税金（税率 40%）	$ 28 000	$ 38 000	$ 42 000

* 分期销售在第 1 年度的确认，GAAP 下（15 000 美元）+ 税法下 5 000 美元 =（10 000 美元）。

图表 1A-43 示例了近三年中相关的会计分录，这里体现了暂时性差异会形成递延所得税负债，而永久性差异则影响了实际税率，对递延所得税没有影响。

图表 1A-43 艾克米公司第 1、第 2 和第 3 年的所得税的会计分录

第 1 年 12 月 31 日	
借：所得税费用（$28 000 + $10 000×40%）	32 000
贷：递延所得税负债（$10 000×40%）	4 000
应交税费	28 000
记录所得税的交纳	

第 2 年 12 月 31 日	
借：所得税费用（$38 000 - $5 000×40%）	36 000
递延所得税负债（$5 000×40%）	2 000
贷：应交税费	38 000

第 3 年 12 月 31 日	
借：所得税费用（$42 000 - $5 000×40%）	40 000
递延所得税负债（$5 000×40%）	2 000
贷：应交税费	42 000

虽然每年法定税率为 40%，但实际税率每年各不相同。实际税率的计算公式如下所示：

$$实际税率 = \frac{本期所得税总额}{税前会计利润}$$

$$第 1 年的实际税率 = \frac{32\ 000\ 美元}{100\ 000\ 美元} = 32\%；$$

$$第 2 年的实际税率 = \frac{36\ 000\ 美元}{110\ 000\ 美元} = 32.73\%；$$

$$第 3 年的实际税率 = \frac{40\ 000\ 美元}{120\ 000\ 美元} = 33.33\%。$$

收益类的科目会被用来记录相关的应收账款与递延所得税资产（DTA），因为它们代表来自应税的收益项，实际是负所得税费用账户或利得。递延所得税资产需要大于 50% 的可能性确保发生，才可以全额确认。如果任何的部分不满足这个要求，需同时列报一个"价值减值准备"类科目（DTA 的递减项）。

举例， XCEL 公司历史上应纳税收入情况如下：

	应纳税所得额	税率
20×5 年	（$200 000）	30% [当年营业净亏损（NOL）200 000 美元]
20×4 年	60 000	25%
20×3 年	100 000	28%
20×2 年	70 000	32%

假设没有暂时性或永久性差异，20×5 年 12 月 31 日后的税率将没有变化。

第一种方法：	第二种方法：
20×5 年 12 月 31 日税务计提分录：	20×5 年 12 月 31 日税务计提分录：
应收退税账款　　　　　　　　43 000* 递延所得税资产　　　　　　　12 000** 　　所得税收益　　　　　　　　　　55 000	递延所得税资产　　　　　　　　60 000* 　　所得税收益　　　　　　　　　　60 000
＊ $100 000 × 0.28 + $60 000 × 0.25	＊ $200 000 × 0.30
** 营业净亏损中的 160 000 美元（40 000 美元 × 30%）首先被用来抵减前两年的应纳税所得额，剩下的 40 000 美元余额继续用向后结转。先抵减完 20×3 年的所得，然后才是 20×4。20×2 不可用，因为它不在两年的冲回期。	在这种选择中，XCEL 公司预期税率会提高，决定不申请可得的退税，而将全部的营业净亏损向后结转。
应收退税账款是税收在前两年所支付的金额，将在 20×6 年收到退款。递延所得税资产则是未来几年的预期减税总额。	递延所得税资产的确认用来体现预期的整体所得税收益。在这个方法里，净亏损是 140 000 美元，是营业净亏损 200 000 美元减去 60 000 美元收益的结果。
在这里，之前的营业净亏损 200 000 美元，带来的税抵收益是 55 000 美元。	这种方法的收益更高，因为退税率低于 30%。
递延所得税资产的产生与其他类似的会计科目一样，都是未来可抵扣的差异：递延所得税资产减少了与账面利润相关的未来应纳税所得的金额。	递延所得税资产的分类取决于被使用的具体时间。对递延所得税资产有望应用于 20×6 年抵减当年应纳税所得额的部分，在 20×5 年 12 月的财报中作为流动资产，其余是非流动资产。
所得税收益增加了净收入（减少损失）至负的 145 000 美元，也就是营业净亏损 200 000 美元减去 55 000 美元收益的数额。	
如果营业净亏损低于 160 000 美元，则无需确认递延所得税资产，因为营业亏损冲回后已经没有余额。	
假设 20×6 年有 260 000 美元的应纳税所得额。	假设 20×6 年有 260 000 美元的应纳税所得额。
营业净亏损的余额部分 40 000 美元，用来抵减当年的应纳税所得额，剩下 220 000 美元应予纳税。	营业净亏损 200 000 美元向后结转，用来抵减 20×6 年的应纳税所得额，只有 60 000 美元应予缴税。
20×6 年 12 月 31 日税务计提分录：	20×6 年 12 月 31 日税务计提分录：
所得税费用　　　　　　　　　78 000 　　所得税应付款　　　　　　　　66 000* 　　递延所得税资产　　　　　　　12 000	所得税费用　　　　　　　　　78 000 　　所得税应付款　　　　　　　　18 000* 　　递延所得税资产　　　　　　　60 000
＊（$260 000 – $40 000）× 30%	＊（$260 000 – $200 000）× 30%
20×6 年后，因为不再有要冲回的营业净亏损余额可以用来抵减，因此，递延所得税资产余额也为零。	相反的，如果 20×6 年应税所得只有 180 000 美元，在未来几年税率改为 35%（20×6 年 12 月 31 日前），税务计提分录将会是：
	所得税费用　　　　　　　　　53 000 　　递延所得税资产（DTA）　　　53 000
	DTA 期初余额：　　　　　　　　　　60 000 DTA 期末余额： （$200 000 – $180 000）× 35%　　（7 000） DTA 减值部分　　　　　　　　　　53 000

租赁

租赁（lease）是出租人（拥有资产的一方）与承租人（租用资产的一方）之间的一种合同。出租人将租赁资产使用权让渡给承租人，以获取租金。一般来说租金通常定期支付。出租人保留租赁资产的名义所有权。因此，从协议形式上看，租赁与销售存在着不同特点。然而从会计角度分析，如果租赁实质上已经将与资产相关的风险和收益转移给了承租人，那么此类租赁合同的实质就是销售。

本章节中"租赁"的内容体现了 2020 年 1 月 1 日开始的 CMA 考试的新内容。

新的租赁标准来自财务会计准则委员会（FASB）制定的《会计准则更新（ASU）2016－02》中《会计准则汇编（ASC）主题 842：租赁》。

根据主题 842，租赁是一种合同，它转移了一段时间内某项可辨别资产（如财产、厂房或设备）使用的控制权来换取承诺的权益。承诺权益通常是承租人（使用资产的人）向出租人（拥有资产的人）支付的定期租金。承租人的关键决定是合同是否属于或包含租赁，因为不管是融资租赁还是经营租赁，承租人现在都需要确认租赁资产和租赁负债。承租人可以签订三种类型的租赁合同：

1. 短期租赁；
2. 经营租赁；
3. 融资租赁。

短期租赁的租期为 12 个月或以下。承租人可选择相关的会计政策在租赁期内以直线法确认租赁或租金费用，不记录租赁资产或租赁负债。

租赁是作为经营租赁还是融资租赁基于 FASB 租赁分类测试。承租人因租赁而有效取得标的资产控制权的租赁属于融资租赁。租赁开始时，符合下列条件之一的，承租人将取得租赁标的资产的控制权：

1. 承租人在租赁期满时将获得标的资产。

2. 此租赁赋予承租人购买标的资产的选择权，这是承租人合理确定并将使用的。

3. 租期为标的资产剩余经济寿命期的大多数时间。对"大多数时间"的合理解释是：a. 标的资产剩余经济寿命的 75% 或以上代表了该标的资产剩余经济寿命的主要部分。

4. 租赁付款的现值（PV）与承租人担保的任何残值的现值之和等于标的资产实质上的全部公允价值。对"实质上的全部"的合理解释是：a. 标的资产公允价值的 90% 或以上代表了标的资产实际的全部公允价值。

5. 标的资产的专用性很强，对于出租人来说在租赁期满后预计无其他用途。

需要考虑的另一件事是租约是否可以取消。如果租赁不可取消，则自动将其归类为融资租赁。

经营租赁和融资租赁都将资本化，同时在资产负债表（又称财务状况表）

上创建一项使用权（ROU）资产和一项资本化租赁负债。

这是在租赁开始时使用估算的租赁利率，以总租赁付款的现值（PV）记录的。大多数情况下，这个利率只有出租人知道。因此，通常使用的利率是承租人的增量借款利率。承租人在租赁开始时记录如下：

借：使用权资产	付款现值
贷：资本化租赁负债	付款现值

当租赁被确定为经营租赁时，负债活动记录的依据是实际现金支付额以及初始付款的现值和下一年付款现值之间的差额。这一差额和实际现金付款是记入会计账簿租金费用中的，下表列出了负债活动的分录内容。

借：租赁费用	应计利息
资本化租赁负债	差额
贷：现金	租赁付款

记录资产活动的分录是使用直线法摊销 ROU 资产，也就是借记租金费用，贷记 ROU 资产。资产活动记录如下：

借：租赁费用	摊销额
贷：使用权资产	摊销额

其结果是租金费用总价格等于在这段时间内实际支付的现金。当租赁被确定为融资租赁时，ROU 的初始记录和资本化租赁责任的确定方式与在经营租赁下相同。与经营租赁不同的是，定期付款的摊销费用部分采用直线法计算，而融资租赁费用的利息费用部分使用实际利息法计算。这导致利息费用的预先负担，使租金费用在租赁期限的头几年更高。随着利息逐年下降未来几年将有一个分界点，之后的租金费用将会更低，这是由于根据融资租赁法计算租赁负债剩余余额的利息的缘故。

最终的结果是在租约有效期内确认的总租金费用将与经营租赁和融资租赁的结果完全相同。

租赁的财务报表列报如下：

资产负债表上：
非流动资产：
使用权资产
长期负债：
资本化租赁负债
利润表上：
营业费用：
租赁费用

总之，财务会计准则委员会新的租赁准则要求任何超过 12 个月的租赁，无论是经营租赁还是融资租赁都必须资本化。决定租赁是经营租赁还是融资租赁是基于 FASB 的五个标准，公司不能够再将超过 12 个月的租赁归类为表外融资。

权益类交易

公司资本

"权益"在企业中又被称为"公司资本""股东权益"或"所有者权益",通常由两部分构成:实收资本与留存收益。**实收资本**(pain-in capital)指投资者支付的股本总额。留存收益来自企业经营的利润收益,通常可用于股东分红。

股票有两种主要的类型:(1)普通股和(2)优先股。每种类型的股票通常都有赋予它的票面价值。而**法定资本**(legal capital)就是指公司资本中股本的面值,**面值**(par values)就是发行股票时的"票面金额",与市场公允价值无关。然而,在公司破产清算时,如果投资者购入股票价格低于其面值(很罕见的情况),会对公司债权人形成或有负债。为了避免这一问题发生,面值通常会比较低。公司还可以发行没有面值的股票。在发行没有面值的股票时,通常会对股票设定一个与面值相类似但不会引起或有负债的约定价值。

普通股

股本分为普通股和优先股,如果一家公司只有一种类型的股票,那么就只能是普通股。

当公司获得所在州的许可或审批时,公司可以发行股票。公司既可以自己直接销售公司股票,也可以通过承销商销售公司股票。

带面值的股票

当出售有面值的普通股票时,面值额贷记普通股账户,任何超过普通股面值的金额贷记入资本公积。这种区分很重要,因为面值是保障性的法定资本,在破产情况下保护债权人,而资本公积金可以用于公司的发展投资。例如,发行 1 000 股股票,获得销售价格总额为 10 000 美元,每股面值为 6 美元,那么普通股账户则多了 6 000 美元(1 000 张股票,每股面值 6 美元)按面额记录的普通股和 4 000 美元的资本公积(实际收到的 10 000 美元减去面值的 6 000 美元),会计分录如下:

借:现金	10 000
贷:普通股(1 000 股 × \$6/股)	6 000
资本公积——普通股股本溢价	4 000

优先股

与普通股相比,优先股享有某些优先权,但通常没有投票权。和普通股一样,优先股通常具有面值。优先股高出面值部分的资本公积金的计算方式与上面讨论的普通股相同（发行价格减去票面价值等于资本公积）。一些优先股可转换为普通股，其他的优先股可根据公司的意愿以指定价格赎回。当企业整体的债务相对权益比率过高时，企业会选择发行优先股，而不是用债务融资。有别于其他投资的优先股特征主要包括：

- 股利优先分配。优先股股东会优先于普通股股东获得股利。宣告发放股利前，董事会应该确定公司是否有足够的留存收益余额和足够的现金用于支付股利。

  优先股股票的股利支付率按照面值的百分比设定。举例：如果董事会宣告按照股利支付率10%发放股利，那么对于面值为 $ 50 的优先股来说，则每股收到的年度现金股利为 5 美元。对于累积的优先股股票来说，如果某年未宣告发放股利，则这些股利可以进行累积，并且应该在宣告发放普通股股利之前支付。拖欠的股利不确认负债，但是应该在财务报表附注中披露。

  部分优先股还有权与普通股股东一起根据分配份额分享宣布的总股息，这部分优先股被叫作"参与优先股"。
- 投票权。优先股股票通常不具有投票权。
- 清算优先权。当公司破产清算时，剩余的清算资产首先偿还给债权人，接着偿还给优先股股东，最后偿还给普通股股东。

库存股

库存股（treasury stock）是指已经发行，但后来被发行公司回购的股票。公司回购其股票可能出于以下原因：

- 减少股东数量或防止恶意收购。
- 保障实施员工股票期权计划需要的股票。
- 为提高每股收益和权益收益率。
- 稳定或提高股票价格。
- 以有利的资本收益率向股东分配现金股利。

库存股作为股东权益的抵减项而不是资产项列报，因为公司不能持有自己公司股票。公司持有的库存股没有任何的投票或获得股利的权利。没有打算注销的库存股可以按成本法核算或面值法核算。成本法在实务中应用更为常见。

库存股注销

有时，企业会决定注销库存股而不是继续持有它们。当库存股被注销时，必须从相关账户中删除对应的金额。通常情况下，企业会在回购的时间即刻注销库存股，这时需要使用面值法（除非借记的是普通股而非库存股）。接下来的例子假设公司已经回购了股票并在之后决定将其注销。比如，假定注销库存的 10 000 股股票为普通股，面值为 5 美元。这些股票的初始销售价格为每股 8 美元，库存股回购价格为每股 9 美元。

如果使用"成本法"记录相关的股票回购，则对应的会计分录是：

借：普通股（$5×10 000 股）	50 000	
资本公积——普通股［（$8 - $5）×10 000 股］	30 000	
留存收益	10 000	
贷：库存股（$9×10 000 股）		90 000

如果使用"面值法"记录相关的股票回购，那么后续注销的行为会同时抵消掉普通股与库存股的面值部分，对应的会计分录是：

借：普通股（$5×10 000 股）	50 000	
贷：库存股（$5×10 000 股）		50 000

实收资本

实收资本或称为缴入资本，它随着公司股本的发行一同记录。同时，也受到下列交易事项影响：

- 按照高于或低于成本的价格销售库存股。
- 为平滑亏损而调整资本结构（例如，准重组）。
- 可转换债券或优先股转换为普通股。

资产负债表中实收资本的列报

股本和资本公积在资产负债表中的股东权益中列示，要求披露的信息包括每一类流通在外的股票的权利与特权。本年度这些账户余额的变化在股东权益变动表中列报。图表 1A－44 列示了资产负债表中股东权益部分的内容。

图表 1A－44　实收资本

旁氏体育用品公司
实收资本
截至第 1 年 12 月 31 日年度

股东权益	
实收资本：	
优先股，每股面值 70 美元（9% 累计可转换优先股，核准 10 000 股，发行流通 5 500 股）	$385 000
普通股，每股面值 4 美元（核准 70 000 股，发行 46 500 股）	186 000
库存股，成本（1 000 股普通股）	(18 400)
资本公积	652 093
实缴资本合计	$1 204 693

留存收益

留存收益指的是公司赚取的所有利润中没有作为股息分配给股东的部分。因此，营业利润是留存收益的主要来源。其他可能影响留存收益的交易包括前期调整（会计差错更正和会计政策变更）、所有类型的股息、一些库存股交易和准重组。

股票期权、认股权证和优先认购权

股票期权、认股权证和优先认购权均是指赋予持有者按照设定价格买入股票的权利。由于它们是权益性工具，因此它们的账务处理会影响缴入资本。简单地说，"股票期权、认股权证和优先认购权"是一纸书面协议，这个协议赋予了持有者在特定时间内（即期权、认股权证或优先认购权的期限）以给定价格（即执行价格）购买公司股票的机会。

股票期权

实际上，股票期权是一种授予雇员购买公司股票权力的合同（将它们设想成协议），并允许员工在给定的时间段（即期权的期限）选择按照规定价格（即行权价格或执行价格）购买公司的股票。股票期权在其到期行权前通常有效期为（如有具体行权时限的话）5 ~ 10 年。股票可发放给行使他们股票期权的员工作为额外的报酬形式。

- 在股票期权授予员工之日，期权的公允价值通常使用期权定价模型进行计量。在服务期内，股票期权的公允价值用来记录资本公积金和工资费用。服务期间是指员工为获取工资而提供劳务的期间，通常是指授予股票期权的日期和首次行权日之间时段。例如，假定某主管获得以每股 20 美元的价格购买 1 000 股面值 8 美元的普通股的权利。同时规定在可行权之前，员工需要服务满四年。期权授予日，股票期权的公允价值的预估为 6 美元/股。工资费用与实收资本——股票期权账户数额都会等额增加，以体现该主管在服务期间获得的期权。期权在授予日的公允价值为 6 000 美元（1 000 份期权，公允价值为每股 6 美元）。由于服务期为四年，在未来四年内，工资费用和实收资本——股票期权的增加需要被确认的金额为每年 1 500 美元（授予日的期权公允价值 6 000 美元除以四年的服务期）。

当行使选择权时，该主管必须将两样东西交还给公司。首先，他/她必须交回他/她持有的期权；这样便减少了实收资本——股票期权，因为这些期权视为已经完成。同时，该主管还必须交出行使期权所需的现金，所需的现金是通过将期权数量乘以执行价格来计算的。然后，公司向该主管发行普通股并记录资本公积，即实收资本——股票期权的价值加上超过股票发行面值的现金部分。

认股权证和优先认购权

认股权证（warrants）允许持有人在规定的时间内以设定的价格获得股份。股票期权是向员工定向发行的与薪资相关的认股权证。认股权证可能与其他证券如债券或优先股捆绑在一起。当股票价格高于行权价格时，持股人可以行使认股权证，通过出售股票或出售认股权证本身来获利。

优先认购权（preemptive rights）赋予现有股东按其现有持股比例购买任何新发行股票的权利，其目的是防止稀释他们的股权或投票权。发行认股权证时不需要编制会计分录。当认股权证实际行权时，确认收到的现金和发行的股票数量，与其他股票发行方式一样。

股利

股利是将公司经营所得的财富分配给股东的一种方法。有四种主要的股利分红形式。

1. 现金股利，这也是最常见的形式，公司按照持股的数量比例向股东分配每股一定数量的现金。

2. 财产股利，公司向其股东分发非现金资产作为股利分红。

3. 清算股利，通常以发送给股东现金的形式完成，但清算股利代表资本的返还（即股东投资）。现金、财产和清算股利都通过减少留存收益和可能的实收资本（在清算股利的情况下）来降低**股东权益总额**。

4. 股票股利，这是唯一不会降低股东权益总额的股利形式。这种股票股利只是将留存收益重新归类为普通股，而在股票分红较少的情况下归类为资本公积。

LOS
§1.A2.v

股利发放通常来自留存收益，一些公司会尝试发放稳定的股利以达到股东的期望，但是新成立的公司则不会发放股利。一方面，新公司并没有太多的留存收益以支持发放股利，另一方面，公司可能也希望将用来支付股利的资产留在企业，以满足未来增长的资金需要。

现金股利

优先股股票的现金股利是固定的，也就是按照其面值的百分比或每股的固定数额发放。普通股股利发放不尽相同，需要根据董事会成员的决定进行。董事会宣告发放现金股利（宣告日）时，现金股利将变为流动负债。通常在除权日前持有公司股票的股东在股利发放日能够收到宣告发放的股利。例如，董事会宣布 200 000 股流通股每股派发 1 美元的现金股利，这一股利导致留存收益减少 20 万美元（200 000 股，每股 1 美元的股利）。

财产股利

以资产、商品或投资形式派发的股利被称为财产股利，并按所转让资产的公允价值入账。在宣告日，需要确认资产被派发时产生的利得或损失（资产的成本与其账面价值之间的差额）。

举例：公司宣布一项作为证券投资的财产股利。证券的成本和账面价值为 1 000 000 美元，公允价值为 1 300 000 美元。由于待派发的财产股利市场价值与账面价值（即持有资产的账面价值）之间存在差异，记录财产股利分红的过程分两步进行。第一步，将资产从其账面价值增记（即确认收益）或减记

（即确认损失）至其公允市场价值。这时候，资产按照公允市场价值列报在账面上。第二步，按照待分配财产的公允市场价值记录股利。也就是从留存收益中减去待分配财产的公允价值部分。当实际派发财产股利时，资产将从公司财务报表中移除。

清算股利

当公司支付的股利是通过实收资本发放，而不是通过留存收益账户时，即为清算股利。这种情况下，清算股利没有体现投资收益（即正常股利），而实际上是向股东返还了实收资本。清算股利通常发生在公司停止经营时，公司如果采用清算股利必须明确通知股东。公司还必须确定多少股利被认为是资本返还（来自资本公积）以及多少比例属于财富分配（来自留存收益）。

例如，如果一家公司留存收益为 750 000 美元，公司宣布派发 1 000 000 美元的股利，那么 750 000 美元被认为是来源于留存收益进行的财富分配，而 250 000 美元（1 000 000 美元股利减去留存收益 750 000 美元）被认为是来自公司的资本公积账户。

累积股利

优先股股利的"累积"是指如果公司在某年没有支付股利，那就意味着公司拖欠了优先股的当年股利。因此，在向普通股股东支付任何股利之前，公司必须向优先股股东支付拖欠的股利和本年的股利。除非优先股股票标明是非累积优先股，否则在法律上都认定为累积优先股。非累积优先股不包含支付股利的法定义务（像普通股一样）。

股票股利

与现金或财产股利不同，股票股利不会影响总资产或股东权益。相反，他们将留存收益重新分类，划为实收资本。这种将盈余资本化会对公司留存收益产生长期影响。实际上，股票股利将留存收益的价值余额转移到普通股，小额股票股利情况下将同时增加资本公积。小额股票股利是指即将发放的股票股利的数量低于流通股数量的 20% ~ 25%，通过股票发行的**市场价值**（market value）降低留存收益。相比之下，大额股票股利的发放则超过流通股数量的 20% 到 25%，按发行股份的**面值**（par value）减少留存收益。

例如，一家公司拥有 100 000 股面值 1 美元的流通股股票，市场价值是每股 15 美元。当公司宣布 10% 股票股利并完成派发该项股票股利时，该股票股利被认为是小额股票股利，因为它低于 20% 到 25%。公司将股票股利的公允价值（100 000 股乘以 10% 的股利再乘以每股 15 美元市场价格 = 150 000 美元），从留存收益减掉，重新归类为普通股，按面值计算（10 000 股乘以 1 美元面值 = 10 000 美元面值）。高于面值的额外金额（150 000 美元减去 10 000 美元 = 140 000 美元的额外金额）重新分类为资本公积。

如果使用上述相同案例，但假设公司发行了 30% 的股利（大额股票股利），对留存收益的影响将取决于股票股利的面值，而不是用于小额股票股利的公允价值。30% 股票股利发行股数为 100 000 股乘以 30%（或 30 000 股），这些股票的面值（30 000 股乘以 1 美元面值 = 30 000 美元）将从留存收益重新分类至普通股。派发大额股票股利时没有资本公积增加。

当公司想要派发一些股利给股东，但又不想使用现金时，通常会发行股票股利。公司可以将留下的现金再投资，股东可以在公开市场上出售这些额外的股票。尽管股东在股利分配后仍保持其公司持股比例不变，却因此拥有了更多数量的流通股，这将导致每股账面价值和每股市场价格向下调整。对于大额股票股利来说，这种效应更为明显，股票股利往往被用来将股票价格降低到更适合市场的水平。因此，市场通常将大额的股票股利视为股票分割。

股票分割

股票分割（stock split）可降低每股股票的市场价格而不改变其所有权，通过对应为每个已发行的旧股份增发特定数量的新股，并按相同比例减少每股面值。例如，每股市价为 400 美元的 100 000 股股票，按照 1 股兑 4 股的形式进行股票分割，其结果就会变成市价约为 100 美元的 400 000 股股票。因此，它不会导致股东权益的变动，即在增加股数的同时不会降低面值总额（增加发行在外股票的总面值）。采用股票分割的原因在于让更多的投资者能够买得起公司股票，因而增加了股权的多样化，提高了股票的流通性。股票分割不需要做账，只需要在备忘录中注释股票面值的变动以及新发行的股票数量。

反向分割（reverse split）是股票分割的反向操作，其目的在于减少在外流通的股数，按比例提高了每股价格。例如，每股市价为 1 美元的 200 000 股股票按照 20 股兑 1 股的形式进行反向分割，其结果就会变成市价约为 20 美元的 10 000 股股票。

收入确认——会计准则更新

美国公认会计原则（GAAP）下的收入确认一直不同于国际财务报告准则（IFRS）下的收入确认。为此，财务会计准则委员会（FASB）和国际会计准则委员会（IASB）联合制定了共同的收入标准。

1. 消除收入要求中的不一致和弱点。

2. 为解决收入确认问题提供一个更有力的框架。

3. 改进跨实体、行业、行政辖区和资本市场的收入确认方法，使它们具有可比性。

4. 改进披露要求，为财务报表使用者提供更有用的信息。

5. 通过减少企业列报要求来简化财务报表的编制。

2014 年 5 月 28 日，财务会计准则委员会（FASB）发布了新的《会计准则更新（ASU）2014 - 09：源于客户合同的收入（主题 606）》。这个新的主题 606 取代了主题 605 中的收入确认要求，包括主题 605 - 35 中的成本指引：收入确认 - 建造类合同和生产类合同。这次更新的指引主要是基于原则的，而不是像以前的准则那样基于规则。

　　对上市公司来说，生效日期是 2016 年 12 月 15 日以后开始的年度报告期，也适用于年度报告期间的中期时段，但不允许提前应用。对非上市公司来说，生效日期为 2017 年 12 月 15 日以后开始的年度报告期，也适用于 2018 年 12 月 15 日以后任何年度期间的中期时段。年度报告中包含的任何前期的陈述都采用追溯法进行比较。

　　IASB 发布的第 15 条国际财务报告准则（IFRS）《源于客户合同的收入》已于 2018 年 1 月 1 日实施。现在，FASB 和 IASB 的标准是同步的。

FASB 新的指引

LOS
§1.A2.y

　　该更新规定，企业应确认收入以显示向客户转让承诺的货物或服务获得的金额，反映企业期望获得的以这些货物和服务换取的权益。为了实现这一点，企业应该采取以下五个步骤：

1. 明确与客户的合同。

2. 明确合同中的履约义务。

3. 确定成交价格。

4. 将交易价格与合同中需履约的义务相对应。

5. 企业完成履约义务时确认收入。

　　步骤 5 对于新主题 606 很重要，因为使用的措辞发生了变化。当你阅读下面的内容时，注意**控制权**（control）词汇的使用。商品或服务的转移都与谁拥有控制权有关，无论是卖方还是买方。

　　"当它完成应履行义务即转移承诺的商品或服务给客户后，企业应确认收入。当顾客获得对商品或服务的控制权时，商品或服务就被转移了。"

　　对每一项义务履约要进行评估，以确定企业是否在一段时间内通过移交对货物或服务的控制权履行了相关的义务。如果义务在一段时间内未得到履行，则在时间点上应及时履行该义务。

　　当企业在一段时间内转移对资产的控制时，义务履行和收入将随时确认。如果满足以下三个条件之一，表明控制权已发生转移：

1. 客户收到企业提供的产品或服务，在消费时获得了相应的益处。

2. 当客户拥有产品或消费服务时，企业的义务履行创造和增加了这个资产的价值（如在产品）。

3. 企业的义务履行并未创造一项可被该企业用于其他替代用途的资产，该企业拥有可强制执行的权利以获取到期完成履行责任应得到的收益。

　　如果上述三项标准之一未得到满足，则应在某一时间点来履行义务。企业必须考虑控制权转移的条件，以便能够确定客户获得承诺的资产控制权及该企业履约义务的时间点。这些条件包括但不限于以下五个方面内容：

1. 该企业获得该资产的付款的现时权利。

2. 客户对资产拥有合法所有权。

3. 企业转让了对资产的实物占有权。

4. 客户拥有资产的重大风险和收益。

5. 客户已经接收了资产。

本主题的指引适用于与客户签订的所有合同，但以下内容除外：

- 主题 842（租赁）下的租赁合同；
- 主题 944（金融服务——保险）下的保险合同；
- 涉及应收账款、投资、负债、债务、衍生品和对冲、金融工具、转让和服务等主题的金融工具；
- 主题 460（担保）下的担保，并不包括准则更新里所涵盖的产品或服务担保；
- 同一行业内企业（如石油公司）之间的非货币交换。

当义务在一段时间内得到履行时，企业可以通过衡量义务完成的进度来确认收入，这是通过根据合理的配比将交易价格与履约义务对照起来实现的。分配的目的是反映企业预期有权得到的金额，以便将承诺的货物或服务转让给客户。合同中确定的每项履约义务的交易价格将根据相对独立的销售价格进行分配。单独销售价格的最佳依据是当企业在类似情况下向类似客户出售商品或服务时的可观察价格。如果在上述情况下无法观察到单独销售价格，则更新的准则包括估算独立价格的方法。这些方法包括但不限于以下方面：

1. 调整后的市场评估方法（adjusted market assessment approach）：评估实体销售商品或服务的市场，并估计该市场中的客户愿意支付的价格。这可能包括从企业的竞争对手设定的价格开始，并根据实体的成本和贡献边际进行调整。

2. 预期成本加贡献边际的方法（expected cost plus a margin approach）：预测履行义务的预期成本，然后加上适当的贡献边际。

3. 剩余法（residual approach）：从总成交价格中减去可观察到的单独销售价格之和来估计一个或多个商品或服务的单独销售价格。只有在满足下列条件之一时，企业才能使用此方法：

- 该企业以各种各样的价格向不同的客户销售相同的商品或服务；
- 该企业尚未为该商品或服务定价，该商品或服务以前也未单独出售。

衡量企业义务履行进程的方法

主题 606 定义了两种方法，可以用来衡量企业在一段时间内完全履行义务的进展情况。这两种方法是：

1. 产出法；

2. 投入法。

1. 产出法（output methods）：图表 1A - 45 提供了选择产出法进行配置的信息、可以使用的具体产出法、如何评估该方法以及使用产出法的缺陷。

图表 1A - 45　产出法

标准	确认收入的基础是直接衡量相对于合同中承诺的剩余商品或服务的到期转移给客户的商品或服务的价值
产出法	• 到期已完成履约的调查 • 对所取得成果的评价 • 已达到的阶段性成果 • 生产产品或提供服务所用的时间

续表

产出法的估价	考虑所选择的产出是否忠实地描述了完全的义务履行
实际应用中的权宜方法	如果企业有权从客户那里获得与企业到期履行责任并提供给客户价值相对应的权益，则企业可以根据获得的票据的金额确认收入
缺点	• 计量进度的产出可能不是直接可见的 • 产出法应用所需的信息可能导致过多费用

FASB 提供了产出法的示例，其中一些方法被汇总在这里。

例 1A：客户接收产品或服务，并在一段时间内从消费中获得了企业提供的益处

公司与客户签订一份为期一年的月度工资单处理业务合同。在本例中，薪资处理服务单独列出作为一项一段时间内需履行的义务，因为客户在接收服务的同时获得公司处理每一笔业务时提供的益处。

因此，公司可以通过衡量完全履行义务的过程来确认一段时间内的收入。

例 1B：交易价格的配置

假设公司与客户签订了一份销售产品 A、B 和 C 金额为 100 美元的合同，将在不同的时间点提供不同的产品。该公司经常单独销售 A 产品，这意味着该产品的单独销售价格是可见的。而 B、C 产品的单独销售价格无法直接得到，这意味着公司必须估算它们。

为此，公司决定对产品 B 使用调整后的市场评估方法，对产品 C 使用预期成本加贡献边际的方法。

产品	估计的单独销售价格	方法
A	$50	直接可见
B	25	调整后的市场评估方法
C	75	预期成本加贡献边际的方法
合计	$150	

客户最终得到的折扣是以 100 美元获得了根据单独销售价格计算的价值总和为 150 美元的系列产品。在这种情况下，50 美元的折扣按比例分配给三个产品，得到的配置交易价格如下：

产品	配置交易价格	
A	$33	（$50 ÷ $150）× $100
B	17	（$25 ÷ $150）× $100
C	50	（$75 ÷ $150）× $100
合计	$100	

配置的交易价格将在产品交付时，即每个产品在控制权转移后确认为收入。

例 1C：折扣的配置实例 Ⅰ、Ⅱ、Ⅲ

某公司定期单独地销售产品 A、B 和 C，并制定以下的单独销售价格：

产品	单独销售价格
A	$40
B	55
C	45
合计	$140

案例 Ⅰ：公司与客户签订一份完整的合同，以 100 美元的价格出售产品 A、B 和 C。这个合同包含一个单独销售价格产生的 40 美元的折扣。通常，这将按比例分配给所有 3 个产品的履约义务。但是，因为公司经常以 60 美元的价格一起销售产品 B 和 C，以 40 美元的价格销售产品 A，有证据表明所有的折扣都应该分配给转交产品 B 和 C 的履约行为。

如果他们在同一时间转交对产品 B 和 C 的控制权，那么公司可以将这些产品的转交作为一个单独的履约责任。这意味着该实体将把交易价格的 60 美元分配给单一履约义务。当产品 B 和 C 同时转给客户时，确认收入为 60 美元。

但是，如果合同要求在不同时间点转交产品 B 和 C 的控制权，则使用原先的单独价格来分配 60 美元的交易价格。

产品	单独销售价格	配置交易价格	
B	$55	$33	($55 ÷ $100) × $60
C	45	27	($45 ÷ $100) × $60
合计	$100	$60	

案例 Ⅱ 是剩余法适用的一个例子。与案例 Ⅰ 中描述的情况一样，公司与客户签订了一份合同，出售产品 A、B 和 C。合同还包括转交产品 D 的承诺，总价值 130 美元。产品 D 的单独价格变化很大，因为公司在价格 15 美元到 45 美元范围内向不同的客户销售产品 D。因此，公司选择使用剩余法来估计产品 D 的单独销售价格。

首先，公司必须确定是否应该将折扣分配给其他履约义务。与案例 Ⅰ 一样，该公司定期以 60 美元的价格一起销售产品 B 和 C，以 40 美元的价格销售产品 A。可见的证据表明，100 美元应分配到这三种产品里，40 美元的折扣应该分配给转交产品 B 和 C 的履约责任。使用剩余法，公司估计产品 D 的单独销售价格为如下所示的 30 美元：

产品	单独销售价格	方法
A	$40	直接可见
B 和 C	60	有折扣直接可见
D	30	剩余法
合计	$130	

案例Ⅲ是剩余法不适用的一个例子。假设在案例Ⅱ情形中除了交易价格是 105 美元而不是 130 美元外，其他都是相同的事实。使用剩余法将导致产品 D 的单独销售价格为 5 美元。由于这不在产品 D 单独售价 15 美元至 45 美元的范围，因此公司断定 5 美元并没有如实反映本公司应享有的权益金额。在这种情况下，该公司将复核包括销售和贡献边际报告在内的可观察数据，从而使用其他适合的方法估计产品 D 的单独销售价格。企业决定使用案例Ⅱ情形中总计 130 美元的相对单独销售价格，将 105 美元的交易价格分配到产品 A、B、C 和 D 中。

2. 投入法（input methods）：图表 1A - 46 提供了选择投入法进行配置的信息、可以使用的具体投入法、如何评估该方法以及使用投入法的缺陷。

图表 1A - 46　投入法

标准	确认收入的基础是履行履约义务企业需要的努力或投入
投入法	• 消耗的资源 • 花费的人工工时 • 发生的成本 • 使用的时间 • 需要的机器工时
投入法的估价	如果企业的努力或投入在整个责任履行期间平均分配，则可按直线法确认收入
缺点	• 在投入和产品或服务的控制权转交给客户之间可能没有直接的关联

FASB 提供了投入法的示例，这里进行了汇总。

例 2A：在提供产品或服务时测算过程进度

某从事健身俱乐部运营和管理的公司与客户签订了一年的合同，允许顾客到访其旗下任何一家健身俱乐部。顾客承诺每月支付 100 美元，可以无限制地使用健身俱乐部的设施。在这个例子中，对顾客的承诺是提供如他们希望一样的健身俱乐部的服务。顾客使用健身俱乐部的程度并不影响他们有权享受的剩余服务的数量。因此，当公司履行义务提供健身服务时，客户接受并获得了消费的益处。这是一种随着时间的推移而得以履行的义务，顾客也可以全年平均地受益于服务。因此，一段时间内完全履行义务的最佳度量是基于时间的测算。该公司将在全年以每月 100 美元的平均方式（直线法）确认收入。

例 2B：未安装的材料

第一年的 11 月份，某公司与一个客户签约翻新一幢三层楼的大楼并安装新的电梯，总金额为 500 万美元。在这种情况下，包括电梯安装在内的承诺的翻新服务被认为是一段时间内单一的需履行的义务。

交易价格		$ 5 000 000
预期成本：		
电梯	1 500 000	
其他成本	2 500 000	4 000 000
利润		$ 1 000 000

本例中，企业基于已发生成本使用投入法来计量其履约义务的完成进度。

第一年的 12 月份电梯交付到现场时，客户获得对电梯的控制权。但是，电梯要到第二年 6 月份才能安装。请注意，购买这批电梯的成本为 150 万美元，相对于预期的 400 万美元总成本而言这是一笔不小的数目。该公司推断将购买电梯的成本包括在进度的衡量中会高估企业履行责任的程度。

截至第 1 年 12 月 31 日：

- 不包括电梯在内发生的其他成本为 500 000 美元；
- 履行了 20% 的责任（完成了 20% 的业务）：500 000 美元 ÷ 2 500 000 美元。

第 1 年 12 月 31 日，公司将确认以下事项：

收入	$ 2 200 000[a]
产品销售成本	2 000 000[b]
利润	$ 200 000

(a) 收入按 ［20% × （ $ 5 000 000 的交易价格 – $ 1 500 000 的电梯费用）］ + $ 1 500 000 计算得出；

(b) 产品销售成本为 $ 1 500 000 （电梯成本） + $ 500 000 （其他发生的成本）。

新术语

所使用的新术语以及一些熟悉的术语由 FASB 在更新中定义如下：

- **合同**（contract）：两个或两个以上的当事人之间产生的可强制执行的权利和责任的协议。
- **合同资产**（contract asset）：实体转交商品或服务给客户时获得的承诺权益，该权益的获取并不随着时间推移而自然获得，必须具备其他条件。一个例子是实体的未来履约责任。
- **合同负债**（contract liability）：企业因从客户处收取了对价或对价已到期而需向顾客转移商品或服务的义务。
- **顾客**（customer）：与实体签订合同承诺放弃权益以换取货物或服务的一方，这些货物或服务是该实体正常经营活动的产出。
- **应收款项**（receivables）：代表该实体向客户转让商品或服务以换取无条件获取付款的权利。

这些账户的确切名称由实体自己决定。在某种程度上，它们并没有太大的改变，因为当客户为将来提供的服务或产品付款时该实体仍然可以使用这些被称为"未获收入"的账户。

主要改动的不再使用的旧标准和术语

新标准是基于原则而不是基于规则的。此外，它不再指定基于特定行业（如建筑业）的规则和指引。下面的图表 1A – 47 汇总了这些主要的变化和不再使用的术语。考试的时候可以把这些术语从你的脑海中屏蔽掉。

图表 1A – 47　新旧术语汇总

旧的标准指引	不再使用的术语	新术语（如果适用的话）
产业指引不再适用	软件、房地产、电信和建筑业	根据控制权一段时间内的转移确认收入 允许使用两种方法： 1. 产出法 2. 投入法
交付前确认收入	1. 生产完工法 2. 完工百分比法	
交付后确认收入	1. 分期付款销售法 2. 成本回收法 3. 保证金法	
长期建设项目的核算	1. 完工百分比法 2. 合同完工法	
销售时点	销售时点	在时间点确认收入

基于配比原则的费用确认

外部财务报告的编制基于会计的"权责发生制"原则，因为它可以比"收付实现制"更好地预测公司的未来财务业绩表现。

权责发生制会计也同样基于会计匹配性原则基础上的费用确认原则。

会计匹配原则要求将费用与它们产生的收入相匹配。比如，产品销售成本在资产负债表中初始资本化为资产，在产生销售收入之前不能确认为成本，直到产生销售收入。同样，不动产、厂房及设备（PP&E）被资本化为资产，然后随着时间推移或使用，通过折旧费用对应地将其成本与其在每个时期产生的收入相匹配。利息费用被确认在借款资金用于帮助公司经营盈利的时期内。工资作为一项费用确认在员工帮助公司创造收入的每个阶段。不同的是，销售和管理费用以及研发（R&D）成本在产生的期间内便确定为费用，而不是资本化为资产，因为其未来的创收能力无法衡量或不确定。对于未来坏账与维修义务的预估准备，也体现了会计的匹配性原则，因为当期的"准备"类备抵账户的存在可以让这部分费用与相关的收入在同一期确认。

利得和损失

利得（gain）是指在正常业务过程之外的交易（例如，出售固定资产或投资，或者提前偿还债务）的收入超过成本的收益。**损失**（loss）是指正常业务过程之外的交易的收入不高于其产生的成本（例如，火灾损失、出售固定资产或投资的损失、提前偿还债务的损失）。"利得和损失"单独列报在利润表的营业利润下方。

不动产、厂房及设备（PP&E）的处置

PP&E 可能被出售或交换，或者非自愿处置或废弃。在实际处置之前，企业需要持续计提折旧至实际处置日，并将全部相关账户的账面价值转出。处置

时，扣除折旧后的账面价值与资产处置价值之间的差额应该确认为利得或损失。厂房类资产处置的收益或损失会作为持续经营业务收入的一部分列报，除非出售事项属于已"中止经营业务"的一部分。

销售

当 PP&E 类资产被出售时，从最后一次折旧入账之日起至出售日期这段时间的折旧也必须进行记录。这样的目的是使资产的账面价值更新到处置日，以便衡量出售资产的利得或损失。

假设，一家企业持有一台设备，初始取得成本为 34 000 美元，并在过去 7 年每年计提折旧额 3 400 美元。在第 8 年的 4 月 1 日，企业将该设备对外出售，售价为 10 000 美元。则这项销售形成的利得/损失是多少？首先，公司必须计算第 8 年从 1 月至 3 月的应计提的折旧额，即 3 400 美元 ×3/12 = 850 美元。这个金额应该计入年末的累计折旧中（即，借记折旧费用，同时贷记累计折旧），这样做可以使累计折旧增至：

$$[（3\ 400\ 美元/年 ×7\ 年）+850\ 美元] = \underline{24\ 650\ 美元}$$

该设备的账面净值为设备的初始成本与累计折旧之间的差额：

$$34\ 000\ 美元 - 24\ 650\ 美元 = \underline{9\ 350\ 美元}$$

出售 PP&E 产生的利得或损失就是出售价格与账面净值之间的差额：

$$10\ 000\ 美元 - 9\ 350\ 美元 = \underline{650\ 美元}$$

非自愿处置

洪水、火灾、地震、盗窃和不道德行为都会导致资产非自愿的"被处置"。此类情况发生后，即使该资产被其他资产立即替换，也必须确认处置利得或损失（即非自愿处置）。

比如，某企业的资产购置价格为 1 600 000 美元，资产遭遇了一次火灾导致损失，在发生火灾时，资产已计提累计折旧 600 000 美元。这个案例中，火灾发生时资产的账面是 1 000 000 美元（初始成本 1 600 000 美元减去 600 000 美元的累计折旧）。假设企业收到了保险公司对此的赔偿 1 700 000 美元保险费，那么企业就需要确认一笔 700 000 美元的资产处置利得。因为收到的保险金，要高出其当时的账面价值 700 000 美元（1 700 000 美元保险费减去 1 000 000 美元账面价值）。

废弃

被遗弃或报废的项目不会产生任何现金回收。因此，该资产的"处置损失"即为该资产在被"废弃"时的账面价值。如果废品产生任何的回收价值，则确认废品回收价值与其账面价值之间的差额作为处置利得或损失。已经提足折旧却仍在使用的资产应当在财务报表附注中披露。

费用确认

　　会计的匹配性原则要求费用的确认应该与其创造的收入匹配在同一期间（比如，产品销售成本与销售收入的匹配，建筑工程成本应该对应建筑工程收入），或者费用的合适对应期间（比如，广告费、研发费用、利息以及公共服务费）。

综合收益

　　财务会计准则委员会（FASB）将"综合收益"定义为"一个时期内由来自非所有者的交易或其他事项或事件导致的商业企业所有者权益（净资产）变动。它包括一定时期内所有者权益的所有变动，但与所有者投入和分配股利无关"。这些变动来自交易事项、企业的生产性活动、价格变动和外部事项。

　　因此，综合收益包括会计期间内所有经营收入、费用、利得和损失，包含计入净收益的已实现损益以及需要作为其他综合收益的净收益之外的未实现损益。其他综合收益主要有：

- 投资"可供出售金融资产"中的未实现损益。
- 特定衍生金融工具的未实现损益。
- 员工养老金负债调整所产生的损失。
- 特定外币折算交易调整。

其他综合收益

　　综合收益包含了所有会影响股东权益的事项，但不包括与股东之间的交易往来。每股金额不在综合收益中列报。

　　净利润结算转入留存收益，而其他综合收益结算转入累计其他综合收益，因此，两者均独立登记，并作为股东权益的一个组成部分。为避免前期已在其他综合收益中列报的利得和损失在后续中实现且计入净利润的项目被重复计算，应进行必要的重分类调整。一旦其从累计其他综合收益中实现，这种调整可以消除利得和损失的影响。

　　综合收益既可以在组合的财务报表中单独列示，也可以在两张单独的财务报表中按顺序列示。以下举例说明这两种列报方法。

- 单张组合的利润和综合收益表。企业可以选择先将净利润列报一个"小计合计数"，然后紧跟着列报"其他综合收益"，最后列报"综合收益"作为两者的合计。虽然这样的方法比较简单明了，但是却弱化了净利润的地位。图表1A-48列示了单张组合的综合收益表。

图表 1A-48　组合利润表——综合收益

旁氏体育用品公司	
利润及综合收益表	
截至第 1 年 12 月 31 日年度	
销售收入	$ 1 120 000
产品销售成本	840 000
毛利	280 000
营业费用	126 000
净利润	154 000
未实现持有利得（税后净额）	42 000
综合收益	$ 196 000

- 双表法。第一张报表（利润表）首先用来列报净利润，然后是综合收益表。第二张报表也就是综合收益表以净利润作为开始项然后加（减）其他综合收益项目得到第二份综合利润表，这样的做法可以更清楚地表示净利润与其他综合收益的关系。图表 1A-49 列示了 2 张独立的报表，分别是利润表与综合收益表。

图表 1A-49　利润表和其他综合收益表双表法

旁氏体育用品公司 利润表 截至第 1 年 12 月 31 日年度		旁氏体育用品公司 综合收益表 截至第 1 年 12 月 31 日年度	
销售收入	$ 1 120 000	净利润	$ 154 000
产品销售成本	840 000	其他综合收益	
毛利	280 000	未实现持有利得	
营业费用	126 000	（税后净额）	42 000
净利润	$ 154 000	综合收益	$ 196 000

中止经营

　　财务报告的目的是帮助投资者和债权人预测未来。由于已经（或将要）中止的业务部门的预测价值很小，因此其对公司利润表的影响将作为非正常的项目单独列报在持续经营业务利润的下方。当一个业务部门被中止时，有两个部分内容需要列报：

　　1. 本年度内已出售或持有待售的该业务部门的任何营业利润或亏损需要以税后的净额列报在"中止经营业务"中。

　　2. 在出售或者减值该业务部门的资产时，产生的任何利得或者损失需要以税后的净额列报在"中止经营业务"中。

　　同时，将中止经营的业务从资产负债表上的持有使用类资产科目转入到"持有待售资产"科目。

会计处理问题

一项"中止经营"是指企业的一个业务分部或多项业务分部：（1）通过销售或其他方式处置，或分类为"持有待售"，以及（2）该处置代表一个战略转变，该战略已经或将要对实体经营和财务业绩产生重大影响。

当公司决定终止一个主要业务部分或其部分业务时，我们称为"中止经营"。此决定的日期称为"决定日"。在"决定日"或之后，该业务部分被正式分类为"持有待售"。业务部分被正式处置的日期称为"处理日"。

处置利得或损失的计算

只有两项基本金额确定后，才能计算运营的利得或损失：已中止经营的业务的营业利润或损失（税后净额）以及处置已中止经营业务（税后净额）的损失或利得。这些金额的合计等于已中止业务产生的损失或利得。而运营产生的损失可以通过加总这些项目来计算：

- 本年度在报表中列报的中止经营业务形成的利润或损失。
- 报告的处置利得或损失。

通过比较资产的账面价值与处置净所得，可以计算处置产生的利得或损失。计算处置利得或损失的公式如下所示：

> 处置损失 =（处置所得 – 资产处置成本）– 被处置资产的账面净值

计算处置利得或损失的第一步是确认销售资产时产生的成本。这些成本应该从资产的公允价值中扣除。销售（那些因决定销售而直接导致的成本）的直接增量成本包括：

- 支付给经纪人的佣金和其他销售费用；
- 对经营项目公允价值的评估费；
- 法律咨询费；
- 资产过户费；
- 结算成本。

计算处置利得或损失的下一步是确认经营项目的账面价值，包括利息和其他费用资本化。总而言之，为使资产达到其预定可使用状态的所有重要成本，包括为资产融资的所有利息费用，都应该予以资本化，以更加准确地反映初始投资成本。

经营项目的账面一经确定，其公允价值由精算师进行评估。如果资产总的账面价值大于公允价值减销售费用后的净额，则需要确认一笔处置损失，并记录在资产转为"持有待售"的同一期间。相关资产被认定为减值并确认损失，同时账面价值调整为公允价值减销售费用后的净额。后续中出现价值回调时，应该在实际处置时确认处置利得，并调回公允价值减销售费用后的净额，但不可超过前期确认损失的总额。然而，在处置中产生利得，只可以在其实际完成销售后才能确认。

对财务报表的影响

中止经营项目产生的结果抵消所得税影响后在利润表中列报在持续经营的营业利润下方，作为独立项目列报。图表 1A – 50 列示了中止经营项目在利润表中的列报。

图表 1A –50　利润表——中止经营项目

持续经营过程中得到的净利润		$ 8 000 000
中止经营项目		
中止经营的分部税后净利得或损失	$ 120 000	
分部中止经营后处置的税后净利得或损失	200 000	320 000
净利润		$ 7 680 000

后续调整

从当期财年期末到预计处置日所发生的后续损失，需要在它们实际发生时确认并记录。此外，报表中列示的当期确认的中止经营项目的金额可能需要在以后期间分类调整，并披露调整的性质和金额。

财务结果差异：IFRS 对比 GAAP

国际会计准则委员会（IASB）负责审核国际财务报告准则（IFRS）。IASB 的一个主要的目标是将会计准则趋同。基于此，国际会计准则委员会（IASB）与财务会计准则委员会（FASB）紧密合作，力求国际财务报告准则（IFRS）和美国公认会计原则（U. S. GAAP）可以更加地趋于一致。

IASB 更关注于要求类似交易或事项按照类似方式登记入账与列报，不同交易或事项采用不同方式登记入账列报，无论这些交易或事项是否发生在同一公司内部，或者发生在跨行业和跨地理区域的不同公司之间。为此，IASB 减少了可供类似交易或事项选用的会计处理方法。下面会探讨本章前面涉及的一些财务报表要素，以及这些要素在国际财务报告准则（IFRS）与美国公认会计原则（U. S. GAAP）的不同的会计处理方法。CMA 考生在复习备考时，请登录 IASB 和 FASB 的网站（网址分别是 www. iasb. org 和 www. fasb. org），了解 IASB 和 FASB 当前发布的最新公告。

图表 1A –51，列示了国际财务报告准则（IFRS）与美国公认会计原则（U. S. GAAP）的比较，并列出了与每项要素相关的国际会计准则（IAS）。

图表 1A–51 IFRS 与 GAAP 的差异

主题	IFRS	U. S. GAAP	IAS/IFRS
费用确认： 股权激励和员工福利	加速法确认薪酬成本	可以采用直线法确认薪酬成本，也可采用加速法确认薪酬成本	IAS 19《员工福利》 IFRS 2《股权激励》
无形资产： 开发成本与价值重估	开发成本可以资本化；如果资产交易存在活跃市场，则允许进行重新估价	开发成本一般在发生时计入费用；禁止对无形资产进行重新估价	IAS 38《无形资产》
存货： 成本结转方法	禁止采用后进先出法	允许采用后进先出法	IAS 2《存货》
存货： 价值计量方法	存货按照成本与可变现净值孰低计价	对于采用后进先出法计量或零售的存货按照成本与市价孰低计价；对于采用先进先出法或权重平均法计量的存货按照成本与可变现净值孰低计价	IAS 2《存货》
存货： 账面价值减值	若导致存货减值的因素不复存在，则以前确认的存货减值损失可以转回	存货的任何减值将形成新的成本基础，不可转回	IAS 2《存货》
租赁：	承租人将所有租赁视为融资租赁，除非租赁资产是 5 000 美元或者更少	承租人将租赁视为短期（少于 12 个月）、经营租赁或融资租赁	IAS 16《租赁》
长期资产： 价值重估、折旧以及利息资本化	长期资产使用历史成本或者重估值（公允价值）记录	长期资产仅可以使用历史成本法，禁止重新估价	IAS 16《不动产、厂房及设备》
资产减值： 减值损失的确定、计算与转回	当资产的账面价值大于资产预期未来现金流量的贴现现值加上公允价值与出售成本的差额时，确认减值	当资产的账面价值大于资产的预期未来现金流量（未贴现）时，确认减值	IAS 36《资产减值》
企业合并： 控制权	合并是基于是否具有"控制权"，投资人持有不足 50% 的投票权股票仍有可能取得控制权。也可以依据是否投资方**同时**拥有以下三个特征来判断：对被投资人可以行使权力与影响；可以通过参与被投资方相关活动而享有变动收益的权利；以及有能力运用其对被投资方的权力影响收益金额	在 U. S. GAAP 下，存在控制性权益是通过判断投资方是否持有或间接持有的 50% 以上的有表决权股份，达成控制权时，需要合并列报	IFRS 10《合并财务报表》

无形资产

IAS 第 38 号：《无形资产》规定了对无形资产的会计处理，并详细说明了如何计量其账面价值以及相关信息的披露。

准则将无形资产确认为可从实体中分离出来或可与实体分割并可单独或与相关合同一起出售、转让、许可、租赁或交易的资产类项目。无形资产可以是源于合同权利或其他法律权利。只有当公司能够控制某项资产，并能获得持有该资产产生的未来经济利益，才可以将某项资产确认为无形资产。

国际会计准则委员会（IASB）接受将未完工的研发项目支出资本化，前提是以下条件均得到满足：

- 完成该项目所需要的技术已经完善可用。
- 企业具备使用或出售该无形资产的能力。
- 企业有意愿完成该项目。
- 企业有充足的技术、财务和其他必要资源来完成产品的开发。
- 在资产开发期间的支出，需要资本化的部分，可以被可靠计量。

这些标准比 U. S. GAAP 中的相关要求更为严格。U. S. GAAP 中的主要标准是技术上的可行性确立后，可以资本化相关的研发成本。

存货

IAS 第 2 号：《存货》规定了对存货的会计处理。会计在处理存货时的主要问题是如何确认存货资产的成本金额，这些金额向后结转直到存货售出和相关收入确认的时候。

该准则要求通常不能相互转换的存货成本以及为具体项目生产和分离的货物或服务的成本，应通过使用个别计量方式予以分配。在存货专门用于特定项目时，应采用"个别计价法"，在无法实施专门认定时，应采用先进先出法（FIFO）或加权平均成本公式来分配存货成本。与 U. S. GAAP 不同的是，国际准则不允许采用后进先出法（LIFO）。

租赁

国际财务报告准则（IFRS）和新的美国公认会计准则（U. S. GAAP）的租赁会计已经从承租人的会计角度趋同。根据新的 FASB（财务会计准则委员会）指引，承租人必须基于一套标准将超过 12 个月的租赁报告为经营租赁或融资租赁。根据 IFRS，承租人必须将金额超过 5 000 美元的租赁报告为融资租赁。对于基于 FASB 的经营租赁和融资租赁以及基于 IFRS 的融资租赁，租赁资产和相关的租赁负债将在资产负债表上确认。

不动产、厂房及设备

IAS 第 16 号：《不动产、厂房及设备》规定了不动产、厂房及设备（PP&E），以及与其折旧费和减值损失相关的会计处理。准则将 PP&E 定义为有物理形态的、被持有并用于生产或提供产品或服务的资产并且 PP&E 预期能用于一个以上的会计周期。其资产的确认标准与美国公认会计原则（GAAP）类似，需要两个条件：具有未来的经济效益和成本可以可靠地计量。

同时，准则还明确了哪些成本可以资本化与哪些成本需要排除在外。例如，将资产转移到其所在地的成本和拆卸和移除资产的相关成本可以资本化。不能作为 PP&E 资本化部分的成本包括开办新工厂的成本以及在新地点开展业务的成本。

准则允许选择成本法或价值重估法在初始购买之后对 PP&E 进行估价。成本法以初始成本减去累计折旧来确认 PP&E 的价值。相比之下，价值重估法要求定期对资产的公允价值进行评估，资产的账面价值等于公允价值减去自重新计量日起的累计折旧。因此，成本法计算累计折旧是从购买之日开始，而价值重估法则是从对资产进行价值重估的日期开始。

准则允许采用多种折旧方法，以在资产的使用寿命期内分摊资产成本。这些方法包括直线法、余额递减法和工作量法。

合并财务报表：控制权

总的来说，国际财务报告准则（IFRS）更加地"以原则为导向"，而美国公认会计原则（U. S. GAAP）更加地是"以规则为导向"。如果投资方持有或间接持有 50% 以上的有表决权股份，则认为对被投资方拥有控制权，GAAP 通常会要求合并报表。如果被投资单位被认定为"可变利益实体（VIE）"，那么控制方则是 VIE 的主要受益人。IFRS 对"可变利益实体（VIE）"的合并方法没有单独的指引。

IFRS 第 10 号：《合并财务报表》中的规定与 GAAP 相似，当一个企业（投资方）对另一个企业（被投资方）有实际控制能力的话，则控制方需要合并被投资方的财务报表。然而，在 IFRS 下，控制权的定义和确定规定略有不同，即使投资者持有少于 50% 的表决权，也可以实现控制。

在 IFRS 下，投资方拥有实际控制权可以体现在以下三个特征：对被投资人可以行使权力与影响；可以通过参与被投资方相关活动而享有变动收益的权利；以及有能力运用其对被投资方的权力影响收益金额。对被投资方的权力来自投资者的现有权利。这样的权利也让投资方直接参与到被投资方的经营活动中（如投票权、决策权、合约协议中的规定权利等）。深入参与并获得收益的权利必须可能因被投资方的业绩而变化（收益可以是正收益、负收益，或两者）。

企业合并：收购法

在企业收购中，许多已购得的项目（例如，存货，不动产、厂房及设备等）在 IFRS 下与在 U. S. GAAP 下相比有不同的会计原则。请注意，在收购过程中取得的商誉和商誉减值在 U. S. GAAP 和 IFRS 下有不同的处理方法。根据 U. S. GAAP，购得商誉会分配至报告单位，在 IFRS 下则是分配给收购方的"现金产出单元（CGU）"。根据 U. S. GAAP，在对商誉进行减值测试时，企业可对商誉进行定性评估，然后进行两阶段减值测试。在 IFRS 下，减值测试是一步测试：将可收回价值（公允价值减销售成本和 CGU 使用价值的较高者），与 CGU 的账面价值进行比较。

本节习题：
确认、计量、估价和披露

说明： 回答所提供的每一个问题，正确的答案和解释出现在本节习题之后。

1. 麦杰斯特游乐园最近安装了一个新的刺激游乐设施。尽管该景点的平均寿命为40年，但麦杰斯特估计该游乐设施将流行15年，此后将被拆卸并更换为其他游乐设备。公园出游率基于当地经济情况，难以预测。麦杰斯特应采用以下哪种方法折旧该游乐设施：
   - ☐ **a.** 余额递减法。
   - ☐ **b.** 15年寿命的直线法。
   - ☐ **c.** 40年寿命的直线法。
   - ☐ **d.** 产出单位。

2. 期间所得税跨期分摊的目的是：
   - ☐ **a.** 平滑公司当前财务报表中出现的永久性差异和暂时性差异的税收后果。
   - ☐ **b.** 确认在资产负债表日的暂时性差异所产生的所得税资产和所得税负债。
   - ☐ **c.** 调整利润表上的所得税费用，使其与资产负债表上显示的所得税负债保持一致。
   - ☐ **d.** 向税务机关提供收入分配的适当披露。

3. 下列哪一种报表正确地描述了美国公认会计原则和国际财务报告准则下研发成本（R&D）的会计处理？
   - ☐ **a.** 美国公认会计原则和国际财务报告准则都允许研发成本资本化。
   - ☐ **b.** 美国公认会计原则和国际财务报告准则都不允许研发成本资本化。
   - ☐ **c.** 美国公认会计原则允许研发成本资本化，而国际财务报告准则要求研发成本费用化。
   - ☐ **d.** 美国公认会计原则要求研发成本费用化，而国际财务报告准则要求研究成本费用化，但开发成本资本化。

本节习题参考答案：
确认、计量、估价和披露

1. 麦杰斯特游乐园最近安装了一个新的刺激游乐设施。尽管该景点的平均寿命为 40 年，但麦杰斯特估计该游乐设施将流行 15 年，此后将被拆卸并更换为其他游乐设备。公园出游率基于当地经济情况，难以预测。麦杰斯特应采用以下哪种方法折旧该游乐设施：
   □ a. 余额递减法。
   ☑ b. 15 年寿命的直线法。
   □ c. 40 年寿命的直线法。
   □ d. 产出单位

   在长期资产为本组织提供利益的时期内确认折旧。直线折旧法等额确认资产使用寿命期间的折旧金额。麦杰斯特估计该游乐设施将在 15 年内被取代，并且可以假定每年提供相等的效益，它应使用 15 年寿命的直线折旧法。

2. 期间所得税跨期分摊的目的是：
   □ a. 平滑公司当前财务报表中出现的永久性差异和暂时性差异的税收后果。
   ☑ b. 确认在资产负债表日的暂时性差异所产生的所得税资产和所得税负债。
   □ c. 调整利润表上的所得税费用，使其与资产负债表上显示的所得税负债保持一致。
   □ d. 向税务机关提供收入分配的适当披露。

   期间所得税分配的目的是确认一项税收资产或负债，以弥补结算日的暂时性差异的税收后果。当一般公认会计原则下的税前财务利润与美国国税局的应纳税收入不同时就会产生暂时性差异，这将在未来一段时间内转回。

3. 下列哪一种报表正确地描述了美国公认会计原则和国际财务报告准则下研发成本（R&D）的会计处理？
   □ a. 美国公认会计原则和国际财务报告准则都允许研发成本资本化。
   □ b. 美国公认会计原则和国际财务报告准则都不允许研发成本资本化。
   □ c. 美国公认会计原则允许研发成本资本化，而国际财务报告准则要求研发成本费用化。
   ☑ d. 美国公认会计原则要求研发成本费用化，而国际财务报告准则要求研究成本费用化，但开发成本资本化。

   美国公认会计原则和国际财务报告准则以不同方式处理 R&D 成本。根据美国公认会计原则，R&D 成本发生时进行费用化处理，而软件开发成本的处理与国际财务报告准则标准类似。根据国际财务报告准则，研究费用在发生时进行费用化处理；一旦项目建立了技术可行性和满足某些条件，内部开发无形资产的成本就可以资本化。

本章实战练习：
外部财务报告决策

说明：下述样题旨在模拟考试真题。认真审题并将答案写在答题纸上。参照书后"每章实战练习参考答案"检查答题结果，并巩固完善。更多实战练习，请访问 www. wileycma. com **在线测试题库**。

样题 1A1 – W001
考查内容：财务报表

有额外利润表项目的哈林顿技术公司多步式利润表如下：

销售净额	$2 000 000
减去：产品销售成本	890 000
毛利	1 110 000
减去：运输费用	45 000
折旧费用	68 000
退休金费用	21 000
营业利润	976 000
减去：非连续性经营活动	76 000
税前利润	900 000
减去：所得税费用，税率为30%	270 000
净利润	$630 000

作为一名财务分析师，格伦·汉密尔顿分析了公司的财务报表后并得出结论：公司的实际净利润应该是 683 200 美元，而不是 630 000 美元。请问以下哪种观点**最能**支撑这个结论？

☐ **a.** 本期确认应收账款 53 000 美元无法收回，当期做坏账核销。

☐ **b.** 公司采用个别计价法对存货估价，然而财务分析师本期采用了 LIFO 对存货进行估价。

☐ **c.** 公司可能已经清算了其后进先出准备金。

☐ **d.** 公司将非连续性经营活动相关的费用计入了持续经营收入中。

样题 1A1 – W002
考查内容：财务报表

盖瑞特有限公司过去 5 年的流动比率如下所示。

	第 1 年	第 2 年	第 3 年	第 4 年	第 5 年
流动比率	5.0	4.5	4.9	1.2	4.2

以下哪项因素**最有可能**是造成第 4 年流动比率下降的原因？

☐ **a.** 第 4 年采用赊购形式购入原材料，货款延期支付到期。

☐ **b.** 第 4 年长期债务到期，需要清偿。

☐ **c.** 公司在第 4 年缩短了信用期限。

☐ **d.** 由于应付账款增加，第 4 年营运资本下降。

样题 1A1 – W003
考查内容：财务报表

泰勒实验有限公司的四个业务分部的现金流量和净利润数据列示如下：

	第 1 业务分部	第 2 业务分部	第 3 业务分部	第 4 业务分部
经营活动产生的现金流量	$ 3 000	$ (250)	$ (3 000)	$ 2 000
投资活动产生的现金流量	(4 000)	6 000	8 000	(3 000)
融资活动产生的现金流量	1 080	(1 000)	(1 000)	1 080
净利润	1 500	1 750	2 375	1 500

根据提供的信息，公司应该中止哪个分部的业务？

☐ **a.** 第 3 业务分部，因为该分部的经营活动耗用的现金流量多，同时现金流入主要依赖投资活动。

☐ **b.** 第 1 业务分部，因为该分部的净利润最低，投入高。

☐ **c.** 第 4 业务分部，因为该分部的净利润和经营活动产生的现金流量都低。

☐ **d.** 第 2 业务分部，因为该分部经营活动耗用的现金流量少，投资活动产生的现金流量没有得到合理的利用。

样题 1A1 – W004
考查内容：财务报表

沙琳能源公司本年经营活动产生的现金流量为 25 000 美元。如果摊销费用增加了 5 000 美元，而其他因素保持不变，以下哪一种假设不会影响经营活动产生的现金流量？

☐ **a.** 摊销方法的变化没有追溯影响。

☐ **b.** 公司的经营周期无限长。

☐ **c.** 公司处在一个免税的经营环境中。

☐ **d.** 公司可以在财务年度中变更折旧方法。

样题 1A1 – W005
考查内容：财务报表

海恩斯材料有限公司最新部分财务信息摘录如下：

税率	30%
净利润	$15 000
经营活动产生的现金流量	$45 000

其他信息：

1. 公司预计下一年的税率会提高 2%。

2. 公司计划在下一年第 1 季度购入价值 500 000 美元的设备。

3. 新设备的使用预计会提高产能 15%。

根据给定条件，以下哪一种策略是减少下一年应交税费的最佳策略？

☐ **a.** 将设备采购推迟到下一年，以便利用税务损失结转。

☐ **b.** 采用双倍余额递减法计提资产折旧，以提高前几年的经营活动产生的现金流量。

☐ **c.** 采用直接法编制现金流量表，以得到更低的经营活动产生的现金流量和净利润。

☐ **d.** 如果递延所得税负债可以合理预计，将设备采购推迟到下一年。

样题 1A1 – W006
考查内容：财务报表

伊娃·沃尔夫公司的财务会计人员确认该公司经营业务现金流量数据如下：

净利润	$15 000
设备折旧	2 500
股利收入	2 500
利息收入	5 000
流动资产增加	8 000
流动负债增加	6 500
经营活动产生的现金流量	$16 000

公司的管理会计师认为经营活动产生的现金流量应该是 8 500 美元。如果是对的话，以下哪一项表述最能支撑管理会计师的结论？

☐ **a.** 公司所处的经营环境是免税的。

☐ **b.** 公司采用国际财务报告准则（IFRS）计算经营活动产生的现金流量。

☐ **c.** 经营活动产生的现金流量是按照直接法计算得到的。

☐ **d.** 计算经营活动产生的现金流量时，设备折旧不应该加回到净利润中去。

样题 1A1 – W007
考查内容：财务报表

亚瑟能源公司的管理层本年确认了一项或有负债 50 000 美元。然而在年报公布之前，该公司发生了一笔总额为 42 000 美元的付款从而解决了此事。

公司董事会决定将这笔交易事项在下一年度的财务报表中报告。根据美国公认会计原则（U. S. GAAP）的规定，如果适用的话，以下哪一项条款能够说明管理层的决策是错误的？

□ a. 如果该损失很可能发生并且损失的金额可以被合理估计，必须确认或有损失。

□ b. 无论是 GAAP 还是特定行业规定允许在两种或多种会计核算方法之间进行选择，必须披露所选择的方法。

□ c. 如果某一交易事项改变了编制财务报表的估计，则必须调整财务报表。

□ d. 如果某一事件提供了截至资产负债表日既有情况的额外证据，并改变了所使用的估计，则财务报表应予以调整。

样题 1A1 – W008
考查内容：财务报表

谢尔顿·德温公司有两项股票投资，公司持有被投资方 30% 的流通股。公司执行总裁反对编制合并财务报表，根据提供的信息，以下哪一种说法**最可能**是正确的？

□ a. 公司执行总裁的决策是正确的，因为只有持股比例达到 50% 以上时才需要编制合并财务报表。

□ b. 公司执行总裁的决策是错误的，因为持股比例只要达到 20% 以上时就需要编制合并财务报表。

□ c. 公司执行总裁的决策是错误的，因为拥有的子公司数量超过 10 家时才需要编制合并财务报表。

□ d. 公司执行总裁的决策是正确的，因为只有当公司拥有的子公司数量达到 3 家或 3 家以上时才需要编制合并财务报表。

样题 1A2 – W002
考查内容：确认、计量、估价和披露

克莱尔公司在本年年末的应收账款余额为 150 000 美元，公司预计应收账款坏账率为 5%。因此，会计师确认坏账 7 500 美元和应收账款的可变现净值为 142 500 美元。在以下哪种情况下，**最可能**减少应确认的坏账金额？

□ a. 公司缩短信用期限。

□ b. 公司延长信用期限。

□ c. 坏账准备的贷方余额为 1 500 美元。

□ d. 坏账准备的借方余额为 1 500 美元。

样题 1A2 – W003
考查内容：确认、计量、估价和披露

达琳资产公司最新的财务报表显示发行在外流通的普通股股数为 140 000

股，每股面值 11 美元。当前股票每股市价 25 美元。本年年初，公司以每股 4 美元价格回购了 10 000 股股票。公司采用成本法核算库存股股票。本年反映发行在外的股票价值账户登记如下：

普通股股票，每股面值 $10	$1 400 000
减去：库存股股票	100 000
普通股净值，每股面值 $10	$1 300 000

公司的 CFO 不认可这样的财务报表。以下**最可能**是 CFO 不同意这种做法的原因是：

- ☐ **a.** 根据面值计价的库存股股票的计量错误，应该按照购买价格计价。
- ☐ **b.** 根据面值计价的库存股股票的计量错误，应该按照当前市场价格计价。
- ☐ **c.** 库存股面值应该作为同类发行在外的股票面值的扣除项列示。
- ☐ **d.** 库存股应该列示为一项资产。

样题 1A2 – W004
考查内容：确认、计量、估价和披露

罗杰斯电子公司打算进行做市交易。公司 CFO 建议回购公司股票。如果采用了 CFO 的建议，以下哪一种情况**最可能**发生？

- ☐ **a.** 被竞争对手收购的风险提高。
- ☐ **b.** 这会不利于员工股票期权的行权。
- ☐ **c.** 股票价格会上升。
- ☐ **d.** 这可能传递一个公司未来经营业绩不佳的信号。

样题 1A2 – W006
考查内容：确认、计量、估价和披露

卡尔文软件公司投资购买了比泰克公司的权益性股票，占到了该公司投票权股份的 35%。CFO 建议应进一步取得这家公司更多的股票。根据这项信息，以下哪一种表述正确？

- ☐ **a.** 如果取得额外的 15% 以上的股权，则卡尔文软件公司需要编制合并财务报表。
- ☐ **b.** 当持股权超过 35% 时，必须减去购置成本，卡尔文软件公司总价值会减少。
- ☐ **c.** 导致做出增加额外股票的决定应该在财务报表附注中披露。
- ☐ **d.** 任何额外取得的达到 20% 的资产都应该划分为持有至到期投资。

样题 1A2 – W007
考查内容：确认、计量、估价和披露

沃纳机器公司没有在当年的利润表中反映价值 10 000 美元的采购行为。

当最终审核财务报表时，公司的会计师发现了这项差错并进行了相应的修改。在以下哪一种情况下，公司报告的净利润会低于实际净利润？

- ☐ **a.** 会计师减少现金 10 000 美元。
- ☐ **b.** 会计师将未登记的价值 10 000 美元采购作为产品销售成本处理。
- ☐ **c.** 会计师将应付账款增加 10 000 美元。
- ☐ **d.** 会计师将存货减少 10 000 美元。

样题 1A2 – W008

考查内容：确认、计量、估价和披露

分析师桑德拉·贝鲁奇正在分析四个不同行业的公司的存货：消费品行业、体育用品制造业、电子行业和飞机制造业。假定存货计价方法反映了实际存货的流转和只有成品存货的流转。以下哪一个行业的 LIFO 准备**最可能**为零？

- ☐ **a.** 消费品行业。
- ☐ **b.** 体育用品制造业。
- ☐ **c.** 电子行业。
- ☐ **d.** 飞机制造业。

样题 1A2 – 新

考查内容：确认、计量、估价和披露

一个实体确定合同中的义务会在一段时间内得以履行，因为货物的控制权移交给客户是随着时间的推移完成的。下列哪一种方法可以用来衡量实体完全履行义务的进度？

- ☐ **a.** 分期投入法。
- ☐ **b.** 产出法。
- ☐ **c.** 成本回收法。
- ☐ **d.** 吞吐量法。

第二章

规划、预算编制与预测（20%）

　　为什么一些公司成就非凡，而另一些公司却举步维艰，原因就在于：那些卓有成效的公司基于准确的内外部信息制定了战略，它们能够将其内部优势与外部机会有效结合。但是，仅拥有优良的战略尚显不足。公司还需要将全部的战略转化为行动，这就是编制预算的意义所在。预算是为实现长短期目标而制定的详细计划。成功的预算不仅有利于成本控制，还能确保公司的日常运营能够让公司在未来达到预期的目标。

　　本章探讨战略规划以及预算编制的基本概念和预测技术。这些概念和技术所提出的各种假设构成了公司预算的基础。本章探讨了各种预算方法及其具体应用，并对总预算进行了详细探讨。本章以案例研究的形式展示了公司如何利用总预算中的各项信息来分析自身的绩效和运营情况。

战略规划

战略阐述了一个组织为实现其目标而遵循的总体方向，描绘了一个组织的共同愿景。制定战略时，应评估企业是如何应用核心竞争力以应对机会和面对挑战的。

战略规划（strategic planning）［有时也被称为**长期规划**（long-range planning）］涉及对与组织有关的行业、竞争对手和环境关系进行全面的分析。组织要对其目标进行描述，评估要达到这个目标所必须克服的障碍，并确定组织继续发展和克服这些障碍的具体方法。虽然从以往来看这往往是最高管理层的责任，但是组织所有成员都应该参与到这个过程中来。有效的战略规划可以帮助一个组织在这个不断变化的时代（无论是好还是坏）正确前进。

请先**阅读**附录 A 中列举的本节考试大纲（LOS），再来学习本节的概念和计算方法，确保您了解 CMA 考试将要考核的内容。

战略和战略规划

每一个管理良好的组织都会在一定程度上制定战略和战略规划。公司领导和部门经理们，通常会花很多时间来制定战略，以实现组织目标。这些战略随后将被正式纳入战略规划。

战略

战略是一个宽泛的概念。组织一般需要制定不同层次的战略。图表 1B – 1 列示了组织通常制定的三个层次的战略。

图表1B-1 不同层次的战略

总体战略	• 关注全部商业机遇，包括地域扩张、兼并和收购、产品扩展和收缩
	• 定义公司的价值
	• 集中精力识别、建立或获得关键资源和能力
	• 决定公司应该进入哪一个行业，以及怎样把各种业务单位联系起来
	• 确定公司资源如何在公司不同业务部门之间分配
	• 确定规范，约束公司应该做什么和不应该做什么
竞争战略	• 确定一个组织如何在特定行业中竞争——企业如何在该行业创造价值
	• 明确组织服务客户的愿景，以及如何向客户传递组织的价值
	• 对组织活动进行协调，全力加强公司的竞争性定位的竞争优势
	• 加强公司的竞争战略
职能性战略	• 设定市场营销、财务、科研、技术、运营和其他业务部门的计划和目标
	• 关注各种业务部门之间的协调
	• 确定组织活动和流程，以帮助公司最大限度地扩大竞争优势
	• 阐明本组织的职能是否与其竞争战略相适应，以及如何与其竞争战略相适应

　　公司总体战略（corporate strategy）考虑的是整体情况，确定恰当的业务组合，并识别公司所处的外部环境以及在什么市场上竞争。**竞争性战略和职能性战略**（competitive and functional strategies）则更加关注组织如何在特定的行业或市场中竞争。尽管不同层次的战略会产生不同的结果，但是它们必须保持连贯性和一致性。目标一致是成功的关键。制定战略并就战略进行交流讨论是很重要的，只有这样公司的管理者才会有共同的愿景。

　　不同企业之间的战略自然会各不相同。例如，戴尔（Dell）、国际商业机器公司（IBM）和东芝（Toshiba）都在同一业务中争夺市场份额，但每家公司都受到不同战略的驱动。

　　在当今激烈竞争的环境下，企业战略必须是动态的。企业的战略优势并不取决于其初始行动，而是取决于它能否更好地做好如下事情：

- 预判竞争对手的行动。
- 预判和/或影响不断变化的消费者需求。
- 在一个不断变化的竞争环境中利用一切优势（例如，法规、技术、经济、全球化机会或事件）。
- 审视、选择并执行备选的竞争战略。

　　预判和准备是战略有效性的关键。公司必须对每一个来自竞争对手、客户或者其他影响因素的可能性迅速地采取行动予以应对。

战略规划

　　战略规划的概念阐述如图表1B-2所示。

图表 1B－2　战略规划的核心要素

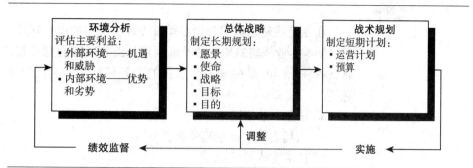

请记住，图表中只是概念性的表述，其目的是提供有关战略规划流程的总体观点。在实践中，不同企业对战略规划的表述和操作方法各不相同。企业需根据自己独特的运营模式来设计制定战略规划的流程与细节。

战略规划的合适期限是多长呢？战略规划期限需要多长时间没有统一的标准。战略规划的期限多为 5～10 年。企业制定战略规划的期限可能更长或更短，这取决于其所处的行业、竞争激烈程度（例如，新市场进入者）以及产品或服务的更新换代速度。例如，技术密集型业务应制定短期的战略规划以应对快速的市场变化和竞争压力。

最后，由此产生的战略规划能让我们了解一个组织是如何为可持续的竞争优势而对其自身定位的。

战略与战略规划的关系

在实践中，战略制定和战略规划存在重合之处。但是这两个过程有重大的概念上的差异。

从根本上讲，**战略制定**（strategy formulation）会产生新的战略，而**战略规划**（strategic planning）则涉及战略的执行。两者之间的差别还包括：

- 战略制定产生组织目标。
- 战略规划通常是一个系统过程，有时间表和一些规定的程序。
- 战略需要根据内部和外部因素的变化不断地被重新评估。

尽管战略制定和战略规划在概念和进程上有的相互重合有的却不一致，但两者都在某种程度上阐述了一些关键要素：

1. 外部因素（external factors）——识别企业的机遇、局限和威胁。

2. 内部因素（internal factors）——识别企业的长处、不足和竞争优势。

3. SWOT 分析（strengths，weaknesses，opportunities，and threats；**优势、劣势、机遇和威胁**）——确定有助于或阻碍企业发展的因素。

4. 远期愿景、使命和目标（long-term vision，mission，and goals）——确定企业愿景和使命，以及制定企业的长期业务目标。

5. 实现长远目标的战术（tactics to achieve long-term goals）——制定短期计划和战术。

接下来的内容将更加细致地分析以上每一种因素。

1. 影响战略的外部因素分析

在制定战略之前，公司必须首先评估组织的业务环境。

影响企业战略的具体的外部因素是由它所在的行业和宏观环境决定的。通常，各种外部因素构成一个组织的业务环境。影响组织战略的关键外部因素包括：

a. 法律和法规因素。

b. 市场力量、行业趋势和竞争。

c. 技术变革。

d. 利益相关者群体和他们对社会问题的关注。

e. 全球化趋势、新兴市场和非政府组织机构（例如，联合国、世界银行等）。

在战略规划过程中，所有这些外部因素都需要被审视。

a. 法律和法规因素

法律和法规因素在某种程度上影响着每一项业务。

法律因素

法律因素是指由法律主体（例如，联邦、州、郡或省、市的法律）颁布实施的行为规则。他们通过处罚的威胁而得以执行。法律因素会影响产品/服务的成功程度。具体包括：

- 专利权。
- 著作权。
- 商标权。
- 反托拉斯法。
- 贸易保护主义。
- 产品/服务的责任问题。
- 环境责任问题。
- 劳动法律和诉讼。
- 是否符合《萨班斯－奥克斯利法案》（SOX）。

法规因素

法规因素（或规范）是用来控制和监督各种行为的原则和规则。法人主体代理机构和非政府组织（例如，行业自律组织和专业协会）通常会制定一些规范和处罚措施。与法律通过处罚的威胁而得以执行不同，规范常常是通过某种形式的自我调节，如罚金的威胁和/或剥夺选举权来保障实施。

以下是一些影响企业战略的法规因素的常见例子：

社会规范

这是政府规制的经济学术语，用以限制对公共健康、安全或福祉造成直接威胁的行为。具体包括但不局限于：

- 环境保护局（EPA）制定的空气、水和土壤污染的限制标准。
- 职业安全和卫生管理局（OSHA）制定的保护美国劳工安全和健康的标准。
- 联邦贸易委员会（FTC）制定的保护消费者权益、要求厂家真实宣传、禁止串通行为（例如，限定售价和分配市场）的规范。
- 消费者产品安全委员会（CPSC）可以要求产品召回，并对产品的"标签内容"提出要求。

行业规范

这是政府对整个行业的监管。

具体包括但不局限于：

- 联邦航空局（FAA）制定的对机场、航运控制、安全问题以及路线的要求。
- 联邦通信委员会（FCC）制定的对广播和电视频率的规范。
- 食品和药品管理局（FDA）制定的对食品和药品行业以及医疗器械制造业的安全要求。

法律和法规因素与战略规划的关系

法律和法规因素对企业战略的影响非常广泛。以下给出一些例子说明法律和法规因素如何影响一个组织：

法律或法规因素	影响
反托拉斯法和许可证要求	影响一个企业选择参与竞争的方式
贸易保护主义	限制全球运营
税收和专利法	阻碍或促进技术创新
平等的就业机会/反歧视法、工资和价格控制、《家庭和医疗假期条例》	影响人力资源实践
FTC 控制	限制营销活动
EPA 控制	赋予环境保护义务
要求企业采用技术保障以达到政府监管要求	提高资本要求

由于会对成本产生重大影响，上述法律法规因素会在很大程度上直接影响管理会计。例如，EPA 或 OSHA 规范的变化可能要求企业进行大量的资本投资。

以下是这些额外因素对管理会计的具体影响：

- 证券交易委员会（SEC）法规保护投资者利益并且维护证券市场诚信。
- 《萨班斯－奥克斯利法案》涉及企业内部控制。
- 美国国家税务局（IRS）法案。
- 国会调整最低工资和/或加班补贴。
- 由州政府监管的保险和银行业委员会规范业务行为方式和各种财务交易的记账方式。

b. 市场力量、行业趋势和竞争

战略规划的重要内容之一就是行业分析，即对竞争激烈的环境进行彻底的评估，包括企业必须面对的竞争者以及企业所处竞争环境的结构和/或边界。

LOS
§1.B.1.h

迈克尔·波特（Michael Porter）认为有三种通用战略可以获得竞争优势：

1. 成本领先战略（cost leadership strategy）：公司以最低价赢得市场份额。这吸引了注重成本的消费者。这种策略对那些规模经济、产量大的大公司最为有效。

2. 差异化战略（differentiation strategy）：该公司使用独特的资源和能力，制造和销售产品以获得市场溢价。该战略适用于饱和或对价格不敏感的市场，不适用于小公司。

3. 专一化战略（focus strategy）：该公司专注于少数目标市场或利基市场。这种策略适用于那些希望避免与大公司竞争的小公司。

大多数行业分析都考虑以下因素：

1. 新竞争对手的进入。

2. 替代品的威胁。

3. 购买方的议价能力。

4. 供应商的议价能力。

5. 现有竞争对手之间的竞争。

迈克尔·波特建立了一个五因素模型，以及这些因素在决定竞争能力和盈利能力时所起的作用。接下来讨论的波特五因素模型是综合波特的两本书《竞争战略：分析产业与竞争者的技巧》（1980）、《竞争优势：创造和保持优异绩效》（1985），以及戴（Day）和瑞波斯坦（Reibstein）合著的《沃顿动态竞争战略》（1997）里面的观点。图表1B-3描述了波特的模型。

LOS
§1.B.1.i

图表1B-3　影响行业盈利能力的五种力量

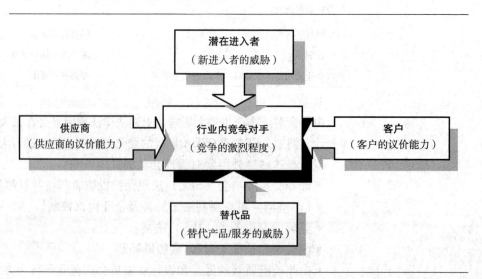

资料来源：改编自迈克尔·波特《竞争优势：创造和保持优异绩效》。

1. 新竞争对手的进入

一个新进入市场的企业（新成员）通常会带来新的能力和资源。如果进入门槛很低，那么特定行业中最大的公司在该市场的盈利能力将会降低。

新竞争对手的威胁取决于进入和退出壁垒的高低，以及这些壁垒是否能够为潜在的进入者创造有利条件或带来不利结果。

进入壁垒具体包括如下内容：

- **现有企业的成本优势**。现有企业的成本优势体现于如下情况：低廉的劳动力或资本成本、更优的原材料获取途径、政府补贴、地理位置优势、专有的技术和产品设计能力以及学习经验的积累等。
- **规模经济**（economies of scale）。规模经济通常被定义为：随着产品数量增加，单位产品成本的下降。规模经济对新成员进入具有阻碍作用。例如设备、研发、营销、销售覆盖率和配送等能产生规模经济的地方都可能需要大量的进入投资。
- **产品/服务差异**。差异化是指品牌识别和现有消费者对原有产品的忠诚度。新成员则必须投入时间和金钱打造自有品牌。
- **转换成本**（switching costs）。购买者若放弃现有供应商提供的产品或服务，转而选择另一家新进入的供应商，要付出的一次性的转换成本会对新进入者造成障碍。有些转换成本被认为是沉没成本。
- **渠道拥挤**（channel crowding）。许多分销渠道销售能力有限或与制造商的排他性关系限制了产品线的数量，从而造成拥挤。通常需要花费很大的销售成本来说服分销商接受新的产品线。
- **原有企业的预期反应**。进入壁垒的高低取决于原有企业保护自己既有地位的强烈程度。原有企业若资金雄厚、持久力强，并且愿意在短期内减少利润以维护预期市场占有率的话，那么对新进入企业将会产生巨大的打击。

2. 替代品的威胁

当存在满意的替代产品或服务（即拥有相同功能并提供同样的效用）时，产品销售的平均价格将由市场决定。由此导致边际利润也会降低。

行业受到替代品威胁的一个实例就是：电子监视器和警报系统对保安人员的影响。在此情况下，关键是要在产品和服务的相似性之外的差异化部分寻找机会。

3. 购买方的议价能力

产品或服务的买方（客户）和卖方（供应商）之间存在广泛的关系。他们的关系既可能是紧密结合，像及时生产系统中的制造商与供应商；而在广泛市场营销时，又可能是针锋相对。买方力量的增强或削弱，尤其取决于讨价还价的能力和价格敏感度。

讨价还价的能力

一般来说，讨价还价的能力是指任何形成优势的战略或战术手段。买方的讨价还价能力可以通过以下因素获得提高：

- **大量产品由少数关键客户采购**。在此情况下，卖方依赖于几个关键客户。一旦双方关系紧张，卖方的市场份额将会显著降低。
- **客户轻易转换产品的能力**。如果产品或服务的差异化程度较低、转换成本较低或容易获取低成本的替代品，客户就可能会更换供应商。
- **后向一体化能力**。以目前价格和/或其他条件能够生产出较之继续外购更具有吸引力的替代品。例如收购上游供应商或者有能力将过去外包生产的部分拿回，由企业内部自主生产。
- **客户的内部信息掌握程度**。客户如果知道供应商的成本和利润，或了解到供应商需要这份业务来消耗其过剩的产能或减轻其他方面的压力时，就会获得讨价还价能力。

价格敏感度

价格敏感度是用来测试客户对更低价格的关注程度的指标。下列因素会提高价格敏感度：

- **产品或服务对终端产品质量的影响**。较之对终端产品质量几乎没有影响的产品或服务，买家会更加看重那些一旦缺失就将会对终端产品质量产生重大影响的产品或服务的价格。
- **相对于客户总成本的产品或服务价格**。大件物品更容易受到严格采购审查，而小件附属物品往往可以逃避成本替代选择分析。
- **买家的盈利**。当客户盈利能力差时，通常要求供应商做出价格让步。当企业生死攸关时，要求价格让步的欲望会非常强烈。

如果买方感觉存在相互竞争的供应商之间差异不大，则价格敏感度会进一步加剧。

4. 供应商的议价能力

供应商抵御客户议价的能力往往会反映在那些能够使买家力量显得强大的条件。供应商的议价能力取决于以下因素：

- **供应商相对客户的规模**。供应商规模越大，对小型的、分散的客户越具有明显的讨价还价优势和能力。
- **客户对供应商的产品或服务的依赖程度**。客户依赖程度受到客户购买同等产品困难、投入不宜储存（因此，买方不宜积压存货）或转换成本高的影响。
- **前向一体化的威胁**。如果供应商可以直接将产品出售给终端用户，则客户能争取更有利价格的筹码会变少。

5. 现有竞争对手之间的竞争

在某些情况下，竞争双方可以共存。而在另外一些情况下，直接竞争对手经常通过临时性降价、特别促销、广告闪击战、积极推出新产品、提高客户服务质量或延长保修期等策略争夺市场份额。当竞争者们都采取这样的做法时，产品的价值常常会被侵蚀。

电信运营商因使用降价手段获得新客户和弥补固定成本而恶名远播。这种行为通常会导致利润减少，而且市场份额不会变化。以下因素会显著影响竞争对手之间的关系状况：

- **竞争结构**。当几个势均力敌的竞争者或若干个小企业向一个市场提供产品时，竞争通常最为激烈。
- **成本结构**。固定成本较高时，企业通常会注重产能利用率。任何产能过剩都会导致降价以及新一轮的价格竞争。
- **产品或服务差异**。产品差异会使得买方产生对特定供应商的偏好和忠诚。因此，当客户明显感知到产品或服务存在差异而产生偏好或品牌忠诚时，竞争会被抑制。相反，当不存在产品或服务差异时，客户通常就会关注价格和付款条件，而这会加剧竞争。
- **客户的转换成本**。客户转换成本将客户和供应商绑定在一起，能够有效防止竞争对手抢夺客户资源。例如，客户若更换电脑操作系统就会导致操作中断和成本上升。
- **竞争对手战略和目标的多样化**。当所有竞争者拥有相似的战略、成本结构以及管理理念时，竞争对手预判彼此的意图或准确地预测其他人对市场变化的反应就容易得多。但是，当竞争对手拥有不同的背景（例如，外资企业、国有企业和小型私有企业）时，他们的行为和活动的可预测性就会低得多。
- **高退出壁垒**。当利润很低时，退出壁垒会使企业陷入骑虎难下的窘境。企业可能宁愿选择忍受产能过剩带来的利润损失，也不愿卖掉或关闭公司。管理层可能基于情感因素（如对某一特殊业务的忠诚或员工关系因素），而抗拒经济上合理的退出决策。

五种力量与战略规划的关系

波特提出的五种力量决定了行业竞争的强度和利润水平。这五种竞争力的合力决定了企业获取超过资本成本的投资收益率的能力。

在这五种力量均有利的行业（例如，医药行业），利润是具有吸引力的。但在五种力量中的某一种或几种出现问题的行业（例如，航空业），即使企业在管理上再努力也难以获得高额收益。波特指出，行业的盈利水平不是随着产品外观和服务所包含的技术水平高低的变化而变化，而是由产业结构决定的。这就是为什么一个看起来普通的产品（例如，汽车售后服务市场部分）的利润可能非常高，而一个更有吸引力的高科技产品（例如，手机）却不能给该市场所有参与企业带来高额利润。

在很大程度上，这五种力量并非固定不变。就这方面而言，它们：

- 因产业而异。
- 随着产业的发展而变化。
- 在任何一个产业内重要性并不一样。

- 容易受到高增长和市场需求的影响（如果产业中吸引了过多的竞争者就会导致过度拥挤）。

当然，不同企业拥有各自独特的优势和劣势，它影响着企业适应甚至改变产业结构。

理解产业结构是战略制定的关键起点。在战略规划和战略制定过程中，最强的一个或多个力量起着越来越重要的作用。

c. 技术变革

没有任何一个产业能够免于受到技术的影响，以下几点就足以证明：

- 技术可以创造行业替代品，例如无线电话替代了有线电话。
- 技术可以减少对大规模分销渠道的需求，从而为新进入企业开辟新的市场，例如基于网络的电子商务技术打破了传统的分销渠道。
- 技术可以加速新产品的设计，并使得制造产业可以实现短期的生产运营，从而导致激烈的竞争或垄断。
- 依据开发和利用的不同领域，技术可以改变一个企业与供应商或买方之间的力量平衡。
- 技术可以改变产业结构，从而提高或者降低平均利润水平。

那些在识别和利用技术变革方面领悟力强的企业通常更擅长获取和保持竞争优势。从某种程度上来说，技术变革既是外部因素，也是内部因素。技术能影响企业提供的产品或服务的种类，如何生产产品和提供服务、客户如何享受服务以及企业必须和谁竞争也会受到影响。因此，技术必须强化企业的战略意图和竞争战略。

技术评估的特点

技术贯穿于企业的每个业务单元和每项活动。鉴于技术的跨度及其对市场成功的重要性，企业需要持续评估其技术能力。《MBA 便携教材》（Bruner et al.，1998）概括了技术评估的五个步骤：

1. 确定关键技术。
2. 分析当前和未来技术的潜在变革。
3. 分析技术对竞争的影响。
4. 分析企业的技术优势和劣势。
5. 确定企业的技术发展优先次序。

第 1 步，确定关键技术

在技术评估初始阶段，应确认所有对企业产生影响的技术。

技术的总分类包括：

- 产品技术；
- 制造和/或服务过程技术；
- 被销售、客户服务、财务和会计等职能部门使用的技术；
- 信息管理技术；

- 竞争对手使用的技术;
- 本企业产品和服务的供应商和购买者所使用的技术。

此外,企业需要关注那些尚未被利用的技术,特别是那些将来可能被利用的技术。例如,目前尚未使用电子商务技术的小企业也不妨探索这种技术在其他行业的应用情况,以及该技术如何影响公司当前的产品和生产流程。

第 2 步,分析当前和未来技术的潜在变革

接下来要对所有已确认的重要技术的短期和长期变化进行评估。复杂技术可能会包含多个层次的分支技术。评估必须考虑全部的分支技术。

在分析潜在技术变化时,应该注意:

- 技术评估应该由在技术方面有专长的人员实施。
- 评估结果应该接受其他人的审查和质疑,以排除采用一般常识对技术进行预测的可能性。
- 不同技术的开发投入努力存在差异。相比那些必要但不是竞争优势重要来源的技术,对竞争对手至关重要的技术更有可能发展得更快。
- 尤其是存在技术发展或技术变革的需要时,成熟技术并不总是更新缓慢。当一项新技术为新进入者提供机会时,成熟技术也会迅速变化。

第 3 步,分析技术对竞争的影响

这一步旨在解决以下关键问题:

- 什么样的技术或技术变革会给企业带来最大的竞争优势?
- 什么样的技术或技术变革将成为对竞争对手最大的威胁?
- 什么样的技术或技术变革会对产业结构产生重大的影响?

不同的技术通常按照其对竞争的影响分为:基础性技术、关键技术和引领技术。

- **基础性技术**(base technologies)在整个行业内得到广泛应用。正因如此,这些技术往往被人熟知并且被认为是必要的,但这类技术并不能为企业提供竞争优势。
- **关键技术**(key technologies)对竞争优势非常重要。这些技术有助于企业对产品和服务进行差异化。在某些情况下,这些技术能够帮助企业以更低的成本与对手竞争。
- **引领技术**(pacing technologies)是指那些有潜力重塑行业或改变整个竞争基础的技术。引领技术经常会取代关键技术。当行业中的非龙头企业拥有引领技术时,就有机会改变行业的领导权。

第 4 步,分析企业的技术优势和劣势

管理者必须评估每一种技术类型的优势和劣势,以及评估开发每一项技术的潜在成本。该项评估应将企业的优势和劣势与竞争对手进行比较(当前和未来的情况都要兼顾)。

正如组织整体的 SWOT 分析一样,自鸣得意以及不愿意承认本企业的劣势或竞争对手的优势可能会扭曲评估的结果。为了保证评估的客观性,最好构建

一个由熟知技术的专家和专注于运营和营销管理的管理者组成的团队，让这些人一起完成评估工作。

第5步，确定企业的技术发展优先次序

基于技术评估过程中的发现，企业能够确定一个技术发展暂时性的主次顺序，使得购买、开发以及应用产品、服务和流程技术有据可依。技术评估也应该考虑高度集成的技术系统的优缺点。

- **系统集成的好处**。集成有助于数据库的同步更新。这使得决策可以直接使用当前数据。与独立的应用程序相比，技术集成可以降低数据录入和数据处理的成本。
- **系统集成的风险**。系统集成通常需要大量的资本投入、全面的系统设计、谨慎的项目管理与执行。它还需要针对系统特性和转换过程进行及时的训练。系统集成需要大量的资源保障。

技术评估与战略规划的关系

通过企业领导和各职能部门管理者之间的互动，技术评估中获得的见地可以用于制定组织的技术战略。

一个合理的技术战略应该包含以下特点：

- 提高技术在组织中的战略地位。
- 支撑企业的公司层战略和竞争战略。
- 为实现短期、长期目标和重大项目制定计划，包括确定总体目标和里程碑事件。
- 合理的资源分配。
- 与组织财务计划和预算保持一致。
- 作为衡量目标达成情况的标准。

技术战略应该易于理解和沟通。必须得到关键人物的承诺。

技术战略初步确定了创新和技术开发在组织中的优先次序和承诺，同时，应时刻牢记公司的战略定位。只有这样，技术评估才能生成技术战略，并最终成为战略规划的重要组成部分。

d. 利益相关者群体和他们的社会关注

利益相关者（stakeholders）包括个人、政府、团体、组织或在投资和利益上与企业有关系的其他主体，它们会影响企业的日常经营甚至企业的成败。因此，利益相关者包括：

- 高层管理者；
- 一般管理人员和员工（包括他们的家人）；
- 公司董事会；
- 股东；
- 公司所在产业；
- 客户；

- 竞争对手；
- 供应商；
- 商业伙伴；
- 咨询顾问或咨询机构；
- 债权人；
- 特殊利益群体——行业协会、政治团体、客户等；
- 工会；
- 政府监管机构；
- 公司所处社区；
- 国家；
- 环境——植物、动物、生态系统、自然资源等；
- 教育机构；
- 媒体；
- 后代。

在战略规划中，明确各个利益相关者对公司的期望和潜在影响是非常重要的。这可以确保他们的需求和利益能够得到关注。如果诉求得不到重视，一些利益相关者会减少资源的投入和支持力度，这可能削弱企业的合法性。

在承担社会责任的同时实现股东价值最大化

股东价值最大化的概念是与以盈利为目的的公司联系在一起的，一般意味着公司市场价值最大化。追求利润最大化需要考虑边际成本和需求曲线。当然，企业必须赚取的利润至少等于基于风险溢价的资本成本。尽管利润最大化和股东价值最大化对公司非常重要，但这并不是公司唯一的目标。

企业要承担社会责任意味着企业应该成为优良的公司法人，在经营中积极履行社会责任，这会成为改变和提升人民生活品质的积极力量。这种做法的前提是公司必须履行社会义务，而不是仅仅追求最大化利润。这种观点表明公司行为应该平衡所有利益相关者的要求，而不是只关注股东的利益。

企业在履行社会责任时自然会遇到很多挑战。一些常见的挑战包括：

- 会计实务——内部交易；
- 广告——产品和服务说明应该准确和真实；
- 公司重组——裁员；
- 多样性问题——种族、民族、性别和性取向问题；
- 员工个人隐私问题——药物检测、药品依赖、艾滋病；
- 骚扰问题——性别或年龄歧视；
- 环境问题——污染、动物权利；
- 国际化经营——收受贿赂、任人唯亲以及其他在别国可以接受的问题却挑战了企业道德规范的问题；
- 竞争——掠夺性定价、反垄断行为。

利益相关者分析

大多数企业借助一些利益相关者分析模型来评估道德方面的挑战以及分析

企业如何更好地承担社会责任。利益相关者分析为组织提供了一个分析框架，使其能够权衡所有不同的要求和利益相关者关注的问题，从而做出符合社会责任的决策。

利益相关者分析一般采用矩阵分析法。这种利益相关者分析方法的主要步骤被列示在图表1B－4中。

图表1B－4　利益相关者分析框架的步骤

第1步　识别利益相关者；集体讨论并列出主要利益相关者。
第2步　确定利益相关者的需求；通过访谈、集中座谈、调查等手段收集相关信息。
第3步　开发出组织目标和利益相关者需求的矩阵。
第4步　确定组织目标对利益相关者需求的影响（用"加号""减号"或"问号"表示）。
第5步　根据记录的效果做出决策。

以该方法进行的利益相关者分析为企业的决策奠定了基础，如改变组织目标、满足利益相关者要求、缓解潜在冲突，当然如果各个决策能够兼容或者可以接受就能通过。

图表1B－5展示了利益相关者分析的例子。在该分析中，一个产品分销商计划建造自动化仓库，并安装昂贵的高科技传动装置。这个矩阵将利益相关者考虑在内。该分析指出，不存在所谓的"正确"方式，与此表的结果存在差异是可能的。利益相关者分析的意义就在于解决了这些利益相关者的问题，并且做出有根据的、深思熟虑的决策，这样的决策是一致的，并经得起推敲。

图表1B－5　利益相关者分析示例——一家产品仓库自动化决策

+ 或 -	公司	员工	消费者	供应商	政府监管机构
损失与收益	- 更高的成本 + 更高的利润	+ 更多的自由时间 - 更少的工作时长和潜在的解雇风险	+ 更低的价格 + 对市场更快做出反应；更少的损坏	- 新硬件	+ 权力和影响
权利和义务	+ 价值 + 所有者和股东的利润	+ 有竞争力的市场地位	? 可能对质量不放心 ? 公众利益	? 满足需求的能力	+ 保障公众利益 + 规范行业发展

利益相关者分析也可采用其他方法。一些企业通过回答一系列指导性问题进行利益相关者分析，例如：

- 谁是主要利益相关者？
- 每个利益相关者最重要的价值是什么？（例如，每个利益相关者的损失和收益是什么？）
- 哪些权利和义务有争议？
- 哪些原则和规定是相关的？
- 有哪些相关的类似案例？
- 应该做什么？

利益相关者分析与战略规划的关系

利益相关者分析有助于公司构建其企业社会责任框架，它明确了企业在经营中应该如何扮演良好公民的角色。通过利益相关者分析，一个企业可以学到：

- 人们对组织及其所处行业的看法。
- 公司重新思考或重新评估它的定位时需要关注什么问题。
- 公司应该怎样实施差异化以改善其定位。

e. 全球化

全球化（globalization）描述了一个组织向国际化经营的转变。全球化反映了组织战略，是一个全球范围内经营业务整合的过程。

虽然全球化是一种很普遍的现象，也是许多组织的目标，但是一个组织不可能轻而易举地在一夜之间变成全球化的经济实体。经营活动从国内扩展到全球通常会经历一系列相对可以预见的阶段。

- **出口**。这是大多数公司全球化经营的最初阶段。公司通过直接销售商品给客户、进出口公司以及独立的代理商或分销商，将产品或服务销往国外。出口的销售额通常只占全部收入中的一小部分。
- **国际分部或销售子公司**。随着国际销售日益重要，公司可能建立独立的国际业务分部或/和销售子公司。在全球化的这个阶段，国内和国际业务之间需要加强沟通和协调。

销售子公司通常是指在销售额已经变得相当大的一个或多个国家设立的分支机构。根据业务的数量和性质，子公司的规模既可以是相对较小的办事处，也可以是商店、服务中心或制造工厂等。

- **跨国公司**（MNC）。随着销售量和跨国分支机构的显著增多，公司就逐渐发展到跨国公司阶段。跨国公司一般在几个国家经营，并且将每一个国家经营部分看作是一个相对独立的实体。跨国公司通常在全球范围内对一些职能领域进行统一协调，例如，融资、人员配备、市场营销。相反，公司也可能选择在各个地区设置地区总部或区域协调中心。
- **全球化公司**。全球化公司将整个世界视为一个无国界的市场。公司总部可设置在任何地方。

  全球化公司的特征如下：

  - 全球战略规划。
  - 在全球范围内设计和销售产品和服务。
  - 在全球范围内追求技术和创新。
  - 在所有业务之间共享全球的技术和创新。
  - 无论何地，只要成本、质量和生产周期有利并且需求充分时，都会在该地开展产品和服务。
  - 在同等成本下质量最好的地方寻求资源（例如，资金、原料、零部件、保险和人力等）。
  - 员工在不同国家之间自由流动。

- **联盟、合伙和合资企业。** 全球化进入这个阶段不一定取代跨国公司或全球化公司，但它确实为组织提供了一些难以获得资源（例如，研究与设计、技术、员工、生产设施等）的渠道。以下是这个阶段全球化的两个例子：
  - 一家大型的电信公司为获取其他国家（包括其主要竞争对手）的技术资源而采用了分包的策略。
  - 两家国际性的电子工业公司集中资源设计并开发复杂的计算机芯片，并在全球 120 多个国家销售。

全球化与战略规划的关系

全球化的阶段有时在命名和分类上与前面的表述略有不同。显然，并不是每个公司都以完全相同的方式经历了全球化的每一个阶段。一些公司由于兼并和收购加快了全球化的步伐。而另外一些公司则可能有意缓慢发展，可能需要花费几年时间，才能从出口商转变成跨国公司或全球化公司。即便不考虑命名方式、转变的阶段数量以及公司全球化进程所需的时间，认识到全球化遵循一定发展规律总是有益的。

企业在全球化进程中需要额外的技能。因此，随着公司逐渐成为一个成熟的跨国公司或全球化公司，多种多样的公司活动和职能也会逐渐发展起来。例如，随着全球化的不断推进，国际财务技能和税务知识变得日益重要。

为了在全球竞争中取得成功，组织必须进行大量的投资以获取资源，并且这些投资应该在战略规划期间就要精心谋划。

2. 影响战略规划的内部因素分析

为了补充对影响战略的外部因素所作的评估，组织必须进行内部能力分析，将这两项评估相结合有助于组织构建其现有能力，并缩小其现有能力与取得产业成功所需的能力之间的差距。

内部能力分析需要评估的内容

内部能力分析对确保公司掌握资源、技能和流程来实现公司的战略目标和战术目标尤其有帮助。

- **资源**（resources）。内部资源评估着眼于资金、设施、装备以及其他能够支持或阻碍组织发展的基础性问题。资源评估要求审查财务报表，同时还要做额外的分析工作以及定量信息分析，例如资本投资分析、价值链分析和作业成本法（ABC）核算信息的审查（注意：关于价值链分析的其他信息可以参考第四章第 5 节：业务流程改进）。
- **技能**（skills）。技能评估考察了当前员工的受教育水平、所需的核心知识和技能，以及必要的具体技术及组织技能。员工必须做好充分的准备以应对组织面临的竞争压力。当有需要时，组织应确保对员工进行培训。

- **流程**（processes）。在评估获得竞争优势的必要组织流程时，应该考虑公司的生产周期和各种产能问题（注意：流程分析会在第四章第 5 节业务流程改进中进一步讨论）。

如何评估内部资源、技能和流程

组织可以选择各种工具和技术来分析其内部能力：

- 美国国家质量奖自评标准。
- 借助 ISO 9001 质量认证体系和 ISO 14000 环境管理体系要求来做差异分析。
- 通过标杆流程理解同行业的最佳水平。
- 利用波特五力竞争模型分析了解竞争对手的业务、市场份额等。
- 通过员工能力分析明确员工当前的知识、技能、经验和才能。
- 通过培训需求分析明确有利于提升组织能力的培训需求。
- 通过员工调查确认员工是否理解企业的重心，并评估当前工作环境、薪酬体系、管理方式等方面的状况和/或问题。
- 通过审计确保流程在规定限度内进行。

无论一个组织选择怎样的方式评估其内部因素，内部问题的重要性都不应该低于公司面临的外部环境挑战。若没有适当的内部能力，一个组织将很难解决外部经营问题。内部缺陷会限制组织实施外部战略规划的能力。

内部能力分析与战略规划的关系

内部能力分析有两个阶段。第一个阶段是明确企业现状的总体情况，并识别其差距。第二个阶段是做出将关键差距缩小到理想状态的决策。一些差距可以采取相对简单、直接的方法解决；另外一些则需要花费高昂的资金并投入大量的时间去解决。开发新能力的成本必须与潜在收益进行权衡。

不同的能力可以为企业提供竞争优势。一个组织未来的成功与否往往取决于它发展的能力。需要资本投资形成的能力是有风险的，因为其收益具有不确定性。但是，不投资也有风险，因为这可能导致企业落后于竞争对手，无法实现持续盈利，或损害其现有能力，导致公司错失良机。

在制定工作计划之前，战略规划应该把对内部的要求和所需要的能力纳入其中。最后，在评估并恰当地利用内部能力方面付出应有的努力，将有助于组织合理定位以把握未来的机遇。

LOS
§1.B.1.i

3. SWOT 分析

SWOT 是优势、劣势、机遇和威胁四个单词的首字母缩写。**SWOT 分析**（SWOT analysis）提供了一种识别内外部信息并分析汇总相关数据的方法。优势和劣势根据组织内部分析确定，机遇和威胁是组织所处经营环境外部分析的一部分。SWOT 分析也被称为现状分析。

图表 1B−6 SWOT 图解

	利于达成目标	不利于达成目标
内部	优势（S）	劣势（W）
外部	机遇（O）	威胁（T）

优势

优势是一个组织拥有的技能、能力和核心竞争力，这些优势使组织有能力实现其目标，并保持其竞争地位。

组织的优势可能包括以下内容：

- 强大的领导力；
- 良好的财务状况；
- 组织的学习能力；
- 研发（R&D）；
- 创新产品的设计；
- 突破性的技术；
- 产品开发；
- 产品组装；
- 强大的分销渠道；
- 强大的市场地位。

一个或多个优势可以形成竞争优势，使组织在市场上脱颖而出。例如，如果一家公司拥有杰出的研发能力，它可能将精力集中在组织内部的产品研发上，以建立或加强其竞争优势。

劣势

劣势是指组织所缺乏的技能、能力和胜任力。组织的劣势会阻碍组织实现目标。劣势也可以被认为是组织改善的机会。

面对存在的不足，组织通常有三种选择：

1. 调整总体目标和具体目标，使其可以实现。
2. 投入必要的资金以获得所需的知识、技能和资源。
3. 寻找一家具有专业能力的外包公司来满足组织的需求。

例如，一家小型的制造公司缺乏资金或者场地来安装热处理炉，那么它可以将这项"劣势"外包出去，如果这项能力对这家公司经营至关重要的话，它也可以向工厂注资。

机遇

机遇一般是指能够帮助组织实现目标并到达更高水平的外部事件和趋势。机遇具体包括：

- 客户基数增加——因需求、有利的人口转移等导致客户数量增长。
- 新的客户获取渠道——分销渠道或绑定服务销售等。
- 提高产品或服务对客户的吸引力——通过新的广告宣传媒介或提供新的包装把客户从竞争对手那里吸引过来。
- 利用竞争对手的弱点——利用机会窗口提升客户对本公司产品或服务的接受度。

威胁

威胁是阻碍组织成长的外部障碍。威胁可以是由一个事件、一种趋势或者竞争对手的某种行为造成的。威胁具体包括以下情形：

- 公司客户基数减少——由于经济衰退、不利的人口迁移、客户的自给自足等。
- 获取客户的渠道更加困难、价格更加昂贵——由于客户购买偏好改变或者供应商数量减少等。
- 公司的产品或服务对客户的吸引力下降——价格战或其他诱使顾客选择替代品的活动。
- 竞争对手提供产品或服务的能力超过本企业——降价或提供新的更优质的替代产品或服务。

总之，组织应该趋利避害，抓住机遇，应对挑战。

SWOT 加权平均例子

在利用 SWOT 分析法分析数据时，采用加权平均法非常有效。

案例：

这个例子采用加权平均法和 SWOT 分析数据来选择战略。

影响 ABC 公司产品市场吸引力和业务优势的因素如下所示。每一个项目有不同的权重，这些权重之和等于 1。这些项目的级别从 1（最高）到 5（最低）。

市场吸引力	权重	项目评级（1~5 级）
市场规模	0.3	4
市场收益率	0.4	5
分销结构	0.2	4
政府监管	0.1	2
产品的业务优势	权重	项目评级（1~5 级）
单位成本	0.4	3
客户忠诚度	0.5	2
品牌声誉	0.1	4

根据以上数据，计算得到市场吸引力的加权平均数为4.2，业务优势的加权平均数为2.6，计算过程如下所示。由于较高的市场吸引力可能会吸引其他对手进入市场，所以建立在较低业务优势上（而不是试图开发较高的市场吸引力）的战略规划更有利。

$$市场吸引力 = 0.3 \times 4 + 0.4 \times 5 + 0.2 \times 4 + 0.1 \times 2 = 4.2$$
$$业务优势 = 0.4 \times 3 + 0.5 \times 2 + 0.1 \times 4 = 2.6$$

SWOT 分析与战略规划的关系

SWOT分析将生成一系列组织需要分类的问题清单。组织将面临许多问题，例如：

- 优势、劣势、机遇和威胁之间存在什么样的相互关系？
- 公司有足够的资源和能力去抓住机遇或消除威胁吗？
- 多少竞争对手已经掌握了相同的资源和竞争力？
- 存在市场进入壁垒吗？
- 组织有获得竞争优势的资源吗？
- 获得一项特别的资源或能力会给公司带来成本劣势吗？
- 存在可替代的产品吗？
- 组织结构允许公司充分利用这些资源、能力并支持潜在增长或变化吗？

评估所有优势、劣势、机遇和威胁时面临的挑战在于区分它们的优先次序，并据此确定合适的行动。基本观点是：

- 构建优势。
- 消除或应对劣势。
- 利用机遇。
- 弱化威胁。

在对待优势和劣势时，应快速地转变观念。随着时间的推移，现在正确或可行的方法以后可能会有所不同。例如，今天认为的优势，可能瞬间就会因一项技术变革或政府法规的改变而化为乌有。

SWOT分析是战略规划的重要组成部分，因为它把组织内部和外部评估结合在一起，使其既符合实际又切实可行。已经识别出的机遇和劣势为战略规划中确定合理的目标和行动计划提供了信息。

4. 长期愿景、使命、总体目标和具体目标

组织的目标和战略不能由运气和直觉来决定。它们必须被明确地表述并清晰地传达给组织中负责具体实施战略的人。因此，战略规划的重要一步就是将公司的愿景、使命、总体目标和具体目标通过正式文件表达出来。回顾图表1B-2战略规划的核心要素，将对学习以下部分有所帮助。

愿景

组织的**愿景陈述**（vision statement）是依据组织对社会的贡献而形成的企业未来成功和成就的指导性图景。它是一个简洁的陈述，说明一个组织将为后代做什么，以及它希望被人如何看待。

图表 1B–7 为愿景陈述示例。

图表 1B–7　公司愿景陈述示例

希尔顿国际酒店（Hilton Worldwide）
让地球充满光明和温暖。

百事公司（PepsiCo）
我们的愿景是关注环境管理以及造福社会的相关活动，通过各类计划付诸实践，并且我们承诺通过真正将百事公司打造为一个可持续发展的企业为股东创造价值。

一个清晰的愿景陈述是令人振奋的，并能够团结组织内的每一名员工。它反映了组织的价值观，并鼓舞管理层和员工勠力同心。

使命

使命陈述（mission statement）为企业提供行动指南，使命陈述回答了这样一个问题：我们为什么经营？在回答这个问题时，使命陈述必须准确，易于理解，有激励作用，并且能够转化为具体行动。它表达了企业将如何不断地向愿景迈进，并清晰地展示了企业正试图为其客户和利益相关者做什么。

图 1B–8 列示了公司使命陈述的例子。

图表 1B–8　公司使命陈述示例

希尔顿国际酒店（Hilton Worldwide）
致力于成为一家卓越的管理公司——是顾客、团体及老板们一致的首选。

百事公司（PepsiCo）
我们的使命是将百事公司打造成为世界首屈一指的，主营方便食品和饮料的消费品公司。在为我们的员工、合作伙伴及所在社区提供发展和富足机会的同时，我们也努力为投资者提供良好的投资收益。我们做每件事情都尽力做到诚信、公平和正直。

总体目标

总体目标（goals）是组织为完成愿景和使命所希望实现的一系列目标。总体目标作为大致的指导方针往往不具体或者不可量化。总体目标阐述了想得到的最终结果和最终收益，它并不明确给出具体的实施方案。组织通常会制定战略目标和战术目标。

战略目标

战略目标（strategic goals）一般由组织中的最高层确定。从本质上来看，它们是长期的。战略目标具体包括业务多元化、产品线的增加或减少、新市场的渗透等。实现战略目标需要构建并实现战术目标。

战术目标

战术目标（tactical goals）通常由组织战略业务单位（SBUs）或中低层职能部门制定。战术目标期限较短，通常在一年或一年以内。例如，"将明年产品线的利润提高10%"就是一个战术目标的例子。

适用于战略目标和战术目标的概念

与组织战略一样，战略目标和战术目标也必须是动态的。新事物通常处于一个竞争的环境中。因此，为了反映公司内部和外部正在发生的变化，目标需要被调整和修改。目标应至少一年评估一次。

具体目标

具体目标（objectives）提供了支撑总体目标的细节或行动。精心设计的具体目标能够以定量方式跟踪业务进程以及评估绩效（例如预期的行动、行动时间、预期绩效水平、负责行动的职能部门和个人）。多个具体目标支撑一个总体目标。在这种情况下，必须完成所有具体目标才能实现总体目标，单独一个具体目标不能保证总体目标的实现。继续探讨上面这个例子，"明年将产品线利润提高10%"，支持性的具体目标可能包括：

- 营销团队A在30天内确定消费者对X产品的质量认可程度。团队A对这些消费者认可程度进行排序，并赋予相应的权重。
- 生产团队B在30天内设计出X产品的生产流程图，包括所有的相关设备。
- 会计团队C在30天内对X产品的盈利能力进行分析，确定毛利润百分比和投资周转率。

总之，所有的具体目标都将支持"明年将产品线利润提高10%"这个总体目标。

"SMART"这个缩写词经常被用来提醒人们一些目标的要求，目标应该是：

具体的（**S**pecific）

可测量的（**M**easurable）

可达到的（**A**ttainable）

实际的（**R**ealistic）

有时限的（**T**imely）

5. 短期战术规划和长期战略目标的一致性

如前所述，**战略规划**（strategic plan）期限较长——通常在 1～10 年，具体期限取决于业务性质。而运营计划着眼于一个会计年度，因此涉及更多的是战术问题。战略规划先于**运营计划**（operational plan）产生，是制定更详细的运营计划的基础。因此，战略规划是宏观的，运营计划是微观的。图表 1B－9比较了战略规划和运营计划。

图表 1B－9　**战略规划和运营计划的对比**

	战略规划	运营计划
关注点	强调长期计划和短期计划；为预算提供基础	根据详细的收入和费用预算为每项业务制定具体目标
审查事项	识别并分析如下事项： ● 全球化市场的新进入者 ● 经济环境 ● 多元化的计划	识别并分析如下事项： ● 季度收益 ● 存货水平 ● 重大的资本支出 ● 营销计划 ● 生产计划
制定	自上而下；反映了对内外部因素的综合分析	自下而上；为即将来临的一年提出具体的建议
控制	每年进行检查，并在需要时进行更新以反映更高层的变化	全年定期检查、更新/修正，以应对不断变化的需求，如产品销售滞后或竞争对手新的定价结构

预算与战略规划的关系

战略规划和运营计划导致了预算的产生。**预算**（budget）是对一段明确给定的时间内计划的管理活动的定量表述。无论组织的类型和规模怎样，编制预算都会有很多好处。预算能够：

● 为组织提供一个接下来的一段时间可以依循的蓝图，即明确实现组织总体目标和具体目标的必要资源和投入。
● 帮助识别潜在的瓶颈/问题，使得跨业务的运营更加顺畅。
● 充当沟通手段，明确所有部门和员工在特定时期内的预期业绩。
● 提供指导经营的参考框架以及监测和控制的标准。
● 将预期结果和实际结果进行对比，有利于部门和员工的绩效评估。

预算量化了管理人员对利润、现金流量和财务状况等方面的预期。组织应编制各种各样的经营预算（生产、研究与设计、营销、分销和行政等）。总预算和这些单项预算相互协调，构成了整个组织的年度总预算。

组织战略和战略规划为年度总预算提供了基础和起点。总预算自然必须与战略规划保持一致，并且有助于公司的长期战略愿景、使命和总体目标的实现。

LOS
§1.B.1.f

图表 1B-10 列示了公司战略从战略规划细化为预算的流程。战略始于一个宽广的视角，而到了预算层面，关注的内容则会变得非常具体和详尽。

图表1B-10 组织战略的流程

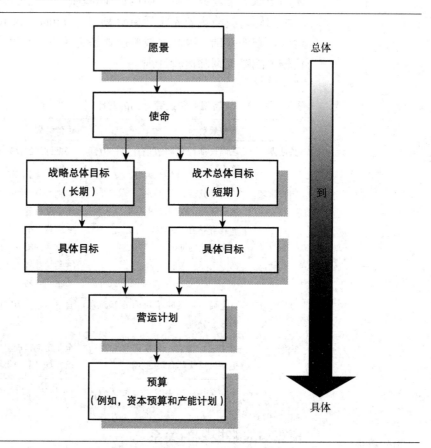

成功的战略规划／战术规划的特点

LOS
§1.B.1.g

对于战略家来说，组织及其参与竞争的产业是复杂且不断移动的标靶。企业需要频繁地对任何可能打破竞争平衡的事情做出反应。

无论对多大或多小的组织，或者无论采用多正式或多随意的方法，战略规划流程对形成竞争战略框架都是有一些好处的，但它也有一些局限性。了解组织的优势和劣势有助于认识到什么样的规划被视为成功的战略规划。

战略规划的好处

战略规划有以下好处：

- 提供了一个系统的分析威胁和机遇的方法，同时探讨了为什么一些组织的战略比其他组织的更具竞争力和预期利润。
- 提供了一个制定有效的营业预算的良好框架。

- 为管理人员提供了一个思考组织战略和如何最好地实施组织战略的学习机会。
- 是让管理人员决策和行动与公司战略保持一致（获得管理人员的认同，并表明他们的决策和行动如何支持公司项目）的一项操作。
- 为评估财务和非财务绩效提供了基础。
- 为各级管理层提供了一个使战略、目标、运营计划等顺畅沟通的渠道。
- 是应对新形势的指南。

战略规划的局限

战略规划不是解决所有组织问题的灵丹妙药。战略规划有一些关键的缺点，包括：

- 战略规划过程占用大量精力、时间和财力。
- 战略规划基于预测这一事实意味着它并不是一项精确的科学；由于各种各样的原因，战略规划可能是不正确甚至失败的。
- 根深蒂固的做事方式可能会抵制变革。
- 战略规划有可能变成一种缺乏新思想和战略思维的官僚主义行为。

应急规划

精心设计的战略规划应该是基于未来很可能发生的事件而制定的，但也不能忽略当今商业环境中广泛存在的不确定性。

应急规划的定义

战略规划通常包括应急规划，以帮助应对可能导致企业陷入困境的突发状况。

应急规划是根据可能发生的情况编制的，适用于特定的突发事件。应急规划的目的在于使反应时间更快，以及当管理人员面对意料之外的新变化和危机时，为他们提供必要的指导。

应急规划的对象

应急规划所处理的典型情形包括：

- 销售量或利润水平下降；
- 能够夺取市场份额的新进入企业出现；
- 政府法规变化；
- 核心管理人员或经理的流失/核心员工继任计划的失败；
- 关键设施的毁损；
- 计算机系统被入侵或信息安全问题；

- 灾难恢复；
- 利率的突然变动；
- 可用资金减少；
- 工会活动；
- 兼并、收购和接管。

事实上，应急规划不可能包含每一种可能的情况。大多数组织根据事件的关键程度以及事件发生的概率，制定最关键事件的应急规划。

应急规划的步骤

在大多数公司中，应急规划是在战略规划完成之后编制的。战略规划过程为制定应急规划提供了有价值的数据，但是应急规划一般只涉及短期战术策略，而不涉及长期战略。

图表 1B－11 简述了制定应急规划的基本步骤。

图表 1B－11　应急规划的步骤

步骤 1	确定可能需要应急规划的场景（事件、假设分析等）
步骤 2	估计可能发生的事件的潜在影响（在财务状况、竞争地位等方面）
步骤 3	制定应对每种可能发生情况的战略规划和战术计划
步骤 4	确定事件的触发点和预警信号
步骤 5	将计划保存在异地
步骤 6	定期审查计划并在必要时进行修订（至少与战略规划的修订同步）

应急规划的编制没有标准的格式。在理想状态下，应急规划应当简洁明了，但又要包含足够的细节，以便在需要时能够指导行动。威胁越重大，就越应确保有更多的详细信息。

图表 1B－12 列示了一些与会计相关的应急规划示例。

图表 1B－12　与会计有关的应急规划示例

事项	计划
总账关闭期间电脑系统出现故障	找出可供电脑使用的异地（外包）地点/服务
	找出经过公司培训能够远程工作的员工
财务总监或者其他主要财务人员的流失	继任计划
	找出要培训的关键员工
	找出其他部门的储备人才
	外聘的规定/步骤
主要产品/服务销售量下降	找出要分析和/或改变的领域
	对可替代资源使用的计划
	考虑裁员

其他规划工具和技术

在战略规划过程中，组织还可以采用其他重要的规划工具和技术。这些工具和技术包括：情境分析、情景规划、竞争分析和 BCG 增长 – 占有率矩阵。

情境分析

情境分析（situational analysis）指的是组织分析内部环境和外部环境的一系列方法的集合，以便提升对组织能力、客户和业务环境的理解。情境分析既考察影响许多组织的宏观环境，又考察影响组织的微观环境。进行情境分析的目的在于识别组织的定位，并评估组织在所处经营环境中的生存能力。组织必须能够总结经营环境中的机遇和问题，进而理解他们在市场中的能力。

用于情境分析的方法包括：SWOT 分析、波特的五力分析和 5C 分析。评估市场环境时，5C 分析被认为是最有用和最常见的分析方法，因为它提供了大量的信息。5C 分析由 5 个小部分构成，分别围绕着（1）公司（**c**ompany）、（2）竞争对手（**c**ompetitors）、（3）客户（**c**ustomers）、（4）合作者（**c**ollaborators）和（5）环境（**c**limate）（环境指的是业务环境）进行。

公司分析着眼于评估组织的目标、战略和能力，竞争对手分析则评价竞争对手在行业内的市场地位以及对其他组织构成的潜在威胁。客户分析的范围较广，关注客户数据统计（如欲望和需求、购买动机、购买数量和频率、营销对象等）。合作者分析主要识别其他关键的"中间人"，他们可能有助于提升组织获得更多商业机遇的概率，合作者包括代理商、供应商、分销商和其他业务合作伙伴。最后，环境分析聚焦于搜索业务环境中可能对组织产生影响的因素。这种分析又被称为 PEST **分析**（PEST analysis）。PEST 分析具体包括如下内容：

- **政治和监管环境**。政府如何积极地利用其政策对市场进行规制，这种规制政策将对产品的生产、分销和销售商品和服务产生怎样的影响。
- **经济环境**。分析会影响业务的宏观经济趋势，例如，汇率和通货膨胀率的变化趋势。
- **社会/文化环境**。解释社会变化趋势，包括人口、教育和文化的研究。
- **技术分析**。评估当前的技术现状和技术进步，以便能够保持竞争力并获得竞争优势。

情景规划

情景规划（scenario planning），又叫情景思考或情景分析，是一种旨在帮助组织制定灵活的战略规划的方法。它涉及通过模拟或博弈游戏来探究如果外部环境变化会有怎样的预期的行为，这种外部环境的变化被称为"STEEEPA"趋势。STEEEPA 是七个英文单词的首字母缩写：

社会（**S**ocial）

技术（**T**echnical）

经济（**E**conomic）

环境（**E**nvironmental）

教育（**E**ducation）

政治（**P**olitical）

审美（**A**esthetic）趋向

这些是组织经营环境中的关键驱动力量。因而，关注点再一次落在了评估机会和威胁以及制定应对机制上。

竞争分析

竞争分析（competitive analysis），又称竞争对手分析，关注组织面临的竞争。它包括识别谁是组织真正的竞争对手，而不是组织认为的竞争对手。这种方法涉及分析竞争对手的历史、产品、服务、财务状况、公司和市场营销战略、设施和人员。它还督促组织对所处的经营环境进行审视以发现潜在的新客户。竞争对手分析的步骤包括：

- 确定组织所处的产业、业务范围和性质。
- 确定谁是组织真正的竞争对手。
- 确定组织的客户和他们的需求。
- 确定组织所处产业的关键成功因素（CSFs）或关键绩效指标（KPIs）。
- 对关键绩效指标进行排序。
- 根据关键绩效指标对组织的竞争对手进行排序。

BCG 增长 – 占有率矩阵

BCG 增长 – 占有率矩阵（BCG Growth-Share matrix）是由波士顿咨询集团（BCG）在 1970 年为分析组织的业务单位和/或产品线，以便使公司恰当地分配资源而创立的一种图表/矩阵。这种图表/矩阵在品牌营销、产品和战略管理领域都是有效的分析工具。BCG 增长 – 占有率矩阵的例子如图表 1B – 13 所示。

图表 1B – 13　BCG 增长 – 占有率矩阵

市场增长率 （MGR）		相对市场份额 （RMS）	
		高	低
	高	明星业务	问题业务
	低	现金牛业务	瘦狗业务

　　通过这个矩阵，组织基于相对市场份额（RMS）和市场增长率（MGR）对其业务单位或者产品进行分类，并将它们放入下列四个象限中：

　　1. 现金牛业务（cash cows）。现金牛类业务或产品线占有较高的相对市场份额，但是具有较低的市场增长率。他们的净现金流为正，不需要现金进行扩张。

　　2. 瘦狗业务（dogs）。这些业务单位或产品线有较低的相对市场份额和较低的市场增长率。他们有很少的净现金流，资金不应该用于扩张。

　　3. 明星业务（stars）。这些业务单位或产品线有较高的相对市场份额和较高的市场增长率。他们的净现金流量通常不是很高。但是，现金应该投给他们以支持其扩张，这些是公司想要发展的业务单位或品牌。

　　4. 问题业务（question marks）。这些业务单位或产品线有较低的相对市场份额和较高的市场增长率。他们的净现金流通常很差。如果他们被认为有潜力，公司会把现金投给他们以支持其扩张。如果不是这样，公司就应该放弃他们。

　　波士顿咨询集团的布鲁斯·亨德森就该矩阵的实际应用有如下描述："要想经营成功，公司应该拥有不同增长率和市场份额的产品组合。产品组合的构成是不同现金流量之间均衡的结果。高速增长的产品需要投入现金以维持增长。低速增长的产品能够产生额外的现金。这两类产品需要同时存在。"

本节习题：
战略规划

说明：回答所提供的每一个问题，正确的答案和解释出现在本节习题之后。

1. 在战略规划中，最好将 PEST 分析描述为评估以下哪些因素？
□ **a.** 政治、经济、社会和技术。
□ **b.** 人、环境、可持续性和战术。
□ **c.** 流程、效率、规模和时间。
□ **d.** 产品、员工、优势和威胁。

2. 全面的审视公司及其环境，什么样的规划应由最高管理层制定，它是最难以量化的并决定了公司、其产品和客户的未来属性？
□ **a.** 短程规划。
□ **b.** 远程规划。
□ **c.** 战略规划。
□ **d.** 未来规划。

3. 一家公司已开发并实施了一个无线充电功能，将其应用在手电筒中。目前市场上没有其他竞争对手提供此功能。在一项营销研究研究中，绝大多数消费者表示他们会为该功能付出额外的费用。以下哪一项是将该产品推向市场的最佳策略？
□ **a.** 波特的成本战略。
□ **b.** 波特的专一化战略。
□ **c.** 波特的差异化战略。
□ **d.** 波特的分割策略。

本节习题参考答案：
战略规划

1. 在战略规划中，PEST 分析最好描述为评估下列哪一个因素？

　☑ **a.** 政治、经济、社会和技术。

　☐ **b.** 人、环境、可持续性和策略。

　☐ **c.** 流程、效率规模和时间。

　☐ **d.** 产品、员工、优势和威胁。

　　　PEST 分析是一种专门用于分析外部和内部状况的工具。这个缩略词代表政治、经济、社会和技术。

2. 全面的审视公司及其环境，什么样的规划应由最高管理层制定，它是最难以量化的并决定了公司、其产品和客户的未来属性？

　☐ **a.** 短程规划。

　☐ **b.** 远程规划。

　☑ **c.** 战略规划。

　☐ **d.** 未来规划。

　　　战略计划涉及如何执行战略制定过程中产生的新战略。战略规划在一定程度上涉及以下核心要素：外部因素、内部因素、优势、劣势、机会和威胁（SWOT）分析、长期愿景、使命和目标以及实现长期目标的策略。

3. 一家公司已开发并实施了一个无线充电功能，将其应用在手电筒中。目前市场上没有其他竞争对手提供此功能。在一项营销研究研究中，绝大多数消费者表示他们会为该功能付出额外的费用。以下哪一项是将该产品推向市场的最佳策略？

　☐ **a.** 波特的成本战略。

　☐ **b.** 波特的专一化战略。

　☑ **c.** 波特的差异化战略。

　☐ **d.** 波特的分割策略。

　　　将该产品推向市场的最佳策略是波特的差异化策略，因为无线充电功能使该产品更加独特，对客户更有吸引力。

预算编制的相关概念

"规划"是谋划组织未来发展方向以达到组织既定目标的过程。"战略"是将组织优势与市场机会相结合以实现长期目标和短期目标的组织计划。"预算"为"规划"打下了基础，因为成功的预算是通过将组织的资源与战略相协调而构建起来的。

本节介绍预算编制的概念、预算流程、相关人员以及这些人员各自承担的角色。除此之外，本节还会探讨在确定预算预期以及根据这些预期评估公司绩效的过程中可能会用到的各项标准。本节所概述的预算要素将在随后的各节中详细加以探讨。

 请先**阅读**附录 A 中列举的本节考试大纲（LOS），再来学习本节的概念和计算方法，确保您了解 CMA 考试将要考核的内容。

基础知识：专业术语、预算循环及编制预算的理由

本节使用的预算术语如下：

预算（budget）。预算是一个实体的工作计划和控制工具，用来确定一段时间内为实现该实体的目标所需的资源和投入。预算主要是定量的而非定性的。预算为营业收入、现金流和财务状况设定了具体的目标。

预算编制（budgeting）。预算编制是准备预算时采取的步骤和相关的活动。除了要清晰地沟通组织的目标，理想的预算还应该包括预算控制。

预算控制（budgetary control）。如果没有正式的控制系统，预算只能算是预测。预算控制是一个管理过程，有助于保障预算得以实现，具体包含如下内容：

- 制定系统的预算审批流程。
- 协调所有相关方的行为和经营活动。
- 分析实际结果与计划的差异并向责任方提供适当的反馈。

预算中所确定的目标必须是员工认为可以实现的，这样才能激励员工实现目标。

预计报表（pro forma statement）。预计报表是一种基于以往文档和适当的预测技术的预算财务报表，它会假设会计事项已经发生，并相应做出调整。预

算资产负债表、预算现金流量表和预算利润表是对未来一段时间目标的预测,有利于资源的合理配置。

预算循环

预算循环通常涉及六个关键步骤:

1. 对整个实体和它的子单位编制预算。高级管理者要给他们的管理人员一整套具体的预算目标。

2. 所有子单位的管理人员都同意完成他们那部分的预算。预算过程的一个关键是子单位管理人员确认并承诺接受和履行他们那部分的预算,以支持公司总体目标的实现。这种管理人员的承诺使子单位的战略与公司总体目标相一致。

3. 一旦预算完成,预算就成为公司的业绩标杆。因此,实际结果的好坏是根据已制定的预算来衡量的。

4. 与预算不一致的所有差异都要进行严密的分析,以确定发生变化的根本原因。

5. 管理层借助差异分析的方法尽可能地采取所有必要的纠正措施重新设定未来的结果,并相应调整预算期望值。

6. 对绩效进行更深入的评估,并严密监控评估结果。如果当前条件不能被改变,导致重新设定的结果无法符合预算期望值,那么管理层必须在考虑那些条件的基础上制定适当的计划,这些计划确定了未来的期望值。由于这些修订后的计划考虑了业务和经济环境的重大变化,所以它们经常用于后续的预算编制工作。

图表 1B-14 展示了这些步骤如何形成一个预算循环。

图表 1B-14 预算循环

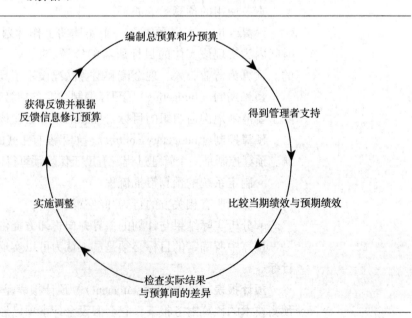

公司编制预算的原因

公司编制预算有四个主要原因，即规划、沟通与协调、监控以及评估。

1. 规划

编制预算的主要好处之一是它能促使组织审视未来。必须建立对收入、费用、人才需求、未来业务增长或收缩等方面的预期。战略和运营计划说明了来自多个源头的想法和组织内的各种观点。规划过程中可能会就组织的未来发展方向提出新的思路，或发现更好的方法以实现组织的既定目标。预算作为规划流程的产物，为实现组织目标提供了一个框架。如果没有这个预算框架，各个管理者只会临时做决策并且被动地经营，而不是根据预算框架主动决策。因此，组织的活动会缺乏方向感和协调性。

LOS §1.B2.f

2. 沟通与协调

编制预算也促进了组织内部的沟通与协调。在预算编制过程中，组织中的各个部门（如生产部门、市场营销部门、物料管理部门等）必须就各自的计划与需要相互沟通，这样所有部门均能评估其他部门的计划与需要会对本部门产生怎样的影响。为实现预算目标，组织的各个部门必须相互协调。例如，要开发新产品，就必须为产品开发提供足够的资金，为新产品的生产采购必要的物料，市场营销与销售部门必须拥有足够的资源推广和销售新产品，另外可能还需要更多的产品存储空间、配送资源和分销渠道。预算还允许组织将其目标要求传达给组织中的每个人，包括那些没有参与到预算程序中的人。预算编制提供了一个使组织全体成员为实现组织目标共同努力的舞台。

LOS §1.B2.r

3. 监控

预算设立了标准或绩效指标，根据这些标准和指标，管理者可以监控组织目标的实现进度。通过比较某段时间内的实际结果与预算结果，管理者能明确组织是否正沿着正确的路径实现其目标。组织的总预算可以分解至事业部和部门层级，这样组织的每一个层级均能得到评估。当个别事业部或某个部门无法达成预算目标时，组织作为一个整体仍可能实现其预算目标。判断实际结果与预算结果的差异是**有利**还是**不利**要看其对净利润的影响。销售额的增加和费用的减少是有利差异，两者都使净利润增加。但是，销售额的减少和费用增加被认为是不利差异，两者都使净利润减少。

LOS §1.B2.a

4. 评估

预算也可以作为员工绩效评估的工具。一旦确立预算，管理者就需承担与预算绩效相关的责任，管理者需努力完成预算中应由自己负责的那一部分。通过比较一个特定时期内的实际结果与预算，可以评估管理者的绩效。不利的结果并不必然意味着管理者的表现不佳，而是提供了找到差异根本原因的线索。同样，有利结果也并不必然意味着管理者的表现特别出色。宏观经济的变化会对管理者满足预算的能力产生相当大的影响。例如，天气、冲突和消费者的喜好会极大地改变公司商品的售价或原材料的价格。绩效评估使得组织能通过奖励业绩出色的员工来达到激励员工的目的，比如可以设立绩效奖金，和/或将绩效评估纳入未来的薪酬或升职决定中来。在可能的情况下，基于绩效的薪酬应与员工可控的指标挂钩，并应忽略无法控制的因素。

预算编制过程中对经济因素的考量

经济条件、行业状况、组织计划与预算编制之间存在千丝万缕的联系。当预算编制过程同组织的总体战略联系在一起时，预算编制是最有效的。管理者应该在构建组织战略时关注所有的经济因素，包括决策的财务影响以及了解竞争因素。

当制定组织战略时，管理者应该问这些问题：

- 我们的组织目标是什么？
- 如何将我们的组织目标与预算编制流程联系在一起？
- 谁是我们的竞争对手？我们怎样才能将自己与竞争对手区别开来？
- 市场竞争状况与发展趋势会怎样影响我们？
- 存在哪些组织风险可能会影响到预算编制流程？
- 存在哪些组织机会可能会影响到预算编制流程？

经营活动与绩效目标

预算编制的先决条件是战略分析，战略分析将企业的能力与市场上可利用的机会相结合。战略提出组织目标，界定潜在市场，考虑重大事件、竞争对手以及总体经济状况对企业的影响，确定组织结构并且评估替代战略的风险。战略分析是制定长期计划和短期计划的基础，这些计划又相应地产生了长期预算和短期预算（上述观点总结如图表1B-15所示）。这些预算反过来又使得总预算以及构成总预算的各个分预算得以产生。

图表1B-15 战略、规划及预算

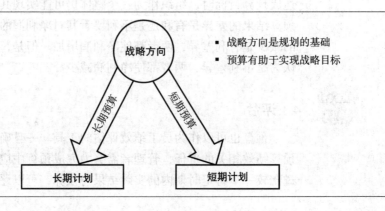

LOS
§1.B.2.d

　　预算在根据既定目标对绩效进行衡量方面发挥了重要作用。如果仅仅单独根据过去的绩效来评估现在的结果，过去发生的错误和问题就会自然而然地被纳入当期绩效评估的标准中。

　　例如：某公司的报告声称，由于销售团队是新组建的并且缺乏经验，因而销售业绩欠佳。如果该公司使用业绩欠佳年度的数据作为下一年度的销售绩效评估标准，那么这个标准就会低于应达到的正常水平，不利于激励销售团队努力工作。然而，如果评估标准设立得太高，员工可能会因为目标不切实际而放弃努力。

　　将具有预测性质的预算当作计划使用，考虑了使用预期的结果作为标准这一因素。用预算代替历史结果的另一个好处是过去的业绩并不总能预示未来的结果。仅仅依靠历史数据，就会产生一种感觉：即无论环境如何，过去的表现总是需要得到改善。

LOS
§1.B.2.g

　　当采购人员或管理者能自主决定是否发生某项成本或在短期内能改变该项成本的大小时，这一成本就被认为是"可控的"或"可自由决定的"。管理者能直接控制的变动成本和其他成本被称为可控成本。管理者可以通过削减工人工作时间、使用更便宜的原料或者其他措施来限制这些可控成本，比如部门经理能够将维修成本和广告成本控制在一定的范围内。

　　固定成本，如行政管理人员薪金或租金，通常不能被经理控制。这些成本被称作"约束性"或不可控成本。

　　可控成本这一概念对绩效评估十分有用：

- 那些被评估的管理者认为，用部门净收入减去可控成本来评估其对资金的使用情况是更为合理的方法。经理不应该为不可控的成本负责，因为这不能起到激励作用。
- 关注可控成本能够将重点放在通过预算编制能获得最大效益的地方。

成功的预算编制的特征

　　从任何单一因素出发来制定预算都不可能形成一个成功的预算。要制定一个成功的预算，必须综合考虑以下诸多因素：

- 预算必须与公司战略保持一致。
- 预算流程应保持相对独立，但预算的编制应根据战略规划和预测来进行。
- **战略规划**（strategic plans）。战略规划是更高层次、更长期、构建在公司整体层面上的，比如产品线相关内容就属于战略规划，但责任中心相关内容则不属于战略规划。然而，预算编制中最初的几个步骤可用于完善公司的战略方向，因为这些步骤中使用了更多的最新信息。
- 预算必须从更全面的预测中使用前瞻性信息。因此，在预算编制过程中直接使用的预测，如销售预测，有助于让管理人员形成高度的责任感。
- 预算能用来缓解潜在的"瓶颈"问题，并将资源分配到那些能最有效率地对其加以利用，并能得到最好效果的领域。

- 预算必须要包括技术上正确无误并且相当准确的数据和事实。
- 管理层（包括最高管理层）必须充分认可该预算，并接受实现预算目标的责任。
- 员工必须将预算视作一种规划、沟通及协调的工具，而不是压力或惩罚措施。
- 预算必须被作为一种激励工具，用来帮助员工朝着组织目标的方向工作。
- 预算必须被视为一项内部控制工具，内部使用的预算应基于可控成本或可自由决定的成本进行绩效评估。
- 销售和管理费用的预算应足够详细以便能够更好地理解关键假设。
- 必须由预算编制团队的上级部门（而不是编制团队）对编制好的预算进行审查及批准。

最终形成的预算不应轻易变动，但必须足够灵活，这样才能很好地发挥其作用。预算应该让规划得以强制执行，促进沟通和协调，并提供绩效评估标准。预算程序必须对来源不同的两类意见进行平衡，一类意见来自那些以后需要执行预算的人，另一类意见来自高级管理人员，而且这类意见是通过对预算进行彻底且公正的审查后得出的。

成功的预算流程的特征

无论组织自身及其预算非常简单还是高度复杂，一个成功的预算流程所具有的特征都体现在如下方面：预算期间、预算流程的参与者、预算编制的基本步骤以及成本标准的应用。

预算期间

预算期间是指达到预算目的所需的时间长度。短期预算是为企业一年的经营制定的，这与企业的会计年度相一致。总预算通常是一年的时间。总预算根据需要可以进一步分解为月度、季度和周预算。长期预算通常是为企业三年、五年以及十年的经营制定的，这适合于战略规划。时间越短，预算就越详细。预算可以采用连续（滚动）预算的形式，一个连续的预算一般以一个月、一个季度或一年为基础。在每期期末，通过在预算的末尾增加一个新的预算期间来修改下一期的预算。编制这种连续性预算可利用专门的软件进行。

预算流程

每家公司的预算编制方法不尽相同，但所有的方法事实上都介于完全威权式预算和完全参与式预算这两个方法之间。在**威权式预算**（authoritative budget，自上而下的预算）中，最高管理层负责确立从战略目标直至单个部门的具体预算项目等一切预算内容，他们期望下级管理者和员工将会遵循预算并达到目标。在**参与式预算**（participative budget，自下而上或自愿接受的预算）中，所有层级的经理与某些关键员工共同制定其所在领域的预算，最高管理层通常保留最后的审批权。理想的预算流程应综合采用这两种方法的长处，即介于威权式预算和参与式预算之间。

图表 1B－16　威权式预算法、混合式预算法与参与式预算法的比较

威权式预算法	混合式预算法	参与式预算法
最高管理层将战略目标整合到预算中	自上而下沟通战略目标，并自下而上实施该目标	在预算流程中不优先考虑战略目标
能更好地控制决策	保留了对预算编制的控制权，且能获得专业知识，但代价是预算编制时间会稍有增加	专业知识使预算决策更能博采众长
用命令代替沟通	双向沟通： 最高管理层理解参与者的困难与需要； 预算参与者理解管理层的困境	向管理层传递较低层级的观点（产品/服务或市场）
员工： 不满 不受激励	员工的参与使其接受预算，这使得他们能对实现预算目标做出更大的个人承诺和努力	员工： 参与 受激励
较低组织层级可能不会完全地遵循严格的预算	所有人都参与预算制定而产生的对预算的责任感，以及全面的审查使得收紧的预算能得到遵循	高层管理者过松或不作为的审批会导致宽松的预算以及预算松弛
不推荐这种方法，但该方法比较适用于小型企业或环境变化不大的企业	对大多数公司来说都是最好的；能实现战略与战术投入间的平衡	对于高度变化环境中的各个责任中心这是最好的方法，在这种情况下，各个领域的经理拥有最好的经营数据

图表 1B－16 列出了完全威权式预算法和完全参与式预算法的好处与局限性，并指出了混合式预算法如何提供了最大限度地检查并且对两种方法的预算过程进行了平衡。需要注意的是，混合式预算法有时被看成参与式预算法的一种形式。

混合式预算法包含以下 5 个步骤：

1. 确定预算参与者，包括各个组织层级的代表以及在特定领域拥有专长的关键员工。

2. 最高管理层与预算参与者沟通战略方向。

3. 预算参与者编制预算初稿。

4. 较低组织层级将预算提交给上一级审查，审查以迭代的方式进行以加强双向沟通。

5. 通过严格而公正的审查以及预算审批形成最终的预算。

预算参与者

预算的制定或废除由董事会、最高管理层以及预算委员会三方决定。中层管理者和基层管理者也扮演着重要角色，因为他们根据高层管理者的计划制定更加详细的预算。预算协调者和流程专家可能参与预算的制定，这取决于公司规模和编制预算的类型。

董事会

董事会并不制定预算，但它不能放弃审查预算的责任，要么批准，要么退回重新修订。通常由董事会任命预算委员会的成员。

最高管理层

最高管理层对预算负有最终责任，他们履行这项责任的主要方法是确保所有层级的管理人员都能理解并支持预算和整个预算控制流程。如果最高管理层不能旗帜鲜明地支持预算，一线管理人员也不可能严格地遵循预算。另外，最高管理层应密切关注自身对每一位一线管理人员预算的影响，因为不近人情的政策可能会导致员工在预算编制上花样百出。

高层管理人员应该为下属设计一种激励机制，鼓励下属制定出真实、完整的预算，例如对准确的预算编制进行奖励。一个需要避免的常见问题是**预算松弛**（budget slack）。当预算绩效与实际绩效不同时就会产生预算松弛，这是因为每个经理都会在其预算中预留一笔额外的资金以应对意外事件。预算松弛使得管理人员不再害怕失败，但每个层级的预算松弛会让总预算变得非常不准确。预算松弛不利于目标一致性，因为管理者在做预算时没有考虑到组织目标。

然而，在某些情况下，与适度的弹性预算相比，预算的僵化执行会给组织带来更高的长期营运成本。例如，如果维修经理拒绝批准机械工加班完成某项紧急的维修任务，因为"这样做会消耗掉一大笔维修预算"，那么可能给工厂造成的损失将难以估算。

预算委员会

大型公司通常需要组建一个由高层管理者组成的预算委员会，并且该委员会经常是由首席执行官或者一位董事会副主席领导。委员会的规模因组织规模而异。预算委员会负责编制预算、核准预算、裁决不同的意见、监控预算、检查结果，并批准预算修订。

中低管理层

一旦预算委员会设定了预算流程的基调，组织中的其他人员就要发挥其应有的作用。中低管理层要承担许多具体的预算编制工作。这些中低层管理者遵循预算指导方针，这些指导方针是最高管理层或预算委员会为各个责任中心制定的预算编制的一般准则。责任中心、成本中心或战略业务单位是公司的组成部分，管理者被授予做出成本、收入和/或投资决策的权力，也可以制定预算。预算指导方针是围绕公司战略及长期计划而制定的。预算指导方针中规定了预算编制方法、预算安排以及需要考虑的事件，如新的裁员要求或经济状况的变化。

预算协调者

参与预算过程的人越多，就越需要某个人或团队能识别并解决不同责任中心在预算上的分歧，以及总预算不同组成部分之间的衔接。

流程专家

当使用参与式预算法时，预算团队中常常会加入某些关键的非管理人员。团队参与者一般是那些对特定领域，尤其是复杂多变的领域的成本有非常细致了解的人。这样的参与者不仅会把更多精力放在预算上，而且也使他们对预算拥有了一定的责任感，从而增加了预算在操作层面得到遵循的可能性。

预算编制步骤

各责任中心在编制预算时应采取的步骤包括：最初的预算提案、预算协商、审查并批准预算以及修正预算。

预算提案

在首席执行官确定了公司战略之后，一份关于战略的备忘录或指令就会被传达给每个一线经理或责任中心，这样就可以让他们的预算流程和公司的战略规划保持一致（即一个自上而下的实施过程）。根据公司战略规划，各个责任中心将编制初步的预算提案，并且在预算提案中要兼顾内外部因素。其中，内部因素包括价格、可用资源以及生产流程的变化、新产品或新服务、相互关联的责任中心的变化以及员工的变化。外部因素包括经济及劳动力市场的变化、商品和服务的价格与可获得性，行业趋势以及竞争对手的行为。

预算协商

将预算提案呈交高层管理者或预算委员会后，他们会审查预算是否符合组织的战略目标，是否在可接受的范围内，以及是否与类似的预算相一致。审查者还会确定这项预算是否可行，是否符合下一级组织的目标。预算协商会占用很多时间，这是因为预算从高层管理者那里退回来后，高层管理者和责任中心都会就优先级进行重新协商。

预算审查与批准

预算经过逐层审查与批准最终到达预算委员会。预算委员会审查预算与预算指导方针、长短期目标以及战略规划的一致性后，将预算合并成总预算。一旦预算委员会和委员会的领导批准了预算，它就会被提交给董事会进行最后的批准。

LOS
§1.B.2.q

预算修正

预算的严格程度因组织而异。有些预算必须被不打折扣地执行，另外一些在特定环境下允许修改，还有一些预算需要不断地改动。对外部环境的变化视而不见，僵化地执行一项预算可能会导致企业的灾难。管理层不应将预算作为唯一的运营指南。定期修改预算可以更好地指引组织发展，然而这可能会使管理者将定期的修改视为例行公事，不会很认真地编制预算。允许定期修改预算的组织应该确保设置足够高的预算修改门槛，以使员工尽可能高效的工作。当定期修改预算时，应保留原始的预算副本，以便与本期间结束时的实际结果作比较。

LOS
§1.B.2.l

成本标准

组织会设定各种不同类型要努力达到的标准。**标准**（standards）可以是任何经过仔细考虑而确立的价格、数量、服务水平或成本。制造业中的标准通常是以单位产品为基础设定的。标准成本是指一项操作或服务耗费多少成本，或者是在假设所有事项都按计划进行的情况下（预期执行时间和产能）企业预期产生的成本。预算编制人员使用标准成本制定预算，并当环境发生变化时相应更新标准成本。实际上，预算数额和标准数额之间并没有明确的界限。在较短的时间范围内，预算数额和标准数额之间几乎没有区别。

标准的类型

标准可以被设置为威权式的，也可以被设置为参与式的。

LOS
§1.B.2.n

威权式标准

威权式标准完全由管理层确定。威权式标准可以更快地制定出来，并且能够同整个企业的目标匹配起来，但威权式标准可能会导致员工不满或者根本无法执行。

参与式标准

参与式标准是通过管理层和所涉及各方之间进行意见交换来制定的。相比威权式标准，参与式标准更容易被接受，但其制定过程需要耗费较多的时间，因为他们需要各方之间谈判以确保组织运营目标能够实现。

成本标准具体可以分为理想标准和可实现标准两类。

LOS
§1.B.2.m

理想标准

理想标准是一个前瞻性的目标，只有当所有情况都产生最佳的可能结果时，理想标准才是目前能够实现的。理想标准是与持续改进战略和全面质量管理理念相结合的。这些标准考虑的是没有任何工作延迟、中断、浪费或机器故障的情况。理想标准需要一定的努力水平，只有技术和效率最高的员工，在最高效率下持续工作才能实现。一些公司使用"为实现理想标准所取得的进步"代替"与理想标准间的差距"来度量和奖励成功。然而，理想标准很难达到，频繁使用理想标准会导致员工不堪重负。如果时常要求员工要达到很难实现的理想标准，理想标准就会成为生产率的抑制因素，因为员工可能不会去试图达到这种"不可能"的目标。

可实现标准

可实现标准更接近于历史标准，因为它设定的目标是受过恰当培训的员工按正常速度操作能达到的。这样的标准在绝大多数时间都被认为是可以达到的，并且它考虑到了正常的工作延迟、废品、浪费、员工休息时间以及机器停工。这些可行标准是普通工人可以通过有效的努力来达到的。与实际标准不一致意味着发生了异常情况，所以产生了差异。

LOS
§1.B2.o

直接材料与直接人工的标准成本

直接成本项目，如直接材料和直接人工，是通过确定单位产出所需要的每种投入的数量来度量的。直接成本的数额要用该数量乘以单位投入的标准成本得到。

例如：如果 3 单位的投入可得到 1 单位的产出并且单位投入的成本为 10 美元，那么单位产出的标准成本为 30 美元。对于直接人工，如果生产一个单位的产品需要的人工工时为 0.7，并且单位人工工时成本为 10 美元，那么单位产出的标准成本为 7 美元。

单位产出的标准成本是通过将多种直接材料和人工成本相加在一起而形成的。下面将讲解确定直接材料和直接人工的价格时要考虑的更为具体的指导原则。

直接材料标准成本

直接材料标准成本是由质量、数量以及价格共同决定的。质量必须首先确定，因为它影响着其他所有变量。质量水平是由产品的目标市场定位决定的。该标准由工程师、生产经理和管理会计师根据生产设施、产品质量、制造成本以及所使用的设备等共同决定。直接材料耗用标准应考虑到正常生产流程中预期会发生的损失、废品、废料以及浪费。价格的设定需要结合之前完成的所有工作，包括质量、数量以及供应链成本。确定供应链成本要考虑诸多因素，如是否每次都选择成本最低的供应商（成本会变化）或者与一个值得信赖的供应商建立长期合作关系（成本会比较稳定）。

直接人工标准成本

产品复杂程度、员工技能水平、设备的类型和条件以及制造工艺等因素对直接人工成本均会产生影响。管理会计师、工程师、生产经理、工会、人力资源管理以及其他因素也会对直接人工标准成本产生影响。劳动效率标准应考虑到正常的设备停工以及工人的休息时间，这两项因素会导致生产流程变慢。直接人工成本以基本工资总额为基础，而不是实发基本工资。附加福利费、加班费和轮班津贴一般认为是与人工相关的制造费用，被记录为间接人工成本。

标准设置的信息源

在设定标准时，经常会同时使用几个信息来源，包括作业分析、历史数据、市场预期、战略决策以及标杆分析。

<table>
<tr><th colspan="4">标准制定依据</th></tr>
<tr><th>依据</th><th>如何确定标准成本?</th><th>优点</th><th>缺点</th></tr>
<tr><td>作业分析</td><td>与人员面谈和对运营的详细分析</td><td>最彻底的成本计算法</td><td>执行起来成本高昂</td></tr>
<tr><td>历史数据</td><td>以前的公司绩效</td><td>相对便宜</td><td>会使过去的低效率持续下去，并无法解释技术性的改进</td></tr>
<tr><td>市场预期/战略决定</td><td>成本是由市场所承受的内容决定的</td><td>适用于当公司是市场上的价格接受者时</td><td>确定和实现目标成本可能需要相当长的时间</td></tr>
<tr><td>标杆管理</td><td>公司或行业的最佳实践</td><td>当标杆变化时会导致持续的改进</td><td>可能阻止公司创新</td></tr>
</table>

作业分析

作业分析是作业成本法（ABC）的一部分，它是指识别、整理以及分析完成一项工作或操作所需要的活动（本书第四章"成本管理"对作业成本法有更加详细的讲解）。通过调查直接参与该项操作的各方面人员可以确定最有效的资源与其他投入的组合。工程师参与计算产品的成分并确定生产过程所需要的具体步骤。管理会计师帮助分析各项投入的直接成本以及将适当数量的间接成本（照明、租金、维修费用等）分配到该操作中。这样的分析也用于评估履行任务的人员所需的技能水平。作业成本法中的作业分析是最彻底的成本计算方法，但其实施成本也最高。

历史数据

依赖历史数据确定成本代价较低，但没有作业分析可靠。当信息较可靠时，可以利用历史数据确定一项操作的平均成本或历史成本的中值。为实施持续改进，可以将历史最佳业绩作为标准。然而，历史数据使得过去的低效依旧延续，或者不能考虑到新技术的影响。

市场预期与战略决策

市场预期与战略决策能够决定某产品可接受成本的上限，当使用目标成本法时通常就是这样。目标成本法是一种成本管理技术，在该技术中，产品的目标成本由目标价格减去目标营业利润来确定。如果公司在市场上是价格接受者，那么目标成本法是最有效的。诸如持续改进项目或零缺陷项目等战略目标有助于实现目标成本。

资源分配

　　所有实体拥有的资源都是有限的，它们希望充分利用有限的资源。面对相互矛盾的外部机会时，稀缺资源的分配是通过战略的实施来实现的。

战略

　　公司分析外部因素以识别所面临的机会与威胁，同时分析内部因素以明确自身所具备的竞争优势与劣势。当公司明白如何将自己所具备的优势与市场机会匹配时，它就有了可以应用到预算制定中的战略。

　　当预算脱离战略而存在时，它通常是基于前一年的预算做出的，没有考虑到可能改变公司发展方向的各种机遇，导致公司陷于停滞。许多一度很成功的公司走向衰败，就是因为它们未能响应市场需求做出改变。实施这一战略需要制定长期计划，并借助预算流程实施该项计划。

总预算

　　总预算是一项在特定时期内基于公司的战略对其运营加以控制的计划。关键的一点是当业务活动符合预期水平时，总预算是确定不变的。

长期规划

　　虽然战略是实现组织目标的起点，但是还需要制定一项长期规划以确保战略得以顺利实施。长期规划一般是为达成公司的目标而做的 5 ~ 10 年的行动计划。长期规划包括随着时间的推移停止某些业务，安排股权或债务融资，以及将资源逐步分配到新的业务分支。完成这些重要的重组活动需要一段时间，并且通常需要使用资本预算（总预算的一部分）。资本预算是将资源以厂房、设备以及雇用和培训员工等形式分配到实体的长期项目上去的过程。这些资源相当昂贵，并且对他们进行投资的决策必须与战略保持一致。

短期目标

　　短期目标是长期规划中变化的部分，这些变化源于资本预算、过去期间的经营结果以及预期的未来结果。其中，预期的未来结果又会受到经济、社会、产业以及技术环境的影响。这些变化都会体现在每年的总预算中。

总预算的组成要素

　　总预算（master budget）是公司或其业务部门在一年、一个经营期间或较短期限内的总体运营计划。总预算为所有经营活动设定量化的目标，包括筹集法定资本金的详细计划。图表 1B – 17 展示了总预算背后的各种因素是如何与之相联系的。

图表 1B-17　战略目标、长期目标、预算及实施

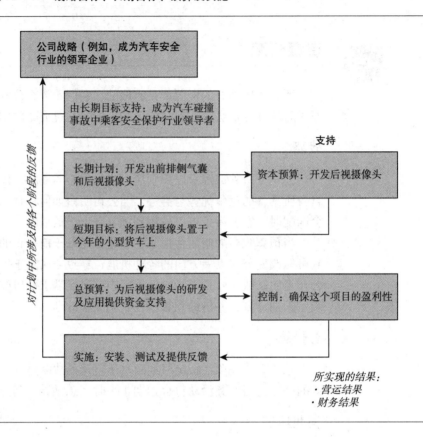

总预算是一张指明了公司发展方向的地图。如果精心地设计总预算，它将能够显示出公司朝着战略和长期规划的方向发展。预算比长期规划更精确且持续时间更短，它比长期规划更专注于责任中心。

总预算可以分解为营业预算和财务预算两个部分。

- **营业预算**（operating budget）确定运营所需资源以及如何通过购买或自制获得这些资源。营业预算包括生产预算、采购预算、促销预算以及人员配置预算。

- **财务预算**（financial budget）将资金来源与资金运用相匹配以实现公司目标。财务预算包括现金流入预算、现金流出预算、财务状况预算、营业利润预算以及资本支出预算。**资本预算**（capital budget）用于规划如何使用资源来支持具有长远意义的重大项目投资，这些项目可能包括新设备的采购和对新设施的投资。

本节习题：
预算编制的相关概念

说明： 回答所提供的每一个问题，正确的答案和解释出现在本节习题之后。

1. 以下哪一个最好地描述了为什么一个公司的预算应该以公司的战略规划为基础？
   - ☐ **a.** 帮助控制成本，使得产品销售能够盈利。
   - ☐ **b.** 确定实现战略目标所需的资源。
   - ☐ **c.** 查明与上年相比发生变化的外部因素和保持不变的外部因素。
   - ☐ **d.** 制定标准来衡量员工的业绩。

2. 参与式预算法的一个优点是它：
   - ☐ **a.** 最大限度地降低开发成本。
   - ☐ **b.** 提供给管理层员工无法获知的信息。
   - ☐ **c.** 鼓励员工接受预算。
   - ☐ **d.** 减少员工偏见对预算过程的影响。

3. 公司采用参与式预算法编制预算。为了更容易地满足预算目标，总会计师低估了收入的数额，高估了固定销售费用和管理费用。这是以下哪一种情况？
   - ☐ **a.** 弹性预算编制。
   - ☐ **b.** 预算松弛。
   - ☐ **c.** 零基预算编制。
   - ☐ **d.** 预算差异。

本节习题参考答案：
预算编制的相关概念

1. 以下哪一个最好地描述了为什么一个公司的预算应该以公司的战略规划为基础？
   - ☐ **a.** 帮助控制成本，使得产品销售能够盈利。
   - ☑ **b.** 确定实现战略目标所需的资源。
   - ☐ **c.** 查明与上年相比发生变化的外部因素和保持不变的外部因素。
   - ☐ **d.** 制定标准来衡量员工的业绩。

   基于公司战略计划的预算可以帮助公司确定实现战略目标所需的资源，因为组织支出和投资的资源代表了组织的战略。因此，有效预算可以确定哪些支出有助于公司实现其目标，也可以确定哪些支出对实施其战略是无效的。

2. 参与式预算法的一个优点是它：
   - ☐ **a.** 最大限度地降低开发成本。
   - ☐ **b.** 提供给管理层员工无法获知的信息。
   - ☑ **c.** 鼓励员工接受预算。
   - ☐ **d.** 减少员工偏见对预算过程的影响。

   在使用参与式预算法（自下而上或自主预算）编制预算时，不同层次的管理人员和员工共同努力制定各自领域的预算。这一预算过程确实鼓励员工接受预算，因为他们参与了这一过程并获得了授权。

3. 公司采用参与式预算法编制预算。为了更容易地满足预算目标，总会计师低估了收入的数额，高估了固定销售费用和管理费用。这是以下哪一种情况？
   - ☐ **a.** 弹性预算编制。
   - ☑ **b.** 预算松弛。
   - ☐ **c.** 零基预算编制。
   - ☐ **d.** 预算差异。

   预算松弛是指公司采用参与式预算方法时编制预算的管理人员为自己及其业务部门设定容易实现的目标。预算松弛的出现有许多原因，包括业绩与预算目标数额挂钩时管理人员寻求工作保障或为了获得希望的奖金。

预测技术

　　管理任何企业都涉及的一个至关重要的职能就是制定未来的规划。对经济状况的经验判断、直觉与认识可能使领导者对未来也许会发生的事情有一个大致的了解。但是，这种经验判断必须要得到各种定量分析方法的支持。这些定量分析方法可用于各种预测，比如预测下一个季度的销售额，或者预测引进新产品线的可行性等。除此之外，在决策制定中还需要考虑到一定程度的不确定性。

　　本节将探讨很多种预测技术，公司可以利用这些技术对未来的财务绩效制定计划。本节探讨的定量分析方法包括回归分析、学习曲线分析以及期望值分析。

　　请先阅读附录 A 中列举的本节考试大纲（LOS），再来学习本节的概念和计算方法，确保您了解 CMA 考试将要考核的内容。

定量分析方法

　　在制定未来计划时，公司会面临一定程度的不确定性，需要借助各种各样的定量分析方法来辅助制定更好的决策。本节主要关注以下三个方面的定量分析方法：

　　数据分析（data analysis）涉及分析给定的一组数据，以构建这些数据之间的关系和/或数据模式。这些分析可用于根据给定的条件（如回归分析或基于已建立的模型）来预测结果。

　　建模（model building）涉及构建一个数学模型，以确立不同因素之间的关系。学习曲线分析就是一种模型，它可用于确定当产品生产数量发生变化时生产一件产品所需的时间会如何变化。

　　决策理论（decision theory）通过审视未来可能发生的各种潜在结果以及这些结果发生的概率来处理不确定性。期望值分析是处理不确定性问题的一种方法。

回归分析

线性回归分析（linear regression analysis）是一种统计方法，用于确定某个变量（或一组变量）对另一个变量的影响。线性回归分析能就一个因变量（Y）与一个或多个自变量（X 或 X_1，X_2，…）之间的关系给出最优线性方程和无偏估计。管理会计师使用线性回归方法分析和预测成本行为（即确定总成本中固定的和变动的部分），或者预测一些未来的数量，如销售额等。

线性回归分析的基本假设前提是：

- 因变量与自变量之间的关系是**线性的**（linear）。这种关系只有在特定的区间内才是有效的。
- 自变量与因变量之间线性关系的形成过程是**静态的**（stationary），不会随着时间的变化而变化。这一假设通常也被称作"恒定过程假设"。
- 因变量的真实值与估计值之间的差异（称作"误差项"或"残差项"）服从均值为零、标准差为常数的正态分布。换句话说，因变量与自身不相关，也就是说因变量并不具备自相关性或序列相关性。
- 在多元回归分析中，各个自变量（X_1，X_2，…）相互独立，不存在多重共线性。

回归分析主要有两种类型：一种是**简单回归分析**（simple regression analysis），仅有一个自变量；另一种是**多元回归分析**（multiple regression analysis），使用两个或两个以上的自变量。

回归分析方程式系统地降低了估计误差。因此，它也被称为最小二乘法回归。回归分析是通过一组数据点来拟合一条直线（回归直线），这条直线可以将直线（估计值）与数据点（实际值）之间的偏差最小化。

简单线性回归

我们用一个简单的线性回归分析案例来分析销售额（因变量）和营销成本（自变量）之间的关系。

例如：一家名为"比德·菲克斯"的零售公司正尝试预测销售额，并且相信商店的销售额取决于营销成本。为了预测第 4 年的销售额，公司管理层收集了有关其过去的销售额和营销支出的数据，如图表 1B–18 所示。

图表 1B–18　比德·菲克斯公司的营销成本和销售额数据

季度	营销成本（千美元）	销售额（千美元）	营销成本（千美元）	销售额（千美元）	营销成本（千美元）	销售额（千美元）
	第 1 年		第 2 年		第 3 年	
第 1 季度	$50	$48 000	$100	$89 000	$40	$62 000
第 2 季度	30	40 000	90	105 000	90	130 000
第 3 季度	40	62 000	80	73 000	70	80 000
第 4 季度	60	75 000	110	105 000	50	50 000

　　图表 1B－19 展示了根据图表 1B－18 中的数据绘制的散点图。首先，在图上描出数据点。接下来，绘制回归线，估计销售额和营销成本之间的线性关系。注意，这条线是向上倾斜的。这表明销售额和营销成本之间存在正相关关系。

图表 1B－19　作为销售额预测指标的营销成本

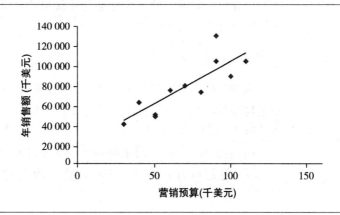

　　因变量（y）用纵轴表示，本例中因变量为销售额。自变量（X）用横轴表示，在本例中，自变量为营销成本。然后根据原始数据点写出其数学表达式，并且在给定销售预算的基础上，利用该表达式预测销售额（y）。回归线是一条直线，用数学的形式来表示就是如下的方程式：

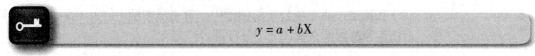

$$y = a + bX$$

　　其中：

　　y：表示年销售额，也就是需要预测的因变量。其观测值用大写的"Y"表示。

　　a：表示当 X ＝0 时的 y 值。该值也称为在 y 轴上的截距，因为当 X ＝0 时 y ＝a。

　　b：表示直线的斜率，也称为回归系数。它表示 X 对 y 的影响。X 每变化 1 个单位，y 预期会变化 b 个单位。

　　X：表示自变量的值（本例中表示营销成本）。自变量是因变量（本例中指年销售额）的驱动因素。

　　图表 1B－20 根据图表 1B－18 中的销售额数据和营销成本数据进行了简单线性回归分析并给出了分析的结果。

图表 1B－20　以营销成本的回归值作为销售额预测

	系数	t 值	标准差
截距	＄18 444 808.74	1.48	＄12 460 200.96
营销成本	＄861.31	4.98	＄172.93

在图表1B-19和图表1B-20所示的例子中，回归方程为：

$$y = 18\ 444\ 809\ 美元 + 861\ 美元（X）$$

其中，X表示销售预算。该公式的适用范围并不限于上述图表中的数据，例如可以使用该公式预测销售预算为75 000美元时的销售额。

y = 18 444 809美元 + 861（75 000）美元 = 83 019 809美元预测的销售额

回归分析也会给出很多客观的标准，使用者可以利用这些标准评价回归方程的可靠性。最常见的三个标准指标就是拟合优度、每个自变量的统计置信度和估计的标准差（SE）。

1. 拟合优度

拟合优度衡量回归的可靠性，R平方指的是因变量的变化可在多大程度上通过自变量的变化进行预测的定量指标。R平方的取值介于0和1之间，数字越接近1，回归就越可靠。

在比德·菲克斯公司销售额和营销成本的例子中，我们假设R平方值为0.7127，这意味着约有71.27%的销售额变化可以由营销成本的变化予以解释。

2. 每个自变量的统计置信度

另一个衡量可靠度的定量指标是每个自变量的统计置信度。这个指标也被称为t值。t值度量自变量（x）与因变量（y）之间是否具有有效的长期关系。根据经验法则，t值应大于2。如果t值较小，则表明自变量与因变量之间的关系很弱或在统计上不存在显著关系。

在比德·菲克斯公司的例子中，营销成本的t值大于2，这表明营销成本对销售额的影响在统计上十分显著。

3. 估计的标准差（SE）

估计的标准差测量根据回归所得到的对y预测的准确性。它是对数据偏离回归直线程度的度量，相对较小的SE比大的好。估计的标准差的含义是y的实际值会在y的估计值加减估计的标准差的区间范围内。

多元线性回归

在比德·菲克斯公司的例子中，使用的是简单线性回归分析来预测营销成本对公司销售额的影响。在这个简单回归分析中，我们假设营销支出是解释（或影响）公司销售水平的唯一因素。分析的结果显示，R平方值仅为0.7127。这意味着仅有71.27%的销售额变化可以由营销成本的变化来解释，剩余的28.73%（100% - 71.27%）的销售额变化由其他未纳入该模型的因素引起。

在预测销售额时，组织不仅需要考虑营销努力对销售额的影响，还需考虑一些其他因素，如经济状况、竞争对手的行为以及定价策略等。所有这些因素都能够纳入多元回归模型中，作为多元回归模型中新增的自变量，这些因素能帮助解释剩余的 28.73% 的销售额变化情况，这是简单线性回归所无法解释的。当比德·菲克斯公司了解了更多影响销售的因素时，他们将改善能力以提高销售。更好的地方还在于，公司可以有更多的机会去关注那些相关的自变量因素，努力提高销售水平。

多元回归模型与简单回归模型十分类似，唯一的不同是多元回归模型中有两个或更多个自变量（X_1，X_2，…）。多元回归模型中的回归"线"可以表示成如下所示的数学方程的形式：

$$y = a + b_1X_1 + b_2X_2 + b_3X_3 + \cdots b_nX_n$$

除了 R 平方值、t 值和估计的标准差（SE）等指标外，使用者需要评估多元回归模型各个自变量（X_1，X_2，…，X_n）之间的相关性，以确保各个自变量之间没有多重共线性。根据经验法则，只要任意两个自变量之间的相关系数不超过 0.7，就不存在多重共线性，所有的自变量都可以包含在回归方程中。如果某两个自变量之间的相关系数大于或等于 0.7，就必须从回归方程中剔除一个自变量。

回归分析的优点与缺点

LOS
§1.B.3.f

回归分析为管理会计师提供了一个用来评估各项估计的准确性和可靠性的客观指标。

在使用回归分析之前，绘制一个数据图形是非常重要的，目的是确定是否存在异常数据点（也称为异常值）。异常值会对回归分析产生很大的影响，异常值的存在可能会导致最后得到的回归线不能表示大部分数据。如果异常数据存在，则应该对每个异常数据进行检查，以确定该异常数据的产生是否源于数据记录错误（一种很常见的操作错误）或者源于某种偶然事件。为提高准确度，回归分析要求所收集的数据点个数最好在 30 个或者 30 个以上。

回归分析还假设因变量与自变量之间过去存在的关系在未来仍然存在。将回归分析当作预测工具使用时，随着时间的推移，对因变量与自变量之间的关系发生的变化进行评估或做出调整是非常重要的。

在将回归分析的结果用于预测时，非常重要的一点是，要牢记预测中所使用的自变量取值必须在确立回归线所使用的数据集的范围之内。在前述比德·菲克斯公司销售额和营销成本的例子中，估计回归线时所使用的营销成本范围为 30 000 ~ 110 000 美元。只要营销成本数额在这一范围之内，该公司就能可靠地预测其销售额水平。反之，如果预测中使用的营销成本数据在该范围之外，则得到的结果就不那么可靠。

一个关于回归分析的警告是，使用者必须评估因变量与自变量之间关系的合理性。X 的变化真的能引起 y 的变化吗？任何数字都可以赋给 X 和 y 这些变量，并且能够得到一个回归方程，但该方程是否有意义则需要使用者自己去判断。

学习曲线分析

  学习曲线分析（learning curve analysis）是一种系统的估计人工成本的方法，该方法需要对个体执行任务（如组装小的零部件）的过程中不断增加的学习对人工成本的影响进行分析。随着工人生产出更多的零部件，他们完成任务的效率也越来越高。由此产生的结果是随着学习的增加成本将会下降。当应用于价值链上不同业务功能时，学习曲线的概念也被称之为经验曲线。学习曲线的计算以学习率为基础。随着产量的倍增，完成任务的平均时间会比上个产量水平降低恒定的百分比。例如，单位生产时间减少20%的学习曲线称为80%学习曲线；单位生产时间减少10%的学习曲线称为90%学习曲线。

  学习曲线可以通过**累积平均时间学习模式**（cumulative average-time learning model，也称为赖特方法或传统方法）进行度量，这是一个被众人普遍接受的模型。该模型用增加的单位产出乘以每单位累积平均时间来计算累积总时间。

  例如：假设一个新工人能够在10个小时以内组装好第一件产品，并且有80%的学习曲线。随着产出量倍增，第一件产品将需要10个小时。由于工人学习经验的增加，第二件产品将只需要8个小时（0.8×10小时=8小时）。图表1B-21的前两列展示了这些计算过程，实际上是对累积平均时间模型进行了验算。

图表1B-21　累积平均时间学习模式

X	每次产量倍增均为80%学习曲线		累积平均时间模式
	单位累积平均时间*（c）	累积总时间（c×X）	第X件产品的个体时间
1	10（c的值）	10（10×1）	10
2	8（10×0.8）	16（8×2）	6（16-10）
4	6.4（8×0.8）	25.6（6.4×4）	4.54[+]
8	5.12（6.4×0.8）	40.96（5.12×8）	3.55[+]

* 每个c＝学习率（这里为0.8）×产量翻番前的c值；

[+] 计算公式在此略去。

  前两个单位的累积总时间为16小时，其中在第一个单位上花费了10个小时，而在第二个单位上花费了6个小时。

  图表1B-22在一张图上展示了上述结果。值得注意的是，该曲线是一个非线性的成本函数。还要注意，曲线显示当成本下降到某一特定点后就会逐渐趋于平稳。这描述了人工成本下降的事实。然而，这项成本并不会因为学习的增加而消失。

图表 1B−22 累积平均时间学习曲线

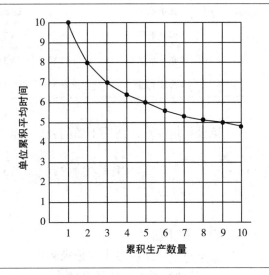

学习曲线分析的优点与局限

LOS
§1.B.3.f

　　公司可以在评估绩效时使用学习曲线分析，因为随着员工不断学习给定的任务，其个人的生产率将会增加。学习可以改善质量并提高生产率。除产量外，还有其他一些因素也对学习曲线有影响。这些因素包括工作轮换、工作团队以及全面质量管理。使用学习曲线分析是预测人工成本的一种有效方法。

　　学习曲线分析的局限性如下所示：

- 当机器执行重复性的任务时，如机器人作业使用学习曲线方法的效果并不好。它最适合于涉及重复性任务和长期生产的劳动密集型过程。
- 在计算中，假设学习率保持不变，但实际人工时间的下降幅度通常并不是不变的。
- 结论可能是不可靠的，因为观察到的生产率变化可能实际上是由学习之外的其他因素所引起的，如劳动力组合的变化、产品组合的变化或以上二者的结合。

期望值分析

LOS
§1.B.3.g

　　期望值是一组可能结果的加权平均值。期望值的一个用途是预测下一年度的现金流。实际的结果会基于可能的经济情况而发生变化。例如，如果经济处于衰退期，那么公司的现金流将会减少。

　　首先，基于不同的经济状况对现金流进行预测。在这个案例中，我们用经济繁荣、正常水平和经济衰退表示三种经济状况。接下来，为每种情况设置一个概率。需要牢记的是，概率加起来必须要等于 1。图表 1B−23 给出了哈德威・哈文（Hardware Haven）公司的例子。

LOS
§1.B.3.i

图表 1B – 23　基于经济状况的哈德威·哈文公司的现金流预测表

经济状况	现金流预测值	发生的概率
经济繁荣	$ 3 000 000	0.1
正常水平	$ 2 000 000	0.8
经济衰退	$ 600 000	0.1

该公司现在可以使用下面的公式来预测现金流的期望值：

$$期望值（EV）= \sum S \times (P_x)$$

其中：

EV = 期望值；

$\sum$ = 对公式中的各个变量求和；

S = 某种情景下具体的金额；

P_x = 某种情景发生的概率。

要计算期望值，只需将每种可能的经济状况下的结果与该种状况发生的概率相乘，再将所得到的结果相加即可。图表 1B – 24 为现金流期望值的计算，如下所示：

LOS
§1.B.3.i

图表 1B – 24　哈德威·哈文公司的现金流预测

经济状况	现金流预测值	发生的概率	期望值
经济繁荣	$ 3 000 000	0.1	$ 300 000
正常水平	$ 2 000 000	0.8	1 600 000
经济衰退	$ 600 000	0.1	60 000
		合计	$ 1 960 000

这可以表述为：基于识别出的经济状况，该公司预期下一年度的现金流为 1 960 000 美元。

期望值的另一种用途是在两种或两种以上可供选择的行动方案中进行抉择。

例如：某组织面临该选择两个投资项中的哪一项，选项 A 有 60% 的机会获利 30 万美元，有 40% 的机会损失 50 万美元。选项 B 有 70% 的机会获利 20 万美元和 30% 的机会损失 25 万美元。这些投资的预期值的计算如图表 1B – 25 所示。

图表 1B - 25　利用期望值进行决策

	方案 A			方案 B		
	利润	概率	期望值	利润	概率	期望值
方案 A	$300 000	0.6	$180 000	$200 000	0.7	$140 000
方案 B	(500 000)	0.4	(200 000)	(250 000)	0.3	(75 000)
预期利润			$ (20 000)			$ 65 000

　　方案 A 预计将损失 2 万美元, 而方案 B 预计将获得 6.5 万美元的利润。考虑到这些信息, 本组织最好的选择是投资方案 B, 因为它的利润期望值更高。

期望值分析的利与弊

　　牢记一点非常重要, 期望值计算准确与否完全取决于对每种情景可能结果的预测以及所设定的各种情景发生的概率是否准确。如果这些假设中任意一条是不可靠的, 那么由此计算出的期望值在做出明智决定时就不能被信赖。

　　期望值分析假设决策者是风险中立者。如果决策者是风险偏好者或风险厌恶者, 那么期望值模型可能就不适用了。

本节习题：
预测技术

说明：回答所提供的每一个问题，正确的答案和解释出现在本节习题之后。

1. 一名会计师估算了公司明年运营预算中工厂设施的修理费。在分析了历史维修成本后，会计师确定了以下概率分布。

概率	维修成本
15%	$ 2 000 000
45%	2 500 000
30%	3 500 000
10%	5 000 000

该会计师为明年的运营预算估计的修理费是多少？
- [ ] **a.** 1 850 000 美元。
- [ ] **b.** 1 925 000 美元。
- [ ] **c.** 2 975 000 美元。
- [ ] **d.** 3 250 000 美元。

2. 一家软件公司最近成立了一个客户服务部。第一周后，平均需要处理一个客户电话的时间是 15 分钟，客服部经理预估学习曲线的学习率为 80%。根据累积平均时间学习模式，估计到第四周处理一个客户电话所需的累积平均时间为：
- [ ] **a.** 7.7 分钟。
- [ ] **b.** 9.6 分钟。
- [ ] **c.** 12.0 分钟。
- [ ] **d.** 15.0 分钟。

3. 某生物技术公司的一名会计师正在对公司用于研究和开发的实验室设备明年的维修费用进行预测。通过分析过去的维修支出，会计师能够确定未来的维修支出可以用以下简单的回归方程来表示：$y = 20\,000$ 美元 $+ (50 \times X)$ 美元。变量 X 是实验室设备已经服务的小时数。前一年，变量 X 的数值被确定为 4 500 小时。如果预测下一年 X 将是 5 000 小时，那么该会计师应该计划的明年维修支出多少？
- [ ] **a.** 225 000 美元。
- [ ] **b.** 245 000 美元。
- [ ] **c.** 250 000 美元。
- [ ] **d.** 270 000 美元。

本节习题参考答案：
预测技术

1. 一名会计师估算了公司明年运营预算中工厂设施的修理费。在分析了历史维修成本后，会计师确定了以下概率分布。

概率	维修成本
15%	$ 2 000 000
45%	2 500 000
30%	3 500 000
10%	5 000 000

该会计师为明年的运营预算估计的修理费是多少？

☐ **a.** 1 850 000 美元。

☐ **b.** 1 925 000 美元。

☑ **c.** 2 975 000 美元。

☐ **d.** 3 250 000 美元。

计算一组可能结果的期望值公式为：EV = ∑（rp），其中 r = 产出的结果，p = 结果的概率。在这种情况下，修理费用的期望值 2 975 000 美元［（15% ×2 000 000 美元）＋（45% ×2 500 000 美元）＋（30% ×3 500 000 美元）＋（10% ×5 000 000 美元)]。

2. 一家软件公司最近成立了一个客户服务部。第一周后，平均需要处理一个客户电话的时间是 15 分钟，客服部经理预估学习曲线的学习率为 80%。根据累积平均时间学习模型，估计到第四周处理一个客户电话所需的累积平均时间为：

☐ **a.** 7.7 分钟。

☑ **b.** 9.6 分钟。

☐ **c.** 12.0 分钟。

☐ **d.** 15.0 分钟。

累积平均时间学习模型假设当产出加倍时总产出的累积平均时间或成本将按照一个常数百分比率减少。本问题中的经理估计有 80% 的学习曲线，因此每次部门处理电话的经验加倍时，处理一个客户电话所需的平均时间减少了 20%。两周后，处理一个客户电话所需的平均时间将从 15 分钟减少到 12 分钟（15 ×80%）。4 周后，平均时间再次减少至 9.6 分钟（12 ×80%）。

3. 某生物技术公司的一名会计师正在对公司用于研究和开发的实验室设备明年的维修费用进行预测。通过分析过去的维修支出，会计师能够确定未来的维修支出可以用以下简单的回归方程来表示：y = 20 000 美元 ＋（50 × X）美元。变量 X 是实验室设备已经服务的小时数。前一年，变量 X 的数值被确定为 4 500 小时。如果预测下一年 X 将是 5 000 小时，那么该会计师应该计划的明年维修支出多少？

☐ **a.** 225 000 美元。

☐ **b.** 245 000 美元。

☐ **c.** 250 000 美元。

☑ **d.** 270 000 美元。

　　一个简单的回归分析只使用一个自变量。为预测明年的维修支出，会计师应采用所提供的公式，并将 X 设为实验室设备明年预计已服务的时数（5 000 小时）。则预计明年的维修支出为 270 000 美元［20 000 美元 +（50 × 5 000 小时）］。

预算编制的方法

为使公司能够将预算作为一种有效的规划和管理工具加以使用，公司必须选择能够支持及强化其管理方式的预算方法。一家打算持续改进和彻底改造其运营的公司可能不适合采用增量预算制度。对于拥有少量产品且运营稳定的公司来说，将大量精力放在作业基础预算上可能并不值得。然而，由于有一系列预算方法可以选择，这使得组织及其各个部门能够建立起有用且合乎他们需求的预算。

本节内容涵盖了不同类型的预算制度，包括年度/总预算、项目预算、作业基础预算、增量预算、零基预算、连续性（滚动）预算和弹性预算。

请先**阅读**附录 A 中列举的本节考试大纲（LOS），再来学习本节的概念和计算方法，确保您了解 CMA 考试将要考核的内容。

年度预算/总预算

LOS
§1.B.4.a,
b.c,d

组织的**总预算**（master budget），也称为年度商业计划或利润计划，是时间跨度为一年或不足一年的综合预算。总预算开始于销售预算，结束于一系列预计财务报表，公司的收入流转和成本流转的每一个方面均能在其中得到反映。拥有总预算的好处是很多的，几乎没有坏处。事实上每家公司都需要某种形式的总预算。

根据业务类型、组织结构、营运的复杂性以及管理哲学的不同，公司可以选择不同的总预算编制方法。公司甚至能够对总预算中的不同组成部分采用不同的编制方法。公司能够采用 6 种不同的预算编制制度来编制预算：

1. 项目预算法。用于为具体项目而不是整个公司编制预算。

2. 作业基础预算法。重点是基于作业而不是基于部门或产品对成本进行分类。

3. 增量预算法。以上一年度的预算或实际结果为起点，并对下一年的预算做一些细微的改变。

4. 零基预算法。每一个新的预算循环都从零开始，就像第一次编制预算一样。

5. 连续性（滚动）预算法。允许预算被不断地更新，具体做法是在每期的期末删除过时信息（比如在今年3月底删除该月的预算信息），并且添加次年相同时间段的预测数据（比如加上对明年3月份的预算）。

6. 弹性预算法。可以被当作一种评估管理者绩效的控制机制，评估绩效时要将实际的收入和支出与实际活动水平的预算金额进行比较，而不是同原始预算的活动水平对应的预算金额比较。

这些预算制度并非相互排斥。事实上，一家公司可以同时采用它们中的几种。在本节末的"预算编制系统"表格中对几种预算制度进行了总结，并在下文进行了详细阐述。

1. 项目预算法

当某个项目完全独立于公司的其他部分的时候，**项目预算**（project budgets）就会被用到。例如：

1. 一部电影有自己的工作人员及成本，其成本仅与电影本身有关。

2. 一艘轮船、一条公路、一架飞机。

3. 主要资本资产。

项目预算的时间框架就是项目的持续时间。一项要持续多年的项目可以按年度来分解。在编制项目预算时，过去类似项目的成功项目预算可以当作标杆。项目预算与总预算使用一样的技术并包含相同的组成要素，有所不同的是项目预算只关注与项目有关的成本，而不是整个公司的成本。项目预算中还包括对变动制造费用和固定制造费用的分配。这完善了项目总成本报告。

项目预算的优点之一是它能够包含所有与项目有关的成本，因此很容易衡量单个项目的影响。不管项目规模大还是小，项目预算都能很好地发挥作用。项目管理软件能够使项目预算的编制变得方便并能对这些预算进行追踪。但是，当项目使用了受整个组织支配而不是由该项目专用的资源和人力的时候，项目预算潜在的局限性就会显现出来。在这种情况下，项目预算将与这些资源中心密切相关，有关人员可能需要向两位甚至更多的主管进行报告。在权衡成本和权力结构时就需要格外注意。

2. 作业基础预算法

作业基础预算法（activity-based budget，ABB）关注的是作业而不是部门或产品。每一项作业都有与其最匹配的成本动因，成本动因是可用来支持公司运营的工作或作业的成本度量单位，它可以是基于数量的（如人工工时、平方英尺）或基于作业的（如组装一台机器所需要的零部件数量）。成本可以划分为若干成本池，如单位、批次、产品以及设施等。成本池由同种成本构成，它们随着生产的上升和下降以相同的比例发生变化。固定成本都在同一个成本池中，而不同层次的变动成本被划分到不同的成本池中。每次编制总预算时，都应对成本池划分的准确性进行评估。本教材第四章"成本管理"中会更详细地讨论作业成本法（ABC）的概念。

传统的预算编制关注的是资源投入，并根据职能部门确定预算单位，但作业基础预算法关注的是增值作业并根据作业成本确定预算单位。传统的预算编制将重点放在提升管理绩效上，而作业基础预算法将重点放在团队合作、协同作业以及客户满意度上。

作业基础预算法的支持者认为，传统成本计算法将对整个流程或部门的度量过度简化为人工工时、机器工时、产出数量等单一指标，这使得产出与成本之间的关系变得模糊。与传统成本计算法仅使用数量动因作为度量工具不同，作业基础预算法使用作业成本动因，例如"调试次数"，使得资源耗费与产出之间的关系变得清晰。如果对于某项特定的作业数量动因是最适合的测量单位，作业基础预算法也会使用它们。假如关系变得清晰，管理者就可以了解产品供应、产品设计、制造技术、客户基础以及市场份额的变化如何对资源需求造成影响。倘若使用作业基础预算法，那么对每一项按计划执行的作业来说，其成本含义都可以获知。这使得使用作业基础预算法的公司能够对其预算编制进行持续改进。相反，传统预算关注的是过去的（历史的）预算数据，并且经常对一些项目继续投入资金，而如果能够更好地了解这些项目的成本效益的话，就知道它们本应被终止。

作业基础预算法可以作为总预算编制流程的基础。由此编制的分预算会基于不同的度量成本的方法，所以由此得到的各项成本的比例会以不同的方式进行权衡。例如，间接材料和人工成本的某些部分本该是属于制造费用的，但它们可能会被更仔细地追踪，并且被划归为直接材料和直接人工。

例如：图表 1B-26 展示了布鲁嘉（Bluejay）制造公司的制造费用预算，编制该预算使用了作业基础预算法。图表中给出了生产调试、安装、组装、质量控制检测和工程变更等各项作业的制造费用。

图表 1B-26　采用作业基础预算法为布鲁嘉制造公司编制的制造费用预算

作业	作业量	单位作业成本	作业成本
机器调试	80 次调试	\$4 000/调试	\$320 000
安装	1 700 直接人工工时	\$5/直接人工工时	8 500
组装	6 000 直接人工工时	\$12/直接人工工时	72 000
质量检验	100 次检验	\$2 500/检验	250 000
工程变更	15 次变更	\$10 000/变更	150 000
总制造费用			\$800 500

作业基础预算法的一个关键优势是它确定成本的精确度更高，尤其是在需要追踪多个部门或产品时。要得到这一优势也需要付出一定的代价，如果设计和维持作业基础预算制度的成本大于由作业基础预算制度所带来的成本节约，作业基础预算法的潜在缺陷就会显现出来。因此，对于产品复杂性程度不同或者生产组织形式不同的企业，作业基础预算法是最合适的。这是因为在组织环境越复杂，传统成本法效果就越差。

3. 增量预算法

增量预算（incremental budget）是一种很常用的预算类型，它以上一年度的预算或者是实际的经营结果为起点，根据销售额和运营环境的预计变化，自上而下或自下而上地调整预算中的各个项目。它与零基预算是正好相反的。增量预算的主要优势在于其简单易行。另一个优势是它能够促进运营的稳定。使用这种预算的主要缺点（这也是一些公司会采用零基预算的原因）是随着年份的增加，预算的规模倾向于只增不减。管理人员会通过预测过少的收入增长或过多的支出而滋生预算松弛。预算松弛的最常见的结果是产生对公司有利的差异，这让经理们"看起来表现很好"。

思考下面这个例子，该例中公司以其实际数量为起点来准备增量预算。例如：一家使用增量预算的公司会以上一年度的实际的经营结果为起点，根据销售额和运营环境的预计变化，自上而下或自下而上地调整预算中的各个项目。如果上年销售额为 1 500 000 美元，管理层估计销售额将增加 10%，那么预计的销售额预算将为 1 650 000 美元。预算的其余部分，例如销售费用、常规费用和管理费用，都是使用类似的逻辑推导出来的。

4. 零基预算法

一些公司使用零基预算以避免一项业务中的无效因素继续存在的情况，这样做就是因为这些无效因素存在于之前的预算中。顾名思义，"零基预算"是指从零开始编制预算。传统预算侧重于在前期预算的基础上做出变更，而**零基预算**（zero-based budget）关注的是预算中每一个项目一直以来的成本合理性。管理者必须对其控制下的各个领域进行深入的检视来对其成本的合理性提供理由。

零基预算的优势在于它能迫使管理者审查一项业务的所有构成要素。零基预算可以创造一个高效、精益化的组织，因此在政府机构和非营利组织中非常受欢迎。零基预算是从新的角度观察公司经营的一种方法。

编制零基预算的第一步是让每一位部门经理按重要性由高到低对所有部门活动排序，并给每项活动分配一个成本。高层管理者会审查这些清单（有时称为"决策包"），并删除那些缺乏合理性或不是很重要的项目。高层管理者会提出这样的疑问，如"这项活动是否应该进行？如果不进行会有什么事情发生？"或者"有没有诸如外包或者顾客自助服务等提供这项功能的替代方法？"管理者也可以使用标杆指标及成本效益分析来帮助决定删除哪些活动项目。只有那些被批准的项目才会出现在预算中。已被接受的项目的成本可以通过与部门经理讨论和协商来确定。一旦确定了预算数据，零基预算就成为总预算编制的基础。

理论上，零基预算有一个优势，就是它关注的是每个预算项目，而不是仅仅关注例外情况。这促使管理者识别并剔除那些成本大于效益的项目。在聘任新管理者时，这些预算尤其有用。但是零基预算也有缺陷，缺陷之一就是他们鼓励管理者耗尽当前预算期间的所有已分配资源，因为管理者担心不这样做的话，下一个预算循环中可能会被分配较少的资源。

零基预算法的另一个问题是年度审查流程会耗费大量时间且成本高昂。审查结果可能通常不像事先打算的那么彻底。此外，由于不使用以前的预算，公司可能会忽视从以前年份中学习到的经验教训。如果每年都使用零基预算，零基预算实际上可能会变得与需要一些额外处理的增量预算相差无几。管理人员只会记住那些陈旧的理由和相关数据，并在下一年度的预算编制中继续使用。

零基预算的时间成本和费用开支可以通过周期性地执行而得到降低，例如每五年编制一次零基预算，在其他年份使用不同的预算方法。或者，公司每年找一个不同的部门轮流编制部门的零基预算。

5. 连续性（滚动）预算法

连续性预算（continuous budget）或滚动预算是在每期的期末在预算上增加一个新的预算期间，这样就能保证总是有相同数量的预算期间，它们是面向未来而规划的。这种方法能使预算与经营环境保持一致。同其他预算类型一样，这种预算也可以成为一个实体的总预算。但是，其他预算在预算期期末就会过期。而连续性预算的时间跨度则总是保持不变，也就是说无论是在某年的 1 月还是 7 月，公司总是处于年度预算的第一个月。

在月度预算会议上，管理人员会报告实际结果与上月预算间的差异，并对下一个月进行推测。审查结束后，预算协调人员会更新总预算，同时还要完成一线管理人员无需做的所有计算，如折旧、存货估价等。

与年度预算相比，连续性预算具有更强的相关性。连续性预算可以反映当前发生的事项和预测发生的变化。连续性预算的优势是将一个复杂的过程分解为易于管理的步骤。因为管理者总是拥有一个完整的有预算数据的期间，所以他们倾向于以一种长期的视角来看待决策，而不仅是只看与年度预算有关的事情，因为年度预算所涵盖的时间段会随着时间的推移越来越短。

连续性预算的潜在缺陷包括需要设立预算协调人员以及/或者管理者每月都要投入部分精力编制下个月的预算而产生的机会成本。连续性预算适用于那些不能投入大块时间编制年度预算的公司，这类预算也可用于那些希望其管理者有长远眼光的公司。

6. 弹性预算法

弹性预算（flexible budgeting）法为特定的产出水平建立一个基本成本预算（成本—产量关系），再加上一个增量的成本—产量数额，该数量反映的是不同产出水平下的成本行为。在弹性预算中，只有变动成本会被调整，固定成本保持不变。弹性预算最常见的用途是显示如果组织达成了其预测的销售量时将会做出的预算。因此，弹性预算更多的是作为一种分析工具以确定实际结果与预算间的差异，而不是用于创建原始预算。

使用弹性预算的优势包括获得更好地利用历史预算信息来改进未来的规划的能力。弹性预算几乎没有什么缺陷，但一个可能存在的不足之处是公司主要关注弹性预算中的产出水平而忽视了销售目标没能实现这一事实。然而，大多数公司使用弹性预算是因为他们考虑采用极为细致的差异分析。弹性预算在差异分析中的应用会在本教材第四章"成本管理"中探讨。

例如：罗宾（Robin）制造公司使用弹性预算法来评估其实际的直接人工耗用量与预算额间接近到怎样的程度，可以使用差异分析作为分析工具。公司计划7月份生产72 000件产品，每件产品需要0.5个直接人工工时，预算每小时工资率为15美元。但是，实际产出仅有68 000件产品，实际每小时工资率为15.50美元。图表1B-27显示了公司的直接人工成本的预算额与实际发生额。

图表1B-27　罗宾制造公司的原始预算与实际值

	原始预算	实际值
产量（件）	72 000	68 000
直接人工工时/件	×0.5	×0.5
需要（使用）的直接人工工时	36 000	34 000
直接人工工时的单位成本	× $15.00	× $15.50
总直接人工成本	$540 000	$527 000

基于图表所给出的信息，公司看起来7月份的直接人工成本预算实现了13 000美元（527 000 - 540 000）的节约。然而，这是有误导性的，因为公司并没有按照其预算水平进行生产。为真实地评估其绩效，该公司需要编制一份弹性预算，并用单位产出的标准成本（不是单位产出的实际成本）与实际产量进行匹配。图表1B-28展示了罗宾制造公司的弹性预算。

图表1B-28　罗宾制造公司的弹性预算与实际值

	原始预算	弹性预算	实际值
产量（件）	72 000	68 000	68 000
直接人工工时/件	×0.5	×0.5	×0.5
需要（使用）的直接人工工时	36 000	34 000	34 000
直接人工工时的单位成本	× $15.00 ⟶	× $15.00	× $15.50
总直接人工成本	$540 000	$510 000	$527 000

从图表1B-28可知，当实际产出水平为68 000件产品时，罗宾制造公司直接人工成本的实际发生额比预算额高出了17 000美元（527 000 - 510 000），而不是比预算额低13 000美元。

预算编制系统

预算类型	样本行业	目的	时限	应用	优势	局限
总预算	全部行业	形成对营业收入和成本流转的各个方面的预测	1年及1年以内	以销售预算为起点，并最终形成一整套预计财务报表。接下来的六个预算制度可以用来编制总预算	·沟通 ·目标一致	·编制耗费时间
项目预算	主要在建筑业	为每个项目单独进行预算，而不是对企业整体进行预算	项目持续期间	像高速公路大桥这类大型项目可能会在几年内产生巨额的收入和成本	·了解项目的全部成本 ·小型和大型项目都适用	·当资源和员工无法全部投入到项目时会产生的潜在冲突
作业基础预算	制造业	基于作业进行成本分类，而不是通过部门或者产品	基于使用预算的种类	拥有复杂而众多的产品、部门或其他因素，导致传统的粗略的成本核算方法不再适用的企业	·更精准地测算成本对象的成本 ·关注一个作业的资源使用情况 ·团队合作	·设计及维护系统的成本
增量预算	教育	基于之前的结果和未来的预期，在上一年预算结果上加上今年的预计增量计算得出今年的预算	基于使用预算的种类	根据上一年的业绩发展情况来确定新一年预算的一种传统且有效的方式。与零基预算相反	·操作简便 ·促进运营稳定	·预算通常只会随着时间的推移而增加
零基预算	政府	如同第一次编制预算，每一次编制预算都从头开始预算循环	基于使用预算的种类	关注预算中每个项目的年度成本的合理性。能用于创造精益企业。需要深入的审核，这可能需要花费一定的时间	·关注于每个项目 ·激励每个管理人员去消除部分成本	·年度审核非常耗时且昂贵 ·如果不查看以前的信息，可能会失去"所学经验"的益处
持续性预算（滚动预算）	新企业的创立阶段	通过清除刚刚过去年度的信息并添加明年相同时期的估算数据，让预算不断更新	1年及1年以内	使预算估计能够更好地反映当前事件和一些近期变化。以小步骤帮助逐步完成大型项目。提供比年度预算更好的视角	·使预算保持最新状态以适应运营环境 ·比每年编制的预算更具相关性 ·将大的流程分解为更小的步骤 ·鼓励基于长远观点视角	·可能需要预算协调员 ·管理层需要每个月都花费时间来编制出下一个月的预算，产生了机会成本
弹性预算	制作部门	通过比较现实作业的实际收入和支出与其预算额之间的差异，来评估部门业绩	1年及1年以内	提供详细的差异分析，以降低成本，提高产出，并提高未来预算的准确性	·确定详细差异的分析工具 ·改进未来的计划	·管理层可能会忽视销售预测失误

本节习题：
预算编制的方法

说明： 回答所提供的每一个问题，正确的答案和解释出现在本节习题之后。

1. 以下哪一种预算将允许管理层根据成本驱动因素（如直接工时或机器工时）的变化来最好地评估成本的变化情况？
   □ **a.** 滚动预算。
   □ **b.** 作业基础预算。
   □ **c.** 生产预算。
   □ **d.** 成本预算。

2. 阿伦伍德钢铁公司的总会计师委托新聘的预算经理重构公司的预算体系，并希望她从每个单位收集他们有关作业的信息，然后与最高管理层共同检查每个单位对公司整体的贡献。如果以消除效率低下和浪费为目标，每一单位来年的预算编制将不考虑过去的预算情况，也几乎不考虑过去的经营结果，这种预算编制的方法称为：
   □ **a.** 作业基础预算法。
   □ **b.** 预计预算法。
   □ **c.** 弹性预算法。
   □ **d.** 零基预算法。

3. 一家制造企业生产活动可以选择在旺季、夏季和二月的最后两周进行。在产量增加期间，公司租用更多的生产设备并雇用额外的临时员工。以下哪种预算技术最适合这家公司的需要？
   □ **a.** 零基预算法最适合公司的需要，因为它是经理提议的方法。
   □ **b.** 项目预算法最适合公司的需要，因为可以获得分散的财务信息。
   □ **c.** 弹性预算法最适合公司的需要，因为它允许根据实际活动水平调整预算。
   □ **d.** 静态预算法最适合公司的需要，因为它显示销售或生产水平的变化。

**本节习题参考答案：
预算编制的方法**

1. 以下哪一种预算将允许管理层根据成本驱动因素（如直接工时或机器工时）的变化来最好地评估成本的变化情况？

　□ a. 滚动预算。

　☑ b. 作业基础预算。

　□ c. 生产预算。

　□ d. 成本预算。

　　以作业为基础的预算编制使大多数组织对许多驱动成本的作业有了更具经验和更详细的看法。整个组织都确定并使用核心活动根据实际耗费关系分配成本，从而有利于管理部门对成本进行更准确的计划、控制和评估。

2. 阿伦伍德钢铁公司的总会计师委托新聘的预算经理重构公司的预算体系，并希望她从每个单位收集他们有关作业的信息，然后与最高管理层共同检查每个单位对公司整体的贡献。如果以消除效率低下和浪费为目标，每一单位来年的预算编制将不考虑过去的预算情况，也几乎不考虑过去的经营结果，这种预算编制的方法称为：

　□ a. 作业基础预算法。

　□ b. 预计预算法。

　□ c. 弹性预算法。

　☑ d. 零基预算法。

　　这种预算编制的方法被称为零基预算法，这种方法将之前所有预算内容带回到"空白页"，所有选项都将被重新评估。没有任何选项可以不通过一个完整的评估和批准过程结转到来年的预算中。这是一个严格的程序，支持组织的效率，并有效地控制和减少了组织的预算松弛。

3. 一家制造企业生产活动可以选择在旺季、夏季和二月的最后两周进行。在产量增加期间，公司租用更多的生产设备并雇用额外的临时员工。以下哪种预算技术最适合这家公司的需要？

　□ a. 零基预算法最适合公司的需要，因为它是经理提议的方法。

　□ b. 项目预算法最适合公司的需要，因为可以获得分散的财务信息。

　☑ c. 弹性预算法最适合公司的需要，因为它允许根据实际活动水平调整预算。

　□ d. 静态预算法最适合公司的需要，因为它显示销售或生产水平的变化。

　　弹性预算法最适合这家公司的需要，弹性预算可以被公司用来研究未来可能的销量情况。

年度利润计划与相关报表

　　总预算或者说年度利润计划中包含很多组成要素和相关报表。每一个组成要素和相关报表都提供了一些详细信息，组织可以利用这些信息来审视公司当前的运营状况并制定长期计划和短期计划。创建这些组成要素所使用的相关的预测和假设，以及各个组成要素之间的相互关系，为有效地管理组织以实现其目标提供了机会。

　　本节探讨组成总预算的各个要素，描述了销售预算、生产预算、直接材料预算、直接人工预算、制造费用预算、产品销售成本预算以及销售和管理费用预算。上述预算在制定经营预算和预计财务报表中会被使用到。本节还讨论了现金预算、资本支出预算以及组成财务预算的预计资产负债表和现金流量表。

　　请先**阅读**附录 A 中列举的本节考试大纲（LOS），再来学习本节的概念和计算方法，确保您了解 CMA 考试将要考核的内容。

总预算

　　总预算提供了实体的所有预算及其子单位运营及筹资活动的计划。总预算是将一切汇集在一起的地方，在此处战略和长期计划要与短期目标相结合。

　　总预算由公司诸多不同财务预算的量化预测组成，一般以年度为基础进行编制，但在实际经营中也会采用短于一年的预算期间。总预算包含两个重要的组成部分：经营预算与财务预算。

　　经营预算包括销售预算、生产预算、直接材料预算、直接人工预算、制造费用预算以及销售和管理费用预算。所有预算信息最终会在预计（或预算）利润表中体现出来。财务预算包括资本支出预算、现金预算、预计（或预算）资产负债表和现金流量表。

　　图表 1B－29 展示了总预算的这些组成要素之间是如何联系在一起的。

图表 1B‑29　总预算

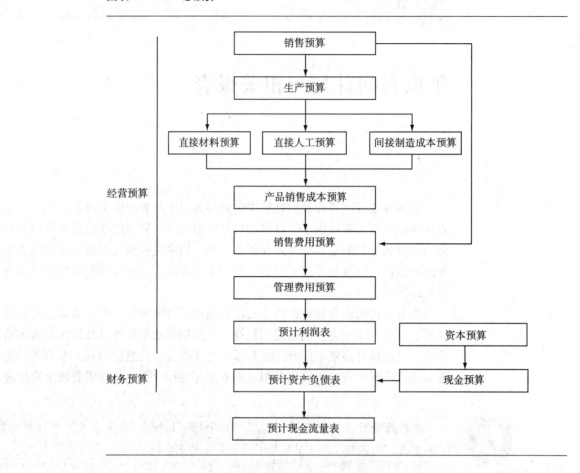

经营预算是按照上图所示的顺序来编制的。在经营预算起草过程中，每一个部分都要向经营预算的后续部分提供用于起草的信息。它还为财务预算的各种项目提供信息。例证之一是资产负债表上的产成品存货量。

经营预算

在编制经营预算时，需要综合各种预算信息，包括销售预算、生产预算、直接材料预算、直接人工预算、制造费用预算以及销售和管理费用预算。之后，经营预算会被用来生成预计（或预算）利润表。

销售预算

编制销售预算需要准确的销售预测。**销售预测**（sales forecast）是对下一期间企业销售额的主观估计。如果没有准确的销售预测，所有其他的预算要素也将会是不准确的。销售预测不仅要考虑销售的历史趋势，还要顾及经济和产业状况及相关指数、竞争对手的行为、成本增加、定价和信贷展期政策、广告与市场营销支出额、未履行的订单数量以及销售渠道中的销售机会（没有签约的潜在客户）。

LOS §1.B.5.c

销售预测应该使用诸如回归分析等统计分析技术来完成，还要依赖销售经理对其所在市场和客户需求的知识。一旦公司基于其长期目标和短期目标确定了它的预测销售水平，它就可以编制一份销售预算来实现这些目标。销售预算的两个关键要素是下一期间的预计销售数量和预计销售价格。

例如：图表 1B – 30 展示了罗宾制造公司第 3 季度的销售预算。

图表 1B – 30　销售预算

	7 月	8 月	9 月	季度	引用
	罗宾制造公司销售预算				
	截至第 1 年度第 3 季度 9 月 30 日				
销售数量	70 000	72 000	77 000	219 000	1
单位售价	$110.80	$110.80	$112.00	（价格有变化）	
总销售额	$7 756 000	$7 977 600	$8 624 000	$24 357 600	2

LOS §1.B.5.a

务必要注意，销售预算对经营预算有驱动作用，因为它对需要生产多少产品有影响（生产成本），还对达成预测销售额所需的销售和管理费用有影响。

销售预算的生成是极具挑战性的，因为几乎没有只生产一种产品的公司。真正的问题是，可能有相当多的产品，以至于为个别产品制定销售预测是不切实际的。相反，预测很可能是在产品大类水平上进行，然后再分解为各个产品的销售预测。如果是在公司的基层制定销售预算（例如一个销售区域），那么将这些预算在更高层面进行汇总之前，必须要有一种合理的方法将过度乐观或者悲观的看法从预算中除去。因为编制预算的时间可能很长，并且销售预算中的问题会渗透到后续的预算中，所以公司可能无法获得预算利润表，而且会发现预测的销售水平也不会产生令人满意的净利润。防止这种情况发生的一种有效方法是在准备销售预算时按照经验法则来计算边际贡献或毛利。如果结果看起来不令人满意，那就必须考虑用其他方法来改善销售或降低成本。

生产预算

LOS §1.B.5.d

LOS §1.B.5.e

接下来将编制生产预算。**生产预算**（production budget）是一项计划，其目的是获取资源，并将它们整合起来以达到公司的销售目标并维持一定的存货水平。预算产量可以用如下公式进行计算：

> 预算产量 = 预算销售量 + 预期期末存货 – 期初存货

预算销售量是物流经理计划来年资源需求、安排生产进度以及确立运输政策的基础。当实际销售额低于或显著高于预计收入时，整个存货体系都会受到影响。

在生产预算的计划阶段，产品经理会完成生产进度表，大致确定他们如何满足预期的产品需求。这里估算的内容应包括生产设备、存货和人员的成本。影响生产预算的其他因素包括新设备的投资、雇用必要的员工、产能约束以及生产进度问题。例如：图表1B－31展示了罗宾制造公司几个月份的生产预算，期初和期末的库存量或是由题目给出，或是根据销售量的百分比来计算的。

图表1B－31　生产预算

	来自	7月	8月	9月	季度	引用
		罗宾制造公司生产预算				
		截至第1年度第3季度9月30日				
预算销售量	1	70 000	72 000	77 000	219 000	
加：预期期末成品存货		10 000	11 000	12 000	→ 12 000	
需生产的数量		80 000	83 000	89 000	231 000	
减：期初产成品存货		8 000	10 000	11 000	→ 8 000	
预算销售量		72 000	73 000	78 000	223 000	3

许多公司在其运营的执行阶段使用物料需求计划系统（MRP；也被称为制造资源规划）。MRP系统能够以销售预算或生产计划作为输入，并且MRP系统将生成能够满足物料使用、物料采购和直接劳动计划的输出。需要注意的是，生产预算将用于计算资产负债表上产成品存货的金额。

直接材料预算

直接材料预算（direct materials budget，或直接材料耗用预算）根据满足生产所需材料的质量水平来确定所需的材料数量。生产预算只确定所要生产的成品数量，直接材料耗用预算则确定生产所需材料的数量和成本，直接材料采购预算确定为满足生产要求必须购买的材料数量和成本。所需采购的直接材料可用如下公式进行计算：

> 所需采购的直接材料 = 生产中耗用的直接材料
> ＋预期的期末直接材料存货 － 期初直接材料存货

例如：图表1B－32展示了罗宾制造公司的直接材料耗用预算。图表1B－33展示了该公司的直接材料采购预算。

接下来的两个预算明细表展示了两者是如何相互交织在一起的。预期使用的原料数量在图1B－32中计算得出，并成为图1B－33的第一个输入值。然后，图表1B－33中底线的数值又可以回流到图1B－32的中间。

图表 1B-32　直接材料耗用预算

罗宾制造公司直接材料耗用预算
截至第 1 年度第 3 季度 9 月 30 日

	来自	7 月	8 月	9 月	季度	引用
生产需要						
预算产量	3	72 000	73 000	78 000	223 000	
每单位产品所需的树脂量（磅）		× 5	× 5	× 5	× 5	
所需树脂总量（磅）		360 000	365 000	390 000	1 115 000	4
期初树脂存货（磅）		35 000	35 000	35 000	35 000	
每磅成本		$ 13.00	$ 13.00	$ 13.00	$ 13.00	
期初存货总成本		$ 455 000	$ 455 000	$ 455 000	$ 455 000	
树脂采购总成本	6	4 680 000	4 745 000	5 135 000	14 560 000	
可用于生产的树脂的成本		$ 5 135 000	$ 5 200 000	$ 5 590 000	$ 15 015 000	
预期期末存货数量（磅）		35 000	35 000	40 000	40 000	
每磅预期期末存货的成本		× $ 13.00	× $ 13.00	× $ 13.00	× $ 13.00	
预期期末存货的总成本		$ 455 000	$ 455 000	$ 520 000	$ 520 000	
生产中耗用的树脂的成本（可用于生产的成本——预期期末存货的成本）		$ 4 680 000	$ 4 745 000	$ 5 070 000	$ 14 495 000	5

在此处及后面的计算中，我们用到了标准成本制度。例如，生产 1 单位的成品需要 5 磅的树脂。每磅树脂的标准成本就是 13.00 美元。

图表 1B-33　直接材料采购预算

罗宾制造公司直接材料采购预算
截至第 1 年度第 3 季度 9 月 30 日

	来自	7 月	8 月	9 月	季度	引用
生产中需要的直接材料总量	4	360 000	365 000	390 000	1 115 000	
加：预期期末存货		35 000	35 000	40 000	40 000	
所需的直接材料总量		395 000	400 000	430 000	1 155 000	
减：期初直接材料存货		35 000	35 000	35 000	35 000	
直接材料采购量		360 000	365 000	395 000	1 120 000	
每磅采购价格		$ 13.00	$ 13.00	$ 13.00		
直接材料采购成本总计		$ 4 680 000	$ 4 745 000	$ 5 135 000	$ 14 560 000	6

直接材料采购预算用来计算资产负债表中原材料的美元数额，并且在现金预算中作为现金支出。

直接人工预算

直接人工预算（direct labor budget）是由生产经理和人力资源经理共同编制的。它确定了为满足生产要求所需的直接人工。直接人工需求是通过把预期产量与生产单位产成品所需的直接人工工时数（DLH）相乘来确定的。然后，用这个数值乘以直接人工工时的单位成本，就可以求得直接人工成本的预算值。

> 生产中所需的直接人工工时数 = 预期产量 × 单位产品所需的直接人工工时数
> 直接人工成本的预算值 = 生产中所需的直接人工工时数
> × 直接人工工时的单位成本

人工预算通常会分解成不同的类别，如熟练工人、半熟练工人及非熟练工人。例如：图表 1B–34 展示了罗宾制造公司的直接人工预算。

图表 1B–34　直接人工预算

	来自	7 月	8 月	9 月	季度	引用
预算产量	3	72 000	73 000	78 000	223 000	
生产单位产品所需的直接人工工时数		× 0.5	× 0.5	× 0.5		
生产中所需的直接人工工时数		36 000	36 500	39 000	111 500	7
小时工资		× \$15	× \$15	× \$15		
直接人工工资总计		\$540 000	\$547 500	\$585 000	\$1 672 500	8

罗宾制造公司直接人工预算
截至第 1 年度第 3 季度 9 月 30 日

除了工资成本之外，组织还可以估算员工福利成本。雇主会为达到联邦保险缴费法案（FICA）的要求而出资，还可能为其员工支付一部分健康保险、人寿保险或者养老金匹配计划的费用。员工福利可以计入直接人工成本，或者计入制造费用。多数情况下，他们都包含在制造费用中。无论作为直接人工成本还是作为制造费用，其对产品销售成本的影响都是一样的。

制造费用预算（间接制造成本预算）

所有其他没有划入直接材料预算和直接人工预算中的生产成本都要编制在**制造费用预算**（overhead budget）中。例如，无论产量上升或下降，保险费和租金都会保持稳定。但是，有一些制造费用确实会随着产量的变化而变化，如批次调试成本、公用事业和附加福利等变动成本。只要生产的产品数量在一定的范围内，固定成本就不会随着产量的变化而变化。图表 1B-35 展示了罗宾制造公司的制造费用预算。

图表 1B-35　间接制造成本预算

LOS §1.B.5.l

	来自	分摊率（每直接人工工时）*	7月	8月	9月	季度	引用
直接人工工时总数	7		36 000	36 500	39 000	111 500	
变动间接制造成本							
低值易耗品		$0.20	$7 200	$7 300	$7 800	$22 300	
附加福利		4.10	147 600	149 650	159 900	457 150	
公用事业		1.00	36 000	36 500	39 000	111 500	
维护费		0.50	18 000	18 250	19 500	55 750	
变动间接制造成本总计		$5.80	$208 800	$211 700	$226 200	$646 700	
固定间接制造成本							
折旧			$20 000	$20 000	$20 000	$60 000	
工厂保险			800	800	800	2 400	
财产税			1 200	1 200	1 200	3 600	
管理人员的薪水			10 000	10 000	10 000	30 000	
间接人工			72 000	72 000	72 000	216 000	
公用事业			4 000	4 000	4 000	12 000	
维护费			900	900	900	2 700	
固定间接制造成本总计		2.93	$108 900	$108 900	$108 900	$326 700	
间接制造成本总计		$8.73	$317 700	$320 600	$335 100	$973 400	9

> 罗宾制造公司间接制造成本预算
> 截至第 1 年度第 3 季度 9 月 30 日

* 本例中假设直接人工工时（DLH）是间接制造成本的成本动因。

罗宾制造公司的管理人员认为，直接人工工时是产生变动制造费用的最合理的成本动因。请注意，每一个变动账户都是基于每一直接人工工时所耗费的美元来编制预算的。因此，随着直接人工工时的增加，这四个账户的预算都增加了。在实际操作中，可变预算是在部门账户一级编制的，这使得以部门账户级别的细致程度准备责任报告预算成为可能。

对罗宾制造公司而言，员工福利如健康与牙科保险、短期和长期伤残保险以及退休福利等都被认为是制造费用预算的一部分，并被纳入图表 1B-35 中的"附加福利"项中。

固定制造费用分摊率的确定

固定制造费用预算也是按照部门账户级别的细致程度进行编制的。为了将固定制造费用预算转换为罗宾制造公司的制造费用分摊率中固定制造费用的部分，必须除以活动的平均水平。除了导致变动制造费用的产生，实际的直接人工工时被认为是对罗宾制造公司产能的最好的整体测量。几个可能的活动水平能够被认为是活动的平均水平。这些活动水平包括理论产能（尽管这确实难以使其合理化）、实际产能、"正常"产能（在未来三到五年预计的平均值）和预算能力。罗宾制造公司的管理层选择了后者，在这种情况下，直接人工工时是 111 500 小时。用总的固定制造费用除以直接人工工时（326 700 美元/111 500）得到一个值为 2.93 美元/直接人工工时。因此，总的制造费用率就是 8.73 美元/直接人工工时。

标准成本报表生成

现在所有必要的信息都已经生成，使得编制标准成本报表成为可能。**标准成本报表**（standard cost sheet）展示了生产单位产品所需的资源和这些资源的成本。成本报表可用于评估存货，衡量边际收益，确定销售价格。在后面的章节里还会讲到，它可以衡量各部门在采购和生产职能方面的绩效。

资源（resources）包括生产单位产品所需的每项用物理单位［如磅、纵尺（linear feet）或加仑］表示的直接材料。标准成本表上使用的计量单位可以因行业和/或产品而异。举例来说，一打用于服装和鞋类或者一箱洗发水的数量，有 12 瓶洗发水在标准箱里。该产品的成本报表如图表 1B－36 所示。

图表 1B－36 产品成本报表

成本要素	资源单位/生产单位	成本/资源单位	成本/生产单位
直接材料	5.00 磅/单位	13.00 美元/磅	65.00 美元/单位
直接人工	0.5 小时/单位	15.00 美元/小时	7.500
变动制造费用	0.5 小时/单位	5.80 美元/小时	2.900
总变动成本			75.400 美元/单位
固定制造费用	0.5 小时/单位	2.93 美元/小时	1.465
总成本			76.865 美元/单位

从成本报表中可以看出，单位产品成本在变动成本法下利润表中为 75.40 美元，而在吸收成本法下利润表中显示为 76.865 美元。由预计利润表可以看出，罗宾制造公司使用的吸收成本法下利润表符合美国公认会计原则。我们知道这是因为利润表显示的是产品销售成本而不是总变动成本和总固定成本。

产品销售成本预算

产品销售成本预算（cost of goods sold budget）列出了某一期间内销售产品的总成本。这个预算有时也被称为产品制造和销售成本预算，因为预算中通常也包含存货项目。这个预算只有在生产预算、直接材料预算、直接人工预算和制造费用预算完成之后才开始编制，因为产品销售成本预算依赖于前述所有预算。

例如：图表 1B－37 展示了罗宾制造公司的产品销售成本预算。

图表 1B – 37　产品销售成本预算

罗宾制造公司产品销售成本预算						
截至第 1 年度第 3 季度 9 月 30 日						
	来自	7 月	8 月	9 月	季度	引用
期初产成品存货，第 1 年度 7 月 1 日 （8 000 单位@76. 865 美元）					$ 614 920	
耗用的直接材料（参见图表 1B – 32）	5	$ 4 680 000	$ 4 745 000	$ 5 070 000	14 495 000	
耗用的直接人工（参见图表 1B – 34）	8	540 000	547 500	585 000	1 672 500	
制造费用（参见图表 1B – 35）	9	317 700	320 600	335 100	973 400	
制成品成本		$ 5 537 700	$ 5 613 100	$ 5 990 100	17 140 900	
可供出售的产品的成本					$ 17 755 820	
减：期末存货商品 （12 000 单位 ×76. 865 美元）					$ 922 380	
产品销售成本					$ 16 833 440	10

　　仔细查看图表 1B – 37 可以看出，计划过程中在产品库存被完全忽略了。通常情况下，在产品库存的期初余额加上三类投入（耗用的材料、直接人工和制造费用），再减去在产品库存的期末余额，才能确定产成品成本。只要有把握假设在产品库存余额不发生变化，忽略在产品库存也是可以接受的。但是对许多公司而言，该假设并不恰当。

　　接下来，为什么要在确定产品销售成本之前编制成本报表就显而易见了。期末库存中的计划数量乘以单位制造成本，得到期末库存的总价值。期初产成品的库存价值也需要确定下来。需要注意的是，如果全年都是这样做的话，我们仍然要估计库存数量的期初值，因为预算是在上一年末编制的，而那一年的期末库存是不知道的。

　　在图表 1B – 37 中，产成品成本由三项成本构成，这三项成本是：耗用的直接材料成本、耗用的直接人工成本以及制造费用。这意味着产成品成本能够被分为变动成本和固定成本两个组成部分，**变动成本部分**（variable cost component）包括耗用的直接材料成本、耗用的直接人工成本以及变动制造费用，**固定成本部分**（fixed cost component）就是固定制造费用。如下所示，将产成品成本划分成两部分能帮助公司确定其产品的单位边际贡献和总边际贡献：

> *单位边际贡献 = 产品的单位售价 – 产品的单位变动成本*
> *总边际贡献 = 总销售收入 – 总变动成本*

　　边际贡献反映了销售收入中高出变动成本的那一部分，可以用来弥补固定成本。一旦固定成本得到了弥补，剩下的边际贡献将成为公司的营业利润。当计算两种边际贡献时，其他非制造环节的变动成本，如变动销售费用和管理费用也需要考虑进来。要获得有关计算边际贡献的更多信息，参见本书第四章：成本管理。

销售和管理费用预算

非制造费用通常被归类到单独的预算中，称为"销售和管理费用预算"或"非制造费用预算"。该预算中的销售费用包括：销售部门的工资与佣金、差旅费和娱乐费、广告费支出、运输费、易耗品费用及与销售相关的邮资和文具费等。销售费用被涵盖在这个类别中是因为它们不能被分摊到生产中。该预算中的管理费用包括：管理人员的工资、法律与专业服务费、公用事业费、保险费、与销售无关的文具费、低值易耗品、邮资等。GAAP 要求销售和管理成本在发生时计入费用。这些成本通常被称为营业费用。

与制造费用一样，销售和管理费用也可进一步划分为固定成本和变动成本。

该预算中的成本通常是为了满足长期目标，例如客户服务目标，所以削减这些费用项目并不容易。当使用边际贡献时，其计算需用到销售和管理费用，所有变动销售和管理成本，以及变动制造成本都要从净销售额中扣除以得到其边际贡献。这使得销售和管理费用预算可以用于内部绩效评估。

例如：罗宾制造公司的销售和管理费用预算如图表 1B-38 所示。

图表 1B-38　销管费用预算

罗宾制造公司销售和管理费用预算				
截至第 1 年度第 3 季度 9 月 30 日				
	7 月	8 月	9 月	季度	引用
调查/设计	$95 000	$95 000	$100 000	$290 000	
市场营销	240 000	280 000	290 000	810 000	
运输	135 000	140 000	150 000	425 000	
产品支持	90 000	90 000	95 000	275 000	
管理	185 000	190 000	192 000	567 000	
总计	$745 000	$795 000	$827 000	$2 367 000	11

预计（或预算）利润表

前文编制的经营预算中的各个部分可用来编制**预计（或预算）利润表**〔pro forma (or budgeted) income statement〕，该报表基于整个预算编制过程中所有的假设条件，揭示了公司能获得的利润。因此，预计利润表可以被用作评估实际结果的基准。

例如，图表 1B-39 展示了罗宾制造公司的预计利润表，编制该报表使用了来自前述销售预算、产品销售成本预算和销售和管理费用预算中的信息。另外，该公司预期在该季度公司要支付**利息费用** 140 361 美元和本期**税金** 1 702 165 美元。

图表 1B–39　预计利润表

罗宾制造公司预计利润表	
截至第 1 年度第 3 季度 9 月 30 日	
销售额（来自 2）	$ 24 357 600
减：产品销售成本（来自 10）	16 833 400
毛利	7 524 200
减：销售和管理费用（来自 11）	2 367 000
营业利润	$ 5 157 200
减：利息费用	140 361
税前收益	5 016 839
减：税金	1 702 165
净收益	$ 3 314 674

财务预算

公司完成了经营预算各个部分的编制并建立了预计（或预算）利润表后，接下来就要编制必要的财务预算，以明确为支持组织运营所需要的资产和资本（包括债务和权益）。这些财务预算包括资本支出预算、现金预算、预计（或预算）资产负债表以及预计（或预算）现金流量表。图表 1B–40 列示了财务预算的流程。

图表 1B–40　财务预算流程

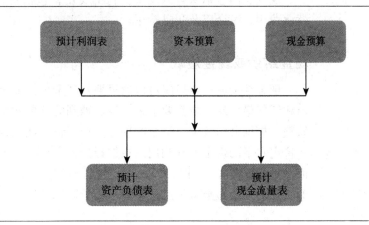

资本预算

资本预算（capital budget）描述了公司在选定的长期资本项目上计划投资的金额，所选定的资本项目包括购买不动产、厂房和设备，以及收购新的企业或产能。资本预算经常要对资本项目进行分类，例如按项目类型（如机器、建筑等)、融资额度、资金需求的时机、投资该项目的原因(如流程改进、替换过时的设备等)来划分。

资本预算用于评估和选定需要大额融资的项目,这能给公司带来长远的利益。因为所有企业都要面对资源的稀缺性,所以必须要对其资本进行合理配置。因此,资本预算首先必须与公司战略保持一致,并且公司战略必须持续调整以充分利用内部的优势与外部的机会。

现金预算

保持足够的流动性是保证公司经营的一项要求。现金预算就是一项确保流动性的计划。融资能够以战略的方式进行设计来确保资金不仅可用于资本项目,还可在到期时偿还流动负债。现金预算一般按照月度来进行编制。但很多公司发现按周或者按季度编制现金预算也是很有用的。

因为所有经营领域都需要现金,所以现金预算从总预算的各个部分获取数据。现金预算可划分成四个部分:现金收入、现金支出、现金结余或短缺以及融资。

现金收入

现金收入是当期的全部现金收款,它们来自当期和以前期间的销售(回收的应收账款)以及其他来源,如投资的利息收入。

现金支出

现金支出包括所有以现金支付的支出,包括材料采购支付的款项、工资、营业费用、税金以及利息费用。

现金结余或现金短缺

现金结余或现金短缺可以通过期初现金余额加上现金收入,再减去现金支出和任何最低现金余额要求来计算。得到的结果就是当期的现金结余或现金短缺额。根据公司政策,结余的现金可用于临时性投资和短期投资,使得超过某一特定水平的现金得到利用。在选择投资项目时,大多数公司更注重资本保值而不是投资收益。因此,他们大多会选择相对安全的投资,例如货币市场证券。任何现金短缺必须通过融资途径予以弥补。

融资

融资包括当企业流动性低于管理层或董事会设定的某个值时,寻找资金来源。

融资部分更复杂的方面涉及计算利息和偿还贷款。如果在某个月公司需要融资,融资额度必须足够大,以满足最低现金余额的要求。但是,在计算可偿付的本金和利息金额时,必须首先扣除最低现金余额。此外,务必要注意的是何时需要偿还本金和利息(是期初还是期末),这样便于确定本金的利息费用金额应基于哪个时间来计算。利息的计算必须考虑预算的时间范围以便能够按月、季度或年度时间段准确地进行计算。

预算中的现金收入部分和现金支出部分受到许多因素的影响。公司通常会编制一张预计报表来估计其现金收入，另外编制一张预计报表来估计现金支出。预计现金收入表可以预估每期的回款百分比。预计现金支出表也可以使用支付百分比模式，只是这些报表要基于支付的历史记录而非回款的历史记录。通常这些现金支出可以分解为材料采购、直接工资、一般管理费用以及所得税。

应收账款（A/R）回款模式是一种预测工具，用来估计由于赊销所产生的现金流入的时机和应收账款的水平。公司在分析历史回款趋势要非常仔细，并且要将这些模式作为假设条件来预测现金回款。

例如：图表 1B–41 展示了罗宾制造公司销售所产生应收账款的回款历史。

图表 1B–41　应收账款的回款历史

罗宾制造公司销售所产生应收账款的回款历史	
回收时间间隔	回收百分比
零月（当月回收）	40%
第一个月（下月回收）	30%
第二个月（两个月后回收）	20%
第三个月（三个月后回收）	10%

利用这一信息，回款百分比可以应用于月份的销售情况来预测下一期间的现金回收时间。

图表 1B–42 展示了罗宾制造公司利用图表 1B–41 所给出的百分比和下面给出的公式做出的期望现金回款时间表。

图表 1B–42　现金回款时间表

月份	销售额	回收百分比	7月	回收百分比	8月	回收百分比	9月	总回收百分比
4 月	$9 500 000	10%	950 000					
5 月	9 032 000	20%	1 806 400	10%	903 200			
6 月	8 520 000	30%	2 556 000	20%	1 704 000	10%	852 000	
7 月	7 756 000	40%	3 102 400	30%	2 326 800	20%	1 551 200	90%
8 月	7 977 600			40%	3 191 040	30%	2 393 280	70%
9 月	8 624 000					40%	3 449 600	40%
总现金流			$8 414 800		$8 125 080		$8 246 040	

当月现金流入使用以下公式进行计算：

当月现金流入 =（当月回收百分比 × 当月销售额）

+（下月回收百分比 × 上月销售额）

+（两个月后的回收百分比 × 两个月前的月销售额）

+（三个月后的回收百分比 × 三个月前的月销售额）

例如：9 月份现金流入的计算如下所示：

9 月份的现金流入 = 0.4 × 8 624 000 美元 = 3 449 600 美元　　　　　九月

+（0.3 × 7 977 600 美元）= 2 393 280 美元　　　　　八月

+（0.2 × 7 756 000 美元）= 1 551 200 美元　　　　　七月

+（0.1 × 8 520 000 美元）= 852 000 美元　　　　　六月

= 8 246 080 美元

计算 9 月底的应收账款时要使用剩下还需要回款的百分比，并用特定月份的销售总额与之相乘。

例如：根据图 1B – 42 中找到总的回款百分比，并用 100% 与之相减，这就是剩下还需要回款的百分比。然后用这个百分比乘以当月的总销售额就可得到应收账款余额。

应收账款余额 = 7 756 000 美元 × 0.10 = 775 600 美元　　　　七月

+ 7 977 600 美元 × 0.30 = 2 393 280 美元　　　　八月

+ 8 624 000 美元 × 0.60 = 5 174 400 美元　　　　九月

= 8 343 280 美元

需要注意的是，公司可以从非销售渠道获取额外计划的现金收入，如投资收入。在这种情况下，那些非销售渠道获得的现金收入应与销售现金收入相加来得到总的现金收入。下一步要编制的就是预计现金支出表。

例如：图表 1B – 43 展示了罗宾制造公司的预计现金支出表。除了之前罗宾制造公司的直接材料预算、直接人工预算和制造费用预算中所述信息之外，这里假设在 6 月份实际的直接材料采购成本为 3 280 000 美元，实际的变动工厂制造费用为 188 500 美元，实际的固定间接制造成本（减去折旧 20 000 美元）为 88 900 美元，实际的销售和管理费用为 705 000 美元。罗宾制造公司采购成本的一半在采购当月支付，另一半在下月支付。直接人工成本在当月支付，制造费用在下月支付。同时，公司本季度长期债务的利息费用为 120 000 美元，将在 7 月份支付。其本季度的税金为 1 702 165 美元，将在 8 月份支付。公司还编制了资本支出预算：7 月份，880 000 美元；8 月份，5 360 000 美元；9 月份，51 000 美元。该报表中的计算结果会在现金预算中使用。

图表 1B－43 预计现金支出表

罗宾制造公司预计现金支出表 第 1 年度第 3 季度			
	6 月预期值	**7 月预期值**	**8 月预期值**	**9 月预期值**

	6 月预期值	7 月预期值	8 月预期值	9 月预期值
直接材料（DM）采购成本 （参见图表 1B－32）	$ 3 280 000	$ 4 680 000	$ 4 836 250	$ 5 253 500
现金支出				
直接材料采购成本——50% 当月支付		$ 2 340 000	$ 2 418 125	$ 2 626 750
50% 下月支付		$ 1 640 000	$ 2 340 000	$ 2 418 125
当月支付的直接人工成本（参见图表 1B－34）		$ 540 000	$ 547 500	$ 585 000
下月支付的变动间接制造成本（参见图表 1B－35）		$ 188 500	$ 208 800	$ 211 700
下月支付的固定间接制造成本＋（参见图表 1B－35）		$ 88 900	$ 88 900	$ 88 900
下月支付的销售和管理费用（参见图表 1B－38）		$ 705 000	$ 745 000	$ 795 000
长期债务的利息费用		$ 120 000		
分期税金			$ 1 702 165	
资本支出		$ 880 000	$ 5 360 000	$ 51 000
总现金支出		$ 6 502 400	$ 13 410 490	$ 6 776 475

＋由于折旧是非付现费用，因此将 20 000 美元的折旧从每月的固定间接制造成本中扣除。

　　一旦公司确定了其现金收入和现金支出，再结合该季度的期初现金余额，就可以编制该季度的现金预算表。现金预算能帮助公司确定现金有结余还是短缺。

　　例如：假设罗宾制造公司不准备将结余现金用作投资，并且如果现金短缺公司会通过短期贷款的方式使其现金余额达到现金的最低要求。这里我们假设公司既定的政策要求最低现金余额为 250 000 美元。图表 1B－44 展示了罗宾制造公司第 3 季度的现金预算，数据截至当年 9 月 30 日。

图表 1B－44 现金预算

罗宾制造公司现金预算表 截至第 1 年度第 3 季度 9 月 30 日			
	7 月	**8 月**	**9 月**	**季度**

	7 月	8 月	9 月	季度
期初现金余额	$ 1 587 000	$ 3 499 400	$ 250 000	$ 1 587 000
加：现金收入（参见图表 1B－42）	8 414 800	8 125 040	8 246 080	24 785 920
总可用现金	$ 10 001 800	$ 11 624 440	$ 8 496 080	$ 26 372 920
减：现金支出（参见图表 1B－43）	6 502 400	13 410 490	6 776 475	26 689 365
最低现金要求	250 000	250 000	250 000	250 000
所需现金总额	$ 6 752 400	$ 13 660 490	$ 7 026 475	$ 26 939 365
现金结余（短缺）	3 249 400	（2 036 050）	1 469 605	（$ 566 455）
融资				
借入现金（期初余额）	—	—	2 036 050	—

续表

罗宾制造公司现金预算表			
截至第 1 年度第 3 季度 9 月 30 日			
	7 月	8 月	9 月	季度
借入现金	—	2 036 050	—	2 036 050
偿还现金（期末）	—	—	(1 449 244) *	(1 449 244)
利息支出	—	—	(20 361) +	(20 361)
借入现金（期末余额）		$ 2 036 050	$ 586 806 ✗	$ 586 806
所需融资总额（已针对利息支付予以调整）	—	2 036 050	(1 469 605)	586 806
期末现金余额	$ 3 499 400	$ 250 000	$ 250 000	$ 250 000

* 在这个时间点，只有 1 449 244 美元能够被偿还；

+ 短期借款利息增加；

✗ 注意：下个月的利息是 5 868 美元。

一般注意事项：罗宾制造公司始终需要的现金余额是 250 000 美元。在 8 月份，借入超过 2 000 000 美元的资金需求是以年息为 12% 短期贷款的方式进行融资的。还需注意，本例假设超额现金没有用来投资（参见 7 月份）。

在图表 1B–42、图表 1B–43 和图表 1B–44 中，从总预算各个组成部分中得来的信息被用于编制罗宾制造公司的现金预算。

与此同时，现金预算也会对总预算中的其他组成部分产生影响。现金预算中的融资部分决定了公司的借款需要（例如，如果公司存在现金短缺）。这种短期借款将成为预计资产负债表中的流动负债，并且短期借款的利息费用将计算到预计利润表的利息费用中。同样地，任何使用剩余现金进行的短期投资将成为预计资产负债表中的流动资产。

预计（或预算）资产负债表

预计资产负债表（也称"预算资产负债表"或"预算财务状况表"）阐明了公司的经营活动如何影响其资产、负债和所有者权益。预算资产负债表部分基于当期期末的预计资产负债表。预算期间的经营成果要与上期资产负债表中的数据相加。

预计（或预算）现金流量表

预计现金流量表通常是最后编制的项目，因为它需要来自预计利润表和资产负债表的输入。公司的预计现金流量表反映了其资金的预计来源和用途。预计现金流量表使用利润表和资产负债表中的信息，将公司的现金流分别归入三项活动之一：经营活动、投资活动和筹资活动。

经营活动部分追踪的是由经营活动本身所产生的现金流。包含在这个类别的现金流有净利润（需要加回折旧，因为其为非付现费用）加上其非现金经营资本账户余额（即应付账款和应收账款、存货、待摊和预提费用，以及递延税款）的净变化。

投资活动部分追踪的是与资本资产的买卖相关的现金流。

　　筹资活动部分追踪的是来自公司长短期债券的出售和偿付、公司优先股与普通股的出售和回购，以及现金股利的支付等活动的现金流。值得注意的是，债务的利息支付属于经营活动部分，并不属于筹资活动部分。

现金预算、资本支出预算及预计财务报表之间的关系

　　现金预算将经营、现金收入和现金支出预算的结果结合起来，它提供了既定期间组织预期现金收支的整体情况。资本支出预算是包含在现金预算中现金支出部分的一个分项。完成的预计利润表可以说明获得可接受的收入水平是可能的。估计的收入和现金预算的变化用来编制预计资产负债表。预计现金流量表将全部的现金收入和现金支出基于三类活动进行分类，此三类活动为：经营活动、投资活动和筹资活动。

本节习题：
年度利润计划与相关报表

说明： 回答所提供的每一个问题，正确的答案和解释出现在本节习题之后。

1. 一家钢铁公司为排架行业制造重型支架。该公司预算生产和销售 100 万件支架，产品没有期初和期末的库存。相关的运营、收入和成本数据如下：

支架单位售价	22.50 美元
单位直接材料用量	4 磅
单位直接工时	0.15 小时
材料每磅成本	1.75 美元
直接人工每小时成本	9.00 美元
变动销售总成本	2 250 000 美元
固定成本合计	1 500 000 美元

   根据提供的数据，每个支架的单位边际贡献是多少？
   - ☐ **a.** 14.15 美元。
   - ☐ **b.** 11.90 美元。
   - ☐ **c.** 10.60 美元。
   - ☐ **d.** 10.40 美元。

2. 一家公司正在编制其年度预算。该公司的产品是定做的并在完成后立即发运，总会计师有以下账户的信息：

   原材料
   直接人工
   广告
   研发（R&D）
   商业折扣
   间接人工
   间接制造成本
   销售成本

   上述哪些账户**不应该**包括在产品销售成本的预算中？
   - ☐ **a.** 广告、研发和销售成本账户。
   - ☐ **b.** 研发和商业折扣账户。
   - ☐ **c.** 广告和销售成本账户。
   - ☐ **d.** 广告、研发、商业折扣和销售成本账户。

3. 某公司在每个季度的第一天接受主要客户的订单，同时必须额外生产 10% 的产品以弥补其缺陷。每件产成品需要耗费 2 磅的直接材料和 3 小时的直接人工工时。截至 1 月 1 日产成品库存为 300 件，可将这批库存产品用于订单的完成。公司第一季度的订单如下：

一月份　　　2 000 件
二月份　　　2 300 件
三月份　　　2 500 件
　　编入预算的第一季度直接人工工时应为：
☐　**a.** 19 500 小时。
☐　**b.** 20 400 小时。
☐　**c.** 21 450 小时。
☐　**d.** 22 440 小时。

本节习题参考答案：
年度利润计划与相关报表

1. 一家钢铁公司为排架行业制造重型支架。该公司预算生产和销售 100 万件支架，产品没有期初和期末的库存。相关的运营、收入和成本数据如下。

支架单位售价	22.50 美元
单位直接材料用量	4 磅
单位直接工时	0.15 小时
材料每磅成本	1.75 美元
直接人工每小时成本	9.00 美元
变动销售总成本	2 250 000 美元
固定成本合计	1 500 000 美元

   根据提供的数据，每个支架的单位边际贡献是多少？

   ☐ **a.** 14.15 美元。

   ☑ **b.** 11.90 美元。

   ☐ **c.** 10.60 美元。

   ☐ **d.** 10.40 美元。

   　　单位边际贡献可用单位销售价格减去单位可变成本总额得出。在这个例子中，每个单位的可变成本总额包括每单位 7.00 美元的直接材料（4 磅 × 1.75 美元）、每单位 1.35 美元的直接人工（0.15 小时 ×9.00 美元）和每单位 2.25 美元的变动销售成本额（2 250 000 美元 ÷1 000 000 单位）。单位边际贡献为 11.90 美元 ［22.50 美元 – （7.00 ＋1.35 ＋2.25 美元）］。

2. 一家公司正在编制其年度预算。该公司的产品是定做的并在完成后立即发运，总会计师有以下账户的信息：

   原材料

   直接人工

   广告

   研发（R&D）

   商业折扣

   间接人工

   间接制造成本

   销售成本

   上述哪些账户不应该包括在产品销售成本的预算中？

   ☐ **a.** 广告、研发和销售成本账户。

   ☐ **b.** 研发和商业折扣账户。

   ☐ **c.** 广告和销售成本账户。

   ☑ **d.** 广告、研发、商业折扣和销售成本账户。

   　　产品销售成本预算可以用传统的利润表公式计算。可以从直接购买的材料开始调整材料期初和期末的库存，以计算生产中使用的直接材料的成本。这一总数被加到生产中使用的直接人工和制造费用中。最后，这些制造成本总额用于期初和期末产成品库存的调整，以确定产品销售成本。在列出的账户中，广告、研发、商业折扣和销售成本账户不需要用来制定产品销售成本的预算。

3. 某公司在每个季度的第一天接受主要客户的订单，同时必须额外生产 10% 的产品以弥补其缺陷。每件产成品需要耗费 2 磅的直接材料和 3 小时的直接人工工时。截至 1 月 1 日产成品库存为 300 件，可将这批库存产品用于订单的完成。公司第一季度的订单如下：

一月份　　　 2 000 件

二月份　　　 2 300 件

三月份　　　 2 500 件

　　编入预算的第一季度直接人工工时应为：

☐ **a.** 19 500 小时。

☐ **b.** 20 400 小时。

☑ **c.** 21 450 小时。

☐ **d.** 22 440 小时。

　　要计算第一季度的预算直接人工工时，公司必须首先确定该季度需要生产多少个单位产品。该公司必须生产 6 800 个单位来完成订单，但它已经有 300 个单位的成品库存，因此它必须生产 6 500 个产品，加上额外的 10% 以弥补产品缺陷，该公司必须在第一季度生产 7 150 个产品（6 500 × 1.10）。由于每个单位需要 3 个小时的直接人工工时，第一季度预算中的直接人工工时数共计 21 450 小时（7 150 × 3）。

第 6 节

顶层规划与分析

总预算或年度利润计划中包含着一系列预计财务报表。这些财务报表是帮助公司对未来进行规划的关键要素。基于这些预计报表，公司能够：确定能否实现既定目标；估计支持其预计销售增长所需的外部资金数量；并进行敏感性分析，以确定预计值、运营活动以及政策变化对所选定的财务比率的影响。

本节沿用销售百分比法编制预计财务报表的过程，使用销售百分比法编制了预计利润表、预计资产负债表。本节还包含了一个编制预计现金流量表的例子。然后，本节描述了使用预计财务报表评估预期绩效的过程，以及在该过程中如何使用敏感性分析。

请先**阅读**附录 A 中列举的本节考试大纲（LOS），再来学习本节的概念和计算方法，确保您了解 CMA 考试将要考核的内容。

预计财务报表与预算

总预算由经营预算和财务预算构成。经营预算的最终产品是预计利润表，该表揭示了公司的预计销售收入、成本和利润（即净利润）。一旦公司的股利政策被用于确定将要支付的股利金额，那么公司就可以在当期资产负债表中加入预计的留存收益，从而编制出预计资产负债表。来自公司的资本支出预算和现金预算中的信息也会在编制预计资产负债表的过程中被用到。一旦预计利润表和预计资产负债表编制完成，这些信息就可以用于编制预计现金流量表。

图表 1B - 45 展示了各种预计财务报表与预算之间的关系。

图表1B-45 预计财务报表与预算之间的关系

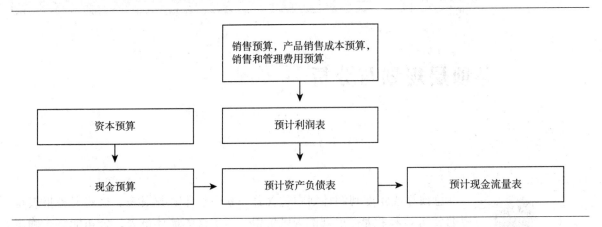

　　预计报表相当于公司的预计财务报表。编制预计报表的过程应该生成一项计划，该计划具有如下特点：（a）是可达成的；（b）如果实现了，将被视为一个可接受的结果；（c）在财务上具有可行性。资本预算对于确保公司未来计划的财务可行性具有重要意义。在公司的规划编制过程中，这些预计报表是非常有用的，因为它们能支持公司的三项主要功能，在如下方面可以帮助公司：

1. 评估预期绩效是否符合公司的既定目标。
2. 预测实现预测的销售增长所需的资金量。
3. 通过实施敏感性分析（即假设分析），来估计改变关键数据的假设条件会带来什么影响。敏感性分析能帮助公司识别可能会导致重大问题的潜在事件。这使得公司能预先制定适当的行动计划，以预防此类事件的发生。此外，敏感性分析也为公司分析其经营计划改变所造成的影响提供了机会。

使用销售百分比法编制预计利润表

　　本章第5节"年度利润计划与相关报表"中，对经营预算各个组成部分都进行了预计，并运用这些数据最终形成了预计利润表。但是，完成这些工作的过程非常复杂并且极度耗时。这里使用一种简单可行的方法，即销售百分比法，来编制预计利润表和预计资产负债表。

　　销售百分比法是一个简单的方法，它将预计利润表和预计资产负债表中的很多数据与未来的销售收入联系起来。它假设预计利润表和预计资产负债表中的这些数据同销售收入之间的关系保持不变。这意味着这些数据会随着销售的增长而成比例地增长。它还假设直接支持运营并且产生一些销售量的任何活动都会随着销售额成比例地增长。在利润表中，这些项目包括产品销售成本（COGS）和销售和管理费用（S&A）；在资产负债表中，与销售成比例地增长的项目有流动资产、固定资产净值、应付账款和应计负债。

假设与筹资活动相关的项目，即应付票据（短期借款）、长期债务和所有者权益，均不与销售成比例增长。

例如：亨文利（Heavenly）家具公司采用销售百分比法预测其预计财务报表。基于财务报表的历史信息，公司可以在一些项目与销售额之间建立起如下关系：

- 产品销售成本是销售额的80%。
- 销售和管理费用是销售额的5%。
- 现金及现金等价物是销售额的3%。
- 应收账款是销售额的18%。
- 存货是销售额的25%。
- 固定资产净值是销售额的35%。
- 应付账款是销售额的12%。
- 应计负债是销售额的8%。

这表明，营业利润率预计将保持在15%不变。

> 营业利润率（百分比）＝营业利润/销售额

这也意味着，总资产周转率将维持在1.235不变。

> 总资产周转率＝销售额/平均资产

最后，自发性负债与销售额之间的关系预计将保持不变。自发性负债是那些由公司运营自然产生的负债，应付账款就是一个很好的例子。如果销售量增加，那么购买量也必须增加。如果在发票日之后，供应商票据继续按相同天数支付，那么应付账款的水平必须随着销售额的增加而成比例地增加。需务必注意的是，自发性负债是无利息负债。

亨文利家具公司推测下一年度的销售收入将增长18%。这家公司目前有流通在外的普通股12 000股，并计划维持将其40%的净利润发放股利的政策。它目前正为其应付票据支付8%的利息，为其长期债务支付10%的利息。公司所得税税率为35%。

公司预计财务报表的编制流程如下：

1. 编制预计利润表。

2. 编制预计资产负债表。

3. 编制预计现金流量表。

编制预计利润表

LOS
§1.B.6.b

要编制预计利润表，首先必须要估计下一年度的销售收入。鉴于当年的销售收入为100 000美元，预计下一年度的销售收入增长率为18%，所以下一年度的销售收入将是118 000美元。该销售收入估计值可以用来确定产品销售成本与销售和管理费用。因为假设产品销售成本是销售额的80%，所以预计产品销售成本为 94 400 美元。假设销售和管理费用占销售额的 5%，所以下一年度的销售和管理费用为 5 900 美元。

为简化计算，假设亨文利家具公司的利息费用是基于其期初债务余额计算的。因为该公司在下一年年初的应付票据余额为 5 000 美元，长期债务余额为 20 000 美元，所以总的利息费用为 2 400 美元，其中应付票据的利息费用为 400 美元（应付票据的余额 5 000 美元乘以年利率 8%），长期债务的利息费用为 2 000 美元（长期债务余额 20 000 美元乘以年利率 10%）。

这些数据可以用来编制下一年度的预计利润表。图表 1B-46 展示了亨文利家具公司本年度的利润表与下一年度的预计利润表。

图表 1B-46　亨文利家具公司预计利润表

	本年度	%	下一年度	%
销售额	$ 100 000	100	$ 118 000	100
产品销售成本	80 000	80	94 400	80
毛利	20 000	20	23 600	20
销售和管理费用	5 000	5	5 900	5
息税前利润（营业利润）	15 000	15	17 700	15
利息	1 800		2 400	
税前收益	13 200		15 300	
所得税（税率为 35%）	4 620		5 355	
净利润	$ 8 580		$ 9 945	
每股收益	$ 0.72		$ 0.83	
股利（股利支付率为 40%）	$ 3 432		$ 3 978	
留存收益增加额	$ 5 148		$ 5 967	

请注意，上面图表中直到息税前利润（营业利润）那一行的下一年度数据均比本年度增长了 18%。但是，利息费用的计算与销售的增长无关。因此，利润表其余部分的下一年度数据以不同的百分比增加。

在预计销售额增长 18% 的情况下，亨文利家具公司预期会产生 9 945 美元的净利润，每股收益为 0.83 美元（9 945 美元/12 000 流通在外的普通股股数）。鉴于公司目前的股利政策是将净利润的 40% 用于支付股利，公司将要支出股利 3 978 美元（9 945 美元×0.40），留存收益增加额为 5 967 美元（9 945 美元 - 3 978 美元）。

编制预计资产负债表并确定额外融资需要

编制了下一年度的预计利润表后，亨文利家具公司就能够编制预计资产负债表了。类似地，基于下一年度预计的销售收入 118 000 美元以及前述假设的各种关系，可以得出：

现金与现金等价物预计为 3 540 美元（销售额的 3%）；

应收账款预计为 21 240 美元（销售额的 18%）；

存货预计为 29 500 美元（销售额的 25%）；

固定资产净值预计为 41 300 美元（销售额的 35%）（在估计固定资产的现金需要量方面，销售百分比法是一种比使用资本预算更为粗糙的方法）。

应付账款预计为 14 160 美元（销售额的 12%）；

应计负债预计为 9 440 美元（销售额的 8%）。

另外，基于前面编制的下一年度的预计报表，亨文利家具公司预期留存收益增加额为 5 967 美元。将该留存收益增加额与本年度资产负债表中的留存收益 16 000 美元相加，就能得到下一年度的留存收益为 21 967 美元。

需要完成两次迭代来得到预计资产负债表。在第一次迭代中，假设所有筹资活动（即应付票据、长期债务和普通股）都保持在本年度的水平上。这有助于确定公司是否需要任何额外的外部资金来支持预计的销售额增长。一旦外部资金支持的水平确定了，在第二次迭代中就可以将该数据考虑进来，完成最终预计资产负债表的编制。

使用上文计算得到的资产负债表估计数据，图表 1B – 47 展示了亨文利家具公司的预计资产负债表（加入任何额外筹资之前）。

图表 1B – 47 加入任何额外筹资之前亨文利家具公司的预计资产负债表

	本年度	下一年度
资产		
现金及现金等价物	$ 3 000	$ 3 540
应收账款	18 000	21 240
存货	25 000	29 500
流动资产合计	46 000	54 280
固定资产净值	35 000	41 300
资产总计	$ 81 000	$ 95 580
负债与所有者权益		
应付账款	$ 12 000	$ 14 160
应计负债	8 000	9 440
应付票据	5 000	5 000
流动负债合计	25 000	28 600
长期负债	20 000	20 000
负债合计	45 000	48 600
普通股	20 000	20 000
留存收益	16 000	21 967
所有者权益合计	36 000	41 967
负债与所有者权益总计	$ 81 000	$ 90 567
额外筹资需要		$ 5 013

由于公司需要 95 580 美元的资产来支持其 118 000 美元的预计销售额，但

公司的筹资总额（即负债与所有者权益合计）仅为 90 567 美元，因此公司需要的外部资金支持为 5 013 美元（95 580 – 90 567）。

亨文利家具公司可以选择多种方式来筹集其所需的 5 013 美元的外部资金。公司可以使用应付票据、长期债务或普通股的形式筹集该笔资金，也可以综合这三种方式筹集资金，比如通过应付票据的形式筹集 2 000 美元，通过长期债务的形式筹集 3 013 美元。但是，如果该公司不愿意寻求过多的外部资金，它也可以通过提高可获得的内部融资（如留存收益）额度的方式来降低其对外部资金的需要，这需要公司改变其股利政策。公司可以降低股利支付率（比如从 40% 降至 30%），以降低股利支出金额，并相应提升留存收益金额。内部融资（以留存收益的形式）每增加 1 美元，公司的对外部资金需要就会相应减少 1 美元。

在这种情境下，假设亨文利家具公司采用应付票据的形式获得其所需的外部资金 5 013 美元。这将与公司本年度的 5 000 美元应付票据相加，使得下一年度的应付票据总额达到 10 013 美元。图表 1B – 48 展示了加入额外的资金后，亨文利家具公司的预计资产负债表。

图表 1B – 48　加入额外的筹资后亨文利家具公司的预计资产负债表

	本年度	下一年度
资产		
现金及现金等价物	$ 3 000	$ 3 540
应收账款	18 000	21 240
存货	25 000	29 500
流动资产合计	$ 46 000	$ 54 280
固定资产净值	35 000	41 300
资产总计	$ 81 000	$ 95 580
负债与所有者权益		
应付账款	$ 12 000	$ 14 160
应计负债	8 000	9 440
应付票据	5 000	10 013
流动负债合计	$ 25 000	$ 33 613
长期负债	20 000	20 000
负债合计	$ 45 000	$ 53 613
普通股	20 000	20 000
留存收益	16 000	21 967
所有者权益合计	36 000	41 967
负债与所有者权益总计	$ 81 000	$ 95 580

值得注意的是，即将到来的一年的资产负债表表明，亨文利家具公司的杠杆率更高了。本年度，有息债务与权益的比率为（5 000 美元 + 20 000 美元）/（20 000 美元 + 16 000 美元）= 0.694。接下来的一年，这一比例预计

将达到（10 013 美元 + 20 000 美元）／（20 000 美元 + 21 967 美元）= 0.715。杠杆率的增加可能会提高未来支付的利率，杠杆的增加也会增加权益资本的成本，可能的影响将是加权平均资本成本的增加。这应该是一个警告信号，提醒公司 18% 的销售增长可能不是一个明智的做法，因为这无法通过当前的资金来实现，或许应该减少股利支付率。

编制预计现金流量表

一旦预计利润表和预计资产负债表的编制完成，亨文利家具公司就可利用这两个报表中的信息来编制预计现金流量表。有两种方法可以编制预计现金流量表：直接法和间接法。亨文利家具公司将使用间接法编制预计现金流量表。

处理现金流的一个关键概念是：

- 应收账款、存货、固定资产净值、净利、股利支付等的任何增加都代表了现金流出，反之亦然。
- 应付账款、应计负债、融资活动（即应付票据、长期负债和发行的普通股）等的任何增加都代表了现金流入，反之亦然。

例如：根据图表 1B-48 中的信息，亨文利家具公司的应收账款增加了 3 240 美元（从 18 000 美元增至 21 240 美元），这表示现金流为 -3 240 美元（现金流出）。该公司的应付账款增加了 2 160 美元（从 12 000 美元增至 14 160 美元），这表示现金流为 2 160 美元（现金流入）。

下面有一个非常有用的公式。这个公式来自基本的会计等式，即资产 = 负债 + 所有者权益，以及只有两种资产（现金和非现金资产）的观点。

$$\Delta\,现金 = \Delta\,负债 + \Delta\,所有者权益 - \Delta\,非现金资产$$

这是采用间接法编制现金流量表时所用到的流程。该流程也有助于预测影响资产负债表账户的任何管理决策对现金所造成的影响。

预计现金流量表将现金流划分为三大类：

1. 经营活动现金流量
2. 投资活动现金流量
3. 筹资活动现金流量

例如：采用亨文利家具公司预计利润表和预计资产负债表中的信息（参见图表 1B-46 和图表 1B-48）：

- 经营活动产生的净现金 = 5 805 美元
- 投资活动产生的净现金 =（6 300 美元）
- 筹资活动产生的净现金 = 1 035 美元

亨文利家具公司的预计现金流量表如图表 1B-49 所示。

图表1B-49　亨文利家具公司预计现金流量表

净利润	$9 945
应收账款	(3 240)
存货	(4 500)
应付账款	2 160
应计负债	1 440
经营活动产生的净现金	$5 805
资本支出（固定资产净值）	（$6 300）
投资活动使用的净现金	（$6 300）
应付票据	$5 013
股利支出	(3 978)
筹资活动产生的净现金	$1 035
现金流净变化	$540
期初现金	3 000
期末现金	$3 540

　　该公司下一年度的合并现金流为540美元（5 805-6 300+1 035）。连同期初现金余额3 000美元，可得期末现金余额为3 540美元。这与亨文利家具公司预计资产负债表中的现金状况相符（参见图表1B-48）。

使用预计财务报表评估预期绩效

LOS §1.B.6.c

　　一旦公司编制了预计财务报表，就需要分析这些报表以判定公司是否实现了预先设定的财务目标。这可以通过计算各种财务比率，并将计算结果与预先设定的目标值和行业平均值相比较而完成。这些计算结果有助于回答以下问题：

- 公司的杠杆率（通过债务比率来度量）在可接受的范围内吗？
- 与行业平均值联系起来看，公司的权益收益率（ROE）是可接受的吗？

　　有关使用更多的比率进行财务报表分析的更细致的讨论参见Wiley CMA认证考试辅导教材的第二部分。

　　例如：图表1B-50中给出了亨文利家具公司的一些经过挑选的财务比率，计算这些财务比率使用了本年度的利润表和资产负债表，以及预计利润表和预计资产负债表（见图表1B-46和图表1B-48）。

图表1B-50 亨文利家具公司的若干财务比率

	本年度	下一年度
流动比率	1.8400	1.6149
速动比率	0.8400	0.7372
资产收益率（ROA）	0.1059	0.1040
权益收益率（ROE）	0.2383 *	0.2370 *
毛利率	0.2000	0.2000
营业利润率	0.1500	0.1500
净利润率	0.0858	0.0843
债务比率	0.5556	0.5609
利息保障倍数（TIE）	8.3333	7.3750
每股收益（EPS）	$ 0.72	$ 0.83

* 请注意，这些示例中没有使用平均权益。

图表1B-50中显示的财务比率使用如下公式计算：

流动比率 = 流动资产/流动负债

速动（酸性测验）比率 =（现金 + 有价证券 + 应收账款）/流动负债

资产收益率（ROA）= 净利润/平均总资产

权益收益率（ROE）= 净利润/平均权益

毛利率 = 毛利/销售收入

净利润率 = 净利润/销售收入

债务比率 = 总债务/总资产

利息偿付率（或利息保障倍数）= EBIT/利息费用

其中，EBIT = 息税前利润

$$\text{基本 EPS（每股收益）} = \frac{\text{（净利润 - 优先股股利）}}{\text{流通在外的加权平均普通股股数}}$$

为支撑预期 18% 的销售额增长，亨文利家具公司以应付票据的形式筹集外部资金 5 013 美元。由于公司是为满足外部资金需要产生了短期借款，因而其资金的流动性状况会恶化，这是由于下一年度的流动比率和速动比率预期会下降。根据资产收益率（ROA）、权益收益率（ROE）和净利润率等指标，公司下一年度的利润状况预计也会下降。

因为公司采用应付票据的形式筹集其所需的外部资金，所以很重要的一点是，公司应密切关注其债务比率和利息偿付率（利息保障倍数），以确保公司没有违反任何债务契约。公司的债务比率预期会从 55.56% 上升至 56.09%，并且其利息保障倍数（TIE）预期会从 8.333 降至 7.3750。这两项变化相对都比较小，因此该公司应能履行其债务契约。

公司的销售额增长受到了额外举债所带来的资金支持，其结果是每股收益预期会从 0.72 美元升至 0.83 美元（涨幅达 15.28%）。

之前提到的结果都可以通过计算可持续增长率来预测。可持续增长率指的是一家公司的经营利润率保持不变，并且资产周转率保持不变，销售额在不增加杠杆率、不发行任何新普通股的情况下的增长率。

🔑　　　　　　可持续增长率 = 股本收益率 ×（1 - 股利支付率）

可持续增长率在第二部分第一章第 3 节中会更详细地讨论。当一家公司试图以高于可持续增长率的速度增长时，它必须（1）发行新的普通股，（2）发行一定量的债券，这会导致公司的杠杆率提高，（3）找到增加投资资本收益的方法。经过计算今年的股本收益率为 0.2383 ×（1 - 股利支付率）= 0.6。因此，可持续增长率仅为 14.3%。如上所示，任何高于这一水平的销售增长率都需要额外的资金支持。

进行敏感性分析

图表 1B-46、图表 1B-47、图表 1B-48 和图表 1B-49 中给出的预计报表以及图表 1B-50 中给出的经过挑选的财务比率，都基于亨文利家具公司预计销售收入会增长 18% 的假设，以及销售收入同利润表项目和资产负债表中一些挑选出来的项目之间存在某些假设的关系。当推断其预计报表时，由于公司处理的是未来的事情，这些初始的假设总是可能有改变。如果预计的销售额增长率不是 18% 而是 20% 呢？如果生产成本增加，产品销售成本实际占到销售额的 85% 而不是假设的 80%，情况又会发生怎样的变化？

公司可以通过实施一系列敏感性分析或假设分析来分析这些可供选择的情况。进行这项工作涉及系统地改变某个假设，并分析这些变化对预计报表和所选定的财务比率的影响。

例如：亨文利家具公司正在进行敏感性分析，以确定改变某项初始假设或改变多个初始假设的影响。原始预计利润表和预计资产负债表（见图表 1B-46 和图表 1B-47）以及前文选定的财务比率（见图表 1B-50）来充当基础情境。

最初的分析关注于改变两个与利润表相关的假设，即销售额增长率以及产品销售成本和销售额之间的关系。

基于增长率变化的敏感性分析

亨文利家具公司最初预计下一年度的销售额增长率为18%。但是，根据即将到来的一年的经济状况，这一预测增长率可能高达20%或低至16%。公司可以基于16%或20%的销售额增长率，重新预测其预计利润表和预计资产负债表。所有其他变量均被假设保持不变。

16%的销售额增长率将导致预计的销售收入变为116 000美元。而20%的销售额增长率将使得预计的销售收入变为120 000美元。采用前文讨论的方法编制预计财务报表编制时，在不同增长率假设下预计利润表和预计资产负债表如图表1B-51所示。

图表1B-51　不同销售额增长率的敏感性分析

亨文利家具公司预计利润表			
销售额增长率 =16%	基准情景 =18%	销售额增长率 =20%	百分比 （%）
销售额			
$116 000	$118 000	$120 000	100
产品销售成本（COGS）			
92 800	94 400	96 000	80
毛利			
23 200	23 600	24 000	20
销售和管理费用（S&A）			
5 800	5 900	6 000	5
息税前利润（营业利润）			
17 400	17 700	18 000	15
利息			
2 400	2 400	2 400	
税前收益			
15 000	15 300	15 600	
所得税（税率为35%）			
5 250	5 355	5 460	
净利润			
$9 750	$9 945	$10 140	
每股收益			
$0.81	$0.83	$0.85	
股利			
$3 900	$3 978	$4 056	
留存收益增加额			
$5 850	$5 967	$6 084	
资产			
现金及现金等价物			
$3 480	$3 540	$3 600	
应收账款			
20 880	21 240	21 600	
存货			
29 000	29 500	30 000	
流动资产合计			
$53 360	$54 280	$55 200	
固定资产净值			
40 600	41 300	42 000	
资产总计			
$93 960	$95 580	$97 200	
负债与所有者权益			
应付账款			
$13 920	$14 160	$14 400	
应计负债			
9 280	9 440	9 600	
应付票据			
8 910	10 013	11 116	
流动负债合计			
$32 110	$33 613	$35 116	
长期负债			
20 000	20 000	20 000	
负债合计			
$52 110	$53 613	$55 116	

续表

亨文利家具公司预计利润表			
销售额增长率 =16%	基准情景 =18%	销售额增长率 =20%	百分比 (%)
普通股	20 000	20 000	20 000	
留存收益	<u>21 850</u>	<u>21 967</u>	<u>22 084</u>	
所有者权益合计	<u>$41 850</u>	<u>$41 967</u>	<u>$42 084</u>	
负债与所有者权益总计	<u>$93 960</u>	<u>$95 580</u>	<u>$97 200</u>	

亨文利家具公司通过在16%~20%范围内改变预计的销售额增长率来完成了敏感性分析。预计利润表和预计资产负债表给公司提供了一个机会，使其能确定当预计的销售额增长率改变时，利润表项目和资产负债表的各个项目会怎样改变。

例如：在图表1B-51中，当销售额增长率为16%时，该公司的每股收益降至0.81美元；当销售额增长率为20%时，公司的每股收益升至0.85美元。这意味着销售额增长率每改变2%会导致每股收益发生0.02美元的变化。

新预计利润表和预计资产负债表也能够用来计算出一系列新的财务比率，具体如图表1B-52所示。再一次利用图表1B-52中的信息，公司将能够分析当销售额增长率变化时，每个财务比率会发生怎样的变化。

图表1B-52　不同销售额增长率下经选择的财务比率的敏感性分析

	销售额增长率=16%	基准情景=18%	销售额增长率=20%
流动比率	1.6618	1.6149	1.5719
速动比率	0.7586	0.7372	0.7176
资产收益率（ROA）	0.1038	0.1040	0.1043
权益收益率（ROE）	0.2330	0.2370	0.2409
毛利率	0.2000	0.2000	0.2000
营业利润率	0.1500	0.1500	0.1500
净利润率	0.0841	0.0843	0.0845
债务比率	0.5546	0.5609	0.5670
利息保障倍数（TIE）	7.2500	7.3750	7.5000
额外融资需要	$3 910	$5 013	$6 116

除了财务比率之外，图表1B-52还展示了不同销售额增长率下所需的额外的外部资金的数额。既然公司仅仅依赖应付票据来满足其对外部资金的需要，那么所需外部资金的数额可以通过用下一年度的应付票据金额减去本年度的应付票据金额（5 000美元）来确定。例如，当销售额增长率为16%时，应付票据金额为8 910美元，因此外部融资需要为3 910美元（8 910美元-5 000美元）。对亨文利家具公司来说很重要的一点是，应密切关注当销售额增长率的假设发生变化时，所需的外部资金数额会如何变化。如果销售额增长率比预期更高，提升外部资金需要可能会让公司感觉不舒服，或者公司可能需要安排一定的信贷额度，并且如果需要的话，要准备寻找其他的外部资金获得方式。

本节习题：
顶层规划与分析

说明： 回答所提供的每一个问题，正确的答案和解释出现在本节习题之后。

1. 公司生产一种产品，每台售价 125 欧元。该产品的边际贡献率为销售额的 35%，直接材料占销售额的 10%，可变制造费用占销售额的 5%，固定费用为每年 20 万欧元。总会计师想要编制一份预计利润表，其中销售量从 10 000 台增加到 12 000 台，平均所得税税率为 25.71%。由于销售量增加导致的营业收入变化是多少？
   - □ **a.** 50 000 欧元。
   - □ **b.** 65 000 欧元。
   - □ **c.** 75 000 欧元。
   - □ **d.** 87 500 欧元。

2. 某制造公司的预计利润表是根据下列有关内容的预测编制的，除了：
   - □ **a.** 销售费用。
   - □ **b.** 生产制造费用。
   - □ **c.** 现金余额。
   - □ **d.** 期末库存。

3. 以下预算的适当编制顺序是什么？
   1. 预算资产负债表。
   2. 销售预算。
   3. 销售和管理费用预算。
   4. 预算利润表。
   - □ **a.** 1，2，3，4。
   - □ **b.** 2，3，1，4。
   - □ **c.** 2，3，4，1。
   - □ **d.** 2，4，1，3。

本节习题参考答案：
顶层规划与分析

1. 公司生产一种产品，每台售价 125 欧元。该产品的边际贡献率为销售额的 35%，直接材料占销售额的 10%，可变制造费用占销售额的 5%，固定费用 为每年 20 万欧元。总会计师想要编制一份预计利润表，其中销售量从 10 000 台增加到 12 000 台，平均所得税税率为 25.71%。由于销售量增加 导致的营业收入变化是多少？
   □ **a.** 50 000 欧元。
   □ **b.** 65 000 欧元。
   □ **c.** 75 000 欧元。
   ☑ **d.** 87 500 欧元。

   营业收入是指未计利息和税费前的收入。计算销售量增长所带来的营 业收入变化的一种方法是将增加的 2 000（12 000 – 10 000）单位乘以单位 边际贡献（即 43.75 欧元 = 125 × 35% 欧元）。可以使用这一公式是因为无 论生产 10 000 台还是 12 000 台产品，固定成本 200 000 欧元将保持不变。 因此，营业收入将增加 87 500 欧元（2 000 × 43.75 欧元）

2. 某制造公司的预计利润表是根据下列有关内容的预测编制的，除了：
   □ **a.** 销售费用。
   □ **b.** 生产制造费用。
   ☑ **c.** 现金余额。
   □ **d.** 期末库存。

   一份预计利润表显示了一家公司的预计销售收入、成本和利润。制造 公司的预计利润表是在对营销成本和生产制造费用预测的基础上建立的， 因为它们都直接代表了成本。此外，预计利润表也是在对期末存货的预测 基础上建立的，因为即使这是一个资产负债表项目，也需要期末存货来计 算产品销售成本。现金余额是一项资产负债表项目，在计算公司的收入、 成本或利润时是没有用的。

3. 以下预算的适当编制顺序是什么？
   1. 预算资产负债表。
   2. 销售预算。
   3. 销售和管理费用预算。
   4. 预算利润表。
   □ **a.** 1，2，3，4。
   □ **b.** 2，3，1，4。
   ☑ **c.** 2，3，4，1。
   □ **d.** 2，4，1，3。

   预算编制过程从销售预算开始。预算或预计财务报表是最后准备的项 目，利润表是在资产负债表之前编制的。因此，正确的顺序是 2，3，4，1。

说明：下述样题旨在模拟考试真题。认真审题并将答案写在答题纸上。参照书后"每章实战练习参考答案"检查答题结果，并巩固完善。更多实战练习，请访问 www. wileycma. com 在线测试题库。

样题 1B5 – CQ02

考查内容：年度利润计划与相关报表

屈顿公司生产无线电遥控玩具狗。该公司本年度的概要预算财务数据如下所示：

销售额（销售 5 000 件产品，每件产品 150 美元）	$750 000
变动制造费用	400 000
固定制造费用	100 000
变动销售和管理费用	80 000
固定销售和管理费用	150 000

屈顿公司采用吸收成本法，基于生产数量分摊制造费用，分摊基数为 5 000 件产品。未支付或超支的制造费用将在当年发生的产品销售成本中注销。

本年度计划通过生产和销售 5 000 套的玩具狗而获得 20 000 美元的预算营业利润，这些数据公司总裁特鲁迪·乔治比较关心。她认为如果公司的生产量大于销售量，从而增加产成品存货的话，就能把营业利润增加到 50 000 美元（这是她能拿到奖金的门槛）。

请问要使预算营业利润达到 50 000 美元，成品存货需要增加多少？

- ☐ **a.** 556 单位。
- ☐ **b.** 600 单位。
- ☐ **c.** 1 500 单位。
- ☐ **d.** 7 500 单位。

样题 1B5 – CQ04

考查内容：年度利润计划与相关报表

汉农零售公司通过在原有成本基础上增加 30% 而给产品定价。该公司预期 7 月份的销售额为 715 000 美元，8 月份的销售额为 728 000 美元，9 月份的销售额为 624 000 美元。汉农公司的方针是，在月底要有足够的存货足以支撑下月销售额的 25%。那么，在制定 8 月份的采购预算时，汉农公司的存货成本将是多少？

- ☐ **a.** 509 600 美元。
- ☐ **b.** 540 000 美元。
- ☐ **c.** 560 000 美元。
- ☐ **d.** 680 000 美元。

样题 1B5 – CQ06
考查内容：年度利润计划与相关报表

泰勒公司生产一种产品，8月份的预算产量为220 000单位，其预算制造成本如下所示：

	成本总额	单位成本
变动成本	$1 408 000	$6.40
批次调试成本	880 000	4.00
固定成本	1 210 000	5.50
合计	$3 498 000	$15.90

若月产量在200 000单位到300 000单位之间，单位变动成本和总固定成本保持不变。任何月份总的批次调试成本取决于泰勒公司当月生产批次数量。一个正常的批次包含50 000单位产品，除非要求生产的产量不足50 000单位。上一年度，泰勒公司各月的批次产量包含了三种，分别是42 000单位、45 000单位和50 000单位。该公司每个月都制定生产计划，目的是最小化生产批次的数量。9月份，泰勒公司计划生产260 000单位产品。那么，泰勒公司9月份的预算总生产成本是多少？

- ☐ **a.** 3 754 000美元。
- ☐ **b.** 3 930 000美元。
- ☐ **c.** 3 974 000美元。
- ☐ **d.** 4 134 000美元。

样题 1B5 – CQ08
考查内容：年度利润计划与相关报表

沙维公司为家用电脑组装备份磁带驱动器系统。第1季度的预算销售量是67 500单位。上一年度第4季度的期末存货（今年第1季度的期初存货）为3 500单位，其中有200单位的产品已过时淘汰。第1季度的目标期末存货是10天的销售量（每个季度按90天计算）。那么，第1季度的预算产量是多少？

- ☐ **a.** 75 000。
- ☐ **b.** 71 700。
- ☐ **c.** 71 500。
- ☐ **d.** 64 350。

样题 1B5 – CQ09
考查内容：年度利润计划与相关报表

斯特里特公司生产塑料微波转盘。下一年度第1季度的销售量预计为65 000单位，第2季度的销售量预计为72 000单位，第3季度的销售量预计为84 000单位，第4季度的销售量预计为66 000单位。

斯特里特公司通常在每季度末持有的产成品存货等于下一季度预期销售量

的一半。然而，由于停工，该公司第 1 季度末的产成品存货比既定数量少了 8 000 单位。那么，斯特里特公司第 2 季度应生产多少单位的产品？

☐ **a.** 75 000 单位。

☐ **b.** 78 000 单位。

☐ **c.** 80 000 单位。

☐ **d.** 86 000 单位。

样题 1B5 – CQ10

考查内容：*年度利润计划与相关报表*

罗伯斯公司预算的相关数据如下所示：

计划销售量	4 000 单位
材料成本	2.50 美元/磅
直接人工	3 小时/单位
直接人工工资率	7 美元/小时
产成品期初存货	900 单位
产成品期末存货	600 单位
直接材料期初存货	4 300 单位
直接材料期末存货	4 500 单位
单位产品耗用的材料	6 磅

那么，罗伯斯公司生产预算中所要给出的总生产数量为：

☐ **a.** 3 700。

☐ **b.** 4 000。

☐ **c.** 4 300。

☐ **d.** 4 600。

样题 1B5 – CQ11

考查内容：*年度利润计划与相关报表*

克劳斯公司正在编制下一年度的经营预算。下文给出的是该公司两种产品，即合板杆头和锻造杆头的部分数据。这两种产品都通过高尔夫专卖店销售。

	杆头	
	锻造杆头	合板杆头
原材料		
钢	2 磅 ×5 美元/磅	1 磅 ×5 美元/磅
铜	无	1 磅 ×15 美元/磅
直接人工	1/4 小时 ×20 美元/小时	1 小时 ×22 美元/小时
预期销售量	8 200 单位	2 000 单位
单位售价	30 美元	80 美元
期末目标存货	100 单位	60 单位
期初存货	300 单位	60 单位
期初存货成本	5 250 美元	3 120 美元

制造费用以直接人工工时数为基础分摊至生产出的产品中。变动制造费用预计为 25 000 美元，固定间接制造费用预计为 15 000 美元。

生产 1 单位合板杆头的成本估计为：

☐ **a.** 42 美元。

☐ **b.** 46 美元。

☐ **c.** 52 美元。

☐ **d.** 62 美元。

样题 1B5 – CQ12

考查内容：年度利润计划与相关报表

泰德威公司销售单一产品，产品的单位售价为 20 美元。所有销售均采用赊销方式，60% 的款项在销售当月收回，剩下的 40% 在下月收回。下面给出了预计该公司下一年度 1 月份到 3 月份现金回收表的部分内容，揭示了该公司这一期间内的现金收入情况。

	现金收入		
	1 月份	2 月份	3 月份
12 月份的应收账款	$ 32 000		
1 月份销售额的回款	$ 54 000	$ 36 000	
2 月份销售额的回款		$ 66 000	$ 44 000

其他信息包括：

- 存货保持在下月销售量的 30%。
- 假设 3 月份的销售额为 150 000 美元。

那么，2 月份的采购量应为：

☐ **a.** 3 850 件。

☐ **b.** 4 900 件。

☐ **c.** 6 100 件。

☐ **d.** 7 750 件。

样题 1B5 – CQ13

考查内容：年度利润计划与相关报表

史蒂文森公司生产车用电子元件。每一个元件都使用两种原材料，即 Geo 和 Clio。下表给出了生产每个电子元件产成品所需的两种材料的标准使用数量，以及两种材料当前的存货数量。

材料	单位产品的标准使用量	单价	当前存货
Geo	2.0 磅	15 美元/磅	5 000 磅
Clio	1.5 磅	10 美元/磅	7 500 磅

史蒂文森公司预计在接下来的两个生产期内，每期将销售 20 000 单位电子元件。公司政策规定，为生产下期销售的电子元件成品，所需原材料的 25％ 将纳入本期的期末直接材料存货中。

根据以上信息，该公司下期的直接材料采购预算应为多少？

	Geo	Clio
☐ **a.**	450 000 美元	450 000 美元
☐ **b.**	675 000 美元	300 000 美元
☐ **c.**	675 000 美元	400 000 美元
☐ **d.**	825 000 美元	450 000 美元

样题 1B5 – CQ14
考查内容：年度利润计划与相关报表

皮特森·布兰特斯公司下一年度的预算数据如下所示：

期初产成品存货	$10 000
产品销售成本	400 000
生产中耗用直接材料	100 000
期末产成品存货	25 000
期初和期末在制品存货	0

制造费用估计为直接人工成本的两倍。那么，下一年度的直接人工预算额应为：

- ☐ **a.** 315 000 美元。
- ☐ **b.** 210 000 美元。
- ☐ **c.** 157 500 美元。
- ☐ **d.** 105 000 美元。

样题 1B5 – CQ15
考查内容：年度利润计划与相关报表

在过去的几年中，麦克法登工业公司有关运输费用的数据如下所示：

固定成本	16 000 美元
平均运输量	15 磅
每磅成本	0.50 美元

下面所展示的是麦克法登公司下一年度的预算数据：

运输产品数量	8 000
销售订单的数量	800
运输次数	800
销售总额	1 200 000 美元
运输总量	9 600 磅

请问，麦克法登工业公司下一年度的预计运输成本为：

☐ **a.** 4 800 美元。

☐ **b.** 16 000 美元。

☐ **c.** 20 000 美元。

☐ **d.** 20 800 美元。

样题 1B5 – CQ18

考查内容：年度利润计划与相关报表

在编制下一季度的直接材料采购预算时，工厂总会计师可得到的信息如下：

预算销量	2 000 单位
单位产品所需的材料数量	4 磅
每磅材料的成本	3 美元/磅
现在持有的材料库存数量	400 磅
现在持有的成品库存数量	250 单位
期末目标成品库存	325 单位
期末目标材料库存	800 磅

该公司必须采购多少磅材料？

☐ **a.** 2 475。

☐ **b.** 7 900。

☐ **c.** 8 700。

☐ **d.** 9 300。

样题 1B5 – CQ22

考查内容：年度利润计划与相关报表

基于斯科瑞公司如下所示的数据，其产品销售成本是多少？

期初产成品存货	$ 100 000
产品制造成本	700 000
期末产成品存货	200 000
期初在制品存货	300 000
期末在制品存货	50 000

☐ **a.** 500 000 美元。

☐ **b.** 600 000 美元。

☐ **c.** 800 000 美元。

☐ **d.** 950 000 美元。

样题 1B5 – CQ23

考查内容：年度利润计划与相关报表

当多特公司 8 月份销售了 20 000 单位产品时，其销售和管理费用如下所示：

	单位成本	总成本
变动成本	$18.60	$372 000
阶梯成本	4.25	85 000
固定成本	8.80	176 000
销售和管理费用合计	$31.65	$633 000

变动成本表示销售佣金，此项支出占销售额的 6.2%。

阶梯成本取决于公司雇用的销售人员数量。8 月份，公司的销售人员共计 17 名。但是，其中有两名销售人员将于 8 月 31 日提前退休，预计几个月内不会有代替的人。

当月销售量介于 15 000 单位至 30 000 单位之间时，总固定成本保持不变。

多特公司正计划将销售价格下调 10%，预期调价后每月销售量将增至 24 000 单位。如果该价格调整计划顺利实施，那么 9 月份预计的销售和管理费用为？

- ☐ **a.** 652 760 美元。
- ☐ **b.** 679 760 美元。
- ☐ **c.** 714 960 美元。
- ☐ **d.** 759 600 美元。

样题 1B5 – CQ36

考查内容：年度利润计划与相关报表

下文给出了有关约翰逊公司本年度最后 7 个月的预测销售数据，以及该公司的预计回款模式：

预测销售额：

6 月份	$700 000
7 月份	600 000
8 月份	650 000
9 月份	800 000
10 月份	850 000
11 月份	900 000
12 月份	840 000

销售类型：

现金销售	30%
赊销	70%

赊销的回款模式（5% 的赊销款项确定无法收回）：

销售后当月收回	20%
销售后下个月收回	50%
销售后两个月后收回	25%

那么，约翰逊公司 9 月份预计销售和赊销回款金额为？

- ☐ **a.** 635 000 美元。

☐ **b.** 684 500 美元。

☐ **c.** 807 000 美元。

☐ **d.** 827 000 美元。

样题 1B5 – CQ37

考查内容：年度利润计划与相关报表

芒廷·米尔·格拉夫公司处于投入运营的第一年。该公司第 1 季度的期初现金余额为 85 000 美元。公司拥有的短期信用额度为 50 000 美元。公司第 1 季度的预算信息如下所示：

	1 月	2 月	3 月
销售额	$ 60 000	$ 40 000	$ 50 000
采购额	$ 35 000	$ 40 000	$ 75 000
营运成本	$ 25 000	$ 25 000	$ 25 000

所有销售均采用赊销形式并于销售后第 2 个月后回款。采购款项在采购发生后次月支付，营运成本在发生的当月支付。根据贷款契约要求，如果公司必须维持最小现金余额 5 000 美元，那么芒廷·米尔·格拉夫公司需要在第 1 季度末借款多少？

☐ **a.** 0 美元。

☐ **b.** 5 000 美元。

☐ **c.** 10 000 美元。

☐ **d.** 45 000 美元。

样题 1B3 – CQ05

考查内容：预测技术

艾罗沙伯公司为宇宙飞船开发了一种新的产品，包括制造一种复杂零件。生产该零件需要的工艺技术要有很高的水准。公司管理层认为，随着公司的技术人员逐渐熟悉了该零件的生产流程，对其技术人员来说这是一个学习并改进技能水平的好机会。生产第 1 个零件需要 10 000 个直接人工工时。如果采用80%学习曲线，那么一共生产8 个零件所需要的累积直接人工工时数为：

☐ **a.** 29 520 小时。

☐ **b.** 40 960 小时。

☐ **c.** 64 000 小时。

☐ **d.** 80 000 小时。

样题 1B3 – CQ18
考查内容：预测技术

　　史卡夫公司的总会计师决定使用一种决策模型来处理不确定性事件。目前公司正在考虑一项特别的提议，即是否向某跨国公司的合资企业投资。总会计师已经确定了如下信息：

行动 1： 投资合资企业。

事件及事件发生概率：

　　成功的概率 = 60%

　　投资成本 = 950 万美元

　　如果投资成功，所带来的现金流 = 1 500 万美元

　　如果投资失败，所带来的现金流 = 200 万美元

　　需额外支付的成本 = 0 美元

　　目前已发生的成本 = 650 000 美元

行动 2： 不投资合资企业。

事件：

　　目前已发生的成本 = 650 000 美元

　　需额外支付的成本 = 100 000 美元

以下哪项正确地反映了投资与不投资这两种行动各自的期望值？

- [ ] **a.** 300 000 美元与（750 000 美元）。
- [ ] **b.**（350 000 美元）与（100 000 美元）。
- [ ] **c.** 300 000 美元与（100 000 美元）。
- [ ] **d.**（350 000 美元）与（750 000 美元）。

　　欲进一步评估对第一部分第二章"规划、预算编制与预测"所讲概念与计算内容的掌握程度，请进入本章**在线测试题库**进行练习。

　　提示： 参照书后"每章实战练习参考答案"。

第三章

绩效管理（20%）

一旦一个组织建立了总预算，将实际财务绩效与总预算计划之间进行对比并度量二者间差异就成为一项关键性工作，该项工作反过来也会有助于成功实现组织目标。这种财务上的测量比较或反馈程序使得一个组织可以明确实际经营结果与其想要达到的目标之间的差异。没有了这样的反馈，预算编制流程就不是很有用了。

本章将探讨下述流程是如何运作的：

- 将总预算与实际结果之间的差异分解为子类别，以便组织能够更好地评估差异形成的具体原因。
- 利用来自责任中心或战略业务单元（SBUs）的绩效反馈来促进对盈利能力（性）的管理。
- 理解责任中心、产品和产品线、客户和整个企业所使用的度量盈利性的财务指标。

在介绍完财务度量指标之后，本章还介绍了如何用平衡的方法来衡量绩效。平衡计分卡同时测量一个组织财务和非财务两方面的情况，并且与组织的战略整合在一起，能使所有组织内的成员通过阅读平衡计分卡就能了解企业的战略是什么以及组织如何计划将其实现。

成本量度和差异量度

LOS §1.C.1.a
LOS §1.C.1.b

对照运营目标分析实际绩效是一项关键控制，有助于公司了解实现其战略目标的机会或面临的威胁。预期产出（预算、预测或设定标准）与实际结果之间的偏差称为**差异**（variance）。

 请先**阅读**附录 A 中列举的本节考试大纲（LOS），再来学习本节的概念和计算方法，确保您了解 CMA 考试将要考核的内容。

LOS §1.C.1.j

成本流转

第二章中，详细的年度经营预算首先被编制，以便编制后来的预计利润表，这些预算包括制造产成品的生产投入。出售时，成本从产成品库存转移到利润表上产品销售成本。下图描述了这种成本的流动：

投入：	产出：	利润表：
直接材料 直接人工 变动制造费用 固定制造费用	⟶ 产成品 ⟶	产品销售成本

运营计划和预算是在新年度的开始实施的，接着需要对实际结果进行分析和说明，并将实际结果与预算进行比较，比较产生的差异使得管理层能够对绩效进行评估。

每个公司产品的标准成本都是在年度预算过程中建立的，该标准被用作比较的基础。标准成本化制度使管理层能够在当前的基础上衡量绩效，并确定组织职能、部门或经理对任何与标准的偏差负责。

旁氏体育用品公司是用来说明其制定网球拍标准成本的例子。它将进一步用于实际结果与预算的基本对比以及对初始差异演变的分析。最初的差异将被分解为更有意义的变化，管理层可将之用于评估和调查以确定差异发生的原因。

制定标准成本

在年度规划过程中，标准产品成本基于以下成本信息得到：

- 每个球拍预计使用 1.0 磅钛，每磅 60.00 美元购入。
- 预计的直接人工为每单位 2.00 小时，劳动报酬率预计为每小时 8.00 美元。
- 变动制造费用预计会随实际生产水平而发生变化，并且机器工时数被认为会导致变动成本的增加。预计每个球拍制作成型需要 1.2 个机器工时。成型机使用大量的电力，预计每个机器工时需要 8 美元的电费。材料管理员需要将材料搬运到成型机上，并将球拍搬运到下一个工序中。材料处理预计每机器工时需要花费 2.00 美元，因此总变动制造费用为每机器工时 10 美元。
- 各种固定制造费用每年达到 300 000 美元。成本动因是该年预计的产量和销量，即 30 000 个。因此，固定制造费用率为每单位 10 美元（30 万美元除以 3 万个单位）。

为下一年度编制的标准成本表如图表 1C-1 所示。

图表 1C-1 网球拍的产品标准成本表

投入	投入单位/产品单位	成本/投入单位	成本/产品单位
钛	1.00 磅/单位	60.00 美元/磅	60.00 美元/单位
直接人工	2.00 直接人工工时/单位	8.00/直接人工工时	16.00
变动制造费用	1.20 机器工时/单位	10.00/机器工时	12.00
变动成本			88.00 美元/单位
固定制造费用			10.00 美元/单位
总成本			98.00 美元/单位

网球拍的售价被定为 120 美元。因此，旁氏公司网球拍的单位边际贡献（CM）预算为 32.00 美元/个（售价 120 美元 - 变动成本 88 美元）。此外，销售费用、一般费用、管理费用被认为是固定的，为每年 39 万美元。

为了满足编制管理报表的需要，旁氏公司采用变动成本法，因为管理层认为该种方法将能够提供更多有用的信息来衡量绩效并及时采取纠正措施。然而，变动成本法（将在第四章第 1 节成本量度概念中进行更充分的说明）不能用来向企业外部的利益相关者报告，因为它不符合公认会计原则（GAAP）。

为了向外界报告公司情况，旁氏公司必须使用吸收成本法进行核算。该方法如此命名是因为当产品生产完成时，固定成本必须被"吸收"到存货中，然后在产品销售时再将固定成本转移到产品销售成本（COGS）中。

LOS
§1.C.1.c

图表 1C-2 显示了旁氏公司本年度实际的经营结果，这些结果与该年的总预算放在一起报告。显然，旁氏公司的管理层对结果并不满意，因为实际营业利润比预计减少了不止 234 000 美元。

图表 1C-2　旁氏公司第 1 年度的利润表

	实际发生数	总预算数	总差异
销售量	24 000	30 000	6 000 U*
销售单价	$ 125	$ 120	$ 5 F
销售收入	$ 3 000 000	$ 3 600 000	$ 600 000 U
变动产品销售成本	2 280 240	2 640 000	359 760 F+
边际贡献	719 760	960 000	240 240 U
固定制造成本	294 000	300 000	6 000 F
固定销售费用、一般费用和管理费用	390 000	390 000	—
营业利润	$ 35 760	$ 270 000	$ 234 240 U

* U 表示对营业利润的不利影响。

\+ F 表示对营业利润的有利影响。

　　从最初的比较/差异中能够知道什么呢？销售量显著地低于计划。可以预计到这可能会降低营业利润，但具体多少还无法知道。收入明显低于计划，然而，这仅仅是销售的产品数量减少所导致的结果还是实际销售价格与计划销售价格之间存在偏差还不明确。销售产品的变动成本低于计划数。但是，还不知道这表明企业的成本控制表现良好，抑或仅仅是销售的产品数量减少所导致的结果。显然，固定成本处于控制之下。销售费用、一般费用和管理费用（SG&A）符合预期，固定制造成本低于计划 2%。

弹性预算

　　当弹性预算编制的概念被引入后，这种分析变得更有意义。**弹性预算**（flexible budgets）是根据实际作业水平对原始预算进行调整后的结果，在本案例中，它是实际的产品销售水平。弹性预算有助于度量企业的实际绩效，它对于组织的单元或绩效受到测量的个人来说是公平的，并且与总预算中已被同意的绩效标准相一致。如前所述，收入、变动产品销售成本和边际贡献的标准分别为 120 美元/单位、88 美元/单位和 32 美元/单位。将这些单位数值乘以实际的作业水平（24 000 个）后就得出了弹性预算值；弹性预算中固定项目的数值就是来自静态预算中的值，因为固定项目账目不受企业作业水平的影响。

　　包括弹性预算在内，上述内容已经在图表 1C-3 的利润表中举例说明。实际运营结果与弹性预算金额之间的差异已经计算并列示出来。这些差异被称之为弹性预算差异。注意名称由"总预算"变为"静态预算"。

图表1C-3　旁氏公司第1年度包括弹性预算在内的利润表

	实际发生数 (1)	弹性预算差异 (1-2)	弹性预算 (2)	销售数量差异 (2-3)	静态预算 (3)
销售量	24 000	–	24 000	6 000 U	30 000
销售单价	$125	$5 F	$120	–	$120
销售收入	$3 000 000	$120 000 F	$2 880 000	$720 000 U	$3 600 000
变动产品销售成本	2 280 240	168 240 U	2 112 000	528 000 F	2 640 000
边际贡献	719 760	48 240 U	768 000	192 000 U	960 000
固定制造成本	294 000	6 000 F	300 000	–	300 000
固定销售费用、一般费用和管理费用	390 000	–	390 000	–	390 000
营业利润	$35 760	$42 240 U	$78 000	$192 000 U	$270 000

现在我们有一份利润表，该表可以提供有关旁氏公司当年业绩的更详细的信息。我们从图表1C-2可以得知，旁氏公司的实际营业净利润比目标低了约234 240美元，或者说只完成了目标值的87%左右。我们现在可以得知192 000美元是由于销售量差异即销售量少于计划所造成的。此外，弹性预算差异使我们知道旁氏公司的较高收入是销售价格增加造成的，这导致了120 000美元弹性预算有利差异，但这被变动产品销售成本的168 240美元不利差异所抵销。这意味着公司运营低效。综合看，营业利润出现了42 240美元的不利差异。这两种现象的结合（更高的价格和更低的销售量）通常被认为是销售和营销部门的责任。营业利润受到侵蚀的其余两个原因是：168 240美元净的不利变动制造费用差异；6 000美元净的有利固定制造费用耗费差异。

现在我们考虑存在168 000+美元差异的原因。这些差异是由直接材料、直接人工和变动制造费用等问题共同作用导致的。

进一步细致地分析它们这三类中的每一类，并将其分解成价格因素和效率因素。有时组织中的一部分负责价格因素，而另一部分负责效率因素。采购部门为直接材料价格差异负责，而成型（生产）部门对直接材料效率差异负责。

假设生产并销售出24 000个产品，那么产成品存货水平应该没有变化。这样会使详细的差异分析更容易理解。

在标准成本制度中，当接受库存或生产时资源（最常见的是现金）被消耗。然而，这些存货按照标准成本估价。这两笔钱的差额就是差异产生的原因。

直接人工差异

我们首先考虑直接人工成本，因为它是最容易理解的。当发生直接人工成本时，所消耗资源的价值就成为存货成本和净有利/不利差异的一部分。所消耗资源的价值就是实际的人工小时数乘以实际的平均人工工资率。存货的价值是生产的单位数乘以每单位的标准直接人工成本。每单位的标准直接人工成本数据来自成本表，等于每单位的标准直接工时乘以每小时标准直接人工工资率。

下面我们引入一组符号，以使数学表述尽可能简洁：

A = 实际的；

S = 标准的；

H = 小时数；

R = 工资率（通常单位为：美元/小时）；

Q = 实际产量；

U = 单位。

很重要的一点是，应了解术语 SH 表示应该用于实际生产的单位数所耗费的标准小时数。该数值可以通过将实际生产的单位数乘以每单位产品所耗费的标准小时数来计算。

有两个公式可用于确定直接人工差异：（1）直接人工工资率差异；（2）直接人工效率差异。

LOS
§1.C.1.k

$$直接人工（DL）工资率差异 = AH \times (AR - SR)$$

LOS
§1.C.1.l

$$直接人工（DL）效率差异 = SR \times (AH - SH)$$

在这两个等式的表达方式中，若结果为正则表示是不利差异，若结果为负则表示是有利差异。

您也可以凭您的直觉来判断差异是有利还是不利。如果实际人工工资率大于标准人工工资率，则差异是不利的。效率差异也是如此；如果实际小时数大于标准小时数，则差异是不利的。在这两个公式中，如果相反情况成立，则差异是有利的。

现在我们将其用于手头上的情况。人工报告记录显示，使用了直接人工52 800 小时，耗资 475 200 美元，用于生产 24 000 单位产品。由此可以确定实际的平均人工工资率是每小时 9 美元。注意：这个实际的平均人工工资率与每小时 6 美元的实际金额同样具有极其重要的地位。过早地舍去这个比率可能会导致计算的舍入误差。SH 值就是生产的 24 000 个单位数乘以每单位 2.00 小时，即 48 000 小时。因此，

$$DL 工资率差异 = 52 800 小时 \times (9 美元/小时 - 8 美元/小时)$$
$$= 52 800 美元 U$$
$$DL 效率差异 = 8 美元/小时 \times (52 800 小时 - 48 000 小时)$$
$$= 38 400 美元 U$$

得出直接人工总差异为不利差异 91 200 美元。

注意：对每个数值始终使用适当的测量单位，并对度量单位执行适当的数学运算（乘、除、加或减）。如果您得到了不符合您预期的测量单位，这意味着您做错了一些事情，需要修正您的工作。

现在我们可以检验我们的运算是否正确。直接人工所耗费的资源为 475 200 美元，按照标准可以计入存货中算作直接人工的数额为 384 000 美元（24 000 小时 × 16.00 美元/小时）。这两个数之间的差额恰好是 91 200 美元，并且这是两种不利的直接人工差异的总和。

直接材料差异

本节分析**直接材料**（direct materials，DM）。直接材料和直接人工之间存在重要区别：直接材料成本可以被纳入原材料中，而直接人工成本则不能。它们成为在产品存货成本的一部分。然而，当直接材料被采购时，它作为直接材料（原材料和零部件）的存货而具有价值。它可以在以后使用，并且应该在采购至使用期间保持其价值。

因为其逻辑类似于刚刚论述的直接人工部分，我们跳过直接材料差异的公式推导，直接转到用来定义差异的符号。

许多相同的符号将被使用：

A = 实际的；

S = 标准的；

Q_P = 采购的直接材料数量；

Q_U = 耗用的直接材料数量；

P = 价格（通常用每单位多少美元来度量）；

Q = 实际的生产数量。

直接材料的价格差异是：

$$DM\ 价格差异 = Q_P \times (AP - SP)$$

直接材料效率差异，有时也被称为用量、产出或数量差异：

$$DM\ 用量差异 = SP \times (AQ_U - SQ)$$

直接材料的价格和数量必须使用完全相同的测量单位来表示。例如，如果价格以"美元/磅"来表示，那么数量的单位就必须用"磅"来表示。此外，标准数量这一术语的含义是：用于生产实际产量的产品所耗费的标准直接材料的数量。最后两个等式的含义是，在任何时候存货都可能会增加（如果购进的数量超过使用的数量）或者减少（如果使用的数量超过购进的数量）。

现在回到旁氏公司的案例。旁氏公司以 1 839 840 美元的总成本获得 25 000 磅钛。然后用其中的 19 200 磅钛生产了 24 000 个球拍。

差异计算如下：

DM 价格差异 = 25 000 磅 × （73.5936 美元/磅 − 60.00 美元/磅）

= 339 840 美元 U

$$DM 用量差异 = 60 美元/磅 \times (19\ 200 磅 - 24\ 000 磅)$$
$$= 288\ 000 美元\ F$$

再一次，我们可以找到一个相对简单的双重检查手段。消耗的直接材料的金额应该等于直接材料存货的增加额加上已生产产品中直接材料的价值再加上净的直接材料不利差异。事实确实如此：

$$1\ 839\ 840 美元 = (5\ 800 磅 \times 60.00 美元/磅) + (24\ 000 个 \times 60.00 美元/个)$$
$$+ (339\ 840 美元 - 288\ 000 美元)$$
$$= 348\ 000 美元 + 1\ 440\ 000 美元 + 51\ 840 美元$$
$$= 1\ 839\ 840 美元$$

变动制造费用差异

变动制造费用（variable overhead，VOH）是指随着企业作业水平的变化而变化的制造费用。已经明确的是：驱动了电力和原料处理耗费的作业水平是实际机器工时数。请注意，实际机器工时数是指在成型部门中成型机器实际用于成型产品的小时数。在这种情况下，等式看上去与直接人工的那些等式非常相似，也是基于工时数和每小时的成本。在下一个公式中，H 表示小时，或者是任何对变动制造费用成本动因的测量。如果工时数不是成本动因，那么 R 必须以每单位多少美元表示，该单位应为测量成本动因的适当单位。

LOS §1.C.1.m

$$VOH 开支差异 = AH \times (AR - SR)$$

$$VOH 效率差异 = SR \times (AH - SH)$$

如果一家公司只生产一种产品，其变动制造费用可以认为是由生产的单位数所驱动。然而，只生产一种产品的公司主要存在于教科书示例和 CMA 考试问题中。

LOS §1.C.1.r

以下是与旁氏公司变动制造费用相关的信息。当期实际的机器工时数为 28 000 小时，用于变动制造费用的总支出额为 313 200 美元，其中包括原料处理人工费 56 000 美元和电费 257 200 美元。因此，实际变动制造费用率为每实际机器工时 11.1857 美元（313 200 美元/28 000 机器工时）。将该数值代入变动制造费用开支差异公式中：

$$VOH 开支差异 = 28\ 000 \times (11.1857 美元 - 10 美元) = 33\ 200 美元\ U$$

当期的标准机器工时数为 24 000 个产品乘以每个产品需要 1.2 机器工时，或者说是 28 800 机器工时。变动制造费用效率差异是：

$$VOH 效率差异 = 10 美元 \times (28\ 000 - 28\ 800) = 8\ 000 美元\ F$$

这种变动效率差异是成型部门的责任。VOH 开支差异在任何产生变动制造费用的部门都可能发生。

根据所提供的信息，可以确定本案例中所有不利的变动制造费用差异都是由用电部门产生的。

固定制造费用差异

最后，有两个与固定制造费用相关的差异——固定制造费用开支差异和产量差异。固定制造费用开支差异是在所有差异中最容易计算和理解的。由于在相关范围内固定成本不会随着企业作业水平的变化而变化，因此将实际支出与在规划过程中确定的固定制造费用预算数额进行简单比较，即可得到固定制造费用开支差异。

很多人认为，产量差异是最难计算和理解的差异。困难之所以发生是因为在吸收成本制度中，固定制造费用必须基于作业的单位金额来表述，如每单位或每标准工时，当产品生产后，该数额必须被"吸收"进存货。但是，众所周知，固定成本总额不会随着活动的变化而变化。

观察图表1C-4中的例证可以获益。线段的长度对应各种术语和差异的值。在每年规划编制时，公司确定预算的固定费用水平为30万美元，这与图中的线段AB相对应。该公司还确定与线段OA相对应的企业作业量分母水平为3万个单位。最后，企业将预算固定费用除以企业作业量分母水平得出比率为10美元/单位。如果旁氏是一家生产多种产品的公司，固定制造费用分摊率可以以直接人工工时（DLH）的美元数额表示，即5.00美元/DLH。这个结果是以美元表示的固定制造费用作业率，即每单位的美元费用或每标准小时的美元费用。此制造费用率被用于确定产品单位成本中，如成本表所示的固定制造费用部分，它被用来在生产产品时把固定制造费用吸收到库存中。图中的制造费用分摊率对应于线段OB的斜率。

图表1C-4 固定制造费用的预算、发生额、应用及相关差异

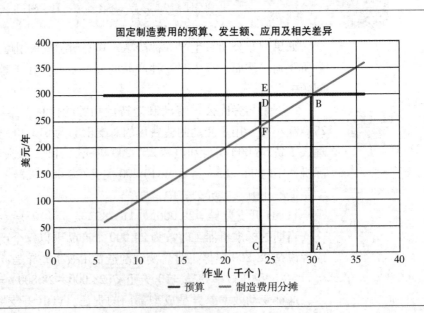

固定制造费用当年将会发生，这对应线段CD部分，其必须以企业实际作业水平294 000美元进行绘制。固定制造费用被吸收到存货中，这对应线段CF

部分，这一数额为 24 万美元即 24 000 单位 ×10 美元。

以下公式表示开支差异：

固定制造费用开支差异＝实际固定制造费用－预算固定制造费用

旁氏公司的固定制造费用开支差异用 DE 表示，计算为 294 000 美元减去 300 000 美元的结果，从而产生 6 000 美元的有利差异。此金额可用于衡量在固定基础上编制预算的所有部门的账目，并进行跨部门的汇总。这一差异必须通过可变成本法和吸收成本法将其费用化。

下一个公式用于计算生产数量差异（产量差异）：

产量差异＝预算固定制造费用－吸收成本法下的固定制造费用

旁氏公司的产量差异体现在 EF 部分，即 300 000 美元减去 240 000 美元，导致 60 000 美元不利差异。

重要的是要注意到这种差异仅出现在吸收成本法的计算中。因此，它只是在使用吸收成本法的利润表中列支为费用。这种差异不是对任何个人绩效或部门绩效的测量。它仅仅是实际作业水平与用于确定固定制造费用率的作业水平之间的差异所造成的结果。如果实际作业水平低于分母的活动水平，那么产量差异将是不利的。不利差异可以通过生产更多产品来避免，但如果没有需求的话它们可能成为存货并且长时间无法售出，甚至可能会过时并完全失去其价值。因此，作出产量低于计划量的决策可能是一个正确的商业决策，尽管这会产生不利差异。

例外管理

标准成本计算法和弹性预算的结合使得使用**例外管理**（management-by-exception）原则成为可能。管理者应该分析那些在帮助产生改善结果方面最有成效的差异。

根据经验来决定应该调查什么。然而，管理者很快就学会将注意力集中在最大的差异上，包括那些经常发生的以及可能被称为"可控性"的不利和有利差异。劳动效率在不同时期会有显著的变化，但是材料采购价格在不同时期会保持一致。调查差异的阈值通常是综合绝对金额以及和预算差异百分比得出的结论。人工效率的可接受百分比变化可能设置比材料价格的可接受百分比变化更大的值。例外管理可以被描述为使用 80－20 规则（帕累托原则）。意大利数学家维弗雷多·帕累托（Vilfredo Pareto）发现，在几乎任何数学分布中少量的大额项目几乎总是在总价值中占到很高的百分比。例如，发票总额的很大百分比通常是由所有发票中的少数比例的几个项目来解释。这个原则似乎也同样适用于差异的分布。

公司内部不同的职能部门负责日常运营，因此这是实际对比预算的差异。以下是对每个差异以及对差异负责部门的一般说明，职能部门的经理应该能够解释差异发生的原因。

差异	职能领域/部门	可能解释
销售价格	销售或营销	* 客户需求的变化 * 生产成本的增加
直接人工工资率	人力资源和生产	* 雇用更多熟练技术工人
直接人工效率/用量	生产	* 新来的缺乏经验的工人 * 机器故障
直接材料价格	采购	* 供应商提高价格 * 采购高质量的原材料
直接材料用量	生产	* 采购低质量的原材料 * 新来的缺乏经验的工人
变动制造费用开支	生产	* 机器故障导致设备维修增加
变动制造费用效率	生产	* 使用的成本动因比预算的多或少
固定制造费用开支	生产	* 成本增加
生产量	生产	* 生产的单位比预算的多或少

吸收成本法和变动成本法之间的区别将在第四章第1节成本度量概念中介绍。我们以图表1C–5中两个利润表为例，将这个讨论总结为合乎逻辑的结论。

图表1C–5 旁氏公司第1年度利润表——吸收成本法和变动成本法

旁氏公司第1年度利润表 吸收成本法		旁氏公司第1年度利润表 变动成本法	
销售收入	$3 000 000	销售收入	$3 000 000
标准产品销售成本	2 352 000	标准变动产品销售成本	$2 112 000
直接人工工资率差异	52 800 U	直接人工工资率差异	52 800 U
直接人工效率差异	38 400 U	直接人工效率差异	38 400 U
直接材料价格差异	339 840 U	直接材料价格差异	339 840 U
直接材料效率差异	288 000 F	直接材料效率差异	288 000 F
变动制造费用开支差异	33 200 U	变动制造费用开支差异	33 200 U
变动制造费用效率差异	8 000 F	变动制造费用差异	8 000 F
固定制造费用开支差异	6 000 F		
产量差异	60 000 U		
实际产品销售成本	$2 574 240	实际变动产品销售成本	$2 280 240
毛利	$425 760	边际贡献	$719 760
		实际固定制造费用	294 000
固定销售费用、一般费用和 管理费用	390 000	固定销售费用、一般费用和 管理费用	390 000
营业净利润（吸收）	$35 760	营业净利润（变动）	$35 760

多种产品和销售组合差异

当企业有多种产品（大多数公司的都是这样），并且存在一个所有产品均可以使用的有意义的度量单位时，实际销售收入与实际销售产品的标准变动成本的差异可以用来度量边际贡献，此处的边际贡献未受制造差异的影响。上述边际贡献较之计划水平的任何程度的缩减，可以从以下方面进行分析，即总销售量、不断调整的产品组合和任何定价的变化。

我们假设一家公司销售罐装网球和壁球。一罐网球的成本为每罐4美元，预计售价为每罐9美元。一罐壁球的成本为每罐3美元，预计售价为每罐6美元。总体而言，该公司预计每年销售10 000罐球，预计的组合是60%为网球和40%为壁球。因此，图表1C－6展示了该年的计划边际贡献。预计的平均单位边际贡献为4.20美元。

图表1C－6　产品销售组合——计划和实际

| | 计划 | | | 实际 | | | |
	网球	壁球	合计	网球	壁球	合计	差异
数量	6 000	4 000	10 000	4 800	4 800	9 600	400 U
销售收入	$54 000	$24 000	$78 000	$43 200	$28 800	$72 000	$6 000 U
变动成本	24 000	12 000	36 000	19 200	14 400	33 600	2 400 F
总边际贡献	$30 000	$12 000	$42 000	$24 000	$14 400	$38 400	$3 600 U
边际贡献/单位	$5.00	$3.00	$4.20	$5.00	$3.00	$4.00	

现在假设实际销售了9 600罐球，而不是10 000罐。假设实际的销售组合是两种产品各占50%。假设产品按正常价格出售，本年度的结果就显示在图表1C－6的"实际"栏中。实际的单位产品平均边际贡献为4.00美元。

该公司预计每销售一罐可以获得4.20美元的边际贡献。由于公司仅销售了9 600罐球而不是预期的10 000罐，所以公司损失了1 680美元的边际贡献。

销售数量差异 =（实际销售量 – 计划销售量）×计划边际贡献/单位

= （9 600罐 – 10 000罐）×4.20美元/罐 = 1 680美元 U

销售组合差异 = 实际销售量×（实际标准边际贡献/罐 – 计划标准边际贡献/罐）

= 9 600罐×（4.00美元/罐 – 4.20美元/罐）= 1 920美元 U

因此，该公司原计划获得42 000美元的边际贡献，而最终仅获得38 400美元边际贡献。边际贡献不足的原因可以作如下具体分析：

销售数量差异	1 680美元 U
产品销售组合差异	1 920美元 U
合计边际贡献差异	3 600美元 U

当原材料可替代时的组合差异

当两种或两种以上的原材料按可以变化的比例混合在一起时，有一些类似的情况可能会出现。当然，它们可以简单地作为两种不同的原材料处理，并且每一种直接材料效率差异都能够计算出来。

然而，可以采用更精细的方法来计算差异——在这种情况下，组合差异和产量差异等同于几个用量差异。

假设网球是由合成橡胶和天然橡胶混合制作而成的。合成橡胶预计每磅花费 2.00 美元，天然橡胶预计每磅花费 3.00 美元。制作一个网球通常会使用 1.6 磅的混合物，而正常的混合物则由 62.5% 的合成橡胶和 37.5% 的天然橡胶组成。因此，制作一个网球所需的橡胶的成本预计为 3.80 美元（合成橡胶需要 1.00 磅，每磅 2.00 美元；天然橡胶需要 0.6 磅，每磅 3.00 美元），混合橡胶的加权平均成本为 2.375 美元/磅（=3.80 美元/1.6）。

假设 1 000 个网球由 988 磅合成橡胶和 532 磅天然橡胶生产出来。这使得实际使用的橡胶总磅数为 1 520 磅（=988 磅+532 磅）。产量差异将按照与正常材料效率差异相同的方式进行计算。

$$\text{DM 产量差异} = SP \times (AQ_U - SQ) = 2.375 \text{ 美元/磅} \times (1\,520 \text{ 磅} - 1\,600 \text{ 磅})$$
$$= 190 \text{ 美元 F}$$

混合物实际上是 65% 的合成橡胶和 35% 的天然橡胶。该混合物每磅的平均成本将是：

$$0.65 \times 2.00 \text{ 美元/磅} + 0.35 \times 3.00 \text{ 美元/磅} = 2.35 \text{ 美元/磅}$$

组合差异的计算是：

$$\text{DM 组合差异} = AQ_U \times (AP - SP)$$

与价格差异相似。替换后，组合差异是：

$$1\,520 \text{ 磅} \times (2.35 \text{ 美元/磅} - 2.375 \text{ 美元/磅}) = 38 \text{ 美元 F}$$

很难想象，当计算直接材料效率差异的惯用方式得出几乎相同的结果时，开展额外的工作可能成为一个足够重要的体系特征。

非制造业组织的差异分析

众所周知，差异分析是在制造业中发展起来的。但差异分析在服务类企业和销售类企业中也同样有效。服务类企业几乎没有或者完全没有直接材料，所以直接材料价格和效率的差异可能是更小的值。这意味着直接人工和制造费用在总成本中占有更高的百分比。因此，直接人工费率和效率差异、变动制造费用开支和效率差异以及固定制造费用开支差异是非常重要的。

服务业中的一些组织已经运用了基于作业的成本计算方式和管理技术。经常发生的结果是：在总成本中占更大百分比而被管理的是变动成本而不是固定成本。

在服务业中，产量差异所扮演的角色是悬而未决的。一些行业，例如交通运输业和酒店业，已经开发出能有效测量产能的指标（例如，可用座位里程）、实际作业的指标（例如，收入乘客里程）和能力利用的指标（例如，载客率）。这些适应性的调整使得生产数量差异概念的变化能够有用武之地。

行业知识的重要性

调节差异以满足特定行业的需求可帮助管理会计师创造实用性强的差异，以至于只需要付出适度努力就可以节省大量资金。

此处是两个例子：

在美国的一些州，乳制品行业被允许标准化运作，以便生产全脂牛奶。在标准化生产过程中，要将不同乳脂含量的原料乳分离为脱脂牛奶和奶油。然后再将奶油按照目标乳脂含量（例如 3.25%）重新混入脱脂牛奶中。为乳制品公司设计的差异之一测量了用乳脂（原料乳中较昂贵的成分）代替脱脂（更便宜的成分）的成本。在使用新报告系统的第一个月结束时，公司总裁发现按照现在的差异速度进行下去，这种不利差异若持续一年将会超过 100 000 美元。他向乳制品厂的工作人员指出了这一点，并告诉他们他将密切关注这一点，工作人员只需要被告知一次就可以。后来，"全脂牛奶"产品和所有其他产品（乳脂含量为 2%、1% 等）按照标准进行了校准以更加接近行业标准，从而避免了 100 000 美元的潜在不利差异。

在服装行业，衣料在长的切割台上被铺展开，直到摊铺机来到布堆中一叠布料的最后一层，该布堆可能超过 100 层布料那么高。当铺展完成后，一个标记（一个图案）被放置在布堆的顶部，并且使用一把长垂直刀片来将布料裁剪成布片，再将它们缝合在一起以制成服装。织布以下几种方式浪费掉了：

- 每个螺栓末端的布料比标记短；这被称为不可用的末端废料。
- 来自工厂的布料会有缺陷。当遇到缺陷时，这块布被切掉，并且不得不将该层的一部分布重叠，以便标记中的每个部分至少有一块好的布料，这被称为磨损。如果磨损超出了双方共同商定的最高限度，那么服装公司就可能向工厂收取赔偿金以弥补过度磨损。
- 最后，超出标记末端的材料将被浪费。这被称为铺展废料。通过将铺展废料作为专门的差异进行报告，系统能使管理人员能够跟踪这些废料并且最终将其降到占布的使用总量的 1% 左右。由于面料约占服装销售价格的 40%，因此税前成本减少约为收入的 0.4%。由于税前营业利润很小（约占销售额的 4%），所以净效应是净利润提高 10%。

本节习题：
成本量度和差异量度

说明： 回答所提供的每一个问题，正确的答案和解释出现在本节习题之后。

1. 公司总预算中的预测信息如下：

销售（25 000 台）	$ 250 000
制造费用（1/3 是固定费用）	120 000
其他营业费用（全部是固定费用）	100 000

如果公司实际售出 27 500 台，使用弹性预算时的营业收入将是：
- [ ] **a.** 33 000 美元。
- [ ] **b.** 43 000 美元。
- [ ] **c.** 47 000 美元。
- [ ] **d.** 51 000 美元。

2. 公司预计销售产品 4 000 台，实际销售 4 200 台，该产品的标准价格为 43 美元。在分析这一时期的直接人工弹性预算差异时，该公司确定直接人工效率不利差异为 8 600 美元。如果总的直接人工弹性预算不利差异是 4 400 美元，那么以下哪一项与直接人工实际价格最接近？
- [ ] **a.** 39 美元。
- [ ] **b.** 40 美元。
- [ ] **c.** 41 美元。
- [ ] **d.** 42 美元。

3. 一家油漆制造厂生产两种白色颜料，可替代同类的产品。天然色素每加仑 3 美元，人工色素每加仑 1 美元。标准要求 60% 的天然色素和 40% 的合成色素进行组合，但实际使用的比例是各 50%。这两种原料的实际总量为 30 000 加仑，而预算中的总量为 32 000 加仑。这些原料的组合差异是多少？
- [ ] **a.** 6 000 美元 F。
- [ ] **b.** 17 400 美元 F。
- [ ] **c.** 17 400 美元 U。
- [ ] **d.** 6 000 美元 U。

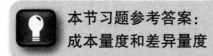

本节习题参考答案：
成本量度和差异量度

1. 公司总预算中的预测信息如下：

销售（25 000 台）	$250 000
制造费用（1/3 是固定费用）	120 000
其他营业费用（全部是固定费用）	100 000

如果公司实际售出 27 500 台，使用弹性预算时的营业收入将是：

- ☐ **a.** 33 000 美元。
- ☐ **b.** 43 000 美元。
- ☑ **c.** 47 000 美元。
- ☐ **d.** 51 000 美元。

　　营业收入是销售收入减去所有经营成本在利息和税前的结果。在使用弹性预算时，必须首先计算单位销售价格和单位可变成本才能计算营业收入。销售价格是每台 10 美元（250 000 美元 ÷ 25 000 台），而单位变动制造成本等于 3.20 美元，因为只有 2/3 的成本是变动成本〔120 000 美元 ×（2 ÷ 3）÷ 25 000 台〕。如果公司实际售出 27 500 台，销售收入是 275 000 美元（27 500 台 × 10 美元），总变动成本为 88 000 美元（27 500 台 × 3.20 美元），固定制造总成本为 40 000 美元〔120 000 美元 ×（1 ÷ 3）〕，其他营业费用等于 100 000 美元，因为它们都是固定的。因此，营业收入为 47 000 美元〔275 000 美元 −（88 000 美元 + 40 000 美元 + 100 000 美元）〕。

2. 公司预计销售产品 4 000 台，实际销售 4 200 台，该产品的标准价格为 43 美元。在分析这一时期的直接人工弹性预算差异时，该公司确定直接人工效率不利差异为 8 600 美元。如果总的直接人工弹性预算不利差异是 4 400 美元，那么以下哪一项与直接人工实际价格最接近？

- ☐ **a.** 39 美元。
- ☐ **b.** 40 美元。
- ☐ **c.** 41 美元。
- ☑ **d.** 42 美元。

　　弹性预算差异由价格差异和效率差异组成。由于直接人工效率不利差异为 8 600 美元，而直接人工弹性预算不利差异为 4 400 美元，直接人工价格差异一定是 4 200 美元。这个结果基于 8 600 美元 U + 价格差异 = 4 400 美元 U。计算上，这可以表示为 − 8 600 + X = − 4 400，X = 4 200）。记住，实际数量 ×（标准价格 − 实际价格）= 价格差异。因此，我们可以计算出实际人工价格如下：4 200 个单位 ×（43 美元 − X）= 4，200 F，X = 42 美元。

3. 一家油漆制造厂生产两种白色颜料，可替代同类的产品。天然色素每加仑 3 美元，人工色素每加仑 1 美元。标准要求 60% 的天然色素和 40% 的合成色素进行组合，但实际使用的比例是各 50%。这两种原料的实际总量为 30 000 加仑，而预算中的总量为 32 000 加仑。这些原料的组合差异是多少？

☑ **a.** 6 000 美元 F。

☐ **b.** 17 400 美元 F。

☐ **c.** 17 400 美元 U。

☐ **d.** 6 000 美元 U。

组合差异计算为实际组合的标准成本（$\sum AQ \times A\% I \times SP$）与标准组合的标准成本（$\sum AQ \times S\% I \times SP$）之间的差额。实际组合的标准成本和标准组合的标准成本计算如下：

实际组合的标准成本：

天然色素：45 000 美元（30 000 × 50% × 3）

人工色素：15 000 美元（30 000 × 50% × 1）

共计：60 000 美元（45 000 美元 + 15 000 美元）

标准组合的标准成本：

天然色素：54 000 美元（30 000 × 60% × 3）

人工色素：12 000 美元（30 000 × 40% × 1）

共计：66 000 美元（54 000 美元 + 12 000 美元）

因为实际组合的标准成本比标准组合的标准成本少 6 000 美元（66 000 美元 − 60 000 美元），这些原料有 6 000 美元的有利组合差异。

责任中心与报告分部

在集权式组织中，管理者的自主决策权很有限。相反，在分权式组织中，不同级别责任中心的管理者都有决策权。责任中心也称为战略业务单位（SBU），它可以是企业的任一组成部分，只要企业赋予了中心的管理者承担该部分成本、利润、收入或投资的责任。

本节探讨了几种不同类型的责任中心，包括成本中心、利润中心和投资中心。此外，本节还讨论了报告分部与贡献报告。

请先**阅读**附录 A 中列举的本节考试大纲（LOS），再来学习本节的概念和计算方法，确保您了解 CMA 考试将要考核的内容。

责任中心的类型

责任会计（responsibility accounting）是将组织中的分部或子单位设定为各种类型的责任中心的一种方法，各个责任中心的类型设定基于这些分部或子单位的自主权及管理者所承担的责任，而且之后责任中心的绩效评估也基于这些因素。责任中心主要以其对整个公司的主要作用来划分。营业收入或利润中心向外部客户出售产品或服务而获得收入。成本中心为组织其他部门提供服务，通过向外部客户销售产品或服务而获取收入的责任并不由其来承担。然而，像服务部门这样的成本中心也可能会产生一些收入，但这些部门通常只有净成本。投资中心不仅能产生收入，也有权力进行投资。

LOS
§1.C.2.a

营业收入中心

营业收入中心（revenue centers）负责销售，但不承担与销售产品相关的制造成本。营业收入中心从成本中心或利润中心获得产品（在下文中讨论）。营业收入中心的绩效评估是以其提供贡献的能力为依据的，这里的"贡献"是指销售收入减去营业收入中心的直接成本。他们无须对来自成本中心或利润中心的产品成本负责。一家公司的专属营销部门就是营业收入中心的例子。在现实中，大多数对营业收入负责的中心可能也会对成本负责。因此，公司希望看到利润中心比营业收入中心多。

成本中心

成本中心（cost center）的管理者负责控制只产生很少的收入或者不产生任何收入的部门的成本。因此，成本中心的管理者不负责收入或投资，但如果他或她能在保持预期质量水平的同时最大限度地降低成本，就能获得奖励。财务、行政、人力资源、会计、顾客服务以及咨询台等部门都是成本中心的例子。如果员工自助餐厅不以盈利为目的，它也是一个成本中心。假如利润中心是销售部门或其他的生产部门的话，那么工厂与制造部门有时也可以被认为是成本中心。

成本中心的管理者通常要对直接材料和直接人工效率差异负责，也要为变动制造费用差异负责。控制不利差异并分析有利差异往往是成本中心管理者职责的一部分。

利润中心

利润中心（profit centers）负责成本和收入。因为利润既是收入又是成本的函数，所以利润中心管理者负责创造利润、管理收入以及控制成本。这些部门的管理者通常不控制投资。利润中心往往是独立的报告分部。比如，一个杂货店是连锁商店的一部分，它可以是一个利润中心和一个独立的报告分部。对利润中心的管理者可以基于实际利润和预期利润的比较进行评估。

投资中心

投资中心（investment centers）的管理者负责本部门的投资、成本和收入。投资中心主要关注内部和外部投资。内部投资管理者负责审查和批准资本预算编制和其他投资项目，如研发。外部投资管理者负责审查和批准用于资本保值、投资收益以及战略投资的临时的和长期的投资。对投资中心的管理者进行评估不仅要根据中心的绝对利润，还要将该利润与其投资的资金相联系。对战略投资的评估以战略投资与公司战略间的一致性为依据，而对其他投资的评估则以投资收益率和资本保值情况为依据。

图表1C-7提供了责任中心的类型和它们所负责内容的摘要。

图表1C-7 责任中心类型

责任中心的类型	销售	销售成本	其他成本	投资
收入中心	是	否	是	否
成本中心	否	是	是	否
利润中心	是	是	是	否
投资中心	是	是	是	是

例如：考察某个办公用品商店。每一条产品线（如打印机）都是营业收入中心，负责产品线的销售收入。每个部门都是一个利润中心，例如纸张供应部门，就需负责本部门的收入和费用（即盈利能力）。最后，每一家商店都是一个投资中心，对该店铺的收入和费用、资本项目预算以及资产和负债负责。如果还有员工自助餐厅，那么它很可能是一个成本中心，只需要负责控制食堂内部成本。

贡献报告与分部报告

管理各责任中心的绩效要靠分析他们的成本及对组织收入的贡献。有两种方法被用来帮助进行这种分析，那就是贡献报告与分部报告。

贡献报告

采用贡献法报告利润表对内部决策是有帮助的。它将固定费用与变动费用区分开，首先从收入中扣除变动费用，得到边际贡献，然后扣减固定费用，得到净营业利润。**边际贡献**（contribution margin）是对固定费用和利润所作贡献的数额。边际贡献向管理者揭示了利润因数量变化受到怎样的影响。需要牢记的是，固定成本和经营能力在一定范围内保持不变。

这种形式的利润表主要优点在于，利润中心管理者可以通过其习性（如固定成本或变动成本）来观察各项成本，而不是通过部门来观察，比如销售部门、行政部门和生产部门（产品销售成本）。当分析产品线、决定产品价格，考虑扩张或撤销某个分部时，或者决定自制还是外购产品时，管理人员可以使用贡献式利润表。

评估边际贡献报告经常涉及使用本量利（CVP）分析中的指标，如边际贡献、边际贡献率和盈亏平衡销售收入等。我们还可以使用平衡计分卡，它在进行绩效评估时是一个更为全面的分析工具。

通过使用贡献式利润表可以更容易地评估管理绩效，因为不受管理者控制的成本项与受管理者控制的成本项分离了。然而，许多固定成本都是可控的，所以管理者经常将它们进一步划分成可控固定成本和不可控固定成本。可控固定成本是那些与管理者决策相关的固定成本；不可控固定成本往往来自公司对总部费用的分摊，并且这种分摊没有任何商量的余地。可控边际贡献为边际贡献减可控固定成本。

图表1C-8展示了同一张利润表的两种版本，即传统式利润表和贡献式利润表。如果上一期间的报表显示不可控固定生产成本在上升，而变动生产成本在下降，那么传统的利润表不会展现这一事实。然而，贡献式利润表则能反映，即便面对不在管理者掌控范围内的固定成本上升，他/她还是成功地保持了成本的相对稳定。仍需注意的是，传统式利润表中的产品销售成本、销售和管理费用既包含固定费用又包含变动费用，但没有办法单独确定这两项成本的数额。

图表1C-8 传统式利润表和贡献式利润表

传统式利润表 （按职能部门划分成本）			贡献式利润表 （按成本习性划分成本）		
销售收入		$31 200	销售收入		$31 200
减产品销售成本		15 600	减变动费用：		
毛利		$15 600	变动生产费用	$5 200	
减营业费用：			变动销售费用	$1 560	
销售费用	$8 060		变动管理费用	1 040	$7 800
管理费用	4 940	$13 000	边际贡献		$23 400
净营业利润		$2 600	减固定费用：		
			固定生产费用	$10 400	
			固定销售费用	6 500	
			固定管理费用	3 900	$20 800
			净营业利润		$2 600

分部报告

报告分部是出于报告目的，按照生产线、区域或其他有意义的方法划分的企业各个业务分部，以便其提供所在领域的独立信息。例如，考虑某食品杂货连锁店，每一家店铺都是一个分部。另外，如果会计制度和决策系统分别评估各个产品线，那么每一条产品线（例如农产品、奶制品、肉类等）也是一个分部。

分部财务报表与非分部财务报表几乎没有区别，唯一的不同是每一个分部会追踪自己的成本，所以分部财务报表本身就能够显示每个分部的盈利情况。分部的毛利等于分部的边际贡献减去该分部所有可追溯的固定成本。**分部毛利**（segment margin）是分部获利能力的晴雨表。如果该值不乐观，那么除非该分部能给其他分部带来价值增值，否则这个分部应停止运营。

包含在分部毛利中的可追溯固定成本指的是因该分部存在而产生的成本。例如，分部管理者的薪金就是可直接追溯至该分部的固定成本。类似地，针对特定业务分部的建筑维护成本和保险费也能追溯至该分部。

共同成本的分配

与可追溯的固定成本不同，共同固定成本（如首席执行官的薪水）不能追溯到特定部门，因为这是共同成本，必须采用某种分配基础，在两个或更多个部门间分摊。上述分配基础可能会也可能不会提供一个精确的分摊。此外，共同成本往往是报告成本的部门经理无法控制的，这使得确定某个具体分部的盈利能力变得更加困难。**共同成本**（common cost）是被两个或更多分部或实体所共同分担的任何成本。当共同成本分配给各个分部时，会降低盈利能力报告中的分部毛利值。因此一些企业只有在分部被撤销，全部或大部分相关的共同成本消失时，才会向该分部分配共同成本。分配共同成本的方法有两种，即独立成本分配法和增量成本分配法。

LOS
§1.C.2.g

独立成本分配法（stand-alone cost allocation）是一种为分担共同成本的每一方决定其所占成本动因的相对比例的方法，然后根据这些百分比分配成本。

例如：公司 A 有一个新工厂和一个老工厂，这两个工厂都需要对工人进行现场培训。流动培训师的薪水是 60 000 美元，加上 10 000 美元的往返路费和住宿费。上述费用可以基于每一个地点需要接受培训的用户数量或其他成本动因（如在每一个地点花费的时间）进行分配。如果老工厂有 40 位受训员工，新工厂有 60 位受训员工，那么老工厂就该分摊 28 000 美元（40%）的成本，新工厂应分配 42 000 美元（60%）的成本。这种方法的好处是公平且容易实施。

LOS
§1.C.2.g

增量成本分配法（incremental cost allocation）是一种通过将成本相关各方归为不同的等级来分配成本的方法，可将各方归类为主要用户和增量用户。增量用户就是那些由于现在成本使用者不止一个，因而增加了额外成本的用户。

例如：以上文中的 A 公司为例，因为新工厂刚刚投入运营，该公司聘用一位培训师。该培训师主要在新工厂所在的城市里活动，因此新工厂是培训师时间的主要用户。如果培训师待在新工厂的时间占四分之三，待在旧工厂的时间占四分之一，那么新工厂分配的成本为 45 000 美元，老工厂分配剩余的 15 000 美元加上 10 000 美元的往返路费，因为往返路费的产生是为了服务于增量用户产生的。

相反，如果管理层希望降低新工厂的启动成本，可以选择指定老工厂作为主要用户，并仅分配给新工厂少量的成本。由于这个方法使得管理者能够操纵成本如何分配，所以它并不像独立成本分配法一样客观公正。而且，当共同成本以这种方式进行分配时，大多数分部都想成为增量用户，这样容易导致部门间的争用。

转移定价模型

分配成本给责任中心或分部牵涉到设定在分部之间调拨的商品和服务的价格。**转移定价**（transfer pricing）要为在企业内部交换的商品和服务设定价格。**中间产品**（intermediate product）指的是在公司内部两个分部之间调拨的商品或服务。转移价格的选择对公司战略有很大的影响。如果公司想要各个业务部门独立运作并使得管理者受到激励而实现公司的目标，转移价格应设置为市场价格，接受转移品的一方就好像是其他外部客户。当产品或服务不存在外部供应商或客户时，公平的价格（即公平或公正的市场价格）就更加难以确定。设定转移价格的数额要求很多部门之间的通力协作，这些部门包括财务、生产、营销和税务筹划等。

垂直整合程度高的公司更需要小心地设定转移价格。例如，拥有农场、食品仓库、分销商和连锁店的公司，就需要为每一项服务设定价格，其对价格的设定应让所有分部感到公平，并且应使得公司的各个组成部分在财务上都是可行的。

有 4 种模型可以用来设定转移价格，它们分别是市场价格模型、协商价格模型、变动成本模型和完全成本模型。公司通常将这几种不同的模型（双重定价）结合起来使用以满足其需要。

1. 市场价格模型

市场价格模型是一个真正公正的模型，因为它以现行市场价格来为商品和服务定价。只有当一件物品在市场存在时，才能使用这个模型，像在产品存货这样的物品可能就没有市场价格。市场价格模型使业务部门保持了一定的自主权，迫使内部销售部门与外部供应商相竞争，这个模型也收到税务部门的青睐。使用这个模型的企业在定价时应注意节省的销售和营销成本。

2. 协商价格模型

协商价格模型通过买方和卖方之间进行谈判来设定转移价格。当不同的业务部门发生冲突时，可能需要谈判甚至仲裁来使得公司在整体上高效地运行。协商价格可能使得买卖双方的自主权都会降低。还有一个问题就是，一个业务部门的管理者与其他部门相比可能只是一个更好的谈判者而已。

3. 变动成本模型

变动成本模型根据单位的变动成本（或生产产品或服务的实际成本减去所有的固定成本）设定转移价格。这个方法会降低卖方部门的利润，并且由于买方部门以较低的价格购买，从而利润会增加。该模型在如下两种情况下对卖方部门是有利的：一是其拥有过剩产能；二是买方部门可从外部渠道购买，但公司希望鼓励内部购买。该方法的缺点之一就是不被税务部门青睐，因为变动成本模型降低了产品生产部门的利润，从而导致交给产品生产所在地的税金减少。

4. 完全成本（吸收）模型

完全成本（吸收）模型始于卖方的变动成本，然后以此为基础分配一定的固定成本作为转移价格的一部分。一些公司会分配标准固定成本，因为这使得买方部门提前了解成本，并且避免卖方部门由于存在为低效买单的专属买方而变得效率过低。在变动成本上增加固定成本相对简单并且公平。然而，它能够改变业务部门的决策。

尽管在决定是从内部还是从外部购买商品时不应考虑固定成本，但管理者还是经常会购买"低成本"的外部商品，即使内部固定成本在这种情况下仍然会存在。

图表1C-9提供了转移定价模型以及使用金额确认的摘要。

图表1C-9 转移定价模型

定价模型	产品或服务价格
市场价格	现行市价；真实正当交易模式价格
协商价格	买卖双方商定的价格（内部双方）
变动成本	变动成本
完全成本（吸收）	变动成本加上分配的固定成本

举例说明：霍金斯公司有两个业务部门，北方分部和南方分部。北方分部的一种产品是南方分部需要用到的原材料。图表 1C – 10 展示了这两个分部的利润表，该表不包括两个分部间的业务往来。

图表 1C – 10　北方和南方分部利润表

	北方分部 （税率 30%）	南方分部 （税率 40%）	北方分部与南方 分部合计
销售额			
10 000 单位 ×15 美元/单位	$150 000	–	$150 000
20 000 单位 ×18 美元/单位	–	$360 000	$360 000
总销售额	$150 000	$360 000	$510 000
费用			
变动费用：			
10 000 单位 ×7 美元/单位	$70 000	–	$70 000
20 000 单位 ×10 美元/单位		$200 000	$200 000
固定费用：	50 000	65 000	115 000
总费用	$120 000	$265 000	$385 000
营业利润	$30 000	$95 000	$125 000

根据市场价格模型，假设北方分部正满负荷运营并可以销售其生产的所有产品，那么北方分部将以一个单位 15 美元的价格向南方分部出售产品。这是北方分部在市场上出售所有产品所使用的价格。

根据协商价格模型，假设北方分部有一些过剩产能，如果北方分部以 15 美元/单位的市场价格向南方分部出售产品，南方分部可能更喜欢从外部供应商处购买产品。在这种情况下，公司利润可能无法最大化。因此，北方分部和南方分部可能会商定某个价格，该价格介于 7 美元（变动成本）和 15 美元（市场价格）之间，这样可以在一定程度上弥补北方分部的固定成本，而且还有助于提高公司的总体利润。

根据变动成本模型，北方分部将以 7 美元/单位（变动成本）的价格向南方分部出售其产品。

根据完全成本（吸收）模型，依然假设存在过剩的产能，北方分部将以 12 美元/单位（单位变动成本 7 美元加上单位固定成本 5 美元）的价格向南方分部出售其产品。

选择转移定价模型

一般而言，在商品或服务的市场价格可获得的情况下，市场价格模型是首选。如果无法获知市场价格，则协商价格模型应被优先采用。当上述二者都不可行时，公司可以转而从剩下的两种成本模型中选择一个。但并不建议使用这两种基于成本的模型，因为容易导致各方之间的动机问题，例如卖方不会积极地控制成本，因为卖方可以轻而易举地将成本转移给买方。

选择转移定价模型和设定转移价格的逻辑始于自制或外购决策。如果产品或服务有外部供应商，那么应采用市场价格模型。公司应将卖方部门的变动成本与外部供应商的市场价格进行比较。如果外部市场价格低于内部变动成本，买方应从外部购买以刺激内部供应商找到降低成本的办法。

当内部变动成本小于外部市场价格时，只要卖方部门有过剩产能，买方部门就应该从内部购买。变动成本模型最适用于对产能利用较低的公司，而市场价格模型最适用于对产能利用较高的公司。如果卖方部门满负荷运营，只要卖方部门对外部顾客销售所得到的利润多于买方部门为该产品支付外部市场价格而产生的损失，那么买方部门就应从外部购买。当情况相反时，买方部门就应以市场价格从内部购买产品或服务。上文提到的双重定价制通常意味着卖方单位以市场价格入账，买方单位承担变动成本。显然，这会产生公司间内部盈利，这些盈利需要从对外披露的报告中剔除掉。

组织分部的绩效评估报告

各个组织分部的绩效评估报告是为内部使用而编制的，重点为管理层提供所需要的信息，以便发现问题并设计改进方案。

绩效评估报告

绩效评估报告应根据受众和报告所送往的管理人员的层级来量身定制。信息过多与信息不足一样容易掩盖问题，所以信息传达的时机和信息数量对每一位管理者的成功都是至关重要的。绩效评估报告比如差异报告的时机设定是很重要的。为了使报告能真正发挥效用，报告中的信息一定要具有相关性。然而，如果管理者被海量信息淹没，不能识别哪些信息是重要的，这就表明报告可能太频繁了。

有效的绩效评估使得管理者和员工为组织目标奋斗而产生理想的战略结果，同时实现了公司目标和个人目标的最大化。绩效评估体系的目的包括：
- 确保目标一致性（例如，使个人目标与组织目标相一致）；
- 就预期进行准确的沟通交流；
- 提供机会来激发组织中的各个成员以最大化组织目标的方式来工作；
- 为组织成员与组织之间有效沟通提供通畅的渠道；
- 清晰表达组织的各项评估基准。

当反馈机制不起作用，或当评估基准与运营的成本和/或收入动因不匹配时，可能会产生错误的激励，使得组织达不到预期目标。因此，每一个挑选出的绩效评估指标需要具备以下要素：
- 绩效测量的时间段（例如，仅查看一年的结果，还是同时查看几年的结果）。
- 对被评估项的共同的定义（例如，不管其功能和用途，资产全都被定义为"全部可用资产"）。

- 绩效评估中所使用的具体测量单位的定义（比如，历史成本、当前成本）。
- 为每个绩效指标和每个分部设定目标绩效水平。
- 绩效反馈的时间安排（例如，是按照每天、每周还是每个季度来提供反馈）。

跨国公司的绩效评估

各国之间非财务的差异——如经济、法律、习俗和政治等方面的差异，应该在评估国外分部的结果时起到一定的作用。

跨国公司必须对额外关注的事情做出解释，比如关税、汇率、税收、货币限制、没收风险、材料和技能的可获得性以及相对成本可能如何影响绩效评估。跨国公司会使用转移定价来获得税收和收益的优势，这可能与使用转移定价进行绩效评估或形成绩效激励冲突。

例如：一些制药公司在波多黎各生产他们的产品，并且将大部分产品销往美国大陆。由于波多黎各的税率比美国其他地方低，这就刺激该制药公司对销售到美国分部的药品收取尽可能高的转移价格（如市场价格），这样就能将利润留在税率较低的地区。因为波多黎各的子公司本质上处于垄断市场，所以它不会像公司管理层希望的那么高效。

相反，如果生产国的税收与销售地所在主要国家的税率相比相对更高，这就刺激公司尽可能地将转移价格设定到最低（如按成本计价），这样利润最终将由销售地所在分部得到。产生的结果可能是生产地所在国分部不能满足全部的需求。而且，如果转移价格就是实际的成本，那么生产方就没有任何动力去控制成本，因为生产方可以轻易地将成本转移给其他分部。这一困境的解决方案之一就是使用标准成本来取代实际成本（通过付出努力进行持续改进，标准可能会随着时间的推移变得更加严格）。另一个解决方案就是改变分部的责任结构，如果分散管理的转移价格不能产生所期望的激励作用，那就使得各分部更加集权化。

与所有绩效评估一样，跨国公司应把重点放在分离可控成本与不可控成本上，只能将评价建立在管理者的选择所影响的成本之上。如果外国货币发生贬值，这将影响公司的利润，但是超出了管理人员的控制范围。当外国政府强制实施贸易限制措施（如关税壁垒）时，公司的绩效测量应该考虑这些因素所导致的利润损失。当外国分部的管理者采用外币记账时，他们的上级应考虑汇率波动、通货膨胀以及外国相对购买力的差异所带来的影响。例如，与在人工和商品成本更高的国家销售商品相比，在人工和商品成本较低的国家销售的商品应制定低得多的价格。

然而，因为绩效评估应该激励管理者改善整体运营状况，所以判断一项不可控事件的任何部分实际上是否可以被避免或转移就很重要。例如，如果管理者知道他无需为货币贬值负责，那么他就不会像要对此负责的人一样尽快地将资金从该国家转移出去。以这种方式被评估的管理者可能会聘用市场分析师或专门研究汇率的经济学家来帮助预测这样的变化。

提升绩效评估效果的另一种方法是借助来自与当地情况类似的公司或管理者的标杆值。每一个独特的领域都有其自身的对照组，这样就为评估不同公司之间的绩效提供了机会。

最后，因为利润能够被各种国际的问题扭曲，所以绩效评估应避免只关注利润，反而应关注更为稳定的指标，如收入、市场份额或运营成本。

**本节习题：
责任中心与报告分部**

说明：回答所提供的每一个问题，正确的答案和解释出现在本节习题之后。

1. 酒店的维修部被视为：
   - ☐ **a.** 利润中心。
   - ☐ **b.** 收入中心。
   - ☐ **c.** 成本中心。
   - ☐ **d.** 投资中心。

2. 一家公司期望其工厂经理控制生产成本，并为所生产的产品设定价格。公司的工厂经理被认定是管理哪种类型的责任中心？
   - ☐ **a.** 利润中心。
   - ☐ **b.** 成本中心。
   - ☐ **c.** 收入中心。
   - ☐ **d.** 投资中心。

3. 一家公司有两个经营分部。该公司的 A 分部在过去两年中一直在 70% 的产能上运营，它只生产一种产品，以每单位 17 美元的价格出售给外部客户。产品的变动成本为 11 美元，分配的固定制造费用为 3 美元。B 分部以 15 美元的价格从外部供应商那里购买 A 分部生产的同一产品。管理层正在考虑从 A 分部获得产品。如果 A 分部开始制造足够多的产品以销售给其外部客户以及 B 分部，则它将达到 94% 的产能。如果制定转移价格，A 分部向 B 分部收取的最低价格应该是多少？
   - ☐ **a.** 每单位 11 美元。
   - ☐ **b.** 每单位 14 美元。
   - ☐ **c.** 每单位 15 美元。
   - ☐ **d.** 每单位 17 美元。

本节习题参考答案：
责任中心与报告分部

1. 酒店的维修部被视为：
   ☐ a. 利润中心。
   ☐ b. 收入中心。
   ☑ c. 成本中心。
   ☐ d. 投资中心。

   成本中心是一个组织的分部，其经理只负责成本。成本中心通常包括没有收入的服务部门或员工部门，酒店的维修部就是一个不产生收入的分部的例子。

2. 一家公司期望其工厂经理控制生产成本，并为所生产的产品设定价格。公司的工厂经理被认定是管理哪种类型的责任中心？
   ☑ a. 利润中心。
   ☐ b. 成本中心。
   ☐ c. 收入中心。
   ☐ d. 投资中心。

   公司的工厂经理被认定是管理利润中心。由于利润是收入和成本的函数，利润中心经理有责任创造利润、管理收入和控制成本。

3. 一家公司有两个经营分部。该公司的 A 分部在过去两年中一直在 70% 的产能上运营，它只生产一种产品，以每单位 17 美元的价格出售给外部客户。产品的变动成本为 11 美元，分配的固定制造费用为 3 美元。B 分部以 15 美元的价格从外部供应商那里购买 A 分部生产的同一产品。管理层正在考虑从 A 分部获得产品。如果 A 分部开始制造足够多的产品以销售给其外部客户以及 B 分部，则它将达到 94% 的产能。如果制定转移价格，A 分部向 B 分部收取的最低价格应该是多少？
   ☑ a. 每单位 11 美元。
   ☐ b. 每单位 14 美元。
   ☐ c. 每单位 15 美元。
   ☐ d. 每单位 17 美元。

   一个业务部门应该收取的内部另一个分部的最低价格取决于供应部门是否有过剩的产能。因为 A 分部可以制造足够多的产品卖给它的外部客户和 B 分部，它有多余的生产能力。如果业务部门具有为内部其他部门生产产品的额外能力，供应业务部门应收取的最低价格是生产每个单位产品所需的变动成本，在此问题中每单位产品最低价格为 11 美元。

绩效评估

绩效评估有助于确保整体盈利能力、业务单位盈利能力和客户盈利性都符合公司目标和战略。了解成本和收入的动因对于管理会计师指导或调整具体评估的能力至关重要，这些措施最终将公司定位于朝着实现其目标的方向前进。及时的监控和相应的纠正措施有助于使得公司的绩效达成公司的所有目的、目标和战略方向。

对绩效的估价和评估可以从不同的角度来看待的，这些视角有助于洞察可能阻碍实现绩效目标的潜在问题。本节将探讨绩效分析技术，这些技术将有助于评估业务单元、产品和客户的盈利（性）水平。此外，还将讨论包括平衡计分卡在内的其他监控技术。

请先**阅读**附录 A 中列举的本节考试大纲（LOS），再来学习本节的概念和计算方法，确保您了解 CMA 考试将要考核的内容。

业务部门获利能力分析

战略业务单位（strategic business unit，SBU）是更大的组织中的一个实体或运营单位。估价和评估业务部门的绩效可以帮助管理者确定各个部门的利润贡献如何与整体盈利能力、公司战略和目标相联系。根据公司对特别业务单位的关注程度，绩效衡量可以根据业务单位的边际贡献、直接/可控利润、税前收入或净收入来进行。

图表 1C–11 演示了如何计算这些估价标准。

图表 1C–11　业务单位利润表

销售收入	$780 000
变动费用	585 000
边际贡献	**195 000**
该利润中心的可控固定费用	19 500
直接/可控利润	**175 500**
分配给该战略业务单位的公司费用	52 500
税前所得	**123 000**
所得税	49 200
净利润	**$73 800**

边际贡献

一个业务单位的**边际贡献**（contribution margin）将衡量这个 SBU 创造利润弥补固定成本的能力。它是一种有用的绩效度量，因为它包括经理控制范围内的变动成本。

直接/可控利润

业务单位经理从边际贡献中扣除可控的固定成本，可以得到业务单位的**直接/可控利润**（direct/controllable profit）。在评估经理管理固定成本如薪水产生业绩的能力时，这种度量特别重要。刚才所讨论的公式中表示的固定成本不包括从母公司层面转移分配的成本。

税前所得（利润）

税前所得是通过从直接/可控利润中扣除公司分配成本来计算的。通常，分配的成本是指在整个组织中分摊的各种成本，这些成本分配给各个业务单位（法律费用、专业费用、公司管理费用）。这些分配的成本可能被业务单位经理认为是无法控制的，但在确定使业务部门成为组织整个业务盈利贡献者所需的盈利水平时可以预见它的作用。这种洞察力通常起着关键作用，可以做出与产品定价和生产力相关的长期决策。

净利润

通过扣除税前所得中的所得税，净利润受税率、存货估价方法和折旧方法的影响。如果在母公司层面确定，会计方法的影响通常不被业务单位经理认为是可控的。然而，如果任由业务单位自行决定，它们可能对净利润产生相当大的影响。

图表 1C–12 显示了具体会计方法对净利润的影响：

图表 1C–12　会计方法选择对净利润的影响

方法	假设	成本影响	导致净利润
存货先进先出法	使用最早的存货价格。随着通货膨胀，更新的库存成本更高	较低的产品销售成本	更高
存货后进先出法	首先使用最新的存货价格。随着通货膨胀，更新的库存成本更高	较高的货物销售成本	更低
直线折旧法	资产贬值在资产的生命周期内是一致的	折旧成本在资产的生命周期内平均分配	较低，但在资产的生命周期内平稳

续表

方法	假设	成本影响	导致净利润
递减余额折旧法	资产在生命周期的前几年贬值更大	折旧成本在资产的前几年较高，但随着资产到期而降低	在资产的前几年更低，但随着时间的推移更高
年数总和法	资产在生命周期的前几年贬值更大	折旧成本在资产的前几年较高，但随着资产到期而降低	在资产的前几年更低，但随着时间的推移更高

产品盈利性（能力）分析

产品盈利性分析（product profitability analysis）通常由业务单位或产品线的经理使用，以确定特定的产品盈利性如何促进业务单位的整体盈利性和/或公司的整体盈利性。这类绩效评估有助于确定哪些产品：

- 是最赚钱的；
- 需要进一步的成本或价格评估；
- 需要市场营销或促销部门的努力和支持；
- 是无利可图的，应考虑终止。

在终止无利润的产品或生产线之前，应仔细考虑该决定对财务和非财务的影响。这些考虑应该包括：

- 决定对整体销售或其他产品销售的影响；
- 使产品或产品线盈利的替代解决方案（如价格调整或增加营销投入）；
- 对吸收、联合和副产品成本计算的影响；
- 决定产品将来是否会更有利可图；
- 对公司战略的长期影响；
- 对公司形象或员工士气的影响。

客户盈利性分析

重要的是要认识到虽然向一个特定的客户销售产品可能是有利可图的，但如果考虑维护该客户的相关实际成本，这些客户无法成为整个业务单位或公司盈利的贡献者。特别折扣、分担费用（如合作广告）和特别管理费用（如维

持客户服务或项目所需的人力资源）是客户盈利性分析（customer profitability analysis）的关键组成部分，用于确定如何提高盈利性和/或放弃无利可图的客户和产品。

想象一下，ABC 公司愿意为包括 ABC 产品在内的所有宣传材料支付 20%的客户广告费用。图表 1C - 13 显示了客户 D 购买较新的、收益较高商品的影响，将之与只购买已停产/清仓商品的客户 E 相比：

图表1C−13 客户盈利性分析

	客户 D	客户 E
销售数量	500	2 500
单位客户价格	$ 500	$ 250
客户收入	**$ 250 000**	**$ 625 000**
产品销售成本（每单位225美元）	112 500	562 500
客户毛利	**137 500**	**62 500**
合作广告成本（占销售额的20%）	50 000	125 000
税前客户净盈利（性）	**$ 87 500**	**$（62 500）**

如上所示，虽然客户E为收入和毛利做出了贡献，但该公司的合作广告政策使得总体来说盈利无法实现。这类分析可能导致管理会计师会建议重新调整，只针对购买收益较高的特定产品的客户宣传材料支付相应的广告费用。

进入客户盈利性分析的其他成本考虑因素可能包括：

- 与客户信用/付款条件有关的费用；
- 特别折扣安排；
- 滞期费；
- 违反电子数据接口（EDI）行为的处罚；
- 其他费用，包括以前记录的费用。

类似于在评估一个终止产品或产品线的可行性时所给予的考虑类型，在完全基于客户对净盈利性的贡献考虑而放弃客户之前，必须仔细评估财务和非财务因素。

财务盈利性分析

公司可以利用几种不同的财务分析指标作为有效的公司绩效衡量指标，本部分将讨论在对业务单位和公司绩效进行全面评估时使用的关键指标。

投资收益率

投资收益率（return on investment，ROI）基于对为获得利润而投资的资产进行的分析来衡量业务单位的获利能力。

ICMA（美国注册管理会计师协会）所使用的投资收益率计算公式如下所示：

$$投资收益率 = \frac{业务部门的利润}{业务部门的资产额}$$

注意：在没有特别说明的情况下，公式中的"利润"是指营业利润。

计算投资收益率（ROI）所使用的公式中对作为分子的利润和作为分母的

资产的定义有很多种。这里所展示的公式是 CMA 考试中要测试的。

　　有时候，获得净利润的和对资产的投资的时间线并不总是一样的，例如投资某种在接下来的 5 年都能获得利息收益的债券。当比较两个或两个以上的投资机会时，很重要的一点是，每个项目的时间区间应该是相同的，以便能够进行公平的比较。当使用投资收益率进行成本——收益分析时，重要的一点是要在投资效益能被追踪以便确定每年净收益的期间内，对该投资的任何持续成本做出解释。

　　投资收益率可以按短期（1 个月或 1 年）或长期（对某个计算机系统的投资将产生 6 年的收益和 6 年的成本）测量。当分析一个长期项目时，使用现金流量折现模型将更为合适，因为这些模型考虑了货币的时间价值。

　　某家公司具体如何计算投资收益率可能取决于行业惯例或公司内部政策。懂得哪些数字是用来产生比率的是能够信任那些比率的唯一途径。如果一个公司的某些比率是在没有任何背景的情况下给出的，可能直接根据公司的财务报表重新计算这些比率更加可靠。这么做能确保每一个比率的计算均采用相同的方法和相同的源数据。类似地，财务报表信息披露提供了有关于公司使用的会计方法的重要信息，例如对存货的解释。各公司的结果将是无法比较的，除非将数据转换到同一个方法体系内。例如，采用后进先出法（LIFO）进行存货估价的公司，将会在其财务报表信息披露中报告一个先进先出约当量，那么当与另一家公司采用先进先出法的公司比较结果时，这个数量就可以被使用。

　　投资收益率用百分数表示，百分数越大，投资收益就越多。投资收益率是一个受欢迎的获利能力衡量指标，因为它囊括了收入、投资额和成本。请记住，没有哪个财务比率自身有意义。因此，投资收益率应与其他财务指标结合起来使用，并与行业平均值或其他可能的投资进行比较。

　　如果在内部使用，公司可以采用"收入"（或"利润"）和"投资额"的不同定义。如果在外部使用，美国公司现在采用公认的会计原则（GAAP）中的定义。但是，如果在计算内部或外部比率时采用了不同的方法分配共同成本的话，那么比较业务单位的投资收益率可能是困难的。

　　当投资收益率将平均总资产作为其分母时，它就变成了**资产收益率**（return on assets，ROA），该比率揭示了在采用既定资产可得水平的条件下，公司在创造利润方面有多么成功。公司越有效率，其资产更可能是有利可图的。

　　当投资收益率使用所有者权益作为其分母时，它被称为**权益收益率**（return on equity，ROE）。ROE 只针对普通股权益进行计算，因为优先股股东拥有固定的投资收益率即优先股股利率。

　　一般来讲，公司的权益收益率应高于其资产收益率，因为这意味着公司借入的资金（如按 9% 的利率借入）以一个更高的收益率（如 15% 的权益收益率）被再投资。公司利用财务杠杆来获得这种差异，这也被称为股权交易。财务杠杆率的计算如下所示：

$$\text{财务杠杆} = \frac{\text{资产}}{\text{权益}}$$

拥有更多的资产和更少的权益会增加财务杠杆率。当一家公司通过举债为其部分资产筹措资金时，这种情况就会发生。从股东角度看，较高的财务杠杆是更可取的。对于那些创造的利润大于其融资成本的公司，这将会产生更高的投资资本（权益）收益率。然而，在公司所获利润低于其利息成本的情况下，较高的财务杠杆也会将公司暴露在更大的破产风险之下。当收入增加时，股东所分得的利润会以更快的速度增加，但是当收入下降时，利润也会以更快的速度缩水，因为无论利润如何利息成本都必须支付。

例如：某体育用品生产商分析其两个业务单位的投资收益率（ROI），采用"营业利润"作为分子，"净资产"作为分母。

网球业务单位的营业利润为 100 000 美元；净资产为 400 000 美元：

$$ROI = \frac{100\ 000\ 美元}{400\ 000\ 美元} = 25\%$$

美式壁球业务单位的营业利润为 60 000 美元；净资产为 300 000 美元：

$$ROI = \frac{60\ 000\ 美元}{300\ 000\ 美元} = 20\%$$

剩余收益

剩余收益（residual income，RI）是从利润额中减去投资的估算成本后的值。ICMA（美国注册管理会计师协会）所采用的剩余收益计算公式为：

> **剩余收益 = 业务单位的利润 –（业务单位的资产 × 必要报酬率）**
> 注意，除非另有说明，利润一般指营业利润。

投资（战略业务单位的资产）的估算成本等于必要报酬率乘以投资额。这代表了因不能将该笔资金投资于别处而导致的机会成本。必要报酬率通常来源于对潜在投资风险进行调整后的加权平均资本成本。

例如，假设 ROI 例子中的体育用品生产商决定网球业务单位的必要报酬率为10%，并且由于美式壁球业务单位面临更大的风险，其必要报酬率为12%。那么每个业务单位的剩余收益可计算如下：

网球业务单位的剩余收益 = 100 000 美元 –（0.1 × 400 000 美元）
= 60 000 美元

美式壁球业务单位的剩余收益 = 60 000 美元 –（0.12 × 300 000 美元）
= 24 000 美元

这两个业务单位的剩余收益表明，只要网球单位的利润高于 40 000 美元（0.1 × 400 000），美式壁球单位的利润高于 36 000 美元（0.12 × 300 000 美元），该生产商就应向这两个业务单位的资产进行投资以促使其业务增长。采用剩余收益（RI）代替投资收益率（ROI）使得管理者以实际的美元数额而不是百分比为目标。

和投资收益率一样，剩余收益可以测量具体业务部门的投资收益，在这种情况下，它采用部门利润、部门投资额以及部门特定的必要报酬率。

剩余收益 VS. 投资收益率

　　财务比率必须要结合公司和行业的背景加以应用。公司业务的性质会影响到人们如何理解诸如投资收益率（ROI）等财务比率。例如，某一行业可能平均投资收益率比较低，因此市场会认为该行业中一个稍微高一点的投资收益率就是有利的，尽管该投资收益率与其他行业的投资收益率相比要低一些。此外，公司业务的成熟度在分析中也要考虑，一个公司在其开展业务的第一年不会被期望产生与创立已久的公司产生同样的投资收益率。公司进入新的市场必须合理地设定其预期。例如，一家公司对其创立已久的电视机部门采用了特定的4ROI，但对新设立的航空航天部门必须使用不同的标准。为解决这些有关可比性的问题，比较有用的做法是采用相同的方法来计算本公司和相关标杆公司（如相同成熟度的竞争对手或公司）的有关比率。

　　仅关注投资收益率并不是一个好的经营政策。相反，公司应考虑既包括财务因素又包括非财务因素在内的多种因素。也许出于公司发展的理由，公司可能会接受一个投资收益率较低的项目，因为该项目一定会带来新的长期客户，以及更好的长期投资收益率。

　　当投资收益率作为主要的绩效评估工具时，如果某些资本投资无法保证其投资收益率等于或好于目前的投资收益率，即便这些投资对整个组织而言在战略上是有益的，该业务部门的经理还是可能会拒绝这些投资。

　　例如，旁氏体育用品公司的网球部门正准备以100 000美元的价格购置一台新机器，预计能产生20 000美元的额外收入。该机器的投资收益率为20%（20 000美元/100 000美元），而网球部门当前的总体投资收益率为25%（100 000美元/400 000美元），因此这将降低网球部门的总体投资收益率：

$$购置新机器后的投资收益率 = \frac{100\,000\,美元 + 20\,000\,美元}{400\,000\,美元 + 100\,000\,美元} = 24\%$$

　　如果部门经理的薪酬根据投资收益率发放，他将不太可能进行这项投资。相反，如果采用剩余收益对管理者进行评估，计算（假设必要报酬率为10%）如下：

$$未购置新机器网球部门的剩余收益 = 100\,000\,美元 - (400\,000\,美元 \times 10\%)$$
$$= 60\,000\,美元$$

$$购置新机器网球部门的剩余收益 = 120\,000\,美元 - (500\,000\,美元 \times 0.1)$$
$$= 70\,000\,美元$$

　　由于剩余收益因此项投资而增加，因此，基于剩余收益发放薪酬的部门经理会有动力对该机器进行投资。只要这项投资可以获得预期收入，经理就会因增加了剩余收益而获得奖励。

　　剩余收益指标让管理者有动力选取任何产生的报酬率高于必要报酬率的项目。然而，剩余收益是一个绝对数量指标，与使用百分比指标相比，它会让比较规模不同的业务部门更加困难。例如，一个规模大的业务单位，即使其效率很低，也会比高效运行的小业务单位的剩余收益高。因此，使用这个指标对规模大的部门更为有利。剩余收益对必要报酬率也很敏感。随着投资额的增加，这种敏感性也会变得更加显著。

若以投资收益率最大化为目标，可能会导致盈利能力较强的子单位的管理者拒绝某些项目，尽管从整个组织的角度来看，应该接受这些项目。只要子单位的投资收益率（22%）高于整个组织的资本成本（12%），这种情况就会发生。在这种条件下，一个投资收益率为 18% 的新项目将对整个组织有利，但却会被该子单位拒绝，因为该项目会降低子单位的投资收益率。相反，无利可图的子单位经理可能会接受某些项目，尽管从整个组织的角度来看，这些项目应予拒绝。例如，当整个组织的资本成本为 12% 时，另一个投资收益率为 8% 的子单位的经理可能会接受一个投资收益率为 10% 的项目，即便该项目将减少组织的剩余收益。通常，子单位和组织之间目标的一致性可以通过使用剩余收益而不是投资收益率评估管理者的绩效得以改善。

在使用投资收益率指标和剩余收益指标时还有一些其他问题。增加投资收益率或剩余收益为目标都涉及最大化利润（销售收入最大化的同时成本最小化）并且最小化投资基数。最大化销售收入和最小化成本会导致各战略业务单位（SBU）之间在转移价格上发生争执，因为转移价格对卖方部门来说会记为收入，而对买方部门来说则记为成本。成本最小化也会鼓励各战略业务单位削减酌定成本以减少其投资。短期内最有可能被削减的酌定成本有：

- 研发成本；
- 质量控制成本；
- 维护成本；
- 人力资源开发成本；
- 广告与促销成本。

削减上述成本将在短期内提升投资收益率或剩余收益，但可能会给战略业务单位或组织带来一些长期问题。

最大化投资收益率或剩余收益鼓励战略业务单位的管理层通过不更换旧资产、不购买新资产或技术，或无根据地处置资产等方式来减少投资基数。所有这些行为往往会带来长期问题。

投资基数问题

绩效衡量的关键是可比性问题。然而，投资收益率和剩余收益都会受到收入和资产计量方式的影响。因此，当比较内部业务单元时，使用投资收益率和剩余收益作为绩效测量工具可能会面临挑战，因为各个单元可能会使用不同的方法来计量作为其财务绩效组成要素的收入、成本和资产。导致这种绩效比较失去意义的问题包括：

- 不同的收入与费用确认政策。如果公司内部的业务部门在不同的行业经营，他们的收入和费用确认政策可能存在固有的差异，从而降低了可比性。此外，如果企业内部一个部门向另一个部门提供零部件，那么选定的转移价格也会影响生产部门的收入和使用部门的支出，并且还将影响每个部门进行内部转移的动力。

- 存货计量政策不同。比较使用不同的存货计价政策的业务单元可能会很复杂，因为不同存货计价政策的选择会影响投资收益率和剩余收益计算中的收入和资产。

- 不同业务单元之间共有或共同资产。任何时候业务单元共享某一资产时，共同的成本必须要进行分配。分配方法的选择将会影响每个单位认可的费用和收入以及对绩效的看法。

- 在如何评估资产方面的不同选择。资产可以按其历史成本、账面价值或重置成本来衡量，这个选择可能会对管理者的决策和感知到的业务部门绩效有重大的影响。例如，使用历史成本计算投资收益率和剩余收益对资产更为老旧的部门有利，并且会阻碍管理者更换其部门的资产。与之相比，采用重置成本不利于那些拥有更为老旧资产的部门，并且激励管理者更换资产，即便这些资产依然运作良好。选择账面价值意味着由于资产计提折旧以及账面价值下降，即便分部的收入没有变化，每年的投资收益率和剩余收益还是会自动提升。

平衡计分卡

传统上，大多数公司只基于财务指标来分析绩效。虽然这些财务指标是客观的而且是量化的，但他们本质上是以公司的历史表现为依据。而且，他们在提供短期预测而不是长期预测方面有更好的表现。尽管这些滞后的指标在帮助公司跟踪已完成的工作方面很重要，但公司也要关注领先指标（能揭示未来成功的指标）。平衡计分卡（BSC）及类似的从全盘视角看问题的工具提供了这种更为广泛的关注。

平衡计分卡为公司提供了一种简单的能够向他们展示具体的财务以及非财务指标的工具。平衡计分卡是一种战略性的度量和管理系统，它将公司战略转化为四个平衡的类别。其中财务方面的指标度量了一家公司过去的绩效。客户、内部业务流程以及学习与成长方面的指标则驱动了未来的财务绩效。

平衡计分卡是罗伯特·卡普兰和大卫·诺顿创建的一种方法，它使得组织摆脱仅仅关注财务数据的做法。其目标是使组织在关注财务信息的同时，创造出组织长期发展所必需的能力与无形资产。这是通过将公司的战略转化为每个类别内的具体度量指标来完成的。公司将平衡计分卡作为一种管理工具来使用以实现如下目的：

- 阐明和交流公司战略。
- 将个人目标和业务单位目标同公司的战略相统一。
- 将战略与预算编制流程相联系。
- 为持续的战略改进获得反馈。

平衡计分卡中的关键绩效指标（KPIs）

为了有效地制定战略，公司需要分析其内部的优势和劣势，然后分析其外部的机会与威胁。将上述的分析相结合，这就被称为 SWOT 分析。

优势包括组织的核心能力（独特的技能）。劣势是指将公司置于某些不利地位的特征。机会是指增加收入或利润的可能性。威胁则是环境中可能给公司造成麻烦的某些因素。对这些因素的分析能帮助公司确定其关键绩效指标（KPIs）。

关键绩效指标（KPIs）是具体的、可衡量的目标，这些目标必须要达成以便实现公司的战略。平衡计分卡识别了公司的 KPIs，并将它们整理到 SWOT 分析的四个类别中。

图表 1C – 14 展示了某公司的 KPIs。

图表 1C – 14 KPIs 的量度指标

维度	KPIs	衡量指标举例
财务维度	销售额	销售预测准确度、销售利润率、销售趋势
	流动性	资产、存货、应收账款周转率、现金流量
	盈利能力	投资收益率、剩余收益、经济增加值
	市值	市场增加值、股价
客户维度	市场份额	同业公会分析结论、市场定义
	客户获得	新客户数量、新客户的总销售额
	客户满意度	客户退货、客户投诉、客户调查
	客户保留	各类客户的保留率、客户增长率
	质量	质保费
	及时性	订货至交货所需时间、及时送货次数
内部业务流程维度	生产率	周期时间、效益、效率、差异、废料
	质量	缺陷、退货、废料、返工、调查、质保
	安全性	事故、保险索赔、事故后果
	加工时间	准备时间、周转时间、交付周期
	品牌管理	广告数量、调查、最新报道
学习与成长维度	技能发展	员工培训时间或学员、技能改进
	激励、授权	员工平均建议量、已采纳的建议
	新产品	新专利、设计变更次数、研发技能
	能力	员工流动率、经验、客户满意度
	团队合作表现	调查、与其他团队共享成果的次数、多组合作项目的数量、共享的激励所占比例

定义了 KPIs 之后，还必须为每个 KPIs 指定度量单位。根据卡普兰和诺顿的观点，"如果你不能衡量它，你就不能管理它"。

在制定 KPIs 时，很可能某些指标会与其他指标相冲突。为避免这种情况，平衡计分卡专门采用了一种将关键绩效指标整合到公司战略中的流程。

图表 1C – 15 中显示了公司的愿景和战略是如何处于任何事物的中心位置的。平衡计分卡的四个维度与公司的愿景和战略相联系，这四个维度本身也是相互关联的。

图表 1C−15 远景和战略位于平衡计分卡的中心位置

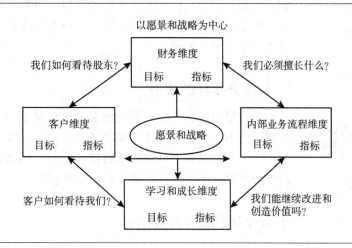

平衡计分卡的有效使用

　　一旦定义了关键绩效指标及其衡量标准，就必须将其与公司的战略联系起来。如果管理者受到激励，以牺牲组织的目标为代价追求自身目标的实现，那么没有哪种衡量工具能成功地发挥其作用。成功的平衡计分卡在组织内部营造了一种相互理解的氛围，以及让个人了解怎样才能为组织战略的成功做出贡献。平衡计分卡的各项组成元素来自组织的战略，因而平衡计分卡应该揭示组织的战略是什么。将平衡计分卡的四个方面同公司战略相联系，要求了解以下三个原则：因果关系、结果衡量指标与绩效动因以及与财务指标的联系。

1. 因果关系

　　所有关键绩效指标应该与全部的因果关系链相匹配，上述因果关系链终结于对相关财务指标的衡量和部分公司战略的实现。因果关系的情形可以用"如果……那么……"的陈述句来假设：如果公司引进一条新的产品线，那么公司将会吸引到新的客户群；如果公司吸引到了新的客户群，那么现存的所有产品线都将有新的客户；等等。这些因果关系链应该尽可能沿着四个领域中的每一个来发展，所有因果关系链的最终结果应当明确描述公司的战略，如何衡量每一个维度，以及如何为绩效评估流程提供反馈。最后，所有关键绩效指标都应该整合到这些因果关系链中的其中一条里。

2. 结果衡量指标与绩效动因

　　要想使关键绩效指标组成的因果关系链发挥作用，这些因果关系链必须与某个具体的结果以及阐明如何实现该结果的绩效动因相联系。结果衡量指标是滞后的（具有历史意义的）关于成功的指标，如盈利能力、市场份额、员工技能和客户保留等。结果衡量指标往往是综合指标，用来衡量某些因果链最终必须实现什么结果。

　　绩效动因是领先指标，或者是特定业务单位战略的动因，如生产周期、准备时间或新专利等。如果没有结果衡量指标，绩效动因虽能指出短期内如何运作，但无法揭示长期来看战略是否成功。如果没有绩效动因，虽然结果衡量指标能揭示部门或团队应向何方努力，但无法指出实现目标的路径，或者在需要时无法给出相关的信息。

3. 与财务指标的联系

无论组织多么专注于某项创新（例如全面质量管理、员工授权等），都必须将这些创新活动与最终结果相联系。而且，如果某个项目不能带来可见的效益，这会让管理者不再对该项目抱有幻想，因为没有办法衡量该项目的成功。因此，所有的因果链都需要与财务结果挂钩。

平衡计分卡的非财务指标

为推动未来的财务绩效，平衡计分卡需要评估客户、内部业务流程以及学习和成长这三个方面的非财务指标。

客户指标

因为客户为公司创造收入，因此公司必须识别客户并进行市场细分。与客户维度相关的非财务指标必须包括具体的结果量度指标和具体的绩效动因。由于公司不可能以每个人为目标而又不会失去对其核心客户的关注，因此公司必须形成针对细分市场及其战略的绩效动因（也称作价值主张）。

主要的客户结果衡量指标包括：
- 市场份额；
- 客户获得；
- 客户满意度；
- 客户保留；
- 客户盈利性。

这些元素共同作用形成了如图表 1C－16 所示的因果关系链。

图表 1C－16　客户结果衡量指标形成的因果关系链

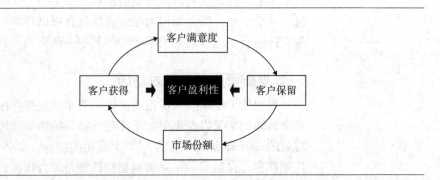

市场份额

市场份额（market share）是指使用某公司产品或服务的客户占某特定细分市场中全部用户的比例。市场份额的细分是客户份额。**客户份额**（account share）是指客户与某公司之间的交易占该客户在该公司所在领域内的全部开销的比例。例如，某食品经销商可能会测算目标客户购买其产品的数量占客户的食品总购买量的比例。

一个企业细分市场的整体规模相关的数据可以从贸易协会、行业组织、政府研究和客户调查中获得。该市场由公司所控制的份额可以采用诸如客户总数、销售量或销售额等指标来度量。客户份额可以使用调查或近似技术来测量，近似技术可以估计一位普通用户的开销，并与其在某公司开销相比较。客户较少的公司可以追踪到具体客户，而客户较多的公司则必须追踪客户细分。

客户获得

具有增长战略的公司十分关注客户获得的指标，由于客户保留率绝不会达到100%，因此所有公司都需要增加新客户。客户获得度量了为获得新客户投入的资金（如广告费和其他营销成本）成功得到利用的程度。客户获得可以用绝对数指标（新客户数量）或相对数指标（顾客净收益）来度量。也可以用对客户的总销售额或用客户获得数除以客户市场细分对其进行度量。其他指标将关注于客户转化率：即新客户人数除以潜在客户总人数。

客户满意度

客户满意度指标展示了公司在满足其客户的需求方面的成功程度。当公司的客户是企业时，客户满意度可以通过让客户根据各种因素对其供应商排序来度量。零售客户的满意度可以通过调查或客户投诉来度量。客户调查的成本各有不同，这取决于调查中所使用的媒体及想要获得的回应数量。基于网络的调查和网络跟踪使得数据收集过程相对便宜。

客户保留

客户保留是一个不间断的过程，保留客户名单的公司，如杂志社、汽车经销商、分销商和银行等公司均可以利用客户名单对客户保留直接进行度量。客户保留可以进一步被分解成每个客户业务的百分比变化。对零售商来说，一些客户保留数据可以通过信用卡收据搜集。零售商客户保留数据的一个重要来源是客户忠诚度计划，该计划对登记的客户提供购买折扣，这就使得公司可以精确地追踪客户的购买情况。

客户绩效动因

尽管对大多数行业来说，结果量度指标可以被宽泛地定义，但绩效动因对每个公司的战略和市场都是明确的。与客户获得、客户保留和客户满意度有关的绩效动因都建立在满足客户需要的基础之上。一些常见的绩效动因的例子包括：

- 响应时间；

- 交货绩效；
- 产品缺陷；
- 交付周期。

内部业务流程指标

在创建财务和客户指标以满足公司战略之后，可以设计内部业务流程指标与这些度量标准相联系，并创造客户价值和股东价值。平衡计分卡在设计相关指标时并不仅仅试图改善现有的业务流程，它建议公司从当前及未来的客户需求出发，通过对营运、营销以及其他领域直到销售和服务的优化来改进整条因果链，只保留能给客户带来增值的元素。

内部业务流程指标远远超出了简单的财务差异指标的范围，还包括很多产出指标，如质量、周期时间、产量、订单执行、生产规划、生产能力以及周转率等。然而，如果竞争对手与该公司都致力于相同的目标，那么改进这些指标还不足以将公司与其竞争对手区分开。为使公司在这些指标上能同时成为行业的领导者，公司可能需要设计全新的内部流程。SWOT 分析可以帮助公司识别劣势，这些劣势需要新的解决方案，而不仅仅是渐进式的改进。例如，公司可以采用激进的方式来改进周期时间，可以取消仓库并且基于及时制直接将货物运送到零售地点。

平衡计分卡识别出了创新、运营和售后服务这三个业务流程领域，认为这三个领域能对大多数公司与内部业务流程相关的商业战略提供一定的帮助。

1. 创新

创新流程开始于 SWOT 分析，以确认公司能够满足的客户需要。研究和开发费用可能非常昂贵，但在研发和开发新产品方面变得有效率且有效果至少与专注于现有生产运营的效率同样重要。既然推出新产品的第一家公司在市场份额上具有独特的优势，因此上市时间是评价新产品引进是否成功的关键度量标准。其他衡量指标包括新产品或专利产品销售额占总销售额的比重、新产品与竞争对手新产品的比较以及项目预算间的差异等。

产品开发过程包含了诸如产量、周期时间和成本等绩效度量指标。例如，新型计算机芯片的研究可能要测试许多材料，为保证进一步研究的材料产量可以根据测试总次数来判断。公司可以测量材料在该阶段（周期时间）花费的时间以及加工和研究的总成本。因此，公司可以对上市时间和总成本的结果指标的实现情况进行评估。

2. 运营

运营过程在过去是在绩效衡量中占据相当大比重的领域，并且它在削减成本和提升产能方面仍然十分重要。仅使用财务指标（如差异指标和标准成本）来评估营运过程，会导致一线经理做出与组织的战略相悖的决策。例如，管理者会储备过多存货以使财务比率与预期相符，而不是调整存货量来满足客户需求。尽管财务指标很重要，但 BSC 建议公司用质量、技术能力等指标作为财务指标的补充，并且缩短周期时间以建立公司的长期战略。

3. 售后服务

售后服务是一种在增加产品或服务价值的同时获得顾客满意度反馈的方法。许多出售复杂商品或服务的公司在其战略计划中包含售后服务。像对设备故障的反应时间、接到维修电话的响应时间等指标都可用于衡量售后服务的成功程度。

学习与成长指标

公司在明确了其财务、客户及内部流程战略上的需要后，就要开发学习与成长指标了。如果公司基于对抱负与创新的追求而制定了战略，那么它就需要通过学习与成长获得新的能力。虽然这是设计在平衡计分卡战略中的最后一步，但却是要被执行的第一步。学习与成长指标是实现想要的战略结果的绩效动因。单独用财务指标来度量学习与成长，往往揭示的只是短期成果。例如，培训在短期内不会带来利润。但是不对员工进行培训的长期结果可能对组织来说是毁灭性的，因此必须引入新的学习与成长指标以引导管理人员在这个领域的决策。

学习与成长维度的指标可以被分解为三个类别：（1）员工技能组合；（2）信息系统能力；（3）授权、激励和组织一致性。

1. 员工技能组合

重复性工作的自动化已经把员工管理从原来的工业模式转变为基于知识的模式。员工具体成果的量度指标包括：员工满意度、员工保留率和员工生产率。满意的员工才能产生满意的客户。员工满意度可以通过年度评价或年度调查获得。员工保留率通过员工流动率和员工工作年限来测量。对公司投入更多的员工往往也更满意。员工生产率的结果量度指标来自绩效动因，如员工培训、制定决策的自主性与结果，以及产出与获得该产出所需要的员工数。另一种生产率指标通常是单位员工收入，但这不应该单独使用，因为只关注收入可能会导致员工接受这样的收入，即使利润水平为负。例如销售人员通过提供高额的折扣来销售产品。

对于需要新技能组合的员工，可以采用单位员工需要的培训量、职工总数中需要培训的职工比例，或者是为将不合格员工改造为合格员工需要的培训量和工作经验等指标来度量。这些指标表明了将组织的能力提升至想要的战略水平所需要的工作量。战略性工作覆盖比率是另一个度量指标，它可以用有能力担任战略性工作的员工人数除以组织需要的这类员工的总数来求得。这个比率揭示了组织在技能组合方面的人才缺口。

2. 信息系统能力

对获得或处理业务信息所需要的时间进行度量可以评估当前信息系统的能力，并能揭示在信息系统基础设施上继续投资的需要。战略性信息覆盖率可以用目前的信息系统能力除以预期需要的信息系统能力来求得。

3. 授权、激励和组织一致性

可以使用诸如员工提出的改进和创新方案的数量和影响等指标来衡量授权和激励。当鼓励员工为改进组织的产品和流程献计献策时，企业的授权和激励就能得到提升。组织一致性、组织学习和团队工作的衡量指标包括设定的部门目标对应已实现的部门目标，以及基于团队的度量与基于团队的奖励相结合的指标。将个人目标和奖励与组织结果相联系是实现公司整体战略的关键。与组织一致性相关的绩效动因包括对员工进行定期调查，以确定他们的激励水平以便实现 BSC 中的关键绩效指标。

平衡计分卡实例

艾克米公司的平衡计分卡如图表 1C－17 所示，图表给出了公司的整体战略目标以及相关子目标。它涵盖了平衡计分卡的四个维度的具体目标。每个目标都有具体的量度工具，以及在接下来的两年将要实现的子目标。"计划"一栏给出了艾克米公司所进行的一项调查的结果，目的是将计划项目与特定的战略目标相匹配。设定各个子目标基于的前提假设是，这些方案将会得到执行。

在第 1 年年底，成果如图表 1C－18 所示。

图表 1C－17　艾克米公司的平衡计分卡（计划成果）

整体目标：销售收入在未来两年内增长 20 %			子目标		
		当前年度 （Y0）	第 1 年 （Y1）	第 2 年 （Y2）	
销售收入：		$ 400 000	$ 432 000	$ 484 000	
维度	战略目标	度量指标	Y1 目标	Y2 目标	计划
财务	F1：最大化净资产收益率	净资产收益率	9%	13%	
	F2：经济增加值（EVA）为正	EVA	$ 20 000	$ 30 000	
	F3：销售收入增长 10%	销售收入变动百分比	8%	12%	
	F4：资产利用	利用率	85%	88%	
客户	C1：价格	竞争力比较	−4%	−5%	
	C2：客户保留	保留率	75%	75%	实施客户关系管理（CRM）计划
	C3：成本最低的供应商	总成本比竞争对手低	−6%	−7%	实施供应商关系管理（SRM）计划
	C4：产品创新	新产品销售额占比	10%	15%	
内部业务流程	P1：改进生产工作流程	周期时间	0.3 天	0.25 天	升级企业资源计划（ERP）系统
	P2：新产品成功投入市场	订单数量	1 000	1 500	
	P3：销售渗透	实际vs. 计划（差异）	0	0	
	P4：减少存货	存货占销售百分比	30%	28%	
学习与成长	L1：将战略与奖励制度挂钩	每美元变动支付的净利润（总计）	65%	68%	实施 CRM
	L2：填补关键能力差距	关键能力满足考核指标的百分比	75%	80%	学费报销
	L3：建立客户驱动文化	调查指数	77%	79%	实施 CRM
	L4：高质量领导力	经理人员平均得分（10 分制）	8.9 分	9.2 分	学费报销

图表1C−18　艾克米公司的平衡计分卡（实际成果）

		Y1 目标	Y1 实际	差异*	
	整体目标：销售收入在未来两年内增长20%				
销售收入：		$ 432 000	$ 424 000	$ 8 000	U
维度	战略目标				
财务	F1：最大化净资产收益率	9%	8%	1%	U
	F2：经济增加值（EVA）为正	$ 20 000	$ 18 000	$ 2 000	U
	F3：销售收入增长10%	8%	6%	2%	U
	F4：资产利用	85%	87%	2%	F
客户	C1：价格	−4%	−4%	0	
	C2：客户保留	75%	70%	5%	U
	C3：成本最低的供应商	−6%	−7%	−1%	F
	C4：产品创新	10%	8%	2%	U
内部业务流程	P1：改进生产工作流程	0.3 天	0.25 天	0.05 天	F
	P2：新产品成功投入市场	1 000 份订单	800 份订单	200 份订单	U
	P3：销售渗透	0	−7%	−7%	U
	P4：减少存货	30%	29%	1%	F
学习与成长	L1：将战略与奖励制度挂钩	65%	63%	2%	U
	L2：填补关键能力差距	75%	75%	0	
	L3：建立客户驱动文化	77%	74%	3%	U
	L4：高质量领导力	8.9	8.9	0	

* U = 不利差异；F = 有利差异。

艾克米公司可以从第1年的结果中知道什么？公司也许在实施客户关系管理（CRM）计划时遇到了麻烦（计划不周、计划取消、延误等），因为与该计划相关联的每个指标都存在不利差异。重新检查该计划也许会找到再次聚焦于客户需求的方法。

艾克米公司的生产成本和生产效率都存在有利差异，这意味着公司在供应商关系管理（SRM）计划和企业资源计划（ERP）方面的积极举动看起来取得了成功。艾克米公司的员工队伍正在稳步提升，公司的学费补助项目可能对于这方面的成功有一定的帮助。然而，虽然员工队伍在核心竞争力和领导力方面均有上佳表现，但他们没有变得更加以客户为导向，这也是公司失去客户、无法打入新市场并销售新产品（公司新产品很可能是在没有深入了解实际的市场需求的情况下设计出来的）的主要原因。如果艾克米公司想扭转这种情况以实现其目标，它必须增加对其客户关系管理（CRM）计划的投资，这包括通过培训使员工的心态向以客户为导向转变。

平衡计分卡的实施

以下关于平衡计分卡实施的信息摘自卡普兰和诺顿的《战略中心型组织》（哈佛商业评论出版社，2001年）。平衡计分卡的关键在于执行，如果不加以执行，即便最好的愿景也只是黄粱一梦。在过去的几十年中，普通公司有形资产的价值占公司总价值的比重已从2/3降至1/3。因此，这意味着公司已由过去仅依赖财务指标来描述和度量其成功转变为基于知识的战略，而知识型战略不再仅仅依赖诸如预算这类反应较慢的工具。平衡计分卡在战略执行方面十分有效，因为平衡计分卡方法本身就是用切实可行的方式对战略进行描述。一个战略中心型的组织具备如下几个方面的特征：

- 平衡计分卡中使用的所有财务指标和非财务指标都应来自公司的愿景和战略。
- 过程变为参与性的，而不是指令性的。
- 改变并不局限于成本的削减或裁员，还包括在一个新的或更加专门化的竞争市场上对公司进行重新定位，或者建立对客户的关注和绩效思维等。
- 组织必须采用新的文化价值观和优先事项。

卡普兰和诺顿开发了图表1C-19中平衡计分卡框架，进一步说明了四个维度，并为每个维度制定具体目标提供了指示。

图表1C-19　平衡计分卡框架

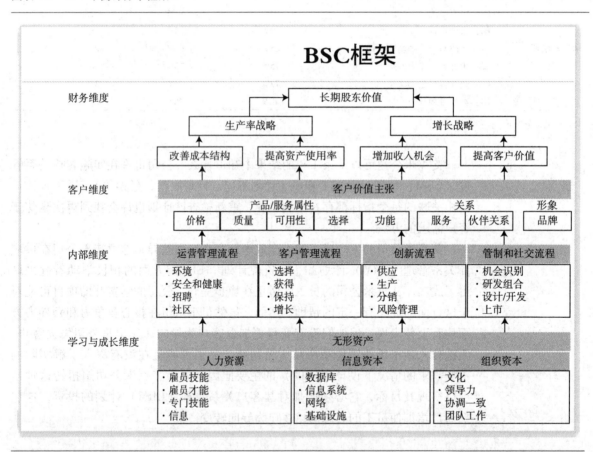

经哈佛商业评论出版社许可转载。

资料来源：《战略中心型组织：平衡计分卡公司如何在新的商业环境中茁壮成长》，罗伯特·S. 卡普兰和戴维·P. 诺顿（Robert S. Kaplan and David P. Norton），波士顿，MA，2001年。

版权©2001 哈佛商业出版公司；版权所有。

基于战略的资源调整与聚焦

与仅鼓励在"改进"或"效率"上付出一般性的努力不同，管理团队、业务部门、信息技术、人力资源、预算和资本投资必须全部调动起来，并专注于明确和更紧凑（但是未必更加资本密集）的目标。为达成目标，公司必须实施持续改进循环，该循环中包含以下 5 个步骤：

1. 将战略转化成操作性的条款。
2. 使组织的行动与公司战略保持一致。
3. 让战略渗透到每个员工每天的日常工作中。
4. 使战略成为一个持续的过程。
5. 通过管理团队的领导力来推动变革。

1. 使用战略地图和平衡计分卡，将战略转化成操作性的条款。**战略地图**（strategy map）给出了组织的战略以及相关的优先事项的高级视图，因此它可以用来设计量度指标，使组织能根据战略评估其绩效。

　　例如：图表 1C - 20 展示了美孚公司北美市场营销和精炼分部（NAM&R）建立的战略地图，该战略地图提出了公司客户新的关注点以及增加客户对美孚加油站和产品使用的公司应关注的因素。

2. 利用企业计分卡以及业务单位和支持单位之间的协同效应，使组织的行动与公司战略保持一致。协同效应使整体价值大于各部分价值之和。公司应该用业务部门间的战略优先级来取代正式的报告结构（例如，各个业务部门不同的计分卡均有共同的主题）。相关联的计分卡的例子可以在卡普兰和诺顿的《战略中心型组织》一书中找到。

3. 利用个人计分卡、战略意识和平衡薪酬将战略融入每个员工的日常工作。用自上而下的交流取代自上而下的指令意味着每个员工都有一套清晰的与战略相一致的预期。平衡计分卡成为一种展示如何度量成功的教育工具，但是它可能需要更多正式的培训来支持（例如，如果员工必须改善客户细分，则须首先教授员工如何进行客户细分）。同时，个人层面的计分卡可以由终端用户基于对更高层级优先事项的理解来创建。当个人发现可以在其他领域帮助公司时，这往往会带来额外的协同效应。这一过程有助于在每个层级上建立起战略意识。

　　平衡薪酬将薪酬与平衡计分卡指标相联系，通常通过业务部门绩效而非个人绩效。平衡薪酬使用了平衡计分卡中的财务指标与非财务指标，并根据其重要性而设置权重。一些指标既有个人绩效的部分，也有部门绩效的部分；大部分指标还将薪酬与一些外部因素如行业基准相挂钩，以弥补超出员工控制的因素所造成的影响。使用某种形式的平衡薪酬提高了所有员工使用平衡计分卡的兴趣。员工可能会研究平衡计分卡以理解他们的薪酬将会是多少，他们同时也会通过勤奋的工作来改进公司的目标。在图表 1C - 20 美孚公司的案例中，当货车司机将汽油交付给加油站时，他们开始报告加油站的恶劣条件，因为他们知道，他们自己的薪酬部分基于客户对加油站的看法。

4. 通过将战略与预算编制相联系，使用自动化分析、召开战略会议、开展战略学习使战略成为一个持续的过程。战略经常会为了方便战术性决策（如预算编制）被忽视，因此 BSC 采用了"双环"过程。例如，创建两个预算：战略预算和经营预算，这样可以避免长期目标在短期

内只能得到次优化的结果。围绕平衡计分卡定期召开的战略会议允许
更大范围内的管理人员参与会议，同时使得会议的主题聚焦于重点。
参加会议的管理人员将会使用他们的平衡计分卡度量自己的绩效，并
且利用这个会议谈论哪些做法是正确的或错误的，以及哪些活动需要
继续或停止，而不会去讨论差异或其他细节问题。

图表 1C-20　美孚公司北美市场营销和精炼分部的战略地图

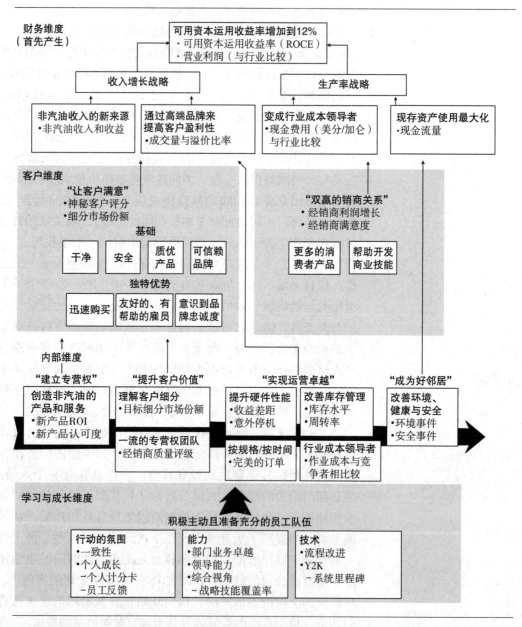

在当今企业资源管理系统中能够找到的自动化分析工具，可以向广大的受众提供反馈，BSC 中也可以包括这样的分析。公司必须教导员工如何学习和适应公司战略，例如，通过提供内部的手册解释如何在特定业务环境中使用某一特殊类型的指标，或者公司可以让员工在计分卡中使用因果联系，然后再分析结果。

5. 采用动员、治理过程及战略管理系统，通过行政领导力来推动变革。积极的管理层参与涉及对员工动员和员工动力的关注，而不只是关注平衡计分卡指标本身。治理过程涉及一旦流程开始如何使用基于团队的方法对其进行管理，该方法会打破旧的权力结构并专注于执行战略。在平衡计分卡实施最后的阶段，"治理"将成为一套战略管理系统，使新方法和新价值嵌入新的企业文化中。治理过程强化了积极的改变，例如，通过决定何时以及如何将公司的管理层和其他层级与 BSC 联系起来。最后的阶段是有风险的，因为对稳定的渴望会使得未来的变革更加困难。然而，"确立标准"的趋势在组织中是普遍存在的，因此应该预期这样的情况会出现，接受标准需要一段时间，然后就可以随着战略的发展对其进行评估和改变。

绩效指标与报告机制

管理控制系统，如平衡计分卡，有助于沟通和协调组织目标。如果仔细地设计并恰当地实施，这些系统也可以激励员工行为。实施平衡计分卡或其他战略机制需开发绩效评估制度，以支持战略目标的实现并防止出现与战略目标不一致的不当行为。设计良好的管理控制系统能对财务绩效指标与非财务绩效指标进行度量和报告。

良好的绩效衡量标准必须与组织的目标相关。当绩效指标与组织目标不一致时，可能会引起次最优的行为。人们常说"你会得到你应奖励的东西"。当绩效指标与组织目标无关时，员工接收到的有关管理层需要什么的信息就会比较混乱。

绩效指标需要合理、客观并易于度量。过于复杂的绩效度量系统在实践中并不成功。员工应了解什么要被度量、度量系统如何工作，以及如何将员工行为的效果与那些指标联系起来。这些知识将有助于员工使其行为与组织目标相一致。

绩效指标也必须被统一应用。如果这些指标的应用不一致或者不正规，就会降低员工的士气和积极性。

虽然传统的绩效评估体系关注财务指标，如利润和成本差异，但重点正在向着非财务指标的使用转变，如那些从 BSC 中得到的指标。关注非财务指标改善了运营控制。此外，这些非财务指标可以与更低组织层级员工的绩效更为直接地联系起来。

最后，在实施绩效评估体系之前，公司必须考虑收集和分析数据的成本。尽管昂贵的绩效评估体系也许能报告非常准确的结果，但额外的成本可能并不是合理的。因此，绩效评估体系要在精确与成本之间进行权衡。

本节习题：
绩效评估

说明： 回答所提供的每一个问题，正确的答案和解释出现在本节习题之后。

1. 在平衡计分卡上，下面的每一个都是客户维度指标的一个例子，除了：
   □ **a.** 经济增加值。
   □ **b.** 客户保留。
   □ **c.** 完成订单的时间。
   □ **d.** 客户投诉数量。

2. 一家公司要求的收益率是8%，它正在评估下列四个相互排斥的项目作为可能的投资。

	估计营业利润	资产
项目 A	$ 1 250 000	$ 5 000 000
项目 B	1 500 000	7 500 000
项目 C	850 000	1 500 000
项目 D	750 000	10 000 000

采用剩余收益法，公司应该接受这四个项目中的哪一个？
   □ **a.** 项目 A。
   □ **b.** 项目 B。
   □ **c.** 项目 C。
   □ **d.** 项目 D。

3. 一家公司正在考虑三个独立项目。预计财务信息如下所示。

	Riddler（项目）	Joker（项目）	Penguin（项目）
销售额	$ 5 000 000	$ 7 000 000	$ 10 000 000
边际贡献	1 440 000	1 700 000	3 500 000
营业利润	1 000 000	1 650 000	2 520 000
投资	9 000 000	10 000 000	14 000 000

公司接受项目的最低收益率为15%，新项目的总投资为20 000 000 美元。该公司的目标是最大化投资收益，如果公司使用投资收益率来衡量投资项目，应接受哪些项目？
   □ **a.** 只接受 Riddler。
   □ **b.** 只接受 Joker。
   □ **c.** 只接受 Joker 和 Penguin。
   □ **d.** 只接受 Penguin。

本节习题参考答案：
绩效评估

1. 在平衡计分卡上，下面的每一个都是客户维度指标的一个例子，除了：
   - ☑ **a.** 经济增加值。
   - ☐ **b.** 客户保留。
   - ☐ **c.** 完成订单的时间。
   - ☐ **d.** 客户投诉数量。

   客户维度是与目标客户和细分市场相关的绩效，经济增加值是财务维度的内容。

2. 一家公司要求的收益率是8%，它正在评估下列四个相互排斥的项目作为可能的投资。

	估计营业利润	资产
项目 A	$ 1 250 000	$ 5 000 000
项目 B	1 500 000	7 500 000
项目 C	850 000	1 500 000
项目 D	750 000	10 000 000

   采用剩余收益法，公司应该接受这四个项目中的哪一个？
   - ☐ **a.** 项目 A。
   - ☑ **b.** 项目 B。
   - ☐ **c.** 项目 C。
   - ☐ **d.** 项目 D。

   剩余收益法度量估算的收益减去估算的投资成本后的数额，即计算业务单位的营业利润 −（业务单位资产 × 所需的收益率）的结果。每个项目的剩余收益计算如下：
   项目 A：850 000 美元 ［1 250 000 美元 −（5 000 000 × 8%）］
   项目 B：900 000 美元 ［1 500 000 美元 −（7 500 000 × 8%）］
   项目 C：730 000 美元 ［850 000 美元 −（1 500 000 × 8%）］
   项目 D：−50 000 美元 ［750 000 美元 −（10 000 000 × 8%）］
   因为项目 B 的剩余收益最大，公司应接受项目 B。

3. 一家公司正在考虑三个独立项目，预计财务信息如下所示。

	Riddler（项目）	Joker（项目）	Penguin（项目）
销售额	$ 5 000 000	$ 7 000 000	$ 10 000 000
边际贡献	1 440 000	1 700 000	3 500 000

	Riddler（项目）	Joker（项目）	Penguin（项目）
营业利润	1 000 000	1 650 000	2 520 000
投资	9 000 000	10 000 000	14 000 000

公司接受项目的最低收益率为 15%，新项目的总投资为 20 000 000 美元。该公司的目标是最大化投资收益，如果公司使用投资收益率来衡量投资项目，应接受哪些项目？

☐ **a.** 只接受 Riddler。

☐ **b.** 只接受 Joker。

☐ **c.** 只接受 Joker 和 Penguin。

☑ **d.** 只接受 Penguin。

投资收益率（ROI）方法用于根据获得相关收益所需的投资来衡量一个业务单元或项目的盈利能力。计算 ROI 的公式是业务单元或项目资产的收益除以业务单元资产或与项目相关的资产。每个单独项目的 ROI 计算如下：

Riddler：11.1%（1 000 000 美元÷9 000 000 美元）

Joker：16.5%（1 650 000 美元÷10 000 000 美元）

Penguin：18.0%（2 520 000 美元÷14 000 000 美元）

Joker 和 Penguin 的投资收益率都高于公司的最低收益率。因为公司对新项目的最高总投资为 2 000 万美元，两个项目不能同时接受。因此，公司应该选择投资收益率最大的项目。该公司应接受 Penguin，以最大限度地提高他们的投资收益率，并保持在所提供的投资参数范围内。

本章实战练习：
绩效管理

说明：下述样题旨在模拟考试真题。认真审题并将答案写在答题纸上。参照书后"每章实战练习参考答案"检查答题结果，并巩固完善。更多实战练习，请访问 www. wileycma. com **在线测试题库**。

样题 1C1 – CQ16
考查内容：成本量度与差异量度

下面是戴勒制造公司 4 月份的绩效报告。

	实际成果	静态预算	差异
销售数量	100 000	80 000	20 000 F
销售收入	$ 190 000	$ 160 000	$ 30 000 F
变动成本	125 000	96 000	29 000 U
固定成本	45 000	40 000	5 000 U
营业利润	$ 20 000	$ 24 000	$ 4 000 U

使用弹性预算，戴勒公司的销售数量差异为：
☐ **a.** 4 000 美元不利差异。
☐ **b.** 6 000 美元有利差异。
☐ **c.** 16 000 美元有利差异。
☐ **d.** 20 000 美元不利差异。

样题 1C1 – CQ17
考查内容：成本量度与差异量度

米奥公司为汽车提供换油服务和其他日常保养服务（如轮胎压力检查）。该公司刊登广告说所有服务都能在 15 分钟内完成。

在近期的某个周六，公司为 160 辆汽车提供了相关服务，并导致如下人工差异：人工工资率差异 19 美元不利差异；人工效率差异 14 美元有利差异。如果米奥公司的标准人工工资率为 7 美元/人工工时，请确定该公司的实际小时工资率和实际人工工时数。

	工资率	人工工时数
☐ **a.**	6. 55 美元	42. 00
☐ **b.**	6. 67 美元	42. 71
☐ **c.**	7. 45 美元	42. 00
☐ **d.**	7. 50 美元	38. 00

样题 1C1 – CQ18
考查内容：成本量度与差异量度

菲斯克公司近期花费 583 200 美元采购了 108 000 单位原材料，每件产成品的预算原材料使用量为 3 单位，每件成品的原材料标准成本为 16.50 美元。

该期间内，菲斯克公司生产了 32 700 件成品，并且使用了 99 200 单位原材料。如果公司管理层关注及时报告相关差异，以努力改进成本控制和绩效底线，那么材料采购价格差异应报告为：

- ☐ **a.** 6 050 美元不利差异。
- ☐ **b.** 9 920 美元有利差异。
- ☐ **c.** 10 800 美元不利差异。
- ☐ **d.** 10 800 美元有利差异。

样题 1C1 – CQ19
考查内容：成本量度与差异量度

克利斯多夫·阿克斯是 SBL 承包公司的首席执行官。完成某项工作的材料的实际以及预算数据如下：

	购买和使用	预算
砖块（单位：包）	3 000	2 850
每包砖块的成本	$7.90	$8.00

关于 SBL 公司的这项工作，以下哪项陈述是**正确**的？

- ☐ **a.** 价格差异为 285 美元有利差异。
- ☐ **b.** 价格差异为 300 美元有利差异。
- ☐ **c.** 效率差异为 1 185 美元不利差异。
- ☐ **d.** 弹性预算差异为 900 美元有利差异。

样题 1C1 – CQ20
考查内容：成本量度与差异量度

为了第一时间给负责差异的经理提供信息，某公司单独计算了其原材料的价格差异。本年度的预算材料用量计算如下：

150 000 单位产成品 × 3 磅/单位 × 2.00 美元/磅 = 900 000 美元

本年度的实际结果为：

产成品产量	160 000 单位
原材料采购量	500 000 磅
原材料使用数量	490 000 磅
每磅成本	2.02 美元

本年度的原材料价格差异为：

☐ **a.** 9 600 美元不利差异。

☐ **b.** 9 800 美元不利差异。

☐ **c.** 10 000 美元不利差异。

☐ **d.** 20 000 美元不利差异。

样题 1C1 – CQ21

考查内容：成本量度与差异量度

在年初，道格拉斯公司编制的直接材料月度预算如下所示：

生产与销售数量	10 000	15 000
直接材料成本	$ 15 000	$ 22 500

到了月底，公司的记录显示生产并售出了 12 000 单位，直接材料支出为 20 000 美元。那么直接材料差异为：

☐ **a.** 2 000 美元有利差异。

☐ **b.** 2 000 美元不利差异。

☐ **c.** 5 000 美元有利差异。

☐ **d.** 5 000 美元不利差异。

样题 1C1 – CQ22

考查内容：成本量度与差异量度

科德公司采用标准成本制度。科德公司本年度的预算固定制造费用为 600 000 美元，预算产量为 200 000 单位。本年度公司实际生产了 190 000 单位产品，发生的实际固定制造费用为 595 000 美元。则本年度的产量差异为：

☐ **a.** 5 000 美元不利差异。

☐ **b.** 10 000 美元不利差异。

☐ **c.** 25 000 美元不利差异。

☐ **d.** 30 000 美元不利差异。

样题 1C1 – CQ23

考查内容：成本量度与差异量度

汉普公司绩效报告给出了上个月的经营信息，如下所示：

实际总制造费用	$ 1 600 000
预算固定制造费用	$ 1 500 000
分摊的固定制造费用，分摊率为 3 美元/人工工时	$ 1 200 000
分摊的变动制造费用，分摊率为 0.50 美元/人工工时	$ 200 000
实际人工工时数	430 000

那么汉普公司上个月的总制造费用开支差异为：

☐ **a.** 100 000 美元有利差异。

    ☐ **b.** 115 000 美元有利差异。

    ☐ **c.** 185 000 美元不利差异。

    ☐ **d.** 200 000 美元不利差异。

样题 1C1 – CQ24
考查内容：成本量度与差异量度

    琼特公司制造供玩具店销售的大玩偶。在本年的计划中，琼特公司估计变动间接制造成本为 600 000 美元，固定间接制造成本为 400 000 美元。琼特公司利用标准的成本制度，其间接成本基于标准直接人工工时分摊至各个产品中。作为预算作业基准的本年直接人工工时为 10 000 小时，但琼特公司实际耗用了 10 300 小时。

    基于本年度的产出，应耗用 9 900 标准直接人工工时。实际变动间接制造成本为 596 000 美元，实际固定间接制造成本为 410 000 美元。基于以上信息，琼特公司本年度的变动制造费用开支差异为：

    ☐ **a.** 24 000 美元不利差异。

    ☐ **b.** 2 000 美元不利差异。

    ☐ **c.** 4 000 美元有利差异。

    ☐ **d.** 22 000 美元有利差异。

样题 1C1 – CQ25
考查内容：成本量度与差异量度

    基于 900 单位是该公司的正常产能，强森公司为其生产部门建立了单位产品的标准材料成本和标准人工成本，相关数据如下所示：

3 磅直接材料 ×4 美元/磅	$12
1 直接人工工时 ×15 美元/人工工时	15
单位产品的标准成本	$27

本年度共生产了 1 000 单位产品。会计部门让生产部门主管承担以下不利差异：

	材料数量差异		材料价格差异
实际用量	3 300 磅	实际成本	$4 200
标准用量	3 000 磅	标准成本	$4 000
不利差异	300 磅	不利差异	$200

    鲍勃·斯特林是生产部门主管，他已收到上司的备忘录，指出斯特林在材料数量和材料价格上均未能达到既定标准，因此必须采取纠正行动。斯特林对这一情况感到十分不高兴，他准备回应上司的备忘录，解释自己感到不满的原因。

    以下哪项**不能**作为斯特林感到不满的合理理由：

☐ **a.** 材料价格差异应由采购部门负责。

☐ **b.** 不利材料用量差异的原因在于材料质量不合格。

☐ **c.** 标准并未随工程的变化而相应调整。

☐ **d.** 差异计算未能合理反映实际产量大于常规产能这一事实。

样题 1C3 – AT35
考查内容：成本量度与差异量度

特里克公司销售产品 E 和产品 F 两种产品，该公司上月的数据如下所示：

	产品 E		产品 F	
	预算	实际	预算	实际
销售量	5 500	6 000	4 500	6 000
单位边际贡献（CM）	$4.50	$4.80	$10.00	$10.50

则该公司的销售组合差异为：

☐ **a.** 3 300 美元有利差异。

☐ **b.** 3 420 美元有利差异。

☐ **c.** 17 250 美元有利差异。

☐ **d.** 18 150 美元有利差异。

样题 1C2 – CQ17
考查内容：责任中心与报告分部

曼哈顿公司有几个分散运营管理的利润中心。目前，制造部门生产的在设备中常规使用的 UT – 371 线路板有过剩产能 5 000 单位，关于该线路板的信息如下所示：

市场价格	$48
与对外销售相关的变动销售/分销成本	$5
变动制造成本	$21
固定制造成本	$10

曼哈顿公司的电子器件组装部门想要购买 4 500 单位线路板，该部门要么从内部购买，要么以每个 46 美元的价格从外部购买。电子器件组装部门的管理层认为，如果从公司内部购买价格上的让步是合情合理的，毕竟两个部门同属一家公司。为优化曼哈顿公司的整体目标，制造部门向电子器件组装部门收取的线路板价格最低应为：

☐ **a.** 21 美元。

☐ **b.** 26 美元。

☐ **c.** 31 美元。

☐ **d.** 46 美元。

样题 1C3 – CQ12

考查内容：绩效评估

某制造公司 4 个不同地区的分部其绩效结果如下所示：

分部	目标投资收益率	实际投资收益率	销售利润率
A	18%	18.1%	8%
B	16%	20.0%	8%
C	14%	15.8%	6%
D	12%	11.0%	9%

那么绩效**最好**的分部是：

☐ **a.** 分部 A。
☐ **b.** 分部 B。
☐ **c.** 分部 C。
☐ **d.** 分部 D。

样题 1C3 – CQ13

考查内容：绩效评估

KHD 工业公司是一家多部门公司，该公司基于各个部门获得的投资收益率评估部门经理的绩效。绩效评估和薪酬计划中使用的目标投资收益率为 15%（等于资本成本），实际投资收益率每超出 15% 一个百分点，部门经理就能获得占基本薪酬 5% 的奖金。

戴维·艾文斯是消费产品部的经理，他对消费产品部下一年的营运和财务状况做了预测，预测结果表明投资收益率将为 24%。此外，消费产品部还确立了若干新的短期项目，财务人员对这些短期项目的评估信息如下所示：

项目	预计投资收益率
A	13%
B	19%
C	22%
D	31%

假设对支出没有任何限制，那么能给 KHD 工业公司带来价值增值的新项目的最优组合是什么？

☐ **a.** A、B、C 和 D。
☐ **b.** 仅 B、C 和 D。
☐ **c.** 仅 C 和 D。
☐ **d.** 仅 D。

样题 1C1 – AT03

考查内容：成本量度与差异量度

富兰克林产品公司估计实际产能为 90 000 机器工时，每单位产品需要 2 机器工时。最近的会计期间的数据如下所示：

实际变动制造费用	$ 240 000
实际固定制造费用	$ 442 000
实际使用的机器工时数	88 000
实际生产的成品数量	42 000
90 000 机器工时下的预算变动制造费用	$ 200 000
预算固定制造费用	$ 450 000

富兰克林产品公司的产量差异**最**可能由以下哪项因素导致？

☐ **a.** 接受预期外的销售订单。

☐ **b.** 生产部门主管的工资上涨。

☐ **c.** 新近实施了一项方案，旨在降低产成品存货水平。

☐ **d.** 临时聘用的工人的技能水平低于先前的预期。

样题 1C3 – AT19

考查内容：绩效评估

以下哪项**最**应该被认定为"利润中心"？

☐ **a.** 一家大型本地汽车代理商新开立的汽车销售部。

☐ **b.** 一家大型消费产品公司的信息技术部。

☐ **c.** 一家大型玩具公司。

☐ **d.** 一家小型定制的机械公司的生产运营部。

样题 1C3 – AT21

考查内容：绩效评估

平衡计分卡通过将管理者聚焦在关键绩效指标上，从而为公司在竞争中获得成功提供了行动计划。以下哪项**不是**在平衡计分卡中通常能找到的关键绩效指标？

☐ **a.** 财务绩效指标。

☐ **b.** 内部业务流程。

☐ **c.** 竞争对手的商业战略。

☐ **d.** 员工创新与学习。

欲进一步评估对第一部分第三章"绩效管理"所讲概念与计算内容的掌握程度，请进入本章**在线测试题库**进行练习。

　　提示：参照书后"每章实战练习参考答案"。

第四章

成本管理（15%）

　　成本管理要求企业管理者能够对现代企业经营中所涉及的所有成本进行衡量、累计、分配和归类。分批成本法和分步成本法等成本系统是在库存账户中积累成本、确定产品制造成本以及最终确定产品销售成本的不可或缺的方法。成本系统可以通过作业成本法和生命周期成本法来补充。真正的成本管理涉及的范围要大得多，因为要将实际成本与预测数量进行比较，以确定运营效率和评估绩效。

　　负责成本的管理者要在提供客户价值和实现这一目标的资源成本之间取得平衡。本章将对所使用的许多成本术语进行定义。此外，还将分析供应链管理和用于吸收成本的方法。

成本量度概念

成本量度是指利用成本习性来分析成本变化对公司盈利能力的影响。对于成本的界定和分类至关重要，只有清楚了这些，才能理解如何使用它们来衡量绩效。

本节主要讨论成本类型和成本划分，包括实际成本法、正常成本法和标准成本法；固定成本、变动成本和阶梯成本；成本动因；吸收成本法和变动成本法；以及联产品成本法和副产品成本法。

 请先阅读附录 A 中列举的本节考试大纲（LOS），再来学习本节的概念和计算方法，确保您了解 CMA 考试将要考核的内容。

实际成本法、正常成本法与标准成本法

LOS
§1.D.1.e

有两种方法用来把生产成本计入存货账户中，分别是"实际成本法"和"正常成本法"。"标准成本法"可用来记录成本，但是该方法通常是为了与实际结果进行比较以便评估绩效。关于"标准成本法"的作用，已经在第三章第 1 节"成本量度和差异量度"中讨论过一部分。

所有零售或制造企业通过分批成本系统或分步成本系统核算，他们需要追踪成本从发生到进入存货账户的整个过程。这些成本法在本章第 2 节"成本核算制度"里进行详细讲解。

实际成本法（actual costing method）使用实际直接成本率乘以实际数量以用于将直接材料和直接人工记录在实际生产成本中。另外，间接成本也计入存货账户中，是实际变动制造费用分摊率与固定制造费用分摊率之和乘以分配基数的实际数量的结果。实际成本法对直接成本有效，对间接成本法作用不大。

因此，通常我们使用**正常成本法**（normal costing method）。实际成本法会计算直接人工成本和直接材料成本。但是，间接变动制造费用和固定制造费用会通过使用预算或预定制造费用分摊率乘以分摊基础的实际数量来求结果。

实际制造费用分摊率

使用实际制造费用分摊率的一个明显优点是这样可以提高成本计量的准确度。期间内的实际制造费用成本将被累计到一个或多个制造费用池中。以作业为基础分配到具体工作中的制造费用也会被累计。然后，每个成本池中的具体金额除以相关的分摊或作业基础量，以确定实际的分摊率。将该分摊率乘以与每项工作相关的作业基准数量，以便将该制造费用池应用于所有的相关工作。然后，针对每个制造费用成本池重复使用这个方法。当整个过程完成时，分配到每一个相关工作中的制造费用等于产生的总制造费用额。

这种方法的缺点是缺乏及时性。如果上述中的"期限"是指一年，那么所有关于成本控制绩效的重要报告都将按年度汇报。对于实际工作中的管理目标而言，这么长的时间，将收集信息的价值降低到零。如果上述"期限"是指一个月，仍然缺乏及时性，价值依旧会损失。虽然按月计量，及时性会好一些，但是会产生的另一个重大问题，由于一些制造费用是季节性发生或时间上不确定，或者成本的波动很容易受季节性或时间性因素影响，制造费用分摊率可能会逐月改变。

正常制造费用分摊率

因此，大多数公司使用正常成本法核算，它使用预设的制造费用分摊率。这些比率被确定为年度计划过程的组成部分。因此，从实施年度预算的第一天开始，全年都可以使用这些分摊率。

$$间接制造成本预定分摊率 = \frac{预算间接制造成本}{估计的成本动因作业水平}$$

这种方法的唯一缺点是，实际发生的制造费用与按照预定分摊率分摊给不同工作的制造费用数额会存在差异。如果按照预定分摊率分摊的制造费用数额高于实际发生的制造费用，被称为"过度分摊"。将间接制造成本账户（实际）余额添加到间接制造成本分摊账户余额时，会有净余额（贷方）。造成的结果是利润被虚增，比实际应该报告的利润要高。如果按照预定分摊率分摊制造费用数额低于实际发生的制造费用，被称为"分摊不足"，"分摊不足"将产生借方净余额，这会造成利润被低估，比实际应该报告的要低。

"过度分摊"与"分摊不足"的账务调整

"过度分摊"与"分摊不足"如何进行后续调整很大程度上取决于差异的数额是否重大，同时也取决于管理层的行事风格。应该指出的是，同样的问题也适用于标准成本法中产生的差异。当企业完全使用标准成本法记录各项成本的时候,"过度分摊"与"分摊不足"的总额由以下四项差异组成:(1)变动制造费用开支差异;(2)变动制造费用效率差异;(3)固定制造费用开支差异;(4)生产数量差异。此外,还有直接人工和直接材料差异。它们的处置也需要同样考虑。

例如:假设实际发生的制造费用为 1 530 000 美元,且其中的 1 490 000 美元已用正常成本法分配到产品中。这意味着制造费用被少分摊了 40 000 美元。这部分"分摊不足"的金额管理层认为并不重大,因此产品销售成本(COGS)增加 40 000 美元。账户的调整分录如图表 1D – 1 所示。根据 GAAP 规定,会计分录会把分摊间接制造成本和实际产生的账户数额全部清零,需要注意的是,这部分成本无法再分摊到特定的产品与客户上。

图表 1D – 1　用于处理间接成本"分摊不足"的会计分录

产品销售成本法		
产品销售成本	$ 40 000	
间接制造成本分摊	$ 1 490 000	
间接制造成本发生		$ 1 530 000
记录对制造费用分摊不足的处理。		

现在让我们假设所发生的实际制造费用和分摊费用之间的差额为 100 000 美元,这个差异的数额被认为是重大的。现在就需要使用更准确的处理方法。确实大部分差异应该分配到产品销售成本中,但是也应该有一部分被分配到产成品和在产品存货中。

因此,需要做的下一步是调整产品销售成本(COGS)、产成品存货和在产品存货。调整的金额通过对三个账户各自比率来分担对应比率的制造费用。假设在年底三个账户中的每一个账户的制造费用是:

在产品	$ 100 000	5%	$ 5 000
产成品	$ 400 000	20%	$ 20 000
产品销售成本	$ 1 500 000	75%	$ 75 000
合计	$ 2 000 000	100%	$ 100 000

相关处置与分配的会计记录,如图表 1D – 2 所示。

图表 1D – 2　用于处理分摊不足的制造费用的会计分录

比例分摊分配法		
间接制造成本分摊	$ 1 430 000	
产品销售成本	$ 75 000	
产成品存货	$ 20 000	
在产品存货	$ 5 000	
间接制造成本		$ 1 530 000

从第一个案例的示例中可以看出，这些金额的分配与特定产品或客户并不直接相关。

成本习性与成本对象

图表 1D-3　总成本及产能极限的影响

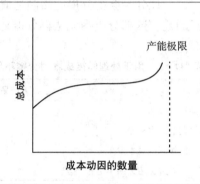

如图表 1D-3 所示，经济学中告诉我们的总成本曲线通常是这样的。请注意当曲线处在最低和最高数量水平的陡峭部分。随着逐步逼近产能极限，最高水平的作业，显示收益递减的效果。然而，在一个相对较宽泛的范围内，该曲线的一部分近似与一条直线。这个范围就是成本曲线中被称为**相关范围**（relevant range）的部分，企业的生产计划通常也会在这个"相关范围"内进行。

固定成本在相关范围内保持不变，并具体以一个整体金额表示，贯穿整个时间周期。这与变动成本形成对比，变动成本与具体作业、成交量或其他成本动因成比例变化。变动成本通常以每单位作业的具体金额表示。需要特别注意的是，如果固定成本的表达方式是"金额/单位"，则固定成本的信息并不完整。固定成本的"固定值"仅在一个作业水平内有效。CMA 考生需要可以立即计算得出在一个有效的作业水平级别上的该"固定值"，并将其转换为总固定成本的具体金额，方法是将单位成本乘以作业水平的相关数量。

例如：某生产制造企业存在固定成本，如租金和管理人员工资；变动成本，如生产劳动力和原材料成本。无论工厂的产量是零还是达到最大产能，固定成本的总量保持不变。然而，如果从单位产品分摊的固定成本来看，单位固定成本将与生产产量成反比。另外一方面，在企业生产开始之前，变动成本不会发生。而后变动成本会随着产量的增加而增加，产量如果减少，变动成本也会下降。需要指出的另外一个重点是，变动成本的总额随着产量的起伏而变化，但基于每一个单位的变动成本在相关范围内保持不变。

变动成本

变动成本（variable cost）包含某个成本对象总体上的变动，这种变动与某个成本动因在相关范围内的数量变化成比例。变动成本以"每单位"为计量基础，在相关范围内保持不变（例如，在 1 ~ 5 000 单位的相关范围内，单位变动成本为 5 美元/单位）。直接材料和直接人工都是变动成本，因为要生产更多单位的产品，就需要更多的材料和人工。一些间接成本也是变动成本，如生产过程中使用的密封剂和粘胶，与此相关的成本很难追踪到单位成本对象上去，但又必须计入产品成本中。整体来说，它们的使用量会随着生产量的上升而上升。

固定成本

固定成本（fixed costs）是总成本的一部分，在相关范围和某一持续时间内，无论成本动因的数量是否发生变化，固定成本都不会随之变化。这里"某一持续时间"的概念很重要，因为固定成本也许只在本年度内保持不变，在下一个年度则有可能整体上浮，并维持在那个水平线上。以"每单位"作为计量基础时，产量的增加会使得单位固定成本减少。比如，产量为 100 单位，总固定成本为 1 000 美元时，单位固定成本是 10 美元/单位，但在产量为 1 000 单位时，单位固定成本仅为 1 美元/单位。

固定成本可进一步划分成酌量成本和约束成本：

- **酌量成本**（discretionary costs），也称作可管理固定成本或可预算固定成本。根据管理者的需求和决定，酌量成本可以包括在预算中也可以从预算中减掉。酌量成本的例子有广告费、培训费或实习生费用，以及间接制造人工成本和销管人工成本。

- **约束成本**（committed costs），是当优先考虑企业战略和运营时，在短期内不可省去的成本。约束成本的一个例子就是已购设备的折旧成本。约束固定成本一般同设施相关，源于先前对产能的判断与相关决策。

固定成本中包括很多间接成本，如折旧、财产税、员工工资薪酬、保险费和租赁费用。这些成本通常是固定的，因为在相关范围内无论产量处于哪个水平，这些成本都保持不变。

图表 1D - 4 固定和变动成本

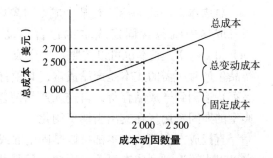

图表1D-4展示了相关范围内的固定成本、变动成本和总成本。虽然这个"曲线"看起来不像图表1D-3中的曲线，但它确实在相关范围内提供了非常好的成本近似值。

在给定的产出水平上，下面的公式成立：

> 给定产出水平下的单位总成本=单位固定成本+单位变动成本

产品的单位总成本会随着产量的上升而不断下降；因为固定成本被分配到了更多单位的产品上。

阶梯成本

阶梯成本（step costs）是当"相关范围"非常狭窄时的固定成本。例如，当月产能的需求每到达2 000小时的直接人工时，就需要增加一个维护性工作。图表1D-5示例了一个阶梯成本的图例。然而，如果进阶次数频繁且相关范围大，则阶梯成本可近似为变动成本，或者如果次数极偶然且相关范围小，则阶梯成本可近似为固定成本。这样的成本识别与区分，是为了编制"边际贡献"利润表。

图表1D-5 阶梯成本示例

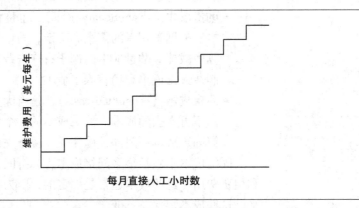

维护费用（美元每年）

每月直接人工小时数

总成本与混合成本

总成本（total costs）是某个成本对象中包含的全部固定成本和变动成本。当总成本中既包含固定成本也包含变动成本时，总成本也称作**混合成本**（mixed costs）。成本也可以按照"生产成本"和"期间费用"来分类。比如，产品生产时所需的成本是产品成本，必须首先记录在存货中，然后通过从在产品存货追溯到产成品存货，再进入产品销售成本。销管费用（SG&A）是一种典型的期间费用，在支出当期费用化。

直接成本和间接成本都可以是固定的或变动的。对直接成本的唯一要求是它可以直接追溯到成本对象。因此，只要可以直接追溯到成本对象，固定成本

LOS
§1.D.1.d

将是直接成本。

产能（capacity）是约束着生产流程无法扩大其产出或其他指标的局限。因此，生产产能就可以通过增加制造工厂、雇员或增加设备来提高。产能同时也与相关范围有关，因为当达到产能极限时，通常也是相关范围的上限。此外，随着产能极限的接近，营运效率会下降，成本会增加。这就需要定义清楚一个企业的**实际产能**（practical capacity）。这种"实际产能"是指企业的一种生产资源能产生的最高水平，如一个工厂可以在不显著增加成本的情况下达到的最高输出水平。当产出水平超过实际产能时，边际成本开始超过边际收益。实际产能也需要考虑到正常的营运水平和条件，例如需要允许正常的错误或故障、员工正常假期和节假日以及其他实际情况。

如果选择性忽略这些客观的因素，所计算得出的"产能"被定义为**理论产能**（theoretical capacity），也就是产出的上限，这需要假设企业不会遇见任何问题，一切都全速运行，并且没有节假日或其他调度冲突。"理论产能"是一种理想状态。一般而言，过去的产能政策决定了企业当期的固定成本。与产能决策相关的固定成本包括每个业务单元的物理使用空间和资源数量，比如工厂规模、工厂成本以及折旧金额等。这些固定成本一般是不受部门经理决策控制，反而这些成本的存在会影响经理的决策。若产能过剩，就存在机会成本和过高的固定成本。若产能不足，企业则面临其他成本，如加班成本、销售损失以及更高的设备维护成本。从成本项目的全部成本中分离追踪过剩产能的成本，有助于显示未被充分利用的资产（闲置产能）的成本。

例如：假设，某工厂的预算固定制造费用为 500 000 美元，制造费用基于生产的产品数量来分摊，且该工厂的实际产能水平为每期 5 000 单位，因此制造费用的分摊率为每单位产品 100 美元。若工厂预算只生产 4 000 单位产品，每单位产品分摊的制造费用为 100 美元，这样分摊给营运的制造费用将为 400 000 美元，剩余的 100 000 美元则应视作独立的期间费用，即闲置产能的成本。很重要的一点是，应将管理者的激励机制与工厂的实际产能相匹配，以便任何增加产出的决策能综合考虑与产出增加相关的成本以及存货持有成本等成本内容。

虽然先前定义的产能取决于产量，但当产能是由预期产量或预算需求决定时，称为"产能利用"。**正常产能利用**（normal capacity utilization）指可以在一段时间内满足客户的平均需求，包括季节性和周期性变化或趋势。正常产能利用是一个长期使用的工具，通常会在跨度几年的时间内使用。**总预算产能利用**（master budget capacity utilization）是指用于当前预算期的正常产能利用，通常是 1 年。很重要的一点是，"正常产能利用"指标适用于长期的规划，而在短期计划中更适合采用"总预算产能利用"指标，否则期末成本会不准确。这些产能水平都可用于分配成本，并且不同的产能水平通常都会得出不同的成本分配金额。

例如：假设某家工厂的预算固定制造费用为 500 000 美元，若**理论**（theoretical）产能是每期 8 000 单位产品，**实际**（practical）产能是每期 5 000 单位产品，**正常**（normal）产能利用是每期 4 500 单位产品，**总预算**（master budget）产能是每期 4 000 单位产品，则四种产能情况下的单位预算固定成本分别为 62. 50 美元、100 美元、111 美元和 125 美元。因此，选择最契合的"产能指标"是成本分析、管理激励和绩效评估决策的关键。所有的这些产能，除了总预算产能，如果使用它们来确定制造费用分摊率，将需要在制定预算的时候考虑"过度分摊"与"分摊不足"的情况。

成本动因

企业做好管理成本，首先需确定成本动因如何影响特定的成本对象。执行成本分析以及了解公司价值链对成本动因的选择是有益的。成本动因通常有四种类型：

1. 作业成本动因（activity-based cost drivers），重点关注制造或服务流程中具体的操作行为（作业），如设备调试、设备使用或人工工时。

2. 数量成本动因（volume-based cost drivers），重点在分析产出，其中涉及总量指标，如生产数量。

3. 结构性成本动因（structural cost drivers），重点关注公司战略，其中涉及长期规模、复杂程度、一个领域的经验数量或技术专长水平。

4. 执行性成本动因（executional cost drivers），重点专注于短期运营，并通过关注员工承诺和参与度、流程设计和供应商关系来降低成本。

1. 作业成本动因

企业通过对于每一个具体的作业进行分析，并确定每种作业的具体细节特征。这些特征的区分构成了"作业成本动因"的基础。其目的是确定这些流程中的作业步骤的变化是如何影响整个业务流程的成本。每项作业的成本确定后，可以用来确定成本对象的总成本。详细的分解分析可帮助企业确定哪些作业为客户增值和哪些不增值。当活动作业成本高于预期时，基于作业的成本动因也可以突出显示这种差异。

例如，图表 1D-6 示例了一家零售企业的一些作业流程与相关的成本动因。

图表 1D-6　零售企业的作业及成本动因

作业	成本动因
收取现金	现金交易数量
信用卡交易处理	信用卡交易数量
支付信用卡费	交易金额大小
收尾工作及主管评价	出清数量
收款合并及存款	存款次数
银行账户对账	账户数量
系统中更新客户账户余额	更新账户次数
特殊交易调查	交易调查次数
退货及退款处理	退款笔数

续表

作业	成本动因
计算机设备维护	计算机终端数量
培训	商店数量
邮寄客户对账单	账户数量

2. 数量成本动因

数量成本动因是基于投入与产出数量来确认作业活动的总量。一些成本驱动因素，如直接材料和直接人工，本质上是基于"使用量"这个概念的。直接人工指每小时产出量的投入水平。

学习曲线和资源的有效利用等因素会使得成本的增加速度小于生产量的增加，这被称为边际生产率递增，因为持续的产出让投入得到更有效的利用。达到一定的水平后，总成本将趋于平稳，在相关范围，生产量的增长将与总成本的增长成比例关系。直到某一点上人力或设备的产能达到极限，之后随着产量的增加，成本将急剧上升，因为需要更多的维修、更多的加班费和其他类似的原因。这时的情况被称为边际产能递减律。估算整个生产范围内的总成本是困难的，因此使用成本动因时，重要的是要先确认"相关范围"。

数量成本动因忽略了不同产品之间由于复杂性不同而产生的活动差异。因此，对管理人员来说它不是一个对决策、计划和控制有帮助的工具。

3. 结构性成本动因

结构性成本动因是基于公司整体战略的长期成本动因。借用来自这种成本动因的信息有助于管理层制订对公司成本有长期影响的计划和决策。此外，结构性成本动因分析可以帮助公司形成竞争优势。有四种类型的结构性成本动因：规模、经验水平、技术和复杂性。

（1）规模

投资项目的规模或企业发展的速度将会影响企业整体方方面面的成本。决定开设多少商店、雇用多少雇员或投入多少资金也将直接对成本的总量造成影响。

（2）经验水平

企业在实施特定战略目标时，所具备的经验水平将影响实现该目标的总体成本。企业拥有专业知识最丰富的领域也将是企业发展起来成本最低的领域，但如果市场不再需要该专业知识，那么开发出新领域的专业业务能力是长远发展最具成本效益的做法。

（3）技术

改变流程的技术水平可以使流程更高效，因此成本也会更低。投资技术研发的另一个好处是产品质量也会随之提高。进而，企业可以通过更便宜、更好的产品增加市场份额。

（4）复杂性

企业越复杂（产品线越多，组织层级越多），维护这种复杂性运营的成本就越高。降低复杂性将降低产品开发、生产、分销和客户服务的运营成本。与复杂性有关的战略决策通常是为了降低整体的复杂性和成本。相反，如企业人员或产品过少，则可能错过市场发展机遇。

4. 执行性成本动因

执行性成本动因关乎那些可以降低运营成本的短期决策。有三种类型：员工参与、生产流程设计和供应商关系。

（1）员工参与

员工的承诺度越高，与完成工作量成正比，人工成本因此就越低。许多公司在提高质量和降低劳动力成本方面取得了成功，他们通过创造性的团队建设，强调认同感与共识，来调动员工的积极性和承诺度。

（2）生产流程设计

分析和重新设计生产流程并结合软件应用程序来简化工作流程，是降低许多公司生产成本的关键因素。

（3）供应商关系

如果与供应商关系良好，可以降低总体成本，尤其是存货成本。通过电子数据交换（EDI）和类似的应用程序，企业可以让供应商直接查看企业的库存水平，并根据需要自动发货，从而实现更高效的生产流程。

吸收（完全）成本法和变动（直接）成本法

吸收成本法（absorption costing，或完全成本法）是一个存货成本核算制度，其中包括了变动制造成本和固定制造成本。在吸收成本法下，所有的制造成本首先被"吸收"在存货中。**变动成本法**（variable costing，或直接成本法）同样也是一种存货成本核算方法，这里仅将变动制造成本包括在存货成本中，固定制造成本将不计入存货成本。变动成本法将固定制造成本视为成本发生期间的费用。这两种方法都将成本发生期间的非制造成本作为费用。因此，这两种方法只在如何处理固定制造成本上有差异。图表1D-7示例了两者的差异。

图表 1D – 7 变动成本法 vs. 吸收成本法

吸收成本法		变动成本法
	直接材料	
产品成本	直接人工	产品成本
	变动制造费用	
	固定制造费用	
期间成本	变动销售管理费用	期间成本
	固定销售管理费用	

吸收（完全）成本法和变动（直接）成本法的区别在于固定制造费用的处理。
吸收成本法将固定制造费用视为产品成本；变动成本法将其视为期间费用。

　　详细分析这张图表，中间一栏显示了利润表中直至营业利润前列报的六类成本。右侧显示了在变动成本法下利润表中每个成本项目的处理分类。左边显示了吸收成本法下利润表中每个成本项目的处理情况。正如前面指出的那样，产品成本在发生时会被记录在存货中。这些存货成本会随着商品被销售流转为产品销售成本。相反，期间费用在发生时列报费用。两种利润表格式之间只有固定制造费用的处理方式不同。固定制造费用在变动成本法下视为期间费用，而在吸收成本法下算作存货成本。

吸收成本法及变动成本法下的利润表编制

　　由于变动成本法和吸收成本法在利润表中呈现的信息目的与重要性的排列各不相同，因此通常以各自的格式列报。变动成本法采用边际贡献格式，突出了固定成本和变动成本的区别。吸收成本法采用毛利格式，突出了制造成本和非制造成本的区别。变动制造成本在两种利润表中都采用相同的披露方式。吸收成本法符合美国公认会计原则（GAAP）对于外部报告的要求，也符合税务报告格式。

　　当期间生产量不等于销售量时，"变动成本法"和"吸收成本法"下会产生不同的净利润。如果生产的数量多于销售数量，则吸收成本法将有更高的净利润，因为在存货中吸收了部分固定制造成本。变动成本法下的净利润较低，因为固定制造成本不在存货中，而是全部列报为期间费用。这意味着在使用吸收成本法计算时，期末存货中的固定制造成本将递延到未来期间，变动成本法则将存货生产期间的全部固定制造成本视作当期费用。

　　例如，图表 1D – 8 列示这两种成本方法及各自的利润表格式。图表的两边所用数据相同。

LOS §1.D.1.d

LOS §1.D.1.g

LOS §1.D.1.i

图表 1D-8 变动成本法与吸收成本法举例

吸收成本法			变动成本法		
收入： $200×500 单位		$100 000	收入： $200×500 单位		$100 000
产品销售成本			变动成本		
期初存货	$0		期初存货	$0	
+变动制造成本：$30×700	+21 000		+变动制造成本：$30×700	+21 000	
+固定制造成本：$25×700	+17 500		=可供销售产品成本	21 000	
=可供销售产品成本	38 500		-期末成本：$30×200	-6 000	
-期末成本（$30变动+$25固定）×200	-11 000		+变动产品销售成本	15 000	
=产品销售成本		-27 500	+变动营销成本：$20×500	+10 000	
			=总变动成本		-25 000
=毛利润		72 500	=边际贡献		75 000
运营成本			固定成本		
变动营销成本：$20×500	10 000		固定制造成本：$25×700	17 500	
+固定营销成本	+14 000		+固定营销成本	+14 000	
+/-运营成本差异调整	0		+/-固定成本差异调整	0	
=总运营成本		-24 000	=总固定成本		-31 500
=营业利润		**$48 500**	=营业利润		**$43 500**

- 产品生产数量：700 单位；
- 产品销售数量：500 单位；
- 单位销售价格：200 美元；
- 单位变动制造成本：30 美元；
- 单位变动销售（营销）成本：20 美元；
- 单位固定制造成本：25 美元（共计 17 500 美元）；
- 固定销售（营销）成本：14 000 美元。

总而言之，当存货增加时，吸收成本法下的净利润将总是会高于变动成本法下的净利润，高出部分等于存货增加部分中的固定制造成本部分（200 单位 ×25 美元 =5 000 美元，参见图表 1D-8）。

关键点在于，"调整差异要素"（变动成本法下营业利润和吸收成本法下营业利润之间的差额）可以通过下列公式计算：

调整差异要素 =（期末存货数量 - 期初存货数量）×单位固定制造费用

当存货减少时，吸收成本法下的净利润将低于变动成本法下的净利润，差异金额依旧为存货固定成本的变化量。然而，随着及时生产（JIT）和其他存货控制管理法的日益使用，变动成本法和吸收成本法之间的差异会逐步减少，因为库存水平不再重要。事实上，如果一个企业财务周期的期初存货与期末存货为零，这两种方法计算的结果将一致。

图表 1D－8 中的利润表虽然是正确的，但在信息上不是非常有用。相关信息内容可以通过以下方式进行改进：

- 在实际结果的旁边列报预算，以便财务报表使用人可以更容易地发现到显著的差异。
- 尽可能单独列报每一个的差异，以便财务报表使用人可以使用例外管理原则来辨别发生问题的主要环节。在使用吸收成本法的完全标准成本制度中，将包括八个不同的差异，这些差异在第三章的第 1 节中有所讨论。
- 取消期初存货加上已发生成本减去期末存货，并将其替换为已售出的单位乘以每单位的标准成本。
- 提供能体现变动成本法所有优点的报表格式，并且仍然列报符合 GAAP 要求的吸收成本法计算的营业利润。

LOS
§1.D.1.i

图表 1D－9 列示了满足所有上述改进要求的编制格式，除了因为数据无法获取未与预算进行比较。这份利润表被称为 "混合利润表"。它结合了一个变动成本法的利润表，以及通过利用上述计算公式中显示的 "调整差异要素"，将其转换成吸收成本法下的计算结果，将变动成本法下的营业利润转换为吸收成本法下的营业利润。

管理团队的所有成员都将需要重点关注变动成本法计算得出的 "营业利润" 的信息。部分高级管理层成员（通常是首席执行官和首席财务官以及投资者关系人员）需要充分了解存货固定制造成本（调整差异要素）的变化，以便能够将公司的经营业绩更好地解释给利益相关者。

需要注意的是，需要得知存货中的固定制造成本金额，才可以计算吸收成本法下的营业利润。混合利润表并不包括生产数量差异。这里假设实际和标准单位成本是相同的，以下案例可以更好地突出变动成本法和吸收成本法之间的差异。

图表 1D－9　变动成本与吸收成本法的比较（优化格式）

混合成本法		吸收成本法	
收入	$100 000	收入	$100 000
变动产品销售成本	$15 000	标准产品销售成本	$27 500
变动营销费用	$10 000		
差异	0	差异	0
总变动成本	$25 000	实际产品销售成本	$27 500
边际贡献	$75 000	毛利	$72 500
固定制造费用	$17 500	变动营销费用	$10 000
固定营销费用	$14 000	固定营销费用	$14 000
总固定成本	$31 500	总营销费用	$24 000
营业利润（变动成本法）	$43 500	营业利润	**$48 500**
固定成本存货分摊成本	$5 000		
营业利润（吸收成本法）	**$48 500**		

吸收成本法与变动成本法的优势和局限性

LOS
§1.D.1.f

吸收成本法是一种标准方法，因为美国国家税务局与公认会计原则（GAAP）都要求使用它。但是，吸收成本法使得经理更容易通过增加产量操纵营业利润。若经理的奖金或其他激励政策与营业利润相关，即使不存在额外需求，经理也可能会增加存货水平。另外，经理可能会生产一些能吸收最多固定制造成本的产品而不是对企业最有利的产品。为解决这个及其他不适当的管理层激励问题，企业可以像上述讨论过的，对内部报告改用变动成本法，缩小管理层生产选择的维度，或控制存货积压，执行针对性的库存管理制度。

变动成本法是支持内部决策的有效方法，同时，也是进行"本量利"分析的必要条件。

联产品成本法和副产品成本法

LOS
§1.D.1.j

LOS
§1.D.1.a

LOS
§1.D.1.b

"联产品"和"副产品"出现在将一种原材料加工成两种或更多产品的工业中。

联产品被认为是主要的产出品，并且比副产品有更高的销售价值。

例如：奶酪制造业全部是加工生乳将其制作成凝乳和乳清。凝乳将是联产品，因为它们在压制和固化时变成奶酪。乳清曾经是一种不可销售的副产品，奶酪制造商将它们做废品处理，甚至付费请人清理。如今，液态乳清会被进一步加工成食品添加剂。所以，乳清曾经是副产品，现在已经成为联产品。

LOS
§1.D.1.k

原料乳的成本、直接人工和进入第一道工序的制造费用称为联合成本。需要解决的问题是，如何将联合成本分配到在"分离点"确定的多个产品中？在凝乳和乳清分离后可以进行额外的处理与加工。这些过程中产生的成本被称为可分离成本，这些成本需要被分配到因他们而增值的产品上。当产品经历一个或多个分离点时，假设只要有市场，产品就可在任何一个分离点出售。也可以使用来自造纸业的一个例子说明将联合成本分配给联产品的各种方法。木浆是造纸过程的"所需原料"。假设该过程的联合成本为每天 8 000 美元。这里包含纸浆、直接人工、电力、折旧和其他制造费用。假设在分离点有两种产品：优质纸和半成品纸。预计产量为 2 000 磅优质纸，售价为每磅 2.00 美元，4 000 磅半成品纸售价为每磅 1.50 美元。但是，优质纸可以通过单独的后续加工操作进一步处理。现在让我们假设没有生产产品的加工损耗，并且该产品将以每磅 3.50 美元的价格出售。额外的整理操作将每天花费 2 000 美元。下图表列示了这个造纸的例子。

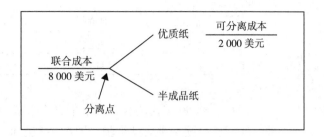

分配联合成本到联产品中的市场基础法

有几种分配方法是基于市场数据，将联合成本分配到不同的联产品中。它们分别基于在分离点的销售价值、可变现净值和恒定毛利率。

分离点销售价值法

只有当经过一个或多个分离点时，并且每件产品都可以在分离点后经由中介市场上出售时，才能使用此方法。

要应用此方法，需要计算每个产品在分离点处的销售价值。

优质纸	2 000 磅	每磅 2 美元	$ 4 000	40%
半成品纸	4 000 磅	每磅 1.5 美元	$ 6 000	60%
总额			$ 10 000	100%

这里，每种产品在分离点时的销售价值都是按照分离点的总销售价值的百分比计算的。请注意，这些百分比总和必须为100%。每个产品的百分比乘以联合成本的总额，以确定分配给该产品的联合成本的金额。因此，8 000 美元的40%（或 3 200 美元）的联合成本将被分配给"优质纸"。余下的60%，即4 800 美元将被分配到半成品纸上。某类产品的总成本是其分配到的联合成本总和加上所有后续增加的分离成本，即优质纸的总成本是 5 200 美元（3 200 美元加上 2 000 美元）。

可变现净值法

可变现净值（NRV）的方法在预估联合产品的成本时不依赖于中介市场上的产品价值。可变现净值仅仅是最终产品的销售价值减去任何额外的可分离成本。因此，优质纸的 NRV 是其最终产品销售价值 7 000 美元（2 000 × 3.50 美元）减去 2 000 美元的可分离成本（即 5 000 美元）。半成品纸的 NRV 是之前使用的最终产品销售价值 6 000 美元。两种产品的联合成本分配使用以下百分比：

优质纸	$ 5 000	45.5%	$ 3 640
半成品纸	$ 6 000	54.5%	4 360
总额	$ 11 000	100.0%	$ 8 000

因此，8 000 美元的联合成本中有 45.5%（即 3 640 美元）分配给优质纸张，54.5% 分配给半成品纸张，即 4 360 美元。

恒定毛利率法

顾名思义，这种方法只是强行假设每个产品都会具备相同的毛利率。这个方法的计算会比前面两种方法稍微复杂一些。这两种产品的总成本是 8 000 美元的联合成本和 2 000 美元的可分离成本，总共为 10 000 美元。最终两个产品销售额为 13 000 美元。因此毛利率为 23.1%（3 000 美元除以 13 000 美元）。然后计算可得，优质纸的总生产成本需要 5 385 美元（联合成本 3 385 美元和可分离成本 2 000 美元）。半成品纸将有 4 615 美元的联合成本。需要注意，5 385 美元和 4 615 美元的总和等于总成本 10 000 美元。

图表 1D-10 示例了这三种成分配方法的不同结果。

图表 1D-10　基于联合成本分配法的恒定毛利率计算

	联合成本		分离成本	总成本		收入		毛利率	
成本分配方法	优质纸	半成品纸	优质纸	优质纸	半成品纸	优质纸	半成品纸	优质纸	半成品纸
分离点销售价值法	$ 3 200	$ 4 800	$ 2 000	$ 5 200	$ 4 800	$ 7 000	$ 6 000	25.7%	20.0%
可变现净值法	$ 3 640	$ 4 360	$ 2 000	$ 5 640	$ 4 360	$ 7 000	$ 6 000	19.4%	27.3%
恒定毛利率法	$ 3 385	$ 4 615	$ 2 000	$ 5 385	$ 4 615	$ 7 000	$ 6 000	23.1%	23.1%

物理指标法

联合成本分配到联产品还有最后一个的方法是物理指标法。这种方法不是一种基于市场的方法。它只是在分离点处度量输出的物理单位指标。这意味着所有的计量单位必须相同。通常，所选的计量单位是衡量重量的指标，如磅。每个联产品按照其实际产出的比例分配联合成本。比如上一个案例中，分离点的联合产品的重量，分别是 2 000 磅优质纸和 4 000 磅半成品纸，共计 6 000 磅。计算可得，两种纸制品的物理指标占比为 33% 和 67%。因此，总额 8 000 美元的联合成本，分别分配给优质纸 2 640 美元和半成品纸 5 360 美元。

这也意味着，半成品纸的毛利将变成 640 美元，仅为 10.7%。由此可见，前面三种基于市场指标的方法分配联合成本时显得更公平。

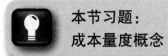

本节习题：
成本量度概念

说明：回答所提供的每一个问题，正确的答案和解释出现在本节习题之后。

1. 一个奶牛场在某年度生产下列联产品，总联合成本为 9 000 000 欧元。

产品	千克
牛奶	1 170 000
黄油	570 000
酸奶	330 000
奶酪	930 000

　　根据这些信息，下列哪一项最准确地反映了物理指标法下联合成本的分配？
- ☐ **a.** 牛奶生产线应该分配 1 710 000 欧元的联合成本。
- ☐ **b.** 黄油生产线应该分配 990 000 欧元的联合成本。
- ☐ **c.** 酸奶生产线应该分配 3 510 000 欧元的联合成本。
- ☐ **d.** 奶酪生产线应该分配 2 790 000 欧元的联合成本。

2. 下列关于变动成本法和吸收成本法系统的叙述哪一项是正确的？
- ☐ **a.** 变动成本法系统将固定制造费用作为期间费用。
- ☐ **b.** 吸收成本法系统将固定制造费用作为期间费用。
- ☐ **c.** 变动成本法系统将变动制造费用作为期间费用。
- ☐ **d.** 吸收成本法系统将变动制造费用作为期间费用。

3. 一家公司为其生产的餐桌制定了以下标准：
每张桌子的橡木面积为：10 平方英尺。
每平方英尺的橡木为：3.5 美元。
每台桌子需要的螺丝钉枚数为：12 枚。
每个螺丝钉的价格为：0.50 美元。

　　该公司预计橡木成本增加 10%，螺丝钉成本下降 5%。则每张桌子的新的标准成本是多少？
- ☐ **a.** 40.88 美元。
- ☐ **b.** 43.05 美元。
- ☐ **c.** 44.20 美元。
- ☐ **d.** 45.10 美元。

💡 **本节习题参考答案：**
成本量度概念

1. 一个奶牛场在某年度生产下列联产品，总联合成本为 9 000 000 欧元。

产品	千克
牛奶	1 170 000
黄油	570 000
酸奶	330 000
奶酪	930 000

根据这些信息，下列哪一项最准确地反映了物理指标法下联合成本的分配？

☐ **a.** 牛奶生产线应该分配 1 710 000 欧元的联合成本。

☐ **b.** 黄油生产线应该分配 990 000 欧元的联合成本。

☐ **c.** 酸奶生产线应该分配 3 510 000 欧元的联合成本。

☑ **d.** 奶酪生产线应该分配 2 790 000 欧元的联合成本。

根据物理指标法，四种产品的联合成本可以根据每种产品的千克数占生产的所有产品的千克数总量的百分比来分摊。生产总量为 3 000 000 千克（1 170 000 + 570 000 + 330 000 + 930 000）。分配给奶酪生产线的联合成本为 2 790 000 欧元 [9 000 000 × （930 000 ÷ 3 000 000)]。

2. 下列关于变动成本法和吸收成本法系统的叙述哪一项是正确的？

☑ **a.** 变动成本法系统将固定制造费用作为期间费用。

☐ **b.** 吸收成本法系统将固定制造费用作为期间费用。

☐ **c.** 变动成本法系统将变动制造费用作为期间费用。

☐ **d.** 吸收成本法系统将变动制造费用作为期间费用。

在吸收成本法（完全成本法）下，变动成本和固定制造成本都包括在存货成本中。在变动成本法（直接成本法）下，存货成本只包括变动制造成本。固定制造成本发生在按变动成本法计算的期间内，因此，它们被归类为期间费用。

3. 一家公司为其生产的餐桌制定了以下标准：
每张桌子的橡木面积为：10 平方英尺。
每平方英尺的橡木为：3.5 美元。
每台桌子需要的螺丝钉枚数为：12 枚。
每个螺丝钉的价格为：0.50 美元。

该公司预计橡木成本增加 10%，螺丝钉成本下降 5%。则每张桌子的新标准成本是多少？

☐ **a.** 40.88 美元。

☐ **b.** 43.05 美元。

☑ **c.** 44.20 美元。

☐ **d.** 45.10 美元。

公司可以预期每个部分的价格变化，然后通过将每个部分的成本相加来计算每张桌子新的标准成本。由于该公司预计橡木成本将上涨 10%，因此每平方英尺橡木的价格将从 3.50 美元提高到 3.85 美元（3.50 × 1.10%）。每张桌子需要 10 平方英尺的橡木，因此，每张桌子的橡木标准成本是 38.50 美元（3.85 × 10 平方英尺）。该公司预计螺丝钉的成本将降低 5%，因此，每颗螺丝钉的价格将从 0.50 美元降至 0.475 美元（0.50 × 95%）。每张桌子的螺钉的标准成本为 5.70 美元（0.475 美元 × 12 枚）。把橡木和螺丝的成本相加，则每张桌子的标准成本为 44.20 美元（38.50 美元 + 5.70 美元）。

成本核算制度

成本（核算）制度用于累计成本并将其分配给特定的成本对象，例如产品或服务。成本制度本身及其中所提供的成本数据对企业具有战略价值，可以帮助企业管理成本并为其产品和服务制定合理的价格。

本节探讨分批成本法、分步成本法、作业成本法（ABC）、生命周期成本法和其他成本累计与核算方法。

请先阅读附录 A 中列举的本节考试大纲（LOS），再来学习本节的概念和计算方法，确保您了解 CMA 考试将要考核的内容。

制造型企业的成本流转

了解制造业的成本流转是非常重要的。某些投入被分配到产品的成本中，以构成产品的总成本。图表 1D – 11 列示了这种典型的成本流转过程。

图表 1D – 11　制造型企业的成本流转过程

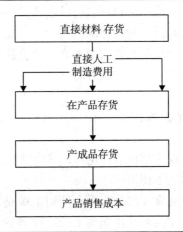

分批成本法与分步成本法

当需要为产品或服务分配成本时，公司通常采用两种基本的成本制度类型之一：

1. 分批成本法（job order costing，**工作量成本法**），将成本分配给具体的工作（单个客户、批次、不同产品或服务单位）。

2. 分步成本法（process costing），按照流程或部门来累积产品或服务的成本，并用总成本除以总产量，从而将成本分配到大量同类或类似的产品中。

LOS §1.D.2.a

当产品或服务的成本可以并经常需要被追踪，以便分配给特定的工作或服务时，通常使用分批成本法计算。例如，分批成本法用于制造业中的资本资产建造（建筑物、船舶）以及服务行业的广告宣传、研发和维修工作。这些产品、项目或服务的成本可以较容易追踪到产品、项目或服务，因为它们都具备唯一性。

LOS §1.D.2.a

分步成本法用于多个类似或十分相近的产品，这些产品可归入统一的成本流转流程中。分步成本法适用于制造业中的报纸发行、书籍出版和软饮料生产等；在服务业中，比较适合支票处理和邮递业务。这些产品在性质上往往是"同质的"，这意味着它们都是相似或非常相似的，因此没有必要追踪至特定产品或服务单位的成本。

无论是分批成本制度还是分步成本制度，其总体目的是相同的，那就是将直接材料成本、直接人工成本和制造费用分配给对应产品。两者都会使用到相同的账户，包括直接材料存货、在产品（WIP）存货、产成品存货和产品销售成本（COGS）。

分批成本法与分步成本法不同的地方在于成本的累计方式。在分批成本法中，成本统一按在产品（WIP）库存账户中的工作量累计。在分步成本法中，成本按照部门或流程在不同的 WIP 账户中累计。分批成本法使用工作单或类似软件来跟踪特定项目，而分步成本法使用生产成本报告来跟踪所有部门成本。分批成本法在工作完成后按工作量记录单位成本。在分步成本法下，每个部门的成本都是在自己的在产品（WIP）存货账户中累计的。单位成本是在会计期间结束时计算的，因为首先需要所有部门确认各自成本以便汇总部门总成本。少数公司将这两种方法结合使用，特别是当他们有一些特定的和一些大规模生产的产品或服务时。

分批成本法

在之前章节讨论过的实际成本法、正常成本法和标准成本法，可以在分批成本法下使用。

通常大部分公司会使用正常成本法，因为实际的制造费用分摊率是需要在上一年结束时才能确定的。而等到年底的时候，如果在之前无法及时获得信息，对于做决策而言也就失去价值了。

作为年度计划的一部分，管理层首先确定用于将制造费用分摊到工作中的一个或多个"成本池"。然后，对于每个"制造费用成本池"，选择适合的成本分摊基础（成本动因）。最后，将"费用成本池"预算的具体金额除以成本分摊基础以确定最终的预定制造费用分摊率。成本对象的制造费用分配会每月进行或按需要进行。

使用分批成本法将成本分配到某一工作（批次）的基本步骤如下所示：

1. 确认工作批次，特定的批次通常用特定的识别方式。

2. 追溯该批次的直接成本（直接材料、直接人工）。

3. 将制造费用分配到每一个批次中，通过将与作业相关的每个成本分摊基础（成本动因）乘以相关的制造费用分摊率。

例如：史密斯公司是一家制造游艇的造船公司。它使用实际成本法计算直接材料和直接人工，用预定费用分摊率来计算制造费用。

1. 要制造的游艇被编号为"批次－123"。

2. 该批次的直接成本是直接材料 40 000 美元和直接人工 60 000 美元。同时在生产过程中会产生 2 000 个机器工时和 3 000 个直接人工工时。

3. 制造费用的分摊，按照每一个机器工时分摊 3.00 美元和每个直接人工工时分摊 4.00 美元计算，确定在年度计划中的制造费用分摊率。

4. 分批成本报告准备如下：

直接成本：	
直接材料	$ 40 000
直接人工	60 000
直接成本合计	100 000
间接成本：	
2 000 机器工时 ×3 美元/机器工时	$ 6 000
3 000 直接人工工时 ×4 美元/直接人工工时	12 000
间接成本合计	18 000
制造成本合计	$ 118 000
游艇售价	$ 140 000
减：总制造成本	118 000
毛利	$ 22 000

毛利率（%） ＝22 000 美元/140 000 美元 ＝15.7%

分批成本法下的损耗、返工及废料处理

企业应该力求减少在生产制造过程中产生的损耗、返工和废料的数量，这样才可以最大化其利润。

损耗

损耗（spoilage）指的是原料或产品不可再用于生产或销售，将被丢弃或削价处理。损耗可能是正常损耗，也可能是非正常损耗。

正常损耗是指在有效运营的条件下，在正常生产流程中产生的损耗。正

常损耗被认为是营运成本的一部分，因此也会被视为合格完工产品成本的一部分。

非正常损耗是指在有效、正常生产条件下不应该产生的损耗。任何超过正常损耗数量的成本都被分配到"非正常损耗损失"账户中。在产生非正常损耗时，会计记录会借记一个非正常损耗账户（制造费用账户），贷记产生非正常损耗的作业，这是 CMA 考试中应该知道的重要内容。

返工

返工（rework）是指已完工的产品，在作为合格品出售前需要进一步增加工作量，返回修理。如果需要返工的产品可以被单独识别确认，则这些产品就可以通过使用这些单独代码或单独的返工作业号来汇报它们。

废料

废料（scrap）是产品或剩余物料的一部分，几乎没有经济价值。当出售废料时，财务人员将收到的废料金额贷记（减少）在产品存货或制造费用账户。一般会记录在后者。需要注意的是，在使用分步成本法时，这些成本已纳入产品的标准成本中。

分批成本法的优点和局限性

分批成本法可以提供非常详细的特定作业或操作的结果，因此它是计算特定批次成本的理想选择。对于大型生产流程，分批成本法的使用价值较低，因为每天都将单个成本分配到批量生产的项目或产品中是不切实际的。分批成本法可以适应多种成本计算方法，例如实际成本法、正常成本法、标准成本法，因此它足够灵活，可供各类型的企业使用。

分批成本法可以为企业提供更高的战略价值，因为它可以详细分解所有不同类型的成本。毛利和毛利率可以用来比较公司在不同作业间的盈利能力。对于那些表现不佳的作业，企业可以具体分析超支的费用是来自直接人工成本还是直接材料成本。

从中可以看出，分批成本法听起来在设置和具体执行上显得更简单。不过，还是有必要知道每项具体流程发生的成本。这些可以在具体产品成本列表上找到。所有在产品的成本总和必须等于在产品存货账户的余额。在多数情况下，成本管理系统会增加额外的功能，以便尽早发现与预算有差异的作业，并更仔细地监测。

分步成本法

分步成本法可以推荐在具有相同或几乎相同产品类型并有大规模生产流程的企业使用。这些企业通过部门生产成本报告追踪其数量和成本，并通过将生产部门的总成本除以生产的总产量来计算期末单位成本。

分步成本法对于任何高度自动化或重复性极高的生产流程都很适用。流程步骤可以是阶段性或连续的。阶段性流程的例子包括必须煮熟的产品或必须发酵的产品,一定量的原材料将放入生产器皿中烹饪或发酵。连续性流程的例子是灌装过程,其中液体产品被泵送或依靠重力进入生产流水线并被连续不断地用容器进行灌装。填充后的容器从生产线的另一端输出到下一环节。对于这种企业而言,分步成本法的战略价值在于他们可以在持续的生产过程中依然保证在每个时期获得及时、准确和相对便宜的成本信息。这要部分归因于使用"约当产量"这个概念。分步成本法还会使用到生产成本报告,这些报告具有内置检查功能,例如将产品单位余额数字与已记录产品单位数字进行核算。

分步成本法中的约当产量

在分批成本法中,部分完成的单位已经被分配了对应的生产费用。与此不同的是,分步成本法不能轻易地确定半成品的价值,因为分步成本法下的会计处理更关注的是流程成本或部门成本,而不是独立批次的成本或产品成本。因此,分步成本法必须首先确定所有单位产品的综合成本,包括在会计期间期初和期末时所有未完工的产品。未完工产品意味着该产品仍在在产品(WIP)存货中。因此仅完成了部分流程(或部门)的产品并不是真正的产成品,也无法将它们转入成品存货中。在期末时,生产经理或工程师对生产线上剩余单位的完工比例进行估算,即计算在产品(WIP)存货价值。

由于产品成本是通过确定了每个部门的单位成本分摊来计算的,因此有必要将半成品的数量计入这些计算中。在会计期末时,分步成本法会使用"约当产量"来将记录在产品存货的成本分摊。**约当产量**(equivalent units,EU)是指半成品在生产过程中也会消耗一定的工作量,可以使用该工作量计算对应能够生产的完工产品数量。当持续的生产流程需要人为地划分为不同会计时期时,必须使用约当产量来更准确地进行成本分摊。

生产工程师分别基于不同约当产量计算产品中的直接材料和加工成本,因为可能存在不同完整度的在产品,一些会比另外一些完成度更高。加工成本包括直接人工和制造费用。将这两项成本组合在一起,是因为直接人工和制造费用可以看作是将直接材料转换为成品的成本。

应该指出的是,一些制造费用可以直接追溯到某个部门,因为该部门负责控制这些成本。而另外一些制造费用需要分配给生产部门,因为它们是由其他部门引发或控制的。

例如:采用前面提到的烹饪过程,在开始烹饪之前,所有的原材料已经配备完成。因此,直接材料被认为是100%完成。如果我们假设需要5个小时的烹饪时间,并且在期末时只完成了2个小时,则认为转换完成了40%。

分步成本法的成本流转

分批成本法下是直接通过产成品批次结转成本,与分批成本法不同,分步成本法下的成本流转遵循加工过程和部门流程。在分步成本法下,每一个生产部门都必须有一个在产品存货账户。由于每个部门都会发生直接材料、直接人工和制造费用，所以这些费用必须合理分配给各个部门。当一个部门完成了它所应完成的那部分加工以后，通过借记"转入成本"账户将所有的成本转入下一个部门的在产品存货账户。生产过程中需要使用的直接材料、直接人工、制造费用也需要借记在部门的在产品库存中；当产品完工时，产品的完工成本被转至产成品存货中。

例如：两个不同部门先后加工同一产品的会计分录见图表 1D – 12。

图表 1D – 12 分步成本法下的成本流转模型（以 T 型账户列示）

材料存货			在产品存货——网球		
$100 →❶		❶→直接材料 $100	$800 →❹		
$200 →❺		❷→直接人工 $300			
		❸→间接制造成本 $400			

应计工资			在产品存货——网球罐		
$300 →❷		❹→转入成本 $800	$2 100 →❽		
$500 →❻		❺→直接材料 $200			
		❻→直接人工 $500			
		❼→间接制造成本 $600			

间接制造成本分摊			产成品存货		
$400 →❸		期初存货 $3 500	$1 000 →❾		
$600 →❼		❽→当期生产 $2 100			
		期末存货 $4 600			

	产品销售成本	
❾→	$1 000	

注：圆圈数字与箭头代表该生产过程中成本的"流入"与"流出"。

生产成本报告的编制步骤

单个部门的生产成本报告包含所有实物产量、约当产量以及所有的产品成本分摊。

使用分步成本法时，可以使用**先进先出法**（first-in, first-out, FIFO）或**加权平均成本法**（weighted-average method）来编制生产成本报告。

先进先出成本法是一种存货记录的方法，在计算单位成本的时候，它仅使用当期发生的成本和生产费用。先进先出法假设在当期最先流转进在产品存货的也会最先被加工生产为产成品。它在理论上优于加权平均成本法，因为它仅关注当期的业绩情况。但是，FIFO 也通常更复杂。

库存加权平均法使用的是成本在"前段时间"的平均值，这个平均值用期初 WIP 和当期单位成本加以计算，它的优点是相对简单。

编制生产成本报告的需要经过 5 个步骤：

这里使用相同的一套企业数据，来比较在两种不同的存货法下如何编制生产成本报告。假设，期初的 WIP 中有 100 个单位；直接材料的使用与完成度是100%，期间的转换工序与成本有40%已经完工。在当期，有700个单位的产品开始生产，同时，当期有600个单位产品全部完工并从该部门转出。假设完工的前100个单位来自期初的WIP存货，因此，在此期间开始并完成500个单位。期末WIP存货剩余有200个单位，假设它们直接材料使用与完成度是100%，加工成本完成度为80%。

第一步

生产报告编写的第一步是物料平衡。加权平均法和先进先出法都是一样的。请注意，要预计入账的数量和实际入账的数量是相等的。这里假设没有因废料或预期的损坏而产生的损耗，且生产流程正确无误。这里没有解释更复杂的情况，因为它们不会在CMA考试中进行测试。图表1D-13列示了"物料平衡"的计算。

图表1D-13 物料平衡

期初WIP	100
开工生产单位数	700
预计入账的数量	800
期初WIP结转至完工数量	100
当期开始并完工数量	500
总完工产品数量	600
期末WIP库存	200
实际入账的数量	800

加权平均成本法

第二步 确定约当产量

对于已经完全完成的600个单位而言，它们的直接材料和加工成本应该是100%的。期末时的WIP中的剩余单位应该乘以它们各自的完成百分比以确定直接材料和加工成本的约当产量。对于直接材料，他们100%完成并归集的，加工成本完成度为80%。

第三步 计算总制造成本

期初的WIP存货被添加到当期发生的成本总额中，这些金额在该部门的总账账户中找到。在这个例子里，期初的WIP为5 200美元（直接材料为3 000美元，加工成本为2 200美元），当期产生的成本为52 998.80美元，总成本为58 198.80美元。

第四步 计算约当单位成本

将总成本分别除以直接材料和加工成本的约当产量。确保将每个约当产量的成本四舍五入到小数点后五位，以避免在第五步计算时发生舍入错误。其他成本金额可以四舍五入到小数点后两位。

每个约当产量的直接材料成本为 41.24850 美元，每个约当产量的加工成本为 33.15789 美元。

第五步 将总制造成本分摊给完工转出产品与期末 WIP 库存

最后一步是通过将约当产量乘以每个约当产量的成本来分配直接材料和加工成本，以计算得出结转出产品的总成本和将保留在期末 WIP 中的成本。

图表 1D-14 列示了加权平均成本法下的计算过程，请认真学习。从逻辑上，这五步是环环相扣的，这样才可以从条件信息中计算得出每约当产量中两个成本的具体数字以及合理地分配到完工转出产品和期末存货中的成本。这里的每一个单独步骤都有可能形成考试内容，整体也是很好的选择题和简答题出题类型。因此，CMA 考生需要格外留意，加强每一个环节的学习。

LOS §1.D.2.f

图表 1D-14 生产报告——加权平均成本法

第一步		计算约当产量	
		直接材料	**加工成本**
期初 WIP	100		
开工生产单位数	700		
预计入账的数量	800		
第二步			
期初 WIP 结转至完工数量	100		
当期开始并完工数量	500		
总完工产品数量	600	600	600
期末库存	200	200	160
实际入账的数量	800	800	760
第三步			
实际入账的成本:			
期初 WIP	$5 200.00	$3 000.00	$2 200.00
当期增加的成本	52 998.80	29 998.80	23 000.00
实际入账的总成本	$58 198.80	$32 998.80	$25 200.00
第四步			
约当产量的单位成本		$41.2485	$33.15789
第五步			
完工转出品成本	$44 643.83 (600 × $41.24850)	$24 749.10 (600 × $33.15789)	$19 894.73
期末库存	13 554.96 (200 × $41.24850)	8 249.70 (160 × $33.15789)	5 305.26
实际入账的总成本	$58 198.80	$32 998.80	$25 200.00

先进先出法

接下来，我们使用相同的数据来说明先进先出法（FIFO）下的生产报告编制。FIFO 具体方法如图 1D - 15 所示，请认真学习。

第二步 确定约当产量

先进先出法首先计算完成期初在产品 100 个单位所包含的直接材料和加工成本。这些单位产品中直接材料的完成度是 100%，所以在当前时期没有什么需要额外投入的部分。加工成本则是另一回事，他们在上一期间完成了 40% 的投入。为了在当期完成，我们需要再投入额外的 60%。也就是 100 个单位乘以 60%，换言之，在当期我们必须增加相当于 60 个完整工作量的加工成本。

接下来是确定在当期开始并完成的 500 个单位成本。

与加权平均法相似，我们根据期末在产品剩余的 200 个单位确定期末 WIP 库存中的约当产量（单位×完成百分比）。

最后，将这三列的值相加。需要注意的是，FIFO 下的约当产量总是小于或等于加权平均法下的约当产量。

第三步 确定相关成本

在先进先出法中，唯一相关的成本是当期成本。当期直接材料的成本为 29 998.80 美元，加工成本为 23 000.00 美元，共计 52 998.80 美元。

第四步 计算约当产量单位成本

这一步，只需要简单地将当期总成本除以约当产量，可以得出单位约当产量直接材料和加工成本。请注意，这只是衡量当期水平的方法。就像在平均成本法中所做的一样，这里也需要谨慎地对待四舍五入的小数点问题。

第五步 将总制造成本分摊给完工转出产品与期末 WIP 库存

转出产成品的价值由三个组成部分。第一个组成部分是期初的 WIP 存货已有成本。第二部分是在将期初 WIP 库存加工完成的额外投入成本。第三部分是每个约当产量的成本乘以当期开始并完工的约当产量（500 单位）。加总这三个组成部分的总成本以获得完工转出单位的成本。

最后，期末在产品存货的价值是单位约当产量成本乘以期末在产品的约当产量数量。

交叉验证相关的数据可以证明是否总成本得到了合理分配与适当考量。需要再次强调的是，这里存在很多四舍五入产生的误差或过程错误的地方。

整个过程得以成立的原因是因为给定金额总额除以三个约当产量的价值的总和。然后将这个总和乘以三个单位价值，并将三项金额相加，该结果应该与我们开始的金额总额相同。

图表 1D－15　生产报告——先进先出法

第一步

			计算约当产量
			直接材料	加工成本

第一步

期初 WIP	100
开工生产单位数	700
预计入账的数量	800

第二步

		直接材料	加工成本
期初 WIP 结转至完工数量	100	0	60
当期开始并完工数量	500	500	500
总完工产品数量	600		
期末库存	200	200	160
实际入账的数量	800	700	720

第三步

实际入账的成本：

		直接材料	加工成本
期初 WIP	$ 5 200.00	$ 3 000.00	$ 2 200.00
当期增加的成本	52 998.80	29 998.80	23 000.00
预计入账的总成本	$ 58 198.80	$ 32 998.80	$ 25 200.00

第四步

		直接材料	加工成本
当期增加的成本	$ 52 998.80	$ 29 998.80	$ 23 000.00
约当产量		700	720
单位约当产量成本		$ 42.85543	$ 31.94444

第五步

成本分配：

			直接材料		加工成本
期初在制品（WIP）库存	$ 5 200.00		$ 3 000.00		$ 2 200.00
在产品完工成本	1 916.67	(0 × $ 42.85543)	0	(60 × $ 31.94444)	1 916.67
当期开始并完工产品成本	37 399.94	(500 × $ 42.85543)	21 427.72	(500 × $ 31.94444)	15 972.22
完工并转出产品成本	$ 44 516.60		$ 24 427.72	(160 × $ 31.94444)	20 088.89
期末在产品（WIP）库存	13 682.20	(200 × $ 42.85543)	8 571.09		5 111.11
实际入账的总成本	$ 58 198.80		$ 32 998.80		$ 25 200.00

多部门企业的生产成本计算

由于大多数生产流程通常涉及多个部门，如何处理在不同部门间的成本流转是比较复杂的，这里用一个例子来列示说明。这个例子将同时说明在分步成本法下加权平均成本法如何计算存货价值和产品销售成本。

"转入成本"是之前部门累计的总成本。基于该产品是部分完工，先前部门的成本需结转至当前部门。每个部门在这里都被视为一个单独的实体，而前一个部门类似于设定价格（成本）提供半成品的供应商。

在分步成本法下，每个生产部门都将拥有自己的在产品（WIP）账户。已完成的前一个部门的生产转移到下一个部门的 WIP 账户中。这与仅有一个 WIP 账户的分批成本法截然不同。

例如：罗伯斯特汤料公司有三个相互关联连续加工的部门。产品的加工开始于混合部门，然后是烹饪部门，最后是罐装部门。当每一个部门完成其加工（以罐子的成品价值衡量）并将产品转入下一个部门时，它同时也将该批次产品的成本转入下一个部门，下一个部门将该成本记为转入成本。

图表1D–16 列示了罗伯斯特汤料公司七月的库存在不同账户间流转的情况。

图表1D–16 罗伯斯特汤料公司七月库存量流转情况

	WIP（混合部门）		WIP（烹饪部门）		WIP（罐装部门）	
期初存货	1 000		期初存货 3 000		期初存货 2 000	
当期新生产	8 000		转入产品 ❷→7 000		转入产品 ❷→ 8 000	
完工品		7 000 ❶→	完工品	8 000❷→	完工品	9 000 ❸
期末存货	2 000		期末存货 2 000		期末存货 1 000	

	产成品		销售数量*	
期初存货	10 000		❹→11 000	
转入产品	❸→9 000			
销售		11 000 ❹→		
期末存货	8 000			

*当以货币额度计量时，这个账户和产品销售成本相对应。
注：带圆圈的数字表示成本流入和流出的流转。
注意，图中显示的是产量而非成本的结转。

图表1D–17 列出了用加权平均法编制的一个完整的生产成本报告。

需要特别留意的是，与转入成本有关的第三组数据列。在大多数情况下，WIP 中的所有单位都认为在考量转入成本后均完全完成。在其他方面，生产报告与以前显示的类似。但请注意，这里违反了四舍五入规则。

另外需要注意的是，混合部门的生产报告必须先于其他部门进行准备。烹饪部门的生产报告必须在罐装部门之前准备好。

图表1D–17 罐装部门的生产成本报告——加权平均成本法

1. 产量安排与约当产量

产量安排	
预计入账的数量：	
月初在产品	2 000
转入产品数量	8 000
总数量	10 000

	约当产量（EU）					
	转入产品		材料成本		加工成本	
	约当产量	归集（%）	约当产量	归集（%）	约当产量	归集（%）
实际的入账数量如下所示：						
完工并结转的产品 9 000	9 000	100%	9 000	100%	9 000	100%
期末 WIP 1 000	1 000	100%	900	90%	800	80%
总产量与约当产量 10 000	10 000		9 900		9 800	

续表

2. 约当产量单位成本

	总成本	转入成本	材料成本	加工成本	总单位成本
预计入账的成本额：					
期初 WIP	$7 500	$6 250	$250	$1 000	
当月追加成本	29 995	25 005	990	4 000	
总成本（a）	$37 495	$31 255	$1 240	$5 000	
约当产量（b）		10 000	9 900	9 800	
约当单位成本（a/b）		$3.13 +	$0.13 +	$0.51 =	$3.76

3. 成本完整性测试

	总成本	约当产量			
		转入成本	材料成本	加工成本	总数量
实际入账的成本额如下所示：					
完工并结转产品（9 000 × $3.76）：	$33 840				9 000
期末 WIP 转入成本（1 000 × $3.13）	3 130	1 000			
直接材料成本（900 × $0.13）	117		900		
加工成本（800 × $0.51）	408			800	
期末在产品总成本	3 655				
总成本	$37 495				

图表 1D-18 汇总了罗伯斯特汤料公司的数据，同时展示了 T 形账户事项和分录的类型，这同平均成本法下的生产成本报告里的数据相吻合。

混合部门和烹饪部门的单独生产成本报告也需要被编制。

需要注意的是，每个基本账户（原材料、应付工资和间接制造成本）不仅服务于第一部门，也服务于其他生产部门。该部门转出的成本并不直接等于本期增加的成本。但是，期初存货加上当月增加的成本始终等于期末存货加上转出的成本。

另外需要注意的是，每个存货账户的期初和期末库存水平均按直接材料、加工成本和转入成本进行细分。

分步成本法下的损耗

分步成本法也有正常损耗和非正常损耗，如前文在分批成本法中所给出的定义。

在加权平均成本法中，单位成本通过将总成本除以要计入的单位来计算。预计的正常损耗水平用转出的合格单位的百分比来表示。转出的合格产品价值按计划每单位成本 ×（1 + 正常损耗水平）计算。期末在产品仅按每单位计划的成本估值。单位的非正常损耗按计划的单位成本估价并立即记录为费用。实际上，许多公司并不想为这种算法费心。

图表 1D – 18 　罗伯斯特公司的 T 形账户和分录（加权平均法）

原材料			应付工资			间接制造成本		
BI	$15 000			$8 000	$4 800→②		$12 000	$7 200→③
CM	$5 000	$9 000 ①			$1 600→⑤			$2 400→⑥
		$990 ⑧			$1 600→⑨			$2 400→⑩
EI	$10 010							

WIP（混合部门）			WIP（烹饪部门）			WIP（罐装部门）		
BI	DM $1 250		BI	DM $0		BI	DM $250	
	Conv $2 500			Conv $1 875			Conv $1 000	
				Xfer-in $9 375			Xfer-in $6 250	
CM① →	DM $9 000		CM④ → Xfer-in $18 375			CM⑦ → Xfer-in $25 005		
②③ → Conv $12 000		$18 375→④	⑤⑥ →	DM $0	$25 005→⑦	⑧⑨⑩ →	DM $990	$33 853→⑪
				Conv $4 000			Conv $4 000	
EI	DM $2 375		EI	Xfer-in $7 120		EI	Xfer-in $3 120	
	Conv $4 000			DM $0			DM $114	
	合计 $6 375			Conv $1 500			Conv $408	
				合计 $8 620			合计 $3 642	

产成品			产品销售成本	
BI	$37 500		⑫ → $41 371	
⑪ Xfer-in $33 853		$41 371→⑫		
CM				
EI	$29 982			

有关分录如下：

① WIP（混合部门）　　　 $9 000
　　原材料　　　　　　　　　　　 $9 000

② WIP（混合部门）　　　 $4 800
　　应付薪水和工资　　　　　　　 $4 800

③ WIP（混合部门）　　　 $7 200
　　间接制造成本　　　　　　　　 $7 200

⑦ WIP（罐装部门）　　　 25 005
　　WIP（烹饪部门）　　　　　　 $25 005

⑪ 成品　　　　　　　　　 $33 853
　　WIP（罐装部门）　　　　　　 $33 853

⑫ 产品销售成本　　　　　 $41 371
　　产成品　　　　　　　　　　　 $41 371
　应收账款　　　　　　　 $55 000
　　销售收入　　　　　　　　　　 $55 000

以记录按 5 美元/单位销售 11 000 单位

↑

EI = 期末存货

注：　Xfer-in = 转入成本　　　BI = 期初存货　　　DM = 直接材料成本
　　　CM = 当月　　　　　　WIP = 在产品存货　　Conv = 加工成本

注意：带圆圈的数字表示成本流入和流出的流转。

LOS
§1.D.2.e

分步成本法的优点和局限性

　　分步成本法对于任何高度重复的流程生产而言都很有用，例如大规模生产同质产品。相反，它不适用于客户定制订单或其他个性化生产。分步成本法不仅可以按单位成本分配成本，还可以分配给特定部门，这样就给各部门的管理人员在控制本部门的成本方面提供了机会。

作业成本法（ABC）

作业成本法是根据"活动（作业）会消耗资源"这一原理，将制造费用分摊给客户、服务和产品的一种方法。ABC 是对传统分摊制造费用方法的一种改进，传统分摊法只基于 1～3 个分摊基础或成本动因。这也会改善产品和服务盈利信息。一项"**作业**"（activity）是在企业内执行的任何类型的行为、工作或活动。**作业成本池**（activity cost pool）是分享共同成本动因的作业、行为、活动或系列工作的逻辑组合。**资源**（resource）是在执行作业时消耗或应用的具有经济价值的元素。

其他有助于理解作业成本法的重要术语包括资源成本动因和作业成本动因。

资源成本动因（resource cost driver）用来衡量一项作业消耗的资源量。在作业中耗用的资源成本通过资源成本动因被分摊到成本池中。在制造业中，资源成本动因可能是生产一批网球需要的橡胶数量。对工程服务公司而言，资源成本动因可能是工程师为设计、建造和维护某个工程计划所花费的小时数。

作业成本动因（activity cost driver）用来衡量成本对象需要的作业量。作业成本动因将成本池中的成本分派给成本对象。例如，为生产特定产品进行机器安装调试所需要的人工工时数便是一个作业成本动因。

作业成本法的基础是通过作业所使用的资源提供产品或服务。耗用的资源成本使用成本动因来计算，即用一定期间内耗用的作业数量乘以该作业的单位成本。计算出的成本应分配到产品或服务中去。

对于已经发展出多条产品线和/或产品耗用多种资源的企业而言，作业成本法特别适用。这些资源不仅包括原材料和其他直接成本，还包括客户服务、质量控制和监督等间接成本。当各种产品或产品线以不同的消耗率耗用成本的时候，"一刀切"式的或统一的成本分摊就会扭曲产品的实际获利能力，导致某些产品的获利能力被高估，另一些产品的获利能力被低估。产品成本因此会虚增或被低估，成本虚增的产品实际没有消耗那么多资源却要承担更多的成本，成本被低估的产品恰好相反。

用战略思维思考的话，当基于不准确的成本计算数据做出决策的成本超过了收集更多信息和实施系统所增加的成本时，应该使用作业成本法。一个有效的作业成本法系统对于一家企业的决策可能特别重要，比如决定放弃或增加一条产品线。作业成本法也能支持产品定价决策以及流程改进方面的资金分配决策。

作业成本法采用两阶段法来分摊成本：

阶段1：使用相关资源成本动因，将制造费用分配到作业成本池。

阶段2：使用相关的作业成本动因将作业成本池指定到成本对象中。这样就估量了成本、对象对作业的使用。

作业成本法的主要步骤

设立作业成本制度的步骤包括：确认作业和资源成本，将资源成本分配到作业中，将作业成本分配给成本对象。

步骤1：确认作业和资源成本

作业分析通过确定为每一项作业履行的工作来确认实施特定作业所耗用的资源成本。作业成本项目团队制定有详细的作业列表，并按以下层次将作业列表划分成若干作业中心：

产品级作业，是指为生产每一单位产品所需要进行的作业（活动），如直接材料或直接人工工时。换句话说，这些作业以产量为基础或以产品为基础。

批次级作业，是指为生产每一批次产品而实行的作业。如生产前的机器调试、采购订单、分批检查、分批混合或生产调度。

产品维持作业，包括为支持生产过程而执行的作业，例如产品设计、加速和实施工程变更。

设施维护作业，包括支持用于生产的整个设施实施的作业，例如环境健康和安全、安保、工厂管理、折旧、财产税和保险。

客户级作业，是指为满足客户需要而发生的作业，如客户服务、电话银行或客户定制。

步骤2：将资源成本分配到作业

使用资源成本动因可将资源成本分配到各项作业中去。动因和作业之间一定要有明确的因果关系。企业经常用到的资源成本动因和相关作业如下所示：

员工人数：人工作业

工作时间：人工作业

安装时长：安装或机器作业

搬运的次数或距离：材料处理作业

仪表测量：公用事业作业（流量仪表、电表等）

机器小时数：机器运行作业

订单数量：生产订单作业

平方英尺：清洁作业

价值增量：一般管理与行政作业

步骤3：将作业成本分配给成本对象

确定了作业成本之后，使用合适的成本动因可以计量单位作业成本。作业成本动因同成本的上升和下降应具有直接的因果关系。

通过作业成本动因可以确定成本分配给每一件产品或服务的比例，公式如下：

$$作业成本分摊率 = \frac{成本池}{作业成本动因}$$

举例说明，假设公司生产两种产品 A 和 B。产品 A 的制造更复杂，因为它有四个组件，需要更多的生产时间。产品 B 只有两个组件，生产时间少于产品

A。本季度的制造费用为 1 000 000 美元。该公司将生产 60 000 单位的产品 A 和 40 000 单位的产品 B。基于总共 100 000 单位的产量,传统的制造费用计算结果如下:

1 000 000 美元/100 000 单位 =10 美元/单位

产品 A:60 000 个单位 ×10 美元/单位 =600 000 美元

产品 B:40 000 个单位 ×10 美元/单位 =400 000 美元

如果公司决定用作业成本法来分摊制造费用的话,则需要进行如下计算:

成本池	成本池费用(1)	成本动因	成本动因总量(2)	分摊率(1)/(2)	产品 A 数量×分摊率		产品 B 数量×分摊率	
安装成本	$ 200 000	安装次数	20	$ 10 000	15	$ 150 000	5	$ 50 000
维修费用	$ 300 000	机器小时数	100 000	$ 3.00	60 000	$ 180 000	40 000	$ 120 000
原材料处置费用	$ 400 000	直接材料占比	320 000	$ 1.25	60 000 ×4 =240 000	$ 300 000	40 000 ×2 =80 000	$ 100 000
其他	$ 100 000	单位数量	100 000	$ 1.00	60 000	$ 60 000	40 000	$ 40 000
	$ 1 000 000		分摊到产品的成本总额			$ 690 000		$ 310 000

产品 A 具有更多的零部件,使用更多的机器工时数,并且需要比产品 B 更多的安装设置次数。在使用作业成本法时,分配给产品 A 的制造费用(690 000 美元)也就高于传统方法下的费用(600 000 美元)分配。这表明,当这两种产品的复杂性存在差异时,传统的成本计算方法未能适当分配成本。它导致更简单的产品过度分配成本,而更复杂的产品分配成本不足。

作业成本法的适用范围

作业成本法突出了各生产流程或产品的竞争优势和劣势,帮助管理者了解他们的成本。随着越来越多的企业采用作业成本法,使用不太准确的成本核算制度的企业会发现自己处于竞争劣势,越来越难以进行竞争。

作业成本法在下列情况中尤为重要:

- 产品高度多元化、流程极其复杂或产量相当高的公司。
- 极容易发生成本扭曲的公司,比如那些既采用大批量生产也采用客户定制生产的企业、既有成熟产品也有新产品的企业,以及那些既有定制分销渠道也有标准分销渠道的公司。

作业成本法最先由制造行业的公司采用。现在服务行业的公司也开始采用作业成本法,如医院、银行以及保险公司,这些公司不仅利用作业成本法来计算成本,同时也将作业成本法用于战略决策,如流程分析、管理绩效评估和获利能力评估。

作业成本法与传统成本法的差异

图表 1D - 19 列示了作业成本法与传统成本法三个主要的差异。

图表 1D - 19 作业成本法与传统成本法三个主要差异

	作业成本法	传统成本法
成本动因	多个成本动因：作业基础动因和数量基础动因（根据最能精确计算成本而选）	最多三个成本动因：只有数量基础动因具有普适性
制造费用	制造费用先分配到各项作业中，然后再分配给产品或服务	制造费用先分配到各部门，再分配给产品或服务
关注点	关注解决部门间的成本计算和流程问题	帮助确定各部门经理负责其部门内的各项成本和流程改进

作业成本法的优点和局限性

使用作业成本法的优势如下所示：
- 实施作业成本法后，可能会导致一些以前的间接成本在其规模和新的追踪方法变得透明且具有成本效益时被视为直接成本。
- 传统的成本制度通常只关注制造成本。作业成本法会让管理者给予销售、行政费用和管理费用的更多关注。
- 作业成本法既可与分批成本系统结合使用，也可与分步成本系统结合使用。和传统成本分配方式使用相同。
- 作业成本法减少了由传统成本分配造成的扭曲。传统成本法按部门分配制造费用。作业成本法给经理提供了一个了解相关成本的途径，从而使得他们能更好地参与市场竞争。
- 作业成本法度量作业成本动因，允许管理层更改产品设计和流程设计，并了解总体成本和价值如何受到影响。正因如此，作业成本法启发了管理层进行"作业管理"（ABM）。

  作业管理法基于作业成本法中的数据，帮助管理层制定更准确的决策，如定价、产品组合、成本降低、流程改进以及产品和流程设计等。
- 与传统产品成本核算报告相比，作业成本法通常会导致小批量产品的单位成本大幅增加。

作业成本法的局限性包括：
- 在作业成本法中并未提及要区分固定成本与变动成本，而这个区分是有用的和重要的。
- 并不是所有的制造费用都和特定的成本动因相关联，有时可能需要随意分配成本，尤其是追踪相关动因所导致的成本大于从中能获得的效益时。
- 即使有现成的软件可供使用，作业成本法仍然需要大量的开发和维护时间。作业成本法改变了管理者已接受的既定规则，因此管理者会本能地抗拒这种变化。如果高级管理层不积极地支持作业成本法的实施，中低层经理将会不遗余力地寻找各种替代办法。

- 如果仅将作业成本法视为一项会计上的创新，则使用作业成本法的优势也就不复存在了。

- 作业成本法下产生了大量的信息，过多的信息可能误导经理将精力集中于错误的数据上。

- 作业成本法并不遵循公认会计原则（GAAP），所以重新披露财务数据将导致额外的费用，同时会造成混淆。这使得报表使用者不太确定是该信赖作业成本法给出的信息还是外部数据。

生命周期成本法

LOS
§1.D.2.j

生命周期成本综合考虑了产品或服务的整个生命周期，从提出概念直至完成销售和保修服务。它的目的是在产品或服务的寿命期间积累成本。

例如：药品产品的生命周期始于研发，经历临床测试和审批、产品设计、生产、市场营销和分销等多个阶段，最后是客户服务。本例中，"周期"可能被定义为产品专利权的使用期限或产品适销期限。

LOS
§1.D.2.d

LOS
§1.D.2.a

生命周期成本法有时作为一种战略制定的基础，用于成本计划和产品定价。它并非是分批成本法或分步成本法的替代品。它旨在让企业专注于产品或服务的总体成本。拙劣的初始设计只能导致更高的市场营销成本、服务成本和更低的销售额。

LOS
§1.D.2.b

成本在生命周期中的预测可能有助于公司管理层决定其定价策略，因此这非常重要。产品价格和产生销售量的多项组合，哪一项可以使生命周期中的利润最大化？公司是否应该选择在生命周期的早期阶段采用撇脂定价策略？

产品生命周期的总成本一共划分为三个阶段：

1. 上游成本。发生在产品生产或服务出售之前的成本，如研发成本和设计成本（原型、测试和工程）。

2. 制造成本。为生产产品或提供服务而消耗的成本，如采购、直接和间接制造成本。

3. 下游成本。是在生产成本之后（或同时）发生的成本。如市场营销、分销（包装、运输、装卸、促销和广告宣传）、服务成本和保修成本（残次品的召回、销售退回和责任承担）。

LOS
§1.D.2.e

生命周期成本法的战略目标着眼于改善以上三个阶段的成本。改善产品设计是上游阶段的关键。在制造阶段突出强调生产流程以及与供应商的关系。改善前两个阶段是降低下游成本的关键，因为这些阶段采取的行动限制了下游的选择。换句话说，生命周期成本法试图让管理者在早期阶段积极主动，期待他们可以未雨绸缪为下游阶段成本改善做好应对。

其他成本核算方法

另外两种成本计算方法是**营运成本法**（operation costing，营运成本法将分批成本法和分步成本法相结合）和**倒推成本法**（backflush costing，用于及时生产制）。

营运成本法

营运成本法（operation costing）是一种将分批成本法和分步成本法相结合的成本计算方法。与分批成本法类似，这里将直接材料分配给每个作业或批次，但直接人工和制造费用（转换成本）的分配与分步成本法类似。这种混合成本制度最适用于拥有类似流程、作业量较高，并且不同批次需要使用不同材料的生产商。例如，服装生产商具有标准的营运操作——选择款式、裁剪和缝制，但不同衣服选用的布料千差万别，衣服尺寸、颜色和价格以及其他很多因素也各不相同。其他适合营运成本法的行业包括纺织业、金属加工业、家具业、制鞋业和电子设备业。

例如：一个生产扶手的金属加工公司，其产品是粗加工扶手（还需上漆）和镀铬扶手。该公司专门有一个部门生产所有的金属扶手，然后将部分扶手转入镀铬加工部门。

假设公司某月生产了 1 000 件粗加工扶手和 500 件镀铬扶手，并且该月没有期初期末存货余额，营运成本计算法按批次追溯直接材料成本，按部门追溯加工成本（直接人工和制造费用），如图表 1D-20 所示。

图表 1D-20　总成本计算

直接材料		$ 30 000
批次 1：粗加工扶手（1 000）		
批次 2：镀铬扶手（500）		
金属加工部门为生产扶手耗用的材料	15 000	
镀铬加工部门加到扶手上的镀铬层	10 000	25 000
总直接材料		$ 55 000
加工成本		
金属加工部门		$ 45 000
镀铬加工部门		10 000
总加工成本		$ 55 000
总成本		$ 110 000

粗加工扶手和镀铬扶手的产品成本计算列于图表 1D-21。需要注意的是，由于金属加工部门对所有扶手均作同样的处理，所以金属加工部门的加工成本中包含了所有的扶手。

图表 1D –21　产品成本计算

	粗加工扶手	镀铬扶手
直接材料		
批次 1$\left(\dfrac{\$30\,000}{1\,000}\right)$	$30/扶手	
批次 2$\left(\dfrac{\$25\,000}{500}\right)$		$50/扶手
加工成本：金属加工部门$\left(\dfrac{\$45\,000}{1\,500}\right)$	$30/扶手	$30/扶手
加工成本：镀铬加工部门$\left(\dfrac{\$10\,000}{500}\right)$		$20/扶手
单位总成本	$100/扶手	$60/扶手
总产品成本		

$$粗加工扶手 \$60 \times 1\,000 = \$60\,000$$
$$镀铬扶手 \$100 \times 500 = \underline{50\,000}$$
$$总计 = \underline{\$110\,000}$$

这里的总成本与图表 1D – 20 总成本 110 000 美元是一致的，这也验证了计算结果是正确的。

倒推成本法

倒推成本法（backflush costing）是专门为使用及时生产制（JIT）的企业量身打造的。**及时生产制**（just-in-time，JIT，又称零库存生产模式）是仅当下一步生产需要某些材料时才生产这些材料。引发在特定工作区域开始生产的触发点来自生产线下一站的需求。因此采用及时生产制的企业存货极少，并且在会计期间发生的所有成本全部结转至产品销售成本中，所以存货计价方法（如先进先出法和加权平均成本法）和存货成本计算方法（如吸收成本法和变动成本法）的选择均不再相关。

倒推成本法不同于传统成本计算制度，传统成本计算制度使用正序跟踪，按发生顺序记录采购和库存之间的成本变动。正序跟踪通过以下四个阶段周期来追踪成本：

阶段 1：采购直接材料（材料存货分录）。

阶段 2：生产（在产品存货分录）。

阶段 3：合格品生产完工（成品存货分录）。

阶段 4：产成品销售（产品销售成本分录）。

每个阶段都存在着一个触发点，并在该点上需要记录会计分录。及时成本法忽略生产周期中的部分或全部会计分录。这一制度之所以称为倒推成本法是因为生产周期的某些步骤的会计分录被忽略时，就会用正常和标准成本逆向追溯发生成本，同时对遗失的步骤编制分录。

倒推成本法忽略了在产品（WIP）存货分录，因为及时生产制减少了原材料在这一阶段停留的时间。

及时制下倒推成本法并不严格遵循公认会计准则（GAAP）。采用倒推成本法时，即使在产品存货实际上的确存在并且应将其记为库存资产，但倒推成本法仍会忽略在产品存货分录。然而，很多企业运用倒推成本法，是因为在及时生产制下在产品存货非常少。如果在产品存货相对较多，应估计在产品存货的金额并调整入账。

倒推成本法可以节省公司的会计成本，但是有人批评说倒推成本法存在着一定的风险，因为缺乏明确的审计线索，倒推成本法无法给生产流程中的各个阶段实施精确的资源定位。然而，在及时生产制下，很多存货的数量极低，经理通过简单的观察或计算机监控便可追踪营运情况。

采用及时生产制的公司将是倒推成本法的主要使用者，除这些公司之外，具有快速的生产交货周期和/或十分稳定的存货水平的企业都能够使用倒推成本法。

本节习题：
成本核算制度

说明：回答所提供的每一个问题，正确的答案和解释出现在本节习题之后。

1. 生命周期成本计算法是：
   □ **a.** 是检查产品各个方面以确认成本效率的一种流程。
   □ **b.** 是管理价值链中所有成本的一种流程。
   □ **c.** 一种将与产品相关的销售费用最小化的成本计算方法。
   □ **d.** 一种以客户为重点的成本计算方法。

2. 通过确定单个任务的生产成本，然后根据生产每种产品所需的任务将这些成本分配给产品，这种确定产品成本的核算方法称为：
   □ **a.** 作业成本法。
   □ **b.** 分批成本法。
   □ **c.** 分步成本法。
   □ **d.** 营运成本法。

3. 一家使用分批成本法的公司在年度期间对批次（工作）101 记录了以下的交易事项。

日期	交易事项	金额
1 月 1 日	采购的直接材料	500 英镑
2 月 1 日	使用的直接材料	450 英镑
3 月 1 日	发生的直接人工	350 英镑
6 月 1 日	分摊的制造费用	50 英镑

   该公司 1 月 1 日的批次（作业）101 的产成品期初库存为 1 500 英镑，该公司于 8 月 1 日完成并交付了批次（作业）101。如果客户于 9 月 1 日为该批次向公司支付了 5 000 英镑，那么公司今年应报告的批次（作业）101 的产品销售成本为多少？
   □ **a.** 1 350 英镑。
   □ **b.** 2 350 英镑。
   □ **c.** 2 400 英镑。
   □ **d.** 2 850 英镑。

本节习题参考答案：
成本核算制度

1. 生命周期成本计算法是：
   - ☐ **a.** 是检查产品各个方面以确认成本效率的一种流程。
   - ☑ **b.** 是管理价值链中所有成本的一种流程。
   - ☐ **c.** 一种将与产品相关的销售费用最小化的成本计算方法。
   - ☐ **d.** 一种以客户为重点的成本计算方法。

   生命周期法分析涉及产品从摇篮到坟墓的成本分析。因此，生命周期成本法是管理价值链中所有成本的一种流程。

2. 通过确定单个任务的生产成本，然后根据生产每种产品所需的任务将这些成本分配给产品，这种确定产品成本的核算方法称为：
   - ☑ **a.** 作业成本法。
   - ☐ **b.** 分批成本法。
   - ☐ **c.** 分步成本法。
   - ☐ **d.** 营运成本法。

   这种成本计算方法称为作业成本法（ABC）。作业成本法是传统成本分配方法的精化版本，因为作业成本法专注于分解和识别一个组织中的成本在实际中是如何消耗的。这种成本计算方法为了解其产品和服务的盈利能力提供了更好的信息。

3. 一家使用分批成本法的公司在年度期间对批次（工作）101 记录了以下的事项。

日期	交易事项	金额
1 月 1 日	采购的直接材料	500 英镑
2 月 1 日	使用的直接材料	450 英镑
3 月 1 日	发生的直接人工	350 英镑
6 月 1 日	分摊的制造费用	50 英镑

   该公司 1 月 1 日的批次（作业）101 的产成品期初库存为 1 500 英镑，该公司于 8 月 1 日完成并交付了批次（作业）101。如果客户于 9 月 1 日为该批次向公司支付了 5 000 英镑，那么公司今年应报告的批次（作业）101 的产品销售成本为多少？
   - ☐ **a.** 1 350 英镑。
   - ☑ **b.** 2 350 英镑。
   - ☐ **c.** 2 400 英镑。
   - ☐ **d.** 2 850 英镑。

   顾名思义，分批成本法下的成本分配给特定批次（作业），并通过会计系统将其作为一个类别进行处理。总的产品销售成本等于所使用的直接材料、所发生的直接人工和所分摊的制造费用的总和。该公司的批次（作业）101 的期初产成品库存账户中的金额也代表与该批次相关的成本，因此，它们也需要被计入总的产品销售成本。公司应报告的产品销售成本为 2 350 英镑（1 500 英镑 +450 英镑 +350 英镑 +50 英镑）。

制造费用

制造费用成本对企业而言非常重要，因为大部分情况下这些成本不能像直接材料和直接人工一样追溯到成本对象。这也是制造费用成本需要被分摊的原因。制造费用是产品成本，它在存货账户间流转〔如从在产品（WIP）存货流转至产成品存货〕。一旦产品被出售，产品成本将作为产品销售成本结转至利润表。

本节讨论了固定和变动制造费用、全厂制造费用对比部门制造费用以及作业成本法下的制造费用分摊。除此之外，本节还讨论了如何决定制造费用分摊基础或成本动因以及服务部门成本的分配问题。需要指出的是，虽然在本节教材中只讨论制造费用成本，但现实情况中出于管理报表的目的，还有除了制造费用成本以外的其他成本需要被分摊。

请先**阅读**附录 A 中列举的本节考试大纲（LOS），再来学习本节的概念和计算方法，确保您了解 CMA 考试将要考核的内容。

固定和变动制造费用

LOS
§1.D.3.a

LOS
§1.D.3.h

LOS
§1.D.3.e

所有的制造费用成本要么是固定成本，要么是变动成本。**固定成本**（fixed costs）包括资产的折旧、租金、租赁成本和生产中发生的间接人工成本。在实际产量没有超出相关范围的条件下，这些成本在一个会计期间内将保持不变。**变动成本**（variable costs）包括水电费、污水处理费、工程支持费、机器维护费和间接材料成本。变动成本成比例地随着成本动因的变化而变化。成本动因极有可能基于数量，也有可能基于作业。

固定制造费用

LOS
§1.D.3.b

大多数固定成本都是针对某个绩效期间一般是 1 年或相关范围内而设立，所以从理论上讲，企业的日常营运对固定成本几乎没有什么影响。固定制造费用的计划在先后次序上分为两个阶段：设定优先级，并有效地履行这些优先级。第一阶段，设定优先级是指公司应决定为了实现公司的战略和运营的目标，有哪些固定制造费用应该或必须承担；而哪些固定成本不会创造增值，应

329

予消除；以及哪些固定成本最为重要，必须准确无误地去理解与分析。

第二阶段是要在优先级列表里的固定制造费用中寻求有效性，即有效地履行优先级，并决定出哪些成本最有可能通过更细致的规划而得以降低。

例如：一家汽车租赁公司将在来年购买最合适数量的车辆以供出租，购买成本作为最高优先级的固定成本，以确保其有足够的汽车满足客户需求，同时又不会造成大量待租车辆的闲置。接下来，该租赁公司还需决定采取最具成本效益的车辆购买方式，即挑选故障最少的汽车品牌，并与汽车生产商协商最优采购价格。

变动制造费用

对于变动制造费用的计划也有两个阶段：设定优先级，并保持高效。给变动成本设定优先级包括决定哪些作业是可以给客户带来价值的，而哪些活动应该消除。与固定成本不同的是，变动成本是受日常运营影响的，所以有效的追求优先级是一个持续的过程。

LOS
§1.D.3.g

有些变动制造费用比率可以直接算出来。比如，一辆运货车需要每 3 000 公里更换一次机油，平均每换一次需要 45 美元的成本，所以计算出每公里机油的成本为 45 美元除以 3 000 公里，得到 0.015 美元每公里。实际情况中，这种计算方法是更被接受的方法，因为变动成本通常表现为每一单位的美金金额。

有时候变动成本的核算则需要基于历史期间的情况分析，并依据对下一期间和当期或者前一期间情况的比对结果进行调整而得出的。以一家零售店的出纳成本为例，可以拿这家店本年度至今的出纳成本去除以它本年度至今的销售收入，从而得到其来年出纳成本预算的初步估计。然后我们可以根据明年可能出现的差异进行调整，假设如下：

本年度至今出纳（员）成本	$350 000
本年度至今销售额	$7 000 000
预期工资增长	2%
新的人工调度系统将减少人员配置	10%

计算如下：

350 000 美元/7 000 000 美元 = 0.05 美元（每美元销售）

每美元销售额的出纳（员）成本	$ 0.050
乘以预期的工资率（增长后）	1.020
修正率	$ 0.051
乘以预期人员配置率（减少后）	0.900
下一年的可变调整率	$ 0.046

值得注意的是，如果在过去的期间中成本没有被有效控制的话，那么依据历史数据做出来的预算将使不良的预算做法制度化。

预算固定制造费用分摊率

即使该期间内的活动有大范围的变化，固定制造费用在某个期间内不会发生改变。对固定分摊率进行预算涉及以下 4 个步骤：

1. 决定正确的会计期间。年度基础比月度基础更加合理，因为多数公司鉴于季节性和每个月不同天数的原因，想让成本变动看上去更加平滑。用年度基础可以避免经理每个月都要制定月度预算。

2. 在分摊基于运营情况的固定制造费用时，决定好使用什么分摊基础（成本动因）。一个公司既可以使用数量基础的成本动因，也可以使用作业基础的成本动因。尽管固定成本从整体上不会变化，但它们仍然必须按照其产生的价值按比例被分摊到各个成本池中。

3. 决定跟每一个成本分摊基础（成本动因）相关的固定制造费用。固定制造费用，可依据哪种分摊基础能够最好地衡量固定成本所产生的价值，将其归入若干成本池。

4. 计算成本分摊基础的单位分摊率，以便将固定制造费用分摊到成本对象：

$$固定制造费用分摊率 = \frac{固定制造费用池中的总成本}{分摊基础的总数量}$$

这就导致了那些占用分摊基础越多的运营活动，分摊到的固定成本就越多。

例如：一个生产网球的制造企业使用机器工时作为其固定成本动因（上文步骤 2）。这家公司预算了 1 年 40 000 机器工时生产 200 000 罐网球。

所有的固定制造费用成本都和机器工时分摊基础有关（上文步骤 3）。预算出来的年度固定制造费用合计 1 000 000 美元，单位成本计算为：

$$固定制造费用分摊率 = \frac{1\ 000\ 000\ 美元}{40\ 000\ 机器工时} = 25\ 美元/机器工时$$

普通固定制造费用包括厂房租赁成本、机器折旧成本以及工厂经理薪资。管理层应该为基于运营情况而定的固定制造费用选择合适的分摊基础。通常合适的分摊基础包括机器工时、人工工时和人工费用。

固定和变动制造费用二者都有可能在一年中被过多或过少的分摊。

固定制造费用开支差异和生产数量差异两者都是固定制造费用可能被过少或过多分摊的原因，其中造成过少分摊的差异为不利的差异，而造成过度分摊的差异为有利差异。（见第三章第 1 节，成本量度和差异量度）

财年年底如果出现了制造费用分摊不足或过度分摊的差额，那么它必须被处理掉。如果该金额被视为无关紧要，那它可直接被计入产品销售成本。如果该金额被视为重要，则需将它在产品销售成本、在产品存货和产成品存货之间进行分摊。（见第四章第 1 节，成本量度概念）

变动制造费用分摊率的预算

上文列举的预算固定制造费用分摊率的步骤和计算同样适用于变动制造费用分摊率，只不过需要简单地在公式中将"固定"的字样换成"变动"。

$$变动制造费用分摊率 = \frac{变动制造费用池中的总成本}{分摊基础的总数量}$$

LOS
§1.D.3.f

普通变动制造费用包括间接材料、间接人工、公共设施成本、维修成本以及工程支持成本。管理层应该为基于运营情况而定的变动制造费用选择合适的分摊基础。常用的分摊基础包括机器工时、人工工时或者人工费用。

变动制造费用的合理成本动因应被作为其分摊的基础。

我们已经分别讲述了固定和变动制造费用分摊率的算法。当制造费用被分开分摊的时候，这种方法叫做双重费率成本分摊法。如果制造费用被整体分摊，那这种叫做单一费率成本分摊法。其中双重费率成本分摊法更为可取，因为它可以使利润表以一种变动成本法的形式展现出来。

LOS
§1.D.3.k

正如在第四章第 1 节中指出的，当制造费用按照预设的标准或正常比率分摊时，实际分摊的制造费用可能会与实际发生的制造费用不一样。这种区别就叫做过度或过少分摊的制造费用，而且必须通过某种方法将其清除掉。第四章第 1 节成本量度概念透彻地讨论并展示了如何将这种区别直接计入产品销售成本，或者将其分摊入在产品存货、产成品存货和产品销售成本中。

高低点法

LOS
§1.D.3.q

混合成本包括变动和固定成分。高低点法是一种成本核算方法，用以将固定成本和变动成本从混合成本中分离出来。出租车辆的成本通常包含一个固定的日计金额再加上一个基于行驶公里数的变动金额。高低点法使用相关作业范围内成本动因（如机器工时）的最高值和最低值，以及其各自相关的成本的最高值和最低值，用以估测成本函数中变动成本和固定成本的构成。这些构成成分被用来决定成本函数。函数中斜率是变动成本而常数是固定成本。这一公式 $y = a + bX$ 在第二章第 3 节：预测技术当中讨论过。通过使用高低点分析法，相关方可以对成本动因和成本（半变动成本）之间的关系有个初步的理解。

为说明如何使用高低点法，参考下列案例：

布莱特公司 7 月至 10 月这四个月的生产活动与相关工资支付额度如下所示。

月份	生产活动	工资
7 月	2 000 单位	$ 30 000
8 月	1 800 单位	$ 28 000
9 月	1 900 单位	$ 29 000
10 月	2 100 单位	$ 31 000

首先从提供的数据中选择最高单位数量和最低单位数量的生产活动。

		生产单位（数量）	工资
10 月	高	2 100	$ 31 000
8 月	低	1 800	$ 28 000
	差异	300	$ 3 000

然后按如下方式计算每单位的变动成本：

$$每单位变动成本 = 工资差异/单位（数量）差异$$

$$每单位变动成本 = 3\ 000\ 美元/300 = 10\ 美元/单位$$

下一步是计算固定成本总额。这可以使用高产量月份的数据或低产量月份的数据来完成，结果将是一样的。举例说明，8 月份的数据将作为低产量月份的数据被使用。

$$固定成本 = 总成本 - 变动成本总额$$

$$变动成本总额 = 10\ 美元 × 1\ 800 = 18\ 000\ 美元$$

$$固定成本 = 28\ 000\ 美元 - 18\ 000\ 美元 = 10\ 000\ 美元$$

该成本函数的公式是：

$$总成本 = a + bx$$

$$总成本 = 10\ 000\ 美元 + 10\ 美元\ x。$$

高低点法的优点在于其便于使用，并且从逻辑上讲易于理解。其使用的便捷和其所提供的对于成本动因是如何影响间接制造人工成本最初理解是很有价值的。这种方法的缺点在于，它只依仗于两个观测点来估测一个成本函数。高低点法忽略了那些后续能够改变结果的信息。

回归分析法

我们也可以用回归分析法将固定成本和变动成本从混合成本中分离出来。

这种统计方法用于决定一个或多个变量对其他变量的影响。它在因变量（y）和一个或多个自变量（x 或 x's）之间提供了最好的线性方程式。这种类型分析通过使用一系列数据点拟合回归线最小化了预测线和实际数据值之间的差异。

全厂、部门以及作业成本法下的制造费用分摊

拥有两个或更多生产部门的公司可以使用一下这些方法将间接制造成本分摊到生产批次或者产品上：

- 全厂制造费用分摊率；
- 部门制造费用分摊率；
- 作业成本法制造费用分摊。

LOS
§1.D.3.d

全厂制造费用分摊率

全厂制造费用分摊率（plant-wide overhead rate）是一个生产工厂中发生的所有制造费用的单一分摊率。其没有将制造费用分摊率分成固定和变动两个部分的性质，可以防止公司利用变动成本粉饰管理报表。全厂制造费用分摊率通过如下计算公式得以确认：

$$\text{全厂制造费用分摊率} = \frac{\text{全厂总制造费用}}{\text{全厂所有作业批次共同的成本动因（分摊基础）的总数量}}$$

由于全厂制造费用分摊就其本质是一个笼统的概念，它仅适用于那些只有一个加强的单一的成本动因，且此成本动因关系着其所有产品种类的工厂。

如果工厂里的一个部门已实现高度自动化而另一个部门是劳动密集型，此工厂则不应使用全厂制造费用分摊率，而是让每个部门使用不同的成本动因。否则，对每个部门和产品会造成制造费用成本的过度分摊和分摊不足。

LOS
§1.D.3.d

部门制造费用分摊率

部门制造费用分摊率（departmental overhead rate）是一个用来计算某特定部门的单一制造费用分摊率。它比全厂制造费用分摊率更加准确。

每个部门都可以基于它们自己的成本动因计算各自的制造费用分摊率。同全厂分摊率所述一样，如果没有将固定制造费用和变动制造费用分开的话，公司会被阻止使用变动成本分摊。变动制造费用分摊率计算为：

$$\text{部门制造费用分摊率} = \frac{\text{部门总制造费用}}{\text{部门所有作业批次共同的总成本动因的数量}}$$

每个部门制造费用的会计处理是通过为每个部门创建独立的实际制造费用和应分摊制造费用的账目来进行追踪的。同全厂制造费用分摊率一样，部门分摊率也是个笼统的比率，所以当为一个部门选择的成本动因不能真正关联部门所有作业时，那么成本的不恰当分摊就会发生。

部门制造费用分摊率只有在部门产品同质且每个产品批次或成本对象都与成本动因有因果关系的情况下才能够使用。如果真实情况不是这样，那么需要使用多个不同的成本动因及与他们相关的成本池。不恰当分摊成本的风险前文已经讲过，就是某些产品的盈利能力可能被高估，又或者是一些产品的盈利能力被低估。这种风险会导致对产品线的管理不善。

LOS
§1.D.3.d

LOS
§1.D.3.l

作业成本法下的制造费用分摊

当全厂制造费用分摊和部门制造费用分摊都不够准确时，就应考虑采用**作业成本法**（activity-based costing，ABC）分摊制造费用。作业成本法下的制造费用分摊是使用多个成本池和多种成本动因，以将工厂间接制造成本分摊给产品或服务。成本动因的选择以因果关系为依据，可以采用作业基础成本动因和数量基础成本动因。作业成本法和传统成本法的详细对比讨论，请见第四章第2节，成本核算制度。

例如：图表 1D-22 列示了生产部门成本池和成本动因的一个样本。

图表 1D-22 成本池、成本动因和预设的制造费用分摊率

制造费用池	预算制造费用	成本动因	成本动因数量	预设的制造费用分摊率
公共事业	$100 000	机器工时	10 000	$10/机器工时
材料处理	120 000	材料数量（磅）	40 000	$3/磅
安装	90 000	安装次数	300	$300/安装
	$310 000			

图表中，预设的成本动因分摊率是用预算制造费用除以成本动因的总量来计算的。当有两个或者更多的工作或产品分担这些成本的时候，使用这种方法的准确性便显而易见了。

假设图表中所描述的工厂当期有两项工作。**工作 1** 使用 4 000 个机器工时、30 000 磅重的直接材料和 100 次机器安装。**工作 2** 使用 6 000 个机器工时、10 000磅中的直接材料和 200 次机器安装。分摊到每项工作的成本的计算见图表 1D-23。

作为比较，如果使用全厂制造费用分摊率并且把机器工时作为唯一的成本动因，那么总制造费用 310 000 美元除以 10 000 个机器工时，就会得出单位分摊率 31 美元/机器工时。那再用这个 31 美元去乘以工作 1 的 4 000 机器工时就会得到工作 1 的 124 000 美元分摊制造费用；乘以 6 000 个机器工时，就能得到工作 2 分摊的制造费用 186 000 美元。

需要注意的是，与全厂制造费用分摊法相比，作业成本法下的制造费用分摊所得出的结果有很大的不同。

图表 1D-23 作业成本法下的制造费用分摊与全厂制造费用分摊

					作业成本法下的制造费用分摊	全厂制造费用分摊	差异
工作 1 公共事业 10 美元/机器工时	×	4 000 工时	=		$40 000		
工作 1 材料处理 3 美元/磅	×	30 000 磅	=		$90 000		
工作 1 安装 300 美元/安装次数	×	100 次	=		$30 000		
		总计	=		$160 000	$124 000	$36 000
工作 2 公共事业 10 美元/机器工时	×	6 000 工时	=		$60 000		
工作 2 材料处理 3 美元/磅	×	10 000 磅	=		$30 000		
工作 2 安装 300 美元/安装次数	×	200 次	=		$60 000		
		总计	=		$150 000	$186 000	$(36 000)
					$310 000	$310 000	$0

LOS
§1.D.3.n

采用作业成本法的好处

作业成本法分摊制造费用的好处是，当管理层尝试消除不为产品和服务提供价值的活动时，它可以帮助管理层识别那些没有效率的产品、部门和活动。用作业成本法分摊制造费用可以鼓励企业将资源集中投放在那些可盈利的产品、部门和活动上，并控制成本。虽然很多关于作业成本法的研究报告倾向于忽略变动和固定成本之间的区分，但是保持这种区分能够增加采用作业成本法所收集的成本信息的价值。

服务部门成本的分配

一个公司中有两种基本的部门：生产部门和服务部门。生产部门到此一直是本书讨论的焦点。服务部门不直接进行同生产部门一样的运营活动，而它们协助生产部门、客户和员工。生产部门的例子包括维修、内审、食堂、信息技术、人力资源、采购、客服、工程以及成本会计。

LOS
§1.D.3.o

整个过程（服务部门成本的分配过程）始于对每个独立的服务部分和生产部门的预算准备。并延续于对每个服务部门合理的分摊基础和成本动因的决定。接下来是对每个服务部门基于其所选成本动因而决定的分摊率的计算。最终，此服务部门的成本分摊可以推广应用于其他部门。

预算成本分摊使用预设的成本分摊率和分摊基础下的预算数量。当预算得以实施时，将按照预设的分摊率和分摊基础的实际数量，使用正常成本法对部门的成本进行分摊。

之所以要将服务部门的成本分配出去，是因为大部分服务部门并不产生任何收入，即服务部门是成本中心。当某个服务部门的确产生收入时，如食堂，则将这些收入冲抵成本后的净成本转移到产生收入的生产部门。为了符合GAAP的规定，这一点至关重要。所有制造成本，包含直接材料、直接人工、和制造费用都需要经过制造费用的分摊后进入产品存货计价。

尽管服务部门可能无法直接给产品带来增值，但服务部门能给公司的其他部门提供服务，而这些其他部门则能直接给公司的产品和服务创造增值。管理层需决定如何将服务部门的成本分摊回运营部门。他们还需决定双速率成本分配法是否要将变动成本和固定成本分离开来。

在下面提到的例子中，所有部门的成本总和为780 000美元。不论使用下面哪一种分摊法进行分摊，分摊之后所有产品部门的成本之和必须等于780 000美元。

LOS
§1.D.3.p

直接分配法

直接分配法是分摊服务部门成本最简单的方法。它将服务部门的成本直接分摊到生产部门。它不会将一个服务部门的成本分摊到其他服务部门。即使一个服务部门的确为另一个服务部门提供了服务，直接分配法也不予考虑，而直接把所有这些成本分配到生产部门。比如,清洁服务也打扫人力资源部。这就意味着,两个生产部门要承担更大比例的清洁部门的成本。直接分摊法只考虑与生产部门相关的成本动因。

例如:图表1D-24 展示了某金属加工公司的四个独立部门。

图表1D-24 部门成本和成本动因

	服务部门		生产部门		
	人力资源部门	清洁卫生部门	金属加工部门	镀铬部门	总成本
分摊前部门成本	$200 000	$80 000	$400 000	$100 000	$780 000
人工工时数	10 000	5 000	20 000	5 000	
占用面积(平方英尺)	15 000	500	60 000	20 000	

此例中,人力资源部的成本基于人工工时进行分摊,清洁部的成本基于生产部门占用面积的平方英尺数进行分摊,计算如下:

$$部门分摊百分比 = \frac{某生产部门耗用的成本动因量}{所有生产部门耗用的成本动因总量} \times 部门成本$$

$$金属加工部门分摊的人力资源成本 = \frac{20\ 000}{20\ 000 + 5\ 000} \times 200\ 000\ 美元$$

$$= 0.8 \times 200\ 000\ 美元 = 160\ 000\ 美元$$

$$镀铬部门分摊的人力资源成本 = 0.2 \times 200\ 000\ 美元 = 40\ 000\ 美元$$

$$金属加工部门分摊的清洁卫生成本 = \frac{60\ 000}{60\ 000 + 20\ 000} \times 800\ 000\ 美元$$

$$= 0.75 \times 800\ 000\ 美元 = 60\ 000\ 美元$$

$$镀铬部门分摊的清洁卫生成本 = 0.25 \times 80\ 000\ 美元 = 20\ 000\ 美元$$

这样,金属加工部门的总成本是 620 000 美元(400 000 美元 + 160 000 美元 + 60 000 美元),镀铬部门的总成本是 160 000 美元(100 000 美元 + 40 000 美元 + 20 000 美元)。新计算出来的产品部门的总成本为 780 000 美元,而服务部门的总成本则显示为 0。

按步向下分配法

LOS
§1.D.3.p

按步向下分配法将一个服务部门的服务成本分配到其他服务部门和生产部门。这一方法逐个分配服务部门的成本,最先得到分摊的是为其他服务部门提供服务最多的部门,最后分摊的是为其他服务部门提供服务最少的部门。后续部门需要分摊的成本逐步降低。

和直接分配法一样,成本动因分摊比例的计算仅涉及那些接受成本分摊的部门。

在按步向下分配法中使用以下过程:

步骤1:确定要首先分配给其他服务和生产部门的服务部门,根据成本动因计算用于此分配的百分比,然后将第一个服务部门的成本分配给所有接收部门。

步骤2： 根据成本动因将下一个服务部门分配给其他服务和生产部门。循环这个过程，直到所有服务部门的成本都分配给生产部门。

例如：继续使用前面的例子，对该金属加工公司而言，人力资源成本将首先被分摊，然后是清洁卫生服务的成本。

图表1D-25展示了采用按步向下分配法来分摊成本的过程。

图表1D-25 按步向下分配法

	服务部门		生产部门		
	人力资源部门	清洁卫生部门	金属加工部门	镀铬部门	总成本
分摊前部门成本	$200 000	$80 000	$400 000	$100 000	$780 000
第一步：	(200 000)	33 333	133 334	33 333	
小计	0	113 333	533 334	133 333	
第二步		(113 333)	85 000	28 333	
总计	$0	$0	$618 334	$161 666	$780 000
人工工时数	10 000	5 000	20 000	5 000	
占用面积（平方英尺）	15 000	500	60 000	20 000	

部分数值四舍五入。

人力资源部门的成本被分配给其他三个部门。分配方法如下所示：

步骤1： 确定其他三个部门接受人力资源部门成本的比例（百分比或因子）。计算方法是用单个部门的人工工时数除以三个部门人工工时数的总和。

- 清洁卫生部门的分摊百分比。用清洁卫生部门的人工工时数5 000作分子，用清洁卫生、金属加工和镀铬三个部门人工工时数的总和30 000（5 000 + 20 000 + 5 000）作分母，得出清洁卫生部门的分摊因子为5 000/30 000或0.167。
- 金属加工部门和镀铬部门的分摊因子分别为0.667和0.167。
- 用三个部门各自的分摊因子乘以人力资源部门的成本200 000美元。由此可算出每个部门分摊到的成本额。
- 清洁卫生部门接受的成本分摊额为33 333美元。
- 金属加工部门接受的成本分摊额为133 334美元。
- 镀铬部门接受的成本分摊额为33 333美元。

步骤2： 新计算的清洁总成本113 333美元，会基于两个生产部门所占面积的平方英尺数，被分摊给这两个生产部门。

将以上成本分摊结果和直接法下的成本分摊结果相比，金属加工部门在按步向下分配法下分摊得到的成本略低，镀铬部门在按步向下分配法下分摊得到的成本略高。按步向下分配法提供了更为准确的成本分配结果。但是，正如以上所看到的，部分成本的分摊仍然是扭曲的。例如，即使人力资源部门有很大的空间需由清洁卫生部门提供清洁服务，但清洁卫生部门的成本并未分摊给人力资源部门。这种问题可以使用交叉分配法解决。

因为使用了这种直接方式，总成本780 000美元最后都汇总到生产部门。

交叉分配法

交叉分配法使用联立方程对部门间的服务成本进行全面确认。然而，向下分配法只对相互的服务成本进行部分确认。尽管交叉分配法是真正的分配确认方法并且是最准确的分配方法，但它却很少被企业使用，因为它的计算方法非常复杂，同时向下分配法可以提供具有成本效益的合理的成本分摊。虽然一些应用软件可以是交叉分配法的计算更为简便，但多数公司仍然不采用交叉分配法。

例如：将交叉分配法用于金属加工车间。

步骤 1：为每个服务部门建立方程组，给人力资源和清洁卫生部门分别建立最简单形式的方程式。

$$人力资源部门的总成本：HR = 20\,000\ 美元 + \left(\frac{15\,000}{15\,000 + 60\,000 + 20\,000} \times J \right)$$

$$HR = 200\,000\ 美元 + 0.15789\ （J）$$

$$清洁卫生部门的总成本：J = 80\,000\ 美元 + \left(\frac{5\,000}{5\,000 + 50\,000 + 20\,000} \times HR \right)$$

$$J = 80\,000\ 美元 + 0.16667\ （HR）$$

步骤 2：解出人力资源部的总成本并根据工时将其分摊给清洁部、金属加工和镀铬车间。

$$HR = 200\,000\ 美元 + 0.15789\ [\,80\,000\ 美元$$
$$+ 0.16667\ （HR）]$$
$$HR = 200\,000\ 美元 + 12\,631.20\ 美元 + 0.02632\ （HR）$$
$$1\ （HR） - 0.02632\ （HR） = 212\,613.20\ 美元$$
$$0.97368\ （HR） = 212\,613.20\ 美元$$
$$HR = \frac{212\,613.20\ 美元}{0.97368} = 218\,378.93\ 美元$$
$$HR \approx 218\,379\ 美元$$

步骤 3：根据平方数将清洁部门的新总成本分摊给人力资源、金属加工和镀铬车间。所有成本都要分摊到生产部门。

	人力资源部门	清洁卫生部门	金属加工部门	镀铬部门	总成本
分摊前部门成本	$200\,000	$80\,000	$400\,000	$100\,000	$780\,000
步骤 2	(218\,379)	36\,397	145\,586	36\,397	
步骤 3	18\,379 *	(116\,397)	73\,514 *	24\,505 *	
	$0	$0	$619\,100	$160\,902	$780\,000

*由于近似值计算造成的差异。

现在我们来运用三种分摊方法，来对比一下经过服务部门成本分摊后的两个生产部门的总成本。

分摊方法	金属加工部门	镀铬部门	总成本
直接分配法	$ 620 000	$ 160 000	$ 780 000
按步向下分配法	$ 618 334	$ 161 666	$ 780 000
交叉分配法	$ 619 100	$ 160 902	$ 780 000 *

* 由于近似值计算造成的差异。

对比镀铬部门，直接分配法将更多的服务部门成本分摊给了金属加工部门。而按步向下分配法和交叉分配法则能更加准确地进行分摊并改正了上述用直接法产生的问题。

不管用哪种分摊方法，最终 780 000 美元的总成本都要落在生产部门上。服务部门金额归零。

回顾一下金属加工部门和镀铬部门的成本分摊，在经历了三种分摊方法后，两个部门间每一种方法得到的成本数值都很接近，这是由于案例太过简单的原因造成的。

将生产部门的成本分摊到产品中

这一阶段是将制造费用通过预定的制造费用分摊率和对成本分配基础的合理计量分配到成本对象上。这一阶段可以使用接下来提到的单一费率成本分摊法或者双重费率成本分配法。

单一费率成本分摊法

单一费率成本分摊法（single-rate cost allocation method）为一个生产部门的联合成本（固定＋变动成本）创造一个单一的成本分摊基础，生成一个向产品进行分摊的单一的单位成本。当固定成本和变动成本合在一起时，整体成本看上去是一个变动成本，那么经理可能更想以更低的成本外包出去。但是固定的部门成本至少在短期内无论如何都会存在，所以外包的话反而有可能在原有的固定内部成本之上再增加新的外部成本。当单一费率成本分摊法用于将服务部门的成本分摊给生产部门的同时，也应该为了一贯性将其用于生产部门的成本向产品的分摊上。例如：

	生产部门
变动成本	$ 50 000
固定成本	$ 10 000
成本总额	$ 60 000

假设使用基于机器工时的单一费率成本分摊法：

		产品 A	产品 B
机器工时	120 000	96 000	24 000
	100%	80%	20%
分配金额	$ 60 000	$ 48 000	$ 12 000
单位费率		$ 0.48	$ 0.12

双重费率成本分摊法

双重费率成本分摊法（dual-rate cost allocation method），又叫作边际贡献成本分配法，会生成不同的固定或者变动的成本池，用于将生产部门的成本分摊到产品上。每一个成本池都有自己的成本分配基础，比如说作为变动成本的人工小时数和作为固定成本的机器小时数。因为固定成本会频繁地"买进"产能，成本分摊基础可以很好地充当每个部门对于这种产能需求的计量方式。比如一家电力公司将他们的成本转嫁于工业用户的高峰需求量上。相同的原理也适用于将每个服务部门的固定成本分摊到这个服务部门在企业中的内部用户上。通过利用不同的成本动因，不同的单位成本和每个变量的标准或实际的数额，双重费率分摊法可以针对成本对象产生与使用单一费率成本分摊法不同的估算总成本。为了保证双重费率分摊法的正确性，服务部门的成本分摊也要使用双重费率成本分摊法。

现假设我们使用的是双重费率成本法，我们根据单位成本来分摊变动成本，根据机器工时分摊固定成本。

		产品 A	产品 B
生产单位（数量）	200 000	100 000	100 000
	100%	50%	50%
变动成本	$ 50 000	$ 25 000	$ 25 000
固定成本	$ 10 000	$ 8 000	$ 2 000
成本总额	$ 60 000	$ 33 000	$ 27 000
单位费率		$ 0.33	$ 0.27

应注意到使用这两种方式单位成本率的差异。这种方法会使得成本的分摊更加精确，并有助于管理层做出更好的决定。但是也会因为复杂的计算和确定成本分类时遇到的困难而使管理成本变得更高。

本节很大篇幅都在讨论成本分配。我们必须对成本分配保持谨慎，因为制造费用分摊率的制定在年度预算的过程中只有一次，是在服务部门成本向生产部门分摊时。

但是，在很多实例中，使用成本分配的管理报表所造成的危害却要大于它带来的好处。如果经理们的绩效是基于他们负责的成本和他们被分摊的成本两者综合考核，那么经理们有可能对报表不认可，因为他们会认为自己承担了他们无法控制的成本。基于公司年度总预算保持一致为基础，作为一个不可抗拒的原因让服务部门的成本分摊到使用该服务的生产部门，可以使这些部门的经理们认为他们有责任承担所有分摊给他们的成本。双重费率成本分配法在这种情形下可以证明更加有效。它可将分摊成本中部门经理可控的变动成本的部分从部门经理不可控的固定成本中剔除出来。

本节习题：
制造费用

说明： 回答所提供的每一个问题，正确的答案和解释出现在本节习题之后。

1. 一家公司生产和销售三种产品，这些产品都是在同一个工厂制造的。该公司的总会计师决定将制造工厂的所有预算制造费用累积到一个单一的成本池中。然后根据每种产品使用的直接人工工时将成本池的成本分配给这三种产品。在这种分配方法中，该总会计师**最**有可能使用哪种类型的制造费用分摊率？

　□　**a.** 部门制造费用分摊率。

　□　**b.** 变动制造费用分摊率。

　□　**c.** 固定制造费用分摊率。

　□　**d.** 工厂制造费用分摊率。

2. 一家公司在年底时分摊的固定制造费用余额如下：

在产品库存	$ 100 000
产成品库存	50 000
产品销售成本	250 000

　　该公司还显示其实质性的分摊不足的固定制造费用为 30 000 美元。为记录固定制造费用差异，该公司应该记账：

　□　**a.** 在产品库存 18 750 美元。

　□　**b.** 产成品库存 3 750 美元。

　□　**c.** 产品销售成本 7 500 美元。

　□　**d.** 产品销售成本 30 000 美元。

3. 对一个组织来说，下列哪一项**不是**合适的成本分配基础？

　□　**a.** 机器工时。

　□　**b.** 直接人工工时。

　□　**c.** 设施占用的面积。

　□　**d.** 主管薪水。

**本节习题参考答案：
制造费用**

1. 一家公司生产和销售三种产品，这些产品都是在同一个工厂制造的。该公司的总会计师决定将制造工厂的所有预算制造费用累积到一个单一的成本池中。然后根据每种产品使用的直接人工工时将成本池的成本分配给这三种产品。在这种分配方法中，该总会计师**最**有可能使用哪种类型的制造费用分摊率？
   □ **a.** 部门制造费用分摊率。
   □ **b.** 变动制造费用分摊率。
   □ **c.** 固定制造费用分摊率。
   ☑ **d.** 工厂制造费用分摊率。

   总会计师最有可能在此分配中使用工厂制造费用分摊率，因为他（她）决定将所有预算中的制造费用累积到一个单一的成本池中。

2. 一家公司在年底时分摊的固定制造费用余额如下：

在产品库存	$ 100 000
产成品库存	50 000
产品销售成本	250 000

   该公司还显示其实质性的分摊不足的固定制造费用为 30 000 美元。为记录固定制造费用差异，该公司应该记账：
   □ **a.** 在产品库存 18 750 美元。
   ☑ **b.** 产成品库存 3 750 美元。
   □ **c.** 产品销售成本 7 500 美元。
   □ **d.** 产品销售成本 30 000 美元。

   由于成本关系从来都不是完美的，制造费用账户通常在某一特定的年份中要么分摊不足要么过度分摊。由于调整金额被认为是实质性的，公司需要按比例调整所有"下游"账户的期末余额。"下游"账户包括在产品库存、产成品库存和产品销售成本账户。每个类别的调整额是通过将总的制造费用调整乘以每个账户构成的期末余额总额的百分比来计算。每一类别的计算如下：

	期末余额	权重	× $ 30 000
在产品库存	100 000	25.00%	7 500
产成品库存	50 000	12.50%	3 750
产品销售成本	250 000	62.50%	18 750
总额	$ 400 000	100%	$ 30 000

3. 对一个组织来说，下列哪一项**不是**合适的成本分配基础？

   ☐ **a.** 机器工时。

   ☐ **b.** 直接人工工时。

   ☐ **c.** 设施占用的面积。

   ☑ **d.** 主管薪水。

   主管人员薪水不是组织中合适的成本分配基础。成本分配基础是一家公司用于分配其制造费用的基础。主管薪水是一种间接的人工成本，应该分配给组织的产品，而不是作为成本分配的基础。

供应链管理

　　范例是指一种例子或模式，范例转移是指人们组织或理解事物的模式发生显著改变。起初，供应链管理、精益化制造、及时生产系统、约束理论和外包代表了制造业的范式转变。这些新出现的制造业的实践，改变了决策中所需的信息类型以及数据收集方法。最终，管理会计师的角色也由此发生了改变，信息报告的效率和效益都得到了提高。另一个范例的转变正在发生，精益化管理和精益化制造正在向精益化资源管理技术发展。

　　本节首先考察供应链管理和精益化资源管理技术，接下来讨论传统的物料需求计划系统、及时生产制度、外包系统、企业资源规划系统以及约束理论。本节还讨论了产能的概念和其他生产管理理论。

> 　　请先**阅读**附录 A 中列举的本节考试大纲（LOS），再来学习本节的概念和计算方法，确保您了解 CMA 考试将要考核的内容。

LOS
§1.D.4.a

供应链管理

　　供应链管理是指对产品流转的管理，包括原材料、在产品以及产成品从取得到耗用时的流转和储存情况。它涉及与原材料的寻源与采购、将原材料加工为完工产品并将完工产品销售给客户的全部业务的计划和管理。在实施这些业务过程中，与供应商、中间商、第三方和客户相互协调和合作是非常重要的。

　　实际上，供应链管理的目标在于通过关键流程作业链创造价值的同时，去整合采购、营运管理、物流和信息技术。

　　多年来，有许多供应链和生产方法被开发和使用。日本在二战后的工业中发展了及时（JIT）制造，它是丰田生产系统（TPS）的一部分，目的在于减少从供应商响应到客户交付的生产系统内部的时间。精益化资源管理技术源自20 世纪 80 年代末发展起来的精益制造。这种新技术可以应用于商业组织中的每一个流程，也可以应用于服务提供者和政府。它不再仅用于制造业，而是着重于资源优化。资源的一些例子包括资本、人力技能、库存、信息和生产能力。及时（JIT）制造、精益化资源管理、物料需求计划（MRP）和企业资源规划（ERP）描述在图表 1D－26 中，该图表还包括了通过实施每种方法而获得的经营效益。

图表 1D-26 供应链和生产方法

	方法	中心目的	经营效益
 LOS §1.D.4.b LOS §1.D.4.c	**精益化资源管理技术（20世纪初期发展起来）**	目标是使客户价值最大化，同时把浪费最小化。除创造客户价值外的任何用于其他目标的资源都被视为浪费，应该被消除。从顾客的角度创造了价值增值理念，这一过程的五个关键步骤如下： 1. 从客户的角度分辨创造价值的因素 2. 确定价值流（过程）中的所有步骤——消除那些没有创造价值的步骤 3. 使创造价值的步骤流畅地进行 4. 只做客户需要的产品 5. 通过不断消除浪费，力求完美	• 资源优化 • 减少浪费 • 改进流程 • 减少成本 • 增加顾客价值
LOS §1.D.4.d	**物料需求计划（MRP，20世纪60~70年代发展起来）**	MRP（物料需求计划）要求生产管理部门去计划所需的内容，然后通过生产"推动"产品进入市场。无论是否有需求，这一过程确保原材料可供生产，产成品可供应客户	• 由于每个人都遵循主生产计划和材料清单，因此各职能部门之间需要较少的协调 • 由于调度改进，减少闲置时间和机器准备（调试）成本 • 可预测的原材料需求允许利用批量采购和其他价格优惠 • 更有效的库存控制可以减少原材料和/或产成品，从而降低库存储存成本
LOS §1.D.4.e	**及时（JIT）制造（20世纪70年代在美国发展起来）**	一种综合性的生产和库存控制方法，通过这种方法，物料在需要时准确地送达生产过程的每个阶段 需求源于对产品的需要。因此，需求通过系统"拉动"一个产品 生产在工作单元中进行，这些工作单元汇集相关的过程来生产最终的产品 组织产生了具有多种技能的工人。它需要与可靠的供应商建立强有力的关系，以确保高质量的货物按时交货 使用具有可视化记录或卡片的看板系统来表明需要将材料或部件按指定数量有序地从一个工作单元移动到另一个工作单元	• 产生明显的生产优先事项 • 减少机器准备（调试）时间和生产交付周期 • 没有生产过剩 • 改进的质量控制使得材料浪费要少 • 由于较低库存（低或甚至零库存水平），更容易控制库存 • 更少的书面工作
LOS §1.D.4.f	**企业资源规划（ERP）（20世纪90年代发展起来）**	企业资源规划是从物料需求计划发展而来的，它为组织提供了一种信息技术工具，将其使用的各种系统结合起来整合成一个综合系统来管理运营。通常包括会计、人力资源、供应链和库存等模块	• 集成多个业务流程，以节省时间和费用。 • 改进的业务效益和效率 • 更好、更及时的决定 • 一个更灵活和敏捷的组织，可以更好地适应变化 • 改进的数据完整性和安全性 • 改进的组织部门之间的协作

外包

外包（outsourcing）是指公司向外部厂商购买而不是在公司内部自行生产商品或服务。通过外包这种方式，企业可以集中资源来提升其核心业务能力，对于企业核心业务能力之外的起辅助作用的专门任务则依靠其他一些在此方面更有效率、更具效益或更在行的企业的专业知识。今天，许多公司都将信息技术、客户服务和人力资源职能等主要支持性服务外包出去。

关于外包，一个常用的术语是"自制或外购"。自制或外购分析需要比较公司内部自行生产和外包给外部厂商的相关成本。一些企业将外包理念延伸为**一种契约式生产**（contract manufacturing），即另一家公司实际上负责生产企业的一部分产品。如果一个企业拥有过剩产能或专业知识，而另一个企业产能不足或缺乏专业知识，这种契约式生产就是一种双赢的合作关系。

外包的优点与局限性

企业选择外包可能有很多战略上的考虑。对于小企业来说，外包为其提供途径获得其内部不具备的资源、专业知识和能力。对于一些大企业来说，外包能为其提升专门职能和如下各种优势：

- 使得管理层和员工可以将精力集中于其核心能力和战略性的创收活动。
- 通过获取外部的专业知识和经济规模性提高自身的效益与效率。
- 能以合理的成本获取新技术，而且没有过时风险。
- 在不发生制造费用（如与员工、福利、空间等相关的费用）的前提下获得某项能力从而降低费用。
- 可改善产品或服务的质量和/或及时性。

虽然外包有许多优点，但它并不适用于所有活动和职能。以下几点是考虑外包时必须注意的：

- 在企业之外寻找专门技能可能成本更高。
- 可能使公司内部的专业知识和能力遭到荒废。
- 会降低企业自身对业务流程的控制。
- 可能会降低对质量的控制。
- 可能导致计划灵活性下降（依赖于外部供应商）。
- 可能会导致服务缺少个性。
- 可能产生隐私和保密问题。
- 可能会导致"知识泄露"，使竞争者获得专业知识、生产规模、客户等。
- 可能会造成员工士气与忠诚度降低。

约束理论

20 世纪 90 年代，从物理学家转行为企业管理顾问的埃利亚胡·高德拉特博士（Dr. Eliyahu Goldratt）以"目的不是省钱而是赚钱"的观点反驳了"省钱就是赚钱"的传统理念。

高德拉特博士建立的**约束理论**（theory of constraints，TOC）是基于制造环境的综合管理哲学。约束理论的首要目标就是优化生产能力而非简单地计量产出，以求提升制造过程的速度。

约束理论假设所有系统均在努力实现某项目标，而每项目标都受到一个制约因素的约束。假设系统是一系列相互连接的流程，这些流程一起工作以实现某项目标，那么"约束"就是放慢产品生产周期时间的限制因素、瓶颈或障碍。周期时间是某一流程从开始到结束所用的时间。约束管理是识别流程障碍、分析和理解这些障碍并排除障碍的过程，目的是降低周期时间，优化系统效率。

高德拉特认为，在任何给定时刻，一个系统里只存在一个约束因素，但这个瓶颈制约了整个系统的产出。系统中的其他组成部分是非约束因素（非瓶颈因素）。总的来说，约束理论强调修复系统约束因素，暂时忽略那些非约束因素。约束理论对周期时间和流程改进有着深远的影响，因为约束理论涉及的不是将有限的时间、精力和资源投向整个系统，分散的投入不一定能产生实质结果。

然而，随着一个约束因素得到强化，整个系统并不会无限地变强。原来的约束将转移到系统里不同的组成部分，也就是说，其他某个因素将成为新的瓶颈或障碍。相比先前的状况，系统的确得到了加强，但系统仍有待继续加强。

约束理论的基本原理

存货、营业费用、产出贡献和"鼓－缓冲－绳法"都是约束理论中的一些主要概念。

存货

存货是指系统中所有材料的成本，包括直接材料成本、在产品成本以及待售的产成品存货成本。根据将其成本分摊到存货成本的可能性，存货也有可能包含研发成本和厂房及设备成本。

> 存货 =（直接材料成本、在产品成本和产成品存货成本）+（研发成本）
> +（厂房及设备成本）

营业费用

在约束理论中，营业费用是指将库存转化为产出而支付的资金。营业费用包括直接和间接人工、物料、外部承包商、利息和折旧等的支出。企业员工负责将库存转化为产出。

> 营业费用 = 除直接材料外的所有营业成本

产出贡献

产出贡献也叫作"产出边际"或简称为"产出"，是约束理论中对产品盈利能力的一项计量指标。它量度整个系统通过产品和/或服务的销售而产生的资金。

产出贡献通过如下公式进行计算：

$$产出贡献 = 销售收入 - 直接材料成本$$

产出贡献假设材料成本包含所有购进的零部件和材料处理成本。约束理论分析也假设人工成本是固定成本，不是直接变动成本。

"鼓－缓冲－绳法" 系统

"鼓－缓冲－绳法"（drum-buffer-rope，DBR）**系统**是指平衡生产流以使其通过制约因素的约束理论方法。**"鼓"**表示制约因素，**"绳"**是先于并且包含制约因素的流程序列，而**"缓冲"**是指使鼓运转所必需的在产品投入量的最小值。该系统的目标是通过对先于制约因素的序列流程进行周密的时间和日程安排，从而使流程顺畅通过制约因素。

约束理论与产量成本法

LOS
§1.D.4.j

约束理论关注于通过管理企业的营运约束因素来改善企业的利润。采用约束理论方法的公司会采用产量成本法，产量成本法是变动成本法的一种形式。产量成本法也称作超变动成本法，这种成本法认为存货中只应包含直接材料成本。该成本法将其他所有成本都归为期间成本。对很多公司而言，直接人工在短期内的成本表现更像约束性固定成本，而不是随产出改变而变化的变动成本。约束理论采用的是短期聚焦，其假设前提之一是所有营运成本在短期内保持固定，因此营运成本被归入固定成本类别。与变动成本法一样，产量成本法是一种内部报告工具。

约束理论的分析步骤

LOS
§1.D.4.i

约束理论包含5个聚集改善约束因素的主要步骤。图表1D–27总结了这5个步骤。

图表1D–27　约束理论的5个主要步骤

步骤1	**识别系统中的约束因素**
	第一步，组织需要识别出系统的哪个组成部分是最薄弱环节或约束因素，并进一步判定它是物质性约束因素还是政策性约束因素。
	例如：某管理会计师和经理、工程师一起共同绘制某产品线的制造流程图。他们识别出流程各个步骤的次序以及每一个步骤所需的时间。并以此识别出系统约束因素，即流程中的某一步耗时太长或闲置太久。
步骤2	**决定如何"开发"约束因素**
	组织通过使用每个约束部分的点滴内容"开发"约束因素，无须对系统作出昂贵的改变和/或升级。
	例如：改变关键机器的运行时间安排；重新部署员工。

步骤 3	次要处理其他东西
	制定恰当的约束因素"开发"计划，组织应调节系统中的其他组成部分，以使约束因素能实现最大营运效益，然后评估营运结果，明确约束因素是否仍是系统绩效的阻碍因素。如果是，组织应进入步骤 4。如果不是，表明约束因素已得到消除，组织可以跳过步骤 4，直接进入步骤 5。
	例如：实施进一步分析，审视能使通过约束因素的流程达到最大化的行为。重点应放在产出上，检查小组提出了若干加快流程的建议，比如减少设备准备次数，使用 DBR 系统。非增值活动被消除。这里的理念是保持约束因素的营运，同时没有积累存货或造成工作积压。

步骤 4	改善约束因素
	如果组织达到了步骤 4 那就意味着步骤 2 和步骤 3 未能有效地消除制约要素。那么在这一环节，组织就会采取任何必要的措施去消除制约要素，以达到改善约束因素的目的。这可能需要对现有系统做出较大的改变，如重组、剥离或资本改良。由于这些举措一般需要大量的预先投资，组织在推行这种做法之前必须确定约束因素不会在步骤 1 到步骤 3 的过程中得到突破。
	例如：管理层考虑如何减轻约束以提高系统产能。这可以视需求通过增加人工或更多/新的设备得以实现。

步骤 5	回到步骤 1，但要小心惯性
	在某个约束因素得到突破以后，组织会再次重复以上步骤，寻找下一个制约系统绩效的因素。同时，组织会密切监控与随后的约束因素有关的变化将如何影响已消除的约束因素，因此避免解决方案的惯性。
	例如：组织考虑对约束因素做出战略性回应。目标是提高产出。产品或流程可能会被重新设计，难以制造的产品可能会被舍弃等等。

在约束理论中，产出（T）、存货（I）和营业费用（OE）将营运指标和财务指标连接在一起。正如管理会计公告《约束理论管理系统原理》（版权归 IMA 所有，1999）所指出的：

- 当产出增加或营业费用减少时净利润增加。
- 通过增加销售收入或减少生产变动成本可以增加产出。
- 只要存货保持不变，增加净利润的措施也可以增加投资收益率（ROI）。
- 如果存货减少，即使净利润没有增加，投资收益率也会增加。
- 当产出增加或者创造产出的时间减少时，假定节省的时间被用于生成更多的产出，现金流量将增加。

约束理论试图在减少存货、营业费用和其他投资的同时最大化产出。不像传统绩效指标关注于直接人工效率、单位成本以及公司如何有效地生产某种产品，约束理论强调组织应如何有效地生产产品以获得最佳的市场成功。在约束理论中，产品流量由市场需求来支配，而不是由对传统大规模生产有影响的各种因素支配，如便宜的材料来源、机器效率或较低的直接人工。

换句话说，产出、存货和营业费用计量使得公司能了解自己的创收情况，以及如何充分利用产能来提高获利能力。

在成功地确认出了系统约束以后，就可以采取措施逐步减少或消除约束了。企业可以"开发"约束因素，在不增加开支的前提下改变使用约束因素的方法，例如通过减少安装次数以提高效率和优化经营活动。企业也可以通过资金投入增加约束资源的产能来"改善"约束因素，比如购买一台新的设备或者将一项经营活动进行外包。

很自然地，企业应当在充分挖掘约束因素的全部潜能后再投入更多资金改善约束因素。

约束理论与作业成本法

实施约束理论的组织通常也会采用作业成本法（ABC）。约束理论和作业成本法都可以用来评估产品获利能力，然而这两种成本管理方法在使用方式上仍有一些差别。

- 约束理论在分析获利能力时采用的是短期方法，强调与材料相关的成本。而作业成本法会检验长期成本，包括所有产品成本。
- 约束理论通过关注生产约束因素和看似合理的短期产品组合调整，以求改善短期获利能力。
- 作业成本法不考虑资源约束和流程的产能，它分析成本动因和精确的单位成本，以便进行长期战略定价和利润规划决策。
- 作业成本法通常用作计划和控制工具。

约束理论的短期方法与作业成本法的长期关注互为补充，成为两种互补的获利能力分析方法。

尽管约束理论植根于制造业环境，但已被广泛应用于服务业。实施约束理论时必须根据企业性质恰当界定速度指标和周期时间指标。此外，对于约束理论在管理会计中的具体应用，关注点在于产量会计相比传统成本会计方法所具备的优势。

使用这种方法的目的是在减少投资与营业成本的同时最大化产出贡献。

产能概念

成本核算中的一个关键问题是如何选择用于计算制造费用分摊的产能水平。对于企业管理者来说，决定一个正确的产能水平是一个很难的战略决策。分配制造费用时产能水平的选择对于管理者所使用的产品成本信息具有很大的影响。如果一个公司的产能高于它所需要的水平，那么此公司将承担很高的闲置产能成本。以此类推，如果一家公司的产能无法满足需求，那它就很可能无法满足客户的订单。

理论产能（theoretical capacity，亦作"理想产能"）是指在理想条件下可以实现的产能水平。理想条件是指类似不存在机器故障、维修、延迟等的情况。理想产能代表了有可能实现的最大量的产出，但这种产量很难达到，是不现实的。

实际产能（practical capacity）代表了可以实现的最高产能水平。它容许因机器故障、员工休假和维修等原因造成的不可避免的生产时间的损失。不同于理论产能，实际产能是真实可以实现的产能水平。

使用理论产能计算制造费用分配，意味着计算公式中的分母作业水平相对较大，导致算出来的分摊到单个产品上的制造费用相对较低。这样就会过低分摊成本并导致提供给管理层的产品成本信息无法体现其实际成本情况。使用实际产能水平分配成本不考虑尚未使用的产能数量。这么做的好处在于它可以促使管理者关注未使用产能的量，并且产能使用部门也不用过量承担未使用产能的那部分成本。

计算制造费用分摊过程中，将实际产能下的产量作为公式分母是更好的选择。因为实际产能是现实的，用它计算出的产品成本能准确地反映出产品的真实成本。使用实际产能计算产品成本，公司不会过多或过少地将成本分摊到每个产品，反而能够将制造费用"实际"或"现实"的数额分摊到每个单位成品。为此，很多公司在计算预算或者预设的制造费用分摊率时，都更愿意用实际产能作为分母。

其他生产管理理论

竞争力……生产率……持续改进……获利能力……

企业不断努力提高自身竞争力，抓住各种增长机会。除了前文讨论过的制造范例，为了实现自己对更好、更快、更盈利的运营的追求，企业还可以选用一系列其他的生产管理技巧。

很多企业采用了图表 1D-28 中展示的部分或全部方法，以试图降低成本、提高生产率、改善产品质量以及增强对客户的总体响应能力。

图表 1D-28 现代生产力管理方法

技术	描述
自动化/机器人	使用可重新编程的多功能机器人（机器），通过可变的程序化动作来操纵材料、零件、工具或专门设备 运用机器人来完成各种重复性工作
产能管理和分析（产能规划）	代表了一个涉及战略、战术和营运诸方面的重要决策制定领域 包含一个系统循环往复的程序： • 审视长期需求预测 • 把预测转化为产能要求 • 将产能要求与现有设备相比较 • 识别产能要求与预计可实现产能之间的差距 • 编制计划以克服这种差距并选择最好的备选方案
计算机辅助设计（CAD）	在产品开发、分析、设计调整时使用计算机以提高产品质量和性能 通常用在工程设计的绘图或实际布局步骤中
计算机辅助制造（CAM）	运用计算机计划、控制和操作某个生产设备
计算机整合制造（CIM）	是指将公司内所有工厂和办公职能通过计算机信息网络完全整合在一起的制造系统 使用计算机来控制设计、工程、制造、后勤、仓储和分销、客户和供应商、销售和营销活动以及会计核算等事项间的信息整合与流动 辅助每小时的生产管理

续表

技术	描述
并行工程 （同步工程）	将产品或服务设计与贯穿产品或服务生命周期的所有业务部门和职能的投入进行整合 强调上游预防与下游纠正 试图在满足消费者要求的同时，平衡在产品和服务设计中的各方需求
灵活制造系统（FMS）	使用自动化设备的计算机网络，该设备能灵活生产一个或更多种零件或一个产品的不同变形

本节习题：
供应链管理

说明： 回答所提供的每一个问题，正确的答案和解释出现在本节习题之后。

1. 当遇到一些瓶颈作业和一些非瓶颈作业时，用于最大限度地增加营业收益的方法被描述为：
   - ☐ **a.** 敏感性分析。
   - ☐ **b.** 次优决策。
   - ☐ **c.** 约束理论。
   - ☐ **d.** 工厂总生产率。

2. 企业资源规划系统用来整合：
   - ☐ **a.** 组织业务流程中的财务和非财务信息。
   - ☐ **b.** 仅限于不同组织之间的财务信息。
   - ☐ **c.** 仅限于财务和人力资源系统。
   - ☐ **d.** 组织会计流程中的财务和非财务信息。

3. 下列各项均为及时（just-in-time）制造带来的好处，除了：
   - ☐ **a.** 可以大幅度减少库存。
   - ☐ **b.** 帮助在更短的时间内生产出高质量的产品。
   - ☐ **c.** 允许在不关闭运行的情况下出现少量缺陷。
   - ☐ **d.** 帮助消除返工成本。

本节习题参考答案：
供应链管理

1. 当遇到一些瓶颈作业和一些非瓶颈作业时，用于最大限度地增加营业收益的方法被描述为：

   ☐ **a.** 敏感性分析。

   ☐ **b.** 次优决策。

   ☑ **c.** 约束理论。

   ☐ **d.** 工厂总生产率。

   约束理论的目标是通过优化产量、管理约束和关注持续改进来提高流程的速度。约束因素是流程链中的一个薄弱环节，它将限制系统的其他部分。只要找出并消除制约因素，就可以最大限度地增加营业收益。

2. 企业资源规划系统用来整合：

   ☑ **a.** 组织业务流程中的财务和非财务信息。

   ☐ **b.** 仅限于不同组织之间的财务信息。

   ☐ **c.** 仅限于财务和人力资源系统。

   ☐ **d.** 组织会计流程中的财务和非财务信息。

   企业资源规划（ERP）系统整合了组织业务流程的财务和非财务信息。ERP 系统的目的是将组织的核心流程集成到一个单一的系统中，为业务提供有效运行所需的智能。

3. 下列各项均为及时（just-in-time）制造带来的好处，除了：

   ☐ **a.** 可以大幅度减少库存。

   ☐ **b.** 帮助在更短的时间内生产出高质量的产品。

   ☑ **c.** 允许在不关闭运行的情况下出现少量缺陷。

   ☐ **d.** 帮助消除返工成本。

   及时制造是一个系统，它及时关注生产和销售所需的采购库存和接收库存。这个系统不允许在不关闭公司运行的情况下出现少量的缺陷。

业务流程改进

业务绩效对组织的意义不仅仅在于组织凭借它可赶超竞争对手，在行业成为领军者。与过去相比，客户通常了解情况，并以能接受的价格可以获得几乎无限的优质商品和服务。今天的客户要求更多的东西，为满足不断增长的客户预期，组织必须持续接受挑战，而业务流程改进分析就是应对这些挑战的一种方法。

本节探讨了用于分析业务流程改进的技术，包括价值链分析、流程分析、流程重组、标杆分析、作业管理、持续改进、最佳实务分析以及质量成本分析。

 请先**阅读**附录 A 中列举的本节考试大纲（LOS），再来学习本节的概念和计算方法，确保您了解 CMA 考试将要考核的内容。

价值链分析

企业应该将其精力放在哪里？如何创造客户眼中的价值？企业需要为此做出明智的选择。许多企业通过价值链分析取得了成功，这种价值链分析已成为企业战略规划过程的组成部分。与战略规划类似，价值链分析也是一个收集、评估和交流信息的连续过程。价值链分析的基本目的是帮助管理者放眼企业的未来并实施商业决策来获取和保持竞争优势。

价值链分析中的基本概念是"**价值**"（value），"价值"一般指特定资产的价值、吸引力或效用。"价值"概念可以应用于所提供的单个产品、单项服务、一组资产或整个业务部门。"价值"也可用作一种计量标准，如市场价值、股东价值等。

价值活动（value activities）是指在指定行业中企业从事的一系列活动。在制造业指的是从原材料加工到最终产品的生产和服务的过程。根据所处行业的不同，一些企业可能会从事好几种活动，而其他一些企业可能仅负责一项活动。在单个企业中，业务部门是进一步细分的子部门。例如，某制衣公司可能从布匹原材料开始，设计、制造衣服，然后签订广告合同并将成衣销售给客户。

另一家服装公司可能将服装的生产外包给其他公司，由其业务部门集中精力进行成衣的销售和营销，并依靠零售商进行分销。

成本动因（cost driver）是指在一项作业中能够造成成本变动的任何一个因素。直接人工工时、机器工时、电脑工时以及医院中床位占用率都是成本动因的具体实例。为做出更有意义的分析，除了每个创造价值的活动的总成本外，还要找到产生重大成本的原因。公司应审查结构性成本动因和执行性成本动因。结构性成本动因是能够决定公司经济架构的长期决策，而经济架构驱动着公司产品或服务的成本。执行性成本动因反映了一个公司对于如何最优化地使用其人力物力资源以实现企业目标的运营决策。

供应链（supply chain）是指参与到设计、生产、销售、交付和使用公司产品或服务过程中的供应商、运输商、储存机构和分销商的延伸网络。在价值链分析过程中，组织会审视整条供应链。

价值链（value chain）是一整套相互依赖的经营活动体系，从客户角度讲，其中每一个活动都是为了给最终产品或服务增加价值。当然，价值链的发展取决于行业。图表 1D – 29 展示了制造业中的一个典型的价值链。在服务业中，没有购置原材料这一环节，其他活动和操作也可能有所变化，并且/或者其重要性程度会有所不同。

价值链分析（value chain analysis，VCA）是企业一套战略性分析工具，用来评估客户对于价值重要性的不同感知。价值链分析包含一整套工具和流程，用于界定当前的成本指标和绩效指标，以评估整个价值链和供应链中哪些环节可以增加客户价值、哪些环节可以降低成本。

价值链分析的最大优势在于它关注的是整个行业的价值链，而不只是企业直接参与的那些活动。供应商、分销商以及参与到价值链中的其他各方其成本和毛利对终端用户的最终价格及产品或服务的营销策略均会产生影响。

价值链分析步骤

价值链分析的目的在于关注每一种产品或服务的总价值链，并确定价值链中的哪一部分或哪几部分能为企业的战略和竞争优势提供支持。理论上讲，由于分析所需的细节，无法在整个组织层面或业务单位层面对竞争优势和竞争战略进行有意义的审查。而因为价值链将企业分成若干截然不同的战略活动，组织以此能够使用价值链分析判断在流程中哪些环节可以提升客户价值和降低成本。这样一来，价值链分析有助于识别盈利来源并理解有关活动和流程的成本。

图表1D－29　制造业中典型的价值链

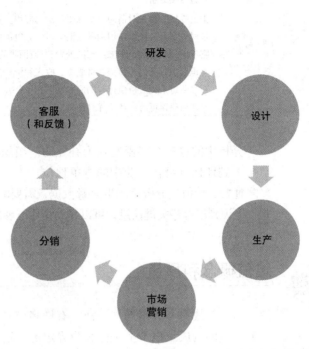

> **需要注意的是：**在价值链中，市场营销包含了产品销售，客户服务包括售后提供的那些服务。客户服务支持研发。所以，价值链是一个持续的循环过程。

价值链分析要求有一个组织的战略性框架作为起点，进而分析内、外部信息以及总结经验和建议。

实施价值链分析并没有标准的分析流程，不同公司的价值链分析实务会存在差异。在 IMA 网站上，管理会计公告《评估竞争优势的价值链分析》（版权归 IMA 所有，1996）中讨论的价值链分析的一般步骤如图表 1D－30 所示。

图表1D－30　评估竞争优势的价值链分析

步骤1	**内部成本分析**
	这一步确定盈利来源以及内部流程或活动的相关成本。内部成本分析将：
	• 识别企业的价值创造过程
	• 确定产品或服务总成本中应由各个价值创造过程分摊的部分
	• 识别每一个价值创造过程的成本动因
	• 识别价值创造过程之间的联系
	• 评估获得相对成本优势的机会
步骤2	**内部差异分析**
	在这个步骤的分析中，创造和维持出众差异的来源将被检验。主要的关注点在于客户对于公司产品和服务价值的理解与感知。与步骤1相似，内部差异分析首先要求对内部创造价值的流程和成本动因进行识别。有了这些信息，公司可以进行差异分析以用来：
	• 识别出能为客户创造价值的流程
	• 评估用于提升客户价值的差异化战略
	• 决定最可持续的差异化战略

续表

步骤3	垂直链接分析
	垂直链接分析是对前两个步骤更广泛的应用。它包含行业中所有上游和下游的价值创造过程。垂直链接可以识别哪些活动对于竞争优势或劣势来说是最关键/最不关键的活动。它考虑到从原材料来源到产品处置和/或回收的所有环节。垂直链接分析可以：
	• 识别出行业的价值链并将成本、收入和资产分配给创造价值的过程
	• 诊断每个创造价值过程的成本动因
	• 评估获得可持续竞争优势的机会

分析中的这三个步骤是互为补充的。组织首先检查内部营运，然后将关注点扩大到评估自身在行业中的竞争地位。

通常，价值链分析会产生大量数据，需要非常认真谨慎地对待与分析这些数据，以识别出哪些关键信息，可以帮助企业能够最大化地创造客户可感知的价值。

增值概念和质量

质量与战略和战略规划一样，有许多定义、描述和诸多实现方法。产品或服务质量的构成从根本上是由客户界定的。这种对质量的界定不是一种静态的感知，而是根据产品创新、市场变化和客户品位变化等因素不断演变。

内部客户与外部客户

在质量的范畴中，客户是指受企业流程、产品和服务影响的任何人。所以，企业包括内部客户和外部客户。

一个**内部客户**（internal customer）可以是一个员工、部门或业务单位，它接受来自企业的另一个员工、部门或业务单位产出的信息、产品或服务。甚至在同一流程中的下一位员工也是内部客户。基于这种概念，所有业务相关的作业都可以被认为是一系列员工之间或者内部客户与供应者之间的交易。

外部客户（external customer）是指在组织之外接受信息、产品或服务的个人或实体。有些时候，外部客户被认为是组织之外的终端用户。外部客户也可以是为了企业制造产品的供应商。

价值链分析与质量绩效

因为企业注重质量绩效，从公司高管到一线员工每个人都有责任着眼于外部和终端客户，为公司的各项流程、产品或服务创造或贡献价值。

供应商也扮演着至关重要的角色。对于一个企业，首要的是满足外部客户的需求。这些需求是通过行业分析和经营战略确定的。之后企业需要确立内部客户和供应者之间的关系和要求，进而推及至外部客户。然后经过一整个链条的运营而生产出最终产品或服务。外部客户的需求只有在运营链条上的每个内部客户和供应者的需求都达成的情况下才能最好地得以满足。

　　增值（value added）指的是将生产资源转化成符合外部客户需求的产品和服务的活动。非增值活动是在没有降低终端用户眼中产品或服务的功能、绩效或质量的前提下没有价值可以被消除的活动。在产品和服务普遍等价或者产品被认为是普通商品的行业中，增值活动的例子可以是在产品或服务销售之前的额外加工处理或客户定制，或者是随着销售提供更多的服务。与生产材料搬运和返工相关的活动最有可能被认定为非增值活动。

　　一般来说，在有些情况下一项活动被视为增值活动。然而，当对细节进行分析时，这可能是值得怀疑的。质量控制和保证是这方面的一个例子。当从供应商那里收到原材料时，以检查的形式进行的质量控制可以被描述为价值增值活动，并且事实确实如此。然而，如果从某特定供应商收到的每一批货物在使用时由于原材料造成的高故障率而受到检查，可以说这种检查是非增值活动。解决办法是与该特定供应商合作，确保原材料的质量符合买方的质量标准。

　　公司将继续对每批货物进行检查，直到故障率下降为止。这样，检查率就可以降低到尽可能低的水平。对检验结果以及生产过程中出现的故障的持续监控将表明这些努力是否成功。根据结果，可以做出进一步的调整。

　　通过去除非增值活动，工作流程可以变得更加高效并最终产出质量更好的产品或服务。

流程分析

　　一个**流程**（process）是指为投入生产的材料和/或资源增加价值并将产出提供给内部或外部客户的一项或一组相互关联的活动。一个流程往往跨越多个部门单位，比如会计、销售、生产和运输等。

　　一家公司需要确认并了解能为其利润的实现做出贡献的一系列业务流程。企业为此可以采用的一种方法是**流程分析**（process analysis）。流程分析是企业可以用来检验和计量其流程运作基本要素的一系列分析方法的集合。它也可以帮助企业识别出其最需要改进的流程。

流程特征

　　三个特征可帮助识别一个流程是否良好：

　　1. 效力（effectiveness）。当一个流程能够产出想要的结果并满足或超出客户要求的时候，这个流程就是有效力的流程。客户理解的具有效力的流程是高质量的流程。

　　2. 效率（efficiency）。当一个流程能够以最小的浪费、费用和最短的周期时间达到结果的时候，这个流程就是有效率的流程。有效率的流程具有高的投入产出比。

　　3. 适应性（adaptability）。当一个流程足够灵活并能对变化的要求和新的竞争做出迅速反应的时候，这个流程就是具有适应性的流程。

　　一个流程需要兼顾所有这三个方面。一个具有成本效率的流程如果它生产不出有效力的产品，或不能适应变化的需求，那它即使再有成本效率也没有意义。

早期的质量改良方案中有一个假设：流程的改进只有以牺牲生产率为代价才能得以实现。尽管经验显示质量改进通常可以通过减少浪费和返工来提高生产率，实际情况是质量改进的确带来成本增加，但它是管理层可以影响和控制的成本。

在产品设计、生产和服务中以质量为导向需要考虑所有决策的上游和下游的影响，必须对公司所有部门的成本动因和额外的外部成本都有准确的了解才能确保公司向质量导向企业转化的过程中有充足的资源可用。

流程再造/业务流程重组

LOS §1.D.5.e

通过全面质量管理（TQM）获得的流程改进和生产力提高的利得一般是增量利得，这种利得是通过改进系统和降低投入来实现的。与此相反，流程再造和业务流程重组能提供更深入、更全面的改进和收获。

流程再造（process reengineering）会详细地描绘流程图，评估和质疑流程，然后彻底重新设计流程以消除不必要的步骤，减少错误机会并降低成本。所有非增值活动都被消除。

业务流程重组（business process reengineering，BPR）是一种基础分析，帮助企业彻底地在内部和外部重新设计业务流程以获得巨大的绩效改进（如成本、质量、速度和服务）。20 世纪 90 年代早期，迈克尔·哈默和詹姆士·钱皮在《企业再造》一书中首次提出了 BPR 这一概念。BPR 提倡这样一种理念：有时候将过去一笔勾销，彻底地重新设计和重组企业是必要的，这样可以从根本上降低成本并提升产品或服务的质量。

根据哈默和钱皮的观点，BPR 所带来的改变具有以下几个特点：

改变是根本的。BPR 强迫人们重新审视当前工作方法中默许的规则和假设。公司必须答出这两个问题：我们为什么要做我们现在做的？我们为什么要以现有的方法去做？

改变是彻底的。BPR 是重塑，不是在原有基础上提高或修改。彻底的重新设计指的是抛开现有的流程，并"发明"一个新的工作方法。

改变是剧烈的。BPR 不是轻描淡写。BPR 是"重磅爆炸"，用于扭转严峻的形势。如果只需要对流程稍加改进，那根本就不需要实施业务流程重组。

改变的是流程。BPR 是关于流程的定位。它强调的是将投入转化对客户价值的产出的一系列活动。

BPR 模型认为：多数大型企业流程所依据的关于技术、人员和组织目标的假设都已经过时，BPR 模型还主张信息是促成彻底改变的一个关键因素。

图表 1D-31 列出了支撑 BPR 成功的常用工具和战术。

图表 1D-31　业务流程重组的基础

流程定位	企业关注跨越组织界线的整个流程，并非按照事先定义好的组织界线而划定的狭义的任务
抱负	公司以突破为目标，不是轻微改进
打破陈规	老传统和假设被刻意抛弃
技术的创造性使用	当前的/顶尖的技术促使企业彻底改变工作方法

　　流程再造和业务流程重组是一剂猛药。很多周密计划的流程再造（重组）的努力均因为各种原因失败了。哈默和钱皮最初的尝试也并非一帆风顺，流程再造甚至被指责为是为精简机构和裁员做掩护。然而，成功的流程再造实例表明，尽管大胆改革总有风险并会带来一定的痛苦，但最后所获得的收益也是惊人的。

　　流程分析会审视质量、生产率和流程改进三者之间的联系：

1. 生产率意味着需要努力改进现状。

2. 提高生产率要求持续改进质量。

3. 持续改进要求组织不断学习，实施流程改进和重组。

　　这些持续生产率改进可以帮助企业具备长期竞争力。

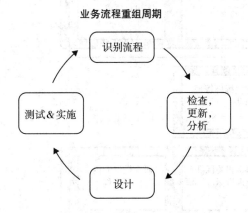

业务流程重组周期

标杆管理

　　标杆管理可以和流程分析配合使用，以建立用于评估组织效益、效率和适应性的各项指标。术语"**标杆管理**"（benchmarking）用于描述一个持续、系统化的计量过程，该过程旨在根据最佳绩效水平衡量产品、服务和各项实务。许多人认为标杆管理只是捕捉同类最优信息，但标杆管理在实际中有更广泛的应用。更常见的是，同类最优水平与行业领先者的外部标准进行比较。但是，同类最优水平也可以以内部标杆管理信息或行业外有类似流程的其他组织的计量标准为依据。

流程绩效标杆管理

　　同类最优水平可以是财务指标或非财务指标。IMA 的管理会计公告《有效的标杆管理》（版权归 IMA 所有，1995）描述了标杆管理中所涉及的 7 个阶段以及各个阶段的相关活动，具体如图表 1D－32 所示。

标杆管理与创造竞争优势

　　20 世纪 90 年代标杆管理研究蓬勃兴起，然而不幸的是，很多组织错用了标杆管理。各种形式的标杆管理研究比如最佳实务、职能标杆、流程标杆和竞争优势标杆等都有实践。很多标杆比对都是无效的。比如：1）对比一个高杠杆经营的公司和一个靠收益进行内部融资的公司之间的增长率；或者2）对比一个在低成本环境中经营的公司和一个硅谷公司的增长率。有了这些错误的应用，大部分标杆管理研究都没有为改进提供有价值的相关信息。

图表 1D – 32　标杆管理中的各个阶段及相关活动

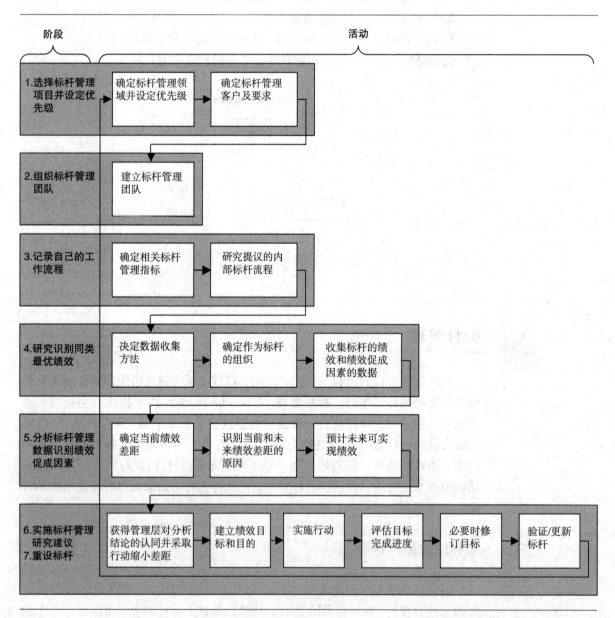

然而，精心设计并合理应用的标杆管理可以成为帮助企业获得竞争力的强大工具。通过标杆管理，公司可以识别出同类别最佳水平并研究决定如何采取那些标杆水平以提高自身绩效。它为企业设定绩效目标以获得市场领先地位提供了一种合理的方法。重要决策基于事实和数据而不是个人情绪。因为标杆管理是基于最优绩效，所以它可以准确地评估出哪些领域需要改变。

战略性标杆管理

尽管很多标杆管理研究都关注于实际运营，一个标杆管理项目也可以聚焦于战略。战略性标杆管理可以通过将标杆管理结果融入战略规划，从而在经营策略层次上应用流程标杆管理。如此，战略性标杆分析可以帮助企业提升对战略性经营问题的理解和应对能力。例如：

- 构建核心竞争力以帮助维持竞争优势；
- 开发一条新的业务线；
- 实施战略转移（例如，进入新市场或开发新服务）；
- 进行一项收购；
- 创建一个组织使其能快速应对不确定性。

作业管理

作业管理是另一种类型的战略分析，其目的在于实现流程改进。

作业成本法与作业管理是相关的概念。

- **作业成本法**（activity-based costing，ABC）是衡量各项生产作业、资源和成本对象的成本和绩效的指标。它将资源分配到各项作业上，并把各项作业分配到成本对象上。作业成本法关注于成本动因和生产作业的因果关系。
- **作业管理**（activity-based management，ABM）关注于作业的管理并将其作为提升客户价值和提高由此所获得利润的途径。作业成本法为作业管理提供其所使用的成本动因分析、作业分析和绩效评估的数据。
- 当作业成本法为每项作业指定并使用成本动因，作业管理则分析这些成本动因在定义作业成本根源时的有效性。为解释成本动因的影响，成本管理使用内部访谈、观察等方法和质量控制工具如约束理论、标杆管理及其他分析工具。其结果就是使用这些方法和工具评估出成本动因反映实际成本和实际盈利领域的成效。
- 作业管理的另一个应用方向是绩效衡量。它有助于将绩效衡量指标和被衡量的因素背后的驱动因素关联起来（成本动因和收入动因）。这些绩效衡量指标包括：收入、制造成本、非制造成本、利润以及非财务指标。

最根本的是，对于想努力维持或改善其竞争地位的公司来说，作业成本法和作业管理都是极有价值的实践。作业成本法回答了"各种事项要消耗多少成本？"这个问题。作业管理则采取流程视角，提出了"什么导致成本产生？"这一问题。

作业管理原理与流程改进

作业管理是向前看的，以变化为导向。作业管理努力避免不必要的成本并使现有资源得到最大化利用。

基于作业管理信息，组织通常能够：

- 制定更好的决策；
- 改善绩效；
- 提高总资源投入的收益。

总体而言，作业管理支持流程重组和业务流程重组，因为作业管理对组织的流程展开分析，帮助度量流程再造所产生的影响，因此能增加资源耗用所创造的价值。

组织出于很多原因运用作业管理。图表1D-33总结了组织在不同发展阶段采用作业管理的受益情况。

图表1D-33 作业管理的一般应用

如果公司的运营是……	那么作业管理有助于……
成长中	重新调配非增值工作
	改善流程和作业
平稳	识别出非增值成本
	为改进和效能提高设定优先级
	隔离/消除成本动因
	确定产品/服务的成本
衰退中	削减成本
	精简机构
	进行裁员
受产能限制	确定产品/服务的成本
	进行产品/服务决策
	确定作业的能力
	识别瓶颈

作业管理与质量改进

作业管理有时候会被错误地认为是质量改进、及时生产制（JIT）、流程再造、业务流程重组（BPR）和标杆管理的替代品。但实际情况是，作业管理通过提供一个整合的信息系统来支持质量管理和其他活动：

- 建立责任制；
- 便于测量结果；
- 开启设立优先级。

尤其对质量而言，作业管理通过以下措施促进质量管理的实施：

- 识别作业成本；
- 提高质量相关成本的可见度；
- 提供可以很容易地体现在质量成本报告中的质量成本衡量指标。

由于传统会计系统关注于职能部门（研究设计、生产、销售和市场营销等），收集关于质量成本的数据可能成为一个问题。使用了作业管理，因品质低劣产生的作业成本更容易被识别出来。

作业管理的优点与缺点

与传统成本管理方法相比，作业管理具有以下六大优点：

1. 利用持续改进保持公司的竞争优势。

2. 将更多的资源分配给能带来更多价值的作业、产品和客户，从战略上改变管理层的关注重点。

3. 消除非增值作业。

4. 衡量流程效益并识别出可以降低成本和提升客户价值的领域。

5. 与及时生产制（JIT）配合默契。

6. 将绩效衡量与作业成本法挂钩，为使用作业成本法提供持续的激励机制。

与传统成本管理方法相比，作业管理具有以下三个缺点：

1. 转而采用作业成本法/作业管理，企业的产品设计、流程设计、制造技术及价格决策都需要随之改变。并且公司还必须准备支持那些接受作业成本法/作业管理的管理者，同时劝阻那些继续沿用传统成本管理方法的管理者。

2. 作业成本法/作业管理不用于外部财务报表。采用传统方法编制财报的要求可能影响管理层的决策，从而淡化作业成本法/作业管理的实施效果。

3. 实施作业成本法/作业管理耗资很大且费时间，因此应进行成本效益分析以确认其所有隐性成本和隐藏收益。

持续改进（持续改善）概念

持续改进（kaizen）在日语中用于描述组织所有层面上的持续改进。其假设前提是，从最重要的流程开始，如果企业的每一个流程都被检验、执行、改进了，那么整个企业也在改进。"改善"承认革新是有价值的，但是也认为革新总的来说没有持续的增量改进的贡献大。"改善"过程常被喻为"改进的楼梯"。一步一步，企业持续地进行"实施改进""保持改进""实施改进""保持改进"，如此往复。尽管每一步可能很小，但企业通过这样的努力能实现持续改进。

持续改进经常会基于变为企业绩效预期和目标的标准。标准允许企业确认制造和销售一种产品或服务的成本并确定成本超支的原因。

企业设立标准的基础可以是：

- 作业分析；
- 历史数据；
- 标杆管理；
- 市场预期；
- 战略决策。

例如，公司标杆管理可以被用于对比一个公司与同类别另一个公司的当前成本结构，并制定合理的标准。一旦标准确定下来，一系列的持续改进就可以展开实施，用以提高效率和效益并将不利差异最小化。

最佳实践分析

术语"**最佳实践**"（best practice）通常指的是在一种情况下产生了显著结果的一个流程或技术，这一流程或技术还可以被应用和/或借鉴到另一种情况中，用以改善效益、效率、质量、安全性、创新性和/或其他的绩效指标。最佳实践分析指的是差距分析中集合的步骤。而差距分析一般是指对当前状态和期望状态之间的差异的分析，即现在企业是什么样和企业希望自己是什么样之间的距离。当前状态由当前实际情况决定，期望状态就是最佳实践。

最佳实践分析包括评估怎样使企业现有绩效水平达到最佳实务水平，然后确定合理的后续步骤从而将现有绩效水平转变到理想的绩效水平。

最佳实践分析中的典型活动有：

* 确定差距（通过与内部营运数据相比较）；
* 确定引起差距的原因；
* 检验促成最佳实践的因素；
* 提出建议和实施最佳实践的方法。

实施最佳实践分析的技巧和工具各有不同。定性工具和定量工具都可以使用，并且大部分工具都可用于全面质量管理和持续改善（kaizen）。

可能有人会认为最佳实践分析工具如价值链分析、流程分析、业务流程重组、标杆管理、全面质量管理和持续改善是业务流程改进背后的影响力，最佳实践分析可以让企业确定和实施绩效改进。

质量成本分析

流程改进团队需要知道生产流程的每个环节具体发生的成本，从而确定质量设计的改变如何影响获利能力。质量成本（COQ）可分为以下四类：

1. 预防成本（prevention costs），是指质量体系设计、实施和维持的成本，包括对质量体系本身进行审计的成本。实例包括质量计划、新产品审查、供应商能力调查、召开团队质量会议，以及关于质量相关的培训。此外还包括为保证和提高产品质量而产生的相关成本，如市场调研和产品设计。

2. 评估成本（appraisal costs），是为审计流程的质量而产生的成本，包括对质量等级进行的正式和非正式的衡量与评估，以及对质量标准和绩效要求的设定。例如：对原材料的检查和测试、对在产品和产成品的测试、对设备的校准、对最终产品的测试，以及对运营和服务的审计。此外，评估成本还包含关注更多外部成本，比如监控市场反应和监控竞争对手的产品。

3. 内部故障成本（internal failure costs），是指在向客户交货前因发现不合格产品和部件所发生的成本。实例包括废料、返工、损耗、重新测试和重新检查的成本。此外，内部故障成本也包括系统的问题，如不符合产品设计要求、不符合产品制造要求以及不符合产品服务标准的成本。

4. 外部故障成本（external failure costs），是涉及给客户发送了残次品而产生的成本。实例包括：客户投诉、退货、产品召回和保修索赔。总的来说，这些成本与无力满足客户对产品质量和服务的感知有关。

质量导向可以提高生产率和利润水平，但只有在公司长期坚持以质量为中心不懈努力的前提下才可以实现这些好处。

实例——作业管理

米德威斯特生物燃料公司（MBC）经历了一个非常迅速的起步阶段，因为当时矿物燃料的价格很高而且有各种政府补贴鼓励新的生物燃料公司的建立。然而现在矿物燃料的价格下跌而且政府补贴也在削减，MBC 想运用作业管理原理和相关的流程来改善决策、提高绩效和优化资产利用。

MBC 的运营正处在一个平稳期，所以公司想要识别出非增值成本，根据优先级进行改进，隔离/消除成本动因并确定产品和服务的成本。作为工厂的管理者，你被委以展示作业管理流程的任务。于是你选择了公司采购定制喷漆的运货卡车为测试实例。

作业管理审查——运货卡车的定制喷漆

任务	项目	成本
识别非增值成本	运货卡车定制喷漆	3 000 美元每辆
为改进设置优先级	验算喷漆的成本	向喷漆供应商询价
	验算以印花替代喷漆的成本	向印花供应商询价
隔离/消除成本动因	更新喷漆流程的成本	3 000 美元每辆
	更新以印花替代喷漆的成本	1 500 美元每辆
确定产品/服务成本	喷漆	高端项目
	以印花代替喷漆	行业标准项目

你的分析表明用行业标准的印花替代喷漆可以每一辆卡车节省 1 500 美元，如果即将更换 20 辆卡车，将为公司节省 30 000 美元。

会计操作的业务流程改进

业务流程改进的概念不止于简单的创造效率、改进和提高生产流程质量。事实上，企业中那些提供内部服务的"后台"部门和/或者"成本中心"（如财会部门）通过对其从事的业务进行持续改进和成本削减，有很大机会提高效率。这一点尤其体现在日常活动中。通过实施这种创造效率的过程，企业可以识别出引发工作流转错误的根源，消除浪费和过剩产能。企业通过实施流程梳理、流程培训、缩短会计结算周期等工作，进而影响"快速结算"，在需要的情况下建立共享服务，这样可以实现追求效率的目标。

流程梳理牵涉与流程负责人会面，并且了解他们是如何工作的，进而发现流程改善的机会。在这个被梳理的流程中，每一个步骤的进行、每一张纸的产生、每个投入和每个产出都要仔细检查。需要问各种问题，例如："这个步骤或流程是否必要？""它会增加价值吗？""它可以被自动化吗？""它花费的时间是否过多？""存在重复劳动吗？"完成流程梳理后，应该对员工培训进行评估。大多数公司将员工派送到专业培训讲座进行系统的培训。然而，很少有公司会对如何完成日常业务进行培训。通过适当的培训，工作效率能够得到显著提高。

通过识别缩短会计周期和实现更快速的结账的方式也能够创造效率。尽管存在一系列的方法可以实现这一目标，但是公司应该重点关注降低或消除实施核心结算业务所花费的时间和精力。例如，采用标准化的会计科目表、制定统一的会计分录模板、将会计政策和程序书面化。特别是对于那些在多个地方有经营场所的企业来说尤其重要。企业甚至可以将分散于不同地点的会计结算业务整合集中到一个地点。此外，采用期间结算清单、实施流程分析也可以避免流程步骤的遗漏和对错误的疏忽。

最后，企业还可以考虑对日常的以及相对低端的财务业务实行共享服务。这种共享服务可包括开具发票、收账、应付账款以及薪资处理等财务流程。这就要求组织按照实施这些任务和活动的业务功能对员工进行分类，而不是按照业务单位对员工进行分类。这样做降低了成本，不至于导致由于多名员工执行相同的职能而产生过剩的产能。同时，它还有助于避免错误发生。

本节习题：
业务流程改进

说明：回答所提供的每一个问题，正确的答案和解释出现在本节习题之后。

1. 下列哪一项表述最好地描述了标准成本制定中持续改进的概念？

　□ **a.** 随着时间的推移，标准变得更具挑战性。

　□ **b.** 标准是在计算中考虑到零松弛或停机时间的情况下制定的。

　□ **c.** 标准应该保持无法达到的状态，以鼓励员工更加努力地奋斗。

　□ **d.** 标准应该要建立在一个容易达到的水平，以提高员工的士气。

2. 某公司目前正在对它的一家工厂进行质量成本分析。以下是工厂会计师编制的成本：

检查	$ 1 500
保修	2 800
新材料测试	400
产品测试	950
损毁	645
报废	150
预防性设备维护	590
赔偿责任索赔	1 870
返工（成本）	1 285

　　　内部故障总成本是多少？

　□ **a.** 2 080 美元。

　□ **b.** 2 785 美元。

　□ **c.** 4 945 美元。

　□ **d.** 5 955 美元。

3. 当它想对客户服务的平均呼叫等待时间进行标杆管理时，下列哪一项是芯片表面贴装（SMC）的制造商汤姆利股份有限公司的最佳选择？

　□ **a.** 一种咨询顾问设定的最低通话等待时间，通过其追踪汤姆利公司"最佳"呼叫等待时间而获得。

　□ **b.** 竞争对手客户服务领导者厂商的平均呼叫等待时间。

　□ **c.** SMC 行业整体的平均呼叫等待时间。

　□ **d.** 通过减少公司目前平均呼叫等待时间而建立的内部标杆管理。

本节习题参考答案：
业务流程改进

1. 下列哪一项表述最好地描述了标准成本制定中持续改进的概念？
   - ☑ **a.** 随着时间的推移，标准变得更具挑战性。
   - ☐ **b.** 标准是在计算中考虑到零松弛或停机时间的情况下制定的。
   - ☐ **c.** 标准应该保持无法达到的状态，以鼓励员工更加努力地奋斗。
   - ☐ **d.** 标准应该要建立在一个容易达到的水平，以提高员工的士气。

   持续改进概念的最好描述是标准随着时间的推移变得更具挑战性。持续改进通常由日文"kaizen"描述，"kaizen"意味着"改进"或"良好改进"。在持续改进的情况下，公司的流程不断得以评估，以提高质量、消除浪费、降低成本、提升效率和节省时间。为了得到提高，随着时间的推移，标准自然应该变得更具挑战性。

2. 某公司目前正在对它的一家工厂进行质量成本分析。以下是工厂会计师编制的成本：

检查	$ 1 500
保修	2 800
新材料测试	400
产品测试	950
损毁	645
报废	150
预防性设备维护	590
赔偿责任索赔	1 870
返工（成本）	1 285

   内部故障总成本是多少？
   - ☑ **a.** 2 080 美元。
   - ☐ **b.** 2 785 美元。
   - ☐ **c.** 4 945 美元。
   - ☐ **d.** 5 955 美元。

   内部故障成本是在产品生产之后发出之前发生的成本。该公司应该包括的成本是损毁、报废和返工成本。因此，内部故障总成本为 2 080 美元（645 + 150 + 1 285）。

3. 当它想对客户服务的平均呼叫等待时间进行标杆管理时，下列哪一项是芯片表面贴装（SMC）的制造商汤姆利股份有限公司的最佳选择？
   - ☐ **a.** 一种咨询顾问设定的最低通话等待时间，通过其追踪汤姆利公司"最佳"呼叫等待时间而获得。

☑ **b.** 竞争对手客户服务领导者厂商的平均呼叫等待时间。

☐ **c.** SMC 行业整体的平均呼叫等待时间。

☐ **d.** 通过减少公司目前平均呼叫等待时间而建立的内部标杆管理。

汤姆利股份有限公司应该使用竞争对手客户服务领导者厂商的平均呼叫等待时间。标杆管理是通过确定和采用业内最佳级别的绩效来完成的。公司使用标杆管理研究不仅能够改善业务，而且能够强化组织的战略重点。

说明：下述样题旨在模拟考试真题。认真审题并将答案写在答题纸上。参照书后"每章实战练习参考答案"检查答题结果，并巩固完善。更多实战练习，请访问 www. wileycma. com **在线测试题库**。

样题 1D1 – CQ02

考查内容：成本量度概念

　　某公司采用及时生产制（JIT）和延期会计法。在原材料采购时将原材料的购置成本计入原材料控制账户。加工成本在发生时计入控制账户，而加工成本的分配金额则来自分摊加工成本账户。公司在产成品完工时按产成品的估计预算成本记录产成品成本。

　　公司单位产品的预算成本如下所示：

直接材料	$ 15. 00
加工成本	$ 35. 00
预算单位总成本	$ 50. 00

　　在当前会计期间，共生产了 80 000 单位产品，售出 75 000 单位产品。则记录当期完工产品成本的会计分录应为以下哪一项？

a. 在产品——控制	4 000 000	
原材料——控制		1 200 000
加工成本分配		2 800 000
b. 产成品——控制	4 000 000	
原材料——控制		1 200 000
加工成本分配		2 800 000
c. 产成品——控制	3 750 000	
原材料——控制		1 125 000
加工成本分配		2 625 000
d. 产品销售成本——控制	3 750 000	
原材料——控制		1 125 000
加工成本分配		2 625 000

样题 1D1 – CQ03

考查内容：成本量度概念

　　根据下列预算数据，计算正常成本制度中使用的预算间接成本分摊率。

总直接人工工时	250 000
直接成本	$ 10 000 000
总间接人工工时	50 000
与间接人工相关的总成本	$ 5 000 000
与间接非人工相关的总成本	$ 7 000 000

- ☐ **a.** 20 美元/直接人工工时。
- ☐ **b.** 28 美元/直接人工工时。
- ☐ **c.** 40 美元/直接人工工时。
- ☐ **d.** 48 美元/直接人工工时。

样题 1D1 – CQ06
考查内容：成本量度概念

彻森公司生产饼干和曲奇，6 月份该公司的单位成本信息如下所示：

变动制造成本	变动营销成本	固定制造成本	固定营销成本
$ 5.00	$ 3.50	$ 2.00	$ 4.00

6 月份彻森公司共生产了 100 000 件产品，其中有 10 000 件产品仍保留在期末存货中。彻森公司采用先进先出（FIFO）存货计价法，这 10 000 件产品是月底唯一的产成品存货。如果采用吸收（完全）成本法，彻森公司的产成品存货价值应为：

- ☐ **a.** 50 000 美元。
- ☐ **b.** 70 000 美元。
- ☐ **c.** 85 000 美元。
- ☐ **d.** 145 000 美元。

样题 1D1 – CQ12
考查内容：成本量度概念

罗宾逊公司 5 月份销售了 1 000 件产品。5 月份的单位成本信息如下所示：

	单位成本
直接材料	$ 5.50
直接人工	3.00
变动制造费用	1.00
固定制造费用	1.50
变动管理成本	0.50
固定管理成本	3.50
总计	$ 15.00

采用吸收成本法，5 月份的收益是 9 500 美元。如果采用变动成本法，5 月份的收益将为 9 125 美元。则罗宾逊公司 5 月份的生产数量为：

- [ ] **a.** 750 单位。
- [ ] **b.** 925 单位。
- [ ] **c.** 1 075 单位。
- [ ] **d.** 1 250 单位。

样题 1D1 – CQ13

考查内容：成本量度概念

托卡兹公司将 Duo 加工成两种联产品：Big 和 Mini。公司花费 2 000 美元共采购了 1 000 加仑的 Duo。将 1 000 加仑 Duo 加工成 800 加仑 Big 和 200 加仑 Mini，产生加工成本为 3 000 美元。Big 的售价为每加仑 9 美元，Mini 的售价为每加仑 4 美元。

800 加仑的 Big 可进一步加工成 600 加仑的 Giant，但需要 1 000 美元的额外加工成本。Giant 的售价为每加仑 17 美元。托卡兹公司采用可变现净值法将成本分摊给联产品，则生产 Giant 的总成本将为：

- [ ] **a.** 5 600 美元。
- [ ] **b.** 5 564 美元。
- [ ] **c.** 5 520 美元。
- [ ] **d.** 4 600 美元。

样题 1D1 – CQ14

考查内容：成本量度概念

托卡兹公司将 Duo 加工成两种联产品：Big 和 Mini。公司花费 2 000 美元采购了 1 000 加仑 Duo。将 1 000 加仑 Duo 加工成 800 加仑 Big 和 200 加仑 Mini，产生加工成本为 3 000 美元。Big 的售价为每加仑 9 美元，Mini 的售价为每加仑 4 美元。

托卡兹公司采用分离点销售价值法将联合成本分摊给最终产品，则 Big 的生产成本（近似到分）为：

- [ ] **a.** 每加仑 5.63 美元。
- [ ] **b.** 每加仑 5.00 美元。
- [ ] **c.** 每加仑 4.50 美元。
- [ ] **d.** 每加仑 3.38 美元。

样题 1D1 – CQ15

考查内容：成本量度概念

腾泊公司采取联合制造流程生产了三种产品。由于三种独立的产品在分离点没有市场，所以在出售前还需要进行进一步的加工。每批次联合成本是 315 000 美元。其他产品信息如下所示：

	产品 A	产品 B	产品 C
每一批次的生产数量	20 000	30 000	50 000
单位产品进一步的加工和营销成本	$0.70	$3.00	$1.72
单位产品的最终销售价格	$5.00	$6.00	$7.00

腾泊公司使用可变现净值法分摊联合成本，则每单位产品 C 应分摊多少联合成本？

- ☐ **a.** 2.10 美元。
- ☐ **b.** 2.65 美元。
- ☐ **c.** 3.15 美元。
- ☐ **d.** 3.78 美元。

样题 1D1 – CQ16
考查内容：成本量度概念

菲茨帕特里克公司使用联合制造流程生产两种产品：Gummo 和 Xylo。联合制造流程的每一批次成本为 20 000 美元，可以产出 5 000 磅中间材料 Valdene。

每批次可以生产 3 000 磅 Gummo，需要消耗 60% 的 Valdene 和耗费 10 000 美元分离成本。Gummo 售价 10 美元/磅。

剩余的 Valdene 用于生产 Xylo，批次产出 2 000 磅 Xylo，售价为每磅 12 美元。每一生产批次发生的可分离成本为 12 000 美元。

菲茨帕特里克公司采用可变现净值法分摊联合材料成本。该公司正在犹豫要不要将 Xylo 继续加工成一种新产品 Zinten，如果继续加工，将发生 4 000 美元的额外成本，新产品 Zinten 的售价为每磅 15 美元。如果生产 Zinten，公司的收益将增加：

- ☐ **a.** 2 000 美元。
- ☐ **b.** 5 760 美元。
- ☐ **c.** 14 000 美元。
- ☐ **d.** 26 000 美元。

样题 1D2 – CQ03
考查内容：成本核算制度

劳烨公司生产三种男式内衣：T 恤、V 领背心和运动衬衫。折叠和包装部门基于折叠和包装每种内衣所允许的标准时间为分摊基础，采用营运成本法将成本分摊至单件产品。折叠和包装每种内衣所需的标准时间如下所示：

T 恤	40 秒/件
V 领背心	40 秒/件
运动背心	20 秒/件

劳烨公司 4 月份生产并销售了 50 000 件 T 恤、30 000 件 V 领背心和 20 000 件运动衬衫。如果 4 月份折叠和包装部门的成本是 78 200 美元，则分摊给每

件 T 恤的折叠和包装成本是多少？

☐ **a.** 0.5213 美元。
☐ **b.** 0.6256 美元。
☐ **c.** 0.7820 美元。
☐ **d.** 0.8689 美元。

样题 1D2 – CQ04
考查内容：成本核算制度

克罗斯化学公司 12 月份有关产品 Xyzine（一种工业清洁剂）的数据如下所示：

生产流	实物量
完工并转入下一个部门	100
加：期末在产品存货	10（加工成本完工率为 40%）
预计入账的总数量	110
减：期初在产品存货	20（加工成本完工率为 60%）
12 月份新生产的数量	**90**

所有材料在部门生产过程开始时全部投入，加工成本在加工过程中均匀加入。期初在产品存货包括 120 美元的原材料和 180 美元已发生的加工成本。12 月份材料投入为 540 美元，发生的加工成本为 1 484 美元。克罗斯公司采用加权平均分步成本法，则 12 月份期末在产品存货中的原材料成本总计为：

☐ **a.** 120 美元。
☐ **b.** 72 美元。
☐ **c.** 60 美元。
☐ **d.** 36 美元。

样题 1D2 – CQ08
考查内容：成本核算制度

奥斯特制造公司采用加权平均分步成本法，公司 10 月份的成本和作业信息如下所示：

材料	$40 000
加工成本	32 500
期初在产品存货合计	$72 500
材料	$700 000
加工成本	617 500
总生产成本——10 月份	$1 317 500
已完工产品数量	60 000 件
10 月 31 日的在产品数量	20 000 件

所有材料在生产过程开始时全部投入，加工成本在生产中均匀发生。工厂

相关人员表示，月底在产品存货平均完工率为 25%。假设没有损耗，则奥斯特公司 10 月份的生产成本应如何分摊?

	产成品	在产品
☐ **a.**	1 042 500 美元	347 500 美元。
☐ **b.**	1 095 000 美元	222 500 美元。
☐ **c.**	1 155 000 美元	235 000 美元。
☐ **d.**	1 283 077 美元	106 923 美元。

样题 1D2 – CQ10
考查内容：成本核算制度

克罗斯化学公司 12 月份有关产品 Xyzine（一种工业清洁剂）的数据如下所示：

生产流	实物量
完工并转入下一个部门	100
加：期末在产品存货	10（加工成本完工率为 40%）
预计入账的总数量	110
减：期初在建品存货	20（加工成本完工率为 60%）
12 月份新生产的数量	**90**

所有材料在生产过程开始时全部投入，加工成本在加工过程中均匀加入。期初在产品存货包括 120 美元的原材料和 180 美元已发生的加工成本。12 月份材料投入为 540 美元，12 月份已发生的加工成本为 1 484 美元，克罗斯公司采用加权平均分步成本法。则 12 月份分摊给转入下一部门的产品的总加工成本为：

☐ **a.** 1 664 美元。

☐ **b.** 1 600 美元。

☐ **c.** 1 513 美元。

☐ **d.** 1 484 美元。

样题 1D2 – CQ12
考查内容：成本核算制度

沃勒公司采用加权平均分步成本法计算产品成本。在生产衬衫的过程中，B 材料分两次投入：产品完工 20% 的时候投料 40%；产品完工 80% 的时候投料 60%。季末有在产品 22 000 件，所有在产品完工率为 50%。考虑到材料 B，还在生产过程中的季末衬衫相当于多少个约当产量?

☐ **a.** 4 400 件。

☐ **b.** 8 800 件。

☐ **c.** 11 000 件。

☐ **d.** 22 000 件。

样题 1D2 – CQ14
考查内容：成本核算制度

巧克力·倍克公司从事巧克力烘烤食品的生产。长期以来，公司通过比较收入和产品销售成本来评估一条产品线的获利能力。但新上任的会计师拜瑞·怀特想采用作业成本法来考量送货人员的绩效成本。下面是公司两种主要产品的作业和成本资料：

	松饼	酪饼
收入	$ 53 000	$ 46 000
产品销售成本	$ 26 000	$ 21 000
送货作业		
送货次数	150	85
平均送货时长	10 分钟	15 分钟
每小时送货成本	$ 20.00	$ 20.00

若公司采用作业成本法，则下面的表述哪一项是正确的？

☐ **a.** 松饼的盈利比酪饼高 2 000 美元。

☐ **b.** 酪饼的盈利比酪饼高 75 美元。

☐ **c.** 松饼的盈利比酪饼高 1 925 美元。

☐ **d.** 松饼有更高的销售利润率，因此更具优势。

样题 1D3 – CQ01
考查内容：制造费用

克罗斯化学公司 12 月份有关产品 Xyzine（一种工业清洁剂）的数据如下所示：

生产流	实物量
完工并转入下一个部门	100
加：期末在产品存货	10（加工成本完工率为 40%）
预计入账的总数量	110
减：期初在产品存货	20（加工成本完工率为 60%）
12 月份新生产的数量	**90**

所有材料在生产过程开始时全部投入，加工成本在加工过程中均匀加入。期初在产品存货包括 120 美元的原材料和 180 美元已发生的加工成本。12 月份材料投入为 540 美元，12 月份已发生的加工成本为 1 484 美元，克罗斯公司采用先进先出（FIFO）分步成本法。计算 12 月份加工成本的约当产量：

☐ **a.** 110 件。

☐ **b.** 104 件。

☐ **c.** 100 件。

☐ **d.** 92 件。

样题 1D3 – CQ03
考查内容：制造费用

桑福德公司的成本会计师辛西亚·罗杰斯正在编制一份管理报告，该报告必须包括制造费用的分配。各部门的制造费用预算额和某批次产品的数据见下：

	部门	
	模具	制作
物料	$690	$80
生产主管人员工资	1 400	1 800
间接人工	1 000	4 000
折旧	1 200	5 200
修理费	4 400	3 000
制造费用预算总额	$8 690	$14 080
直接人工工时数总计	440	640
#231 批次直接人工工时数	10	2

公司采用部门制造费用分配率，计算模具部门基于直接人工工时分摊基础分摊到#231 批次产品的制造费用：

☐ **a.** 44.00 美元。

☐ **b.** 197.50 美元。

☐ **c.** 241.50 美元。

☐ **d.** 501.00 美元。

样题 1D3 – CQ05
考查内容：制造费用

爱特梅尔公司产销两种产品。数据如下所示：

	A 产品	B 产品
生产并销售的产品数量	30 000	12 000
单位产品所需机器工时	2	3
每条产品线接受订单数	50	150
每条产品线生产订单数	12	18
生产运转次数	8	12
检验次数	20	30

预算的机器工时总计为 100 000 小时，预算的制造费用如下：

接受订单成本	$450 000
工艺成本	300 000
机器调整准备成本	25 000
检验成本	200 000
预算的制造费用总额	$975 000

工艺成本的成本动因是每条产品线的生产订单数。采用作业成本法，B 产品的单位工艺成本是多少？

☐ **a.** 4.00 美元。

☐ **b.** 10.00 美元。

☐ **c.** 15.00 美元。

☐ **d.** 29.25 美元。

样题 1D3 – CQ08

考查内容：制造费用

洛戈公司有两个数据服务部门（系统部和设施部）用以支持三个生产部门（机加工部、组装部和精装部）。系统部的制造费用基于电脑使用小时来向其他部门分配；设施部的制造费用基于占用的平方英尺（以千平方英尺为单位）来分配。洛戈公司的其他资料如下：

部门	制造费用	电脑耗时	占用面积
系统部	$200 000	300	1 000
设施部	100 000	900	600
机加工部	400 000	3 600	2 000
组装部	550 000	1 800	3 000
精装部	620 000	2 700	5 000
		9 300	11 600

公司采用按步向下分配法分配服务部门成本，首先分配系统部的成本。以下哪项正确地反映了将要分配给设施部的系统部制造费用，以及将要分配给机加工部的设施部制造费用？

	系统部到设施部	**设施部到机加工部**
☐ **a.**	0 美元	20 000 美元
☐ **b.**	19 355 美元	20 578 美元
☐ **c.**	20 000 美元	20 000 美元
☐ **d.**	20 000 美元	24 000 美元

样题 1D3 – CQ09

考查内容：制造费用

亚当公司从事电脑桌的生产，公司下一年度的间接制造费用预算信息如下：

	支持性部门		生产部门		
	维护部门	系统部门	加工部	制造部	合计
预算制造费用	$ 360 000	$ 95 000	$ 200 000	$ 300 000	$ 955 000
支持工作					
维护支持		10%	50%	40%	100%
系统支持	5%		45%	50%	100%

亚当公司采用直接法将支持部门发生的成本分配至生产部门。则加工部分摊给其产品的制造费用总计是多少？（结果近似到美元）

- [ ] **a.** 418 000 美元。
- [ ] **b.** 422 750 美元。
- [ ] **c.** 442 053 美元。
- [ ] **d.** 445 000 美元。

欲进一步评估对第一部分第四章"成本管理"所讲概念与计算内容的掌握程度，请进入本章**在线测试题库**进行练习。

提示： 参照书后"每章实战练习参考答案"。

第五章

内部控制（15%）

美国证券交易委员会（SEC）严格要求上市公司实施内部控制，以促进其遵守公认会计原则（GAAP），并提高财务报告的透明度。对财务、业务和其他可能妨碍实现公司目标的风险进行管控和治理可以有效地推动内部控制制度的建立。因此，适当的治理和内部控制可以帮助到公共实体和私营实体。

本章着眼于有效地管理相关行为、制定政策和实施决策所需的适当组织结构和公司治理模式。COSO 的《内部控制——整合框架》（2013）、《企业风险管理——与战略和绩效相整合》以及为提高财务报告的透明度和可靠性而制定的立法举措都在 CMA 知识体系的这一章节中涉及。

公司治理、风险与合规性

1987 年，美国注册会计师协会、内部审计师协会、管理会计师协会、美国会计协会和财务经理协会等五个组织成立了发起组织委员会（COSO）。他们的目标是开发一个综合性的内部控制模型，以指导和改进会计控制的工作。目前，COSO 提供有关企业风险管理、内部控制和欺诈威慑的指导。

LOS §1.E.1.q

一些政策和立法举措日益强调控制问题。2002 年通过的《萨班斯－奥克斯利法案》（SOX）催生了上市公司会计监管委员会（PCAOB），它作为证券交易委员会的一部分而存在。上市公司会计监管委员会负责制定上市公司审计标准，PCAOB 已采用发起组织委员会（COSO）的内部控制模型作为指南。COSO 模型最初于 1992 年生效，被称为《内部控制——整合框架》（2013）。它包含了五个主要的内部控制整合要素，定义了内部控制并确定了内部控制制度有效性的标准。

为了进一步解决风险管理问题，最初的 COSO 模型在 2004 年被扩展，将另外 3 个与风险相关的要素也包含在内。扩展后的风险驱动框架在 2013 年更新，被称为《企业风险管理——整合框架》。2017 年，COSO 对这个框架进行了更新，称之为《企业风险管理——与战略和绩效相整合》。2017 年的《企业风险管理——与战略和绩效相整合》在教材第二部分的第四章讲解，该章探讨了与风险管理有关的主题。

什么是内部控制？

LOS §1.E.1.a

根据 COSO 的解释，一个有效的内部控制体系是一种流程，该流程提供了合理的保证，使得实体能实现其与运营、报告和合规性相关的目标。我们会涉及内部控制系统的三个维度：

1. 目标的类别——下面的内容允许组织关注可能对他们特别重要的内部控制的一些方面：

LOS §1.A.1.b

a. 运营——与既有效率又有效果地对组织资源加以利用相关的目标；

b. 报告——与财务和非财务报告的可靠性、及时性和透明度相关的目标；

c. 合规性——与遵守适用的法律和法规相关的目标。

2. 内部控制系统的组成。

3. 组织结构。

这些目标对于实体及其运营环境是独一无二的。在某些情况下，这些目标和控制重叠并相互支持。例如，对现金严格控制可能增加与现金有关的财务报告的可靠性。

根据 COSO，内部控制制度由五个部分组成：

1. 控制环境；

2. 风险评估；

3. 控制活动；

4. 信息与沟通；

5. 监控活动。

我们现在讨论控制系统的两个维度：三个目标和五个组成部分。控制系统的第三个维度是组织的结构，COSO 的材料中描述了一个大型组织中常见的组织结构。第三个维度可以进行如下分解：

- 组织范围：实体层面；
- 部门层面：高层或组织中不连续的部分；
- 运营单位：组织中可以分离的单位；
- 职能：例如会计、营销、信息技术。

三个维度涉及的内部控制包括：

- 什么是内部控制？它的五个基本组成部分。
- 我们为什么要进行内部控制？其三个目标。
- 我们在何处进行内部控制？分析我们将在哪儿设计、实施和测试内部控制的四个单位。

内部控制的类型和局限性

对控制进行分类对于理解内部控制的优点和局限性非常有效。一个分类方案将内部控制分为预防性控制、检测性控制、纠正性控制、指令性控制和补偿性控制。

预防性控制

预防性控制有助于防止挪用资产和不当使用资产。例如，有些预防性控制可能会设置一种障碍，以防止某种特殊交易的进行。对现有的或潜在的客户实施信用审查以防止向信用风险较大的客户进行销售或者在出口处设置警卫以防止员工的偷窃行为是其他类型的预防性控制。

交易控制是一种特定类型的预防性控制，这种控制方式被设计用来确保每一笔交易都有交易记录，虚假交易不能输入系统，并且所有的有效交易都被准确地记录。所选择的控制类型取决于公司完成交易的数量和性质。

取决于职能部门或控制人员有效地执行其任务的预防性控制包括：

- 职责分离。
- 监督审查，例如检查员批准一项采购交易。
- 双重控制，例如为每一项超过一定额度的交易设置两项授权。
- 编辑和准确性检验，例如在支付发票款之前将发票金额与原始仓库收据记录进行核对。

- 合理性检验，例如根据客户的信用额度验证交易总额。合理性检查常常会被嵌入软件系统中。
- 完整性检查，例如直到要求的字段完成后，才允许操作者继续进行操作的计算机表格。例如，如果数据录入屏幕要求，在进行处理之前必须完成所有字段的填写，那么屏幕本身就可以作为一种预防性控制，以确保完整性。

与通常的内部控制一样，没有公司会认为其预防性控制是十分安全的。因此，非常重要的一点是，公司应认识到预防性控制还要依赖于检测性控制。

检测性控制

检测性控制通过一旦错误发生就对其进行检测来对预防性控制提供支持。银行对账单就是对现金资产进行检测性控制的例子。检测性控制是对预防性控制的补充，是一个设计良好的控制系统的重要组成部分。在某些情况下，检查随机性交易的检测性控制比必须检查每笔交易的预防性控制的成本要低。

纠正性控制

纠正性控制可以改正采用检测性控制识别出来的问题。例如，订单系统的常规校订功能可以检测到销售订单中的错误账号、读取客户姓名、搜索数据库来发现正确的账号并更正原始记录。在某些情况下，如果在数据库中不能找到相关记录，计算机可以生成一个错误报告，员工可以使用这个报告解决相关差异问题。

指令性控制

与预防性控制、检测性控制以及改正性控制形成对照，指令性控制是为了产生积极结果而设计的指令。例如，一家公司可能会制定尽量使用本地供应商的政策。指令性控制可能为公司在社区树立良好的形象。

补偿性控制

补偿性控制也称为缓和性控制，用来弥补控制结构中其他方面的不足。例如，让独立于会计记账和现金出纳的一方执行银行对账单流程，能够弥补现金交易的控制中存在的很多缺陷。类似地，在小公司中由所有者亲自监督运营也许可以弥补职责分离机制缺失的情况。

补偿性控制限制了风险，这一点必须在考虑到特殊系统薄弱环节的条件下，在可能发生的不好结果的背景下进行分析。补偿性控制有时是多余的。例如，数据录入验证要通过设置两个数据录入点，将生成的记录进行对比，并针对任何已发现的差异生成例外报告。

内部控制的局限性

即使设计良好的控制系统也可能会失效。可能会对设计良好的系统造成伤害的重要威胁包括管理层不执行相关的控制，以及员工之间、员工与外部人（如顾客或供应商）之间相互勾结。其他固有的缺陷包括失误、误解、判断上的错误以及当完美的控制成本太昂贵而无法实施时对控制的成本/效益的权衡。

管理层滥用职权可以威胁到任何控制系统。如果一个设计精良的控制结构可以任由管理层摆布，那么由此产生的风险与没有适当的控制措施是一样的。有时候，管理层在某种特殊情况下的滥用职权行为是合理的。但是，只有让管理层滥用职权受到监视和限制，控制环境才能得以保持。例如，可以在恰当的位置设置一个控制措施，管理层不遵守控制程序的时候，这个控制措施就会自动触发例外报告。

员工的利益冲突也会对任何企业构成威胁。例如，如果服装零售商的采购员在一家制造服装的公司有财务利益，那么在决定与哪个供应商合作时，他或她就会存在利益冲突。

COSO 控制体系的要素：设计控制方案以应对风险

内部控制的五个要素

最初的 COSO 框架包含内部控制 5 个相互强化的组成部分和 17 项原则。这些内容必须与组织的管理流程相整合，并要适应不断变化的环境。每个组成部分都可以影响任何一个组成部分或者其他所有组成部分。2013 年，COSO 对最初 1992 年的框架进行了更新和修订，修订后的框架称为《内部控制——整合框架》（2013），它继续使用内部控制的核心定义并且保留了最初的内部控制 5 个要素，但是它进一步阐明了在当前多种业务模型、技术和相关风险环境下框架的应用。它还编制了制定内部控制结构和评估其有效性的标准，并对报告目标进行了扩展以支持财务报告和非财务报告、运营目标和合规性目标。COSO《内部控制——整合框架》（2013）的 5 个内部控制要素和相关的 17 项原则包括：

I. 控制环境

控制环境涉及组织的管理理念和风险承受力，它包括组织的诚信、道德价值观和它运营所处的环境。

#1. 组织。必须做出承诺来支撑高标准的道德和诚信。管理层必须通过行动建立和展示最高的道德基调。管理层必须遵守相关行为标准，这些准则应该

在组织的所有层级以及外包服务提供商和商业合作伙伴之间进行沟通。管理层还必须承诺迅速有效地管理违反道德和行为准则的事件。

LOS
§1.E.1.d

　　# 2. 董事会。必须表明其独立于管理层，并监督内部控制的开发与检查。这些活动应该包括对董事会的监督责任和独立性的清晰陈述，以及拥有适当的专业知识和培训水平，使得董事会能够实施有效监督。

LOS
§1.E.1.c

　　# 3. 管理层。在董事会的监督下，建立健全组织架构、汇报路线、合理的授权与责任等机制来实现目标。这包括调整组织结构和整合外包服务商在内的各种服务。

LOS
§1.E.1.h

　　# 4. 员工能力。组织对吸引、培养和留住认同组织目标的人才做出承诺。这包括：

- 制定合理的标准、政策和程序以吸引、培养和留住合格的人才。
- 评估能力，制定发展规划以获得所需的技能和能力，并通过培训、招聘或外包解决技能和能力方面的不足。
- 为人员流动和继任做计划和准备。

LOS
§1.E.1.h

　　# 5. 问责制。组织让个人担负起内部控制的相关责任，包括：

- 通过组织结构、权力和责任实施问责制，包括在各个组织层级对问责制进行沟通和强化。

LOS
§1.E.1.c

- 建立和评估绩效衡量标准、激励措施、奖励和针对个人的纪律处分措施。
- 监控和考虑存在过度的绩效压力的可能性，包括不切实际的绩效（如收益）目标以及过度关注短期（例如季度收益）目标。

控制环境的组成

　　控制环境的本质体现在任何组织的核心都是组织中的人。正是他们的个人属性（包括诚信、道德和信心）决定了组织环境和组织文化。接下来将介绍道德控制环境的一些最重要的组成部分。

LOS
§1.E.1.c

高层管理者所营造的道德氛围

　　期望实现有效内部控制的组织必须有道德高尚的高层管理人员，他们积极致力于建立一种有道德的文化。创建道德文化的积极战略包括强调道德和诚信在组织成功中的关键作用以及强调使命陈述和行为准则在促进诚信方面的作用。此外，以身作则地展现有道德的行为比单纯的讲道德更有效。

LOS
§1.E.1.h

政策和标准

　　组织政策和组织风险管理标准的完善和传播对于营造理想的控制环境也非常关键。例如，一些组织要求指定的团队审查重要项目和活动来评估其风险。注意，该建议中隐含了关于风险评估小组的创建问题。

职责分离和关键会计职能

LOS §1.E.1.i

LOS §1.E.1.j

设计一个有效的组织内部控制系统需要特别关注一些关键职能。与经济交易相关的**事件**（event）一般也与会计系统息息相关。将与事件相关的关键行为的责任与其他事项分离可以减少舞弊行为或其他某些类型的错误。下列与内部控制有关的四项关键活动应该分开进行，以降低舞弊行为的风险：

1. 授权事件：批准客户的信用、授权支付发票、批准向客户发货。

2. 记录事件：记录原始文件，如客户发票或提单，将事件记录到总账。

LOS §1.E.1.l

3. 保护与事件相关的资源（保管）：将现金存入银行保险库或在商店存货。

4. 协调、监督和审计：董事会的检查、内部和外部审计以及用已知的系统活动协调系统日志。

著名的世通公司丑闻事件就是因为该公司没有将这些功能分开造成的。世通公司首席执行官（CEO）伯纳德·埃伯斯和首席财务官（CFO）斯科特·苏利文以极高的"效率"违规授权并利用会计造假，使收入增加了约 110 亿美元。世通公司董事会批准了这一控制系统并默许了这些交易（缺乏监督）。这一舞弊行为最终使埃伯斯和苏利文分别被判处了 25 年和 15 年的有期徒刑。

在大萧条初期，马多夫证券公司恶行主角伯纳德·马多夫正在实施一个历史上最大的金融欺诈计划。马多夫负责公司单独的一套账簿，并且是唯一的监管者，他正是据此实施了他的欺诈（庞氏骗局/金字塔骗局）计划。公司的外部审计师是在证券交易委员会注册的注册会计师，专门审计马多夫证券公司。马多夫证券公司有很多员工，但几乎没有人知道马多夫先生的（欺诈）计划。马多夫的欺诈行为造成的损失达 660 多亿美元。

大型组织可以并应该做到职责分离。然而，在小型组织中要做到职责分离似乎不太可行。

编制控制政策和程序文档

LOS §1.E.1.m

内部控制政策和程序必须形成相关文档。文档记录有多种好处，包括用于培训和审计并在内部控制设计者离开后还能继续沿用。书面工作描述要尽可能详细地列示公司每个工作岗位的具体要求，包括工作资格、具体责任以及报告关系。

LOS §1.E.1.p

记录控制政策和程序的最常见方法包括书面描述以及使用流程图。流程图用图形形式描述流程中的各个步骤。2002 年《萨班斯－奥克斯利法案》（SOX）的 404 条款要求上市公司要文档化其内部控制。

设计会计系统的四大准则

LOS §1.E.1.g

内部控制措施旨在防止由于疏忽或缺乏知识而导致的无意失误。然而，舞弊行为是有意为之，是故意的行为，而且防止共谋行为和管理层滥用职权是非常困难的。无论内部控制设计得多么完善，都无法完全保证可以防止故意的舞弊行为。此外，人为的错误、在执行控制程序中的疏忽、疲劳或压力以及用经验代替控制程序的倾向都可能导致错误行动甚至是欺诈行为。此外，如果内部控制制度不能根据运营变化进行及时调整，那么即便设计良好的内部控制制度也会过时。此外，如果控制措施过于宽松，可能无法确保合规性或提供可靠的信息来帮助管理层实现组织的目标。但是，如果太复杂，可能增加交易处理的难度并降低生产率，无法给组织带来价值增值。

在设计会计系统时所遵循的四项准则也适用于建立有效的控制，具体如下所示：

1. 控制原则。控制系统有助于保护公司的资产并确保数据可靠。

2. 兼容性原则。会计系统的设计必须与企业的组织结构和人员因素保持一致。

3. 灵活性原则。会计系统必须足够灵活，交易的数量可以随组织的增长而增加。

4. 成本效益原则。会计系统所带来的好处以及所提供的信息必须等于或者大于该系统的成本，包括有形成本和无形成本。有形成本包括人员、表单和设备。无形成本包括错误决策的成本。

Ⅱ. 风险评估

评估模型包含的一个要素可以确定风险发生的概率及其重要性程度。风险分为固有风险和剩余风险。固有风险是组织始终要面对的风险，除非管理层主动采取措施来避免和减轻这些风险，否则固有风险不会消失，它是应首先评估的风险。而剩余风险是在管理层采取必要措施防范固有风险之后仍然存在的风险。

＃6. 目标。组织要足够清晰地设定目标，使得组织能够识别和评估威胁目标达成的风险。因此，组织应该考虑：

- 对组织风险偏好判断的准确度（例如，我们可以量化风险吗？我们在什么范围内可以量化风险？从风险角度看，哪些经营单位从属于整个实体？）。
- 与风险评估相关的重要事项。对实现目标构成威胁的风险有多大？亏损10 000 美元？100 000 美元？还是 1 000 000 美元？
- 与组织遵守标准、体系、法律法规的能力相关的风险。
- 与运营和财务绩效目标相关的风险。
- 投入资源的风险。

＃7. 评估。组织对影响其目标实现的风险进行全面的识别和分析，并以此为基础来决定如何管理风险。为此，组织应该：

- 对风险评估进行适当的管理。
- 考虑组织各个层级面临的风险，包括企业、子公司、分部、运营单位和职能部门。
- 分析内部和外部因素。
- 估计风险的重要程度。

- 制定适当的风险应对机制。

#8. 欺诈。组织在评估风险时应该考虑舞弊的可能性以及其对目标实现的影响。为此，组织应该：

- 考虑舞弊行为的风险因素和威胁。
- 评估激励和压力对潜在舞弊行为的影响。
- 评估组织内可能存在的可以实施欺诈行为的机会。
- 评估可能被用来为舞弊行为辩护的态度和潜在的合理性解释。

LOS
§1.E.1.v

#9. 变更管理。组织应该识别和评估可能影响内部控制体系的变更，这些变更可能发生在外部环境、商业模式和组织领导等方面。例如，组织是否考虑过业务线、海外业务、新技术和组织快速成长带来的潜在影响？

III. 控制活动

制定和实施相关政策和程序可以帮助确保有效应对风险，COSO 模型列出了以下控制活动：

a. 权力和责任的指定（职务说明）要求董事会聘请首席执行官和其他管理人员，他们将雇用、培养和提供合适的薪水给称职、可靠、有道德的员工以完成公司的日常业务。

b. 交易授权系统有助于避免重复和虚构的支付，保护资产并生成可靠的会计信息。这些控制包括审批签名、对账以及记录操作和授权的表单。

LOS
§1.E.1.m

c. 充分的文件和记录提供了公司运营的细节。单据，如发票和订单，可以是纸质的也可以是电子的。编号的文档，如发票、订购单和支票，可以通过提请注意编号顺序上的空白减少盗窃和效率低下。此外，文件和系统控制程序应具体规定谁有权接收特定文件并有权进入会计系统的特定部分。例如，谁可以访问员工薪资信息。

LOS
§1.E.1.i　**LOS**
§1.E.1.h

LOS
§1.E.1.k

LOS
§1.E.1.l

d. 资产安全是通过良好的授权制度和职责分离来实现的，以减少欺诈和盗窃的机会。例如，生产活动和销售活动不应由会计人员进行。

e. 独立核查可以由内部人员（例如内部审计人员）进行，也可以是外部人员（如审计财务报表的独立注册会计师或审计问题的监管人员）进行核查。

f. 适当的职责分离要求不同的雇员授权、执行、记录交易，并对交易产生的资产进行保管。

例如：采购可能由总会计师助理（即人员）授权，批准由库存控制发出的采购申请。采购由采购部门代理执行，并由信息技术部门记录。接收部门通过统计、检查和准备接收报告，对原材料进行处理，并对收到的订单进行确认，然后将这些材料发送到库存控制中。

LOS
§1.E.1.v

#10. 降低风险。组织的控制活动将风险影响降到可接受水平以实现其目标。为此，组织应该：

- 将控制与风险评估结合起来。
- 使用风险降低分析确定哪些业务流程需要重点控制。
- 思考运营的环境、复杂性、性质和范围如何影响风险降低和控制活动。
- 评估多种潜在的控制活动类型的组合，这些控制活动包括人工控制和自动化控制以及预防性控制和检测性控制。

- 将不相容的活动分离（通过职责分离），如果不能分离，则实施替代控制措施。

\# 11. 技术控制。组织借助支持其目标实现的技术选择并开展日常的控制。这些活动应该包括：

- 管理层了解业务流程、自动化控制和一般的技术控制之间的依存关系。
- 管理层采取控制措施，确保技术和流程的完整性、准确性和有效性。
- 酌情限制技术访问权限。
- 建立相关的安全管理流程控制机制。
- 建立相关的技术获取、开发和维护过程控制机制。

LOS §1.E.1.c

\# 12. 政策。组织的控制活动成为建立利益相关者期望的政策，这些期望涉及问责、责任和控制等方面。文件备档程序确保了这些政策的实施。这些活动包括：

- 建立支持管理层指示的政策和程序。
- 建立执行政策和程序的责任制和问责制。

LOS §1.E.1.h

- 雇用有能力的人员及时开展控制活动，并采取纠正措施调查及处理控制问题。
- 管理层定期重新评估和修订政策及程序以应对不断变化的情况。

IV. 信息与沟通

LOS §1.E.1.c

COSO 模型确认必须是以一种使人们能够在一定时间内成功完成工作的形式来分辨、捕获和沟通相关信息，假设前提是数据通信是安全和准确的。

\# 13. 信息质量。相关的高质量信息支持组织的内部控制流程。这个活动包括以下的组织流程：

- 识别支持内部控制流程所需的信息，捕捉内部和外部数据。
- 将相关数据转化为信息。
- 形成相关的、及时的、现时的、准确的、可验证的、受保护以及保留的信息。
- 考虑与组织目标有关的信息的成本和收益。

\# 14. 内部沟通。内部沟通支持内部控制流程。

LOS §1.E.1.h

- 组织流程对所需要的信息进行沟通，使所有人员能够理解和执行其内部控制职责。
- 管理层与董事会之间的沟通支持组织目标的实现。
- 独立的沟通渠道，例如举报热线，可以形成一种安全机制，使得匿名的、机密的沟通得以进行。
- 内部沟通的方法对沟通的时间、主体和性质反应灵敏。

\# 15. 外部沟通。与外界沟通支持内部控制流程。这些组织流程包括：

- 向组织外部各方传播相关的具有时效性的信息，外部各方包括股东、合作伙伴、所有者、监管机构、客户、财务分析师以及其他相关人员。
- 开启内向沟通渠道。这些沟通渠道支持对来自外部各方的信息的接收，外部各方包括客户、供应商、外部审计师、监管机构、财务分析师以及其他相关人员。

- 独立的沟通渠道。例如举报热线，可以形成一种安全机制，使得匿名的、机密的沟通得以进行。
- 向董事会传播来自执行评估的外部各方的相关信息（如内部控制的审查）。
- 确保外部沟通的方法对沟通的时间、受众、性质、法律法规以及受托人的要求反应灵敏。

V. 监控活动

LOS §1.E.1.k

对内部控制的所有方面进行监督，并根据需要进行修改。监控通过正在进行的管理活动、单独评价或两者兼而有之来完成。内部审计员、审计委员会、披露委员会以及管理层都可能参与监督控制。

#16. 持续和定期的监督。用持续的和单独的（定期的）评估方式评价内部控制运行。这些活动包括：

- 考虑将持续的和单独进行的评估结合起来。
- 标杆管理——思考现有内部控制系统的设计和状态，对采用持续的和单独进行的评估活动建立基本的理解。
- 通过管理层对业务活动和流程变化频率的思考，发展并选择持续的和单独的评估。
- 确保人员有足够的知识来进行评估。

LOS §1.E.1.h

- 将持续的评估与业务流程相结合，并根据需要进行调整，以适应不断变化的条件。
- 为客观反馈提供定期的、单独的评估。
- 介于风险评估调整评估的范围和频率。

LOS §1.E.1.d

#17. 解决内部控制缺陷。负责实施纠正行动的相关方（包括高级管理人员以及董事会）及时地对内部控制缺陷进行沟通。这些活动包括：

- 酌情由管理层和董事会评价持续的和单独的评估的结果。
- 将这些缺陷传递给负责处理这些问题的人员，并传递给至少高一层级的管理人员，在适当情况下，传递给高级管理层和董事会。
- 管理层要对内部控制缺陷、相应的解决方案以及该方案的及时性进行跟踪。

企业风险管理政策和程序

LOS §1.E.1.a

2017年6月，COSO发布了新的《企业风险管理——与战略和绩效相整合》，更新了2004年的《企业风险管理——整合框架：执行摘要和原始框架》。2017年的ERM（企业风险管理）和《内部控制——整合框架》是相辅相成的。

风险被定义为事件发生并影响战略和业务目标实现的可能性，风险管理被定义为组织在管理风险以创造、保存和实现价值时必须依赖的与战略制定和绩效相结合的文化、能力和实践活动。ERM 从以下几个方面关注风险管理：

1. 认识文化。文化是由实体内所有的人形成和塑造的。基于对文化在决策所起作用的认识，ERM 帮助人们做出决策。

2. 发展能力。ERM 增加了完成实体使命和愿景所需的技能。

3. 应用实践。ERM 实践应用于整个实体的分部、业务单位和职能部门。

4. 管理风险以实现战略和业务目标。风险管理实践为管理层和董事会提供了合理的期望，即他们能够实现企业战略和业务目标。这意味着风险的大小被认为与实体对称，应该认识到在预测风险方面没有绝对的精确性。

5. 与价值挂钩。实体必须按照其使命和愿景中所表达的风险偏好来管理风险。

分析和解构风险

风险可以被有效地分析或解构为其组成要素或部分。这两个元素或部分包括：

1. 损失的可能性。

2. 发生损失的可能数额。

损失的**期望值**（expected value）是估计范围内损失的可能性乘以发生损失的可能数额。

一项关键的控制及目标：保护资产

LOS §1.E.1.i

旨在保护公司资产的内部控制往往是最明显的控制措施。这类控制包括门锁、安全系统、计算机密码以及对重要资产进行双重控制。除非采取充分的控制措施对其进行保护，否则资产可能会被盗、被滥用或意外损坏。资产保护方面的控制包括分离交易处理职能，例如填写订单表的人员不能接触履行订单所需的资产。

应对组织的运营和信息系统构建多重许可控制。例如，只有获得授权可以安排装运的用户才能够更新存货系统，但销售人员只能对数据进行只读访问。此外，在当今时代对资产的保护正变得越来越复杂，因为很多组织的资产（例如，软件公司）主要以虚拟的（电子的）形式出现。

"人事"（人力资源）控制

LOS §1.E.1.h

有能力、有动力并且有知识的人员对内部控制系统至关重要。至少在当前的人工智能环境下，如果没有这样的人，系统将会失败。因此，招聘与其他人力资源政策是建立和保持有效内部控制的核心。拥有能干且值得信赖的员工，再结合及时有效的培训，使得纠正内部控制的需求减到最少。部分公司控制程序可能与招聘、评估和培训员工时所使用的方法有关。

招聘、选择、录用和监督优秀员工

作为人力资源管理的一部分，企业应事先确定适合不同岗位人员的任职责任，并根据这些任职资格来招聘、筛选和聘用员工。例如，教育背景要求、工作经验以及专业认证。员工招聘实务中可能还包括参考推荐人的意见、信用检查、安全检查以及毒品测试。此外，雇主也应该审查利益冲突。组织结构、权力结构以及工作描述是很重要的，但是这些并不能代替优秀的员工。无法完成指定任务的员工可能会威胁设计良好的内部控制政策和程序。

大部分员工需要一定程度的监督和工作上的帮助。监督职责包括观察工作流程并检查工作结果。每个员工或工作岗位所需的监督力度以及需要的帮助根据员工的能力和经验以及工作的复杂度而有一定差异。

引导、培训、发展和绩效检查

即便是最优秀和最熟练的员工，也需要根据企业的目标、使命、政策、程序加以引导。工作引导应在招聘开始时就着手进行。持续的培训和发展通常是令人满意的，并且在一些专业领域会有法律或认证方面的要求。大多数组织已认识到了培训和发展对组织全面成功的重要性，而且很多公司会提供内部培训或为员工参加外部培训提供一定的补助。

定期检查有助于公司评估具体员工的绩效以及公司目标的实现情况。大部分公司都会对员工进行定期审查，这些审查通常由员工的主管执行。员工审查将检查员工与他或她的目标有关的绩效，并识别员工可进一步改进的领域。员工审查通常会设定目标，并确定实现这些目标的方法。这些评估还有助于指导员工开发他或她为获得未来的某些组织职位而需要具备的技能（如获取关键认证或证书）。

结合、轮换和休假

结合（不要与其他类型的结合混淆，例如下班后一起喝啤酒）是一种保护组织免遭员工盗窃的保险策略。人事控制经常包括让员工结合在一起工作，这些员工保管现金或其他资产。职责轮换与岗位轮调可能是一项十分重要的控制措施，尤其对承担财务职责的相关人员来讲更是如此。要求每个员工偶尔休假是另一项控制手段，从而确保员工没有危害控制的行为。在某个员工休假期间，让另一位员工处理相同的任务能起到对组织的流程和对正在度假的员工的可信赖性实施检查的作用。

内部控制监控的目的和术语

内部控制监控如何为公司治理带来好处？

在COSO企业风险管理模型中，监控是核心，也是基础性的控制组成要素。它的基础性地位并非偶然，反映了监控对于实现强有力的内部控制和有效的风险管理的重要性。

为什么监控如此重要？

1. 人们可能会忘记、逃避工作、懒惰，或者宿醉未醒就来上班，机器则会故障。随着时间的推移，控制会逐渐恶化。这种恶化被称为熵。

2. 技术和管理的进步需要内部控制和相关监测过程不断发展和改进。

精心设计的控制监控有助于减轻熵的负面影响，并确保：

1. 管理层及时发现内部控制问题，在危机出现之前主动解决问题，而不是被动地解决问题。

2. 决策者收到更及时和准确的信息。

3. 财务报告和非财务报告以及财务报表及时、可靠和准确。

4. 内部控制认证（例如，按照 SOX 第 404 条的要求）及时进行。

5. 组织效率最大化，并且成本得到降低。

审计风险

上市公司会计监督委员会（PCAOB）审计准则第 8 号现已编入 AS1101：《审计风险》，其不仅讨论了审计风险还讨论了财务报表中存在重大错报的风险。下面是 COSO 模型早期提出的更广泛风险范围内的特定类型的风险。审计准则规定审计风险由两部分组成：

1. 财务报表存在重大错误陈述。

2. 审计员发表不恰当的审计意见。

重大错报财务报表风险：固有风险、控制风险和检查风险

审计师将重大错报风险划分为三种类型：

1. 固有风险（inherent risk，IR）。固有风险是指在没有内部控制时，财务报表对重大错报的敏感性。它是错误或不正当行为（舞弊行为）发生的可能性。错误是非故意行为，它与组织中某些个人的能力相关。舞弊行为是故意行为，它与组织中某些个人的诚信相关。员工的能力与诚信是有效的内部控制的基础。

2. 控制风险（control risk，CR）。控制风险是指超出可接受程度的错报不会被公司的内部控制防止或发现的可能性。它是控制失效的可能性。

3. 检查风险（detection risk，DR）或称计划检查风险。检查风险是指审计证据未能发现超出可接受审计风险的错报。检查风险是指某项错误或舞弊行为未被审计程序察觉，并且审计师也愿意接受这一事实。

可接受审计风险水平

可接受审计风险水平（appropriately low level of audit risk，AR）是指当财

务报表中实际上存在重大错报时，审计员给出不恰当审计意见（经常是无保留意见）的可能性。可接受审计风险取决于上文定义的三种风险类型。它是这样的一种可能性：审计师将得出认为财务报表公允反映了公司的财务状况的结论，并签发无保留意见的审计报告，而事实上财务报表存在重大误导性。

如果审计师希望在更大程度上确信财务报表没有重大错报，那么他们会调低审计师将愿意接受的 AR。审计师愿意接受的审计风险越低，要求进行审计测试的可能性就越大。

$$AR = IR \times CR \times DR$$

$$DR = AR/(IR \times CR)$$

其中：

    AR = 可接受审计风险水平；

    IR = 固有风险；

    CR = 控制风险；

    DR = 检查风险。

审计师将根据前述各项因素来评估固有风险和控制风险，并根据审计师接受发布不恰当意见所带来风险的意愿来设置可接受审计风险水平。通常情况下，如果固有风险较高，控制风险也会较高；如果固有风险较低，控制风险也会较低。如果审计师确定内部控制缺位或者企业控制措施失效，则必须使用更实质性的审计程序才能提出合理意见。计算得出的检查风险越低，审计师就需要越多的审计支持证据。

外部审计师的职责

财务报表审计

外部审计人员的主要职责是以专业的质疑态度制定审计计划并实施审计，以便获得有关于组织的财务报表是否免于重大错误或错报的合理保证。审计人员可以出具的审计意见类型包括：

- 无保留意见。
- 带强调事项或其他事项段的无保留意见。
- 保留意见，即可能是修改意见、否定意见或拒绝表示意见。

当满足以下所有条件时，审计人员会出具无保留意见的审计报告：

- 企业的通用财务报表（例如，资产负债表、利润表和现金流量表）完善。
- 在审计委托业务的所有方面遵守了三个通用标准（足够的技术培训和熟练程度、独立的态度、应有的专业关注）。

- 已经有充分的审计证据支撑审计意见。
- 财务报表反映了企业所有的重要方面，并且依据适用的报告框架编制（在美国，最常见的就是公认会计原则）。这表明充分披露了财务报表信息。
- 审计报告中不存在需要另外强调的事项或其他条款。

带强调事项或其他事项的无保留意见的审计报告符合完整审计的标准，审计结果总体满意，财务报表公允披露。但根据专业标准，存在一些需引起财务报表使用者关注的重大事项，并且审计人员认为在审计报告中"强调"该事项并且该事项提供额外信息是很重要的。在审计报告中，一些更常见的强调事项或其他事项段的情形包括：

- 在会计政策（例如，公认会计原则）的使用上不一致。
- 对企业的持续经营能力产生重大疑虑。
- 存在重大不确定事项。例如，有关诉讼结果的决定性审计证据在审计时还不存在，但是可能会在未来的某个时间发生。
- 以可比的表格报告当期财务报表时需要改变以前期间的审计意见。
- 当以可比的表格出具财务报表报告时，未列示以前期间审计人员的报告。
- 其他酌定情况，可能包括影响被审计公司财务状况的重大灾难、与关联方之间的重大交易事项或不常见的重要的日后事项。

保留意见可以是下列任何一种：

- 当审计人员得出结论，认为财务报表存在重大（但不普遍）错报（例如，与 GAAP 之间存在重大差异），或者审计范围受到一些限制，无法获得足够且合适的审计证据，他就会发出保留意见。
- 当审计人员得出结论，认为财务报表存在重大错报（主要是违反了 GAAP 或存在重大差异），并且该错报的影响既重大又常见时，审计人员就会出具否定意见的审计报告。
- 当审计人员无法获得足够的审计证据且可能的影响是重大或常见的，审计人员就会出具拒绝表示意见的审计报告。拒绝表示意见表明审计人员对财务报表不发表任何的审计意见。

LOS §1.E.1.p

SOX 第 204 条要求进行审计的公共会计师事务所及时向审计委员会报告如下内容：

1. 所有已使用的关键会计政策和实务做法。

2. 在公认会计原则范围内对财务信息的所有替代处理。

3. 外部审计公司与管理层之间的其他书面通信材料，如管理当局的信函。

对内部控制的报告

如前所述，《萨班斯－奥克斯利法案》的 404 条款也要求外部审计人员对证券公开交易的发行人/企业的财务报告相关的内部控制的充分性提供证明并提交报告。

LOS §1.E.1.p **LOS** §1.E.1.q

PCAOB 第 5 号审计准则要求审计人员采取基于风险的方法来制定审计程序。审计人员还必须将审计扩大到组织的规模，并遵循其他规定的方法进行审计。此外，"审计准则第 5 号"就如何遵循 404 条款的要求实施审计程序，向

LOS §1.E.1.r **LOS** §1.E.1.s

外部审计人员提供了相关指导。它要求审计人员在履行其内部控制评估责任时，采用自上而下的风险评估（TDRA）方法。TDRA 是一种分级层次化方法，该方法应用具体的风险因子以确定在评估内部控制时所需要的工作范围（如需要测试的控制措施）和证据。

TDRA 方法从财务报表层次开始，同时审计师通过财务报告了解了内部控制的整体风险。TDRA 方法的六个步骤包括：

1. 识别和评估公司层面的控制。这些控制有助于确保与整个公司有关的管理层指令（例如，政策和程序手册、举报热线、行为准则）得以执行。

2. 识别重要账户或重大披露（例如，现金、存货账户）。

3. 识别与这些重要账户或重大披露相关的错报风险（例如，现金偷盗风险、存货过时的风险）。要做到这一点，要求审计人员确定该账户或信息披露是否重大，并对重大错报风险进行评级：低级、中级或高级。管理层要为每个重要账户/重大披露和风险制定一个确定了级别的控制目标列表。上述风险有可能在财务报表中对每一个控制目标引起重大错报的风险。

4. 确定哪些公司层面的内部控制可以充分地控制风险。

5. 确定哪些基于交易的控制可以弥补公司层面的控制失效。对每一种重大错报风险，审计师要明确可以将风险降至较低水平的控制措施（公司层面的控制措施或基于交易的控制措施）。

6. 基于第 4 步和第 5 步所作的评估，确定搜集证据和完成内部控制评价的性质、范围和所需要的测试时间。

TDRA 是一种原则导向的方法，它使审计人员能够灵活地设计控制测试的范围以及要执行的测试程序的性质、时间和范围。

公司治理和责任

介绍及组织结构

LOS §1.E.1.f

公司治理（corporate governance）是指公司用于管理和控制的制度。治理结构具体是指权利和职责在公司利益相关者（例如，董事会、经理人员、股东、债权人、监管机构和公司外部审计人员）之间的分配。治理结构进一步指明了公司事务决策制定的规则和程序。在考虑了公司经营所处的社会、监管和市场环境情况下，公司治理提供了建立和实现其目标的结构。治理还是监督组织行动、政策和决策的一种机制。

LOS §1.E.1.e

公司治理结构必须遵守联邦法律和州立法律。美国的每个州都有其自己的一套法律来规范公司治理。公司治理结构设计的基本框架旨在满足所在州和国家的法律。在公司成立前，它必须向所在州提供一些文件，其中包括公司的章程和公司规章制度。这些文件提供了关于公司计划治理结构的详细信息，同时界定了公司内部的层级结构，其中包含了权力沟通的方式和用来维持治理结构的流程。

LOS
§1.E.1.d

公司治理始于公司股东。股东选举产生董事会，然后董事会任命公司的高级管理人员，如首席执行官和首席财务官。设置董事会的主要目的在于监督和检查公司的经营。CEO 是董事会的代理人，负责公司的日常管理活动。制定企业决策的程序在公司章程中详细说明。

公司的组织结构、政策、目标和使命以及管理理念和风格，影响了控制环境的范围和有效性。组织结构定义了责任线和权力线。就权责划分及控制程序进行正式沟通对于让整个组织全面履行内部控制是十分重要的。

LOS
§1.E.1.c

管理层将组织资源划分成不同的职能，如财务管理、生产等等。责任分离形成组织结构，组织目标可以在这样的组织结构中得以实现。组织结构确定了组织的具体组成部分以及不同部分之间的运营和信息相互关系。最常见的对组织结构进行描绘的方法就是组织结构图。

组织结构的下一个层次将承担各个组成部分所应负责的关键决策。例如，总会计师负责确定公司将要使用的财务控制和会计原则，生产经理负责决定完成生产任务的最佳方式。

外部财务报表审计是另外一种公司治理机制。发行公共证券的公司必须进行外部财务报表审计，这种审计是独立会计师事务所对财务报表的外部审查。许多不发行公共证券的公司也每年进行一次外部审计。

董事会和审计委员会的责任

LOS
§1.E.1.d

董事会对企业的运营和结果负有最终责任。董事会负责设定运营的整体目标，这些目标可以指导如何设计和监控控制制度。董事会的主要职责就是确保公司的运营符合股东利益最大化原则。董事会承担制定公司政策的责任，并且聘任组织的高级管理人员，这些管理人员设定了组织的基调并负责管理日常事务。

对于那些具有内部审计职能部门的公司来说，内部审计可以通过验证控制程序的充分性和执行情况而为董事会提供保证。组织结构图应该显示审计总监直接向董事会下设的审计委员会报告。

审计委员会并不总是有效的。投资人已经因审计委员会缺乏独立性或缺乏财务专业知识未能发现财务报告问题而对其进行了指责。此外，假如首席执行官提拔了愿意随波逐流的同僚，审计委员会也缺乏有效的监督和制约能力。

LOS
§1.E.1.p

审计委员会需要具备熟练财务知识背景的独立董事。《萨班斯－奥克斯利法案》（SOX）要求审计委员会要完全由独立于组织的董事组成，这意味着委员会成员不能从组织接受任何与审计事务有关的咨询费、顾问费或其他报酬，或者与该组织或其分公司具有任何附属关系。此外，至少一名审计委员会成员必须具备证券交易委员会（SEC）和 SOX 法案第 407 项条款规定所认可的"财务专家"资格。

2002 年《萨班斯－奥克斯利法案》

SOX 法案共有四个部分与本次讨论有关：404、201、203、302。

SOX 法案的 404 条款要求上市公司建立一套内部控制制度并对其进行维护，然后由外部审计师进行审计。该法案要求企业高层（CEO 和 CFO）每年都要证明：管理层负责建立并保持对财务报告进行足够的内部控制，并且对这些内部控制措施进行检测并评估其有效性。该证明需在证券交易委员会（SEC）要求提交的财务报表附带报告中明确说明，同时这项声明中还必须包括内部控制测试中发现的重大缺陷或重大不合规问题的声明。此外，报告还必须提供外部审计人员对公司管理人员关于公司财务报告内部控制评估的声明。

第 201 条禁止注册会计师事务所提供一些非审计服务（例如，簿记和会计系统设计），但允许其在审计委员会的事先批准下提供其他非审计服务，包括税务服务。

第 203 部分只有一句话。要求企业至少 5 年更换一次主要审计合伙人（但是在一年后，他们可以重新应聘）。

最后，有时被称为 SOX "底线" 条款的第 302 条款，该条款要求注册企业的主要经理人员需要对其财务报告的准确性和完整性做出如下保证，否则将会受到惩罚：

1. 已经审阅了公司的财务报表。

2. 据掌握的情况，财务报表不包含重大不准确信息，并公允地反映了企业的财务状况。

3. 负责企业的内部控制。

4. 设计了足以确保财务报告完整性的内部控制制度。

5. 在报告的 90 天内对内部控制制度的有效性进行评估，并认定其有效性。

6. 已经向审计师和审计委员会披露内部控制制度的重大变化、所有已知欺诈事件和重大内部控制缺陷。

《反海外腐败法》

《反海外腐败法》（FCPA）禁止在美国境外从事商业活动的企业向外国政府行贿以获得合同或业务。

违反 FCPA 条款的公司和/或公司官员或董事会被处以刑事和民事处罚。刑事处罚允许最高处以 200 万美元的罚款以及最多 5 年的监禁。

每个受 FCPA 约束的证券发行人都必须保存准确反映其交易和资产处置情况的详细记录。此外，发行人还应设计和维护一个内部会计控制系统，该系统应能为以下方面提供合理的保证：

- 交易按照管理层的一般授权或具体授权来执行。
- 必要时记录交易，以便使得财务报表的编制符合公认会计原则（GAAP）或其他适用标准的要求，并维持资产受托责任。
- 只有获得管理层的一般授权或具体授权，才被允许接触资产。
- 在合理的时间间隔内将记录的资产与实有资产相比较，并采取适当的措施处理二者之间的差异。

这些目标应与具体的内部控制程序相关，以便有效地对控制进行评估。这些程序可能包括与完成并监督费用报告相关的要求，确定谁有权批准费用报告，以及获取现金和记录现金的使用。内部控制程序应当包含对费用报告总额与现金垫付额之间是否一致的日常核对。

证券交易委员会负责监督相关人员是否遵守 FCPA 的内部控制规定。

本节习题：
公司治理、风险与合规性

说明： 回答所提供的每一个问题，正确的答案和解释出现在本节习题之后。

1. 内部控制只能为实现实体控制目的提供合理的保证，因为：
   - ☐ **a.** 管理层监管内部控制。
   - ☐ **b.** 内部控制的成本不应超过其收益。
   - ☐ **c.** 董事会是积极且独立的。
   - ☐ **d.** 审计师的首要责任是发现欺诈行为。

2. 一家公司已经制定了政策，强调雇用有能力的人并为他们提供专业培训。这种做法与 COSO 内部控制框架的五个主要组成部分中的哪一个最符合？
   - ☐ **a.** 风险评估。
   - ☐ **b.** 控制环境。
   - ☐ **c.** 监控。
   - ☐ **d.** 信息和交流。

3. 以下都是美国《反海外腐败法》的内部控制规定，除了：
   - ☐ **a.** 交易的记录允许按照公认会计原则编制财务报表的方式进行。
   - ☐ **b.** 记录交易的方式应保持资产的问责制。
   - ☐ **c.** 管理层不允许同一家会计师事务所提供审计和税务合规性服务。
   - ☐ **d.** 只有根据管理层的一般授权或具体授权，才允许使用资产。

本节习题参考答案：
公司治理、风险与合规性

1. 内部控制只能为实现实体控制目的提供合理的保证，因为：
   - ☐ **a.** 管理层监管内部控制。
   - ☑ **b.** 内部控制的成本不应超过其收益。
   - ☐ **c.** 董事会是积极且独立的。
   - ☐ **d.** 审计师的首要责任是发现欺诈行为。

   在内部控制有效性和与之相关的成本之间总是有一种权衡。实施控制将提高质量和精确性，但有些控制只会稍微改进保证程度，也无法证明实施控制的相关成本增加是合理的。

2. 一家公司已经制定了政策，强调雇用有能力的人并为他们提供专业培训。这种做法与 COSO 内部控制框架的五个主要组成部分中的哪一个最符合？
   - ☐ **a.** 风险评估。
   - ☑ **b.** 控制环境。
   - ☐ **c.** 监控。
   - ☐ **d.** 信息和交流。

   公司制定政策，强调雇用有能力的人并为他们提供专业培训，这种做法与控制环境相一致。因为框架中的控制环境部分涉及公司的文化和对内部控制的态度，为了保持一个有效的控制环境，组织必须确保他们的员工是有能力的，并且他们能够有效地履行他们的职责。

3. 以下都是美国《反海外腐败法》的内部控制规定，除了：
   - ☐ **a.** 交易的记录允许按照公认会计的原则编制财务报表的方式进行。
   - ☐ **b.** 记录交易的方式应保持资产的问责制。
   - ☑ **c.** 管理层不允许同一家会计师事务所提供审计和税务合规性服务。
   - ☐ **d.** 只有根据管理层的一般授权或具体授权，才允许使用资产。

   要求管理层不允许同一家会计师事务所完成其审计和税务合规性服务并不是《反海外腐败法》（FCPA）的要求。《反海外腐败法》规定在海外经营的美国公司必须详细记录其交易和资产处置情况，以确保其没有为了获得业务而向外国政府行贿。

系统控制和安全防护措施

信息是任何公司的关键资产，内部控制必须保护这项资产。存储在计算机系统上的信息遭遇丢失或不准确的可能原因如下：

- 计算机或网络崩溃；
- 自然灾害或盗窃；
- 输入或应用程序出现人为错误；
- 对输入数据的篡改；
- 对记录或程序的故意更改；
- 破坏；
- 软件缺陷；
- 计算机病毒和蠕虫；
- 特洛伊木马程序和其他计算机系统威胁。

媒体报道中有关电脑黑客攻击导致信息被盗或其他损害的内容几乎已经成为家常便饭。计算机黑客攻击不仅发生在相对简单的系统中，而且还发生在被认为具有最高安全级别的系统中。云计算似乎可以进一步增加数据被窃取或损害的风险。

公司在建立内部控制以防止或最小化敏感信息资产损失时必须考虑这些风险。系统控制增强了系统输入、处理、输出和存储功能的准确性、有效性、安全性、保密性和适应性。

本章节讨论与信息系统相关的风险以及公司可以落实到位以降低这些风险的控制措施，包括组织控制、人事政策控制和系统开发控制。本章描述了组织可以实施的一些网络、硬件和设备控制，用于帮助防止业务信息丢失并确保系统发生故障时能够继续操作的策略；以及纳入计算机系统和人工操作流程的会计控制措施。最后，该章节着眼于使用流程图来评估控制和识别差距。

请先**阅读**附录 A 中列举的本节考试大纲（LOS），再来学习本节的概念和计算方法，确保您了解 CMA 考试将要考核的内容。

常用的信息系统控制措施

信息系统通常分为两大功能：财务会计信息系统和运营信息系统。

1. 财务会计信息系统为管理人员生成企业的财务报表、预算和成本报告。

2. 运营信息系统收集与各种业务活动有关的信息并为管理人员生成报告。

通过内部控制来维护信息系统的可靠性和完整性对于管理层的决策过程而言至关重要。保护信息系统及其数据库中的信息对于企业能否生成准确可靠的财务报告以及管理人员用于制定决策的运营报告而言至关重要。

信息系统控制措施由通用控制和应用控制组成。通用控制（也称为普适控制）是与计算机、技术或信息技术（IT）功能相关的控制。它们包括：

- 组织、人员和运营控制；
- 系统开发控制；
- 网络、硬件和设备控制；
- 备份和灾难恢复控制；
- 会计控制。

在企业中，通用系统控制包括信息系统的计划以及应用于系统操作的方法和程序。作为有效的应用程序控制的基础，通用控制对于保护信息系统至关重要。

应用控制由输入控制、流程控制和输出控制组成。在本章节后面部分中有关会计控制的讨论中将更详细地介绍这些控制。在所有的控制措施中，控制环境对于信息系统控制措施的有效性起着关键作用。管理层和董事会监督系统控制的行为和作出的有关信息系统的决定都是向公司的其他人发出明确的信号。

与信息系统相关的风险

在公司运营中，计算机和网络呈现出针对其性质而言的风险：

- 审计线索不那么明显，因为计算机减少或者消除了审计师用来追踪会计信息的源文件和记录。为了将输出信息与硬件拷贝数据进行比较，必须使用其他控制措施来取代传统功能。
- 硬件或软件可能发生故障。
- 由于人工参与度的降低，人工很难识别出那些尚未通过软件设计来识别的错误。
- 由于程序设计中存在缺陷，可能会发生系统错误。
- 未经授权的用户可能会意外更改或删除数据。
- 系统可能会遭受恶意代码的破坏。
- 传统上一些职能会由于某些控制机制的实施而被分开，但如果系统允许这些职能更容易互相接触，那么职责分离可能会减少。
- 当交易自动开启时，可能缺乏传统的授权。
- 信息丢失和欺诈是需要重点关注的风险。这可能会导致业务中断而产生重大损失或错误，被盗的个人信息会给公司带来巨大的公共关系风险和财务风险，信息系统的内部和外部都可能发生威胁。信息系统的内部威胁可能来自系统人员，包括计算机维护人员、程序员、计算机操作员、计算机和信息系统管理员以及数据管理员。信息系统的外部威胁可能来自入侵者。损失可能来自输入操纵、程序更改、直接更改文件、数据盗窃和破坏等。

- 输入操纵需要的技术技能最少，是最常见的威胁。输入操纵的常见例子是侵入一个网站，窃取信用卡号码，或者数据处理员工改变辅助性的文件，并将不准确的信息输入计算机系统。

- 更改程序需要编程技能，并且可能是计算机欺诈行为中的最不常用的方法。黑客可以使用"天窗"来绕过系统正常的防护措施，从而进入计算机程序中。然后，黑客就可以进行未经授权的程序更改，例如将钱转移到他或她创建的账户中。拥有良好内部控制系统的公司可以通过仔细检查、测试、批准以及在所有的程序变更实施之前将其写入日志等方法，防止此类欺诈行为出现。

- 在某些情况下，黑客找到了破坏正常的数据输入过程的方法。在这类直接更改文件的行为中，使用特殊的软件工具可以直接修改文件或数据库。通过对文件和数据库设置访问限制和加密，可以轻而易举地阻止直接更改文件这类行为的发生。

- 数据盗窃欺诈行为很难被发现，因为此类行为通常都是由可信任的员工实施的，这些员工拥有数据访问权限。在竞争激烈的行业中，很多企业都在不断寻求有关竞争对手的定量和定性的信息。

- 破坏行为是指故意通过颠覆、阻挠、中断或破坏等来削弱组织的行为。破坏行为通常都是由对企业怀有不满情绪或近期刚被解雇的员工实施，他们的破坏行为是为了中断运营并销毁软件和电子文件。

- 网络钓鱼是指企业使用电子通信手段，试图通过假装成可信赖的实体企业来获取敏感信息（用户名、密码、信用卡详情以及金钱等）。这些通信手段通常会引导用户在一个虚假的网站上输入详细信息。这些虚假网站看上去与合法网站类似，但包含着转向其他受恶意软件（破坏计算机操作或创建计算机系统访问权的软件）感染的网站的链接。网络钓鱼对公司和/或其员工所造成损害包括从拒绝电子邮件访问一直上升到重大财务损失。

- 勒索软件病毒是一种阻止对受害者的数据进行访问的恶意软件。如果不支付赎金，它就会威胁删除或公开这些数据。

组织控制和人事政策

一些通用的信息系统控制包括适用于职责结构和系统使用的人事政策。

职责和职能分离

　　信息技术（IT）职责和职能的分离始于 IT 部门与企业其他部门的分离。IT 主管或首席信息官（CIO）都应该向公司首席执行官（CEO）报告。IT 属于整个企业，而不属于任何一个职能部门。图表 1E－1 解释了适用于 IT 功能的职责分离。

图表 1E－1　职责分离

部门/职能	角色或职责	
IT	流程、存储、传播信息和数据	
IT 部门（功能）内部	分离的职责： ● **系统开发**：选择或开发软件的应用程序员和分析人员 ● **系统运行**：计算机操作员和输入/输出功能 ● **系统技术支持**： 　● 数据库管理员 　● 网络管理员：所有数据通信硬件和软件以及它们的使用 　● 安全管理员：用户访问的分配和控制 　● 系统程序员：用于操作和库系统；系统应用，例如排序、合并、编译器和转换器	明确界定了与会计和操作子系统有关的责任，以确保职责的适当分离 信息和数据只属于用户
系统用户	数据输入和事项的日常处理	

　　对主文件或交易文件进行的任何更改，在实施更改之前，应该得到合适的会计人员的授权。许多公司都制定了控制政策，要求提交变更请求表格，以便记录有关变更起因的信息，这些信息包括日期和主管的批准。某些系统可能会提供请求更改文件的日志。

　　每个应用程序应包含跟踪程序更改和控制对应用程序生产版本访问的功能。控制措施还应该包括对程序的维护和修正的监督审查。

休假规则

　　许多欺诈方案需要罪犯持续采取行动，而且这些罪犯需要操纵或篡改账户以防止欺诈行为被发现。出于这个原因，许多公司要求某些职位的人员休假，以帮助公司监测这样的或相似类型的欺诈活动。

计算机访问控制

　　企业应该只允许已批准的用户访问系统。管理员可以控制个人用户的权利，以及他们对系统内信息的访问权限。系统使用情况可以通过一天中的时间、访问持续时间和访问位置进行跟踪。这样的跟踪为管理员提供了有关系统异常访问或异常使用情况的信息。

系统开发控制

　　系统开发控制从建立一套适当的系统开发标准开始，其内容包括了系统开发生命周期的各个阶段：分析、设计、实施和维护。新的计算机系统或程序的设计、开发和实现应该受到严格的控制，以确保系统的可靠性和数据的完整性。

　　计划购买或开发大型计算机系统的公司通常召集一个团队来监督新系统的设计、开发（或选择）以及实施。该团队应由信息系统部门的员工以及管理者和最终用户组成。

　　为了支持职责分离，应将参与开发、安装和测试新信息系统的审计人员排除在对会计系统及其相关职能领域进行审计的团队之外。

分析

　　分析的目的是双重的：理解系统并制定适当的设计规范。团队成员应该研究当前系统的功能，确定当前系统确实未能满足的需求，并确定新系统必须或应该具备的其他功能。

设计

　　设计由一般设计（概念设计）和详细设计（物理设计）组成。详细设计可能涉及软件选择或软件开发。软件选择包括购买软件并按原方式使用或修改软件（如果软件供应商允许进行修改）以适应企业需求。在开发开始之前，必须详细地记录系统规范，团队中要有来自公司不同领域的人员，这样有助于确保将新系统的设计与可用性、恰当的报告功能和内部控制结合起来。

原型

　　大多数开发项目都包括创建一个原型来显示界面设计和一般特征。在原型阶段，更改通常都会发生。这是因为对一个接近完成的系统或程序进行更改的代价是巨大的。

编程/开发

　　在开发阶段，控制策略应确保没有任何程序员或系统分析员负责设计或开发整个信息系统。新计算机系统或程序的设计、开发和实施应受到严格控制，以确保系统的可靠性和数据的完整性。

质量保证

　　质量保证程序要求用真实的数据来测试新系统，以确保其按预期运行并与现有程序和硬件兼容。

在整个系统测试之前，需要用*模块化测试*来检测系统的各个模块，以确定它们是否正在正确地运行。

系统的最终用户测试通常包括试点测试和并行测试。*试点测试*，也称为*贝塔测试*，是从企业中选择一个小组来对系统进行初始测试，而企业其余大多数部门和员工仍在继续使用旧版软件。试点测试在编程完成并且系统准备用于生产时进行。最终用户的这种测试旨在识别系统错误和可用性问题。*并行测试*是在旧系统和新系统上输入和处理相同的信息并比较输出结果。

测试成功后，对使用新系统的个人用户进行员工培训有助于确保成功实施。如果用户认可新系统，应由用户中的管理人员在文件上签署同意接受的意见并记录在案。

实施

系统一旦经过测试、认可并批准发布，编程人员会将数据从旧系统转换到新系统，并将系统文件和文档提供给系统管理员进行发布。

维护

系统维护包括了随时监控系统，以确保其在所期望的水平上运行。版本控制软件用来跟踪所有程序的更改和维护。系统维护和升级通常安排在非高峰时段。

网络、硬件和设备控制

为了保护系统中的信息，控制措施必须安排到位以保护存储信息的硬件和设备。

设备和硬件控制

保护系统和信息资产从控制对建筑物的访问开始。建筑物内的数据中心应该远离公共场所。只向经过专门授权的人员赋予访问权限。许多数据中心使用个人密钥代码或生物识别技术来控制设备入口。除了防止数据中心未经授权人员进入以外，计算机设备还必须受到保护，以避免受环境威胁，如火灾和洪水以及人为破坏或攻击。还需要注意环境控制，包括空调和湿度控制。

应该使用电涌保护器和备用电源来保护计算机设备免受电涌和停电。应设计该系统及其支持网络以在业务量高峰期间能够进行相应处理。另外，备用的组件应该落实到位，以便在硬件发生故障时系统可以切换到备份设备上。

最后，控制必须拓展到个人用户。软件控制可能要求用户使用保密程度高的密码并经常更改。但是，用户必须负责保护他们的设备及其上面的信息。随着笔记本电脑、平板电脑和智能手机的使用量不断增长，这一点也就尤为重要。

网络控制

网络控制的目标是让得到授权的员工能够访问和使用公司的数据和程序。但是，如果控制政策和程序没有设计合理并得以严格执行，则公司内部或外部未经授权的人员就有可能对其进行访问并更改关键信息。

即使最小的组织也可能使用局域网（LANs）（有线或无线）来共享数据、应用程序和其他网络资源。

较大的企业可以实施广域网（WAN），这是一个在广阔的地理区域内连接多个局域网的私人网络。许多企业还使用虚拟私人网络（VPNs），虚拟私人网络允许通过公共或共享网络设施（包括互联网）来进行安全通信。

互联网给计算机系统造成了在私人网络上不会存在的风险。因为黑客数量增加且黑客的攻击变得更加复杂，未经授权访问的风险所带来的威胁在增加。互联网还将系统暴露给恶意软件（病毒、蠕虫、间谍软件、垃圾邮件和特洛伊木马等）。云计算已经变得非常流行，但它可能会增加公司数据被盗或受到破坏的风险。

从密码开始，企业就必须使用各种控制措施来保护他们的系统和数据。基于软件的访问控制措施允许系统管理员管理访问权限。许多企业还对数据进行了加密，以便使那些未经授权的用户即使绕过了第一级控制也无法读取、更改、添加或删除数据。

数据加密和传输

数据加密

数据加密就是将数据从易读的本地语言转换为只能由具有正确解密密钥的人员才能读取的代码。数据在输入或传输阶段进行编码，然后由授权接收它们的人解读并输出内容。其他控制措施被设计用来降低拦截风险，并检测数据传输中的错误或变更，这些措施包括路由验证和消息确认。

路由验证

路由验证程序可以确保将信息发送到正确的计算机地址。通过网络传输的交易信息包含标识其目的地的标题标签。收到交易信息后，发送系统会验证接收计算机的身份是否与交易的目标代码相匹配。路由验证由双重传输和回声检查来协助进行。回声检查是通过已收到数据的接收节点进行的一种验证。

消息确认

消息确认程序需要一个预告信息，接收计算机可以用预告信息来验证整个传输信息是否已收到。接收计算机向发送计算机发送成功完成传输的信号。如果接收计算机检测到错误，则重新发送数据。

病毒防范和防火墙

必须保护网络信息免受破坏和入侵者的侵害。防病毒软件会扫描文件以检测出病毒和其他恶意代码。许多企业都制定了政策来禁止员工安装任何未经信息系统部门批准的程序。在其他系统中，最终用户不得安装任何新的软件或更新软件。安装和更新软件只能由 IT 人员执行。

防火墙——一种硬件和软件的组合体，用于防止未经授权的互联网访问。在企业网络中，防火墙可用于防止未经授权就对特定系统（如存储工资单或员工信息的系统）进行访问。建议企业使用多个防火墙来提高安全性。

防火墙系统中可以包含多个控制措施或控制措施警报。如果用户输入密码错误次数超过了规定数量，那么防火墙就会自动断开连接。变更控制软件提供了一种审计跟踪方法，可以显示对文件进行的所有更改的来源。网络或防火墙软件也可以生成一个网络控制日志，该日志列出了所有发往或来自计算机的信息传输。此日志可以识别出错误来源或未经授权的访问企图。

入侵检测系统

如果有人未经授权访问公司的网络，那么入侵检测系统将分析该网络活动是否存在异常或未经授权的活动，并且集中保留安全事件的日志，日志包括：来自服务器和工作站的事件日志以及提供有关安全漏洞的警报。事件日志也可以用来检测来自内部的误用情况。

业务连续性计划

业务连续性计划（BCP）是一种识别企业所面临的内部和外部威胁的策略，它将其关键资源和资产集中在一起，对其加以保护并确保在发生重大不利事件或灾难时企业能够持续运行和有效恢复。

作为 BCP 流程和其发展的一部分，企业实施控制策略和程序以防止重要的业务信息丢失，并使企业在面临重大系统故障或设施破坏时能够继续运营。两个级别的策略和程序必须建立以防范此类事件发生：数据备份和灾难恢复。

数据备份的策略和流程

数据备份的策略和程序可以确保恢复由于恶意软件、自然灾害、硬件故障、盗窃、删除和软件故障等事故发生而丢失的数据。大多数公司每天在业务量较为轻松的时间段内对所有网络文件进行备份。数据备份通常是将文件拷贝到磁带或其他离线媒介上，这些离线媒介可能在数据处理中心或其他企业现场以外的地方。非现场存储更受青睐，因为一旦发生影响数据中心的灾难时，这些数据还可以进行恢复。备份文件也可以通过电子方式传送到场外地点，这被称为电子链接。

许多公司制定了一个称为祖父—父亲—儿子（GFS）法的流程。采用这种方法，最近三代（例如几天）的备份文件始终受到保护。如果数据丢失或被更改，那么可以从最近"清除"的备份文件中进行恢复。

采用主文件和交易文件的公司可能会使用检查点程序，该程序在一天中每隔一段时间就会运行一次，并且方便系统从故障中恢复。在检查点程序运行的过程中，网络系统暂时不会接受任何新的交易信息，直到该程序完成了更新上一个检查点之后录入的所有交易信息，并生成了所有数据的备份副本。如果系统发生故障，可以使用上一个检查点的数据重新启动系统。

控制政策还应提供有关系统配置的备份。如果在从存储磁带中恢复备份文件之前，必须要对网络进行重新格式化，并将其重新配置为之前的状态，公司会消耗大量时间。

灾难恢复策略与程序

灾难恢复计划旨在使企业在扰乱正常业务运营的紧急情况（如自然灾害）发生时，依然继续经营业务。这样一个计划应该确定业务团队所有成员的角色，包括实施过程中的一个主要领导者和另一个备用领导者。

该计划应指定备用计算机运行的备份站点。该站点可能是该企业拥有的另一个地点，或者是企业租用的其他地点。

热站或双重系统是一个包含一套系统的地点，这套系统像企业的生产系统一样配置。该系统与常规系统同时运行，主系统出现故障就会自动切换到备份系统。暖站是一个备份站点，具有可用的硬件和软件，并且可以在短时间内运行。冷站是公司可以在短时间内安装设备、配备人员并使用备份文件开始业务运营的地点。如果冷站是指定的恢复地点，那么企业必须对获得与已损坏系统的配置相匹配的计算机设备做出额外的安排。

业务连续性/灾难恢复计划应根据需要进行测试、记录、审查和更新。所有相关人员必须接受有关这些程序的全面培训。

会计控制

会计系统应包含易于检测所记录数据可靠性的控制措施。会计系统实施的控制措施包括以下几种类型：

批量总数——输入人员按批次报告所有交易的总笔数或所记录的交易总金额。该金额列示在这组交易文件的封面上。

控制账户——这种控制措施只允许被授权人员进入系统中的特定账户。例如，工资部门的人员不应该访问不涉及工资信息的账户。

核销/取消——这种控制措施包括在付款后合理地核销或取消发票和支持文件。

反馈控制——反馈控制提供有关系统性能方面的信息。诊断反馈包括书面形式或口头形式的报告，也可能是自动生成的反馈信息。无论如何，反馈意见都必须迅速提供，以便及时采取纠正措施。所有的监控控制本质上都是反馈控制，因为监控控制的目的就在于：通过收集、分析和报告数据来确定所有其他控制措施是否成功。

前馈预防性控制——前馈控制根据当前行为或状态来预测未来事件并防止潜在问题发生。与反馈控制相比，这类控制并不那么常见且管理起来比较复杂。设置紧急情况下的场外区域是前馈预防控制的一个例子。

应用控制和交易控制

应用控制和交易控制旨在防止、检测和纠正会计系统处理交易时的错误和违规行为。应用控制可以分为三类：输入控制、处理控制和输出控制。应用控制的目的是提供合理的保证，确保所有处理都是经过授权的、完整的和及时的。

输入控制

输入控制旨在为输入到系统中的数据或交易提供检查和结算的系统。输入控制旨在预防或检查数据在输入计算机系统时的错误。这种数据输入经常牵涉到将交易数据转换为机器可读格式。这些控制程序能够及时纠正错误，有助于确保报告数据的准确性和可靠性。

在手动方法里，用于提高输入准确度的方法有：

- 批次控制。包括批次编号、记录数目、控制总和和散列总和（计算非重要的数字的总和，例如客户编号，用于检测某个批次中的删除或插入）。
- 审批机制。
- 双重观察，在输入前审查数据。
- 监督程序，在输入前确认员工所收集数据的准确性。

精心设计的源文件是一种重要的输入控制。所设置的输入形式应便于准确输入。许多会计系统包含内置的编辑测试，例如会计输入控制，在系统接受日记账分录之前要求借贷双方金额相等。在交易作为更新文件添加到主文件中之前，应该对所有交易进行完整的编辑检查。

其他输入控制程序包括冗余数据检查、未发现记录测试、预期检查、预格式化屏幕、交互式编辑和校验数位。图表1E-2解释了这些控制程序。

图表 1E-2　输入控制

输入控制程序	描述	例子
冗余数据检查	对事务记录中的重复数据进行编码，使后续的处理测试能够比较两个数据项的兼容性	杂货店系统可以将产品上的条形码和最初的产品描述进行比较。如果二者不匹配，则生成例外报告
未发现记录测试（也称为有效性测试或主文件检查）	任何没有主文件的交易将被拒绝	1. 实时处理：文件中的数据随着每项交易信息的输入而实时更新 2. 批处理：系统每天收集数据，然后一起处理这组交易；操作员必须一直等到新信息出现在文件中再向批处理系统输入信息
预期检查	依赖性检查或一致性检查，其目的在于查找某两个项目或两种情况之间的关系	系统可以检查向非营利组织或政府销售时不包括销售税
预格式化屏幕	指在只有某些选项可用的情况下，具有逻辑内容分组和预设格式的"强制选择"。可提高数据输入的效率和准确性	准备销售发票，可选择应税或不应税
交互式编辑	输入数据时会执行，以检查特定字段中的数据是否符合指定的要求	• 字符检查：特定字段中的字符必须是字母、数字或某个特定符号 • 完整性检查：所有需要填写字符的字段都已经填满 • 上下限、取值范围或合理性检查：字段中的数值既不能太大也不能太小，并且在合理范围之内
校验数字	是基于对运营中所有数字所执行的运算（如求和）	账号是 5678，则其数值之和将是 26（5+6+7+8=26）。校验数字是求出总和数值的最后一位，在本例中为 6

处理控制

　　处理控制是在数据输入之后，系统对数据的处理。处理控制通常与输入控制和输出控制相互依赖。它们涉及编辑或者重新登录数据以及校正错误。处理控制包括运行到运行（run-to-run）的总计。这种总计有助于确保上一个应用程序的输出与下一个应用程序的输入完全一致，其中下一个应用程序的输入来自上一个应用程序的输出。例如，现金支付的输出等于应付凭单系统的输入。除了对于处理支票过程中计算机的批次控制之外，这个"总计"没有任何意义。典型的处理控制汇总在图表 1E-3 中。

图表1E-3 处理控制综述

处理控制	描述	例子
机械化	机械处理可以提供一致性	使用计算器合计现金存款
标准化	为所有的处理操作开发出一致的程序	使用科目表来识别每个账户正确的借方和贷方科目
默认选项	为某些空白的输入项事先设定可自动选用的默认数值	每周自动支付员工40小时的薪资
批次平衡	将实际处理的项目或文件与预先控制的总量进行比较	出纳员平衡存款票以控制现金汇款的总数
运行到运行总计	将上一流程的输出控制总计作为接下来的处理流程的输入控制总计。控制总计将一段时间内的一系列过程链接起来	期初应收账款余额减去当前回款额，加上当期新增采购金额，应等于期末应收账款余额
余额平衡	测试两组等效项目的数值是否相等或测试一组数据与控制总额之间是否相等的程序	应付账款明细分类账中的余额应等于总分类账控制账户的余额
匹配	此测试是将不同来源的两组数据进行比较，以控制交易处理	负责应付账款的职员需要将供应商发票与收货报告和采购订单进行匹配
清算账户	处理独立的等价值项目应产生零值	在所有员工已将当周的工资支票兑现后，预付支票应该是零余额
备忘录	此类控制文件由按日期排序的项目组成，以便处理或后续跟进	为收到的发票创建一个备忘录文件，并按到期日期归档
冗余处理	这包括重复处理并比较每次的结果是否相等	两名职员分别计算工资总额和每个员工的实付工资，并比较两次计算结果是否相等
尾部标记	提供一个控制总额，与已处理记录的累计数或累计值相比较	应收账款文件的最后记录可以是尾部标记信息，它包含该文件中记录的数目
自动纠错	该控制会自动纠正交易中的错误或记录违反检测性控制的交易	当客户超额付款时，系统会自动发送信用备忘录

输出控制

输出控制旨在检查输入和处理结果是否准确并且有效输出。输出结果包括数据文件和计算机处理完成后生成的报告。需要两种类型的输出控制来确保信息的准确性和有效性：用于验证处理结果的控制和用于规范输出结果的分发和处置的控制。

用于验证处理结果的控制——会计系统输出结果的有效性、准确性和完整性可通过活动报告进行验证，活动报告提供了有关主文件更改的所有详细信息。文件更改可以跟踪引发更改的事件或文档，并验证其准确性。如果因为交易量过大使得采用活动报告进行验证的方式不切实际，那么可以使用例外报告来显示对文件所进行的重大更改。

　　规范输出结果分发的控制措施——来自计算机的打印版或电子版输出结果也必须要有控制措施。表格控制可以用于打印版输出结果，还可以对由谁来分发、存储和处理材料以及如何完成这些事情等进行控制。电子版输出结果的分发方面也必须进行适当的控制，包括对文档设置密码保护、加密、控制分发列表和设置访问限制。

　　具体的输出控制措施描述在图表 1E－4 中。

图表 1E－4　具体的输出控制综述

具体的输出控制	描述	例子
对账	此过程旨在分析明细文件和控制总额数值之间的差异，以识别出错误	每月都要将支票账户余额与银行对账单进行核对
时效	此过程通常是根据交易日期来识别文件中未处理的项目或保留的项目，并根据各种日期范围对项目进行分类	报告可以按时间识别拖欠账户，拖欠时间可以是 30 天以内、60 天以内、90 天以内或更长时间
暂时性文件	该文件包含需要进一步操作的未处理或已部分处理的项目	等待收货的延期交付原材料订单文件
暂时性账户	这是需要进一步处理的项目的控制总额	应付账款明细分类账的总额应该等于总分类账控制账户总额
定期审计	这些文件或流程要进行定期检查以检测企业是否存在控制问题	企业可以向客户和供应商发送确认信息以验证账户余额
差异性报告	该报告列示了违反控制措施并需要进一步调查的项目清单	超过加班时间上限的员工名单

流程图评估控制

　　若要记录一个企业的信息系统和相关控制程序，通常采用流程图最为有效。流程图可以直观地描述从开始交易到存储数据整个过程中的交易流程。对企业系统进行图表化转换的过程，可以帮助识别控制措施中的差距或不足。

　　流程图不仅可以用于汇总内部审计人员关于流程方面的信息，而且可以帮助设计、开发和实施新的会计信息系统或新的控制程序。

　　标准流程图符号被美国国家标准协会（ANSI）和国际标准化组织（ISO）认可。图表 1E－5 中显示了一些流程图中的基本符号。

图表 1E-5 流程图符号

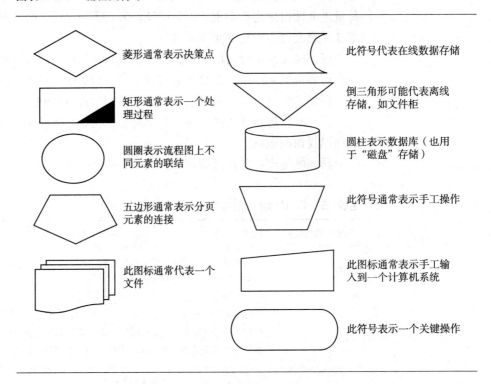

因此，内部审计师交易过程的流程图与图表 1E-6 所示的类似。

图表 1E-6 交易流程的流程图

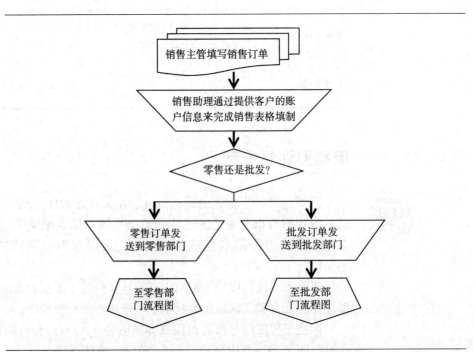

一些计算机程序能够自动创建有关程序功能和过程的流程图。

　　流程图可以帮助审计人员和管理层分析一系列内部控制措施以发现其中的优缺点，并据此开发出所需要的新的控制措施。对流程图的分析开始于确定系统是否按照流程图所描述的情况来实际运行。例如，零售订单实际上是否按照流程图的要求进行处理，或者是否存在未在图表中识别出来的介于两个步骤之间的其他步骤？在每一个控制点，审计师都应该询问："是否由有资格的人实施了充分的监督？"例如，在图表 1E – 6 中，交易订单由两个不同的操作员输入，因此管理层可能想要考察，是否可以通过将所有订单交给同一个输入区来提高效率，然后向零售和批发部门提供与它们有关的交易报告。

　　流程图最终可用于描述任何流程，以说明不同数据元素之间的关系，或描述单个文件在整个流程中的流转关系。

本节习题：
系统控制和安全防护措施

说明： 回答所提供的每一个问题，正确的答案和解释出现在本节习题之后。

1. 通过使用一种算法对电子数据进行编码使未经授权的个人无法读取信息，这可以被确定为是：
   - ☐ **a.** 防火墙。
   - ☐ **b.** 蠕虫。
   - ☐ **c.** 病毒。
   - ☐ **d.** 加密。

2. 处理控制有助于提供合理的保证以确保
   - ☐ **a.** 数据被正确地输入计算机系统。
   - ☐ **b.** 只有经过授权的用户可以访问完全的数据内容。
   - ☐ **c.** 适当的计算机程序用来计算数据。
   - ☐ **d.** 完成的数据产品按计划可用。

3. 为了保持竞争力和更好地响应客户，公司通过主机将内部计算机网络连接到外部网络。这种做法的一个重大风险是：
   - ☐ **a.** 上传的文件可能无法正确编辑。
   - ☐ **b.** 下载到个人电脑的数据可能不够及时。
   - ☐ **c.** 病毒可能侵入公司的一个或多个系统。
   - ☐ **d.** 个人电脑上的软件维护可能变得更加昂贵。

本节习题参考答案：
系统控制和安全防护措施

1. 通过使用一种算法对电子数据进行编码使未经授权的个人无法读取信息，这可以被确定为是：
   - ☐ **a.** 防火墙。
   - ☐ **b.** 蠕虫。
   - ☐ **c.** 病毒。
   - ☑ **d.** 加密。

   加密可以帮助保护通过组织网络传输的数据的安全。加密转换数据，因此数据以不可读的格式发送。

2. 处理控制有助于提供合理的保证以确保
   - ☐ **a.** 数据被正确地输入计算机系统。
   - ☐ **b.** 只有经过授权的用户可以访问完全的数据内容。
   - ☑ **c.** 适当的计算机程序用来计算数据。
   - ☐ **d.** 完成的数据产品按计划可用。

   处理控制为使用适当的计算机程序进行数据计算提供了合理的保证。处理控制包括组织的信息系统如何将数据转换为对组织信息管理者和其他用户有用的信息。

3. 为了保持竞争力和更好地响应客户，公司通过主机将内部计算机网络连接到外部网络。这种做法的一个重大风险是：
   - ☐ **a.** 上传的文件可能无法正确编辑。
   - ☐ **b.** 下载到个人电脑的数据可能不够及时。
   - ☑ **c.** 病毒可能侵入公司的一个或多个系统。
   - ☐ **d.** 个人电脑上的软件维护可能变得更加昂贵。

   病毒可能进入一个或多个公司系统是这种做法的重大风险。尽管公司可以采取措施来降低这种风险，但将内部网络连接到外部网络会带来未经授权的黑客攻击、恶意软件和病毒的风险。

说明：下述样题旨在模拟考试真题。认真审题并将答案写在答题纸上。参考书后"每章实战练习参考答案"检验答题结果，并巩固完善。更多实战练习，请访问 www. wileycma. com "在线测试题库"。

样题 1E1 – CQ01

考查内容：公司治理、风险与合规性

一家公司正在构建一项风险分析，以量化其数据中心所面临各种威胁的程度。扣除保险赔款后，下面哪种情形具有最高的年度损失？

	威胁发生的频率（以年记）	损失金额	保险保障率（%）
☐ **a.**	1	15 000 美元	85
☐ **b.**	8	75 000 美元	80
☐ **c.**	20	200 000 美元	80
☐ **d.**	100	400 000 美元	50

样题 1E1 – AT12

考查内容：公司治理、风险与合规性

当销售部门的管理者有机会凌驾于会计部门的内部控制制度之上时，以下哪项存在弱点？

- ☐ **a.** 风险管理。
- ☐ **b.** 信息与交流。
- ☐ **c.** 监控。
- ☐ **d.** 控制环境。

样题 1E1 – AT04

考查内容：公司治理、风险与合规性

在有效的内部控制制度内，职责分离是一个基本理念。不过，内部审计人员必须意识到，职责分离可能因为以下哪项因素而遭到削弱：

- ☐ **a.** 缺乏培训的员工。
- ☐ **b.** 员工间的共谋。
- ☐ **c.** 不定期的员工审查。
- ☐ **d.** 内部审计的缺失。

样题 1E1 – AT05

考查内容：公司治理、风险与合规性

某公司的管理层担心计算机数据遭到窃听，想要信息传输完全保密，则该公司应采用：

☐ **a.** 数据加密。

☐ **b.** 反呼叫系统。

☐ **c.** 信息确认程序。

☐ **d.** 密码规则。

样题 1E1 – AT08

考查内容：公司治理、风险与合规性

预防性控制：

☐ **a.** 与检测性控制相比，预防性控制往往更具成本效益。

☐ **b.** 与检测性控制相比，预防性控制的使用成本往往更高。

☐ **c.** 仅适用于通用会计控制。

☐ **d.** 仅适用于会计交易控制。

样题 1E1 – AT10

考查内容：公司治理、风险与合规性

以下哪项**不是** 1977 年出版的《反海外腐败法》对公司内部控制制度的要求？

☐ **a.** 管理层必须每年评估公司内部控制制度的有效性。

☐ **b.** 交易根据管理层的一般授权或具体授权来执行。

☐ **c.** 根据需要做好交易记录，（1）从而使财务报表的编制符合公认会计原则（GAAP）或任何其他适用标准的要求，（2）并维持资产的托管责任。

☐ **d.** 将记录的资产与实有资产相比较，并采取适当的措施处理二者之间的任何差异。

样题 1E2 – AT11

考查内容：系统控制和安全防护措施

保护主文件不被遗失或损坏，想利用祖父—父亲—儿子原则进行文件存储，则以下哪一项最有可能削弱这一原则的效用？

☐ **a.** 使用磁带。

☐ **b.** 通风不佳。

☐ **c.** 将所有文件储存在一个地方。

☐ **d.** 数据加密无效。

样题 1E2 – AT12
考查内容：系统控制和安全防护措施

在将新客户账单地址录入到艾米公司计算机数据库中时，一位职员错误地输入了一个不存在的邮编。结果，第一个月邮寄给该新客户的账单被退回到艾米公司。以下哪项控制**最**有可能在向数据库中输入地址时立刻发现这个错误？

- ☐ **a.** 上下限校验。
- ☐ **b.** 有效性校验。
- ☐ **c.** 奇偶校验。
- ☐ **d.** 记录数目校验。

样题 1E2 – AT07
考查内容：系统控制和安全防护措施

在信息系统职能的组织中，**最**重要的职责分离是：

- ☐ **a.** 确保负责为系统编程的人员无权进行数据处理操作。
- ☐ **b.** 不允许数据库管理员在数据处理操作中提供帮助。
- ☐ **c.** 维护公用程序的编程人员要与维护应用程序的编程人员不同。
- ☐ **d.** 有一个独立的部门专门负责交易准备并验证交易输入正确与否。

样题 1E2 – AT01
考查内容：系统控制和安全防护措施

会计控制关注于资产保护以及财务记录的可靠性。因此，这些会计控制可为以下选项提供合理的保证，**除了**：

- ☐ **a.** 根据管理层的一般授权或具体授权来执行交易。
- ☐ **b.** 定期比较记录的资产与现存资产，并恰当处理二者间的差异。
- ☐ **c.** 在必要时记录交易，以便财务报表的编制符合公认会计原则（GAAP）的要求，并且可以维持资产托管责任。
- ☐ **d.** 遵守方法和程序能确保营运效率并符合管理政策的要求。

样题 1E2 – AT05
考查内容：系统控制和安全防护措施

灾难恢复计划或业务连续性的一个关键方面是尽快恢复运营能力。为实现这一目标，公司可以同计算机硬件供应商达成一项协议，以使组织随时可获得满足自身特定需要的全部运营设施。下面哪一项**最**好地描述了这种情况？

- ☐ **a.** 不间断电力系统。
- ☐ **b.** 平行系统。

☐ **c.** 冷站。

☐ **d.** 热站。

　　欲进一步评估对第一部分第五章"内部控制"所讲概念与计算内容的掌握程度，请进入本章**在线测试题库**进行练习。

　　提示： 参照书后"每章实战练习参考答案"。

第六章

技术和分析（15%）

　　会计师最重要和最主要的作用之一是向企业主和经理提供信息，以便他们能够为组织做出最好的可能决策。一个设计精良、实施完善和控制得当的信息系统是会计师获取、处理及产生相关和可靠信息的主要工具。本章探讨技术和分析在提供和使用信息方面的作用，阐述了信息系统的作用和使用、涉及COSO（发起组织委员会）和COBIT（信息及相关技术控制目标）方面的数据治理以及如何使用技术将财务数据转化为有用信息等内容。本章最后讨论数据分析主题，包括商业智能、数据挖掘、分析工具和可视化。

信息系统

为了向决策者提供相关和可靠的信息，企业需要一种收集和处理数据然后报告信息的方法，这种方法被称为信息系统。本节回顾了一个功能性信息系统的主要构成要素。

什么是会计信息系统（AIS）？

设计良好的会计信息系统（AIS）并运行它的最终目的是向决策者提供相关和可靠的信息。AIS 通过创建、记录、报告和汇总公司的财务交易事项来实现这一目标。从本质上讲，AIS 的主要模式是输入—处理—输出和报告。交易事项被创建或输入到 AIS 中，它们被记录或处理，然后被报告或作为给出的输出结果。AIS 中的数据可以以对决策者最有用的方式进行汇总，汇总信息可以简单到是每日的销售报告，也可以是复杂的公司以 10 - K 格式提供给证券交易委员会（SEC）的财务报表。AIS 的关键要素是数据的质量、可靠性以及信息的及时性，"无用输入 = 无用输出（垃圾输入 = 垃圾输出）"这句古老的计算机科学格言在这里当然适用。为了确保只有"干净"的数据被输入到 AIS 系统中，并且在处理和报告过程中人们可以访问"干净"的数据，设计恰当的 AIS 将实现和执行数据输入控制、处理控制和输出/报告控制。

商业周期

设计恰当的 AIS 将根据所有财务数据或交易事项的相关循环周期进行创建、记录、报告和汇总。一个循环周期只是根据其目的组织财务交易事项的一种方式，七个主要循环周期包括：

1. 收入周期；
2. 支出周期；
3. 生产周期；
4. 人力资源和工资周期；
5. 筹资周期；
6. 固定资产（不动产、厂房和设备）周期；
7. 总分类账周期。

每一家公司都可以将其交易事项划分在不同的周期，但并不是所有的公司都会用到每个周期。例如，一家制造公司可能会用到所有的周期，但广告公司不太可能会用到生产周期，因为该周期是用于跟踪产品制造成本的。尽管现在大多数的交易事项都是完全在线完成的，但是下面介绍的手动系统将使得读者可以更容易地预想到这个过程。

收入周期

收入周期或销售周期是指公司销售业务处理的时期。如图表1F-1所示，典型的收入或销售过程是从公司收到客户的采购订单开始的。对于要求赊账付款的订购单，客户的信用要由公司信贷经理审核和批准。接下来，库存控制（部门或人员或系统）确定所要求的物品是否有库存、是否有足够的数量来满足订单。然后，编制一个销售订单，以便内部记录销售情况。库存控制部门编制拣货单，以便仓库管理人员收集或挑选客户订购的货物。货物挑选后，发货文档如装箱单和编制好的提货单与货物一起发送。最后，对货物进行打包并运往客户。在装运时，将发票发送给客户，并更新客户的应收账款账户和记录来自客户的预期金额。一段时间后，客户将支付发票上所列项目的款项。对收到的付款或现金进行记录，并更新应收账款中的客户账户以反映付款情况。

图表1F-1　收入周期

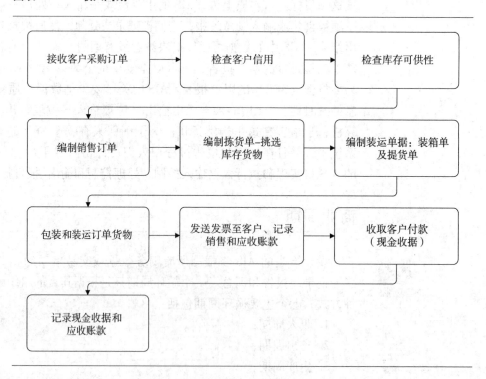

支出周期

支出周期是指公司为经营业务而公司购买货物（主要是库存）的时期，无论是简单地以批发价格购买和以零售价格转售还是采购原材料用于制造产品都属这个范畴。其他的支出包括正常的业务经营活动,如临时人工、咨询费、云服务和差旅费等。如图表 1F – 2 所示,典型的支出过程始于库存控制,确定库存需求量(不充分的库存)并编制一份采购申请来满足这一需求。采购申请单发给采购部门,根据采购申请单上的信息编制采购订单。采购订单发送给供应商,供应商完成订单并将货物运送到公司,供应商的发票通常在装运后不久发出。收货部门接收供应商发送的货物,并对货物进行清点、检查和验收。之后,收货部门编制一份接收报告,记录货物的接收情况。然后,这些货物被送到仓库进行储存。库存控制(部门或人员或系统)随着物品的到达而更新库存记录。在此过程中,记录应付账款时应附有以下三份文件:

1. 采购部门的采购订单;
2. 收货部门的接收报告;
3. 供应商的发票。

图表 1F – 2　支出周期

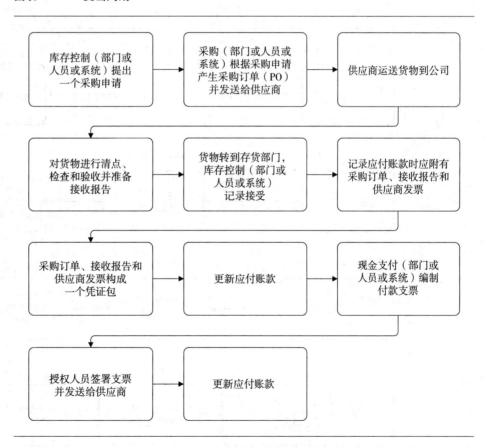

这三个文件的组合构成一个凭证包。在付款给供应商之前,凭证包提供三个必要的文件:订单证明(采购订单)、收据证明(收货报告)和账单证明(发票)。应付账款随着购买而更新,并指导现金支出的编制和发送付款给客户。付款通常是由被授权人签署的支票(纸质或电子),支票发出后,应付账款随付款支付再次更新。

营业（生产）周期

营业（或生产）周期因公司和产品而异。但是，在考虑生产周期时可以使用会计数据输入、处理和输出的模式。通常，在营业周期中有四个主要的活动：

1. 产品设计；

2. 计划与进度；

3. 生产运营；

4. 成本管理。

如图表1F–3所示，每个活动都有输入、处理和输出。

图表1F–3 营业周期

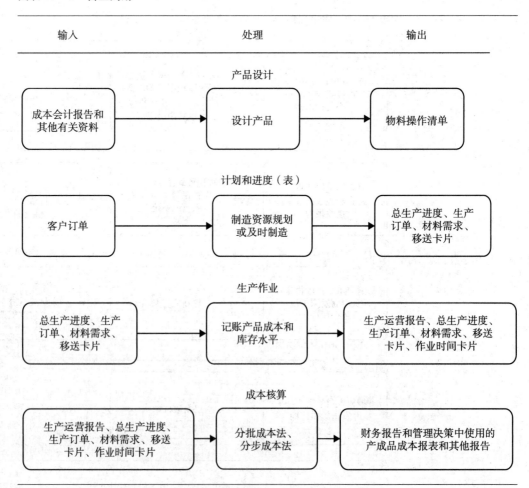

活动1：除其他相关来源外，产品设计将成本管理报告作为设计过程的初始内容。成本信息有助于指导产品的设计，以便有效地预测各种设计的成本。输出包括物料清单（产品成分）和操作列表（产品配方）。

活动2：计划和进度（表）使用客户订单作为决策的输入来决定是否使用

制造资源规划（MRP）还是精益化制造。具体而言，MRP 使用客户订单预测来确定何时和生产多少。精益化（及时）制造基于实际客户订单计划生产，这意味着库存被订购，生产是及时地以满足客户的订单。该活动的输出包括总生产计划、生产订单（实际开始生产产品的授权）、从库存中提取必要材料的申请以及移送卡片（授权将产品从生产过程的一个阶段转移到下一个阶段）。

活动 3：生产操作将活动 2 的输出文档用于产品的生产过程。这一活动的主要会计功能是核算生产成本并跟踪相关的库存水平。活动 3 的输出是经过修订和更新的输入文件，以及用于计算生产过程中所用人工成本的作业时间卡片。

活动 4：成本核算包括活动 3 的输出文件。该过程使用这些文件的数据，根据所生产产品的属性使用分批成本法或分步成本法来确定产品的成本。最后的输出是在财务报告和管理决策中使用的产成品成本报表与任何其他相关和必要的报告。

人力资源和工资周期

人力资源周期的主要作用是确保企业拥有具备适当技能的人员来执行其使命。这个过程的主要步骤是雇用、培训、调动（轮换）和解雇员工。此外，人力资源流程是企业提供员工福利、保持良好士气和支持安全、清洁和高效工作环境的重要工作环节。

工资流程的主要功能是根据员工所做的工作付给其报酬，并处理与工资相关的税务。工资发放过程中的五个主要步骤是：

1. 更新总工资数据；
2. 记录时间数据；
3. 编制工资单；
4. 支付工资；
5. 支付税款和其他扣款。

图表 1F–4 列示了员工小时工资单的流程，该流程从一个最新且精确的主文件开始。主文件通过使用人力资源部门、政府机构、保险公司和员工本人共同提供的与工资相关的数据进行更新。人力资源部门根据新的雇用情况、员工晋升、调动和解雇数据等更新主文件；政府机构提供税率数据；保险公司提供有关公司评估保险费率的数据；雇员提供有关其扣缴税款及扣除项目的最新资料，例如因婴儿的出生或雇员希望增加退休计划账户供款的款额等家庭变动而申请豁免的数目。

图表 1F–4　工资流程

不动产、厂房和设备周期

不动产、厂房和设备周期由三个主要步骤构成（如图表1F-5所示）。

1. 取得资产；

2. 折旧和维护资产；

3. 处置资产。

不动产、厂房和设备通常是公司的重大投资，预计将持续使用很多年。因此，接受或购买这些资产需要仔细的计划和分析。资产取得后，需要维护并计提折旧。使用它们时可以采用几种适当的方法进行折旧（不动产除外，因为它不是可折旧的资产），例如直线法、双倍余额递减法与财务和管理会计报告需要的工作量法（生产量法）。固定资产使用完毕后，以出售或报废的方式处置。其账面净值与市场价值之间的任何差额均应酌情作为损益入账。有时，一项资产可能会发生减值，则应进行减值处理。

图表1F-5 不动产、厂房和设备周期

总账和报告流程

总分类账和报告流程包括四个主要步骤（如图表1F-6所示）。

1. 更新总账；

2. 过账调整分录；

3. 编制财务报表；

4. 产生管理报告。

通过会计明细账、日记账以及公司财务部门账户的分录内容来更新总分类账。之后，将来自公司总会计师办公室的调整分录过账到总分类账，公司的财务报表是根据总分类账上的数据编制的。诸如预算和财务绩效报告等管理报告也用总账的数据编制。

图表1F-6 总账及报告流程

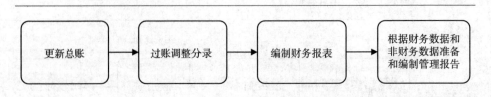

独立的财务系统和非财务系统

　　拥有独立的财务系统和非财务系统的主要挑战是数据维护。财务系统和非财务系统记录、跟踪和报告业务的健康状况，两者的区别在于一个使用财务指标而另一个使用非财务指标。换句话说，财务系统和非财务系统用不同的工具测量相同的一般事物，并反映用非财务指标衡量的企业运营情况。独立的财务系统和非财务系统的问题之一是确保两个系统中的数据准确地链接在一起，当两个系统是分开的，应该对数据进行比较以确保系统使用不同的指标来衡量相同的东西。如果系统使用的数据不在相同的位置或数据库中，则必须创建和维护广泛的控制，以便用户对数据的质量和可靠性有信心。例如，当需要记录销售时，财务系统会记录销售、现金收入或应收账款，但是它不会记录任何其他关于销售的信息，如涉及的销售人员、销售日期、销售状况、客户是一个人还是一群人或客户多少次地询问产品情况（见图表 1F－7）。

图表 1F－7　ERP 前期处理

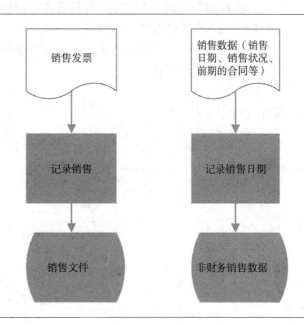

企业资源规划（ERP）

　　在关系数据库和廉价计算机内存出现之前，企业别无选择只能创建单独的程序和文件来操作和维护数据。例如，公司将为日常销售创建一个程序和数据文件，为应收账款创建第二个程序和数据文件。这两个文件必须定期核对，以确保数据的准确性。将所有公司数据存储在一个数据库中不是更好吗？关系数据库的发明和计算机内存成本的下降促进了企业资源规划（ERP）系统的引入，ERP 系统将所有公司数据存储在一个中央数据库中。此外，ERP 存储与公司各方面有关的非财务数据，从员工健康计划到设备维护记录、客户电话号码、资本支出预算、营销活动乃至相关两者之间的一切联系。然而，这是 ERP 系统的目标，它并不总是能够实现。ERP 系统分为以下典型的业务周期（见图表 1F-8）。

1. 从订单到现金（收入）；

2. 从采购到付款（支出）；

3. 生产；

4. 人力资源和工资；

5. 财务；

6. 项目管理；

7. 客户关系管理；

8. 系统工具。

订单到现金（收入周期）周期处理订单输入、运输、库存、现金收入和佣金。

采购到付款（支出周期）这个周期处理采购、接受货物、库存和仓库管理、非库存和现金支出。

生产周期处理生产进度、材料清单，材料需求计划、工程、在产品、质量控制、成本管理和服务公司运营。

人力资源和工资周期维护与处理人力资源、工资、福利、工时记录、培训和教育以及政府报告。

图表 1F-8 企业、资源、规划（ERP）

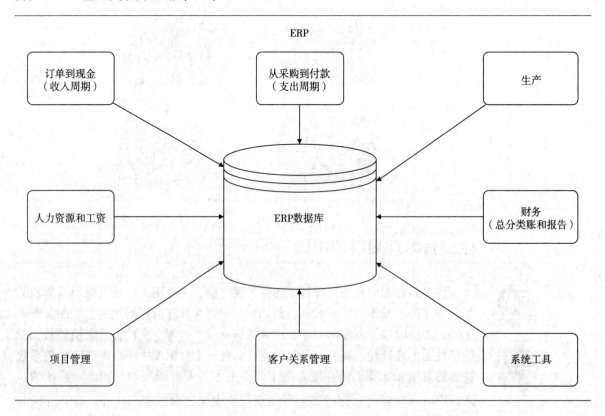

财务（总分类账和报告）周期维护和处理总分类账、应收账款、固定资产、现金管理、应付账款、预算、财务报表和其他报告。

项目管理周期记录并维护账单、成本核算、时间、绩效、费用和活动管理。

客户关系管理周期维护和支持销售、营销、服务、联络客户、佣金和呼叫中心支持。此外，公司试图通过对大数据和物联网的分析在可能的范围内来预测客户的需求。

系统工具被用来建立和维护主文件数据、数据流、访问控制和其他用途。

数据库管理系统（DBMS）

如图表1F-9所示，数据库管理系统（DBMS）是数据库和访问数据库的应用程序之间的界面或程序。DBMS管理和控制数据以及数据库和应用程序之间的接口，它有助于创建、检索、更新、管理数据和保护数据。DBMS控制两个主要部分：

- 数据；
- 允许在必要时访问、检索、修改和锁定数据的数据库程序。

定义数据库逻辑结构或人们查看数据方式的数据库模式或蓝图。DBMS提供了一个数据的集中视图，可以由来自许多不同位置的许多不同用户访问。系统还可以限制特定用户或一组用户可以访问、检索或修改哪些数据。DBMS模式允许用户在不知道数据实际物理位置的情况下访问数据库。

图表1F-9　数据库管理系统（DBMS）

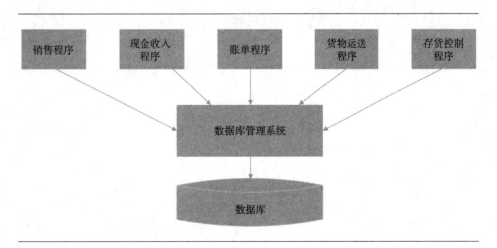

什么是数据仓库？

数据仓库是一组大型数据库，由主要用于分析而不是处理交易（事项）的详细和汇总数据组成。它本质上是公司的各种程序、资源和数据库中检索的所有数据的存储库或存储位置，数据通常被清理和组织以便用于搜索。

企业绩效管理 （EPM）

LOS
§1.F.1.h

LOS
§1.F.1.i

企业绩效管理包括对企业绩效的监控和评价。ERP 系统帮助管理公司的日常运营，而 EPM 则是通过分析、综合和报告来管理业务。尽管 EPM 已经存在了几十年，但是随着用于 EPM 的工具和软件的改进和发展，它的方法已经变得越来越复杂。在最初的阶段，EPM 包括大量的面对面的会议和电话。第一个 EMP 软件程序集中在收集和提供会计核算、预算和财务绩效能力分析等方面。电子表格的出现消除了创建手工电子表格的烦琐过程，促进了更多的战略规划、更好的预算编制和改进的报告。后来，专门开发的 EPM 软件包使财务和会计部门的许多财务报表合并和报告职责自动化。基于 Windows 的客户机/服务器系统已经让位于基于 Web 的程序。软件即服务 （SAAS）程序已经被广泛采用，这使得员工可以将精力放在更高层次的战略任务上，而不是管理与 IT 相关的问题。

本节习题：
信息系统

说明： 回答所提供的每一个问题，正确的答案和解释出现在本节习题之后。

1. 会计信息系统（AIS）通过以下方式提供价值：
   - ☐ **a.** 提高效率。
   - ☐ **b.** 减少系统恢复时间。
   - ☐ **c.** 减少找到一个项目的时间。
   - ☐ **d.** 改善沿着价值链的信息描述，以减少沿途的数据完整性问题。

2. 下列哪个答案最好地描述了数据仓库？
   - ☐ **a.** 可以汇总文件复印件并进行分析的位置。
   - ☐ **b.** 一个关联多个站点用于灾难恢复的术语。
   - ☐ **c.** 存储取自各种数据库用于专门分析的大量信息的存储库。
   - ☐ **d.** 常用来存储系统关系、数据类型、格式和来源等关键数据的存储库。

3. 以下哪项是企业资源规划（ERP）功能自动化的主要优点？
   - ☐ **a.** 更多的时间从事部门任务。
   - ☐ **b.** 更多的时间从事战略任务。
   - ☐ **c.** 更多的时间从事运营任务。
   - ☐ **d.** 更多的时间从事战术任务。

本节习题参考答案：
信息系统

1. 会计信息系统（AIS）通过以下哪个方式提供价值？

   ☑ **a.** 提高效率。

   ☐ **b.** 减少系统恢复时间。

   ☐ **c.** 减少找到一个项目的时间。

   ☐ **d.** 改善沿着价值链的信息描述，以减少沿途的数据完整性问题。

   提高效率是 AIS 的主要优势之一。它的目的是通过在系统内共享知识来改进价值链活动，而不是创建单独的完全不同的系统。它不是一个备份和恢复系统。要注意的是，虽然 AIS 人工智能可以减少搜索时间，但搜索时间更多地依赖于数据库维护而不是 AIS。

2. 下列哪个答案最好地描述了数据仓库？

   ☐ **a.** 可以汇总文件复印件并进行分析的位置。

   ☐ **b.** 一个关联多个站点用于灾难恢复的术语。

   ☑ **c.** 存储取自各种数据库用于专门分析大量信息的存储库。

   ☐ **d.** 常用来存储系统关系、数据类型、格式和来源等关键数据的存储库。

   数据仓库是用于存储取自各种数据库中的用于专门分析大量信息的存储库。它是多个数据库的集合，通常包含生产系统中通常不保存的历史信息。

3. 以下哪项是企业资源规划（ERP）功能自动化的主要优点？

   ☐ **a.** 更多的时间从事部门任务。

   ☑ **b.** 更多的时间从事战略任务。

   ☐ **c.** 更多的时间从事运营任务。

   ☐ **d.** 更多的时间从事战术任务。

   ERP 功能自动化可以减少完成部门、运营和战术任务的时间，并留出更多时间来完成战略任务。通过 ERP 功能的自动化，可以提高整个组织业务部门的效率。

数据治理

本节从数据治理的定义、框架、生命周期、保留策略和保护的角度讨论数据治理的问题。

何为数据治理？

LOS
§1.F.2.a

数据治理（data governance）是由组织范围内数据全面的管理组成。数据治理主要关注数据的可供性、可用性、完整性和安全性，因为组织的数据具有内在价值，所以数据治理非常重要。然而，如果没有设计良好且功能可靠的数据治理程序，数据可能会损毁、贬值、变得无法使用、丢失甚至被盗。数据治理计划应该包括一个监督主体、一套流程和控制以及一组实现流程和控制的策略或指令。

在数据治理计划的实施阶段，应该选择数据管理员并进行培训，使他们能够对分配给他们的数据负责。数据管理员应该对其数据的可供性、可用性、完整性和安全性负主要责任。企业应制定各种控制措施，以协助管理人员履行其职责。输入控制、处理控制和输出控制有助于数据管理员维护数据质量。输入控制包括数据输入控制，如正确的数据输入屏幕或表单设计、字段检查、限制性检查、完整性检查、有效性检查和批量总和。处理控制包括数据匹配、正确的文件标签、交叉总计平衡测试和并行更新控制。输出控制包括用户对输出的检查、核对和数据传输控制。数据可供性内容应该包括信息系统内置的适当容错和冗余、不间断电源和备份生成器、备份和测试备份过程以及实时镜像。通过适当职责分离、数据更改管理和授权结构以及独立的检查和审计可以保持数据的完整性。

通过使用深度防御的方法可以帮助实现数据的安全性，这包括在组织的各个层次实现数据安全控制。打个比方，不只是锁上前门，而是锁上所有办公室和壁橱的门以防罪犯破门而入。此外，数据安全依赖于对员工进行适当的数据安全程序、身份验证控制、授权控制（如访问控制矩阵、防火墙和其他网络安全工具）、数据加密和补丁管理等方面的培训。

如果一名员工不小心（或故意）暴露了数据，那么世界上最好的控制措施可能会受到影响。当然，没有完全安全的方法保护数据不受黑客攻击，不管在安全措施上花了多少钱，这就是数据风险管理应该发挥作用的地方。

数据治理框架

会计行业常用的主要数据治理框架有两个。一个是由发起组织委员会（COSO）制定的，另一个是由信息系统审计和控制协会（ISACA）制定。COSO框架涉及一般的数据治理，ISACA框架的重点是数据治理，因为它与信息技术（IT）特别是《信息及相关技术的控制目标（COBIT）框架》密切相关。

COSO已经发布了三个版本的内部控制框架：《COSO内部控制——整合框架》（COSO – ICIF）、《COSO企业风险管理》（ERM，2004）、《COSO内部控制——整合框架（2013）》。COSO – ICIF于1992年发布，帮助专业人员设计和实施有效的内部控制。该框架旨在将有效内部控制的设计任务分解为五个重点领域：控制环境、风险评估、控制活动、信息与沟通以及监控。此外，这些框架帮助用户处理运营层次、财务报告类别、遵循级别的内部控制以及按单位或活动划分的内部控制，如图表1F – 10所示。

图表1F – 10 COSO – ICIF构成

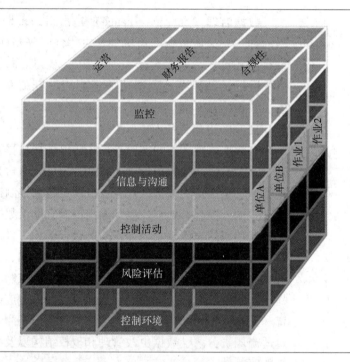

控制环境

控制环境部分确认人们经营商务并且人们为他们的商务创建一种文化或环境。控制环境强调像管理层基调（例如最高管理层对有效内部控制的态度、管理层和员工的诚信和能力以及管理风格）这样的因素。例如，评估组织对数据治理的承诺级别。

风险评估

风险评估部分强调这样一个事实,即每个实体都面临源自外部和内部的风险。为了处理风险,首先必须确定和评估风险如何影响业务目标。然后,必须确定如何管理风险以实现业务目标。例如,确定组成数据的不同方式、每种方式的可能结果和估计的发生概率是很重要的,这些步骤将帮助确定数据管理改进计划的优先级。

控制活动

控制活动部分包括为实现业务目标和适当管理风险而采用的策略和过程。例如,员工多久需要更换一次密码?考虑到员工笔记本电脑上的敏感信息应该制定什么样的政策?

信息与沟通

信息和通信部分涉及管理和控制公司运营所需信息的获取、处理和报告。例如,定期向员工提供有关数据安全实务的培训。

监控

监控部分包括检查以确保流程正常工作、识别缺陷并报告这些缺陷,以便纠正它们并改进整个系统。识别数据管理过程和安全性中的缺陷的一种方法是雇用一家咨询公司来执行渗透性测试(稍后将讨论更多)。

《COSO 内部控制——整合框架 2013》

2013 年,COSO 出版了 1992 年框架的修订版。原始的框架保持完整,但增加了 17 条原则,以便更好地强调当前的商业实务和技术进步。接下来讨论 17 条原则。

控制环境

1. 组织表现出对诚信和道德价值观的承诺。例如,它通过建立一个行为守则或建立一个报告违反行为守则情况的流程来做到这一点。
2. 董事会表现出超然于管理层的独立性,并通过设立董事角色和职责、董事会议的政策和实践、审查管理层的判断等方式对内部控制的发展和绩效进行监督。
3. 在董事会的监督下,通过为不同的管理职能定义角色、报告流程和权限级别，管理层在追求目标的过程中建立了结构、报告流程、适当的授权和职责。

4. 组织表现出吸引、发展和保留一致于企业目标的有能力的个人的承诺。例如，它建立所需的技能和专业知识水平，评估能力并选择合适的服务提供者。

5. 在追求目标的过程中，组织明确定义职责和绩效度量，并将薪酬与绩效挂钩，要求个人对其内部控制职责负责。

风险评估

6. 组织以足够明晰的方式明确目标，以便通过清晰地标识财务报表账目、披露、声明和重要性对与目标相关的风险进行认证和评估。

7. 组织确定实体实现其目标面临的风险，分析风险以便确定应如何管理风险。这些活动包括建立一个正式的风险识别过程、与有关人员会面、评估风险的可能性并估计他们如何应对风险。

8. 组织在评估实现目标的风险时考虑欺诈的可能性。例如，组织可以进行正式的欺诈风险评估，并考虑如何规避或推翻控制的方法。

9. 组织确定和评估可能对内部控制系统产生重大影响的变化。例如，组织可以评估外部环境的任何变化或高层管理团队的变化。

控制活动

10. 组织选择并开发有助于降低风险到可接受的水平的控制活动，以便实现运营目标。一种方法是将控制活动映射到确定的风险，或对外包功能实施更详细的监控。

11. 组织选择和发展技术控制活动，以支持目标的实现。例如，评估终端用户计算、管理安全性和访问控制或者根据功能角色建立 IT 基础设施来支持对 IT 的各种级别的访问。

12. 组织利用指导方针来部署控制活动，这些方针被用来通过制定和确立政策及程序并对控制活动进行定期的评估来确定期望的内容和将政策付诸行动的程式。

信息与沟通

13. 组织通过创建信息需求清单、从外部来源或与财务无关的经理处获取信息或通过数据治理计划提高信息质量，从而获得或生成并使用相关的高质量信息来支持内部控制发挥它的功能和作用。

14. 组织内部沟通的信息包括目标和内部控制责任，这对于支持内部控制运行非常有必要。例如，组织应交流内部控制职责、制定与董事会沟通的政策或创建一个告密者程序。

15. 组织通过审查外部审计沟通或调查相关外部方，就影响内部控制职能的事项与外部方进行沟通。

监控活动

16. 组织选择、开发和执行正在进行的和/或单独的评估，以确定内部控制的组成部分是否存在并发挥作用。例如，组织可以建立一个适当的基准，识别和使用监控指标或者雇用内部审计人员来监控组织的运作。

17. 组织对内部控制缺陷进行评估，酌情及时向负责采取纠正措施的各方（包括高层管理和董事会）通报。例如，评估和报告缺陷并监控纠正措施。

信息及相关技术的控制目标（COBIT）

正如标题所示，COBIT 关注的是与 IT 相关的有效内部控制。COBIT 框架为有效地管理对 IT 的控制提供了最佳实践，它是关于创建、执行和维护 IT 相关控制的一套篇幅很长且非常详细的手册。该框架将 IT 内容分为四个主要部分：计划和组织、获取和实施、交付和支持以及监管和评估。这四个主要部分然后被分解成 32 个 IT 管理控制过程。

数据生命周期

虽然对数据生命周期实际包含的阶段数有争议，这八个阶段代表了对数据生命周期通常的看法：数据收集、数据维护、数据合成、数据使用、数据分析、数据发布、数据归档和数据清除，如图表1F-11所示。

图表1F-11 数据生命周期

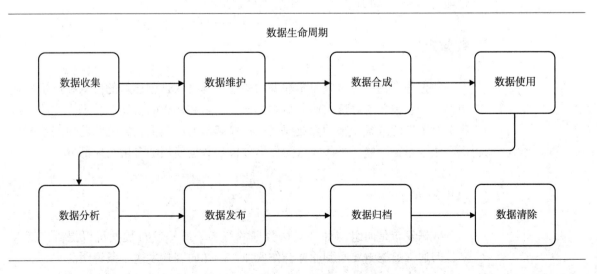

数据收集

为了进行分析，必须首先记录或收集数据。数据可以通过手工输入、计算机扫描或传感器获取。获取的数据可能来自公司外部也可能来自公司内部，今天的物联网产生了大量可以被收集的数据。

数据维护

为了使数据有用，必须将数据转换成可用的形式。产生可用数据的过程包括清理、删除和通过提取—转换—加载（ETL）的方法进行处理。公司使用企业资源规划（ERP）系统和其他不太复杂的系统来满足他们的信息需求。ERP和其他信息系统利用数据库技术来组织和查询它们的数据。为了将数据加载到数据库中，必须清理和删除多余的字符和符号。此外，必须检查数据以确保日期数据填充日期字段、数字数据填充数字字段和字符数据填充字符字段。从本质上讲，数据清理和删除是将非结构化数据转换为可用于组织信息系统的结构化数据。

数据合成

数据合成涉及统计方法的使用，这些方法将来自许多来源或测试的数据组合在一起，以获得更好的总体估计或回答有关数据的问题。有些术语称为数据建模或使用归纳推理来转换数据，其他人则将数据合成视为数据维护的有机组成部分。

数据使用

数据使用就是简单地将数据用于支持商业任务，例如战略规划、客户关系管理（CRM）、处理发票、向供应商发送采购订单等。

数据分析

数据分析是一门研究原始数据的科学，其目的是创建新的信息和产生商业洞察力。它包含了对过去业务绩效的迭代探索和调查的技能、技术和实践，以获得对未来的洞察和驱动商业规划。在最基本的层次上，它意味着使用数据分析方法来回答问题。一些人认为数据分析是数据使用的有机组成部分。

数据发布

数据发布是向组织外部发送数据的行为。虽然发布数据可以提供广泛共享，但通常数据被发送到业务合作伙伴，例如向客户发送一条说明。

数据归档

数据归档是将数据从活跃使用中移除并存储起来以备将来使用的过程。

数据清除

数据清除涉及删除不再有用或不再需要的数据。管理层应制定保留数据的政策，以实施适当的数据清理实务。例如，这项政策应包括政府和管制机构保留数据的时间范围，例如对美国国家税务局（IRS）报税表中的数据参数保留以便用于审计。而对于内部数据，10 年内未被访问的数据将被清除。

记录保留

一个合格的记录保留政策对每个组织都是必要的。只要用户需要研究、分析和查询过去的事件和决策，就有必要保留和维护记录以供内部使用。此外，必须保存记录以满足法律和监管要求。例如，IRS 指示纳税人将纳税申报数据保留 2 ~ 7 年，这取决于申报或支付的日期以及该机构要求的扣除类型。

网络攻击检测和预防

所有与互联网相连的组织都有遭受网络攻击的风险。恶意黑客使用各种方法和策略进行网络攻击，从电子邮件钓鱼到拒绝服务、SQL 注入和零时差攻击。大多数网络专家认为，问题不在于一家公司是否会受到攻击而在于一家公司何时会受到攻击。

企业如何保护自己免受这些攻击？一种方法是通过渗透测试来确定公司在什么地方容易受到攻击。渗透测试通常需要聘请一家外部咨询公司专门识别和评估恶意攻击的进入点，渗透测试可能被视为对公司信息系统的授权攻击。咨询顾问试图利用一切可能和可以想到的方法来破坏公司的系统，他们几乎总是成功地找到了进入和利用的弱点。不幸的是，没有人能够利用任何可能的方法来确定弱点，黑客们一直在寻找新的方法。

另一种检测和预防网络攻击的方法是通过生物特征识别。每个信息系统用户都应该通过系统进行身份验证。有三种主要的认证方法：（1）一些你知道的东西，如密码；（2）一些你有的东西，如身份证；（3）一些你有的特征，如你的指纹。前两种方法（密码和身份证）涉及的问题是它们可能被遗忘、丢失或被盗，而生物标识符很难丢失或被盗。因此，使用生物特征识别可以更严格地限制对公司信息系统的访问。

防火墙提供了又一种检测和预防网络攻击的方法。防火墙使用深度防御的概念，因为安全特性是在连续的层级中设置的，因此如果某个级别的安全被打破，后面就会有另一个级别来阻止攻击。就像一座大楼的前门被锁上了，大楼里的每个办公室都被锁上了，每个办公室里都有一个上锁的文件柜，文件柜里面存放着敏感数据。除了深度防御外，防火墙还利用包过滤和深度包过滤等方法来识别和阻止恶意网络攻击。包过滤检查发送到公司网络的信息包的源地址，并将其与恶意信息包的源列表进行比较，如果地址在列表中则不允许进入公司的信息系统。在允许数据包进入公司的信息系统之前，深度数据包检查会扫描数据包的内容来寻找恶意代码。

本节习题：
数据治理

说明：回答所提供的每一个问题，正确的答案和解释出现在本节习题之后。

1. 媒介消毒工作在数据生命周期的以下哪个阶段进行？
   - ☐ **a.** 数据归档。
   - ☐ **b.** 数据清除。
   - ☐ **c.** 数据发布。
   - ☐ **d.** 数据分析。

2. 生物识别和智能卡是什么类型的控制形式？
   - ☐ **a.** 检测性控制。
   - ☐ **b.** 预防性控制。
   - ☐ **c.** 补偿性控制。
   - ☐ **d.** 纠正性控制。

3. 下列哪些组件是 COSO 内部控制框架的一部分？
   - ☐ **a.** 风险评估。
   - ☐ **b.** 风险响应。
   - ☐ **c.** 目标设置。
   - ☐ **d.** 内部环境。

本节习题参考答案：
数据治理

1. 媒介消毒工作在数据生命周期的以下哪个阶段进行？
   - ☐ **a.** 数据归档。
   - ☑ **b.** 数据清除。
   - ☐ **c.** 数据发布。
   - ☐ **d.** 数据分析。

   数据清除是对存储和删除不活跃或过时数据文件的有序检查。它是通过擦除、覆盖存储、重置寄存器或清除数据来删除过时的数据。它使系统中存储的应用程序、文件和其他信息即使通过实验室攻击法也无法恢复。媒介消毒是从媒介中删除信息使之无法恢复的过程，它包括删除所有标签、标记和活动日志。它更改内容信息，以满足发送信息到的网络的敏感性级别的要求。它在消毒过程中使用处理、过滤和数据锁定等自动技术。例如，粉碎是一种物理性破坏的消毒方法，它包括将介质研磨成粉末或灰尘。数据清除是在数据生命周期的最后一步进行的。

2. 生物识别和智能卡是什么类型的控制形式？
   - ☐ **a.** 检测性控制。
   - ☑ **b.** 预防性控制。
   - ☐ **c.** 补偿性控制。
   - ☐ **d.** 纠正性控制。

   生物识别和智能卡是预防性控制的形式。预防性控制用于阻止不需要的和未经授权的访问。

3. 下列哪些组件是 COSO 内部控制框架的一部分？
   - ☑ **a.** 风险评估。
   - ☐ **b.** 风险响应。
   - ☐ **c.** 目标设置。
   - ☐ **d.** 内部环境。

   风险评估是 COSO 内部控制框架的一部分。COSO 内部控制框架的五个组成部分是控制环境、风险评估、控制活动、信息与沟通和监控活动。

技术演进下的财务转型

本章涉及的主题是技术促成的财务转型。换句话说，技术如何使公司的财务运作更快、更好、更有效，它关注系统开发生命周期（SDLC）、业务流程分析、机器人流程自动化（RPA）、人工智能（AI）、云计算、软件即服务（SaaS）和区块链等内容。

什么是系统开发生命周期（SDLC）？

系统开发生命周期（systems development life cycle，SDLC）是设计和实现新信息系统的结构化路线图。尽管 SDLC 有许多版本和变化形式，但在图表 1F－12 中显示了一个基本的五步骤法。这个五步骤法可以扩展到包含在文献中的几乎所有变化形式，这五个步骤是：

1. 系统分析；
2. 概念设计；
3. 物理设计；
4. 实施和转换；
5. 运行和维护。

系统分析包括确定组织的需求，汇总关于修改当前系统、购买新系统和开发新系统的信息。

概念设计包括制订一个满足组织需求的计划。同时，准备设计备选方案并创建详细的规范，以提供实现期望的系统所需的指导。

物理设计包括使用概念设计和为创建系统建立详细的规范。设计将包括对计算机代码、输入、输出、数据文件和数据库、过程和程序以及适当控制的规范和说明。

图表 1F－12 系统开发生命周期

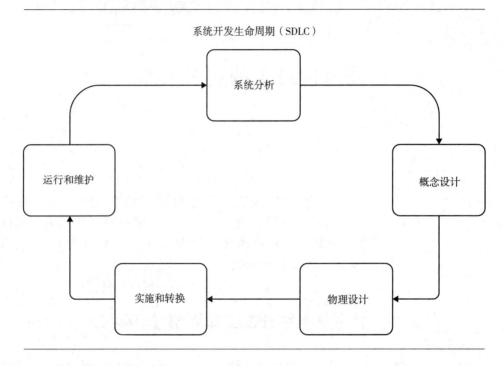

实施和转换包括新系统硬件和软件的安装。新系统需要被测试，用户要进行培训，新的标准、程序和控制要被构建。

运行和维护包括运行系统、检查性能及根据需要进行调整和维护系统。在组织确定维护旧系统的成本不足以证明其效益之前进行改进并修复，整个周期重新开始。

业务流程分析在提高系统性能中的作用

由于更好的信息应该导致更好的决策，公司系统性能的好坏直接影响公司的整体绩效。因此，公司总是想要找到改进它的方法，也就是说，把事情做得更好、更便宜、更快或者根本不做，以提高盈利能力。实现这一点的一种方法是提高系统性能。公司的系统由一组业务流程组成，业务流程就是公司运营业务的方式。它们是公司每天的任务、程序、团队和交流，以提供他们的产品和服务并对客户敞开大门。

在许多新兴和增长的业务中，流程的开发并不总是着眼于如何使流程适应业务的整体结构和目标。相反，它们是基于最简单的完成工作的方法而创建的，很少考虑长期的后果。很多时候，最简单或阻力最小的方法并不是完成任务的最佳方法。不幸的是，在业务流程就位之后，惯性就开始起作用并且很难进行更改，这可能会阻碍增长。一个随意设计的系统通常不能很好地处理业务增长，而是可能会阻碍业务增长。

业务流程分析是研究公司所有业务流程以确定如何改进它们的系统性方

法。有四个基本步骤：

1. 清楚地确定流程、涉及的人员以及当前正在开展的有一个明确的起点和终点的工作。最好从对业务最紧要的流程开始，这些流程与公司的主要产品、收入或费用直接相关。

2. 对整个流程做一次预演，并清楚而完整地记录下来。作为这一步的一部分，面谈关键员工以了解他们对这个流程的看法，寻找流程中信息丢失或被误导的地方。例如，演练生产流程将允许分析人员直接观察该流程。与相关人员的直接沟通将有助于分析人员完整地记录系统，因为在演练期间分析人员可以向员工询问问题。

3. 检查当前流程以确定强的方面和可以改进的方面，例如瓶颈、摩擦点和弱点。寻找增加流程价值的方法，如果这个流程中的某个步骤不能为公司增加价值，那么就把它移除。如前所述，直接观察可以指明需要改进的地方。此外，那些直接参与这一流程的人对其问题和瓶颈有着深入的了解，并且最有可能为这些问题提供最佳的解决方案。

4. 基于分析提出改进方案。

机器人流程自动化

许多业务流程需要专业人员从各种来源收集和组合数据。例如，在对账过程中专业人员需要来自会计总账软件包的数据、来自外部实体如税务机关的数据表以及来自公司人力资源系统或其他数据系统的数据。然后，专业人员完成导入或复制这些数据并将其粘贴到电子表格中的过程。这类工作烦琐且耗时，而且容易由于一时注意力不集中或精神疲劳而出现人为错误。

机器人流程自动化（RPA）为执行这些任务时的人为错误风险提供了一个有效的解决方案。RPA 使用的软件可以跨越不同的数据平台，将数据捕获并记录到一个单独的诸如 Excel 之类电子表格的处理设施中。RPA 机器人能够模仿许多用户动作，比如登录程序、复制和粘贴数据、移动文件和填写表单。"机器人"这个词让人联想起会走路和说话的机器，就像科幻/奇幻电影中描述的机器人一样。然而，这里的机器人实际上只是一组自动指令，设计用来操作机器或数据源来完成指定的任务。因为使用 RPA 只需要很少的计算机编程知识，所以大多数专业人员都可以通过培训使用 RPA 软件来自动化预期任务。例如，假设一个员工被要求每周从一个管理机构网站上的 PDF 表格中复制并粘贴特定字段的数据到一个 Excel 电子表格中以便对数据进行分析，代替员工手动复制和粘贴数据字段，编程的 RPA 机器人可以进入政府机构的网站检索并打开 PDF 表格，同时打开 Excel 然后将数据从机构的 PDF 表格转移到公司的 Excel 电子表格中。目前的 RPA 软件在流程图类型的接口中使用了拖放式编程对象，由于用户不需要学习正式的编程语言，因此学习和实现该任务相对比较简单。

RPA 有五个主要优点：

1. 以比人类更低的错误率更快地完成单调的任务。

2. 对数据的所有操作和更改进行审计跟踪。

3. 100% 的一致性，因为它每次都以相同的方式执行编程功能（除非代码或数据损坏）。

4. 将人们从无聊和重复的工作中解放出来，这样他们就可以专注于更有价值的工作，从而提高员工的士气和生产力。

5. 可以一天 24 小时一周 7 天不间断地工作。

人工智能和会计数据处理

手工会计流程花费时间，而且容易出现人为错误。例如，在人工智能（AI）系统出现之前，处理采购订单需要手工填写纸质采购订单然后手工录入公司的采购系统。然后对采购订单进行编码，转到适当的部门进行授权，并邮寄到供应商处。现在人工智能系统可以处理整个事务，从电子收集采购订单数据到在公司 ERP 中处理数据（包括记录和批准），再到将电子采购订单发送到供应商。除了显著提高速度和低得多的错误率这样的明显好处之外，使用人工智能系统还在整个会计流程中提供了透明度，这使得专业人员能够监控整个过程并合理利用采购折扣。人工智能可以改善会计流程的两个方面是数据的输入和分析以及减少欺诈。人工智能系统的一个重要好处是它们可以从错误中"学习"，并通过编程过程避免重复这些错误。智能系统可以通过编程来识别客户和供应商并与之交互，收集、编码和处理如发票和采购订单等日常事务，跟踪付款期限并确保及时记录适当的审批。目前市面上可以买到的商业化产品很少，公司通常会开发自己的软件。但由于软件开发成本和缺乏有经验的程序员等问题，人工智能的实现成本可能很高。

云计算

计算机硬件和软件价格昂贵，需要维护且使用寿命较短，需要相对频繁的资本投资。因此，许多公司选择外包他们的计算业务。云计算就是简单地将计算机运行外包给外部供应商。术语"云计算"来自一种描述两个网络之间的云的网络映射技术。"云"由许多提供租用硬件和软件的供应商组成，公司付钱给供应商来管理他们的计算机程序和存储他们的数据。因此，公司有效地将他们的硬件资本支出和计算过时风险外包给这些供应商。他们还可以从直接费用化这些成本中获得税收收益，而不是在资产的使用寿命期间维护硬件和软件并将它们的成本通过资本化进行折旧。

然而，云计算也带来了一些值得注意的风险，比如云供应商无法为数据提供足够的安全性，数据可能会丢失、被盗或损坏。另一个风险是云供应商可能无法提供支持公司运营所需的服务水平。

软件即服务（SaaS）是云计算的一个常见例子。公司可以从供应商那里购买软件并通过互联网获得。软件可以分配在磁带、软盘和 CD 上使用。公司必须购买该软件的多个拷贝，然后购买在这些磁性媒体上的升级和新版本。SaaS 创建了一种新的软件分发方式，允许客户访问托管在供应商服务器上的软件。公司喜欢这样的安排，因为它减少了他们在自己的电脑上安装和维护软件与数据的成本。SaaS 还提供随用随付的服务，因此公司可以按月支付软件费用。此外，SaaS 允许轻松扩展，客户只购买他们需求的，然后可以根据需要添加功能和用户。该软件是自动更新并且用户可以通过连接到互联网随时随地地进行访问。

在风险方面，使用 SaaS 会使公司依赖 SaaS 供应商的服务来使用软件。SaaS 提供商可能会产生服务中断、强加服务更改或对软件进行公司不希望的更改等问题，也会出现导致关键客户数据外泄的数据泄露情况发生。

区块链

合同由协议方的口头或书面协议组成。合同的存在是为了在两个或多个实体之间提供具有法律约束力的协议。然而，在数字世界中合同可能很难执行，因为数据可以如此快速和方便地更改。在虚拟货币的实例中，由于该货币没有物理表现形式，所以谁实际拥有该货币可能是有疑问的。一个人可以将虚拟货币发送给一方，然后立即将相同的虚拟货币发送给另一方。本质上，这个人可以用同样的货币来支付商品和服务，就像一个伪造者。因此，为了使合同对签约方产生任何效力，签约方必须能够锁定他们的协议，而不必担心合同在事后被修改，这种安全措施被称为不可抵赖性。不可抵赖性本质上阻止了一方通过否认签名的真实性来取消协议。但是，合同的合法副本很少，穷凶极恶的一方可能试图改变合同或使合同无效。但是，如果一份合同的 1 000 个合法和真实的拷贝分别储存在 1 000 个不同的地点，情况又会怎样呢？穷凶极恶的一方可能改变全部的 1 000 份拷贝吗？很可能不会。如何将真品储存在 1 000 个不同的地方？通过使用区块链技术。

区块链技术或一般的分布式账户技术是比特币等虚拟货币的基础技术。区块链是分布式账户技术的一种，分布式账户是一个数据库，它位于多个地点或多个参与者之间，所有数据和事项都不会在一个中心位置进行处理和验证。在相关各方达成一致意见之前，通常不会存储数据。然后，这些文件被盖上时间戳印且被赋予唯一的密码签名。因此，分布式账户技术为数据库中存储的信息提供了具有可验证性和可审计性的历史记录。

区块链是一种特殊类型的数据库或分布式账户，它具有单独的记录或块，这些记录或块按顺序链接在一起称为区块链。这些记录或块由对等网络中的多个节点或多方进行验证。这些块被链接到其他块，使它们不能变或不可变。由于合同记录在这些块中，然后链接到其他块，秘密修改合同的可能性实际上被消除了，因为这些块被合并到对等网络中的多个节点中。这些块本质上是不能改变的，因为一个被改变的块不会被对等网络中所有其他节点上存储的所有其他块识别。换句话说，如果一个块被更改，网络上的每个人都将知道更改后的块与节点上的块副本不匹配。

智能合同是由软件创建并嵌入区块链协议中的各方之间的协议。因此，它们把书面合同上升到另一个层次。智能合同是自动执行的软件程序，它通过软件代码而不是纸质稿来代表双方的协议。软件代码运行并嵌入区块链协议或平台中，不需要任何类型的中介（如代理或交易商）来控制协议的执行。软件代码代表协议的条款并且是不可变的，因为它被合并到一个区块中，该区块是区块链的一部分。

区块链技术在数字货币之外的应用可以减少或消除中介成本，提高交易透明度，并为可信的分权提供一个框架。该框架还具有侦查逃税、减少腐败、追踪非法支付和洗钱以及侦查资产挪用的潜力。

例如，区块链技术的应用案例之一是在供应链中的应用。区块链技术能够通过分散的点对点网络无缝地交换数据，所有的交易都不可改变地存储起来并可用于审计，这使得供应链系统更加透明和可靠。区块链技术和智能合同可以减少或消除伴随国际货物运输而来的大量文件以及处理国际财务交易所需的时间延迟。

本节习题：
技术演进下的财务转型

说明： 回答所提供的每一个问题，正确的答案和解释出现在本节习题之后。

1. 在系统开发生命周期的哪个阶段将进行扫描以识别各自系统中的漏洞？
- ☐ **a.** 计划。
- ☐ **b.** 发展。
- ☐ **c.** 维护。
- ☐ **d.** 测试。

2. 哪种云运行模型**最**适合被描述为不需要客户维护服务器、运行系统或应用程序的服务？客户负责上传数据并访问相应的信息。
- ☐ **a.** 基础设施即服务（IaaS）。
- ☐ **b.** 平台即服务（PaaS）。
- ☐ **c.** 软件即服务（SaaS）。
- ☐ **d.** 函数即服务（FaaS）。

3. 为什么一个组织要采用机器人流程自动化（RPA）来解决财务会计的处理？
- ☐ **a.** 验证手动输入的财务信息的完整性。
- ☐ **b.** 为外部审计公司提供流程被遵循的保证。
- ☐ **c.** 因为应付账款的审批活动在解决方案中通过基于规则的自动审批的工作流标准进行了简化，这些标准将人工参与限制在特定的审批情况下。
- ☐ **d.** 为客户提供分析以便洞察组织的财务事项。

本节习题参考答案：
技术演进下的财务转型

1. 在系统开发生命周期的哪个阶段将进行扫描以识别各自系统中的漏洞？

    ☐ **a.** 计划。

    ☐ **b.** 发展。

    ☐ **c.** 维护。

    ☑ **d.** 测试。

    系统将在测试阶段进行漏洞和缺陷的测试。

2. 哪种云运行模型最适合被描述为不需要客户维护服务器、运行系统或应用程序的服务？客户负责上传数据并访问相应的信息。

    ☐ **a.** 基础设施即服务（IaaS）。

    ☐ **b.** 平台即服务（PaaS）。

    ☑ **c.** 软件即服务（SaaS）。

    ☐ **d.** 函数即服务（FaaS）。

    软件即服务（SaaS）最好地描述了这种云运行模型。SaaS 解决方案为客户提供了使用软件解决方案的能力，其中后端基础设施（操作系统、网络构成）完全由云服务供应商进行管理。

3. 为什么一个组织要采用机器人流程自动化（RPA）来解决财务会计的处理？

    ☐ **a.** 验证手动输入的财务信息的完整性。

    ☐ **b.** 为外部审计公司提供流程被遵循的保证。

    ☑ **c.** 因为应付账款的审批活动在解决方案中通过基于规则的自动审批的工作流标准进行了简化，这些标准将人工参与限制在特定的审批情况下。

    ☐ **d.** 为客户提供分析以便洞察组织的财务事项。

    采用 RPA 来简化应付账款的审批活动正确地描述了组织将如何从减少之前人员手工流程的互动中获益。

数据分析

商业智能

　　大数据是每个人都声称理解的术语之一，但没有人能给出一个明确的定义。一些人认为大数据是一个不适合 Excel 电子表格的数据集，另一些人说要想被认为是大数据一个数据集容量必须大于一个艾字节（1 后面有 18 个 0）。大数据之所以成为可能，是因为硬件和软件处理超大数据集的能力取得了显著进步，超出了常规数据处理系统的处理能力。大数据通常被用来分析大型数据集的模式或趋势。不管你对规模的看法如何，大数据都体现了重大的机遇和挑战。例如，一家《财富》100 强公司的审计师可以下载客户的所有交易，并对所有人进行审计。

　　"容量""多样性""速度"和"准确性"等术语通常用来描述大数据。当然，容量指的是数据的数量。多样性涉及数据类型，如数字、文本、图像、音频和视频。速度是指数据生成和处理的速度，大数据往往是实时可用的。准确性与数据的质量有关，利用大数据的机会很多。大数据可以从许多来源收集数据，因此企业可以直接针对那些通过互联网搜索、社交媒体帖子和人口统计数据对其产品表现出兴趣的潜在客户投放广告。医院可以获取患者的数据，以筛查被送进急诊室的无行为能力患者的有害药物相互作用或对药物的过敏反应。大数据也给个人隐私带来了挑战。我们担心的是所有这些数据都能被营销人员实时获取，更不用说数据泄露给客户和公司的成本，以及政府使用大数据时侵犯公民权利的风险。公司还面临着与潜在客户保持人性化互动的挑战，这些客户可能只是不喜欢公司的字节内容。

　　结构化数据和非结构化数据是数据频谱的对立面。结构化数据是以计算机可以轻松地使用它进行工作的方式而被组织起来的数据。相反，非结构化数据不是以计算机可以轻松地使用它进行工作的方式而被组织起来的数据。半结构化数据介于两者之间。结构化数据的一个常见示例是已放置到关系数据库中的数据。关系数据库由行和列组成，数据放在这些行和列相交的单元格中。在结构化数据库中，可以使用结构化查询语言（SQL）查询数据中可能包含的任何信息。例如，一个数据库可能包含两个表：第一个表用于链接到客户表的已记录销售（这意味着我们将拥有公司所有销售的列表以及与这些销售相关的客户）；第二个表可以是现金收入，这也可以与那些支付了货物现金的顾客联系起来。构造数据使得这些数据元素可以方便地组合在一起。如果销售表与客户表及现金收入表相结合，我们可以很容易地看出哪些客户已经付款了，哪些客户还没有付款。未付款客户的查询结果包括公司未收的销售收入，换句话说就是公司的应收账款。

非结构化数据是没有组织起来以便查询的数据。非结构化数据可以是文本、图像、数字或音频。电子邮件是非结构化数据的一个很好例子。半结构化数据由不同层次的结构化数据和非结构化数据组成。据估计，95%的大数据是由非结构化数据组成的。寻求使用结构化、半结构化和非结构化数据的公司可以提高运营绩效，向客户提供更加个性化的产品建议。同时，可以找到问题的根源，识别产品和流程中的瓶颈和缺陷，并更好地了解客户的习惯。

见图表1F–13。

图表1F–13 数据转换

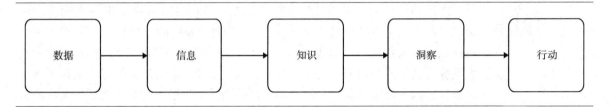

虽然数据→信息→知识→洞察→行动模型的起源并不确定，但这一概念为专业人员理解数据的发展提供了一个有用的工具。数据本身并不是很有用，为了有用它必须被组织成信息。数据由数字、字符和符号组成，可以被视为事实。有组织的数据产生了可以用作信息的意义，组织好的数据可以来回答五个基本问题：谁、什么、哪里、何时、如何。此外，通过考虑其他特征如强度、复杂性和相对等级，可以将数据转换为信息。知识可以被认为是一个人通过教育和经验获得的信息和能力。换句话说，一个人获取信息并使用他或她自己的内部过程将其转化为知识。洞察更主观，在洞察方面，人们钻研他们的知识基础来建立联系或发现不明显的模式。洞察也可以被认为是判断，数据、信息、知识和洞察的真正价值是做出明智和理性的决策或采取行动。

商业智能和人工智能的主要关注点是创建能够模仿人类洞察力的计算机程序，以获取事实数据库并找到数据中的联系和模式。我们面临的挑战是如何获取像人类洞察和决策这样主观的东西，并将其转换成像计算机代码这样离散和客观的东西，作为可以编入软件的几行详细的指令。本质上，这个过程创造了成千上万的规则来重现人类的决策过程。这项工作的最大机会是获取和保存专家知识、洞察力和决策技能，这样它们就不会被丢给未来的专业人员来解决。此外，通过适当的信息技术控制，计算机程序不会疲劳、打电话请病假或休假。计算机程序可以一天24小时一周7天地工作，与人工决策者相比，程序可以更快、更大量、更详细地获取和处理数据。

公司的数据被认为是最有价值的资产之一。开发该资产并做出更好决策的能力代表了公司数据的战略价值及其分析数据的能力。公司试图通过分析多年来收集的数据以获得独特的见解，这些见解用于帮助获取和保留客户、识别和纠正成本高于公司收益的流程并通过识别公司生产或运营过程中的低效来降低成本等。实际上，商业智能是使用应用程序、工具和最佳实践将数据转换为实用的信息，从而获得公司数据的战略价值和运营价值。

数据挖掘

数据挖掘（data mining）包括对大数据集使用分析工具。本质上，数据挖掘涉及查询大量数据。其思想是在组织通常收集但在大多数运行环境中不使用的数据中发现模式、关系和见解，通常也使用来自组织外部的数据。公司会寻找有用的信息，并识别能够增加销售额、降低成本和提高客户服务效率的趋势。使用数据挖掘的一个经典且可能是杜撰的例子是发现啤酒和尿布的购买之间存在显著的相关性。通过数据挖掘技术，一家大型零售商发现在周五下午购买尿布的年轻父亲也会购买啤酒。因此，零售商开始把尿布和啤酒放在更靠近的位置，以便利用这种新发现的相关性增加尿布和啤酒的销量。另一个例子是信用卡诈骗。如果你曾经收到过信用卡公司的通知，提醒你注意账户上的可疑活动，信用卡公司已经使用数据挖掘技术来识别客户正常购买习惯之外的购买模式或购买位置情况。

数据挖掘不是一门精确的科学，它可以被看作是一门艺术和一种技能。考虑一下统计能力的概念或发现数据之间关系的能力。样本容量是影响统计能力的主要因素之一，一般来说样本量越大，样本内的数据之间存在有统计学意义的关系的机会就越大。然而，仅仅因为发现了具有统计意义的关系，并不意味着这种关系具有任何实际意义。例如，一些减肥项目研究发现尝试新饮食的人与不尝试新饮食的人在体重变化前后的数据上有显著差异。然而，三个月的差别可能只有两磅。大多数人认为在三个月内减掉两磅并不重要。因此，数据挖掘是一个具有挑战性的领域，需要运用知识、经验和智慧。在许多情况下，数据挖掘是一个迭代过程。当用户细化和调整查询以更清晰地聚焦结果以提供实用的发现时，大型的数据集常常被削减以达到效果。

结构化查询语言（SQL）是一种用于挖掘大型数据集的成熟工具。SQL 中有三个基本命令：

SELECT
FROM
WHERE

SELECT 表示选择用户感兴趣的数据字段。换句话说，用户希望查询的结果是什么？FROM 标识数据所在的表。WHERE 限制数据以使其满足某些条件，例如 Where Date < December 31。其他命令，例如数学函数、排序数据、连接表等，也在 SQL 中使用。

分析工具

　　由于技术的进步，会计师现在可以使用强大的数据分析或统计工具。这些工具允许会计师分析数据集，这些数据集在以前是需要专业统计人员提供服务的。然而，在获得工具和知道如何有效地使用它们之间有一个关键的区别。这些工具非常擅长于将数据分析模型与数据集进行拟合。问题是，每个模型都是基于一组标准构建的，其中包含某些基本的统计假设。如果任意将数据分析模型应用于任何给定的数据集，可能会盲目违背重要的基本假设，从而导致分析、结果和结论存在缺陷。例如，许多数据分析模型都依赖于这样一个基本假设：数据集是随机的且是正态分布的（想想标准的钟形曲线）。如果数据不是随机和正态分布的，但使用依赖于正态分布数据的模型进行评估，那么结果分析、所得结果和结论将是不可靠的。

描述性、诊断性、预测性和规范性数据分析

　　有四种基本类型的数据分析：
1. 描述性数据分析；
2. 诊断性数据分析；
3. 预测性数据分析；
4. 规范性数据分析。

　　描述性数据分析（descriptive data analysis）描述了所发生的事情。顾名思义，描述性分析提供描述实体的事件和运行的信息。描述性数据分析侧重于使用各种摘要类型的度量来描述数据，这些度量可以帮助我们理解数据是如何定位、变化以及数据分布如何可能是倾斜的。基本上，描述性统计都是关于汇总和报告数据的。帮助我们查看数据位置的度量包括平均值（平均数）、中位数（数据中的中点）、模式（有多少数据点是相同的）和百分比（数据如何分组）。帮助我们看到数据是如何分散或变化的度量包括范围（最高和最低的数据点）、四分位差范围（数据点在数据集中间的50%）和方差（偏离平均值的平方的平均数或相关于平均值数据点是如何分布的）。最后，标准差是衡量数据点相对于均值如何分布的另一种方法。对于标准钟形曲线，68%的数据在均值的2个标准差范围内，95%在均值的4个标准差范围内，99.7在均值的6个标准差范围内。标准差比方差更实用，因为方差是平方数而标准差不是平方数。例如，方差是用美元的平方衡量的，标准偏差是用美元衡量的。帮助我们了解数据分布对称性的度量方法可以显示数据是否或在多大程度上偏向某一边或另一边。

　　诊断性数据分析（diagnostic data analysis）关注的是事情发生的原因。公司使用历史数据对数据进行更深入的研究（向下钻取）以找到模式和关系，从而对感兴趣的问题提供更深入的了解。例如，一家药房想知道为什么大量的客户把他们的处方卖给竞争对手。药房对其长期收集的客户数据进行诊断性数据分析，它分析了客户处方的成本、客户从家到药房的距离、药房非处方的促销活动、客户取处方（药）的等待时间等信息，发现客户取处方（药）的平均等待时间有所增加。通过分析客户数据来诊断问题，下一步是解决如何减少客户等待时间的

问题，这就是预测性数据分析和规范性数据分析发挥作用的地方。

预测性数据分析（predictive data analysis）试图了解为什么会发生某些事情，然后创建一个模型来预测未来可能发生的事情。因此，预测数据分析试图确定可能会发生什么，它本质上是基于描述性数据分析和诊断性数据分析来预测最可能的结果。预测分析旨在确定未来的趋势和趋向。例如，投资者使用描述性数据分析和诊断性数据分析来预测某些股票的未来表现。本质上，他们使用预测性数据分析来判断股票价格图表的未来走势。预测性数据分析采用各种方法和技术，为决策者提供见解和建议。它使用数据挖掘技术、大数据、统计建模和机器学习等工具来创建预测性数据模型。这些模型用于识别数据中的模式和关系。

例如，许多杂货商店都有客户忠诚计划，为登记的客户提供优惠的特价和折扣，这些程序还通过记录顾客在商店里的每一次购买行为来捕捉客户的购买习惯数据。这些忠诚度计划获取的销售数据可以被分析，以识别客户的购买模式，从而预测客户未来的购买行为。因此，杂货商店可以将来自各种情景的数据输入到模型中以预测客户的购买行为。

再比如根据预测模型，当冰淇淋打九折时客户会购买更多的配料吗？公司使用预测性数据分析来确定客户最可能接受的报价，以及发送这些目标报价的最佳时间。预测性数据分析还可以很好地评估客户的终身价值，从而让公司提前知道在获取客户上要花多少钱仍然可以从每个客户身上获得可接受的毛利（率）。

规范性数据分析（prescriptive data analysis）和预测性数据分析可以共同作用，以确定在未来的机会或问题中应采取的行动。例如，投资者根据不同水平的风险承受能力和经济因素，使用规范性数据分析来确定投资的进入点和退出点。规范性数据分析通常使用人工智能技术来评估许多不同概率下的不同情景的结果。然而，规范性数据分析只适用于它们的基本模型和假设。换句话说，由于没有人能够预见未来，规范性数据分析给出了分析中使用的内部和外部数据，提供了一种什么可能发生的分析思路。

聚类模型、分类模型和回归模型

三种流行的数据分析模型包括聚类模型、分类模型和回归模型。

聚类模型（clustering）的目的是在一个数据集中找到相似的数据点集，一些算法或工具被用来寻找和组合相似的数据点。有些算法使用硬聚类，即将每个数据点分配给一个集群或组。另一些则使用软聚类，每个数据点都依据概率模型或数据点应该被包含的可能性而划归各自应归属的集群。集群是市场研究中最常用的方法，公司希望通过它更好地了解不同客户群体的偏好。

分类模型（classification）试图将数据点进行分类或归类，数据是离散的。分类和集群的主要区别在于分类已经设置和预先定义了类级或类别，并试图将数据点放到这些类别中。与此相反，聚类则是通过分析数据来寻找这些类别。分类可以用来根据人口统计特征和他们对某些产品的偏好来对客户进行分门别类。然后可以构建一个分类数据模型，根据新客户或潜在客户购买这些产品的可能性对其进行分类。

回归模型（regression）试图根据模型或方程预测一个数字。数据本质上是连续的或数值的，用户试图为数据找到最适合的匹配。例如，回归方程可以用来建模或预测某一产品的成本。一个参数或数量被输入到方程中，成本是计算出的结果。

线性回归模型

线性回归模型（linear regression）是一种帮助我们了解两个变量之间关系的工具，这两个变量是因变量（或响应变量）和自变量（或解释变量）。基本上，我们想知道自变量是如何影响因变量的。你可以把它想象成一个机器：自变量在机器的一边，因变量从机器的另一边出来。标准回归方程为 $y = mx + b + e$，其中 y 为因变量，m 为回归线斜率，x 为自变量，b 为 y 的截距，e 为误差项。

然而，这台机器也有一些局限性。一个局限是因变量结果不能完全完美地输出，导致因变量（结果）中被称为错误项的部分出现一些变异性。此外，还有一项表示回归线与 y 轴的交点，也就是 y 轴截距。在本－量－利的分析中，y 轴截距等于固定成本而回归线的斜率等于单位变动成本。本质上，使用回归方程将模型或直线拟合到数据点，可以使每个数据点与回归线之间的距离最小化。

多元回归模型和一元回归模型本质上是一样的，除了它包含一个以上的自变量。回归分析提供的信息基于各种变量之间的关系，而这样的关系基于一个可能不适用于所有情况的样本的数据。这些局限性可以通过各种抽样度量来解决，比如置信区间、估计的标准误差和拟合优度。置信区间是对在指定范围内找到总体参数值可能性的度量。

当一个样本被选择时，通常会选择一个点的估计值。例如针对特定的产品集或产品样本的生产运行的缺陷平均数量，此点估计值代表了对生产运行中所有产品（总体）的平均缺陷数的最佳预测。从样本数据中计算出一个置信区间，从而给出缺陷数量的范围，在这个范围中我们将有一定的置信度确定整个总体缺陷的真实数量。显然，置信水平越高，置信区间的范围越大。

为了更好地了解生产运行过程中产品缺陷的数量，最好收集多个样本。样本量越多越好，但必须保持在预算之内，因为抽样确实会花费时间、金钱和资源。假设我们收集了 10 个样本，很可能每个样本的点估计都是不同的。问题是它们有多大的不同？如果它们都是相对接近的，用户可以对点估计有信心。如果 10 个点估计相差很大，用户就会感到信心不足。

为了度量点估计的差异，我们计算了估计的标准误差，即估计的抽样分布的标准差。这估量了 10 个样本的点估计值之间的差异。

另一种帮助我们理解回归方程质量的方法是拟合优度。根据数据的分布来衡量拟合优度有许多公认的模型，但从本质上讲，拟合优度衡量的是模型与样本中的观察值或数据点的匹配或符合程度。

敏感性分析是用来确定统计分析结果可靠性的另一种工具。统计模型依赖于某些假设，并可根据基础数据的变化而变化。因此，确定结果对假设和数据的变化有多敏感是很有用的。可以对假设和数据进行更改，以确定主要结果是否仍然成立。如果是，则认为结果对工具和数据的更改是稳健的，其结果应该是相当有力的。

　　例如，从另一家公司购买一条产品线的投资模型被提出，该模型包括利率和工资率的使用。一旦数据被分析，模型就会建议实施项目并购买产品线。敏感性分析将用于输入其他利率和工资率，以确定该模型是否受到标准利率和工资利率的严重影响，或者该模型是否对这些利率的变化具有稳健性。在所有的数据分析模型中，敏感性分析同样受到样本、分布和随机选择等基本统计假设的约束，因此绝不能盲目接受敏感性分析作为最终结论。

探索性数据分析

　　探索性数据分析（exploratory data analysis）更多的是一种方法而不是一组技术和工具。探索性数据分析使用视觉或图形工具以及定量方法去寻找数据中的模式，识别和提取重要的变量，发现包含在数据集中的离群值或异常现象，测试关于数据的假设和问题并洞察数据集。

模拟

　　如果一种情况的参数是已知的，例如生产一种产品的成本和约束条件，标准线性回归模型将预测生产运行的总成本大于正常产能成本。然而，大多数实际情况需要使用许多不方便提供的变量。因此，为了模拟真实世界的情况，使用随机输入变量而不是对某些变量进行限制假设。虽然将模拟输入视为随机变量很方便，但它们实际上是基于相关变量的可能值范围和基于特定分布的该值的概率。仿真模型的优点是可以在运行模型时包含所有可能的值，而不是单个假定的最佳情形值。不用说，模拟需要计算机软件将可能值的全部分布转换到模型中并从模型中转换出来。

　　也许最广为人知的模拟是蒙特卡洛模拟（或概率模拟），给定一个可能值分布随机输入的范围，它对可能结果的概率建模。随机输入被设计来模拟实际发生的概率。

　　例如，假设您的公司正考虑从一家大型跨国公司购买一家子公司，因为该子公司生产的产品与您的主要产品互补。然而，贵公司在向子公司发出收购要约之前应该考虑许多变数和未知因素。这些未知因素包括：该子公司的产品能在你的工厂以低成本有效地生产吗？有多少子公司的员工在收购完成后会来到公司？有未预见的组合产品的竞争吗？未来经济形势可能对新产品有什么影响？利率对收购的影响是什么？以及等等情况。

　　蒙特卡洛模拟可以在可能的输入和所有变量和未知参数的范围内随机取值来计算一个可能的输出。模拟结果被记录下来，这个过程被重复进行。蒙特卡洛模拟使用从概率分布中随机选择的不同值，对模型的解决方案运行数百次甚至数千次，这也被称为假设分析或目标寻求分析。在所有的数据分析模型中，模拟的好坏取决于输入的质量。正如古老的计算机科学格言所说"垃圾输入 = 垃圾输出"。因此，模拟试验的结果绝不能被盲目地认为是最好的结果。结果应该只是整个决策过程的一些输入内容。

判定系数和相关系数

LOS
§1.F.4.q

相关系数（correlation coefficient，R）衡量两个变量如何同步移动。如果它们完美地同步移动，R = 1（正相关）。如果它们向绝对相反的方向移动，R = −1（负相关）。如果它们完全不同步移动，R = 0（无相关性）。任何介于两者之间的事物都能描绘出某种程度的相关性（正的或负的）。例如，R = 0.75 表示正相关，因为两个变量在大约 75% 的时间内同步移动。

判定系数（coefficient of determination）通常被称为 R 平方，它告诉我们模型的表现如何良好。本质上，R^2 解释了模型在多大程度上解释了数据中的变化，或者说模型（方程）是否很好地贴切了数据。

时间序列分析

LOS
§1.F.4.r LOS
§1.F.4.s

数据可以作为横断面数据集被用于分析，也可以作为时间序列数据集被用于分析。**横断面数据**（cross-sectional data）来自对多个实体在同一时间点的观察。例如，1 000 家公司在其财务年度最后一天的销售收入代表了所有 1 000 家公司销售收入的一个横截面数据。通过这个数据集，可以计算出这组公司销售收入的平均值、中位数、众数和方差。然而，假设某经理对一个产品线在一年内的成本习性感兴趣，经理可以收集生产线每天运行的成本数据。假设生产线每天都在运行，在年底经理将有大约 360 个数据点，每个工作日一个。这种类型的数据集称为时间序列数据集，因为数据是在一段时间内而不是在某个时间点收集的。

分析的重点是变量如何随时间变化。例如，一年中生产线的成本是如何变化的？时间序列分析中有四个主要的度量成分：趋势性、季节性、周期性和随机性。如果数据稳定地增加或减少，结果图将显示一条向上或向下倾斜的线，我们将其称为线性趋势。其他常见的趋势是指数型和 S 型趋势。时间序列数据也可能表现出季节性特征。例如，一家专门出租山地自行车的公司其大部分收入来自夏季，因此该公司的时间序列图将显示从 6 月到 8 月的销售高峰或激增。与季节特征类似，时间序列数据也可以表现出周期性特征，因为商业环境往往随时间从增长到衰退而循环。与季节模式不同，商业周期很难预测，因为它们的时间范围没有设定。商业周期的长度从一年到更长不等，很难预测。最后，时间序列数据表现出一种随机的或不规则的模式，这种模式称为噪声。随机模式体现了影响实体、企业和总体经济的事件的不可预测性。例子包括波动的石油价格、地震和金融危机等。

时间序列分析的主要用途是确定趋势和模式以及预测未来。既然没有人知道未来，我们只有用过去的历史来帮助我们预测未来。例如，时间序列分析使用历史数据来预测特定产品线的未来成本。

数据可视化

　　数据可视化（data visualization）是向读者传递信息的一种方法。数据可视化利用了一句常见的格言：一图胜千言。的确，一个构思良好、结构合理的图像可以比阅读相同信息的文本更快、更完整地传达大量信息。关键是正确的设计和传递图像，为读者提供信息。在选择最有效的数据可视化技术来传达结果时必须谨慎。有了今天的技术，任何人都可以创造漂亮的图片，并称为视觉化。然而，为了清楚地传达数据中包含的信息，可视化的创建者必须使用基本统计原理和假设的知识，并在选择适当的可视化方法时进行判断。设计糟糕的视觉效果会扭曲你想要讲述的真实故事。

　　数据表是向读者提供信息的第一级内容。数据表能够有效地利用空间，它可伸缩可简单。由于电子表格的流行，大多数用户都熟悉并熟练制作表格和图形。软件程序可以使数据表易于访问，并使查找和操作数据变得相对容易。下面列出了可以并且应该应用于表格和图形的 6 个最佳实践。

1. 规划。在第一个单元接收数据之前，应该计划表格和图形的用途和内容。了解图表的受众，并据此制定计划。
2. 焦点。图表的焦点应该是设计最突出的部分，这样读者能立即认出它。
3. 对齐。对于表格，文本必须在单元格的左侧对齐或对准，数值数据必须在单元格的右侧对齐。列标题必须根据内容适当地放置。
4. 大小。字符（文本和数字）的大小很重要。如果文本太小，就很难阅读，而且可能不会被阅读。此外，建议使用常用字体，不常见的字体可能会将注意力集中在字体上，而不是设计者想要传达的信息。
5. 杂乱。杂乱是每个表格和图形的敌人。一定要留出足够的空白来帮助读者关注信息。
6. 颜色。色彩是提供深度、焦点和对比度的有力工具。然而，过多或设计不当的颜色会分散表格/图形的信息。

　　数据可视化工具箱包含许多工具。就像扳手和螺丝刀一样，数据可视化工具和方法各有其特定的用途。接下来将介绍更常见的数据可视化工具及其用途，这些工具有共同的用途。有些擅长提供比较分析、有些擅长提供分布分析，还有一些擅长提供关系和趋势分析。它们也可以根据其预期用途进行分类。

比较

　　柱形图用于比较数据类别或不同时期的数据。例如，我们可以比较 10 部不同动作电影的年度总收入，每个条形代表一部电影。我们也可以表示每部电影上映后每个月的总收入。见图表 1F – 14。

图表 1F-14　样本柱形图

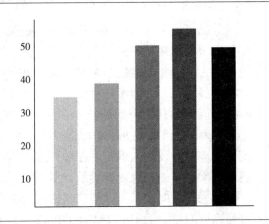

　　饼图可以用来比较数据类别的比例。然而，大多数数据科学专家都不赞成使用饼图，除非它们的比例有显著差异。试图解释 10% 的饼片和 12% 的饼片之间的差异本身是有问题的，因此，最好只使用饼图上的几个部分。见图表 1F-15。

图表 1F-15　样本饼图

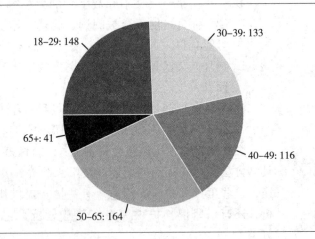

分布

　　直方图显示有多少数据点落在一定范围内，以便查看数据点的分布。直方图看起来像柱状图，主要区别在于直方图显示一个变量的分布（频率），而柱状图显示两个变量之间的比较（即，一个变量被描述在 y 轴上而另一个变量被描述在 x 轴上）。然而，直方图只用于数值，数据点显示在一个区间而不是具体的实际值。见图表 1F-16。

图表 1F–16　样本直方图

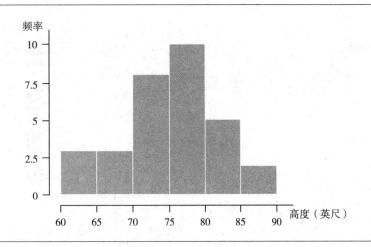

点图类似于直方图，只是它使用垂直的点而不是条形图来表示数据分布。点图对于相对较小的数据集比较有用。见图表 1F–17。

图表 1F–17　样本点图

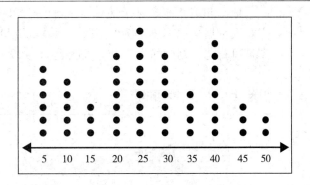

箱线图或盒须图显示使用五个标准测量值的数据集的分布：最小数据点、数据点的下四分之一（第一个四分位数）、数据点的中位数或中点、数据点的第三个四分位数和最大数据点。箱形图不显示单独的值且图形可能是倾斜的，但它们也是少数显示离群值的技术之一，在显示分布之间的比较时也很有用。见图表 1F–18。

图表 1F－18　样本箱线图

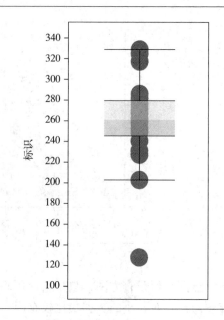

定位

地图和填充地图显示地理空间数据，以便可以根据其地理位置查看数据点。当数据与地理位置例如国家、州、城市和邮政编码相关时，地图和填充地图是可视化数据的强大工具。见图表 1F－19。

图表 1F－19　样本地理图

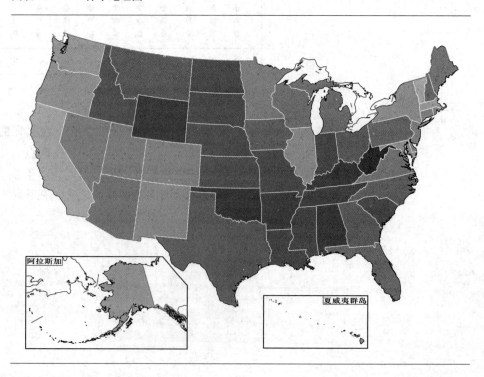

关系

　　散点图显示根据相对于 x 轴和 y 轴的位置绘制的数据点。该技术提供了一个有关数据如何关联或定位以及其分布的视图。然而，散点图并不表示两个以上变量之间的关系。见图表 1F – 20。

图表 1F –20　样本散点图

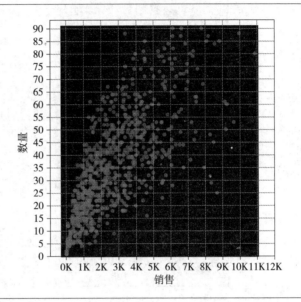

　　气泡图是散点图的一个不同版本。散点图上的点被合并成气泡，气泡的不同大小表示了数据点的数值。与饼图相似，气泡图最好在气泡大小变化较大时使用。见图表 1F – 21。

图表 1F –21　样本气泡图

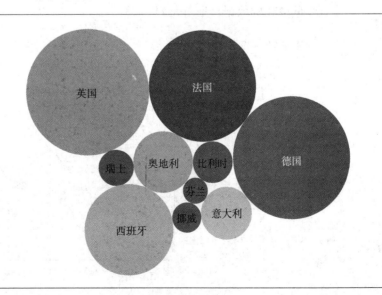

热图通过改变颜色的强度来显示变量之间的关系，它提供了一种视觉的方式来查看数值。事实上，热图可以显示大量的数据而不会让读者感到压力。热图还可以通过显示颜色强度明显不同于周围正方图形的正方形来帮助识别离群点。然而，热图不像其他技术那样精确，因为区分不同的颜色色调是很困难的。见图表1F-22。

图表1F-22 样本热图

法国 伊埃德弗朗斯		法国 莱茵-阿尔卑斯	法国 南部-比利牛斯	法国 北部-加来海峡
		法国 阿基坦	法国 上诺曼底	法国 阿尔萨斯
法国 普罗旺斯-阿尔卑斯-蓝色海岸		法国 卢瓦尔河地区	法国 皮卡第 法国 中心区	法国 洛林 法国 法国 下诺曼底 法国 利穆赞 法国 普瓦图-夏朗德
		法国 布列塔尼	法国	

趋势

折线图将信息显示为一系列数据点，易于阅读和解释。它们也有助于在数据集之间进行比较和显示随时间的变化或趋势，折线图的局限性是只显示随时间变化的数据。见图表1F-23。

图表1F-23 样本折线图

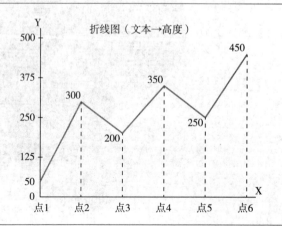

本节习题：
数据分析

说明：回答所提供的每一个问题，正确的答案和解释出现在本节习题之后。

1. 以下都是使用蒙特卡洛模拟的好处，除了：
   - ☐ **a**. 提供了敏感性分析。
   - ☐ **b**. 提供了输入的相关性。
   - ☐ **c**. 提供了有限数据的分析。
   - ☐ **d**. 提供了情景分析。

2. 如果收集的数据总是有固定和已知的周期，可以进行什么类型的分析？
   - ☐ **a**. 周期性分析。
   - ☐ **b**. 趋势性分析。
   - ☐ **c**. 季节性分析。
   - ☐ **d**. 不规则的模式。

3. 结构化和非结构化数据之间的主要区别是什么？
   - ☐ **a**. 结构化数据由于数据类型的模式使它们难以查询。非结构化数据通常由易于搜索到的数据组成，包括音频、视频和社交媒体帖子等格式。
   - ☐ **b**. 结构化数据有时是由于未知的数据类型的模式使它们容易搜索。非结构化数据通常由不易搜索到的数据组成，包括音频、视频和社交媒体帖子等格式。
   - ☐ **c**. 结构化数据由于清晰定义的数据类型的模式使它们容易搜索。非结构化数据通常由不易搜索到的数据组成，包括音频、视频和社交媒体帖子等格式。
   - ☐ **d**. 结构化数据由于清晰定义的数据类型的模式使它们容易搜索。非结构化数据通常由易于搜索到的数据组成，包括音频、视频和社交媒体帖子等格式。

本节习题参考答案：
数据分析

1. 以下都是使用蒙特卡洛模拟的好处，除了：
   - ☐ **a.** 提供了敏感性分析。
   - ☐ **b.** 提供了输入的相关性。
   - ☑ **c.** 提供了有限数据的分析。
   - ☐ **d.** 提供了情景分析。

   当缺乏数据时，分析师将可能被迫使用主观判断来建立一些概率分布。当缺乏对相关性的认识时，许多分析师假定没有相关性，即所有变量都是独立的。

2. 如果收集的数据总是有固定和已知的周期，可以进行什么类型的分析？
   - ☐ **a.** 周期性分析。
   - ☐ **b.** 趋势性分析。
   - ☑ **c.** 季节性分析。
   - ☐ **d.** 不规则的模式。

   当一个数据系列受到季节因素（例如，一年的季度、月份或一周中的某一天）的影响时，季节性模式就会出现。季节性总是指一个固定的、已知的周期。因此，季节性时间序列有时被称为周期性时间序列。

3. 结构化和非结构化数据之间的主要区别是什么？
   - ☐ **a.** 结构化数据由于数据类型的模式使它们难以查询。非结构化数据通常由易于搜索到的数据组成，包括音频、视频和社交媒体帖子等格式。
   - ☐ **b.** 结构化数据有时是由于未知的数据类型的模式使它们容易搜索。非结构化数据通常由不易搜索到的数据组成，包括音频、视频和社交媒体帖子等格式。
   - ☑ **c.** 结构化数据由于清晰定义的数据类型的模式使它们容易搜索。非结构化数据通常由不易搜索到的数据组成，包括音频、视频和社交媒体帖子等格式。
   - ☐ **d.** 结构化数据由于清晰定义的数据类型的模式使它们容易搜索。非结构化数据通常由易于搜索到的数据组成，包括音频、视频和社交媒体帖子等格式。

   结构化数据被高度化组织起来并易于理解，这使得通过数据挖掘方案进行分析成为可能。非结构化数据源主要由来自多个平台的流媒体数据组成，如移动应用程序、位置服务和物联网技术。

本章实战练习：
技术和分析

说明：下述样题旨在模拟考试真题。认真审题并将答案写在答题纸上。更多实战练习，请访问 www.wileycma.com **在线测试题库**。

样题 tb. er. plan. sys. 003_1905
考查内容：信息系统

下列哪个经济原则可以有助于企业资源规划（ERP）系统整合财务系统和非财务系统？

☐ **a.** 规模经济。
☐ **b.** 范围经济。
☐ **c.** 技能经济。
☐ **d.** 技术经济。

样题 tb. er. plan. sys. 011_1905
考查内容：信息系统

结构化查询语言（SQL）和按示例查询（QBE）是下列哪一种数据库模型中最常用的查询工具？

☐ **a.** 网络数据模型。
☐ **b.** 关系数据模型。
☐ **c.** 对象数据模型。
☐ **d.** 层次数据模型。

样题 tb. er. plan. sys. 017_1905
考查内容：信息系统

下列哪种情况最符合数据仓库解决方案的特点？

☐ **a.** 大型、集中、国际在线零售商希望客户交互的实时分析作为建议的引擎。

☐ **b.** 某非营利组织有三个不同的业务部门，每个都有自己的 IT 系统和基础设施，需要定期地分析各业务单元的绩效。

☐ **c.** 某独立的便利店和加油站协会希望为会员提供深入的客户趋势的统计分析。

☐ **d.** 某大型组织有一年的预算来创建一个分析平台，该平台允许用户和分析师构建历史客户活动的分析，一旦建立部署后可以运行长达五年。

样题 tb. sec. brch. 002_1905
考查内容：数据治理

安全控制弱化了各种信息安全风险。安全意识训练最好归属于下列哪一项控制？

- ☐ **a.** 补偿性和纠正性控制。
- ☐ **b.** 预防性和威慑性控制。
- ☐ **c.** 预防性控制。
- ☐ **d.** 纠正性控制。

样题 tb. sec. brch. 011_1905
考查内容：数据治理

关于防火墙和入侵防御系统（IDS）下列哪个陈述是正确的？

- ☐ **a.** 防火墙是 IDS 的替代品。
- ☐ **b.** 防火墙是 IDS 的替代方案。
- ☐ **c.** 防火墙是对 IDS 的补充。
- ☐ **d.** 防火墙是 IDS 的换代品。

样题 tb. sec. brch. 022_1905
考查内容：数据治理

关于网络攻击，身份窃贼可以通过以下哪种方式获取个人信息？

Ⅰ. 垃圾潜水

Ⅱ. 侧录

Ⅲ. 网络钓鱼

Ⅳ. 假托

- ☐ **a.** 只有Ⅰ。
- ☐ **b.** 只有Ⅲ。
- ☐ **c.** Ⅰ和Ⅲ。
- ☐ **d.** Ⅰ、Ⅱ、Ⅲ和Ⅳ。

样题 . sys. dev. lc. 002_1905
考查内容：技术演进下的财务转型

在项目计划启动和项目工作实施时，系统开发生命周期可以最好地描述以下哪个阶段？

- ☐ **a.** 维护阶段。
- ☐ **b.** 设计阶段。
- ☐ **c.** 实现阶段。
- ☐ **d.** 分析阶段。

样题 sys. dev. lc. 014_1905
考查内容：技术演进下的财务转型

作为当前手动执行的财务管理活动，下列哪一项将是流程自动化的未来候选（替代）内容？

☐ **a.** 组织的总会计师和 CFO 收到的一个包含季度结果的控制面板。

☐ **b.** 损益表的创建是使用机器人而不是人工来分配和汇总要显示的数据。

☐ **c.** 信用卡支付退款将根据月度销售报告自动调整。

☐ **d.** 客户数据在组织网站的表单输入时自动加密。

样题 proc. au. 001_1905
考查内容：技术演进下的财务转型

部门引入了执行评估建模的新应用程序。下列哪一项最能描述这种创新能力？

☐ **a.** 模型可以基于用户输入计算资产的估值。

☐ **b.** 模型可以使用 10k 或 8k 归档文件计算资产的估值。

☐ **c.** 模型可以使用过程自动化快速计算资产的估值。

☐ **d.** 模型可以使用围绕资产的数据点和历史的例子快速计算资产的估值。

样题 tb. bus. int. 001_1905
考查内容：数据分析

下列哪一个最好描述了使用数据分析的业务原因？

☐ **a.** 组织希望自动化处理过程，例如通过光学字符识别（OCR）扫描文档并输入重复数据到相应字段。

☐ **b.** 首席财务官和总会计师希望看到以控制面板形式列出的现金流、应收账款、应付账款等日常报告。

☐ **c.** 内部调查要求有能力对数据进行取证评估，以确定是否存在欺诈或腐败行为。

☐ **d.** 组织希望对大量数据进行趋势分析、过滤处理和可视化估计，以使信息更容易理解。

样题 tb. bus. int. 006_1905
考查内容：数据分析

如果公司希望测试以数量形式表示的预测，那么哪种分析模型是最佳选择？

☐ **a.** 智能建模。

☐ **b.** 回归建模。

☐ **c.** 分类建模。

☐ **d.** 聚类建模。

样题 tb. ana. too. 002_1905
考查内容：数据分析

时间序列数据中，以下哪一项对家电和汽车制造商的影响最大？

☐ **a.** 趋势性的成分。

☐ **b.** 周期性的成分。

☐ **c.** 季节性的成分。

☐ **d.** 不规则的成分。

 提示：参照书后"每章实战练习参考答案"。

简答题应试指南

对于简答题的有效回答是一项特殊的挑战。简答题在测试你对考点内容掌握程度的同时，也测试你的书面沟通能力。此外，简答题还测试你对特定信息之间相关性的了解，以及你面对现实问题时运用知识的能力。以下内容将帮助你进一步学习如何以书面论述的形式回答简答题。

如何准备简答题

CMA 考试的简答题可能会涉及教材第一部分《财务规划、绩效与分析》考试大纲和知识点的任何内容。这就需要考生理解教材内容，对所提问题进行评估，并且为解决具体情境问题而给出建议。

你的学习计划将有助于你掌握教材内容，学习如何回答选择题和简答题。这是挑战 CMA 考试的一个重要部分。应对这个挑战的方法之一是将挑战分解成更小的挑战：首先学习教材内容，然后练习选择题类型的题目，最后学习如何回答简答题。

如何回答简答题

CMA 考试简答题需要你就一个具体话题的要点进行讨论，然后解释其含义。在你组织答案的时候，你必须用你所思考的证据来支持你的答案，以展示你对这个话题的知识储备和理解，以及通过周密分析运用知识的能力。

你给出的书面回答应：

- 直接回答所提问题。
- 合乎逻辑。
- 展示对该考点问题的正确理解。

题目内的线索可以帮助你形成和组织答案。诸如"分析""应用""探究""解释"和"调查"之类的动词能够有助于你理解题目的要求。在回答中使用这些动词将确保你能够直接和完整地就所提问题作答。

考生应具备使用文字处理软件和电子数据表格的能力。考生还需要对基本的财务报表知识、货币的时间价值概念和基础统计学知识有所了解。考试的简答题部分借助于计算机完成。输入答案时使用类似微软记事本软件的文本编辑器。一些问题可能需要使用到类似微软 Excel 的电子表格软件。

写作技巧

CMA 考试的简答题部分用于考察你在商务环境中分析、评价和有效沟通的能力。书面沟通是当今商务环境中一项重要的必备技能。

美国注册管理会计师协会（ICMA）在 CMA 考试的简答题部分评估你的写作能力。这种评估基于以下标准：
- 使用标准英语；
- 合理组织语言；
- 清晰作答。

使用标准英语

使用标准英语是商务环境中表达观点的一个不可或缺的部分。在考试的简答题部分，能否使用清晰和简洁的术语，将作为评判所用英语语言标准与否的依据。

合理组织语言

在回答简答题的时候，以合乎逻辑的方式组织你的答案对展示你良好的商务写作能力至关重要。当你通读题目的时候，按照你的思维过程组织答案。确保你的回答有清晰的开头，要概括你的答案要点，并且以 CMA 考试的具体知识点为依据详细作答，最后进行总结。

清晰作答

在 CMA 考试中，清晰作答与使用标准英语、合理组织语言同样重要。CMA 考试简答题部分的评分人依据答案是否表达清晰并有 CMA 内容理论来支撑进行评分。回答问题时，通读你的答案确保清晰作答，并且评分人能够理解你是如何试图解答问题的。

在简答题的回答中使用标准英语、合理组织语言并清晰作答

在阅读简答题例题时，要像在实际 CMA 考试中答题一样练习题目。在答题过程中，注意题目中的关键词，组织答案并开始回答。答题时，确保你的回答清晰简洁，并使用标准英语。完成题目后，将你的答案与教材中的答案进行比较。注意答案中的语言组织、关键词运用和答题方式。对比教材中的答案，看你是如何回答的。

简答题应试技巧

在实际 4 个小时的 CMA 考试中，当你提前完成选择题部分或者考试开始 3 个小时后，可以进入简答题的部分。这意味着你至少有 1 个小时的时间完成两道简答题。

充分利用答题时间完成简答题部分：

- 在参加考试前，使用在线指南熟悉考试界面。在线指南不占用你的考试时间，并且可以重复。但是，总的指导时间不超过 20 分钟。
- 快速浏览两道简答题，了解每道题的答题要求（如描述、分析和计算等要求）。
- 你有 1 个小时的时间来完成全部简答题（如果你使用少于 3 个小时的时间来完成选择题，你将有更多时间）。规划你将在每道简答题上花费的时间。
- 从你最熟悉的题目开始作答。先将用于回答问题的关键词、想法、事实、数据和其他有助于答题的信息写下来。
- 当你回答一道题目的时候，可能会对另一道题目产生灵感。在相关题目旁记录下这些想法。这将有助于你建立信心，并将使你在回答第二道题目的时候知道从哪里着手。

回答每一道题：

- 完整阅读题目，明确其要求。
- 注意暗示你答题方向的动词线索。这将帮助你形成和组织答案。注意，你可能需要回答多个小问题——例如，定义 abc 并且解释其在 xyz 中的适用性。
- 在答题的空白处写下题目中的基本要求，确保一一回答。
- 开始答题时，使用一个或两个句子直接回答问题。如果可以的话，重述问题中的重要术语来直接回答问题。
- 使用要点列举的方式表达主要观点，并用充足的细节支持每个要点，以展示你对与本题相关的所有问题的理解。
- 尽可能使评分人容易阅读并给你分数。评卷的目的是依据答题情况给你分数，因此要清晰有效地展示你的想法。答案不宜过短或过长。

- 结尾处用一个或两个句子总结你的主要观点。
- 检查你的答案，注意逻辑性、严谨性和清晰程度。
- 留意考试时间，不要在一道题目上花费过多时间。
- 如果你时间不够，无法写出完整的论述，可以写出你的主要观点，展示你对相关话题的了解，从而获得部分分数。

简答题答案示例

每一道简答题实际上都是由围绕同一情境的几个相关问题组成的。从整体上来讲，简答题的分数由一组给分点组成，分数由评分人比照评分卡给出，以确保评分的一致性。评分卡列举出回答题目所用的正确术语、话题和观点。以下两道简答题选自之前的考试。第一道简答题后给出了一个最高分——"最佳"答案示例。评分卡中展示了如何获得分数，这里所使用的评分卡与美国注册管理会计师协会（ICMA）使用的评分卡类似。

第二道简答题后面的两个答案得分较少，因为这两个答案没有解决题目中的所有问题。"良好"的答案符合部分标准但是没有完全符合标准。"更好"的答案涉及了评分卡中所示更多的得分点，因此得到更多分数。

正如你将会看到的那样，评分人的目的是向考生给出分数而不是扣分。如果考生获得了超过上限的分数，他们只能获得上限分数。

简答题有两类：一类是要求你进行**文字论述**，另一类是要求你用**计算、表格**或**图表**的方式作答。

注意：本节示例的题目、答案和评分卡都由美国注册管理会计师协会（ICMA）提供并获得许可。

样题 1：阿穆尔公司

阿穆尔公司生产三种草地养护设备的零部件：燃料系统、变速装置和电气系统。过去五年间，制造费用依据实际产量下标准直接人工工时分摊到产品成本中。标准成本信息如下。

图表 A 给出了标准成本信息。

图表 A　标准成本信息

	燃料系统	变速装置	电气系统
生产和销售的产品数量	10 000	20 000	30 000
标准人工工时	2.0	1.5	1.0
单位产品标准直接材料成本	$25.00	$36.00	$30.00
预算和实际制造费用		$3 920 000	

当前直接人工工资率是每小时 10 美元。两年前安装了可将生产流程高度自动化的新机器，极大地减少了生产三种部件的直接人工工时。此外，三种部件每件的销售价格均为制造成本的 125%。

阿穆尔公司所处的草地养护设备行业竞争激烈，公司的利润一直在下降。阿穆尔公司的总会计师埃里克·韦斯特，受公司总裁委派分析制造费用分摊和定价结构。韦斯特认为未来的分摊需要根据机器工时和直接人工工时，而不是当前只以直接人工工时为基础的分摊方法。图表 B 给出了韦斯特所确定的补充产品信息。

图表 B 补充产品信息

	燃料系统	变速装置	电气系统
标准机器工时	2.0	4.0	6.0
制造费用：			
直接人工成本		$ 560 000	
机器成本		$ 3 360 000	

问题

1. 基于直接人工工时分摊所有预算制造费用，计算阿穆尔所生产的三种产品的单位制造成本和单位销售价格。

2. 使用埃里克·韦斯特所确定的适当成本动因分析阿穆尔公司的制造费用。计算三种产品的单位制造成本和单位销售价格。

3. 根据第 1、2 题的计算结果，向阿穆尔公司的总裁提交一份提高获利能力的建议。

阿穆尔商务情境的"最佳"答案样本

问题 1

基于直接人工工时分摊所有预算制造费用，计算阿穆尔所生产的三种产品的单位制造成本和单位销售价格，结果如下：

燃料系统

产品数量：10 000

单位产品的标准人工工时：2.0

总标准人工工时：20 000

直接材料：25.00 美元

直接人工（工资率为 10 美元/小时）：20.00 美元

制造费用（分摊率为 49 美元/直接人工工时）[1]：98.00 美元

总成本：143.00 美元

销售价格（成本的 125%）：178.75 美元

变速装置

产品数量：20 000

单位产品的标准人工工时：1.5

总标准人工工时：30 000

单位产品的机器工时：4.0

总机器工时：80 000

直接材料：36.00 美元

直接人工（工资率为 10 美元/小时）：15.00 美元

制造费用（分摊率为 49 美元/直接人工工时）[1]：73.50 美元

总成本：124.50 美元

销售价格（成本的 125%）：155.63 美元

电气系统

产品数量：30 000

单位产品的标准人工工时：1.0

总标准人工工时：30 000

直接材料：30.00 美元

直接人工（工资率为 10 美元/小时）：10.00 美元

制造费用（分摊率为 49 美元/直接人工工时）[1]：49.00 美元

总成本：89.00 美元

销售价格（成本的 125%）：111.25 美元

注：

[1] 3 920 000 美元的总制造费用/总直接人工工时 80 000 = 49.00 美元/直接人工工时。

问题 2

基于埃里克·韦斯特所确定的成本动因分摊制造费用，计算阿穆尔所生产的三种产品的单位制造成本和单位销售价格，结果如下：

燃料系统

产品数量：10 000

单位产品的标准人工工时：2.0

总标准人工工时：20 000

单位产品的机器工时：2.0

总机器工时：20 000

直接材料：25.00 美元

直接人工（工资率为 10 美元/小时）：20.00 美元

制造费用（按直接人工工时数分摊，分摊率为 7 美元/小时）[1]：14.00 美元

制造费用（按机器工时数分摊，分摊率为 12 美元/小时）[2]：24.00 美元

总成本：83.00 美元

销售价格（成本的 125%）：103.75 美元

变速装置

产品数量：20 000

单位产品的标准人工工时：1.5

总标准人工工时：30 000

单位产品的机器工时：4.0

总机器工时数：80 000

直接材料：36.00 美元

直接人工（工资率为 10 美元/小时）：15.00 美元

制造费用（按直接人工工时数分摊，分摊率为 7 美元/小时）[1]：10.50 美元

制造费用（按机器工时数分摊，分摊率为 12 美元/小时）[2]：48.00 美元

总成本：109.50 美元

销售价格（成本的 125%）：136.88 美元

电气系统

产品数量：30 000

单位产品的标准人工工时：1.0

总标准人工工时：30 000

单位产品的机器工时：6.0

总机器工时：180 000

直接材料：30.00 美元

直接人工（工资率为 10 美元/小时）：10.00 美元

制造费用（按直接人工工时数分摊，分摊率为 7 美元/小时）[1]：7.00 美元

制造费用（按机器工时数分摊，分摊率为 12 美元/小时）[2]：72.00 美元

总成本：119.00 美元

销售价格（成本的 125 %）：148.75 美元

注：

［1］按直接人工工时分摊的 560 000 美元制造费用/总直接人工工时 80 000 = 7.00 美元/直接人工工时。

［2］按机器工时分摊的 3 360 000 美元制造费用/总机器工时 280 000 = 12.00 美元/机器工时。

问题 3

假设使用问题 1 中（基于直接人工工时分摊所有制造费用）计算出的销售价格对比问题 2 中（基于成本动因分摊制造费用）计算出的修订成本，阿穆尔公司三种产品的修订毛利率汇总如下：

燃料系统

当前价格：178.75 美元

修订成本：83.00 美元

毛利（亏损）：95.75 美元

毛利率：54%

变速装置

当前价格：155.63 美元

修订成本：109.50 美元

毛利（亏损）：46.13 美元

毛利率：30%

电气系统

当前价格：111.25 美元

修订成本：119.00 美元

毛利（亏损）：(7.75 美元)

毛利率：无

基于以上分析，燃料系统和变速装置的收益比阿穆尔公司之前认为的要高。燃料系统是最为盈利的（毛利率为54%），变速装置次之；但是，电气系统在完全成本模式下产生了损失。

提高获利能力的建议如下所示：

- 重点关注燃料系统，可采用诸如提高营销支出和降低价格的方法来增加销售额。
- 通过改进生产流程降低必要机器工时的方法提高电气系统的获利能力。
- 在可能的情况下，降低电气系统的营销支出，并提高销售价格。

对阿穆尔商务情境的"最佳"答案进行评分

阿穆尔题目的分数由类似以下示例的评分卡来评定。注意：

- 评分卡给出的内容比题目所需回答的问题多。这样做是为了照顾考生之间的差别，并且提供最大的可能使考生获得满分。评分人的目的是给考生分数而不是扣分。如果考生获得了超过评分上限的分数，也只能得到上限分数。
- 有时，答题过程比答案的最终数字更为重要。考生需要写出所有思考或计算过程以获得最多的分数。
- 给出解释将会获得加分。
- 评分不考虑答题格式。你可以使用简单的文本编辑软件，如微软记事本。一旦使用，你可能无法做图表，需使用要点列举的方式答题。

阿穆尔的评分卡

阿穆尔——可允许的最大得分为 17

问题1：可允许的最大得分 =5

需要解决的问题

单位生产成本和价格（按直接人工工时分摊制造费用）

总人工工时 = 单位产品的标准人工工时 × 每种产品的数量

所有产品的总人工工时/（80 000）

3 920 000 美元制造费用/80 000 直接人工工时 = 制造费用的分摊率

产品成本中包含单位直接材料成本

续表

直接人工 = 10 美元 × 单位产品的标准直接人工工时

每种产品的单位制造费用 = 制造费用分摊率 × 单位产品的标准直接人工工时

直接材料 + 直接人工 + 制造费用 = 产品成本/(143 美元/89 美元/124.5 美元)

销售价格 = 125% × 产品成本

问题 2：可允许的最大得分 = 5

单位生产成本和价格（按成本动因分摊制造费用）

总机器工时 = 每单位产品的标准机器工时 × 每种产品的数量

所有产品总的机器工时数/(280 000)

按机器工时分摊制造费用的分摊率 = 3 360 000 美元/280 000

按直接人工工时分摊制造费用的分摊率 = 560 000 美元/80 000 小时 = 单位直接人工工时 7 美元

每种产品的单位制造费用 = 制造费用分摊率 × 单位产品的标准机器工时

每种产品的单位制造费用 = 制造费用分摊率 × 单位产品的标准直接人工工时

每种产品的成本中包含直接材料和直接人工工时成本

总成本/(83 美元/109.5 美元/119 美元)

销售价格 = 125% × 产品成本

问题 3：可允许的最大得分 = 7

需要解决的问题

提出建议

提高对燃料系统的重视程度

　毛利率/利润最高

提高对变速装置的重视程度

　毛利率/利润较高

增加营销支出以提高销售额

降低价格以刺激销售额

提高获利能力的其他建议

降低对电气系统的重视程度

　毛利率较低/正在亏损

改善生产流程

在市场可以承受的前提下提高价格

关于电气系统的其他建议

样题 2：瑞龙公司

商务情境

杰夫·弗兰基是瑞龙公司的首席财务官，瑞龙公司是一家住宅用电子安全设备的制造商和分销商。弗兰基目前在准备公司第二年的年度预算，并且在实施用于奖励重要员工绩效的激励计划，最终的计划随后将提交董事会审批。

弗兰基意识到，基于已经公布的针对主要客户的价格上涨，公司明年将面临很大困难。瑞龙的总裁为实现当前年度的每股收益，已经向管理层施加了压力。为此，弗兰基考虑引入零基预算，使得成本与收入预期保持一致。

瑞龙公司的生产总监杜克·爱德华兹打算说服弗兰基在经营预算中引入预算松弛。埃德瓦斯认为，生产效率会被异常量的产品设计变更和小批量生产订单所带来的过高生产准备时间成本所累。

问题

1. 从瑞龙公司整个管理层的角度说明预算松弛的优点和缺点，每个方面至少三条。

2. 描述零基预算如何为瑞龙公司的整体预算流程带来益处。

瑞龙商务情境的"更好"答案样本

问题 1

从瑞龙公司整个管理层的角度，预算松弛至少有如下三个优点和缺点：

优点

1. 预算松弛可以为无法预知的情况提供经营灵活性，例如，当对于通货膨胀的预算假设不正确或出现不利情况时，预算松弛将为可自主支配费用带来额外的调整余地。

2. 额外的预算松弛可能会抵销设计变更和/或小批量生产订单所产生的过高生产准备成本。

3. 实现第 1 年每股收益目标所带来的压力可能会导致费用支出延迟到第 2 年，或者激进地将销售额提前到第 1 年。第 2 年的预算松弛可能会补偿从第 2 年向第 1 年的收益转移。

缺点

1. 预算松弛会降低发现薄弱环节和及时对所出现问题采取改进措施的能力。

2. 预算松弛会降低公司规划的整体有效性。为提高收益，公司可能会采取诸如价格调整或降低促销开支的措施，而消除预算松弛能够在不改变市场的情况下实现同样的目标。

3. 预算松弛制约了使用预算信息对部门经理和下属的绩效进行的客观评估。

问题 2

零基预算（ZBB）能够为瑞龙公司整体预算流程带来益处的原因如下：

- 零基预算流程评估所有被提议的经营和管理费用，就像这些费用是首次发生一样。每一项开支都会依据其对于公司整体的重要性，而不仅仅是在一个部门中的作用来被验证合理化、排序和划分优先级。

- 零基预算的重点在于评估所有活动，而不仅仅是相比前一年的增量变化。这样就可以评估正在进行的活动，以确定其在当前环境中是否仍然有用。所有活动的目标、运营和成本都会被评估，并且完成目标的备选方案也更加可能被确认。

瑞龙商务情境"更好"答案评分标准

瑞龙问题由类似以下评分卡的评分标准来评定。注意：

- 评分卡给出的答题要点比题目所需回答的问题多。这样做是为了照顾考生之间的差别，并且提供最大的可能使考生获得满分。阅卷人的目的是给考生分数而不是扣分。如果考生获得了超过评分上限的分数，也只能得到上限分数。
- 有时，答题过程比答案的数字更为重要。考生需要写出所有思考或计算过程以获得最多的分数。
- 给出解释将会获得加分。
- 评分不考虑答题格式。你可以使用简单的文本编辑软件，如微软记事本。一旦使用，你可能无法做图表，需使用要点列举的方式答题。

瑞龙的评分卡

瑞龙可允许的最大得分为 12

问题 1：可允许的最大得分 = 6

需要解决的问题

优点

可以提供不确定环境下的灵活性

如果假设错误或出现不利情况，可以提供额外的自主支配费用开支空间

可以抵销预期以外的生产准备成本

    设计变更

    小批量订单

可以对选择时间点的收益进行补偿

    缓解实现每股收益（EPS）的压力

    推迟确认费用或提前确认销售

其他

    解释

缺点

降低了公司发现薄弱环节并采取改进措施的能力

    在预算中高估费用

降低了整体计划流程的有效性

采取如下不必要措施

    价格调整或降低促销开支

    消除预算松弛可以解决问题

限制了对员工的客观评估

    根据虚增的预算进行评估

其他

    解释

续表

问题 2：可允许的最大得分 =6
需要解决的问题
优点
对每项费用的合理化进行验证和排序
对每项费用进行评估，就像这些费用是首次发生一样
消除不必要的活动
对所有活动进行评估
必须对现有活动的合理性进行验证
能够减少预算松弛
必须根据现实的假设对费用进行评估
能够确认备选方案
促使对流程作出评估
其他
解释

瑞龙商务情境的"良好"答案样本

一份成绩为良好的答案应能够对瑞龙评分卡中所确定的三个问题给出足够的回答，以便获得最高允许分数的 70%～80%。以下为瑞龙商务情境中一份成绩为良好的答案。这份答案解答了问题，但是没有超越问题本身给出更多的解释和说明。

问题 1

从瑞龙公司整个管理层的角度，预算松弛至少有如下三个优点和缺点：

优点

- 预算松弛提供了经营灵活性。
- 额外的预算松弛可能会抵销成本。
- 瑞龙将需要延迟费用开支。

缺点

- 预算松弛会降低发现薄弱环节和及时对所出现问题采取改进措施的能力。
- 预算松弛会降低公司规划的整体有效性。
- 预算松弛制约了对部门经理和下属绩效的客观评价。

问题 2

零基预算（ZBB）能够为瑞龙公司的整体预算流程带来益处的原因如下：

- 零基预算流程评估所有提议的经营和管理费用，就像这些费用是首次发生一样。
- 零基预算的重点在于评估所有活动。

简答题实战练习及参考答案

以下的简答题和答案都节选自美国注册管理会计师协会（ICMA）所提供的《修订版 CMA 考试，题目和答案：第四部分（2005 年与 2008 年）》一书，并且获得使用许可（除非另有说明）。

简答题的重点在于测试考生在商务情境中应用本部分概念知识的能力。

本套教材所提供的答案为按照评分指导可以获得 80% 或以上评分点的答案样本。通常情况下，评分指导所提供的分数要比实际给出的分数多（例如，评分指导中的总分可能为 110 分，但实际给分的总分为 100 分），而获得 80% 以上评分点的不同考生，他们的答案也可能有差异。因此，本套教材中所给出的答案，代表的是可能的答案，并非一个最佳的正确答案。

第一部分第一章题目[①]

样题 1A – ES01

已近 20×× 年 12 月 31 日深夜，克兰利 – M – 阿帕公司的记账软件发生故障。系统没有生成利润表，而是将账户按照字母顺序打印：

管理费用(administrative expenses)	$ 215 000
产品销售成本(cost of goods sold)	408 500
所得税(income taxes)	54 900
存货减值损失(非经常性)(loss on inventory write – down, nonrecurring)	13 000
外币折算利得(gain on foreign currency translation)	19 500
中止经营项目形成的损失(loss from discontinued operations)	30 000
销售额(sales)	945 000
销售费用(selling expenses)	145 000

---

① 第一章的简答题实战练习为原创题目，不是美国注册管理会计师协会（ICMA）发布的题目。

问题

A. 作为克兰利 – M – 阿帕公司的新任会计师，你的第一项任务就是按照公认会计原则（GAAP）为公司编制含有每股收益（EPS）列报信息的 20 × × 年度多步式利润表。克兰利 – M – 阿帕公司有 50 000 股流通在外的普通股，中止经营适用的税率为 30%。

B. 克兰利 – M – 阿帕公司的首席执行官马克·M. 唐对利润表中非常规项目的会计核算方法感到困惑，现在你来解释为什么 GAAP 需要对非常规项目进行特殊核算。

样题 1A – ES02

2018 年 12 月 31 日，达克·戴兹公司的会计师突然离职了，留下一堆烂摊子。你努力找到以下信息：

累计折旧——建筑	$ 15 000	应付利息	600
累计折旧——设备	10 000	存货	$ 102 000
应收账款	2 000	土地	137 320
坏账准备	140	应付票据（2018 年 7 月 1 日到期）	14 400
应付债券（2022 年 12 月 31 日到期）	78 000	预付广告费	5 000
建筑	80 400	留存收益	?
现金	30 000	应付工资	900
普通股	60 000	应付税费	3 000
设备	40 000		

问题

A. 编制公司 2018 年度的分类资产负债表。

B. 达克·戴兹公司的首席执行官埃博尼·达克对公司所需披露的资产负债表项目信息有些担忧。讨论公司所需披露的信息：（1）存货；（2）应收账款；（3）不动产、厂房及设备；（4）应付债券；（5）普通股股票。

样题 1A – ES03

凯希 – N – 凯瑞公司的信息如下：

凯希 – N – 凯瑞公司
对比资产负债表
截至 12 月 31 日

	2018	2017
现金	$ 21 500	$ 120 000
应收账款	195 000	105 000
存货	180 000	225 000
长期投资	0	60 000
资产总计	$ 396 500	$ 510 000
应付账款	$ 75 000	$ 120 000
应付营业费用	24 000	15 000
应付债券	70 000	100 000
普通股股票	125 000	125 000
留存收益	102 500	150 000
负债与股东权益合计	$ 396 500	$ 510 000

凯希 – N – 凯瑞公司
利润表
截至 2018 年 12 月 31 日

销售额	$ 560 000
产品销售成本	375 000
毛利润	185 000
营业费用	180 000
营业利润	5 000
出售投资产生的亏损	(7 500)
净亏损	$ (2 500)

其他信息：

- 与存货采购相关的应付账款。
- 成本为 60 000 美元的长期投资以 52 500 美元的价格出售。
- 2017 年公司宣布并支付现金股利 45 000 美元。

问题

A. 使用间接法编制现金流量表。

B. 使用直接法编制现金流量表的经营活动部分。

C. 凯希－N－凯瑞公司的首席执行官巴克·斯朋德对现金流量如何分类感到困惑。向他解释哪些现金流量应分类为经营活动现金流量、投资活动现金流量和筹资活动现金流量。

样题 1A－ES04

2018 年 1 月 1 日，罗莎·罗特公司以 520 790 美元的价格购买了面值为500 000美元的 5 年期票面利率为 8% 的债券，其有效利率为 7%。债券 7 月 1 日和 1 月 1 日派发利息，罗莎·罗特公司使用实际利率法对可供出售金融资产进行会计核算。

					普通年金现值系数					
期数	1%	2%	3%	4%	5%	6%	7%	8%	9%	10%
1	0.990	0.980	0.971	0.962	0.952	0.943	0.935	0.926	0.917	0.909
2	1.970	1.942	1.913	1.886	1.859	1.833	1.808	1.783	1.759	1.736
3	2.941	2.884	2.829	2.775	2.723	2.673	2.624	2.577	2.531	2.487
4	3.902	3.808	3.717	3.630	3.546	3.465	3.387	3.312	3.240	3.170
5	4.853	4.713	4.580	4.452	4.329	4.212	4.100	3.993	3.890	3.791
6	5.795	5.601	5.417	5.242	5.076	4.917	4.767	4.623	4.486	4.355
7	6.728	6.472	6.230	6.002	5.786	5.582	5.389	5.206	5.033	4.868
8	7.652	7.325	7.020	6.733	6.463	6.210	5.971	5.747	5.535	5.335
9	8.566	8.162	7.786	7.435	7.108	6.802	6.515	6.247	5.995	5.759
10	9.471	8.983	8.530	8.111	7.722	7.360	7.024	6.710	6.418	6.145

问题

A. 列出购买债券的会计分录。

B. 列出 2018 年 7 月 1 日收到利息的会计分录。

C. 列出 2018 年 12 月 31 日应收利息的会计分录。

D. 写出 2018 年 12 月 31 日确认债券公允价值为 530 000 美元的会计分录。

E. 2019 年 1 月 1 日，罗莎·罗特公司收到债券利息的支票。在收到支票后，公司立刻以 530 000 美元的价格出售了该债券。写出这些事项的会计分录。

F. 列出公司出售 AAA 和购买 CCC 的会计分录。[①]

G. 2020 年 12 月 31 日，罗莎·罗特公司的权益性证券投资组合价值如下：

	成本	2020 年 12 月 31 日的公允价值
持有 BBB 公司 10 000 股普通股股票	$182 000	$195 500
持有 CCC 公司 600 股普通股股票	27 550	25 500
	$ 209 550	$ 221 000

---

① 此问题条件不足，应为原版错误。——编者

列出 2020 年 12 月 31 日公允价值调整的会计分录。

H. 2021 年 1 月 1 日，罗莎·罗特公司以 500 000 美元的价格购买了佳博·阿泊公司 25% 股份的普通股股票。当时，佳博·阿泊公司有 1 000 000 股每股面值为 1 美元的普通股发行和流通在外。

罗莎·罗特公司对佳博·阿泊公司有重大影响，并使用权益法对可供出售金融资产进行会计核算。列出罗莎·罗特公司以下事项的会计分录：

1. 2021 年 1 月 1 日，购买佳博·阿泊公司普通股股票。
2. 2021 年 7 月 1 日，佳博·阿泊公司派发现金股利 160 000 美元。
3. 2021 年，佳博·阿泊公司净利润为 360 000 美元。
4. 在按照市场公允价值调整前，2019 年末罗莎·罗特公司对佳博·阿泊公司的投资余额是多少？

余额 = ＿＿＿＿＿＿

5. 如果罗莎·罗特公司是对佳博·阿泊公司没有重大影响的被动投资者，并使用成本法对投资进行会计核算，应如何进行会计分录？
6. 2021 年 7 月 1 日，佳博·阿泊公司派发现金股利 160 000 美元。
7. 2021 年，佳博·阿泊公司净利润为 360 000 美元。
8. 在按照市场公允价值调整前，2019 年末罗莎·罗特公司对佳博·阿泊公司的投资余额是多少？

余额 = ＿＿＿＿＿＿

样题 1A – ES05

2018 年 1 月 1 日，艾克 – 特公司获得授权许可，发行 50 000 股面值为 100 美元票面利率为 8% 的累积优先股和 150 000 股面值为 5 美元的普通股。

问题

列出 2018 年公司以下交易的会计分录：

A. 1 月 2 日，公司用 8 000 股普通股换取价值为 300 000 美元的土地。

B. 1 月 5 日，公司以每股 60 美元的价格发行 12 000 股普通股。公司还向律师发行 100 股普通股作为公司成立的相关成本费用。

C. 2018 年 2 月 3 日，公司以每套 720 美元的价格捆绑发行了 1 000 套优先股和普通股组合。每套组合包括 10 股普通股和 1 股面值为 100 美元股利支付率为 8% 的优先股。当天，普通股市场价格为每股 60 美元，但是优先股没有确定的市场价格。

D. 2018 年 6 月 30 日，公司留存收益为 200 000 美元，普通股市场价格为每股 60 美元。当天，公司宣布派发 10% 的普通股股票股利。

E. 7 月 31 日，公司发行股票用于支付股票股利。

F. 8 月 1 日，公司支付 60 000 美元回购 2 000 股普通股股票作为库存股。艾克 – 特公司使用成本法核算库存股交易。

G. 9 月 1 日，公司宣布于 9 月 30 日向优先股和普通股股东派发总额为 20 000 美元的现金股利。

优先股股利总额 = _____

优先股股东每股股利 = _____

普通股股利总额 = _____

普通股股东每股股利 = _____

列出公司宣布派发股利的会计分录：

H. 9 月 30 日，公司支付现金股利。

I. 10 月 1 日，公司以每股 58 美元的价格再次发行库存股股票。

样题 1A – ES06

豪特·史蒂夫公司生产精品系列的浓缩咖啡机，产品出售时附带保修协议。

问题

列出以下事项的会计分录：

A. 2018 年，豪特·史蒂夫公司以每台 1 500 美元的价格向饭店出售了 700 台附带保修协议的浓缩咖啡机。

B. 豪特·史蒂夫公司估计保修期间 50% 的咖啡机需要维修，每台机器维修的零部件和人工成本为 90 美元。2018 年，豪特·史蒂夫公司对 100 台浓缩咖啡机进行了质保维修。

C. 2018 年 12 月 31 日，豪特·史蒂夫公司应计未来质保维修负债为：_____

D. 如果豪特·史蒂夫公司以每台 1 500 美元的价格向饭店出售了 700 台浓缩咖啡机，加上每台延长保修期的收入 100 美元。

E. 豪特·史蒂夫公司估计保修期间 50% 的咖啡机需要修理，每台机器修理的零部件和人工成本为 90 美元。2018 年，豪特·史蒂夫公司对 100 台浓缩咖啡机进行了质保维修。

F. 2018 年 12 月期间，豪特·史蒂夫公司员工工资为 70 000 美元。工资代扣税包括员工应付的社保（FICA）2 250 美元、联邦个人所得税 7 500 美元，州个人所得税 2 200 美元和工会费用 500 美元。公司产生的工资税费包括雇主应付的社保（FICA）2 250 美元、联邦失业税（FUTA）200 美元和州失业税（SUTA）700 美元。写出公司 12 月工资费用的会计分录。

G. 写出公司 12 月工资税费的会计分录。

H. 2018 年 12 月 15 日，豪特·史蒂夫公司从银行借入 12 000 美元 4 个月期利率为 7% 的票据。写出以下会计分录：

应付票据的记录。

I. 2018 年 12 月 31 日，应计票据利息。

J. 2019 年 4 月 15 日，偿还票据本金和利息。

样题 1A – ES07

2018 年 1 月 1 日，多恩–赖特制造公司发售了 10 000 000 美元票面利率为 6% 的 5 年期债券，类似的债券市场利率为 5%。债券在 7 月 1 日和 1 月 1 日每半年支付一次利息，多恩－赖特公司使用实际利率法核算长期负债。

现值	2.5%	3%	5%	6%
5 期复利现值系数	0.88385	0.86261	0.78353	0.74726
10 期复利现值系数	0.78120	0.74409	0.61391	0.55839
5 期年金现值系数	4.64583	4.57971	4.32948	4.21236
10 期年金现值系数	8.75206	8.53020	7.72173	7.36009

问题

A. 债券以折价发售还是溢价发售？ _____

B. 公司在发售债券时获得多少现金？ _____

C. 2018 年 1 月 1 日发售债券的账务处理。

D. 2018 年 7 月 1 日支付利息的账务处理。

E. 2018 年 12 月 31 日应计利息的账务处理。

F. 2019 年 1 月 1 日支付利息的账务处理。

G. 在 2019 年 1 月 1 日支付利息后，公司以面值98%的价格赎回债券的账务处理。

H. 多恩－赖特公司的首席执行官 R.U. 苏让你解释为什么债券有时以溢价发售，但是有时以折价发售。你将如何向他解释？

样题 1A－ES08

在 2018 年，韦－高－史蒂夫公司购买土地用于建设工厂。年内的开支包括：

- 购买土地的成本 100 000 美元
- 房地产经纪人佣金 5 000 美元
- 应计不动产税 3 000 美元
- 拆除土地上旧建筑清理费 10 000 美元
- 被拆除建筑残值 2 000 美元
- 建筑设计费用 16 000 美元
- 工程成本 54 000 美元
- 工程监督费用 7 000 美元
- 工程期间 6 个月保险费用 1 500 美元
- 工程在 5 个月内完工
- 绿化和围栏费用 4 400 美元
- 办公室家具 8 000 美元

问题

A. 土地成本 = _____

B. 工厂成本 = _____

C. 韦 – 高 – 史蒂夫公司处置了一辆卡车，其原始成本为 50 000 美元并有 40 000 美元累计折旧。

如果韦 – 高 – 史蒂夫公司以 11 000 美元价格出售卡车，列出会计分录。

D. 如果韦 – 高 – 史蒂夫 XYZ 公司以 6 000 美元价格出售卡车，列出会计分录。

E. 如果韦 – 高 – 史蒂夫公司将卡车报废，列出会计分录。

F. 如果韦 – 高 – 史蒂夫公司在卡车报废时已提足折旧（累计折旧 = 获取成本），列出会计分录。

G. 在 2018 年，韦 – 高 – 史蒂夫公司与莫柯利制造公司进行设备交换：

	韦 – 高 – 史蒂夫公司	莫柯利制造公司
设备（成本）	$100 000	$80 000
累计折旧	50 000	25 000
公允价值（FV）	60 000	50 000
支付补价		10 000

韦 – 高 – 史蒂夫公司换出的资产价值 = ＿＿＿＿＿＿＿＿＿＿

H. 韦 – 高 – 史蒂夫公司收到的资产价值 = ＿＿＿＿＿＿＿＿＿＿

I. 韦 – 高 – 史蒂夫公司交换的利得或损失 = ＿＿＿＿＿＿＿＿＿

J. 莫柯利制造公司换出的资产价值 = ＿＿＿＿＿＿＿＿＿

K. 莫柯利制造公司收到的资产价值 = ＿＿＿＿＿＿＿＿＿

L. 莫柯利制造公司交换的利得或损失 = ＿＿＿＿＿＿＿＿＿

M. 如果交易有商业实质，列出以下会计分录：

　　i. 韦 – 高 – 史蒂夫公司的账务处理

　　ii. 莫柯利制造公司的账务处理

N. 如果交易没有商业实质，列出以下会计分录：

　　i. 韦 – 高 – 史蒂夫公司的账务处理

　　ii. 莫柯利制造公司的账务处理

第一部分第二章题目

样题 1B – ES01

一家压缩机制造企业雷恩公司正在编制 2019 年的预算利润表。公司 2018 年度估算净利润为 700 000 美元，带来每股收益 2.80 美元，总裁对此基本满意。但是，他希望下一年的每股收益至少增加到 3 美元。雷恩公司使用标准吸收成本法。通货膨胀要求标准成本每年都要修订，2019 年生产成本预期也会增长。2018 年度每单位产品标准制造成本为 72 美元。

雷恩公司预计在当前年度（2018 年）以每台 110 美元的价格出售 100 000 台压缩机。销售部门的预测是有利的，雷恩公司计划 2019 年和 2020 年每年销售量增长 10% 。即使 2019 年单位产品销售价格提高 15 美元，销售额依然会增长。销售价格的增长对于补偿生产成本和营业费用的增加是完全必要的。但是，公司管理层担心额外的销售价格提高会减少预期销售量增长。

公司要确定压缩机两个主要金属部件（黄铜和钢合金）的标准生产成本、直接人工成本和制造费用。以下表格展示了 2019 年生产一台压缩机所需的材料和人工的标准数量及工资率。

黄铜	4 磅	×	\$ 5.35/磅	\$ 21.40
钢合金	5 磅	×	\$ 3.16/磅	15.80
直接人工	4 工时	×	\$ 7.00/工时	28.00
			主要成本总计	\$ 65.20

公司生产压缩机所使用的材料已略微减少，在很大程度上不会显著影响产成品的质量。人工生产效率提高和自动化程度的提高使得单位产品所需的人工工时从 4.4 减至 4.0。但是，材料价格和每小时人工工资率的显著增长远远抵销了产品投入数量减少带来的节约。单位产品的制造费用计划表格尚待完成。初步数据如下：

	作业水平(产品数量)		
	100 000	110 000	120 000
制造费用项目			
物料	\$ 475 000	\$ 522 000	\$ 570 000
间接人工	530 000	583 000	636 000
公共事业	170 000	187 000	204 000
维修	363 000	378 000	392 000
税和保险	87 000	87 000	87 000
折旧	421 000	\$ 421 000	421 000
制造费用总计	\$ 2 046 000	\$ 2 178 000	\$ 2 310 000

制造费用标准分摊率根据直接人工工时和以上表格中最接近计划生产作业水平的总制造费用来计算。在制定制造成本标准的过程中，我们做出了以下两个假设。

- 黄铜目前的售价是每磅 5.65 美元。但是，这一价格是历史高点，采购经理预期价格会在 2019 年初降至预定的标准。
- 2019 年，生产线将雇用几个新员工。新员工通常没有经验。如果基本培训计划无效且提高人工生产效率不能实现，单位产品的生产时间将在 2019 年的标准之上增加 15 分钟。

雷恩公司使用后进先出法核算成品。雷恩公司的成品存货政策是，年末存货数量为来年预期销售总额的 15% 。2018 年 12 月 31 日，公司的成品存货估计为 16 500 单位，账面总成本为 1 006 500 美元。

营业费用分类为变动的销售费用和固定的管理费用。2019 年预算销售费用估计平均为销售收入的 12%，与 2018 年保持一致。2019 年的管理费用估计在 2018 年预计费用 907 850 美元基础上增加 20%。

管理层接受生产部门和会计部门制定的标准成本。但是，管理层担心如果黄铜价格不下跌，和/或劳动效率没有按照预期提高，可能会对净利润带来影响。因此，管理层希望预算利润表使用已定标准编制，但是要考虑到 2019 年最坏的情形。每个生产差异结果都要单独确认，并从标准预算产品销售成本中增加或减少。雷恩公司适用于 45% 的所得税税率。

问题

A. 按照管理层的具体要求编制雷恩公司 2019 年度的预算利润表。所有计算保留至个位。

B. 审核雷恩公司 2019 年度的预算利润表，讨论总裁的目标能否实现。

样题 1B – ES02

一家儿童玩具和家具制造商格莱森公司正在编制明年的预算。最近加入格莱森公司的会计人员杰克·泰戈尔向销售经理莱西·罗宾斯和生产经理詹姆斯·克劳了解格莱森公司的预算流程。

克劳说他用罗宾斯的预计销售额来估算期末存货，但是最终数据不完全可靠，因为罗宾斯会对她的估算做一些调整。罗宾斯承认她会在销售额的初始估算中调低 5% 到 10% 以给部门留有一定的余地。克劳承认他的部门也会做类似罗宾斯部门的调整。具体来说，生产在估算数额基础上增加 10%。"我想每个人都会做相同的事"他说，罗宾斯点头表示同意。

问题

A. 罗宾斯和克劳打算从他们的预算实践中获得什么好处？

B. 对于罗宾斯和克劳来说，引入预算松弛可能产生哪些负面影响？

样题 1B – ES03

马其波·瑞克俱乐部（Matchpoint Racquet Club，MRC）是一家运动器械俱乐部经营商，向其会员提供网球、壁球和其他健身设备。MRC 在发达地区拥有和运营一家有着 2 000 名会员的大型俱乐部。俱乐部过去 5 年遇到了现金流问题，尤其是在夏季当场地使用率和新会员销售额都很低的时候。MRC 用临时的银行贷款解决夏季的资金短缺问题。

MRC 的所有者们决定采取行动改善 MRC 的净现金流状况。他们让俱乐部的财务经理根据计划修订后的收费结构来编制现金预算。计划将增加会员费并用不限时使用场地的季度费用代替按小时收费的网球和壁球场地费用。与其他本地区内俱乐部的费率相比，新的费率依然保持竞争力。虽然有些会员因为价格提高而不再续费，但管理层认为不限时使用场地的方案将会使会员人数增加 10%。

按照目前会员分布的计划收费结构如下所示。假设会员分布保持不变。所有会员需要支付季度场地费用。

计划收费结构

会员类别	会员年费	季度场地费
个人	$300	$50
学生	$180	$40
家庭	$600	$90
会员分布情况		
个人	60%	
学生	10%	
家庭	30%	

预计的会员支付活动

季度	新会员	续费会员	场地使用小时数 密集使用	常规使用
1	100	700	5 000	7 000
2	70	330	2 000	4 000
3	50	150	1 000	2 000
4	200	600	5 000	7 000

第三季度的平均会员人数估计为 2 200 人。每季度固定成本为 157 500 美元，包括季度折旧费用 24 500 美元。变动成本估计为每小时 15 美元，按总场地使用小时数计算。

问题

A. 编制 MRC 第三季度的现金预算。假设期初现金余额为 186 000 美元，季度期初的会员人数为 2 000 人，在第三季度俱乐部将执行新的定价结构。必要时写出支持结果的计算过程。

B. 敏感性分析如何帮助 MRC 管理层进行决策？

C. 确定至少 4 个 MRC 在执行决策前需要考虑的因素。

样题 1B – ES04

科埃公司是一家半定制摩托车制造商。公司使用 500 个人工工时为一位关键客户生产新摩托车的原型。客户随后订购了另外三台摩托车，将在未来六个月内生产。科埃公司估算另外三台摩托车的生产过程适用于 90% 的学习曲线。虽然生产经理意识到了估算出的学习曲线，但是他决定为了给预算人工工时超时留出缓冲，而在编制预算时忽略学习曲线。

问题

1. 使用累积平均时间学习曲线，估算生产前 4 件产品所需的人工工时总数。列出你的计算过程。

2. 假设实现了 90% 的学习曲线。如果直接人工成本为每小时 25 美元，计算科埃公司在生产另外三件产品时的成本节约。列出你的计算过程。

3. a. 定义预算松弛。

　　b. 确定并解释预算松弛对预算过程带来的两个负面影响。

4. 假设科埃公司实际使用 1 740 个人工工时生产 4 件产品，总成本为 44 805 美元。

　　a. 如果公司在编制预算时忽略制造这 4 件产品的学习曲线，计算科埃公司：

　　（1）直接人工工资率（价格）差异。

　　（2）直接人工效率差异。

　　b. 如果在编制预算时考虑学习曲线，以上两项差异将会有何不同？列出你的计算过程。

5. 假设价格差异是不利的，效率差异是有利的。确认并讨论能够解释两种差异的一个原因。

6. 如果生产过程适用于 80% 的学习曲线，解释其对直接人工效率差异的影响。

7. 给出并解释学习曲线分析的一个局限。

样题 1B – ES05

劳尔服务事务所向客户提供多种法律服务。事务所的每位律师有权和客户商议服务费率。劳尔服务事务所希望更加有效地管理其运营，并于去年年初编制了预算。预算包括收费小时总数、每小时收费金额和每小时变动费用。不幸的是，事务所没有能够达成去年的预算目标。结果如下所示。

	实际数	预算数
总的收费小时数	5 700	6 000
每小时收费金额	$275	$325

预算变动费用每小时为 50 美元，实际总变动费用为 285 000 美元。律师们在事务所没能达成预算目标的原因上有分歧。

问题

1. 相对于静态预算，使用弹性预算对劳尔服务事务所去年运营结果进行评估的优势是什么？对你的答案进行解释。

2. 解释劳尔服务事务所建立弹性预算的流程。

3. 计算总的静态预算收入差异、弹性预算收入差异和销售量收入差异。

列出你的计算过程。

  4. a. 计算变动费用差异。列出你的计算过程。

   b. 变动费用差异是弹性预算差异还是销售量差异？给出你的解释。

第一部分第三章题目

样题 1C – ES01

  汉德勒公司向五金店分销两种电动工具——1/2 英寸重型手钻和台锯。工具从制造商处采购，附带汉德勒公司的私有商标。向五金店出售的批发价格为每个手钻 60 美元，每个台锯 120 美元。公司 2018 年的预算和实际结果如下所示。预算在 2017 年晚些时候根据汉德勒公司的两种工具估算市场份额编制。

<table>
<tr><td colspan="8" align="center">汉德勒公司利润表（截至 2018 年 12 月 31 日）
（单位：千美元）</td></tr>
<tr><td></td><td colspan="2" align="center">手钻</td><td colspan="2" align="center">台锯</td><td colspan="3" align="center">总计</td></tr>
<tr><td></td><td>预算</td><td>实际</td><td>预算</td><td>实际</td><td>预算</td><td>实际</td><td>差异</td></tr>
<tr><td>销售量</td><td>120</td><td>86</td><td>80</td><td>74</td><td>200</td><td>160</td><td>40</td></tr>
<tr><td>销售收入</td><td>$7 200</td><td>$5 074</td><td>$9 600</td><td>$8 510</td><td>$16 800</td><td>$13 584</td><td>$（3 216）</td></tr>
<tr><td>产品销售成本</td><td><u>6 000</u></td><td><u>4 300</u></td><td><u>6 400</u></td><td><u>6 068</u></td><td><u>12 400</u></td><td><u>10 368</u></td><td><u>2 032</u></td></tr>
<tr><td>毛利润</td><td>$1 200</td><td>$774</td><td>$3 200</td><td>$2 442</td><td>4 400</td><td>3 216</td><td>（1 184）</td></tr>
<tr><td>未分配成本</td><td></td><td></td><td></td><td></td><td></td><td></td><td></td></tr>
<tr><td> 销售费用</td><td></td><td></td><td></td><td></td><td>1 000</td><td>1 000</td><td>—</td></tr>
<tr><td> 广告费用</td><td></td><td></td><td></td><td></td><td>1 000</td><td>1 060</td><td>（60）</td></tr>
<tr><td> 管理费用</td><td></td><td></td><td></td><td></td><td>400</td><td>406</td><td>（6）</td></tr>
<tr><td> 所得税（45%）</td><td></td><td></td><td></td><td></td><td>900</td><td>338</td><td>562</td></tr>
<tr><td> 未分配成本总计</td><td></td><td></td><td></td><td></td><td>3 300</td><td>2 804</td><td>496</td></tr>
<tr><td>净利润</td><td></td><td></td><td></td><td></td><td><u>$1 100</u></td><td><u>$412</u></td><td><u>$（688）</u></td></tr>
</table>

  在 2018 年第一季度，汉德勒公司的管理层估计这些工具的实际总市场份额比原始估算低 10%。为防止汉德勒公司销售量与行业估算一样下降，管理层制定并执行了一项营销方案。方案包括经销商折扣和增加直接的广告。方案重点强调台锯产品线。

问题

  A. 从以下角度分析 1 184 000 美元的不利毛利润差异：

   1. 销售价格差异

   2. 成本差异

3. 销售量差异

B. 讨论汉德勒公司的特殊营销方案（如经销商折扣和额外广告）对其 2018 年经营结果的显著影响。必要时用数据支持你的讨论。

样题 1C – ES02

汉德勒公司是一家大型制造企业，公司每个部门都作为一个投资中心并对产品开发、营销和生产有完全的自主权。部门经理的绩效由公司高级管理层定期评估。在当前公司政策下，部门的投资收益率是绩效评估的唯一标准。公司的管理层认为投资收益率是一个充足的指标，因为它使用部门利润表和资产负债表的定量信息进行分析。

一些部门经理抱怨单一的绩效评估标准不充足也不够有效。这些经理编制了他们认为应该用来评估部门经理绩效的标准清单。这些标准包括获利能力、市场地位、生产效率、产品领先地位、员工发展、员工态度、公共责任以及短期目标和长期目标之间的平衡。

问题

A. 杰克逊公司管理层认为投资收益率是部门管理层绩效评估的充足标准。讨论使用投资收益率作为部门管理层绩效评估唯一标准的缺陷或可能的不一致性。

B. 对比单一标准，讨论使用多项标准评估部门管理层绩效的优势。

C. 描述执行由部门经理向杰克逊公司提出的多项标准绩效评估系统的问题或劣势。

样题 1C – ES03

乔治·尼科尔最近被任命为梅里安公司的运营副总裁。公司的业务单元包括重型设备制造、食品加工和金融服务。尼科尔向梅里安公司的首席财务官卡伦·斯科林建议，业务部门的经理应该用公司年报中业务部门数据来评估，年报中包括每个业务部门 5 年期的收入、利润、可确定资产和折旧。尼科尔解释说，业务部门经理的绩效可以采用与高管绩效评估的相同标准来适当评估。斯科林对使用年报信息评估存疑，建议尼科尔考虑使用其他方法来评估业务部门的经理的业绩。

问题

A. 卡伦·斯科林对于使用年报中业务部门信息来评估经理们有什么合理顾虑？

B. 如果根据年报中发布的信息评估绩效，对梅里安公司业务部门经理会产生什么行为上的影响？

C. 哪种类型的财务信息更适合乔治·尼科尔用来评估业务部门经理的绩效？

样题 1C – ES04

ARQ 公司由安德森（Andersen）公司、罗旺（Rolvaag）公司和秋意（Quie）公司三家合并而成。三家分部保留之前公司的名称并完全自主经营。公司管理层根据投资收益率来评估分部和分部管理层。

罗旺分部和秋意分部目前正在商议由秋意分部制造，并为罗旺分部所需要的一种零部件的转移价格。秋意分部已将零部件推向市场并且预期会快速增长，该分部目前有过剩产能。罗旺分部可以从其他供应商处购买这种零部件。

有三种转让价格在考虑之中：

1. 罗旺分部为零部件出价 3.84 美元，此价格为秋意分部的标准变动制造成本加上 20% 加成。

2. 秋意分部以 5.90 美元的价格向罗旺分部提供零部件，此价格为市场销售价（6.50 美元）减去变动销售和分销费用。

3. ARQ 公司的管理层没有转移定价的既定政策，提出 5.06 美元的折中价格，此价格为标准总制造成本加上 15% 加成。

秋意分部和罗旺分部都拒绝了这一折中价格。

参见定价表中对于此信息的总结。

定价表	
常规售价	＄6.50
标准变动制造成本	＄3.20
标准总制造成本	＄4.40
变动销售与分销费用	＄0.60
标准变动制造成本加上 20% 加成（3.20 美元 × 1.20）	＄3.84
常规售价减去变动销售与分销费用（6.50 美元 − 0.6 美元）	＄5.90
标准总制造成本加上 15% 加成（4.40 美元 × 1.15）	＄5.06

问题

A. 每项提议价格会如何影响秋意分部管理层对于公司内部交易的态度？

B. 在本题情境下，秋意分部和罗旺分部间的价格协商是令人满意的确定转移价格的方法吗？

C. ARQ 公司的管理层应该参与解决转移价格的冲突吗？为你的决定给出解释。

样题 1C – ES05

在斯帕特公司内部，提取分部将其全部的 500 000 单位特殊类型泥土产品转交给宠物产品分部，宠物产品分部加工后以每单位产品 42 美元的价格将其作为猫砂出售。宠物产品分部目前支付的转移价格为泥土成本加上 1 美元，即单位产品为 22 美元。泥土有很多其他的用途，在市场上以 26 美元的价格不限量出售。如果提取分部向外部的市场销售泥土，每单位产品将产生变动销售成本 1.50 美元。

提取分部最近雇用新经理凯斯·里查森，他立即向高级管理层抱怨转移价格和市场价格的不一致。最近一年，宠物产品分部销售 500 000 单位猫砂产品的边际贡献为 5 775 000 美元。提取分部转移等量泥土产品到宠物产品分部的边际贡献为 1 625 000 美元。

更多信息参见单位产品成本结构表。

单位产品成本结构		
	提取分部	宠物产品分部
泥土的转移价格	—	$ 22.00
材料成本	$ 4.00	2.00
人工成本	6.00	4.00
制造费用	11.00 *	7.00 +
单位产品总成本	$ 21.00	$ 35.00

* 提取分部的制造费用中包括 25% 的固定制造费用和 75% 的变动制造费用。

+ 宠物产品分部的制造费用中包括 65% 的固定制造费用和 35% 的变动制造费用。

问题

A. 为什么成本基础的转移价格不能为分部提供恰当的绩效评估标准？

B. 采用泥土的市场价格，最近一年两个分部的边际贡献分别是多少？

C. 如果斯帕特公司使用协商转移定价并允许各分部在公开市场上买卖泥土，两家分部都能接受的泥土价格区间是多少？为你的答案给出解释。

D. 为什么协商转移价格会使两个分部管理层做出令人满意的行为？

样题 1C – ES06

四环公司生产旅行车、摩托车、船舶和固定设备所使用的小型发动机。每条生产线都有自己的产品经理。公司的首席财务官斯坦·唐斯使用标准成本系统编制月度部门预算。每条产品线占用的面积不同。固定生产成本根据占用面积使用工厂分摊率分摊，变动工厂制造费用根据机器工时数分摊，其他成本根据收入分摊。

在公司的季度会议上，船舶用发动机的新产品经理劳拉·费莱收到令人不悦的意外。当向每位经理分发绩效报告（如下所示）时，斯坦·唐斯高声提醒费莱需要在会后去见他，讨论如何改善费莱所在生产线的平淡业绩。费莱认为自己在第一季度的绩效出色，因此她对唐斯的说法感到非常吃惊。绩效报告没有提供线索告诉她究竟哪里出了问题。

四环公司

船用发动机产品线季度绩效报告

	实际	预算	差异
产品数量	10 500	8 500	2 000 F
销售收入	$ 17 500 000	$ 14 700 000	$ 2 800 000 F
变动生产成本			
直接材料	2 500 000	2 164 750	335 250 U
直接人工	2 193 000	1 790 000	403 000 U
机器工时	2 300 000	1 950 000	350 000 U
工厂制造费用	4 500 500	3 825 000	675 500 U
固定生产成本			
间接人工	925 000	580 250	344 750 U
折旧	500 000	500 000	—
税费	232 500	220 000	12 500 U
保险	437 000	437 000	—
管理费用	1 226 000	919 500	306 500 U
销售费用	848 000	540 000	308 000 U
研发费用	613 000	460 000	153 000 U
营业利润	$ 1 225 000	$ 1 313 500	$ 88 500 U

问题

A. 四环公司的季度绩效报告至少有哪三个缺陷？为你的答案给出解释。

B. 哪些方法可以消除四环公司对经理们所做季度绩效评估的缺陷。据此修订季度报告。

样题 1C – ES07

思科公司是一家金属板材制造企业，其客户主要集中在汽车行业。公司的总工程师史蒂文·辛普森，最近针对钻孔部门的自动化提交了一份计划书。计划书推荐思科公司从思韦斯公司采购两个机器人，机器人可以代替部门 8 名工人的产能。计划中的成本节约包括消除直接人工成本以及消除钻孔部门的制造费用成本，因为思科公司是根据全厂直接人工成本率分摊制造费用。

思科公司的总会计师凯斯·亨特收集了图表 1 中的信息，在批准这项提议的管理层会议上讨论制造费用的分摊方式。

图表 1

日期	年平均 直接人工成本	年平均 制造费用	平均 制造费用分摊率
当前年度	$ 4 000 000	$ 20 000 000	500%

续表

类别	切割部门	磨削部门	钻孔部门
年平均直接人工	$2 000 000	$1 750 000	$250 000
年平均制造费用	11 000 000	7 000 000	2 000 000

辛普森在餐厅遇到主任会计师莱西·奥特曼，询问计划书的进展。奥特曼告诉辛普森，项目已获批准。辛普森说："太好了。确保尽快向我姐夫的思韦斯公司付款。"

奥特曼对于没有竞争投标的情况感到困惑，并告知他的领导凯斯·亨特。亨特告诉奥特曼不要担心，思韦斯公司将会做得很好。

问题

A. 使用图表 1 的信息，描述思科公司目前使用的制造费用分摊系统的缺陷。

B. 推荐两种可以改善思科公司切割和磨削部门制造费用分摊的方法。

C. 推荐两种可以改善思科公司钻孔部门自动化使用的制造费用分摊的方法。

D. 解释如果自动化计划执行了，有关钻孔部门制造费用成本将降至零这一陈述中的错误。

E. 参考《IMA 职业道德守则公告》的具体标准，确认并讨论奥特曼需要解决的道德冲突。

F. 根据《IMA 职业道德守则公告》，确认奥特曼为解决本题情境应该采取的步骤措施。

样题 1C – ES08

多年来，劳顿实业公司生产预制房屋，房屋按构成部分建造，然后在客户的场地组装。2019 年，公司收购其供应商之一普雷瑟公司，进军预制房屋市场。在这一市场中，多种木材预先加工成适当的长度，打包运送到客户的场地进行组装。劳顿公司决定维持普雷瑟公司的独立法人主体地位。而后成立普雷瑟分部作为劳顿公司的投资中心。

劳顿公司使用平均投资收益率（ROI）作为绩效标准，投资定义为所用营业资产。管理层奖金也部分依据 ROI。所有的营业资产投资预期最低税前投资收益率为 15%。自 2019 年收购以来，普雷瑟分部的 ROI 范围为 19.3% 至 22.1%。普雷瑟分部在刚刚结束的年度有投资机会，其 ROI 估计为 18%，但是普雷瑟管理层决定拒绝这项投资，因为管理层认为这项投资会降低部门的整体 ROI。

普雷瑟分部刚刚结束年度的经营报表如下所示。年末分部的营业资产为 12 600 000 美元，比前一年有 5% 的增长。

普雷瑟分部营业利润表
截至当年 12 月 31 日
（单位：千美元）

销售收入		$ 24 000
产品销售成本		15 800
毛利润		$ 8 200
营业费用		
管理费用	$ 2 140	
销售费用	3 600	5 740
所得税前营业利润		$ 2 460

问题

A. 计算劳顿实业公司普雷瑟分部刚刚结束年度的以下绩效指标：

1. 所用营业资产的平均投资收益率（ROI）。
2. 按照平均营业资产计算的剩余收益。

B. 如果剩余收益代替 ROI 作为绩效评估标准，普雷瑟管理层会接受这项投资机会吗？为你的答案给出解释。

C. 普雷瑟是劳顿实业公司的一个独立投资中心。如果可以公平地按照 ROI 或剩余收益评估绩效，确认和描述普雷瑟分部必须控制的项目（指标）。

样题 1C – ES09

汤普森公司的首席财务官克莱因确定，发动机分部在当前年度从外部供应商处购买发动机开关而不再从开关分部购买。开关分部满负荷运营并且要求发动机分部支付外部客户的产品价格，而不是过去完成产品的实际全部生产成本。发动机分部拒绝满足开关分部的价格要求，因此开关分部与外部客户签订协议销售剩余的开关，发动机分部不得不以更高的价格从外部供应商处采购开关。

克莱因审核了汤普森公司的转移定价政策，因为她认为出现了次优选择。克莱因认为开关分部做出了正确决定，不以实际完全生产成本转移开关，使得分部利益实现了最大化，但这个决定会使汤普森公司的利益最大化难以实现。

克莱因要求公司会计部门研究备选的转移定价方法，促进总体目标保持一致性，激励分部管理层绩效，并且优化公司的整体绩效。三种被考虑的转移定价方法如下所示。公司将会选用其中一种方法，并且在所有分部统一应用。

1. 标准完全生产成本加上加成
2. 按照产品的市场销售价格转移
3. 转移产生的支出（现金支付）成本加上单位产品的机会成本

问题

1. 确认并解释使用分部间交换产品的协商转移定价系统会带来的两个积极和两个消极的行为影响。

2. 确认并解释使用实际完全（吸收）生产成本作为转移价格会带来的两个行为问题。

3. 如果汤普森公司从目前的转移定价政策调整成所有分部统一应用的修订转移定价政策，确认并解释两个最有可能产生的行为问题。

4. 讨论汤普森公司正在考虑的以下转移定价法会对"购买"和"销售"分部经理带来的可能的影响：

    a. 标准完全生产成本加上加成

    b. 按照产品的市场销售价格转移

    c. 转移产生的支出（现金支付）成本加上单位产品的机会成本

第一部分第四章题目

样题 1D – ES01

很多公司确认他们的成本系统不足以应对今天激烈的全球化竞争。销售多种产品的公司经理们根据扭曲的成本信息做出重要的产品决策，因为过去大多数的成本系统都专注于存货估值。为了提升管理层信息的水平，建议公司应该采用多达三个成本系统以便：（1）存货估值；（2）对经营活动进行管理控制；（3）将作业成本法应用于决策。

问题

A. 讨论为什么使用传统成本系统对存货进行估值会扭曲产品成本信息。

B. 1. 描述管理层预期能够从作业成本法中获得的益处。

    2. 列出使用传统成本系统的公司执行作业成本法的步骤。

样题 1D – ES02

一家新成立的公司史琼斯计划生产蓝色牛仔裤，可以为购买者提供在后面的口袋上绣上名字的定制服务。产品将只通过互联网站点进行营销。明年，销售额预计有三个不同层次：乐观、中立和悲观。史琼斯公司手头持有存货但更想将存货投资最小化。

总会计师正在编制明年的预算，对以下问题不确定：

- 预算中应使用的销售量

- 如何将重要的固定成本分摊到单件产品中

- 用分批成本法还是分步成本法

此外，总会计师听说了 kaizen 改进预算法，想知道此法是否可以为史琼斯公司所用。

问题

A. 如何使用变动（直接）成本法减少固定成本向单件产品分摊带来的问题？

B. 哪个成本系统更适合史琼斯公司，分批成本法还是分步成本法？为你的答案给出解释。

样题 1D – ES03

宋利马·宋米公司从独立木材承包商处采购木料，并将木料加工成三种类型的木材产品：

1. 住宅建筑固定物（如墙体、天花板）。

2. 装饰品（如壁炉架、教堂的天花板大梁）。

3. 作为支持托架的支撑物（如矿场支持托架、农场外部围栏托架）。

这些产品是锯木厂联合加工过程的产物，加工过程包括剥去木料的树皮，将木料切割成可用的尺寸（长度在 8~16 英尺之间），并随后根据木料的类型（松木、橡木、胡桃木或枫木）和尺寸（直径）将木料切割成单独的产品。以下为联合加工过程产生的月度成本和产品信息。

联合生产成本

原材料（粗糙原木木材）	$ 500 000
去皮（人工成本和制造费用）	50 000
分选切割（人工成本和制造费用）	200 000
产品切割（人工成本和制造费用）	250 000
联合成本合计	$ 1 000 000

联合加工过程的产品产量和单位产品平均售价如下所示。

产品	月产出量	完全加工完成后的售价
住宅建筑固定物	75 000	$ 8
装饰品	5 000	100
支撑物	20 000	20

宋利马·宋米公司生产的未经进一步加工的粗分割木料作为固定物销售。同样，支撑物也不需要进一步加工。经宋利马·宋米公司锯木厂分割后，装饰品必须计划作进一步分割。每月额外的加工成本为 100 000 美元，通常导致 10% 的进入加工程序的产品损耗。不经过计划和分割加工过程，未完成装饰品还是会有活跃的中间市场，单位产品的平均销售价格为 60

美元。

问题

A. 根据宋利马·宋米公司给出的信息，用以下方法将 1 000 000 美元联合成本分摊到三条产品线。

1. 分离点时采用相对售价法。
2. 分离点时采用实际产出（产量）法。
3. 估算可实现净值法。

B. 编制宋利马·宋米公司的分析报告，在分离点时将公司目前采用的进一步加工装饰品与按粗分割木料产品销售的方式进行比较，推荐公司应该采取的行动。确保提供所有的计算过程。

样题 1D – ES04

爱丽莎制造公司在其川普工厂生产两种产品：毛呢制品和翻领制品。一开始，爱丽莎公司只采用一种制造费用成本池来归集成本。制造费用根据直接人工工时分摊到产品中。

直到最近，爱丽莎公司都是翻领制品的唯一制造商，能够控制销售价格。但是，去年马乌拉制品公司开始以低于爱丽莎公司标准成本的价格营销一款同类产品。爱丽莎公司的市场份额迅速减少，必须立刻决定是否迎合竞争价格或终止产品线运营。爱丽莎公司意识到终止产品线运营会给另外的毛呢制品带来额外的负担，公司正在使用作业成本法来确定是否存在有关两种产品的不同的成本结构。

生产产品的两种主要间接成本是用电量和准备成本。大多数的用电量用于制作环节，而大多数的准备成本是组装环节中所需要的。准备成本主要是毛呢制品产生的。公司决定将生产部门的成本划分到两个作业中心：（1）制作时以机器工时作为成本动因（作业基础）；（2）组装时以准备次数作为成本动因（作业基础）。

	生产部门		
	制造费用划分前的年度预算		
	合计	产品线	
		毛呢制品	翻领制品
产品数量		20 000	20 000
直接人工*		2 小时/件	3 小时/件
直接人工合计	$800 000		
直接材料		5.00 美元/件	3.00 美元/件
预算制造费用			
间接人工	$24 000		

续表

	生产部门		
	制造费用划分前的年度预算		
	合计	产品线	
		毛呢制品	翻领制品
附加福利	5 000		
间接材料	31 000		
用电量	180 000		
准备费用	75 000		
质量检测	10 000		
其他公共费用	10 000		
折旧	15 000		

* 两个部门的直接人工每小时工资率相同。

	生产部门	
	将制造费用按照作业成本池分摊后的成本结构	
	制作中心	组装中心
直接人工	75%	25%
直接材料	100%	0%
间接人工	75%	25%
附加福利	80%	20%
间接材料	$ 20 000	$ 11 000
用电量	$ 160 000	$ 20 000
准备费用	$ 5 000	$ 70 000
质量检测	80%	20%
其他公共费用	50%	50%
折旧	80%	20%
作业基础	**毛呢制品**	**翻领制品**
单位产品机器工时	4. 4	6. 0
机器准备次数	1 000	272

问题

A. 根据直接人工工时分摊制造费用，计算：

1. 生产部门总预算成本。

2. 毛呢制品的单位产品标准成本。

3. 翻领制品的单位产品标准成本。

B. 将制造费用按照作业成本池分摊后，计算以下部门的总预算成本：

1. 制作部门。

2. 组装部门。

C. 使用作业成本法，计算以下产品的单位标准成本：

1. 毛呢制品。
2. 翻领制品。

D. 讨论你在问题 C 中得出的计算结果将如何影响爱丽莎制造公司对于是否继续生产翻领制品做出的决策。

样题 1D – ES05

英曼公司是一家单一产品制造商，正开始编制明年的预算。由于产品的生产成本是最大的项目，因此英曼公司的高级管理层正在审核如何计算成本。此外，高级管理层希望制定预算系统，用以激励管理者和其他员工为实现公司目标而努力。英曼公司在 9 月份生产 100 000 单位产品产生了如下成本：

材料	$ 400 000
直接人工	100 000
变动制造费用	20 000
变动销售与管理费用	80 000
固定制造费用	200 000
固定销售与管理费用	300 000

英曼公司使用吸收成本法，其 9 月 1 日的存货由 10 000 单位价值 72 000 美元的产品组成。固定成本总额和单位产品的变动成本在过去几个月不变。英曼公司在 9 月份以单位产品 12 美元的价格销售了 106 000 单位产品。

问题

1. 使用吸收成本法，计算：
   a. 英曼公司 9 月份的单位产品生产成本。
   b. 英曼公司 9 月 30 日的存货价值。
   c. 英曼公司 9 月份的净利润。
2. 使用变动成本法，计算：
   a. 英曼公司 9 月份的单位产品生产成本。
   b. 英曼公司 9 月 30 日的存货价值。
   c. 英曼公司 9 月份的净利润。
3. 指出并解释在前两个问题中利润计算结果可能不同的一个原因。
4. 指出并讨论使用以下成本法的一个优势：
   a. 吸收成本法。
   b. 变动成本法。
5. a. 分别指出威权式预算和参与式预算各具有的一个优势和一个缺陷。
   b. 哪种预算方法最适合英曼公司？为你的答案给出解释。
   c. 指出并解释高级管理者可以用来限制生产经理利用预算松弛的方法。

样题 1D – ES06

司马特电子公司生产 M – 11 型和 R – 24 型两种游戏机。目前，公司根据直接人工工时分摊制造费用。去年的总制造费用是 80 000 欧元。去年其他成本信息如下所示：

产品名称	耗用总直接人工工时	销售量	单位产品直接成本	单位产品销售价格
M – 11	650	1 300	€10	€90
R – 24	150	1 500	€30	€60

最近，公司在向一家本地批发商销售 M – 11 型产品的竞标中失利，并得知竞争对手出价要低很多。司马特电子公司的总会计师认为成本报告不能精确地反映这些游戏机产品的实际生产成本和获利能力。他还认为在 M – 11 型和 R – 24 型产品的生产过程中有足够的变动余地来确保产生一个更好的成本分摊系统。考虑到电子游戏市场的特性，有竞争力的定价极端重要。总会计师决定尝试作业成本法并收集了以下信息：

	准备次数	零部件数量	材料移动次数
M – 11	3	17	15
R – 24	7	33	35
作业成本合计	€20 000	€50 000	€10 000

公司将准备次数、零部件数量和材料移动次数确认为制造费用的作业成本动因。

问题

1. 使用司马特电子公司目前的成本系统，分别计算 M – 11 型和 R – 24 型产品的单位毛利（边际贡献）。假设没有期初或期末存货余额，列出你的计算过程。

2. 使用作业成本法，分别计算 M – 11 型和 R – 24 型产品的单位毛利。假设没有期初或期末存货余额，列出你的计算过程。

3. 阐述司马特电子公司如何使用作业成本信息形成一份更加有竞争力的定价策略。使用具体示例说明所提策略的合理性。

4. 确认并解释作业成本法的两个优势和两个局限。

第一部分第五章题目

样题 1E – ES01

史百瑞公司为主要汽车制造商生产汽车零部件。史百瑞公司的内部审计人员正在审查机器和设备方面的内部控制，并对需要改善的地方提出建议。

内部审计人员在审查过程中获得以下信息：

- 机器和设备的采购需求通常由资产所需部门的主管发起。主管和工厂经理讨论采购计划。当工厂经理确认需求合理，并且在工厂的资本采购预算中尚有余额时，采购需求会提交到采购部门。

- 一旦收到机器和设备的采购需求，采购部门经理会查询记录寻找合适的供应商。随后会生成一份正式的采购订单并邮寄给供应商。当机器或设备到货时，会立刻发往使用者所在部门进行安装。这使得采购设备的经济效益能在最短的时间内实现。

- 在采购年份编制的折旧时间表将作为不动产、厂房及设备的总分类控制账户的依据。折旧时间表用来计算同一年份采购的所有同类资产的折旧。每个类别的固定资产使用标准折旧率、折旧方法和残值核算折旧。这些折旧率、方法和残值都是在十年前公司启动运营时制定的。

- 当机器或设备报废后，工厂经理会通知会计部门，会计部门会在账目中做适当的会计分录。

- 自公司开始运营，其会计核算记录与所持有机器和设备之间没进行过对账。

问题

指出史百瑞公司内部控制缺陷。推荐内部审计人员应该在其固定资产内部控制报告中提出的改进建议。使用以下格式回答问题。

_缺陷_　　　_建议_

1.　　　　1.

样题 1E – ES02

一家大型企业的董事会最近发现公司一些高管团队成员逃避公司的内部控制以谋取个人利益。董事会指定外部审计师和外部法律顾问组成特别工作组调查此事。

经过深入核查，工作组得出结论：在几年时间内，公司首席执行官、总裁和公共关系副总裁的费用都记入了名为"有限支出账户"（LEA）的账户。账户五年前开立，并且没有经过公司常规的审批授权流程审核。近 2 000 000 美元的报销申请都按常规流程记入了 LEA 账户。会计人员在总会计师的建议下，依据三名高管的个人审批处理此类报销申请，甚至在没有充足文件记录报销申请的情况下进行。

公共关系副总裁和他的部门负责政治筹款活动。但是，工作组确定去年筹集的 1 000 000 美元中只有一小部分实际用于了政治目的。此外，三名已确认的高管还将部门资源用于个人项目。工作组还发现了 4 000 000 美元的额外开支没有文件记录，因而该金额是否用于适当的业务目的也无法确认。

工作组发现这些支付行为和 LEA 账户从未在公司内部审计部门的审计报告中披露过，尽管公司每年都审核报销费用。公司近年的工作底稿中只有两次提到过这些行为和 LEA 账户。公司的内审总监向总会计师建议她和总会计师一起审查这些发现，总会计师则建议由自己向总裁汇报这些发现。总裁建议，不要把这些内容放入内审报告中。此外，外部审计师核查内审工作底稿，在他们提交给管理层或写入外部审计报告中的内审流程改进建议里，没有提到 LEA 账户或这些支付行为。工作组还注意到公司没有正式发布的道德政策。

问题

A. 指出至少三个公司内部控制系统中的内部控制缺陷。

B. 指出至少三个公司暴露出的非法或不适当行为。

C. 指出至少四个公司应该采取的重要步骤，可以在程序上和组织上纠正暴露出来的问题，并防止未来类似情况发生。

样题 1E – ES03

布朗技术公司是一家大型风能系统制造商。公司总部位于布宜诺斯艾利斯，其生产设备中心在总部 200 英里外。因为生产设备中心离总部较远，无法像其他部门一样获得工作人员的关注和支持。布朗技术公司的总裁担心处理设备工业废料的新工程是否已获正式许可。此外，他希望确认所有的职业安全法事项和环境问题都得到了妥善解决。他要求公司的内部审计员对他所担心的领域进行审计。

问题

A. 指出内部审计的七个类型并描述最常见的两个类型的内部审计。使用示例分别描述这两个常见类型在审计中所应用的情境。

B. 关于布朗技术公司：

    1. 指出最适合解决总裁顾虑的审计类型。

    2. 指出审计的目的。

    3. 给出两个这类审计最适合解决总裁顾虑的理由。

C. 推荐两个布朗技术公司生产工厂能够执行并可以减少总裁顾虑的程序。为你的建议给出解释。

样题 1E – ES04

泰德·克罗斯比拥有一家生产金属门把手和门锁的小型企业斯坦德·洛克

公司。在他最初创立公司的时候，克罗斯比自己掌管业务，监督采购和生产部门并记账。他雇用的唯一雇员是生产工人。

随着业务扩张，克罗斯比决定雇用约翰·史密斯为公司的财务经理。史密斯拥有工商管理硕士（MBA）学位和十年的大型企业财务部门工作经验。在面试中，史密斯提到他正考虑另外一家公司的工作邀请，需要在未来几天得到克罗斯比的答复。因为克罗斯比对于史密斯学历印象特别深刻，他就在未对史密斯做背景调查的情况下发出了工作邀请。史密斯看起来是一名敬业又努力的员工。他表现出的正直很快获得了优秀和可靠的声誉。

当年晚些时候，克罗斯比雇用了另外一名经理杰·弗莱彻来监督生产部门。克罗斯比继续负责采购和支付授权工作。

弗莱彻非常符合岗位需要，看起来也可靠和认真。经过一年来对弗莱彻工作表现的观察，克罗斯比认为他能够有效胜任工作。克罗斯比认为弗莱彻和史密斯都是他所信任的优秀管理者，并给予他们更多的责任。弗莱彻的额外职责包括采购和收货。史密斯负责支付所有的账单，准备并签核所有的支票，记账且核对银行对账单。

很快，克罗斯比就不再插手管理他的业务了。他经常与家人度长假，并且不常出现在办公室核查业务。他很高兴公司盈利，并且预期在两位合格可靠的管理者监督下未来会持续盈利。在克罗斯比将公司管理权交给弗莱彻和史密斯一年后，公司业务利润开始下滑。克罗斯比认为这是由于经济周期性衰退导致的。当经济好转时，斯坦德·洛克公司业绩依然持续下滑，克罗斯比开始着手调查。他注意到收入增长但是利润下滑，他还发现公司从某一家供应商处的采购量增长远超过其他五家。克罗斯比担心公司里可能出现了欺诈行为。

问题

A. 指出并描述斯坦德·洛克公司的四种内部控制缺陷。

B. 为已确定的内部控制缺陷，提供修补缺陷的改进程序。

C. 如果公司执行理想的内部控制系统，能确保未来不再发生欺诈行为吗？为你的答案给出解释。

样题 1E – ES05

穆德·德里克特公司是一家生产大型医疗设备并向客户提供融资服务的跨国上市企业，山姆·皮尔斯是公司分部的总会计师。皮尔斯最近看到很多关于竞争对手经历包括破产在内的严重财务困境的新闻故事。他也看到其他公司遭遇监管起诉和罚款。皮尔斯既想避免此类问题，也希望公司能报告稳定的收益并且股价上涨。皮尔斯的目标是将公司风险管理融入他所在分部的文化和经营中，进而融入全公司。他还希望确保公司符合2002年《萨班斯－奥克斯利法案》的规定要求。

问题

A. 分别指出并解释类似穆德·德里克特公司这样的跨国企业可能会在以

下三个领域遇到的两种风险：

　　1. 从其他国家采购原材料

　　2. 以赊销方式销售给国外客户

　　3. 开发并生产高科技设备

B. 指出两个原因，为什么以下三个要素对风险评估和控制程序的有效性来说非常重要。为每个要素给出示例。

　　1. 理解你的业务

　　2. 实行制衡措施

　　3. 制定限制条件或建立标准的流程

C. 解释一家公司的组织政策和管理风格如何影响其控制环境和管理风险的有效性。

D. 确认并解释 2002 年《萨班斯 – 奥克斯利法案》（SOX 404）中有关内部控制的合规性要求。

样题 1E – ES06

埃斯·肯雀特公司是一家大型区域总承包商。随着公司的成长，公司雇用李安迪为会计主管，其工作为分析月度利润表，以及对唯一的会计助理赵苏珊之前负责的所有账户进行对账。李安迪注意到二月份有大量的拆迁费用，尽管过去几个月没有新建项目。由于李安迪认为不应有如此大量的拆迁费用，也无任何此类预算费用，李安迪便做了一些深入调查。他发现所有的此类费用都被转移到了另外一个银行账户。经过进一步调查，很明显赵苏珊将公司的资金转移到了她自己的账户，并虚构费用进行银行账户的对账调整。公司总裁将所有的预先编号支票锁起来，直到支票使用时签核所有开出的支票，所以他没有意识到通过互联网发起转账的功能。李安迪还核查了由办公室经理完成的银行对账工作，因为余额合理，这种欺诈行为并不明显。

问题

1. a. 指出并解释四种应该被适当分离的职能类型。

　　b. 指出并解释赵苏珊拥有的两项可以使其盗用公司资金的不相容职权。

2. 指出并解释公司保全其财产的两种方法，并为在相关领域内加强控制给出两种建议。

3. 参考 COSO 的《内部控制框架》回答以下问题。

　　a. 指出并描述内部控制的 3 个目标。

　　b. 指出并描述内部控制的 5 个要素。

4. 指出并解释内部控制提供合理保证的三种方式。

样题 1E – ES07

斯莫尔·帕兹公司是一家生产金属垫圈、螺丝钉以及其他手工艺品和小饰物零部件的制造商。公司有能力定制任何小的部件，只要客户能够向斯莫尔·帕兹公司提供产品所需的尺寸和公差。因其市场地位，斯莫尔·帕兹公司有超过 1 000 个客户。不幸的是，很多小业务客户最终合并或者停止经营了。公司面临最大的挑战之一是已发货产品的退货问题。通常这是由于小业务客户停止经营所致。虽然大多数产品都是定制产品，但斯莫尔·帕兹公司发现多数产品也可以销售给其他用户使用。公司的会计正在审核公司的内部控制和财务核算流程，特别是有关存货的。

目前，斯莫尔·帕兹公司有一位销售人员负责对退货产品进行营销。销售人员独自对退货产品有全部控制权，包括销售条件、发出账单和收回货款的安排。销售人员收到退货产品并尝试找到能够使用的客户。退货产品的存货不入账，逻辑上这种成本是沉没成本。销售产生的收入也在斯莫尔·帕兹公司的利润表中归类为其他业务收入。

问题

1. 指出并描述内部控制系统的三个目的。

2. 指出并解释处理退货产品流程中违反内部控制系统职权分离要求的三个方面问题。

3. 确认组织内应该分离的四个职能。解释为什么这些职能应该分离。

4. 指出并描述可以使斯莫尔·帕兹公司为退货产品存货提供更好的内部控制的三种方式。

5. 公司的会计对斯莫尔·帕兹公司目前的退货产品会计核算流程存有疑虑，并查阅《IMA 职业道德守则公告》寻求指导。

    a. 指出能够指导管理会计工作的道德原则。

    b. 假设公司的会计确认了负责退货销售人员的可能的利益冲突。

      （1）指出并描述与本题情境相关的标准，并解释这些标准如何应用。

      （2）指出公司会计为解决本题情境应该采取的行动步骤。

样题 1E – ES08

米克尔·汉森是联合企业公司负责评估公司内部控制和风险的内部审计师。公司要求他向高级管理层提交主要运营情况的建议，尤其是公司数据库流程运营状况的建议。具体要求他直接关注：（1）交易处理流程；（2）病毒防护；（3）备份控制；（4）灾难恢复控制。

问题

1. 定义以下审计的目标：

    a. 合规性审计。

    b. 经营性审计。

2. 针对以下每个领域，确认汉森应该审核的两种控制，并解释原因。

    a. 交易处理流程。

    b. 病毒防护。

      c. 备份控制。

3. 指出一份合理的业务持续计划的四个组成部分。

4. 在对主要运营情况的评估中，汉森发现以下情况：

      a. 每天的银行存款不总是与现金收入相符。

      b. 实际存货数量有时不同于永续盘存制记录，实际数量和永续盘存制记录有过调整。

      c. 毛利率出现无法解释的意外下降。

针对每一种情况：（1）描述情况发生的一种可能原因；（2）为修正情况，推荐可采取的行动和/或可执行的控制。

第一部分第一章参考答案

样题 1A – ES01 参考答案

答案 A：

克兰利 – M – 阿帕公司
利润表
截至 20 × ×年 12 月 31 日

销售额		$945 000
产品销售成本		408 500
毛利		536 500
营业费用		
销售费用	$145 000	
管理费用	215 000	360 000
营业利润		176 500
其他收入和利得：		
外币折算利得		19 500
其他费用和损失：		
存货减值损失		13 000
持续经营活动的税前利润		183 000
所得税费用		54 900
持续经营活动的税后利润		128 100
中止经营项目的损失，损失抵税 9 000 美元[1]		21 000
净利润		$107 100
普通股每股收益——		
持续经营活动的利润[2]		$2.56
中止经营项目损失，税后净额[3]		(0.42)
净利润		$2.14

计算过程:

1. 中止经营项目的损失 =30 000 美元

   30 000 美元损失 ×30% 所得税税率 =9 000 美元税盾

   30 000 美元损失 −9 000 美元税盾 =21 000 美元税后损失

2. 每股收益 EPS:持续经营活动的利润 =128 100 美元

   128 100 美元/50 000 股 =2.56 美元/股

3. 每股收益 EPS:中止经营的税后净损失 =21 000 美元

   21 000 美元/50 000 股 =0.42 美元/股

答案 B:

财务报表的外部使用者对利润表感兴趣是因为当前的利润可以预测未来的利润。但是,不是所有的利润表项目都有预测价值。非常规项目(中止经营项目、外国政府征用)就没有预测价值,因为这些项目与持续经营无关并且不太可能再次出现。因此,这些项目与持续经营利润分开,持续经营利润是净利润中最有预测性的部分。

样题 1A – ES02 参考答案

答案 A:

达克·戴兹公司

资产负债表

2018 年 12 月 31 日

资产			
流动资产			
现金		$30 000	
应收账款,减去坏账准备 $140		1 860	
存货		102 000	
预付广告费		5 000	
流动资产合计			$138 860
不动产、厂房及设备			
土地		137 320	
建筑	$80 400		
累计折旧——建筑	(15 000)	65 400	
设备	40 000		
累计折旧——设备	(10 000)	30 000	232 720
资产总计			$371 580
负债和股东权益			
流动负债			
应付票据		$14 400	
应交税费		3 000	

续表

达克·戴兹公司
资产负债表
2018 年 12 月 31 日

应付薪酬	900	
应付利息	600	
流动负债合计		$ 18 900
长期负债		
应付债券		78 000
负债总额		96 900
股东权益		
普通股	60 000	
留存收益 *	214 680	
股东权益总计 *		274 680
负债和股东权益合计		$ 371 580

计算过程：

资产 = 负债 + 股东权益

资产 = 371 580 美元

负债 = 96 900 美元

因此，股东权益 = 371 580 美元 − 96 900 美元 = 274 680 美元

在股东权益中，普通股 = 60 000 美元

因此，留存收益 = 274 680 美元 − 60 000 美元 = 214 680 美元

答案 B：

1. 针对存货，企业必须披露其用于存货计价的成本流转假设（先进先出法、后进先出法、加权平均法或个别计价法），以及企业使用后进先出法对存货计价时的先进先出法约当产量。此外，企业必须披露计价基础（可变现净值或者成本与市价孰低法），以及任何的产品融资协议。最终，企业必须披露重要的存货分类：

服务类企业	低值易耗品
商品流通企业	低值易耗品
	采购
工业制造企业	低值易耗品
	原材料
	在产品
	产成品

2. 针对应收账款，企业必须披露回收政策、确定未来预期坏账所用的方法和应收账款的可变现净值。

3. 针对不动产、厂房及设备，企业必须描述主要分类、计价基础、折旧方法和每类的累计折旧。

4. 针对应付债券，企业必须披露面值、票面利率和实际利率、到期日和任何特殊条款，如赎回条款或可转换条款。

5. 针对普通股，企业必须披露当期的股票面值，以及授权股票数量、发行股票数量和流通在外的股票数量的任何变化。

样题 1A – ES03 参考答案

答案 A：

凯希 – N – 凯瑞公司

现金流量表

截至 2018 年 12 月 31 日

经营活动现金流量		
净损失		$ (2 500)
将净利润调整为经营活动净现金流量		
出售投资的损失(60 000 美元 – 52 500 美元)	$ 7 500	
应收账款增加	(90 000)	
存货减少	45 000	
应付账款减少	(45 000)	
应付营业费用增加	9 000	(73 500)

凯希 – N – 凯瑞公司

比较资产负债表

截至 12 月 31 日

	2018	2017	
现金	$ 21 500	$ 120 000	$ 98 500 ↓
应收账款	195 000	105 000	90 000 ↑
存货	18 000	225 000	45 000 ↓
长期投资	0	60 000	60 000 ↓
资产合计	$ 396 500	$ 510 000	
应付账款	$ 75 000	$ 120 000	$ 45 000 ↓
应付营业费用	24 000	15 000	9 000 ↑
应付债券	70 000	100 000	30 000 ↓
普通股股票	125 000	125 000	
留存收益	102 500	150 000	47 500 ↓
负债和股东权益合计	$ 396 500	$ 510 000	
经营活动现金净流量			$ (76 000)
投资活动现金流量			
出售长期投资			52 500

续表

凯希 – N – 凯瑞公司

比较资产负债表

截至 12 月 31 日

	2018	2017
筹资活动现金流量		
债券赎回	(30 000)	
支付现金股利	(45 000)	
筹资活动现金净流量		(75 000)
现金减少		(98 500)
1 月 1 日，期初现金余额		120 000
12 月 31 日，期末现金余额		$ 21 500

答案 B：

经营活动现金流量		
收到客户支付的现金[(1)]		$470 000
现金流出		
支付给供应商的现金[(2)]	$ (375 000)	
支付营业费用的现金[(3)]	(171 000)	546 000
经营活动现金净流量		$ (76 000)

（1）销售收入	560 000 美元
减去：应收账款增加	– 90 000
收到客户支付的现金	470 000 美元
（2）产品销售成本	375 000 美元
加上：应付账款减少	+ 45 000
减去：存货减少	– 45 000
支付给供应商的现金	375 000 美元
（3）营业费用	180 000 美元
减去：应付营业费用增加	– 9 000
支付营业费用的现金	171 000 美元

答案 C：

经营活动现金流量与企业常规运营相关。经营活动现金流入主要来自客户，但还可能包括现金租金、利息或收到的投资股利。经营活动现金流出包括存货支付款、经营费用或借款利息。

投资活动现金流量来自长期资产交易。因此，投资活动现金流出包括购买土地、建筑、设备，或购买专利、商标、著作权，或其他公司股票和债券的现金。与之相似，投资活动现金流入来自出售任何长期资产。

筹资活动现金流来自长期负债或股东权益的交易。因此，借款或发行新债券或公司自己的股票将被归类为筹资活动的现金流入。与之相对，偿还贷款、赎回债券或回购公司自己的股票作为库存股将被归类为筹资活动的现金流出。此外，向股东支付现金股利将被归类为筹资现金流出，因为这是与公司所有者之间的交易。

样题 1A – ES04 参考答案

答案 A：

2017 年 1 月 1 日	借：可供出售证券	520 790	
	贷：现金		520 790

答案 B：

2017 年 7 月 1 日	借：现金(1)	20 000	
	贷：利息收入(2)		18 228
	可供出售证券(3)		1 772

1. 应付利息 = 面值 × 票面利率 × 年度比例 = 500 000 美元 × 0.08 × 0.5

$$= \underline{20\ 000}\ 美元$$

2. 2017 年 1 月 1 日的账面价值 = 520 790 美元

利息收入 = 账面价值 × 实际利率 × 年度比例 = 520 790 美元 × 0.07 × 0.5

$$= \underline{18\ 228}\ 美元$$

3. 溢价摊销 = 应付利息 – 利息收入 = 20 000 美元 – 18 228 美元

$$= \underline{1\ 772}\ 美元$$

截至 2017 年 7 月 1 日新的账面价值 = 原有的账面价值 – 溢价摊销

$$= 520\ 790\ 美元 – 1\ 772\ 美元$$

$$= 519\ 018\ 美元$$

答案 C：

2017 年 12 月 31 日	借：应收利息(1)	20 000	
	贷：利息收入(2)		18 166
	可供出售证券(3)		1 834

1. 应付利息 = 面值 × 票面利率 × 年度比例 = 500 000 美元 × 0.08 × 0.5

$$= 20\ 000\ 美元$$

注：实际收到应付利息的时间是 2019 年 1 月 1 日。

2. 2017 年 7 月 1 日的账面价值 = 519 018 美元

利息收入 = 账面价值 × 实际利率 × 年度比例 = 519 018 美元 × 0.07 × 0.5

$$= 18\ 166\ 美元$$

3. 溢价摊销 = 应付利息 – 利息收入 = 20 000 美元 – 18 166 美元

$$= 1\ 834\ 美元$$

截至 2017 年 12 月 31 日新的账面价值 = 原有的账面价值 – 溢价摊销

$$= 519\ 018\ 美元 – 1\ 834\ 美元$$

$$= 517\ 184\ 美元$$

答案 D：

2017 年 12 月 31 日	借：市场公允价值调整——可供出售证券(1)	12 816	
	贷：未实现持有利得——权益		12 816

1. 市场公允价值调整 = 公允价值 – 账面价值

= 530 000 美元 – 517 184 美元

= 12 816 美元

答案 E：

2019 年 1 月 1 日	借：现金	20 000	
	贷：应收利息		20 000
	借：现金	530 000	
	贷：可供出售证券		517 184
	出售证券的利得		12 816

答案 F：

2019 年 2 月 1 日	借：现金[（5 000 × 31 美元）– 1 500 费用]	153 500	
	出售证券的损失	1 500	
	贷：交易证券		155 000
2019 年 10 月 1 日	借：交易证券	27 550	
	贷：现金[（600 × 45 美元）+ 550 费用]		27 550

答案 G：

2019 年 12 月 31 日	借：证券公允价值调整（交易证券）	19 450	
	贷：未实现持有利得——收益		19 450

公允价值	$ 221 000
成本	– 209 550
价值增加	$ 11 450

这意味着证券公允价值调整（交易证券）账户期末应借记余额为 11 450 美元。该账户在 2017 年 12 月 31 日有贷方余额 8 000 美元，因此，我们需要增加（11 450 美元 + 8 000 美元）= 19 450 美元。

证券公允价值调整（交易证券）		交易证券	
	8 000	209 550	
19 450			
11 450			

公允价值 = 成本 + 证券公允价值调整（交易证券）

= 209 550 美元 + 11 450 美元 = 221 000 美元

答案 H：

1. 2020 年 1 月 1 日	借：长期股权投资——佳博·阿泊公司	500 000	
	贷：现金		500 000

2. 2020 年 7 月 1 日	借：现金（160 000 美元 × 25%）	40 000	
	贷：长期股权投资——佳博·阿泊公司		40 000

3. 2020 年 12 月 31 日	借：长期股权投资——佳博·阿泊公司	90 000	
	贷：投资收益（360 000 美元 × 25%）		90 000

4. 500 000 美元 + 90 000 美元 − 40 000 美元 = 550 000 美元

5. 2020 年 1 月 1 日	借：可供出售金融资产	500 000	
	贷：现金		500 000

6. 2020 年 7 月 1 日	借：现金（160 000 美元 × 0.25）	40 000	
	贷：股利收入		40 000

7. 2020 年 12 月 31 日	不入账		

8. 作为一个采用成本法的被动投资者，罗莎·罗特公司不需要按照其持股份额确认佳博·阿泊公司的部分收益，因此，2021 年末罗莎·罗特公司对佳博·阿泊公司的投资不考虑市场公允价值调整的余额为 <u>500 000 美元</u>。

样题 1A – ES05 参考答案

答案 A：

2017 年 1 月 2 日	借：土地[1]	300 000	
	贷：普通股[2]		40 000
	资本公积——普通股[3]		260 000

1. 给定的条件
2. 普通股股票的面值 = 8 000 股 × 每股面值 5 美元 = <u>40 000 美元</u>
3. 资本公积 = 普通股市场价值与面值的差额

答案 B：

2017 年 1 月 5 日	借：现金[(1)]		720 000
	贷：普通股[(2)]		60 000
	资本公积——普通股[(3)]		660 000
	借：发行费用[(4)]		6 000
	贷：普通股[(5)]		500
	资本公积——普通股[(6)]		5 500

1. 公司发行股票收到的现金 = 12 000 股 × 每股发行价格 60 美元 = 720 000 美元

2. 普通股股票的面值 = 12 000 股 × 每股面值 5 美元 = 60 000 美元

3. 资本公积 = 普通股市场价值与面值的差额

4. 因筹备工作向律师发行股票的隐含价值 = 100 股 × 每股发行价格 60 美元 = 6 000 美元

5. 股票的面值 = 100 股 × 每股面值 5 美元 = 500 美元

6. 资本公积 = 普通股市场价值与面值的差额

答案 C：

2017 年 2 月 3 日	借：现金[(1)]		720 000
	贷：普通股[(2)]		50 000
	资本公积——普通股[(3)]		550 000
	优先股[(4)]		100 000
	资本公积——优先股[(5)]		20 000

1. 1 000 套 × 每套发行价格 720 美元 = 720 000 美元

2. 1 000 套 × 每套包含 10 股普通股股票 = 10 000 股

普通股股票的面值 = 10 000 股 × 每股面值 5 美元 = 50 000 美元

3. 由于优先股股票市场价值未知，但是，普通股股票市场价值 = 10 000 股 × 每股市场价格 60 美元 = 600 000 美元

资本公积（普通股）= 普通股市场价值 − 普通股面值 = 600 000 美元 − 50 000 美元 = 550 000 美元

4. 1 000 套 × 每套包含 1 股优先股股票 = 1 000 股

优先股股票的面值 = 1 000 股 × 每股面值 100 美元 = 100 000 美元

5. 资本公积（优先股）= 剩余价值 = 720 000 美元 − 50 000 美元 − 550 000 美元 − 100 000 美元 = <u>20 000 美元</u>

答案 D：

2017 年 6 月 30 日	借：留存收益[1]	180 600	
	贷：应付股利——股票股利[2]		15 050
	资本公积——普通股[3]		165 550

1. 股利总是减少留存收益。派发 10% 的股票股利是一个小额股票股利，按照市场价格进行核算。因此，留存收益减少的金额为发行的股票数量乘以股利宣告日的每股市场价格。

截至 2018 年 6 月 30 日发行和流通的股票数量：

8 000 股	2017 年 1 月 2 日为换入土地发行股票
12 000 股	2017 年 1 月 5 日发行股票以获取现金
100 股	2017 年 1 月 5 日向律师发行股票
10 000 股	2017 年 1 月 3 日捆绑发行股票
30 100 股	

30 100 股 ×10% 的股票股利 =3 010 股股票股利

股票股利的市场价值 =3 010 股 × 每股市场价格 60 美元 =<u>180 600</u> 美元

2. 股利宣告日，贷记应分配的普通股股利：

3 010 股 × 每股面值 5 美元 =<u>15 050</u> 美元

3. 资本公积（普通股）= 市场价值 – 面值 =180 600 美元 – 15 050 美元 =
165 550 美元

答案 E：

2017 年 7 月 30 日	借：应付股利——股票股利	15 050	
	贷：普通股		15 050

答案 F：

2017 年 8 月 1 日	借：库存股	60 000	
	贷：现金		60 000

答案 G：

优先股股利总额 =1 000 股 × 优先股股票面值 100 美元 ×8% =<u>8 000</u> 美元

优先股每股股利 =8 000 美元/1 000 股 =8.00 美元/股

普通股股利总额 =20 000 美元 –8 000 美元 =<u>12 000</u> 美元

流通在外的普通股股数 =30 100 +3 010 –2 000 =31 110 股

注：库存股无股利支付。

普通股每股股利 =12 000 美元/31 110 股 =<u>0.386</u> 美元/股

2017 年 9 月 1 日	借：留存收益	20 000	
	贷：应付股利——优先股		8 000
	应付股利——普通股		12 000

答案 H：

2017 年 9 月 30 日	借：应付股利——优先股	8 000	
	应付股利——普通股	12 000	
	贷：现金		20 000

答案 I：

2017 年 10 月 1 日	借：现金[1]	116 000	
	贷：库存股[2]		60 000
	资本公积——库存股[3]		56 000

1. 收到现金 = 每股 58 美元 × 2 000 股 = 116 000 美元

2. 在成本法下，贷记库存股，其金额等于公司回购这些股票时的成本。

库存股的资本公积是库存股再发行时收到的现金与当初回购这些股票时支付的现金的差额。

样题 1A – ES06 参考答案

答案 A：

2018 年	借：应收账款	1 050 000	
	贷：销售收入（700 × 1 500 美元）		1 050 000

答案 B：

2018 年	借：保修费用（100 × 90 美元）	9 000	
	贷：修理零部件、人工等		9 000

答案 C：

2018 年 12 月 31 日	借：保修费用（250 × 90 美元）	22 500	
	贷：保修产生的预计负债		22 500

答案 D：

2018 年	借：应收账款	1 120 000	
	贷：销售收入（700 × 1 500 美元）		1 050 000
	未实现保修收入		70 000

答案 E：

2018 年	借：保修费用（100×90 美元）	9 000	
	贷：修理零部件、人工等		9 000
	借：未实现保修收入	20 000	
	贷：保修收入（70 000 美元×100/350）		20 000

答案 F：

2018 年 12 月 31 日	借：工资费用	70 000	
	贷：应付社保费用（FICA）		2 250
	应付联邦个人所得税		7 500
	应付州立个人所得税		2 200
	应付工会费用		500
	应付工资或现金		57 550

答案 G：

2018 年 12 月 31 日	借：个人所得税费用	3 150	
	贷：应付社保费用（FICA）		2 250
	应付联邦失业税（FUTA）		200
	应付州立失业税（SUTA）		700

答案 H：

2018 年 12 月 1 日	借：现金	12 000	
	贷：应付票据		12 000

答案 I：

2018 年 12 月 31 日	借：利息费用（12 000 美元×0.07×0.5/12）	35	
	贷：应付利息		35

答案 J：

2019 年 4 月 15 日	借：利息费用（12 000 美元×0.07×3.5/12）	245	
	应付利息（12 000 美元×0.07×0.5/12）	35	
	应付票据	12 000	
	贷：现金		12 280

样题 1A – ES07 参考答案

答案 A：

债券以溢价发行，因为债券 6% 的票面利率高于同类债券 5% 的当前市场利率。

答案 B：

支付利息 = 10 000 000 美元 × 每期利率 3% ＝每期支付利息 300 000 美元

每期利息的普通年金贴现现值($i = 2.5\%$，$n = 10$) = 8.75206 × 300 000 美元

$$= 2\ 625\ 618\ \text{美元}$$

本金 = 10 000 000 美元

本金的复利贴现现值($i = 2.5\%$，$n = 10$) = 0.78120 × 10 000 000

$$= 7\ 812\ 000\ \text{美元}$$

债券未来现金流的现值 = 2 625 618 美元 + 7 812 000 美元

$$= \underline{10\ 437\ 618\ \text{美元}}$$

注：10 437 618 美元是债券发售时公司收到的现金金额。这也是债券的初始账面价值。公司收到现金与 10 000 000 美元债券面值的差额是应付债券的溢价。本例中，债券溢价 = 10 437 618 美元 − 10 000 000 美元 = 437 618 美元。每个利息期期末，摊销部分溢价：

债券的利息费用 = 账面价值 × 市场利率 × 年度比例

应付利息 = 面值 × 票面利率 × 年度比例

已摊销的溢价 = 应付利息 − 债券的利息费用

新的账面价值 = 原有的账面价值 − 已摊销的溢价

第 5 年末，溢价会被完全摊销，账面价值将等于面值，债券将以 10 000 000 美元价格赎回。

答案 C：

2017 年 1 月 1 日	借：现金[1]	10 437 618
	贷：应付债券[2]	10 000 000
	应付债券的溢价[3]	437 618

1. 计算过程参见上一题。
2. 面值（给定条件）
3. 溢价 = 收到的现金 − 债券面值

答案 D：

2017 年 7 月 1 日	借：债券的利息费用[1]	260 940
	应付债券的溢价[2]	39 060
	贷：现金[3]	300 000

1. 债券的利息费用 = 账面价值 × 市场利率 × 年度比例

$$= 10\ 437\ 618\ \text{美元} × 0.05 × 0.5 = \underline{260\ 940\ \text{美元}}$$

2. 已摊销的溢价 = 应付利息 – 债券的利息费用

= 300 000 美元 – 260 940 美元 = <u>39 060 美元</u>

尚未摊销的溢价 = 原有的溢价余额 – 已摊销的溢价

= 437 618 美元 – 39 060 美元 = <u>398 558 美元</u>

新的账面价值 = 原有的账面价值 – 已摊销的溢价

= 10 437 618 美元 – 39 060 美元 = <u>10 398 558 美元</u>

3. 应付利息 = 面值 × 票面利率 × 年度比例 = 10 000 000 美元 × 0.05 × 0.5 = 300 000 美元

答案 E：

2017 年 12 月 31 日	借：债券的利息费用[1]	259 964
	应付债券的溢价[2]	40 036
	贷：应付利息[3]	300 000

1. 债券的利息费用 = 账面价值 × 市场利率 × 年度比例

= 10 398 558 美元 × 0.05 × 0.5 = <u>259 964 美元</u>

2. 已摊销的溢价 = 应付利息 – 债券的利息费用

= 300 000 美元 – 259 964 美元 = <u>40 036 美元</u>

尚未摊销的溢价 = 原有的溢价余额 – 已摊销的溢价

= 398 558 美元 – 40 036 美元 = <u>358 522 美元</u>

新的账面价值 = 原有的账面价值 – 已摊销的溢价

= 10 398 558 美元 – 40 036 美元 = <u>10 358 522 美元</u>

3. 应付利息（将于 2019 年 1 月 1 日支付） = 面值 × 票面利率 × 年度比例

= 10 000 000 美元 × 0.05 × 0.5

= <u>300 000 美元</u>

答案 F：

2019 年 1 月 1 日	借：应付利息	300 000
	贷：现金	300 000

答案 G：

债券的价格通常是以面值的百分比表示的。因此，当"公司以 98 美元的价格赎回债券"时，是指公司按照面值的 98% 从公众那里回购债券。公司支付面值 10 000 000 美元 × 98% = 9 800 000 美元的现金回购债券。

2019 年 1 月 1 日	借：应付债券[1]	10 000 000
	应付债券的溢价[2]	358 522
	贷：赎回应付债券的利得[3]	558 522
	现金[4]	9 800 000

1. 赎回债券的面值。

2. 剩余未摊销的债券溢价：参见答案 E。

3. 由于债券的面值高于赎回债券支付的现金，因此，公司应将差额确认为利得。

应付债券	$ 10 000 000
未摊销债券溢价	+ 358 522
债券的账面价值	$ 10 358 522
支付的现金	− 9 800 0 00
债券赎回的利得	$ 558 522

4. 参见以上讨论。

答案 H：

债券的票面利率在债券发行前确定。票面利率代表企业每年必须向债券持有人支付的合同利率，但是票面利率通常与投资者在发行日要求的市场利率不同。

如果票面利率低于当前市场利率，投资者将不以债券的面值购买债券，但是他们可以用更低的价格购买。产生的折价代表在债券发行期内票面利率与市场利率差额的现值。因此，投资者收到的实际利率相当于市场利率。

与之相对，如果票面利率高于当前市场利率，企业将不以面值发售债券，但是他们可以用更高的价格发售。产生的溢价代表在债券发行期内票面利率与市场利率差额的现值。因此，公司支付的有效利率相当于市场利率。

样题 1A – ES08 参考答案

答案 A：

$ 100 000	购买土地的成本
+ 5 000	房地产经纪人佣金
+ 3 000	应计不动产税
+ 10 000	拆除土地上旧建筑成本
− 2 000	被拆除建筑的残值
$ 116 000	

答案 B：

$ 16 000	建筑设计费用
+ 54 000	工程成本
+ 7 000	工程监督费用
+ 1 500	6 个月的保险费用
− 250	1 个月的保险费用（费用化，不应资本化）
$ 78 250	

答案 C：

借：现金	11 000	
累计折旧	40 000	
贷：固定资产——卡车		50 000
固定资产处置利得		1 000

答案 D：

借：现金	6 000	
累计折旧	40 000	
固定资产处置损失	4 000	
贷：固定资产——卡车		50 000

答案 E：

借：累计折旧	40 000	
固定资产处置损失	10 000	
贷：固定资产——卡车		50 000

答案 F：

| 借：累计折旧 | 50 000 | |
| 贷：固定资产——卡车 | | 50 000 |

注：韦-高-史蒂夫公司仍能使用这辆卡车，即使它已提足折旧，但是公司不能再计提任何折旧费用。

答案 G：

成本	$ 100 000
累计折旧	−50 000
换出资产的价值	$ 50 000

答案 H：

新设备的公允价值	$ 50 000
收到的现金	+ 10 000
换入资产的公允价值	$ 60 000

答案 I：

换入资产的公允价值	$ 60 000
换出资产的账面价值	−50 000
资产交换的利得	$ 10 000

答案 J：

成本	$80 000
累计折旧	-25 000
换出资产的账面价值	$55 000
支付的现金	+10 000
换出资产的价值合计	$65 000

答案 K：

新设备的公允价值	$60 000

答案 L：

换入资产的公允价值	$60 000
换出资产的价值合计	-65 000
资产交换的损失	$(5 000)

答案 M：

i.

借：固定资产——换入的新设备	50 000
现金	10 000
累计折旧——旧设备	50 000
贷：固定资产——旧设备	100 000
资产交换的利得	10 000

ii.

借：固定资产——换入的新设备	60 000
累计折旧——旧设备	25 000
资产交换的损失	5 000
贷：固定资产——设备	80 000
现金	10 000

答案 N：

i.

借：固定资产——换入的新设备[2]	41 667
现金	10 000
累计折旧——旧设备	50 000
贷：固定资产——旧设备	100 000
资产交换的利得[1]	1 667

1. 10 000 美元／（10 000 美元 + 50 000 美元）= 0.1667

10 000 美元 × 0.1667 = 已确认的利得 1 667 美元

10 000 美元 − 已确认的利得 1 667 美元 = 递延利得 8 333 美元

2. 50 000 美元(公允价值) − 递延利得 8 333 美元 = 资产的入账价值 41 667 美元

ii.

借:固定资产——换入的新设备	60 000
累计折旧——旧设备	25 000
资产交换的损失	5 000
贷:固定资产——设备	80 000
现金	10 000

注:无论交易是否有商业实质,莫柯利制造公司的会计分录都是相同的,因为损失只在产生的时候确认。

第一部分第二章参考答案

样题 1B – ES01 参考答案

答案 A:

雷恩公司预算利润表
截至 2019 年 12 月 31 日

销售额[100 000 × 1.1 × (110 美元 + 15)]		$13 750 000
产品销售成本(按标准成本计算)[110 000 × (65.20 + 19.80)[1]]		9 350 000
毛利(按标准成本计算)		$4 400 000
差异		
原材料——黄铜——不利差异	$(133 980)	
[(111 650 台压缩机[2]) × (4 磅/压缩机) × (0.30 美元/磅)]		
人工效率——不利差异	(195 388)	
[(111 650 台压缩机) × (0.25 工时/压缩机) × (7 美元/工时)]		
变动制造费用效率——不利差异	(92 111)	
[(111 650 台压缩机) × (0.25 工时/压缩机) × (3.30 美元/工时[3])]		
固定制造费用产量——有利差异	10 890	(410 589)
[(111 650 台压缩机 − 110 000 台压缩机) × (6.60 美元/压缩机[4])]		
实际毛利		$3 989 411
营业费用		
销售费用(13 750 000 美元 × 0.12)	$1 650 000	
管理费用(907 850 美元 × 1.2)	1 089 420	2 739 420

续表

雷恩公司预算利润表
截至 2019 年 12 月 31 日

税前所得	$ 1 249 991
所得税费用(45%)	562 496
净利润	$ 687 495
每股收益(250 000 股)	$ 2.75

计算过程

1. 每台压缩机的标准成本

黄铜 4 磅×5.35 美元/磅	$21.4
钢合金 5 磅×3.16 美元/磅	15.8
直接人工 4 小时×7.00 美元/工时	28.00
制造费用(2 178 000÷110 000)	19.80
每台压缩机总成本	$ 85.00

2. 生产计划

2019 年销量	110 000
2019 年 12 月 31 日预期年末存货(110 000×1.1×0.15)	18 150
所需存货	128 150
2019 年 1 月 1 日年初存货(110 000×0.15)	16 500
2019 年产量	111 650

3. 变动制造费用分摊率与总固定制造费用的确定

$$每台压缩机的变动制造费用分摊率 = \frac{制造费用的变化}{产品数量的变化}$$

$$\frac{(2\ 178\ 000\ 美元 - 2\ 046\ 000\ 美元)}{110\ 000 - 100\ 000} = \frac{132\ 000\ 美元}{10\ 000}$$

$$= 13.20\ 美元/压缩机$$

$$变动制造费用分摊率/直接人工工时 = \frac{13.20\ 美元/压缩机}{4\ 小时/压缩机}$$

$$= 3.30\ 美元/直接人工工时$$

110 000 台压缩机的总制造费用	$ 2 178 000
110 000 台压缩机的总变动制造费用(110 000×13.20 美元)	− 1 452 000
预算固定制造费用总额	$ 726 000

4. 正常产品数量与固定制造费用分摊率

$$固定制造费用分摊率 = \frac{预算固定制造费用分摊率(参见注释3)}{正常生产量}$$

$$= \frac{726\ 000\ 美元}{110\ 000}$$

$$= 6.60\ 美元/压缩机$$

答案 B：

根据 2019 年预算利润表的结果，总裁的目标不能实现。回顾报表，要点如下：

- 2019 年利润表的编制考虑了最坏的情形，净利润由 2018 年的 700 000 美元降至 687 495 美元，每股收益由 2016 年的 2.80 美元降至 2.75 美元。预算数据远低于总裁提出的 750 000 美元的净利润目标和 3 美元的每股收益目标。
- 如果不利差异未出现，净利润将增加 231 813 美元，此金额为税后净值（421 479 美元×0.55），导致每股收益增加 0.927 美元，即每股收益为 3.677 美元，远高于总裁的目标。
- 2018 年的生产成本为销售价格的 65.5%（72 美元/110 美元），2019 年的生产成本为销售价格的 68%。管理费用在 2019 年增加了 20%。因此，2019 年 13.6% 的销售价格增长不足以补偿生产成本和管理费用的增加。

样题 1B – ES02 参考答案

答案 A：

罗宾斯和克劳将预算松弛引入他们的预算中出于以下原因：

- 为了防范可能引起的实际结果与公司计划相去甚远的不确定性。
- 为了让员工的表现超越预期，保持一贯的绩效，或两者兼有。如果通过比较实际结果和预算数据来评估员工的绩效，这一点就变得尤为重要。
- 为了让组织的目标与分部的目标保持一致，使用预算松弛来提高组织对分部绩效的评估，从而可以带来更高的收入、更多的奖金或者职位的升迁。

答案 B：

预算松弛可能会在以下方面为罗宾斯和克劳带来负面影响：

- 限制预算的作用，无法激励员工力争最佳绩效。
- 影响他们识别风险和采取适当纠正措施的能力。
- 降低管理层对他们的信任。

使用预算松弛可能还会影响管理决策，因为预算将呈现更低的边际贡献（更低的销售额和更高的费用）。有关产品线获利能力、员工水平、激励机制和其他事项的决策会对罗宾斯和克劳的部门产生负面影响。

样题 1B – ES03 参考答案

答案 A：

MRC 公司现金预算	
仅第三季度	
期初现金余额（给定）	$ 186 000
加：第三季度的现金收入[1]	200 650
减：第三季度的现金支出[2]	178 000
期末现金余额	$ 208 650

计算过程

[1] 第三季度的现金收入。

[2] 现金支出。

会费				会员分布情况
会员				
个人	$ 300	60%	$ 36 000	[（50 位新会员 +150 位续约会员）×0.60 ×300 美元]
学生	180	10%	3 600	[（50 +150）×0.10 ×180 美元]
家庭	600	30%	36 000	[（50 +150）×0.30 ×600 美元]
合计			$ 75 600	
场地费				
个人	$ 50	60%	$ 61 500	[（50 位新会员 +2 000 位续约会员）×0.60 ×50 美元]
学生	40	10%	8 200	[2 050 ×0.10 ×40 美元]
家庭	90	30%	55 350	[2 050 ×0.30 ×90 美元]
合计			125 050	
第 3 季度的总现金收入：			$ 200 650	

固定成本	$ 157 500	
减：折旧	24 500	
加：变动成本	45 000	[（1 000 小时 +2 000 小时）×15 美元]
总成本	$ 178 000	

答案 B：

　　敏感性分析帮助 MRC 公司的管理层测试假设的预估值，并观察现金流对会员人数或会员分布变化的敏感性。

答案 C：

　　MRC 应该考虑的其他因素包括：

- 与现有会员的沟通策略

- 市场对新定价策略的接受程度
- 与调整相关的成本
- 调整的时间
- 对会员分类组合的影响
- 结余现金的预期收益率和借款的成本
- 预估值的可靠性
- 网球场地和壁球场地的容量
- 类似俱乐部会籍的价格弹性
- 竞争对手的反应
- 器材质量和员工素质
- 本次价格调整的广告/传播成本

样题 1B – ES04 参考答案

答案 1：

累积产品数量	单位产品累积平均时间	累积总时间
1	500	500
2	$500 \times 0.9 = 450$	$450 \times 2 = 900$
4	$450 \times 0.9 = 405$	$405 \times 4 = 1\ 620$

答案 2：

25 美元 ×500 小时 ×4 单位产品 = 50 000 美元，不考虑学习曲线

25 美元 ×405 小时 ×4 单位产品 = 40 500 美元，学习曲线为 90%

50 000 美元 – 40 500 美元 = 节约成本 9 500 美元

答案 3：

a. 预算松弛是为了使预算目标更加容易实现而低估预算收入或高估预算成本的做法。

b. 预算松弛在公司真正的获利潜力方面会误导高级管理层，导致低效的资源规划和分配，以及公司不同部门间的活动难以协调。

答案 4：

a. 1. $1\ 740 \times (25.00 – 44\ 805/1\ 740) = 1\ 305$ U（不利）

2. $25.00 \times (1\ 740 – 4 \times 500) = 6\ 500$ F（有利）

b. 直接人工工资率差异保持不变，但是直接人工效率差异变为 3 000 美元的不利差异，因为实际工时（1 740）高于预期 90% 的学习曲线工时（1 620）。

答案 5：

引起不利价格差异和有利效率差异的一个因素是雇用了技能水平更高的劳动力，每小时支付更高工资，但工作效率更高。

答案 6：

如果使用80％的学习曲线，直接人工效率差异将更加不利。越低的数字越说明从学习中获得了更多的好处。

答案 7：

对于新产品来说，即便有节约程度的提高，企业可能也无法预测。企业可能建立一种比生产原型更高效的生产方法，但是不会进一步提高效率。

样题 1B – ES05 参考答案

答案 1：

弹性预算可以让律师们分辨出他们的不利差异有多少是由于低于计划的收费小时数引起的，多少不利差异是因为绩效问题引起的，例如协商收费金额或变动费用。总预算是静态的，任何差异都必须进一步分析确定其产生原因。

答案 2：

弹性预算收入的计算方法由实际收费小时数乘以每小时收费的预算金额。然后，每小时收费的预算变动费用乘以实际收费小时数。弹性预算收入减去弹性预算变动费用，其结果与去年的实际结果相比较。

答案 3：

$6\ 000 \times 325 = 1\ 950\ 000$ 美元静态预算收入

$5\ 700 \times 275 = 1\ 567\ 500$ 美元实际收入

$1\ 950\ 000 - 1\ 567\ 500 = 382\ 500$ 美元静态预算收入的不利差异

$5\ 700 \times 325 = 1\ 852\ 500$ 美元弹性预算收入

$1\ 852\ 500 - 1\ 567\ 500 = 285\ 000$ 美元弹性预算差异

$6\ 000 - 5\ 700 = 300$ 小时销售量不利小时数

$300 \times 325 = 97\ 500$ 美元销售量不利差异

答案 4：

$6\ 000 \times 50 = 300\ 000$ 美元静态预算变动费用

$300\ 000 - 285\ 000 = 15\ 000$ 美元变动费用有利差异

$5\ 700 \times 50 = 285\ 000$ 美元弹性预算变动费用

$285\ 000 - 285\ 000 = 0$ 美元，因此，该差异为销售量差异。

第一部分第三章参考答案

样题 1C – ES01 参考答案

答案 A：

销售价格差异	预算售价	实际售价	单位价格差异	实际销量	售价差异	总计
手钻	$60	$59	$1U	86 000	$86 000	
台锯	$120	$115	$5U	74 000	$370 000	$456 000U

成本差异	预算成本	实际成本	单位成本差异	实际采购量	成本差异	
手钻	$50	$50	$0	86 000	无	
台锯	$80	$82	$2U	74 000	$148 000	$148 000U

销量差异	预算销量	实际销量	数量差异	预算边际贡献/单位[1]	销量差异	
手钻	120 000	86 000	34 000U	$10	$340 000	
台锯	80 000	74 000	6 000U	$40	240 000	$580 000U
毛利差异总额						$1 184 000U

[1] 预算总边际贡献

	手钻	台锯
÷预算销量	$1 200 000	$3 200 000
	120 000	80 000
	$10/单位	$40/单位

答案 B：

由于缺少行业实际绩效数据，汉德勒公司营销方案的有效性难于判断。如果用行业估算的市场份额下降 10% 作为比较的基础，汉德勒公司的毛利应该下降至 3 960 000 美元 (4 400 000 美元 × 0.9)，如下所示(单位：千美元)。

	手钻	台锯	总计
预算毛利	$1 200	$3 200	$4 400
根据行业下滑 10% 调整后的预算	$1 080	$2 880	$3 960
减：实际毛利	774	2 442	3 216
缺口	$306	$438	$744

汉德勒公司的毛利润实际下降到 3 216 000 美元，低于预期 744 000 美元。为获得成功，营销方案应该产生 4 020 000 美元以上的毛利(原预算减去预计行业下降加上营销增量成本，例如 4 400 000 美元 – 440 000 美元 + 60 000 美元)。

汉德勒公司希望通过给予经销商折扣和增加直接广告来实现优于行业平均的业绩。但是，为获得成功，销售量的增加必须能够补偿折扣和广告费用。汉德勒公司总体上未获成功；台锯产品线的销售量下降了 7.5% ，手钻的销售量下降了 28.3% 。注意台锯售价下降了 4.2% ，而手钻售价只下降了 1.7% 。显然，折扣和广告没能产生足够的销售量来抵销和补偿营销成本。

样题 1C – ES02 参考答案

答案 A：

使用投资收益率(ROI)作为分部管理层绩效评估唯一标准的缺点或可能的不一致包括：

- 投资收益率趋向于强调短期业绩，可能牺牲了长期获利能力。
- 投资收益率与用于资本开支分析的现金流模型不一致。
- 投资收益率经常不受分部经理控制，因为计算投资收益率的很多要素是已经确定的，或者是其他人的责任。
- 依靠投资收益率作为唯一的衡量指标可能导致分部或公司层面决策或投资的不精准。

答案 B：

使用多项标准评估分部管理层绩效的优势包括：
- 多项绩效指标通过考虑更大范围的责任为绩效提供更加全面的考量。
- 多项绩效指标同时强调短期和长期结果，因此强调分部的总体绩效。
- 多项绩效指标不但强调可量化指标，而且强调不可量化指标。
- 多项绩效标准将提高目标的一致性并减少对利润最大化这一短期目标的不当强调。

答案 C：

执行多项绩效标准衡量系统的问题或劣势包括：
- 衡量标准不都可以统一量化。
- 管理层可能很难在一致的基础上应用标准，有些标准可能会主观地比其他标准占有更多权重，一些标准可能彼此冲突。
- 多项绩效标准系统可能使分部管理层感到困惑。
- 过分强调多项评估标准可能导致精力分散，以及在任何一个领域都无法实现预期绩效。

样题 1C – ES03 参考答案

答案 A：

使用为公开报告编制的业务部门信息来评估业务部门经理可能不适当，原因如下：
- 惠及超过一个部门的共同成本分配必须在公开报告中披露。

- 共同成本一般分配的比较随意。
- 公开报告中确认的业务部门可能与实际的管理职责不一致。
- 年报中的信息无法将投资表现差的业务部门和在不利环境中经理表现优异的业务部门进行区分。

答案 B：

如果根据年度财务报告信息对业务部门的经理进行评估，他们可能沮丧和不满。使用这些信息可能导致经理们需要对收益指标负责，而这些收益核算时必须扣除随意分配的共同成本和追溯到他们所在部门但不受他们控制的成本。这种评估降低工作积极性，并且可能导致经理另谋高就。

答案 C：

梅里安公司应该按照经理们的实际职责定义责任中心，而不是用为公开报告编制的业务部门规则来定义。所有的报告应该使用贡献法编制，将成本按照性态区分，只向业务部门分配其可控成本。报告应该披露边际贡献、部门经理可控的贡献和将共同成本分配后的每个业务部门的贡献。

样题 1C – ES04 参考答案

答案 A：

因为秋意分部有过剩产能，管理层应该对每一个提议价格都保持积极态度，尽管随价格减少对报价可以有区别的对待。每个超过变动成本的价格都会提高秋意分部的投资收益率（ROI），投资收益率是公司管理层评估的基础。

答案 B：

两个分部间协商价格是解决本题情境的最佳办法。ARQ 公司高度分权化，具备协商转移价格所需的四个条件：

1. 外部市场为双方给出了交涉的备选方案。
2. 双方能够获得市场价格信息。
3. 双方可以在公司外自由购买和销售。
4. 高级管理层支持持续分权化的协议。

答案 C：

ARQ 公司的管理层不应该参与解决冲突。这会违背 ARQ 公司意图维持的分部间的自主关系。对定价施加影响将会对目前以投资收益率为基础的评估系统产生负面影响，因为两个分部将不再控制自己的利润。最终，分部经理将最可能对曾经拥有的自主权的丧失产生负面反应。

样题 1C – ES05 参考答案

答案 A：

根据成本制定的转移价格不是分部绩效评估的适当标准，原因如下：
- 如果转移价格将补偿所有的成本，销售分部就没有动力控制成本。
- 当一个分部补偿另一个分部的所有成本时，公司作为整体经常做出糟糕的决策。

答案 B：

以下表格给出了提取分部和宠物产品分部使用市场价格作为转移价格的结果。

	基于市场价格转移定价结果	
	提取分部	宠物产品分部
销售价格	$26.00	$42.00
减变动成本		
材料成本	$4.00	$2.00
人工成本	$6.00	$4.00
制造费用（变动）	$8.25 *	$2.45 +
转移定价	—	$26.00
单位边际贡献	$7.75	$7.55
数量	×500 000	×500 000
总边际贡献	$3 875 000.00	$3 775 000.00

* 变动制造费用 = 11 美元 ×75% = 8.25 美元。

+ 变动制造费用 = 7 美元 ×35% = 2.45 美元。

答案 C：

如果斯帕特公司让其分部在公开市场上采购和销售，并且允许分部协商可接受的转移价格，结果如下：
- 在 24.50 美元和 26 美元之间的任何价格都将为公司整体带来好处。
- 提取分部更愿意以市场价格，即单位产品 26 美元向宠物产品分部销售泥土。但是提取分部将以 24.50 美元的价格销售，因为在公司内部销售，单位产品可以节约 1.50 美元的销售成本。
- 类似地，宠物产品分部愿意继续以单位产品 22 美元的价格购买泥土，因为如果无法从公司内部购买泥土，宠物产品分部将支付 26 美元的完全市场价格。因此，宠物产品分部愿意按照与提取分部协商的 24.50 美元的转移价格支付。

答案 D:

使用协商转移价格会产生令人满意的管理行为,因为它将:

- 鼓励提取分部的管理层控制成本。
- 以低于市场价格提供泥土,使宠物产品分部受益。
- 为分部绩效提供更加现实的衡量指标。

样题 1C – ES06 参考答案

答案 A:

四环公司向其经理提供的季度绩效报告至少包括三个缺陷:

1. 根据静态预算编制。公司应该使用弹性预算比较同等活动,呈现实际预算和弹性预算之间的差异。

2. 报告包括经理无法控制的成本,如固定生产成本和制造费用。

3. 报告对所有生产线使用单一的分摊率来分摊固定生产成本。由于产品占有的空间事实上可能无法确定固定生产成本,因此,公司应该选择适当的基础来确定每条产品线的分摊率。

答案 B:

为了消除绩效报告的缺陷,你可以向四环公司的首席财务官建议:

- 使用弹性预算而不是静态预算。
- 不再让生产经理为他们无法控制的成本承担责任。
- 添加附注使报告更加容易理解。

一份包括这些调整建议的修订版季度报告如下所示:

四环公司
船用发动机产品线季度绩效报告

	实际	弹性预算	弹性预算差异
生产数量	10 500	10 500	
销售收入	$ 17 500 000	$ 18 158 805[1]	$ 658 805 U
变动生产成本			
直接材料	2 500 000	2 674 140[2]	174 140 F
直接人工	2 193 000	2 211 195[3]	18 915 F
机器工时	2 300 000	2 408 805[4]	108 805 F
间接制造成本	4 500 500	4 725 000[5]	224 500 F
总变动成本	11 493 500	12 019 140	525 640 F
边际贡献	$ 6 006 500	$ 6 139 665	$ 133 165 U

(1)(14 700 000 美元预算 ÷ 8 500 预算产量)× 10 500 实际产量

(2)(2 164 750 美元预算 ÷ 8 500 预算产量)× 10 500 实际产量

(3)(1 790 000 美元预算 ÷ 8 500 预算产量)× 10 500 实际产量

（4）（1 950 000 美元预算 ÷ 8 500 预算产量）× 10 500 实际产量

（5）（3 825 000 美元预算 ÷ 8 500 预算产量）× 10 500 实际产量

注：所有计算过程保留两位小数。

样题 1C – ES07 参考答案

答案 A：

思科公司目前使用的工厂制造费用分摊率以直接人工成本为基础。通常，只有所有部门的制造费用和直接人工关系类似，或公司生产产品从各部门按比例获得服务，工厂的生产制造费用分摊率才是可接受的。

多数情况下，部门制造费用分摊率优于工厂制造费用分摊率，因为工厂制造费用分摊率不提供：

- 以部门为基础审核制造费用成本、确认部门成本超支或采取纠正措施改善部门成本控制的框架。
- 有关产品获利能力的充足信息，因此增加了管理层决策的困难。

答案 B：

为了改善切割和磨削部门制造费用成本分摊，思科公司应该：

- 建立单独的制造费用账户和每个部门的分摊率。
- 为每个部门选择一个最能反映部门活动与其制造费用（如机器工时、直接人工工时等）关系的分摊基础。
- 如果可能的话，确定固定和变动制造费用，并为每个部门制定固定和变动制造费用分摊率。

答案 C：

为了在制造费用会计系统中适应钻孔部门的自动化，思科公司应该：

- 建立单独的制造费用账户和钻孔部门的分摊率。
- 如果可能的话，确定固定和变动制造费用，并制定固定和变动制造费用分摊率。
- 以机器人或机器工时为基础向钻孔部门分摊制造费用。

答案 D：

因为思科公司使用以直接人工成本为基础的工厂制造费用分摊率，通过引入机器人减少钻孔部门的直接人工似乎可以将钻孔部门的制造费用减至零。但是，这一调整将不能降低固定生产费用，例如折旧、工厂监督和类似费用。事实上，使用机器人可能会增加固定费用，因为折旧费用增加了。按照思科公司目前所用的制造费用分摊方法，这些成本刚刚能被其余的部门吸收。

答案 E：

根据"胜任"标准，奥特曼有责任"提供精确、清晰、简洁和及时的决策支持信息和建议。"很可能决策以次优决策支持做出。

根据"保密"标准，只有当经过授权或法律要求时才能披露信息，否则奥特曼需要对信息进行保密，并且他必须告知他的下属相同的要求。

没有信息表明已经或可能违背了这一标准。

根据"正直"标准，奥特曼必须"避免实际或明显的利益冲突，并告知所有利益相关方潜在的冲突"。他还必须"避免涉及任何妨碍他履行职业道德职责的行为"。他还应该"避免参与任何有损职业声誉的活动。"当辛普森的表兄获得合同时，似乎存在利益冲突。

最后，根据"诚信"标准，奥特曼必须"公平和客观地沟通信息"。他应该"披露所有的预期会影响潜在的使用者对报告和建议理解的相关信息"，应该向亨特披露辛普森的姐夫的所有权。

答案 F：

根据《IMA 职业道德守则公告》，奥特曼应该首先遵循他所在公司的既定政策来处理道德冲突。如果没有此类政策或者政策无效，他应该遵循"道德冲突的解决"中所列步骤解决冲突。

第一步，他应该与直接领导讨论问题，除非直接领导也牵涉到了问题中。本例中，并不清楚亨特是否牵涉其中。如果这一步无法成功解决困境，他按管理层级逐级上报，本例中为总裁和董事会。

但是，他应该注意，除非法律有规定，否则不应该与主管部门和非组织雇用人员沟通这类内部问题。

奥特曼应该通过与客观顾问（例如，美国管理会计师协会的道德顾问）进行保密讨论来理清相关的道德问题，以便更好地理解可能采取的措施。他应该向私人律师咨询在该道德冲突中他的法律责任和权利。

样题 1C – ES08 参考答案

答案 A：

1. 所用营业资产的平均投资收益率（ROI）：

当年年末余额	$ 12 600 000
去年年末余额 *	12 000 000
合计	$ 24 600 000
所用平均营业资产 +	$ 12 300 000

* 12 600 000 美元 ÷ 1. 05

\+ 24 600 000 美元 ÷ 2

投资收益率 = 营业利润 ÷ 所用平均营业资产

          = 2 460 000 美元 ÷ 12 300 000 美元

          = 0. 20 或 20%

2. 剩余收益：

营业利润	$ 2 460 000
所用资产最低收益*	1 845 000
剩余收益	$ 615 000

*12 300 000 美元 ×0. 15

答案 B：

是的，如果使用剩余收益方法，普雷瑟分部的管理层将会接受投资。因为预期收益率（18%）低于分部的历史收益率和刚刚结束年度的实际收益率（20%），这项投资会拉低普雷瑟公司的投资收益率。管理层拒绝投资，因为奖金的发放部分依据投资收益率作为绩效指标。如果用剩余收益作为绩效标准（和奖金基础），管理层将接受所有可以产生剩余收益的投资，包括在刚刚结束年度已拒绝的投资机会。

答案 C：

如果公平地以投资收益率或剩余收益作为投资中心的绩效评估标准，普雷瑟分部必须控制所有与利润（收入和费用）和投资相关的项目。普雷瑟分部必须控制除劳顿实业公司所控制的投资资本成本以外的所有业务要素。

样题 1C – ES09 参考答案

答案 1：

使用分部间交换产品的协商转移定价系统会带来的积极和消极行为影响包括：

积极影响

● 采购和销售分部都参与了协商，双方认为他们已经达成了可能的最佳交易价格。

● 协商和确定转移价格将提高两个分部的自主权/独立性。

消极影响

● 分部间的协商转移价格结果从公司的整体角度来说可能不是最优，因此导致目标不一致。

● 协商过程可能引起分部间的反感情绪和冲突。

答案 2：

使用实际完全（吸收）成本法作为转移价格可能会带来的行为问题包括：

a. 因为销售分部无法实现利润，当拥有自主权的分部以获利能力衡量绩效时，完全成本转移定价不适合分权型的公司架构。

b. 如果采购分部决定以低于销售分部完全成本的价格从外部采购，这种方法会导致目标不一致的决策。如果销售分部不能满负荷运营，应该将转移价格减至市场价格，条件是此价格可以补偿变动成本加上部分固定成本。降低价格会将公司的整体绩效最优化。

答案3：

如果汤普森公司决定将转移定价政策调整成所有分部统一应用的转移定价，可能产生的行为问题包括：

- 政策的调整可能会被分部经理解读为企图降低他们决策的自由度并减少他们的自主权。这种意识可能会导致积极性降低。
- 如果经理们失去对转移价格的控制，并因此失去对利润的部分控制，他们可能不愿意接受统一价格的调整。
- 如果转移价格低于市场价格，销售分部将有对外销售的动力，因为对外销售可能会提高获利能力和奖金。

答案4：

汤普森公司正在考虑的以下转移定价法会对"采购"和"销售"分部经理带来的可能的影响包括：

a. 标准完全生产成本加上加成

因为任何超过标准的成本不能转移给采购分部并将降低销售分部的利润，销售分部将有动力控制成本。

如果市场价格更高，采购分部可能会对这一转移价格满意。但是，如果市场价格更低而采购分部被迫接受该转移价格，采购分部的经理会不满。

b. 按照产品的市场销售价格转移

这为采购和销售分部创造了获取最大利润的公平对等机会。这种方法应该可以控制成本、激励分部管理层和使公司整体绩效最优化。因为双方都了解市场价格，彼此不存在不信任，双方会愿意达成交易。

c. 转移产生的支出（现金支出）成本加上单位产品的机会成本

这种方法与存在既定市场价格并且卖方满负荷运营时的市场价格一样。任何低于满负荷的情况下，转移价格就只是支出成本（因为不存在机会成本），支出成本接近转移产品的变动成本。

在这种方法下，卖方和买方双方应该愿意转移，因为价格是任何一方能够获得的最优的产品价格。这种方法促进公司整体目标一致，激励经理并将公司整体利润最优化。

第一部分第四章参考答案

样题1D–ES01参考答案

答案A：

用于对存货估值的传统成本系统扭曲了产品成本信息，因为该成本系统：

- 设计用于对存货进行整体估值，与产品成本信息无关。

- 使用部门或工厂的共同标准衡量作业，例如使用直接人工工时或直接人工工资（现在属于总生产成本的一小部分）将制造费用分摊到产品上。
- 忽视长期产品分析（当固定成本变为变动成本时）。
- 使意识到传统成本系统扭曲的经理们在不了解整体影响的情况下，对传统成本信息做出凭直觉和不精确的调整。

答案 B：

1. 管理层预期从作业成本法获得的益处包括：
- 通过评估成本动因使它的作用更加突出（例如，与交易复杂性相关而不是产量相关的成本）。
- 通过减少非增值作业（例如，降低生产准备次数、优化工厂布局和提高质量）简化生产过程。
- 使管理层对用于战略决策和定价决策的产品成本和产品获利能力有更加透彻的理解。
2. 使用传统成本系统的公司将采用以下步骤执行作业成本法：
- 评估现有系统对作业成本系统目标的支持程度。
- 区分增值作业和非增值作业，确定需要这类成本信息的作业。

样题 1D – ES02 参考答案

答案 A：

使用直接成本法，固定生产成本要费用化而不是加入单位产品的存货成本中。因此，没必要确定单个产品的固定成本分摊。

答案 B：

初看，分批成本法似乎更加合理，因为购买者的名字会绣在后面的口袋上，每条牛仔裤都是唯一的。但是，事实上应该使用分步成本法，因为牛仔裤将连续生产，并且从成本的角度来说，每条牛仔裤的成本是相同的。

样题 1D – ES03 参考答案

答案 A：

1. 分离点时采用相对售价法：

产品	月产出量	售价	分离点价值	占销售额百分比	分摊的成本
住宅建筑固定物	75 000	$8	$600 000	46.15%	$461 539
装饰品	5 000	60	300 000	23.08%	230 769
支撑物	20 000	20	400 000	30.77%	307 692
合计			$1 300 000	100%	$1 000 000

2. 分离点时采用实际产出(产量)法：

产品	月产出量	占产出量百分比	分摊的成本
住宅建筑固定物	75 000	75.00%	$ 750 000
装饰品	5 000	5.00%	50 000
支撑物	20 000	20.00%	200 000
合计	100 000	100%	$ 1 000 000

3. 估算可变现净值法：

产品	月产出量	售价	分离点价值	占销售额百分比	分摊的成本
住宅建筑固定物	75 000	$ 8	$ 600 000	44.44%	$ 444 445
装饰品	4 500[1]	100	350 000[2]	25.93%	259 259
支撑物	20 000	20	400 000	29.63%	296 296
合计			$ 1 350 000	100%	$ 1 000 000

注：1. 月产出量 5 000 件 – 10% 的正常损耗 = 4 500 件好产品。

2. 4 500 件好产品 × 100 美元 = 450 000 美元 – 进一步加工成本 100 000 美元 = 350 000 美元。

答案 B：

以下是宋利马·宋米公司对进一步加工装饰品与立即销售分离点时的粗分割木料产品所做的比较分析。根据这份分析，建议宋利马·宋米公司选择进一步加工装饰品，这将产生 50 000 美元的额外收益。

	产量	金额
月产出量	5 000	
减：进一步正常加工损耗	500	
可供销售产品量	4 500	
最终销售额(4 500 单位 × 每单位 $ 100)		$ 450 000
减：分离点的销售价值		300 000
收入价差		$ 150 000
减：进一步加工成本		100 000
进一步加工的额外收益		$ 50 000

样题 1D – ES04 参考答案

答案 A：

1. 爱丽莎制造公司生产部门预算成本总额如下所示：

直接材料		
毛呢制品（每件 5.00 美元×20 000 件）	$ 100 000	
翻领制品（每件 3.00 美元×20 000 件）	60 000	
直接材料合计		$ 160 000
直接人工		800 000
制造费用		
间接人工	$ 24 000	
附加福利	5 000	
间接材料	31 000	
用电量	180 000	
准备费用	75 000	
质量检测	10 000	
其他公共费用	10 000	
折旧	15 000	
制造费用合计		350 000
预算成本总额		$ 1 310 000

2 和 3. 根据直接人工工时分摊制造费用，毛呢制品和翻领制品的单位标准成本计算过程如下所示：

<u>毛呢制品</u>

直接材料	$ 5.00
直接人工（8.00 美元/小时×2 小时）*	16.00
制造费用（3.50 美元/小时×2 小时）*	7.00
毛呢制品的单位标准成本	$ 28.00

<u>翻领制品</u>

直接材料	$ 3.00
直接人工（8.00 美元/小时×3 小时）*	24.00
制造费用（3.50 美元/小时×3 小时）*	10.50
翻领制品的单位标准成本	$ 37.50

* 预算直接人工工时

毛呢制品（20 000 件×2 小时/件）	40 000
翻领制品（20 000 件×3 小时/件）	60 000
预算直接人工工时总额	100 000

直接人工工资率：800 000 美元÷100 000 小时＝8.00 美元/小时

制造费用分摊率：350 000 美元÷100 000 小时＝3.50 美元/小时

答案 B：

1 和 2. 将制造费用按照作业成本池分摊后，制作部门和组装部门的预算成本总额计算如下：

	制作部门			组装部门	
	合计	百分比	金额	百分比	金额
直接材料	$160 000	100%	$160 000		
直接人工	800 000	75%	600 000	25%	$200 000
制造费用					
间接人工	$24 000	75%	18 000	25%	6 000
附加福利	5 000	80%	4 000	20%	1 000
间接材料	31 000		20 000		11 000
用电量	180 000		160 000		20 000
准备费用	75 000		5 000		70 000
质量检测	10 000	80%	8 000	20%	2 000
其他公共费用	10 000	50%	5 000	50%	5 000
折旧	15 000	80%	12 000	20%	3 000
制造费用合计	350 000		232 000		118 000
预算成本总额	$1 310 000		$992 000		$318 000

答案 C：

1 和 2. 使用作业成本法，产品的单位标准成本计算过程如下：

制作部门

总成本	$992 000
减：直接材料	160 000
减：直接人工	600 000
待分摊的制造费用成本池	$232 000
工时：毛呢制品(4.4 小时×20 000 件)	88 000
翻领制品(6.0 小时×20 000 件)	120 000
总机器工时	208 000

制造费用/机器工时 = 232 000 美元÷208 000 = 1.1154 美元/小时

单位产品的制作成本：

毛呢制品：1.1154 美元/小时×4.4 小时/件 = 4.91 美元/件

翻领制品：1.1154 美元/小时×6.0 小时/件 = 6.69 美元/件

组装部门

总成本 − 直接人工 = 待分摊的制造费用成本池

318 000 美元 − 200 000 美元 = 118 000 美元

生产准备 = 1 000(毛呢制品) + 272(翻领制品) = 1 272

每次准备成本：118 000 美元÷1 272 = 92.77 美元/次

单位产品的准备成本：

毛呢制品：（92.77 美元/次 × 1 000）÷ 20 000 件 = 4.64 美元/件

翻领制品：（92.77 美元/次 × 272）÷ 20 000 件 = 1.26 美元/件

<u>毛呢制品的标准作业成本</u>

直接材料	$ 5.00
直接人工	16.00
制作部门分摊的制造费用	4.91
组装部门分摊的制造费用	<u>4.64</u>
成本合计	<u>$ 30.55</u>

<u>翻领制品的标准作业成本</u>

直接材料	$ 3.00
直接人工	24.00
制作部门分摊的制造费用	4.91
组装部门分摊的制造费用	<u>6.69</u>
成本合计	<u>$ 34.95</u>

答案 D：

当与原有的标准成本（37.50 美元）比较时，新的翻领制品作业成本法下标准成本（34.95 美元）应该会促使企业决定为翻领制品降低价格，以便在市场上更加有竞争力，并且促使企业继续生产产品。使用作业成本法分摊制造费用成本一般会使生产成本的估算更加精确，爱丽莎公司应该能够为定价和生产做出更明智的决策。

样题 1D – ES05 参考答案

答案 1：

a.

材料	$ 400 000
直接人工	100 000
变动制造费用	20 000
固定制造费用	200 000

720 000 美元/100 000 = 7.20 美元

b. 存货期初余额 10 000 + 本期生产 100 000 − 本期销售 106 000 = 存货期末余额 4 000 单位；4 000 × 7.20 美元 = 28 800 美元。

c. 销售收入（106 000 × 12 美元）		$ 1 272 000
产品销售成本：		
期初存货余额	$ 72 000	
生产成本（100 000 × 7.20 美元）	720 000	
− 期末存货余额	<u>(28 800)</u>	<u>763 200</u>
毛利		508 800

续表

减：销售与管理费用		
变动成本	80 000	
固定成本	300 000	380 000
利润		$ 128 800

答案 2：

a.

材料	$ 400 000
直接人工	100 000
变动制造费用	20 000
	520 000 美元/100 000 = 5. 20 美元

b. 期末存货余额：4 000 × 5. 20 美元 = 20 800 美元

c.

销售收入（106 000 × 12 美元）		$ 1 272 000
减：变动成本		
生产成本 = 5. 20 美元 × 106 000	$ 551 200	
销售与管理费用	80 000	631 200
边际贡献		640 800
减：固定成本		
生产成本	200 000	
销售与管理费用	300 000	500 000
利润		$ 140 800

答案 3：

利润差异是由固定制造费用处理引起的。吸收成本法将这一成本作为存货中的产品成本，直到产品出售；变动成本法将固定制造费用作为期间费用，立即费用化。因为期末存货减少，吸收成本法将所有当前月度的固定间接制造费用和一些前期存货的递延成本费用化；变动成本法只将当前月度的金额费用化，导致更高的利润。

答案 4：

a. 使用吸收成本法的优势：
- 这是外部报告的需要。
- 可以将生产成本与收入相匹配。

b. 使用变动成本法的优势：
- 本量利分析所需数据能够直接从报表中获得。
- 当期利润不受期末存货变化影响。

- 单位产品成本不包括通常整体化的固定成本，包括则会导致不佳决策。
- 强调固定成本对利润的影响。
- 很容易估算产品的获利能力。
- 与成本控制指标关联，如弹性预算。

答案 5：

a. 威权式预算的优势：快速、自上而下的控制；劣势：支持少，高层获得的信息较少。

参与式预算的优势：更容易执行；劣势：可能所设定目标较容易。

b. 最佳方法：威权式预算，产品成本最重要，希望专注于成本控制。

c. 以外部企业例子作为标杆，相互学习借鉴，使用平衡计分卡法评估。

样题 1D – ES06 参考答案

答案 1：

M – 11 型游戏机：

分摊的制造费用（单位）：［80 000 欧元/(650 + 150)］× 650 = 65 000 欧元

65 000/1 300 = 50

单位毛利：90 欧元 – 10 欧元 – 50 欧元 = 30 欧元

R – 24 型游戏机：

分摊的制造费用（单位）：［80 000 欧元/(650 + 150)］× 150 = 15 000 欧元

15 000/1 500 = 10

单位毛利：60 欧元 – 30 欧元 – 10 欧元 = 20 欧元

答案 2：

生产准备：20 000 欧元/(3 + 7) = 2 000 欧元

零部件：50 000 欧元/(17 + 33) = 1 000 欧元

材料移动：10 000 欧元/(15 + 35) = 200 欧元

M – 11 型游戏机：

(2 000 欧元 × 3) + (1 000 欧元 × 17) + (200 欧元 × 15) = 26 000 欧元

使用作业成本法分摊的制造费用（单位）：26 000 欧元/1 300 = 20.00 欧元

单位毛利：90 欧元 – 10 欧元 – 20 欧元 = 60.00 欧元

R – 24 型游戏机：

(2 000 欧元 × 7) + (1 000 欧元 × 33) + (200 欧元 × 35) = 54 000 欧元

使用作业成本法分摊的制造费用（单位）：54 000 欧元/1 500 = 36.00 欧元

单位毛利：60 欧元 – 30 欧元 – 36 欧元 = – 6.00 欧元

答案 3：

因为产品占不同比例的生产准备时间和零部件制造费用，作业成本法系统提供与传统成本法系统不同的结果。传统方法用产量做分摊基础，按照直接人工工时分摊制造费用。作业成本法系统考虑了使用多个成本动因所需制造费用资源的重要差异，为每种产品型号提供更准确的成本信息，所以作业指标可以恰当估算。

在司马特电子公司的例子中，R–24 型使用更多的生产准备时间、零部件和材料移动，这些可能没有在人工工时中反映出来。以下表格给出了使用当前传统成本系统和作业成本法的单位制造费用和单位毛利。如表格所示，之前低估了 R–24 型的成本，而高估了 M–11 型的成本。

使用当前成本系统与作业成本法的单位制造费用分摊：

	当前成本系统	作业成本法系统
M–11 型	€50	€20.00
R–24 型	€10	€36.00

使用当前成本系统和作业成本法的单位毛利：

	当前成本系统	作业成本法系统
M–11 型	€30	€60.00
R–24 型	€20	–€6.00

司马特电子公司的管理层使用作业成本法信息可以做出更好的定价决策。在使用作业成本法分摊制造费用后，得到了清晰的成本情况，因为耗用了更多的生产准备时间、零部件和材料移动，R–24 型产品的生产成本更高。60 欧元的当前价格不足以补偿总成本，从而导致负的毛利润。因此，公司可能决定提高 R–24 型产品的价格。对于 M–11 型产品，因为使用人工工时分摊，之前高估了制造费用。而使用作业成本法，只有 60.00 欧元的制造费用分摊到每件 M–11 型产品上。因此，管理层可能降低 M–11 型产品的价格，使其更有竞争力。

答案 4：

优势

作业成本法系统更好地反映了 M–11 型产品和 R–24 型产品所需的资源。当生产产品的时候，该系统确定了所有作业，确认不同产品消耗不同作业量。因此，作业成本法产生了更精准的产品成本。

局限

作业成本法连续估算成本动因、更新并维护系统，使得系统成本相对高。

一套复杂的系统，有时会使高级管理层感到困惑。

估算作业成本和选择成本动因有时可能引起估算错误，误导成本信息。

第一部分第五章参考答案

样题 1E – ES01 参考答案

	缺陷	建议
1.	未编制描述采购项目、说明所获益处和估算成本的授权文件，并且未经管理层审核	为获取采购机器和设备的许可，应该编制适当的申请文件，描述项目，说明需求原因，估算预期成本和收益。文件还需要包括项目的会计分类、预期使用寿命、折旧方法和折旧率以及负责审批的公司高管姓名
2.	没有授权采购控制。固定资产的采购需求和采购订单与其他需求和采购订单混杂，并通过常规采购流程处理	采购需求的授权应该使用特殊的流程和采购订单。这些采购订单应该使用编号控制。采购订单的复印件应该分发给所有相关部门，这样采购才能得到监督
3.	工厂的工程师没有检查到货的机器和设备	采购机器和设备应该接受常规收货检查。对于机器和设备，工厂的工程师通常负责审核收据，以确定到货项目正确，并且运输中无损坏。所有的机器和设备将被分配一个控制号码，在收货时贴上标签
4.	没有定期将折旧表和总分类控制账户对账确认	至少每年一次，将含有资产成本和累计折旧的机器和设备折旧表与总分类控制账户对账。并且，现有固定资产实际存货应该定期盘存，并且与折旧表和总分类控制账户对账确认准确性
5.	机器和设备的会计政策，包括折旧，没有更新确认为最适当的使用方法	机器和设备的会计核算流程，包括折旧，必须定期更新反映实际情况、会计公告和所得税税法的变动

样题 1E – ES02 参考答案

答案 A：

公司的内部控制系统至少有三个缺陷：

1. 有限支出账户（LEA）未能受限于常规会计控制。

2. 对个人和其他开支缺乏充分的支撑文件。存在不适当或不充分的资源使用确认程序，导致适当的会计分类难以实现或者不可能实现。这会增加非法使用和材料虚假陈述的可能性。

3. 内部审计部门没有报告与支付行为或 LEA 账户相关的发现。

答案 B：

公司暴露出来的至少三个非法或不适当行为包括：

1. 用于政治目的的筹款挪为他用。资金的挪用包括公共关系部门的资源用于个人项目、为个人服务和商品向供应商授权付款。

2. 管理层欺诈。高级管理层建议内部审计部门隐瞒发现，这一行为对公司有害。看起来还存在高级管理层共谋行为。

3. 外部审计师没有在他们的改进内部控制流程建议中报告这些行为。

答案 C：

公司至少应该采取四个重要步骤，在程序上和组织上纠正暴露出来的问题，防止未来类似情况发生：

1. 终止首席执行官、总裁、公共关系副总裁、总会计师和内部审计部门总监的职务。

2. 加强公司的内部控制包括：
- 建立关于所有支付和报销的公司政策，必须由适当的文件支撑并至少获得更高一级管理者的批准。
- 设置每一个层级管理者审批的额度。

3. 在公司范围内发布强有力的正式的道德准则。

4. 对组织进行重构，使得内部审计部门可以向董事会的审计委员会汇报。

样题 1E – ES03 参考答案

答案 A：

内部审计的 7 个类型是财务审计、经营审计、绩效审计、信息系统审计、合同审计、合规性审计和特别调查审计（例如，欺诈）。两种常用的内部审计类型是经营审计和合规性审计。

经营审计是对公司内部多种功能的综合审核，目的是评估经营的效率和经济性，以及各个部门完成目标的有效性。经营审计的例子包括审计评估生产效率。其他例子还包括对减少返工或减少文案处理、货物处理所需时间的流程评估。

合规性审计是对财务和经营控制进行审核，目的是确认这些控制是否符合既定的法律、标准、规定和流程。环境审计是合规性审计的例子。其他合规性审计的例子还包括审核工业废料的控制，或审核确保适当披露场地内有害材料的程序。

答案 B：

1. 合规性审计最能满足布朗公司总裁的需要。

2. 合规性审计的目标是向总裁确保制造设备具有适当的政策和流程来获得所需的许可，并且已经按照法律要求获得了所有必要许可，环境和安全问题也已妥善解决。

3. 具体的任务是解决许可的适当使用、安全条例的合规性和环境标准的合规性。这些问题只有通过实施合规性审计来妥善解决。虽然可能会涉及财务和经营领域，但这些是次要问题。例如，对安全条例合规性的评估可能会带来财务影响。合规性审计的结果可能会带来由安全预防措施产生的额外开支，或降低公司因违规而受罚的风险。

答案 C：

为了减少总裁的顾虑，以下活动和流程会执行：

- 最高管理层定下基调。总裁应该向所有员工传达公司期望各部门所有员工都有适当的商业行为。
- 确保所有员工拥有必要的信息履行职责。保持沟通渠道畅通。例如，生产设备部门的高级经理参加公司的月度经营会议。
- 定期实施应用法律、法规和标准的合规性审计。
- 定期审核和更新政策、规则和流程，以确保内部控制能预防或帮助发现重大风险。确保所有员工了解相关政策和流程。例如，在公司内网公示这些政策和流程。

样题 1E – ES04 参考答案

答案 A：

1. 雇主克罗斯比采取了放手方式。他很少巡视查看生意。

2. 两位经理史密斯和弗莱彻有过多的控制权，并且对他们没有任何独立审核。

3. 缺少招聘正确类型员工的招聘流程；克罗斯比没有对应聘者进行考察；他没有对史密斯和弗莱彻进行背景调查。

4. 缺少诸如职责分离、授权、独立审核这样适当的内部控制。弗莱彻处理采购订单，同时收货。克罗斯比负责收款、记账、对账、编制和签核支票并审批付款。缺乏基本的内部控制看起来为员工实施欺诈敞开了方便之门。

答案 B：

必须建立适当的内部控制，消除犯错的机会和/或消除对欺诈的隐瞒。在本例中，所需内部控制为：（1）职责分离；（2）系统授权；（3）独立审核；（4）适当文件支持。不允许一个部门或个人从头到尾控制交易的所有方面。入账和对账（本例中由克罗斯比完成）这些一个以上的功能不应该由一个人完成。类似的情况，弗莱彻不应该被授权采购、接收存货并发出生产材料。公司还应该将编制和签核支票的职责分开，尤其是同一个人授权审批付款。

未能执行授权控制。克罗斯比应该授权采购和审批付款。他可以考虑雇用另外一个人，使入账和对账两项工作分开。

此外，公司应该制定更好的招聘政策，可以安排休假、执行内部审计，并监督好员工。

安排休假，执行内部审计，建立股东/董事会监督机制。

答案 C：

最好的内部控制可能也无法确保消除欺诈。这些控制针对反欺诈提供合理但不是绝对的保障。内部控制无法保证欺诈不发生，内部控制从不为预防欺诈提供绝对保障。内部控制的有效性依靠控制执行人的胜任能力和可靠程度。

样题 1E - ES05 参考答案

答案 A:

1. 从其他国家采购原材料将使公司面临市场风险，包括市场价格或利率调整带来的潜在损失。例如，外汇价值、利率调整和原油价格波动。如果公司有使用外币采购产品的合同，这些产品的成本可能会因为本国货币的贬值显著增加。外国产品可能会由于类似征用或通货膨胀等政治事件而涨价或者无法获得。

2. 信用风险是由于借款方或相关方的违约而造成的经济损失。违约可以是法律上的破产，或者由于不能或不愿意而无法及时履行合同义务。信用风险包括贷款违约、应收账款无法收回，或业务伙伴无法履行约定行为或付款义务。当面对国际合作方时，因为法律系统、会计系统和信用报告服务的差异，这些情况可能更糟。

3. 国际公司可能会有额外的经营风险，即由于不充分或失败的内部流程、人员、系统或外部事件导致的直接或间接损失。例如未能遵循质量标准，导致发出残次品、客户不满和声誉损失。其他例子包括未能适当监督财务交易、电脑文件遭黑客入侵，以及未能执行贷款审批控制。

答案 B:

1. 没有对业务的透彻理解，不可能：(1)确定与日常经营相关的风险；(2)理解与类似竞争者或技术调整要素相关的外部风险；或者(3)对个人进行风险管理指定责任。如果你不理解你的业务岗位，所做决策会对业务产生不利影响。例如，如果你的客户因为质量而购买你的服务或产品，他们不在乎价格，你需要了解这个情况，以减少伤害彼此关系的风险。

2. 制衡制度：(1)防止任何个人或群体代表组织承担计划外的风险；(2)保障资产安全；(3)防止欺诈活动。例子包括职责分离以保障财务交易，并使用密码限制访问记录和程序。

3. 设置限制和制定标准的流程可以：(1)预防不适当行为；(2)给出何时中止业务。例子包括销售行为和产品披露的标准、有关潜在员工背景调查的招聘标准，或违反公司政策的解聘政策。

答案 C:

管理层应该参与：

- 最高管理层定下基调，通过展现高级管理层的示范来提高员工意识。
- 建立指导公司风险文化和价值的原则。
- 促进有关讨论风险问题、提升风险应对能力、分享经验教训及最佳行为的开放式沟通。
- 提供培训和成长科目。
- 选择适当的绩效标准促进预期行为。

- 制定薪酬政策奖励预期行为。

答案 D：

管理层应该关注：

- 2002 年《萨班斯－奥克斯利法案》的第 404 条款（SOX 404）要求管理层通过评估和公开报告内部控制的有效性，对财务报告的内部控制负责。
- 发行方（上市公司）的每份年报将包括一份"内部控制报告"。这份报告包括管理层负责维持充足的内部控制的声明。报告还包括对于内部控制结构有效性的评估。
- 每个发行方都需要披露高级财务管理者的道德准则内容。
- 审计师的报告将评估管理层对内部控制的评估，并对内部控制的有效性发表意见。

样题 1E－ES06 参考答案

答案 1：

a. 四种类型的功能职责应该由不同的人完成：
- 授权执行交易。
- 记录交易。
- 监管资产。
- 定期对账。

b. 赵苏珊所拥有的两种不相容的职权：

赵苏珊通过发起转账执行交易，并通过输入虚假的合作经营信息来入账。

答案 2：

公司试图控制：

- 公司对支票有实际控制权。
- 总裁授权并签核所有支票。
- 公司对存量支票进行预先编号。
- 公司编制预算，与实际相比较，以确定差异。

加强的方式：

- 限制资金的网上转账。
- 定期随机选取并审核费用交易。
- 将不相容的职权分开。

答案 3：

a. 三个内部控制目标：

1. 经营的有效性和效率——经营应该尽可能的高效。
2. 符合适用的法律和法规——应该严格遵守并符合所有适用的法律和法规。

3. 财务报告的可靠性——财务数据应该可靠并及时，有利于管理层决策或外部使用者使用。

b. 内部控制的五个要素：

1. 控制环境——制定组织的基调，使大家产生控制意识。

2. 风险评估——确认并分析相关风险，作为管理的基础。

3. 控制活动——有政策和流程帮助确保管理指令的执行。

4. 信息与沟通：
   - 信息。系统支持以一定形式并在时间框架内确认、获取和交换信息，以使员工能够履行职责。
   - 沟通。使员工理解其角色和职责。

5. 监督——评估一段时间中内部控制绩效的质量。

答案 4：

用于提供合理保障的内部控制的三种方法：

1. 职责分离——分配不同员工履行各自职责。

2. 将账目和资产进行对账。

3. 安全控制——只有授权人员才能接触组织的资产。

样题 1E – ES07 参考答案

答案 1：

好的内部控制系统设计用于提供合理保障，为了完成经营的有效性和高效率、财务报告的可靠性和适用法律法规的合规性等公司目标。

答案 2：

职责分离要求不能由一个人既控制实际的资产监管，又负责其会计核算。斯莫尔·帕兹公司没有尽力核算退货产品的价值，这一点实则非常重要。同一位销售人员负责与退货产品相关的所有方面，包括授权退货、客户赊销、接收退货产品、保管产品、寻找新客户、执行销售、发货、发出账单和回收账款。这些职责大多数应该分开。

答案 3：

好的内部控制系统应该将功能职责分离成四部分，并由不同的人控制：(1)授权执行交易；(2)记录交易；(3)监管交易所涉及的资产；以及(4)定期对所持有资产和账面数额进行对账。斯莫尔·帕兹公司可以通过将这些职责分配给四个不同的人来改进对退货产品存货的控制。

答案 4：

职责分离。销售人员负责与退货客户沟通并为这些产品寻找其他客户，其他的员工按照书面规定对客户进行赊销。产品应该像常规产品一样收货、存货、入账和发货。

答案 5：

　　a.《IMA 职业道德守则公告》列出了以下四项道德准则：诚实、公平、客观、负责。

　　b. 1.《IMA 职业道德守则公告》中适用的几项标准。
- 可靠："每位从业者都有责任披露内部控制的缺陷。"
- 胜任：有责任维持与常见的企业处理退货会计标准流程相关的适当职业能力。
- 保密：在未告知公司其控制松懈并且退货产品折扣较高的情况下，避免使用保密信息获取不道德利益。
- 正直：减少任何利益冲突。

　　b. 2. 步骤已在《IMA 职业道德守则公告》中列出。

样题 1E－ES08 参考答案

答案 1：

　　a. 合规性审计的目标是确认财务控制和经营控制是否与既定的法律、法规和流程保持一致。

　　b. 经营审计的目标是评价经营的效率和经济性，以及不同职能部门完成目标的效果。

答案 2：

　　a. 交易流程控制包括：使用密码限制输入或修改数据、职责分离以保全资产、控制总数以确保数据精确。

　　b. 病毒保护控制包括：确保安装和更新最新版本的反病毒软件，设置防火墙以阻止可能到来的风险，互联网接入仅限于与业务相关的目的，以减少感染病毒的机会。

　　c. 备份控制包括确定重要的系统定期备份、制定灾难恢复计划、测试备份通信和资源。

答案 3：

　　一份合理的业务持续计划包括以下组成部分：
- 为恢复流程建立优先顺序。
- 确认重要流程所需的软件和硬件。
- 确认所有需要恢复的数据文件和程序文件。
- 在离线存储器中储存文件。
- 确认各种活动由谁负责，哪些活动需要优先。
- 为备份系统设置和检查各种安排。
- 测试和审核恢复计划。

答案4：

　　a. 银行存款不总是与现金收入相符。原因：在银行存款完成后收到现金。措施：单独将现金收入与银行存款进行对账。

　　b. 实际存货数量有时不同于永续盘存制记录，实际数量和永续盘存制记录有过调整。原因：时间上有差异。措施：限制接触实际存货，调整记录需要有特定的审批文件并归档。

　　c. 毛利率出现无法解释的意外下降。原因：向客户提供未授权的折扣或赊销。措施：为折扣赊销建立政策，需有审批文件。

附加资料

每章实战练习参考答案

第一章 外部财务报告决策 参考答案和解析

样题 1A1 – W001
考查内容：财务报表

有额外利润表项目的哈林顿技术公司多步式利润表如下：

销售净额	$2 000 000
减去：产品销售成本	890 000
毛利	1 110 000
减去：运输费用	45 000
折旧费用	68 000
退休金费用	21 000
营业利润	976 000
减去：非连续性经营活动	76 000
税前利润	900 000
减去：所得税费用，税率为30%	270 000
净利润	$630 000

作为一名财务分析师，格伦·汉密尔顿分析了公司的财务报表后并得出结论：公司的实际净利润应该是 683 200 美元，而不是 630 000 美元。请问以下哪种观点**最**能支撑这个结论？

☐ **a.** 本期确认应收账款 53 000 美元无法收回，当期做坏账核销。

☐ **b.** 公司采用个别计价法对存货估价，然而该财务分析师本期采用了 LIFO 对存货进行估价。

☐ **c.** 公司可能已经清算了其后进先出准备金。

☐ **d.** 公司将非连续性经营活动相关的费用计入了持续经营收入中。

解析： 正确答案是 **d.** 公司将非连续性经营活动相关的费用计入了持续经营中。

持续经营的利润中不应该包含非连续性经营活动产生的收入和支出。本例中，由于该类项目不会重复发生，因此分析师排除了这个非持续的经营活动。

样题 1A1 – W002
考查内容：财务报表

盖瑞特有限公司过去 5 年的流动比率如下所示。

	第 1 年	第 2 年	第 3 年	第 4 年	第 5 年
流动比率	5.0	4.5	4.9	1.2	4.2

以下哪项因素**最有可能**是造成第 4 年流动比率下降的原因？
- [ ] **a.** 第 4 年采用赊购形式购入原材料，货款延期支付。
- [ ] **b.** 第 4 年长期债务到期，需要清偿。
- [ ] **c.** 公司在第 4 年缩短了信用期限。
- [ ] **d.** 由于应付账款增加，第 4 年营运资本下降。

解析：正确答案是 **b.** 第 4 年长期债务到期，并清偿该长期债务。

在偿还债务的年度，长期债务的到期部分应该被包含在流动负债项目中。因此，第 4 年到期的长期债务本金数额应该被分类到流动负债项目中。

样题 1A1 – W003
考查内容：财务报表

泰勒实验有限公司的四个业务分部的现金流量和净利润数据列示如下：

	第 1 业务分部	第 2 业务分部	第 3 业务分部	第 4 业务分部
经营活动产生的现金流量	$3 000	($250)	($3 000)	$2 000
投资活动产生的现金流量	(4 000)	6 000	8 000	(3 000)
融资活动产生的现金流量	1 080	(1 000)	(1 000)	1 080
净利润	1 500	1 750	2 375	1 500

根据提供的信息，公司应该中止哪个分部的业务？
- [ ] **a.** 第 3 业务分部，因为该分部的经营活动耗用的现金流量多，同时现金流入主要依赖投资活动。
- [ ] **b.** 第 1 业务分部，因为该分部的净利润最低，投入高。
- [ ] **c.** 第 4 业务分部，因为该分部的净利润和经营活动产生的现金流量都低。
- [ ] **d.** 第 2 业务分部，因为该分部经营活动耗用的现金流量少，投资活动产生的现金流量没有得到合理的利用。

解析：正确答案是 **a.** 第 3 业务分部，因为该分部的经营活动耗用的现金流量多，同时现金流入主要依赖投资活动。

由于第 3 分部主要的收益来自对资产的销售。因此，第 3 分部应该中止经营。

样题 1A1 – W004
考查内容：财务报表

　　沙琳公司本年经营活动产生的现金流量为 25 000 美元。如果摊销费用增加了 5 000 美元，而其他因素保持不变，以下哪一种假设不会影响经营活动产生的现金流量？

　　☐　**a.** 摊销方法的变化没有追溯影响。

　　☐　**b.** 公司的经营周期无限长。

　　☐　**c.** 公司处在一个免税的经营环境中。

　　☐　**d.** 公司可以在财务年度中变更折旧方法。

　　解析： 正确答案是 **c.** 公司所处的经营环境是免税的。

　　从摊销中产生的现金流入是由于税盾保护所产生的。在免税的经营环境中，摊销的变化不会对经营活动的现金流产生影响。

样题 1A1 – W005
考查内容：财务报表

　　海恩斯材料有限公司最新部分财务信息摘录如下：

税率	30%
净利润	$ 15 000
经营活动产生的现金流量	$ 45 000

其他信息：

1. 公司预计下一年的税率会提高 2%。

2. 公司计划在下一年第 1 季度购入价值 500 000 美元的设备。

3. 新设备的使用预计会提高产能 15%。

根据给定条件，以下哪一种策略是减少下一年应交税费的最佳策略？

　　☐　**a.** 将设备采购推迟到下一年，以便利用税务损失结转。

　　☐　**b.** 采用双倍余额递减法计提资产折旧，以提高前几年的经营活动产生的现金流量。

　　☐　**c.** 采用直接法编制现金流量表，以得到更低的经营活动产生的现金流量和净利润。

　　☐　**d.** 如果递延所得税负债可以合理预计，将设备采购推迟到下一年。

　　解析： 正确答案是 **b.** 采用双倍余额递减法计提资产折旧，以提高前几年的经营活动产生的现金流量。

　　使用双倍余额递减法对设备进行折旧将会导致在最初的几年折旧费用很高，而净利润很低，进而导致公司的所得税减少。

样题 1A1 – W006

考查内容：财务报表

伊娃·沃尔夫公司的财务会计人员确认该公司经营业务现金流量数据如下：

净利润	$ 15 000
设备折旧	2 500
股利收入	2 500
利息收入	5 000
流动资产增加	8 000
流动负债增加	6 500
经营活动产生的现金流量	$ 16 000

公司的管理会计师认为经营活动产生的现金流量应该是 8 500 美元。如果是对的话，以下哪一项表述最能支撑管理会计师的结论？

- ☐ **a.** 公司所处的经营环境是免税的。
- ☐ **b.** 公司采用国际财务报告准则（IFRS）计算经营活动产生的现金流量。
- ☐ **c.** 经营活动产生的现金流量是按照直接法计算得到的。
- ☐ **d.** 计算经营活动产生的现金流量时，设备折旧不应该加回到净利润中去。

解析： 正确答案是 **b**. 公司采用国际财务报告准则（IFRS）计算经营活动产生的现金流量。

管理会计师基于国际财务报告准则（IFRS）对经营活动所产生的现金流进行确认。他未将股利收入和利息收入计入经营活动的现金流量中。国际财务报告准则（IFRS）对于股利收入和利息收入的分类十分灵活，既可以计入经营活动中，也可以计入融资活动当中。因此，CFO（经营活动现金流量）＝15 000 美元 +2 500 美元 –（8 000 美元 –6 500 美元）–（2 500 美元 +5 000 美元）＝8 500 美元。

样题 1A1 – W007

考查内容：财务报表

亚瑟能源公司的管理层本年确认了一项或有负债 50 000 美元。然而在年报公布之前，该公司发生了一笔总额为 42 000 美元的付款从而解决了此事。公司董事会决定将这笔交易事项在下一年度的财务报表中报告。根据美国公认会计原则（U. S. GAAP）的规定，如果适用的话以下哪一项条款能够说明管理层的决策是错误的？

- ☐ **a.** 如果该损失很可能发生并且损失的金额可以被合理估计，必须确认或有损失。
- ☐ **b.** 无论是 GAAP，还是特定行业规定允许在两种或多种会计核算方法之间进行选择，必须披露所选择的方法。

　　☐ **c.** 如果某一交易事项改变了编制财务报表的估计，则必须调整财务报表。

　　☐ **d.** 如果某一事件提供了截至资产负债表日既有情况的额外证据，并改变了所使用的估计，则财务报表应予以调整。

　　解析： 正确答案是 **d.** 如果某一事件提供了截至资产负债表日既有情况的额外证据，并改变了所使用的估计，则财务报表应予以调整。

　　在本例中，由于预计的债务金额发生变化，所以或有负债额需要进行修改。后续发生的事件体现在了资产负债表中，所以财务报表要做相应的调整。

样题 1A1 – W008
考查内容：财务报表

　　谢尔顿·德温公司有两项股票投资，公司持有被投资方 30% 的流通股。公司执行总裁反对编制合并财务报表，根据提供的信息，以下哪一种说法**最可能**是正确的？

　　☐ **a.** 公司执行总裁的决策是正确的，因为只有持股比例达到 50% 以上时才需要编制合并财务报表。

　　☐ **b.** 公司执行总裁的决策是错误的，因为持股比例只要达到 20% 以上时就需要编制合并财务报表。

　　☐ **c.** 公司执行总裁的决策是错误的，因为拥有的子公司数量超过 10 家时才需要编制合并财务报表。

　　☐ **d.** 公司执行总裁的决策是正确的，因为只有当公司拥有的子公司数量达到 3 家或 3 家以上时才需要编制合并财务报表。

　　解析： 正确答案是 **a.** 公司执行总裁的决策是正确的，因为只有持股比例达到 50% 以上时才需要编制合并财务报表。

　　根据会计准则汇编（ASC）第 810 号《合并》的规定，所有公司需要将其控股的子公司（持股比例等于或大于 50%）纳入编制的合并报表。

样题 1A2 – W002
考查内容：确认、计量、估价和披露

　　克莱尔公司在本年年末的应收账款余额为 150 000 美元，公司预计应收账款坏账率为 5%。因此，会计师确认坏账 7 500 美元和应收账款的可变现净值为 142 500 美元。在以下哪种情况下，最可能减少应确认的坏账金额？

　　☐ **a.** 公司缩短信用期限。

　　☐ **b.** 公司延长信用期限。

　　☐ **c.** 坏账准备的贷方余额为 1 500 美元。

　　☐ **d.** 坏账准备的借方余额为 1 500 美元。

　　解析： 正确答案是 **c.** 坏账准备的期初贷方余额为 1 500 美元。

　　如果坏账准备账户中已计提了坏账准备，则坏账费用应该从 7 500 美元开始向下调整，有必要通过估计坏账占应收账款的百分比将其调整到期望的水平。因此，坏账费用将为 7 500 美元 – 1 500 美元 = 6 000 美元。

样题 1A2 – W003

考查内容：确认、计量、估价和披露

达琳资产公司最新的财务报表显示发行在外流通的普通股股数 140 000 股，每股面值 11 美元。当前股票每股市价 25 美元。本年年初，公司以每股 4 美元价格回购了 10 000 股股票。公司采用成本法核算库存股股票。本年反映发行在外的股票价值账户登记如下：

普通股股票，每股面值 $ 10	$ 1 400 000
减去：库存股股票	100 000
普通股净值，每股面值 $ 10	$ 1 300 000

公司的 CFO 不认可这样的财务报表。以下**最可能**是 CFO 不同意这种做法的原因是：

☐ **a.** 根据面值计价的库存股股票的计量错误，应该按照购买价格计价。

☐ **b.** 根据面值计价的库存股股票的计量错误，应该按照当前市场价格计价。

☐ **c.** 库存股面值应该作为同类发行在外的股票面值的扣除项列示。

☐ **d.** 库存股应该列示为一项资产。

解析： 正确答案是 **a.** 根据面值计价的库存股股票的计量错误，应该按照购买价格计价。

在成本法中，应该借记库存股账户，该账户金额等于回购股票所发生的成本。因此，库存股价值为 40 000 美元（10 000 股×4 美元），即以回购价格获得。

样题 1A2 – W004

考查内容：确认、计量、估价和披露

罗杰斯电子公司打算进行做市交易。公司 CFO 建议回购公司股票。如果采用了 CFO 的建议，以下哪一种情况**最可能**发生？

☐ **a.** 被竞争对手收购的风险提高。

☐ **b.** 这会不利于员工股票期权的行权。

☐ **c.** 股票价格会上升。

☐ **d.** 这可能传递一个公司未来经营业绩不佳的信号。

解析： 正确答案是 **c.** 股票价格会上升。

回购股票会导致公司流通在外的普通股股数减少，但是并不会改变公司的价值。因此，公司的股票价格应该上升。

样题 1A2 – W006

考查内容：确认、计量、估价和披露

卡尔文软件公司投资购买了比泰克公司的权益性股票，占到了该公司投票权股份的 35%。CFO 建议应进一步取得这家公司更多的股票。根据这项信息，以下哪一种表述正确？

☐ **a.** 如果取得额外的 15% 以上的股权，则卡尔文软件公司需要编制合并财务报表。

　　□ **b.** 当持股权超过 35% 时，必须减去购置成本，卡尔文软件公司总价值会减少。

　　□ **c.** 导致做出增加额外股票的决定应该在财务报表附注中披露。

　　□ **d.** 任何额外取得的达到 20% 的资产都应该划分为持有至到期投资。

　　解析：正确答案是 **a.** 卡尔文软件公司如果取得额外的 15% 的股权，则卡尔文软件公司需要编制合并财务报表。

　　反馈：当投资者获得被投资者反馈的收益时，收购的拥有投票权股票的比例决定了会计的计量方法。如果持股超过 50% 的比例，则投资者的公司需要编制合并财务报表。

样题 1A2 – W007
考查内容：确认、计量、估价和披露

　　沃纳机器公司没有在当年的利润表中反映价值 10 000 美元的采购行为。当最终审核财务报表时，公司的会计师发现了这项差错并进行了相应的修改。在以下哪一种情况下，公司报告的净利润会低于实际净利润？

　　□ **a.** 会计师减少现金 10 000 美元。

　　□ **b.** 会计师将未登记的价值 10 000 美元采购作为产品销售成本处理。

　　□ **c.** 会计师将应付账款增加 10 000 美元。

　　□ **d.** 会计师将存货减少 10 000 美元。

　　解析：正确答案是 **b.** 会计师将未登记的产品销售成本调增 10 000 美元。

　　当公司漏记了采购成本，并将漏记的采购成本记录在利润表的产品销售成本账户中。产品销售成本将会被低估，净利润将会被高估。漏记的价值为 10 000 美元的采购成本将反映在采购和期末存货账户，对产品销售成本账户不会产生影响。

样题 1A2 – W008
考查内容：确认、计量、估价和披露

　　分析师桑德拉·贝鲁奇正在分析四个不同行业的公司的存货：消费品行业、体育用品制造业、电子行业和飞机制造业。假定存货计价方法反映了实际存货的流转和只有成品存货的流转。以下哪一个行业的 LIFO 准备**最可能**为零？

　　□ **a.** 消费品行业。

　　□ **b.** 体育用品制造业。

　　□ **c.** 电子行业。

　　□ **d.** 飞机制造业。

　　解析：正确答案是 **d.** 飞机制造业。

　　由于该行业产品价值很高并且根据定制化订单进行生产。因此，通常在收到订单以后对产品进行生产。存货中并没有任何的机器设备，存货的余额为零，不需要考虑估算价值的方法。因此，该行业在后入先出法（LIFO）下的存货通常为零。

样题 1A2 – 新

考查内容：确认、计量、估价和披露

一个实体确定合同中的义务会在一段时间内得以履行，因为货物的控制权移交给客户是随着时间的推移完成的。下列哪一种方法可以用来衡量实体完全履行义务的进度？

☐ **a.** 分期投入法。

☐ **b.** 产出法。

☐ **c.** 成本回收法。

☐ **d.** 吞吐量法。

解析：正确答案是 **b.** 产出法。

新的《会计准则更新（ASU）2014 – 09》，即《源于客户合同的收入（主题 606）》定义了两种方法：产出法和投入法，可以用来衡量企业在一段时间内完全履行责任的进展情况。

第二章 规划、预算编制与预测 参考答案和解析

样题 1B5 – CQ02

考查内容：年度利润计划与相关报表

屈顿公司生产无线电遥控玩具狗。该公司本年度的概要预算财务数据如下所示：

销售额（销售 5 000 件产品，每件产品 150 美元）	$750 000
变动制造费用	400 000
固定制造费用	100 000
变动销售和管理费用	80 000
固定销售和管理费用	150 000

屈顿公司采用吸收成本法，基于生产数量分摊制造费用，分摊基数为 5 000 件产品。未支付或超支的制造费用将在当年发生的产品销售成本中注销。

本年度计划通过生产和销售 5 000 套的玩具狗而获得 20 000 美元的预算营业利润，这些数据公司总裁特鲁迪·乔治比较关心。她认为如果公司的生产量大于销售量，从而增加产成品存货的话，就能把营业利润增加到 50 000 美元（这是她能拿到奖金的门槛）。

请问要使预算营业利润达到 50 000 美元，成品存货需要增加多少？

☐ **a.** 556 单位。

☐ **b.** 600 单位。

☐ **c.** 1 500 单位。

☐ **d.** 7 500 单位。

解析：正确答案是 **c.** 1 500 单位。

当产能增加大于销量时，则允许公司在期末存货中隐藏固定制造费用，从而增加净利润。产量增加所提升的净利润计算如下：

增加的净利润 = 固定制造费用分摊率 × 产量超出销量的部分 = 30 000 美元

固定制造费用分摊率 = 固定制造费用/活动量水平

固定制造费用分摊率 = 100 000 美元/5 000 单位 = 20 美元/单位

因此，产量超出销量的部分 = 30 000 美元/20 美元每单位 = 1 500 单位

样题 1B5 – CQ04

考查内容：年度利润计划与相关报表

汉农零售公司通过在原有成本基础上增加 30% 而给产品定价。该公司预期 7 月份的销售额为 715 000 美元，8 月份的销售额为 728 000 美元，9 月份的销售额为 624 000 美元。汉农公司的方针是，在月底要有足够的存货足以支撑下月销售额的 25%。那么，在制定 8 月份的采购预算时，汉农公司的存货成本将是多少？

- ☐ **a.** 509 600 美元。
- ☐ **b.** 540 000 美元。
- ☐ **c.** 560 000 美元。
- ☐ **d.** 680 000 美元。

解析： 正确答案是 **b.** 540 000 美元。

销售额 = 1.3 × 销售成本，也可以表示为：

产品销售成本 = 销售额/1.3

预期每月期末库存 = 0.25 × 下个月的销售额

对于特定月份采购额的计算如下：

特定月份的存货采购额 = （特定月份的销售额/1.3）+（预期期末库存/1.3）–（预期期初库存/1.3）

8 月份的存货采购额 = （728 000 美元/1.3）+（0.25 × 624 000 美元/1.3）–（0.25 × 728 000 美元/1.3）

8 月份的存货采购额 = 560 000 美元 + 120 000 美元 – 140 000 美元 = 540 000 美元

样题 1B5 – CQ06

考查内容：年度利润计划与相关报表

泰勒公司生产一种产品，8 月份的预算产量为 220 000 单位，其预算制造成本如下所示：

	成本总额	单位成本
变动成本	$1 408 000	$6.40
批次调试成本	880 000	4.00
固定成本	1 210 000	5.50
合计	$3 498 000	$15.90

若月产量在 200 000 单位到 300 000 单位之间，单位变动成本和总固定成本保持不变。任何月份总的批次调试成本取决于泰勒公司当月生产批次数量。一个正常的批次包含 50 000 单位产品，除非要求生产的产量不足 50 000 单位。上一年度，泰勒公司各月的批次产量包含了三种，分别是 42 000 单位、45 000 单位和 50 000 单位。该公司每个月都制定生产计划，目的是最小化生产批次的数量。9 月份，泰勒公司计划生产 260 000 单位产品。那么，泰勒公司 9 月份的预算总生产成本是多少？

- ☐ **a.** 3 754 000 美元。
- ☐ **b.** 3 930 000 美元。
- ☐ **c.** 3 974 000 美元。
- ☐ **d.** 4 134 000 美元。

解析： 正确答案是 **b.** 3 930 000 美元。

9 月份预算生产成本 = 固定成本 + 变动成本 + 批次处理成本

变动成本 = 260 000 单位 × 6.4 美元/单位 = 1 664 000 美元

批次处理成本：260 000 单位产品需要至少 6 个批次。

在 8 月份，220 000 单位产品一共需要 5 个批次，批次处理成本为 880 000 美元。每批次的成本为 880 000 美元/5 = 176 000 美元，6 个批次的成本为 1 056 000 美元。

9 月份预算生产成本 = 1 210 000 美元 + 1 664 000 美元 + 1 056 000 美元
= 3 930 000 美元

样题 1B5 – CQ08
考查内容：年度利润计划与相关报表

沙维公司为家用电脑组装备份磁带驱动器系统。第 1 季度的预算销售量是 67 500 单位。上一年度第 4 季度的期末存货（今年第 1 季度的期初存货）为 3 500 单位，其中有 200 单位的产品已过时淘汰。第 1 季度的目标期末存货是 10 天的销售量（每个季度按 90 天计算）。那么，第 1 季度的预算产量是多少？

- ☐ **a.** 75 000。
- ☐ **b.** 71 700。
- ☐ **c.** 71 500。
- ☐ **d.** 64 350。

解析： 正确答案是 **b.** 71 700。

预期的期初存货计算如下：

预期的期初存货 = 3 500 单位 − 200 单位废弃产品
= 3 300 单位

预期的期末存货等于 10 天的销售量，计算如下：

预期的期末存货 = （67 500 单位/90）× 10
= 7 500 单位

因此，预算产量 = 67 500 单位 + 7 500 单位 − 3 300 单位
= 71 700 单位

样题 1B5 – CQ09

考查内容：年度利润计划与相关报表

斯特里特公司生产塑料微波转盘。下一年度第 1 季度的销售量预计为 65 000 单位，第 2 季度的销售量预计为 72 000 单位，第 3 季度的销售量预计为 84 000 单位，第 4 季度的销售量预计为 66 000 单位。

斯特里特公司通常在每季度末持有的产成品存货等于下一季度预期销售量的一半。然而，由于停工，该公司第 1 季度末的产成品存货比既定数量少了 8 000 单位。那么，斯特里特公司第 2 季度应生产多少单位的产品？

☐ **a.** 75 000 单位。

☐ **b.** 78 000 单位。

☐ **c.** 80 000 单位。

☐ **d.** 86 000 单位。

解析： 正确答案是 **d.** 86 000 单位。

预算产量计算如下：

预算产量 = 预期销售额 + 预期期末存货 – 预期期初存货

每个季度的预期期末存货等于下一个季度预期销售量的 50%。

第 1 季度末的产成品存货比应有存货少了 8 000 个单位。因此，第 2 季度的预算生产的计算如下：

第 2 季度的预算生产量 = 72 000 单位 + 0.5 × 84 000 单位 –（0.5 × 72 000 单位 – 8 000 单位）

第 2 季度的预算生产量 = 72 000 单位 + 42 000 单位 –（36 000 单位 – 8 000 单位）

第 2 季度的预算生产量 = 114 000 单位 – 28 000 单位 = 86 000 单位

样题 1B5 – CQ10

考查内容：年度利润计划与相关报表

罗伯斯公司预算的相关数据如下所示：

计划销售量	4 000 单位
材料成本	2.50 美元/磅
直接人工	3 小时/单位
直接人工工资率	7 美元/小时
产成品期初存货	900 单位
产成品期末存货	600 单位
直接材料期初存货	4 300 单位
直接材料期末存货	4 500 单位
单位产品耗用的材料	6 磅

那么，罗伯斯公司生产预算中所要给出的总生产数量为：

☐ **a.** 3 700。

☐ **b.** 4 000。

☐ **c.** 4 300。

☐ **d.** 4 600。

解析：正确答案是 **a.** 3 700。

预算产量的计算如下：

预算产量 = 预期销售量 + 预期期末存货 – 预期期初存货

预算产量 = 4 000 单位 + 600 单位 – 900 单位 = 3 700 单位

样题 1B5 – CQ11

考查内容：年度利润计划与相关报表

克劳斯公司正在编制下一年度的经营预算。下文给出的是该公司两种产品，即合板杆头和锻造杆头的部分数据。这两种产品都通过高尔夫专卖店销售。

	杆头	
	锻造杆头	合板杆头
原材料		
钢	2 磅 ×5 美元/磅	1 磅 ×5 美元/磅
铜	无	1 磅 ×15 美元/磅
直接人工	1/4 小时 ×20 美元/小时	1 小时 ×22 美元/小时
预期销售量	8 200 单位	2 000 单位
单位售价	30 美元	80 美元
期末目标存货	100 单位	60 单位
期初存货	300 单位	60 单位
期初存货成本	5 250 美元	3 120 美元

制造费用以直接人工工时数为基础分摊至生产出的产品中。变动制造费用预计为 25 000 美元，固定间接制造费用预计为 15 000 美元。

生产 1 单位合板杆头的成本估计为：

☐ **a.** 42 美元。

☐ **b.** 46 美元。

☐ **c.** 52 美元。

☐ **d.** 62 美元。

解析：正确答案是 **c.** 52 美元。

生产成本 = 直接材料 + 直接人工 + 制造费用

直接材料 = （1 磅钢材 ×5 美元/磅） + （1 磅铜 ×15 美元/磅）

　　　　 = 5 美元 + 15 美元 = 20 美元

直接人工 = 1 小时 ×22 美元/小时 = 22 美元

单位制造费用计算如下：

单位制造费用 = 预期总制造费用/预期总直接人工工时

　　　　 = （25 000 美元变动制造费用 + 15 000 美元固定制造费用）/4 000 直接人工小时 = 10 美元

制造费用确定直接人工工时的计算如下：

直接人工小时 = 合板杆头的生产数量 × 生产单位合板杆头所需工时数 + 锻造杆头的生产数量 × 生产单位锻造杆头所需工时数

杆头生产数量 = 预期销售量 + 预期期末存货 − 预期期初存货

生产合板杆头数量 = 2 000 + 60 − 60 = 2 000 件

生产锻造杆头数量 = 8 200 + 100 − 300 = 8 000 件

直接人工工时 = 2 000 件 × 1 小时/件 + 8 000 件 × 0.25 小时/件

直接人工工时 = 2 000 小时 + 2 000 小时 = 4 000 小时

样题 1B5 – CQ12
考查内容：年度利润计划与相关报表

泰德威公司销售单一产品，产品的单位售价为 20 美元。所有销售均采用赊销方式，60% 的款项在销售当月收回，剩下的 40% 在下月收回。下面给出了预计该公司下一年度 1 月份到 3 月份现金回收表的部分内容，揭示了该公司这一期间内的现金收入情况。

	现金收入		
	1 月份	2 月份	3 月份
12 月份的应收账款	$32 000		
1 月份销售额的回款	$54 000	$36 000	
2 月份销售额的回款		$66 000	$44 000

其他信息包括：
- 存货保持在下月销售量的 30%。
- 假设 3 月份的销售额为 150 000 美元。

那么，2 月份的采购量应为：
- ☐ **a.** 3 850 件。
- ☐ **b.** 4 900 件。
- ☐ **c.** 6 100 件。
- ☐ **d.** 7 750 件。

解析： 正确答案是 **c.** 6 100 件。

任意月份的预期单位采购量计算如下：

预期采购量 = 预期销售量 + 预期期末存货 − 预期期初存货

任意月份的期末存货为下个月销售量的 30%。

预期销售量的计算如下：

预期销售量 = 销售额/20 美元（每件销售价格）

2 月份的采购数量 = （110 000 美元/20 美元每件） + [0.3 × （150 000 美元/20 美元每件）] − [0.3 × （110 000 美元/20 美元每件）]

2 月份的采购数量 = 5 500 件 + （0.3 × 7 500 件） − （0.3 × 5 500 件）

2 月份的采购数量 = 5 500 件 + 2 250 件 − 1 650 件 = 6 100 件

样题 1B5 – CQ13

考查内容：年度利润计划与相关报表

史蒂文森公司生产车用电子元件。每一个元件都使用两种原材料，即 Geo 和 Clio。下表给出了生产每个电子元件产成品所需的两种材料的标准使用数量，以及两种材料当前的存货数量。

材料	单位产品的标准使用量	单价	当前存货
Geo	2.0 磅	15 美元/磅	5 000 磅
Clio	1.5 磅	10 美元/磅	7 500 磅

史蒂文森公司预计在接下来的两个生产期内，每期将销售 20 000 单位电子元件。公司政策规定，为生产下期销售的电子元件成品，所需原材料的 25% 将纳入本期的期末直接材料存货中。

根据以上信息，该公司下期的直接材料采购预算应为多少？

	Geo	Clio
☐ **a.**	450 000 美元	450 000 美元
☐ **b.**	675 000 美元	300 000 美元
☐ **c.**	675 000 美元	400 000 美元
☐ **d.**	825 000 美元	450 000 美元

解析： 正确答案是 **b.** 675 000 美元　　300 000 美元。

任意月份预期材料采购量计算如下：

预期材料采购量 = 该月生产所需要的生产量 + 预期期末存货 − 预期期初存货

任意月份的预期期末存货是下个月份预期销售额的 25%。

每单位的产品需要 2 磅的 Geo，Geo 的预期采购量计算如下：

Geo 的预期采购量 = 2 磅 × 20 000 + 0.25 × 2 磅 × 20 000 − 5 000 磅

Geo 的预期采购量 = 40 000 磅 + 10 000 磅 − 5 000 磅 = 45 000 磅

采购 Geo 花费的总成本 = 45 000 磅 × 15 美元/磅 = 675 000 美元

每单位的产品需要 1.5 磅的 Clio，Clio 的预期采购量计算如下：

Clio 的预期采购量 = 1.5 磅 × 20 000 + 0.25 × 1.5 磅 × 20 000 − 7 500 磅

Clio 的预期采购量 = 30 000 磅 + 7 500 磅 − 7 500 磅 = 30 000 磅

采购 Clio 花费的总成本 = 30 000 磅 × 10 美元/磅 = 300 000 美元

样题 1B5 – CQ14

考查内容：年度利润计划与相关报表

皮特森·布兰特斯公司下一年度的预算数据如下所示：

期初产成品存货	$10 000
产品销售成本	400 000
生产中耗用直接材料	100 000
期末产成品存货	25 000
期初和期末在制品存货	0

制造费用估计为直接人工成本的两倍。那么，下一年度的直接人工预算额应为：

☐ **a.** 315 000 美元。

☐ **b.** 210 000 美元。

☐ **c.** 157 500 美元。

☐ **d.** 105 000 美元。

解析： 正确答案是 **d.** 105 000 美元。

由于在制品库存并不发生改变，产品制造成本等于总生产成本。

产品制造成本的计算如下：

产品制造成本 = 期末产成品存货 + 产品销售成本 − 期初产成品存货

产品制造成本 = 25 000 美元 + 400 000 美元 − 10 000 美元 = 415 000 美元

由于产品制造成本等于总生产成本，使用下面的公式计算直接人工成本：

总生产成本 = 直接材料 + 直接人工 + 制造费用

415 000 美元 = 100 000 美元 + 直接人工 + 2 × 直接人工

415 000 美元 = 100 000 美元 + 3 × 直接人工

315 000 美元 = 3 × 直接人工

直接人工 = 105 000 美元

样题 1B5 – CQ15

考查内容：年度利润计划与相关报表

在过去的几年中，麦克法登工业公司有关运输费用的数据如下所示：

固定成本	16 000 美元
平均运输量	15 磅
每磅成本	0.50 美元

下面所展示的是麦克法登工业公司下一年度的预算数据：

运输产品数量	8 000
销售订单的数量	800
运输次数	800
销售总额	1 200 000 美元
运输总量	9 600 磅

请问，麦克法登工业公司下一年度的预计运输成本为：

☐ **a.** 4 800 美元。

☐ **b.** 16 000 美元。

☐ **c.** 20 000 美元。

☐ **d.** 20 800 美元。

解析： 正确答案是 **d.** 20 800 美元。

总运输成本包括固定运输成本和变动运输成本。

总运输成本 = 固定运输成本 + 变动运输成本

总运输成本 = 16 000 美元 + 0.50 美元 × 运输磅数

总运输成本 = 16 000 美元 + 0. 50 美元 × 9 600

总运输成本 = 16 000 美元 + 4 800 美元 = 20 800 美元

样题 1B5 – CQ18

考查内容：年度利润计划与相关报表

在编制下一季度的直接材料采购预算时，工厂总会计师可得到的信息如下：

预算销量	2 000 件
单位产品所需的材料数量	4 磅
每磅材料的成本	3 美元/磅
现在持有的材料库存数量	400 磅
现在持有的成品库存数量	250 单位
期末目标成品库存	325 单位
期末目标材料库存	800 磅

该公司必须采购多少磅材料？

☐ **a.** 2 475。

☐ **b.** 7 900。

☐ **c.** 8 700。

☐ **d.** 9 300。

解析：正确答案是 **c.** 8 700。

采购直接材料的预算计算如下：

采购直接材料 = 生产需要的直接材料 + 预期期末存货磅数 – 预期期初存货磅数

采购直接材料 = 8 300 磅 + 800 磅 – 400 磅 = 8 700 磅

生产需要的直接材料 = 4 磅/单位 × 预期产量

生产需要的直接材料 = 4 磅/单位 × 2 075 单位 = 8 300 磅

预期产量 = 销售量 + 预期期末产成品存货 – 预期期初产成品存货

预期产量 = 2 000 单位 + 325 单位 – 250 单位 = 2 075 单位

样题 1B5 – CQ22

考查内容：年度利润计划与相关报表

基于斯科瑞公司如下所示的数据，其产品销售成本是多少？

期初产成品存货	$100 000
产品制造成本	700 000
期末产成品存货	200 000
期初在产品存货	300 000
期末在产品存货	50 000

☐ **a.** 500 000 美元。

☐ **b.** 600 000 美元。

☐ **c.** 800 000 美元。

☐ **d.** 950 000 美元。

解析： 正确答案是 **b.** 600 000 美元。

产品销售成本的计算如下：

产品销售成本 = 产品生产成本 + 期初产成品存货 – 期末产成品存货

产品销售成本 = 700 000 美元 + 100 000 美元 – 200 000 美元

产品销售成本 = 600 000 美元

样题 1B5 – CQ23

考查内容：年度利润计划与相关报表

当多特公司 8 月份销售了 20 000 单位产品时，其销售和管理费用如下所示：

	单位成本	总成本
变动成本	$18.60	$372 000
阶梯成本	4.25	85 000
固定成本	8.80	176 000
销售和管理费用合计	$31.65	$633 000

变动成本表示销售佣金，此项支出占销售额的 6.2%。

阶梯成本取决于公司雇用的销售人员数量。8 月份，公司的销售人员共计 17 名。但是，其中有两名销售人员将于 8 月 31 日提前退休，预计几个月内不会有代替的人。

当月销售量介于 15 000 单位至 30 000 单位之间时，总固定成本保持不变。

多特公司正计划将销售价格下调 10%，预期调价后每月销售量将增至 24 000 单位。如果该价格调整计划顺利实施，那么 9 月份预计的销售和管理费用为？

☐ **a.** 652 760 美元。

☐ **b.** 679 760 美元。

☐ **c.** 714 960 美元。

☐ **d.** 759 600 美元。

解析： 正确答案是 **a.** 652 760 美元。

总销售和管理费用的预算计算如下：

总销售和管理费用预算 = 变动成本 + 阶梯成本 + 固定成本

总销售和管理费用预算 = 401 760 美元 + 75 000 美元 + 176 000 美元

总销售和管理费用预算 = 652 760 美元

根据下列公式计算 8 月份的销售额以及每件产品的销售价格。

变动成本 = 6.2% × 销售额

销售额 = 变动成本/0.062 = 372 000 美元/0.062

= 6 000 000 美元

每单位产品销售价格 = 销售额/销售数量

$$=6\ 000\ 000\ \text{美元}/20\ 000$$

$$=300\ \text{美元}$$

9 月份预期销售额 $=90\% \times 8$ 月份每单位销售价格 $\times 9$ 月份销售数量

$$=0.9 \times 300\ \text{美元} \times 24\ 000$$

$$=6\ 480\ 000\ \text{美元}$$

预算变动成本 $=0.062 \times 6\ 480\ 000\ \text{美元}$

$$=401\ 760\ \text{美元}$$

每名销售人员的阶梯成本 $=85\ 000\ \text{美元}/17$（销售人员）

$$=5\ 000\ \text{美元}$$

由于两名销售人员退休，预算阶梯成本将会减少。计算如下：

预算阶梯成本 $=15$（销售人员）$\times 5\ 000\ \text{美元}$（每名销售人员的成本）

$$=75\ 000\ \text{美元}$$

总的预算销售和管理费用 $=401\ 760\ \text{美元} + 75\ 000\ \text{美元} + 176\ 000\ \text{美元}$

总的预算销售和管理费用 $=652\ 760\ \text{美元}$

样题 1B5 – CQ36

考查内容：年度利润计划与相关报表

下文给出了有关约翰逊公司本年度最后 7 个月的预测销售数据，以及该公司的预计回款模式：

预测销售额：

6 月份	$700 000
7 月份	600 000
8 月份	650 000
9 月份	800 000
10 月份	850 000
11 月份	900 000
12 月份	840 000

销售类型：

现金销售	30%
赊销	70%

赊销的回款模式（5% 的赊销款项确定无法收回）：

销售后当月收回	20%
销售后下个月收回	50%
销售后两个月后收回	25%

那么，约翰逊公司 9 月份预计销售和赊销回款金额为：

☐ **a.** 635 000 美元。

☐ **b.** 684 500 美元。

☐ **c.** 807 000 美元。

☐ **d.** 827 000 美元。

解析：正确答案是 **b.** 684 500 美元。

9 月份，来自销售和回款的预算现金收入的计算如下：

9 月份来自销售和回款的预算现金收入 = 9 月份现金销售额 + 9 月份销售回款 + 8 月份销售回款 + 7 月份销售回款

9 月份现金销售 = 30% × 9 月销售额 = 0.3 × 800 000 美元 = 240 000 美元

9 月份销售回款 = 20% × 70% × 9 月销售额

9 月份销售回款 = 0.2 × 0.7 × 800 000 美元 = 112 000 美元

8 月份销售回款 = 50% × 70% × 8 月销售额

8 月份销售回款 = 0.5 × 0.7 × 650 000 美元 = 227 500 美元

7 月份销售回款 = 25% × 70% × 7 月销售额

7 月份销售回款 = 0.25 × 0.7 × 600 000 美元 = 105 000 美元

9 月份来自销售和回款的预算现金收入 = 240 000 美元 + 112 000 美元 + 227 500 美元 + 105 000 美元 = 684 500 美元

样题 1B5 – CQ37

考查内容：年度利润计划与相关报表

芒廷·米尔·格拉夫公司处于投入运营的第一年。该公司第 1 季度的期初现金余额为 85 000 美元。公司拥有的短期信用额度为 50 000 美元。公司第 1 季度的预算信息如下所示：

	1 月	2 月	3 月
销售额	$60 000	$40 000	$50 000
采购额	$35 000	$40 000	$75 000
营运成本	$25 000	$25 000	$25 000

所有销售均采用赊销形式并于销售后第 2 个月后回款。采购款项在采购发生后次月支付，营运成本在发生的当月支付。根据贷款契约要求，如果公司必须维持最小现金余额 5 000 美元，那么芒廷·米尔·格拉夫公司需要在第 1 季度末借款多少？

- [ ] **a.** 0 美元。
- [ ] **b.** 5 000 美元。
- [ ] **c.** 10 000 美元。
- [ ] **d.** 45 000 美元。

解析：正确答案是 **c.** 10 000 美元。

在季度末，该项目在没有借款情况下的预计现金余额计算如下：

项目在没有借款情况下的预计现金余额 = 期初现金余额 + 预计的现金收入 – 预计现金支出

季度期初现金余额 = 85 000 美元

预计的季度现金收入等于 1 月份的销售额，因为所有的销售额都使用赊销的形式并且两个月以后才会回款。

预计的季度现金收入 = 60 000 美元

预计的季度现金支出包括 1 月份和 2 月份的采购额（不包括 3 月份的采购额，因为 3 月份的采购额会在 4 月份支付），再加上 1 月份，2 月份和 3 月份的营运成本。

预计现金支出 = 35 000 美元 + 40 000 美元 + 25 000 美元 + 25 000 美元 + 25 000 美元
= 150 000 美元

在季度末，该项目在没有借款情况下的预计现金余额计算如下：

在季度末没有借款的预计现金余额 = 85 000 美元 + 60 000 美元 – 150 000 美元
= – 5 000 美元

因此，公司需要借款 10 000 美元以维持最小的现金余额 5 000 美元。

样题 1B3 – CQ05
考查内容：预测技术

艾罗沙伯公司为宇宙飞船开发了一种新的产品，包括制造一种复杂零件。生产该零件需要的工艺技术要有很高的水准。公司管理层认为，随着公司的技术人员逐渐熟悉了该零件的生产流程，对其技术人员来说这是一个学习并改进技能水平的好机会。生产第 1 个零件需要 10 000 个直接人工工时。如果采用 80% 学习曲线，那么一共生产 8 个零件所需要的累积直接人工工时数为：

☐ **a.** 29 520 小时。

☐ **b.** 40 960 小时。

☐ **c.** 64 000 小时。

☐ **d.** 80 000 小时。

解析： 正确答案是 **b.** 40 960 小时。

使用累积平均时间学习曲线，由于累积的结果翻倍，每单位累积的平均直接人工工时为学习曲线百分率乘以过去的每单位累积平均直接人工工时。所以，如果生产第 1 个单位的所需人工工时为 10 000，并且学习曲线为 80%。则生产 2 个单位的累积平均直接人工工时的计算如下：

生产 2 个单位的累积平均直接人工工时 = 0.8 × 10 000（直接人工工时）= 8 000（直接人工工时）

当产出翻倍为 4 个单位时，累积平均直接人工小时的计算如下：

生产 4 个单位所需的累积平均直接人工工时 = 0.8 × 8 000（直接人工工时）= 6 400（直接人工工时）

当生产再次翻倍，生产 8 个单位时所需要的累积平均直接人工工时的计算如下：

生产 8 个单位所需的累积平均直接人工工时 = 0.8 × 6 400（直接人工工时）= 5 120（直接人工工时）

因此，生产 8 个单位所需的直接人工工时 = 5 120（直接人工工时）× 8（单位）= 40 960（直接人工工时）

样题 1B3 – CQ18
考查内容：预测技术

　　史卡夫公司的总会计师决定使用一种决策模型来处理不确定性。目前公司正在考虑一项特别的提议，即是否向某跨国公司的合资企业投资。总会计师已经确定了如下信息：

　　行动 1：投资合资企业。
　　事件及事件发生概率：
　　　　成功的概率 = 60%
　　　　投资成本 = 950 万美元
　　　　如果投资成功，所带来的现金流 = 1 500 万美元
　　　　如果投资失败，所带来的现金流 = 200 万美元
　　　　需额外支付的成本 = 0 美元
　　　　目前已发生的成本 = 650 000 美元
　　行动 2：不投资合资企业。
　　事件：
　　　　目前已发生的成本 = 650 000 美元
　　　　需额外支付的成本 = 100 000 美元
　　以下哪项正确地反映了投资与不投资这两种行动各自的期望值？
　　□　**a.** 300 000 美元与（750 000）美元。
　　□　**b.**（350 000）美元与（100 000）美元。
　　□　**c.** 300 000 美元与（100 000）美元。
　　□　**d.**（350 000）美元与（750 000）美元。
　　解析：正确答案是 **c.** 300 000 美元与（100 000）美元。
　　不进行投资的期望值为（100 000）美元，因为不进行投资将会产生额外的成本。
　　投资的期望值等于投资成功的期望值和投资失败的期望值进行加权平均，再减去最初的投资成本进行计算。
　　投资的期望值 = 投资成功的期望值 + 投资失败的期望值 − 初始投资成本
　　投资的期望值 = 0.6 × 15 000 000 美元 + 0.4 × 2 000 000 美元 − 9 500 000 美元
　　投资的期望值 = 9 000 000 美元 + 800 000 美元 − 9 500 000 美元
　　投资的期望值 = 300 000 美元
　　需要注意的是已发生的 650 000 美元是沉没成本，这项成本不会影响分析的结果。

第三章 绩效管理 参考答案和解析

样题 1C1 – CQ16
考查内容：成本量度与差异量度

　　下面是戴勒制造公司 4 月份的绩效报告。

	实际成果	静态预算	差异
销售数量	100 000	80 000	20 000F
销售收入	$190 000	$160 000	$30 000F
变动成本	125 000	96 000	29 000U
固定成本	45 000	40 000	5 000U
营业利润	$20 000	$24 000	$4 000U

使用弹性预算，戴勒公司的销售数量差异为：

☐ **a.** 4 000 美元不利差异。

☐ **b.** 6 000 美元有利差异。

☐ **c.** 16 000 美元有利差异。

☐ **d.** 20 000 美元不利差异。

解析：正确答案是 **c.** 16 000 美元有利差异。

销售数量差异主要是由预计静态利润 24 000 美元与 100 000 件产品实际销售数量弹性预算之间的差值。

100 000 件的弹性预算利润 = 100 000 件预计销售额 - 100 000 件的预计变动成本 - 100 000 单位的预计固定成本

预计的销售额 = 预计价格 × 实际销售数量

预计的销售额 = （160 000 美元/80 000 单位）×100 000（单位）

预计的销售额 = 200 000 美元

预计变动成本 = 单位变动成本 × 实际销售数量

预计变动成本 = （96 000 美元/80 000 单位）×100 000（单位）

预计变动成本 = 120 000 美元

预计固定成本 = 40 000 美元在相关范围内预计固定成本保持不变。

弹性预算利润 = 200 000 美元 - 120 000 美元 - 40 000 美元 = 40 000 美元

总销售数量差异 = 24 000 美元 - 40 000 美元 = （16 000）美元或 16 000 美元有利差异

样题 1C1 - CQ17

考查内容：成本量度与差异量度

米奥公司为汽车提供换油服务和其他日常保养服务（如轮胎压力检查）。该公司刊登广告说所有服务都能在 15 分钟内完成。

在近期的某个周六，公司为 160 辆汽车提供了相关服务，并导致如下人工差异：人工工资率差异 19 美元不利差异；人工效率差异 14 美元有利差异。如果米奥公司的标准人工工资率为 7 美元/人工工时，请确定该公司的实际小时工资率和实际人工工时数。

	工资率	人工工时数
☐ **a.**	6.55 美元	42.00
☐ **b.**	6.67 美元	42.71

☐ **c.** 7. 45 美元   42. 00

☐ **d.** 7. 50 美元   38. 00

解析： 正确答案是 **d.** 7. 50 美元和 38. 00。

人工效率差异为（14）美元或 14 美元有利差异，该人工效率差异被用到下列公式中以得到实际人工工时数（AH）：

人工效率差异 = 标准工资率 × （实际人工工时数 - 标准人工工时数）

-14 美元 = 7 美元 × ［AH - 160 件 × 每单位需要 1/4 小时］

-14 美元 = 7 美元 × （AH - 40）

-14 美元 = 7 美元 × AH - 280 美元

266 美元 = 7 美元 × AH

AH = 38

人工工资率差异为 19 美元或 19 美元不利差异，该人工工资率被用到下列公式中计算得到实际工资率（AR）：

人工工资率差异 = 实际人工工时数 × （实际工资率 - 标准工资率）

19 美元 = 38 小时 × （AR - 7 美元）

19 美元 = 38AR - 266 美元

285 美元 = 38AR

AR = 7. 50 美元

样题 1C1 - CQ18

考查内容：成本量度与差异量度

菲斯克公司近期花费 583 200 美元采购了 108 000 单位原材料，每件产成品的预算原材料使用量为 3 单位，每件成品的原材料标准成本为 16. 50 美元。

该期间内，菲斯克公司生产了 32 700 件成品，并且使用了 99 200 个原材料。如果公司管理层关注及时报告相关差异，以努力改进成本控制和绩效底线，那么材料采购价格差异应为：

☐ **a.** 6 050 美元不利差异。

☐ **b.** 9 920 美元有利差异。

☐ **c.** 10 800 美元不利差异。

☐ **d.** 10 800 美元有利差异。

解析： 正确答案是 **d.** 10 800 美元有利差异。

材料采购价格差异计算如下：

材料采购价格差异 = 实际采购量 × 实际价格 - 实际采购量 × 标准价格

材料采购价格差异 = 583 200 美元 - 108 000 件 × （16. 50 美元/3 件）

材料采购价格差异 = 583 200 美元 - 594 000 美元 = 10 800 美元有利差异

样题 1C1 - CQ19

考查内容：成本量度与差异量度

克利斯多夫·阿克斯是 SBL 承包公司的首席执行官。完成某项工作的材料的实际以及预算数据如下：

	购买和使用	预算
砖块（单位：包）	3 000	2 850
每包砖块的成本	$7.90	$8.00

关于 SBL 公司的这项工作，以下哪项陈述是**正确**的？

☐ **a.** 价格差异为 285 美元有利差异。

☐ **b.** 价格差异为 300 美元有利差异。

☐ **c.** 效率差异为 1 185 美元不利差异。

☐ **d.** 弹性预算差异为 900 美元有利差异。

解析： 正确答案是 **b.** 价格差异为 300 美元有利差异。

材料价格差异计算如下：

材料价格差异 = 实际采购数量 × （实际价格 – 标准价格）

材料价格差异 = 3 000 × （7.90 美元 – 8.00 美元） = 300 美元有利差异

其他的答案是不正确的。需要注意的是弹性预算差异为实际结果与弹性预算结果的差值，等于 900 美元的不利差异。

样题 1C1 – CQ20

考查内容：成本量度与差异量度

为了第一时间给负责差异的经理提供信息，某公司单独计算了其原材料的价格差异。本年度的预计材料使用情况计算如下：

150 000 单位产成品 × 3 磅/单位 × 2 美元/磅 = <u>900 000</u> 美元

本年度的实际结果为：

产成品产量	160 000 单位
原材料采购量	500 000 磅
原材料使用数量	490 000 磅
每磅成本	$2.02

本年度的原材料价格差异为：

☐ **a.** 9 600 美元不利差异。

☐ **b.** 9 800 美元不利差异。

☐ **c.** 10 000 美元不利差异。

☐ **d.** 20 000 美元不利差异。

解析： 正确答案是 **c.** 10 000 美元不利差异。

原材料的价格差异计算如下：

原材料价格差异 = 实际采购数量 × （实际价格 – 标准价格）

原材料价格差异 = 500 000 × （2.02 美元 – 2.00 美元） = 10 000 美元不利差异。

样题 1C1 – CQ21

考查内容：成本量度与差异量度

在年初，道格拉斯公司编制的直接材料月度预算如下所示：

生产与销售数量	10 000	15 000
直接材料成本	$15 000	$22 500

到了月底，公司的记录显示生产并售出了 12 000 单位，直接材料支出为 20 000 美元。那么直接材料差异为：

☐ **a.** 2 000 美元有利差异。

☐ **b.** 2 000 美元不利差异。

☐ **c.** 5 000 美元有利差异。

☐ **d.** 5 000 美元不利差异。

解析： 正确答案是 **b.** 2 000 美元不利差异。

直接材料的差异计算如下：

直接材料差异 = 实际的直接材料成本 – 基于实际产量下的预算直接材料成本

直接材料差异 = 20 000 美元 – 12 000 单位 ×（15 000 美元/10 000 单位）

直接材料差异 = 20 000 美元 – 18 000 美元 = 2 000 美元不利差异

样题 1C1 – CQ22

考查内容：成本量度与差异量度

科德公司采用标准成本制度。科德公司本年度的预算固定制造费用成本为 600 000 美元，预算产量为 200 000 单位。本年度公司实际生产了 190 000 单位产品，发生的实际固定制造费用成本为 595 000 美元。则本年度的产量差异为：

☐ **a.** 5 000 美元不利差异。

☐ **b.** 10 000 美元不利差异。

☐ **c.** 25 000 美元不利差异。

☐ **d.** 30 000 美元不利差异。

解析： 正确答案是 **d.** 30 000 美元不利差异。

固定制造费用数量差异的计算如下：

固定制造费用数量差异（FOVV）= 固定制造费用分摊率 ×（正常情况下的产量 – 实际产量）

固定制造费用分摊率 = SRF

固定制造费用数量差异（FOVV）= SRF ×（200 000 单位 – 190 000 单位）

固定制造费用数量差异（FOVV）= 10 000 SRF

固定制造费用分摊率（SRF）等于预算固定制造费用 600 000 美元，再除以正常的（预算）基准产量 200 000 单位，可以得到每单位预算固定制造费用为 3.00 美元。

因此，固定制造费用数量差异（FOVV）= 10 000 × 3.00 美元 = 30 000 美

元不利差异。

样题 1C1 – CQ23
考查内容：成本量度与差异量度

汉普公司绩效报告给出了上个月的经营信息，如下所示：

实际总制造费用	$1 600 000
预算固定制造费用	$1 500 000
分摊的固定制造费用，分摊率为 $3/人工工时	$1 200 000
分摊的变动制造费用，分摊率为 $0.50/人工工时	$200 000
实际人工工时数	430 000

那么汉普公司上个月的总制造费用开支差异为：

- ☐ **a.** 100 000 美元有利差异。
- ☐ **b.** 115 000 美元有利差异。
- ☐ **c.** 185 000 美元不利差异。
- ☐ **d.** 200 000 美元不利差异。

解析： 正确答案是 **b.** 115 000 美元有利差异。

制造费用开支差异（OSV）＝实际制造费用－使用实际直接人工工时数的预算制造费用

制造费用开支差异（OSV）＝1 600 000 美元－使用实际直接人工工时数的预算制造费用

实际直接人工工时数的预算制造费用＝固定制造费用＋实际直接人工小时 × 基于变动制造费用的人工工时分摊率

基于实际直接人工工时的预算制造费用＝1 500 000 美元＋（430 000 小时 × 0.50 美元/直接人工小时）

基于实际直接人工工时的预算制造费用＝1 500 000 美元＋215 000 美元
$$= 1\ 715\ 000\ 美元$$

制造费用开支差异（OSV）＝1 600 000 美元－1 715 000 美元
$$= 115\ 000\ 美元有利差异$$

样题 1C1 – CQ24
考查内容：成本量度与差异量度

琼特公司制造供玩具店销售的大玩偶。在本年的计划中，琼特公司估计变动间接制造成本为 600 000 美元，固定间接制造成本为 400 000 美元。琼特公司利用标准的成本制度，其间接制造成本基于标准直接人工工时分摊至各个产品中。作为预算作业基准的本年直接人工工时为 10 000 小时，但琼特公司实际耗用了 10 300 小时。

基于本年度的产出，应耗用 9 900 标准直接人工工时。实际变动间接制造成本为 596 000 美元，实际固定工厂间接制造成本为 410 000 美元。基于以上信息，琼特公司本年度的变动制造费用开支差异为：

☐ **a.** 24 000 美元不利差异。

☐ **b.** 2 000 美元不利差异。

☐ **c.** 4 000 美元有利差异。

☐ **d.** 22 000 美元有利差异。

解析： 正确答案是 **d.** 22 000 美元有利差异。

变动制造费用开支差异的计算如下：

变动制造费用开支差异（VOSV）=实际变动制造费用－使用实际直接人工工时数的预算变动制造费用

变动制造费用开支差异（VOSV）= 596 000 美元－使用实际直接人工工时数的预算变动制造费用

使用实际直接人工工时数的预算变动制造费用的计算如下：

使用实际直接人工工时数的预算变动制造费用 =（变动制造费用分摊率或 SRV）×（实际使用直接人工小时）

使用实际直接人工工时数的预算变动制造费用 =（SRV）×10 300（直接人工小时）

SRV = 预算的变动制造费用/预算的直接人工小时

SRV = 600 000 美元×10 000 预算直接人工小时 = 60 美元/直接人工小时

使用实际直接人工工时数的预算变动制造费用 = 60 美元×10 300 小时

使用实际直接人工工时数的预算变动制造费用 = 618 000 美元

变动制造费用开支差异（VOSV）= 596 000 美元－618 000 美元 = －22 000 美元或 22 000 美元有利差异

样题 1C1－CQ25

考查内容：成本量度与差异量度

基于 900 单位是该公司的正常产能。强森公司为其生产部门建立了单位产品的标准材料成本和标准人工成本，相关数据如下所示：

3 磅直接材料×4 美元/磅	$12
1 直接人工工时×15 美元/人工工时	15
单位产品的标准成本	$27

本年度共生产了 1 000 单位产品。会计部门让生产部门主管承担以下不利差异：

材料数量差异		材料价格差异	
实际用量	3 300 磅	实际成本	$4 200
标准用量	3 000 磅	标准成本	4 000
不利差异	300 磅	不利差异	$200

鲍勃·斯特林是生产部门主管，他已收到上司的备忘录，指出斯特林在材料数量和材料价格上均未能达到既定标准，因此必须采取纠正行动。斯特林对

这一情况感到十分不高兴，他准备回应上司的备忘录，解释自己感到不满的原因。

以下哪项**不能**作为斯特林感到不满的合理理由：

☐ **a.** 材料价格差异应由采购部门负责。

☐ **b.** 不利材料用量差异的原因在于材料质量不合格。

☐ **c.** 标准并未随工程的变化而相应调整。

☐ **d.** 差异计算未能合理反映实际产量大于常规产能这一事实。

解析： 正确答案是 **d.** 差异计算未能合理反映实际产能大于正常产能这一事实。

生产差异（成本差异、开支差异和效率差异）都基于实际生产数量而产生。这和常规产量、生产能力、预计产能、预计生产数量，计划生产、期望生产数量以及其他用来衡量生产情况的指标都没关系。因此，实际生产数量和其他生产指标之间的差异是不太相关的。

样题 1C3 – AT35

考查内容：成本量度与差异量度

特里克公司销售产品 E 和产品 F 两种产品，该公司上月的数据如下所示：

	产品 E		产品 F	
	预算	实际	预算	实际
销售量	5 500	6 000	4 500	6 000
单位边际贡献（CM）	$ 4.50	$ 4.80	$ 10.00	$ 10.50

则该公司的销售组合差异为：

☐ **a.** 3 300 美元有利差异。

☐ **b.** 3 420 美元有利差异。

☐ **c.** 17 250 美元有利差异。

☐ **d.** 18 150 美元有利差异。

解析： 正确答案是 **a.** 3 300 美元有利差异。

CM = 边际贡献

预算组合：

55% E × 4.50 美元 CM	$2.475
45% F × 10.00 美元 CM	4.500
每单位边际贡献	$6.975

实际组合：

50% E × 4.50 美元 CM	$2.250
50% F × 10.00 美元 CM	5.000
每单位边际贡献	7.250

增加的边际贡献 0.275 × 实际销售数量 12 000 = 3 300 美元有利差异

样题 1C2 – CQ17
考查内容：责任中心与报告分部

曼哈顿公司有几个分散运营管理的利润中心。目前，制造部门生产的在设备中常规使用的 UT – 371 线路板有过剩产能 5 000 单位，关于该线路板的信息如下所示：

市场价格	$48
与对外销售相关的变动销售/分销成本	$5
变动制造成本	$21
固定制造成本	$10

曼哈顿公司的电子器件组装部门想要购买 4 500 单位线路板，该部门要么从内部购买要么以每个 46 美元的价格从外部购买。电子器件组装部门的管理层认为，如果从公司内部购买价格上的让步是合情合理的，毕竟两个部门同属一家公司。为优化曼哈顿公司的整体目标，制造部门向电子器件组装部门收取的线路板价格最低应为：

☐ **a.** 21 美元。
☐ **b.** 26 美元。
☐ **c.** 31 美元。
☐ **d.** 46 美元。

解析： 正确答案是 **a.** 21 美元。

最佳的转移价格计算如下：

最理想的转移价格，T（0）= 生产部门的生产机会成本 + 所有可以避免的固定成本 + 放弃的制造该产品的贡献

生产部门的生产机会成本等于相关的每单位变动成本，在本例中为 21 美元。

因为制造部门有过剩的产能，放弃的贡献为 0。

可避免固定成本并没有在题目中被提到。

T（0）= 21 美元 + 0 美元 + 0 美元 = 21 美元

样题 1C3 – CQ12
考查内容：绩效评估

某制造公司 4 个不同地区的分部的绩效结果如下所示：

分部	目标投资收益率	实际投资收益率	销售收益率
A	18%	18.1%	8%
B	16%	20.0%	8%
C	14%	15.8%	6%
D	12%	11.0%	9%

那么绩效**最好**的分部是:

☐ **a**. 分部 A。

☐ **b**. 分部 B。

☐ **c**. 分部 C。

☐ **d**. 分部 D。

解析: 正确答案是 **b**. 分部 B。

分部 B 的投资收益率高于目标投资收益率 25%。计算过程如下:

超过的投资收益率百分比 = (实际投资收益率 – 目标投资收益率)/ 实际投资收益率

超过的投资收益率百分比 = (20 – 16)/ 16 = 25%

分部 A 和分部 C 的投资收益率只是稍高于目标投资收益率。分部 D 的实际投资收益率低于目标投资收益率。

样题 1C3 – CQ13

考查内容: 绩效评估

KHD 工业公司是一家多部门公司,该公司基于各个部门获得的投资收益率评估部门经理的绩效。绩效评估和薪酬计划中使用的目标投资收益率为 15%(等于资本成本),实际投资收益率每超出 15% 一个百分点,部门经理就能获得占基本薪酬 5% 的奖金。

戴维·艾文斯是消费产品部的经理,他对消费产品部下一年的营运和财务状况做了预测,预测结果表明投资收益率将为 24%。此外,消费产品部还确立了若干新的短期项目,财务人员对这些短期项目的评估信息如下所示:

项目	预计投资收益率
A	13%
B	19%
C	22%
D	31%

假设对支出没有任何限制,那么能给 KHD 工业公司带来价值增值的新项目的最优组合是什么?

☐ **a**. A、B、C 和 D。

☐ **b**. 仅 B、C 和 D。

☐ **c**. 仅 C 和 D。

☐ **d**. 仅 D。

解析: 正确答案是 **b**. 仅 B、C 和 D。

KHD 公司会投资那些投资收益率高于公司目标投资收益率 15% 的项目。项目 B、C 和 D 的投资收益率都高于公司目标收益率 15%。

样题 1C1 – AT03

考查内容：成本量度与差异量度

富兰克林产品公司估计实际产能为 90 000 机器工时，每单位产品需要 2 机器工时。最近的会计期间的数据如下所示：

实际变动制造费用	$ 240 000
实际固定制造费用	$ 442 000
实际使用的机器工时数	88 000
实际生产的成品数量	42 000
90 000 机器工时下的预算变动制造费用	$ 200 000
预算固定制造费用	$ 450 000

富兰克林产品公司的产量差异**最**可能由以下哪项因素导致？

- ☐ **a.** 接受预期外的销售订单。
- ☐ **b.** 生产部门主管的工资上涨。
- ☐ **c.** 新近实施了一项方案，旨在降低产成品存货水平。
- ☐ **d.** 临时聘用的工人的技能水平低于先前的预期。

解析： 正确答案是 **c.** 新近实施了一项方案，旨在降低产成品存货水平。

产量差异主要是由于预计固定制造费用和实际分摊之间的差异。实施新方案从而去降低成品的库存水平，这与实际生产与预估之间的对比是相吻合的。

工资的提高将会影响开支差异，不会影响数量差异。

因为在本例中，数量差异为不利差异（分摊的固定制造费用少于预算固定制造费用），接受非预期的销售订单是不正确的，因为一个非预期的销售订单会增加固定制造费用的分配。

样题 1C3 – AT19

考查内容：绩效评估

以下哪项**最**应该被认定为"利润中心"？

- ☐ **a.** 一家大型本地汽车代理商新开立的汽车销售部。
- ☐ **b.** 一家大型消费产品公司的信息技术部。
- ☐ **c.** 一家大型玩具公司。
- ☐ **d.** 一家小型定制的机械公司的生产运营部。

解析： 正确答案是 **a.** 一家大型本地汽车代理商新开立的汽车销售部。

利润中心也是责任中心，利润中心的管理者对于收入与成本需要承担责任。利润被用来评估一家大型本地汽车公司的一个新的汽车销售分部的业绩，该分部有自己的成本和收入，因此最符合利润中心的条件。

样题 1C3 – AT21

考查内容：绩效评估

平衡计分卡通过将管理者聚焦在关键绩效指标上，从而为公司在竞争中获得成功提供了行动计划。以下哪项**不是**在平衡计分卡中通常能找到的关键绩效指标?

- ☐ **a.** 财务绩效指标。
- ☐ **b.** 内部业务流程。
- ☐ **c.** 竞争对手的商业战略。
- ☐ **d.** 员工创新与学习。

解析: 正确答案是 **c.** 竞争对手的商业战略。

平衡计分卡中使用的重要指标包括:

- ·财务绩效;
- ·客户满意度;
- ·内部业务流程;
- ·创新与学习。

第四章 成本管理 参考答案和解析

样题 1D1 – CQ02
考查内容: 成本量度概念

某公司采用及时生产制(JIT)和延期会计法。在原材料采购时将原材料的购置成本计入原材料控制账户。加工成本在发生时计入控制账户,而加工成本的分配金额则来自分摊加工成本账户。公司在产成品完工时按产成品的估计预算成本记录产成品成本。

公司单位产品的预算成本如下所示:

直接材料	$15.00
加工成本	35.00
预算单位总成本	$50.00

在当前会计期间,共生产了 80 000 件产品,售出 75 000 件产品。则记录当期完工产品成本的会计分录应为以下哪一项?

a. 在产品——控制	4 000 000	
原材料——控制		1 200 000
加工成本分配		2 800 000
b. 产成品——控制	4 000 000	
原材料——控制		1 200 000
加工成本分配		2 800 000
c. 产成品——控制	3 750 000	
原材料——控制		1 125 000
加工成本分配		2 625 000
d. 产品销售成本——控制	3 750 000	
原材料——控制		1 125 000
加工成本分配		2 625 000

解析：正确答案是：

b. 产成品——控制	4 000 000	
原材料——控制		1 200 000
分摊的加工成本		2 800 000

采用及时生产制，不会存在在产品存货。只记录当期完工产品成本。会计分录如下：

贷记原材料 – 控制账户为 1 200 000 美元（80 000 单位×15 美元/每单位直接材料）去记录转移到产成品的原材料成本，相应的借记为产成品 – 控制账户。

贷记的加工成本的分摊账户为 2 800 000 美元（80 000 单位×35 美元/每单位加工成本）去记录转移到产成品的加工成本，相应的借记为产成品 – 控制账户。

最后，产成品 – 控制账户会收到借记数额 4 000 000 美元，是 1 200 000 美元的原材料和 2 800 000 美元的加工成本相加的结果。

样题 1D1 – CQ03
考查内容：成本量度概念

根据以下预算数据，计算正常成本制度中使用的预算间接成本分摊率。

总直接人工工时	250 000
直接成本	$ 10 000 000
总间接人工工时	50 000
与间接人工相关的总成本	$ 5 000 000
与间接非人工相关的总成本	$ 7 000 000

- ☐ **a.** 20 美元/直接人工工时。
- ☐ **b.** 28 美元/直接人工工时。
- ☐ **c.** 40 美元/直接人工工时。
- ☐ **d.** 48 美元/直接人工工时。

解析： 正确答案是 **d.** 48 美元/直接人工工时。

直接人工工时的预算间接成本分摊率的计算如下：

直接人工工时的预算间接成本分摊率 = 预算间接成本/预算直接人工工时

直接人工工时的预算间接成本分摊率 =（5 000 000 美元 + 7 000 000 美元）/250 000 美元

直接人工工时的预算间接成本分摊率 = 12 000 000 美元/250 000 美元

直接人工工时的预算间接成本分摊率 = 48 美元/直接人工工时

样题 1D1 – CQ06
考查内容：成本量度概念

彻森公司生产饼干和曲奇，6 月份该公司的单位成本信息如下所示：

变动制造成本	变动营销成本	固定制造成本	固定营销成本
$5.00	$3.50	$2.00	$4.00

6 月份彻森公司共生产了 100 000 件产品，其中有 10 000 件产品仍保留在期末存货中。彻森公司采用先进先出（FIFO）存货计价法，这 10 000 件产品是月底唯一的产成品存货。如果采用吸收（完全）成本法，彻森公司的产成品存货价值应为：

☐ **a.** 50 000 美元。

☐ **b.** 70 000 美元。

☐ **c.** 85 000 美元。

☐ **d.** 145 000 美元。

解析： 正确答案是 **b.** 70 000 美元。

在完全吸收成本法下，用单位变动制造成本和单位固定制造成本之和乘以存货数量来计量存货成本（价值）。

完全吸收成本法下的存货价值 =（5 美元 + 2 美元）×10 000 单位 = 7 美元 × 10 000 单位 = 70 000 美元

样题 1D1 – CQ12

考查内容：成本量度概念

罗宾逊公司 5 月份销售了 1 000 件产品。5 月份的单位成本信息如下所示：

	单位成本
直接材料	$5.50
直接人工	3.00
变动制造费用	1.00
固定制造费用	1.50
变动管理成本	0.50
固定管理成本	3.50
总计	$15.00

采用吸收成本法，5 月份的收益是 9 500 美元。如果采用变动成本法，5 月份的收益将为 9 125 美元。则罗宾逊公司 5 月份的生产数量为：

☐ **a.** 750 单位。

☐ **b.** 925 单位。

☐ **c.** 1 075 单位。

☐ **d.** 1 250 单位。

解析： 正确答案是 **d.** 1 250 单位。

使用下面的公式去计算产量：

完全吸收成本法下的营业收益 = 变动成本法下的营业收益 + 每单位固定生产成本 ×（生产数量 – 销售数量）

完全吸收成本法下的营业收益为 9 500 美元。

变动成本法下的营业收益为 9 125 美元。

9 500 美元 = 9 125 美元 + 1. 50 美元 × （生产数量 – 1 000 单位）

9 500 美元 = 9 125 美元 + 1. 50 美元 × 生产数量 – 1 500 美元

9 500 美元 = 7 625 美元 + 1. 50 美元 × 生产数量

1 875 美元 = 1. 50 美元 × 生产数量

生产数量 = 1 250

样题 1D1 – CQ13

考查内容：成本量度概念

托卡兹公司将 Duo 加工成两种联产品：Big 和 Mini。公司花费 2 000 美元共采购了 1 000 加仑的 Duo。将 1 000 加仑 Duo 加工成 800 加仑 Big 和 200 加仑 Mini，产生加工成本为 3 000 美元。Big 的售价为每加仑 9 美元，Mini 的售价为每加仑 4 美元。

800 加仑的 Big 可进一步加工成 600 加仑的 Giant，但需要 1 000 美元的额外加工成本。Giant 的售价为每加仑 17 美元。托卡兹公司采用可变现净值法将成本分摊给联产品，则生产 Giant 的总成本将为：

- ☐ **a.** 5 600 美元。
- ☐ **b.** 5 564 美元。
- ☐ **c.** 5 520 美元。
- ☐ **d.** 4 600 美元。

解析： 正确答案是 **a.** 5 600 美元。

产品的市场价值减去完成以及处理产品所花费的成本，等于产品在分离点上的可变现净值。

Giant 在分离点上的可变现净值计算如下：

Giant 在分离点上的可变现净值 = 市场价值 – 可分离的加工成本

Giant 的市场价值 = 600（加仑）×17 美元/加仑 = 10 200 美元

Giant 在分离点上的可变现净值 = 10 200 美元 – 1 000 美元 = 9 200 美元

Mini 在分离点上的可变现净值计算如下：

Mini 在分离点上的可变现净值 = 市场价值 – 可分离的加工成本

Mini 在分离点上的可变现净值 = 200（加仑）×4 美元/加仑 = 800 美元

Giant 和 Mini 的可变现净值之和 = 9 200 美元 + 800 美元 = 10 000 美元

因此，Giant 应该分摊的联合成本 = （9 200 美元/10 000 美元）×5 000 美元

= 4 600 美元

使用可变现净值法下在分离点上 Giant 的成本 = 可分离的加工成本 + 分摊的联合加工成本

使用可变现净值法下在分离点上 Giant 的成本 = 1 000 美元 + 4 600 美元

= 5 600 美元

样题 1D1 – CQ14

考查内容：成本量度概念

托卡兹公司将 Duo 加工成两种联产品：Big 和 Mini。公司花费 2 000 美元采

购了 1 000 加仑 Duo。将 1 000 加仑 Duo 加工成 800 加仑 Big 和 200 加仑 Mini，产生加工成本为 3 000 美元。Big 的售价为每加仑 9 美元，Mini 的售价为每加仑 4 美元。

托卡兹公司采用分离点销售价值法将联合成本分摊给最终产品，则 Big 的单位转换成本（近似到分）为：

- ☐ **a.** 每加仑 5.63 美元。
- ☐ **b.** 每加仑 5.00 美元。
- ☐ **c.** 每加仑 4.50 美元。
- ☐ **d.** 每加仑 3.38 美元。

解析：正确答案是 **a.** 每加仑 5.63 美元。

使用与销售价值相关的分离点法计算 Big 每加仑成本，即 Big 所分摊的联合成本除以 800 加仑的生产数量。

在分离点 Big 的销售价值 = 800（加仑）×9 美元 = 7 200 美元

在分离点 Mini 的销售价值 = 200（加仑）×4 美元 = 800 美元

在分离点 Big 和 Mini 总的销售价值 = 7 200 美元 + 800 美元 = 8 000 美元

Big 所分摊的联合成本 =（7 200 美元/8 000 美元）×5 000 美元 = 4 500 美元

Big 每加仑所花费的成本 = 4 500 美元/800 加仑 = 5.625 美元或 ≈ 5.63 美元

样题 1D1 – CQ15
考查内容：成本量度概念

腾泊公司采取联合制造流程生产了三种产品。由于三种独立的产品在分离点没有市场，所以在出售前还需要进行进一步的加工。每批次联合成本是 315 000 美元。其他产品信息如下所示：

	产品 A	产品 B	产品 C
每一批次的生产数量	20 000	30 000	50 000
单位产品进一步的加工和营销成本	$0.70	$3.00	$1.72
单位产品的最终销售价格	$5.00	$6.00	$7.00

腾泊公司使用可变现净值法分摊联合成本，则每单位产品 C 应分摊多少联合成本？

- ☐ **a.** 2.10 美元。
- ☐ **b.** 2.65 美元。
- ☐ **c.** 3.15 美元。
- ☐ **d.** 3.78 美元。

解析：正确答案是 **d.** 3.78 美元。

在分离点可变现净值法计算单位产品 C 所分摊的联合成本是产品 C 在联合成本 315 000 美元中的份额，除以 50 000 个单位产品的结果。

在分离点上产品 A 的可变现净值（NRV）= 产品 A 的市场价值 – 可分离成本

在分离点上产品 A 的可变现净值（NRV）=（20 000 单位）×5 美元/单位 – 20 000 ×0.70 美元/单位

在分离点上产品 A 的可变现净值（NRV）= 100 000 美元 – 14 000 美元

$$= 86\ 000\ 美元$$

在分离点上产品 B 的可变现净值（NRV）＝产品 B 的市场价值－可分离成本

在分离点上产品 B 的可变现净值（NRV）＝ 30 000 单位 ×6 美元/单位－30 000 单位 ×3.00 美元/单位

在分离点上产品 B 的可变现净值（NRV）＝ 180 000 美元－90 000 美元
$$= 90\ 000\ 美元$$

在分离点上产品 C 的可变现净值（NRV）＝产品 C 的市场价值－可分离成本

在分离点上产品 C 的可变现净值（NRV）＝ 50 000 单位 ×7 美元/单位－50 000 单位 ×1.72 美元/单位

在分离点上产品 C 的可变现净值（NRV）＝ 350 000 美元－86 000 美元
$$= 264\ 000\ 美元$$

三种产品总的可变现净值（NRV）＝ 86 000 美元＋90 000 美元＋264 000 美元
$$= 440\ 000\ 美元$$

产品 C 在总成本中的占比额＝（264 000 美元/440 000 美元）×315 000 美元
$$= 189\ 000\ 美元$$

使用分离点可变现净值法计算每单位产品 C 的成本＝ 189 000 美元/50 000 单位

分离点可变现净值法计算每单位产品 C 的成本＝ 3.78 美元

样题 1D1 – CQ16

考查内容：成本量度概念

菲茨帕特里克公司使用联合制造流程生产两种产品：Gummo 和 Xylo。联合制造流程的每一批次成本为 20 000 美元，可以产出 5 000 磅中间材料 Valdene。

每批次可以生产 3 000 磅 Gummo，需要消耗 60% 的 Valdene 和耗费 10 000 美元作为分离成本。Gummo 售价为 10 美元/磅。

剩余的 Valdene 用于生产 Xylo，批次产出 2 000 磅 Xylo，售价为每磅 12 美元。每一生产批次发生的可分离成本为 12 000 美元。

菲茨帕特里克公司采用可变现净值法分摊联合材料成本。该公司正在犹豫要不要将 Xylo 继续加工成一种新产品 Zinten，如果继续加工，将发生 4 000 美元的额外成本，新产品 Zinten 的售价为每磅 15 美元。如果生产 Zinten，公司的收益将增加：

- ☐ **a.** 2 000 美元。
- ☐ **b.** 5 760 美元。
- ☐ **c.** 14 000 美元。
- ☐ **d.** 26 000 美元。

解析： 正确答案是 **a.** 2 000 美元。

用 Zinten 的市场价值 30 000 美元（2 000 磅 ×15 美元/磅）减去 Xylo 的市场价值 24 000 美元（2 000 磅 ×12/磅）和 4 000 美元的额外加工成本，可以得到生产 Zinten 所增加的收益。

增加的收益＝ 30 000 美元－24 000 美元－4 000 美元＝ 2 000 美元

联合成本以及分摊额属于沉没成本，因此与收益的计算不相关。

样题 1D2 – CQ03
考查内容：成本核算制度

劳烨公司生产三种男式内衣：T恤、V领背心和运动衬衫。折叠和包装部门基于折叠和包装每种内衣所允许的标准时间为分摊基础，采用营运成本法将成本分摊至单件产品。折叠和包装每种内衣所需的标准时间如下所示：

T恤	40 秒/件
V 领背心	40 秒/件
运动背心	20 秒/件

劳烨公司4月份生产并销售了50 000件T恤、30 000件V领背心和20 000件运动衬衫。如果4月份折叠和包装部门的成本是78 200美元，则分摊给每件T恤的折叠和包装成本是多少？

- ☐ **a.** 0.5213 美元。
- ☐ **b.** 0.6256 美元。
- ☐ **c.** 0.7820 美元。
- ☐ **d.** 0.8689 美元。

解析： 正确答案是 **d.** 0.8689 美元。

每件T恤折叠和包装的成本计算如下：

折叠和包装的成本 = 40秒 × 每秒的成本分摊率

每秒的成本分摊率 = 78 200美元/总秒数

每秒的成本分摊率 = 78 200美元/〔（50 000件T恤 × 40秒/件）+（30 000件V领T恤 × 40秒/件）+（20 000件运动T恤 × 20秒/件）〕

每秒的成本分摊率 = 78 200美元/（2 000 000秒 + 1 200 000秒 + 400 000秒）

每秒的成本分摊率 = 78 200美元/3 600 000秒

每秒的成本分摊率 = 0.0217222美元/秒

分配到每件T恤的成本 = 40秒 × 0.0217222美元/秒 = 0.8689美元

样题 1D2 – CQ04
考查内容：成本核算制度

克罗斯化学公司12月份有关产品Xyzine（一种工业清洁剂）的数据如下所示。

生产流	实物量
完工并转入下一个部门	100
加：期末在制品存货	<u>10</u>（加工成本完工率为40%）
预计入账的总数量	110
减：期初在产品存货	<u>20</u>（加工成本完工率为60%）
12月份新生产的数量	**<u>90</u>**

所有材料在部门生产过程开始时全部投入，加工成本在加工过程中均匀加入。期初在产品存货包括 120 美元的原材料和 180 美元已发生的加工成本。12月份材料投入为 540 美元，发生的加工成本为 1 484 美元。克罗斯公司采用加权平均分步成本法，则 12 月份期末在产品存货中的原材料成本总计为：

☐ **a.** 120 美元。

☐ **b.** 72 美元。

☐ **c.** 60 美元。

☐ **d.** 36 美元。

解析： 正确答案是 **c.** 60 美元。

期末原材料的约当产量乘以每单位约当产量的原材料成本等于期末存货中总的原材料成本。

期末存货中总的原材料成本 = 期末原材料的约当产量×约当产量的单位原材料成本

加权平均法假设所有的产量和成本均当期发生（即没有期初存货）。因此，原材料的约当产量为 110 单位，转出 100 单位。剩下的 10 单位留存在期末存货中。

约当产量的单位原材料成本 = 总材料成本/约当产量

约当产量的单位原材料成本 =（120 美元 + 540 美元）/（110 约当产量）

约当产量的单位原材料成本 = 660 美元/110 单位 = 6 美元/单位

因此，期末存货原材料总成本 = 10 约当产量×6 美元/单位 = 60 美元。

样题 1D2 – CQ08

考查内容：成本核算制度

奥斯特制造公司采用加权平均分步成本法，公司 10 月份的成本和作业信息如下所示：

材料	$40 000
加工成本	32 500
期初在产品存货合计	$72 500
材料	$700 000
加工成本	617 500
总生产成本——10 月份	$1 317 500
已完工产品数量	60 000 件
10 月 31 日的在产品数量	20 000 件

所有材料在生产过程开始时全部投入，加工成本在生产中均匀发生。工厂相关人员表示，月底在产品存货平均完工率为 25%。假设没有损耗，则奥斯特公司 10 月份的生产成本应如何分摊？

	产成品	在产品
☐ **a.**	1 042 500 美元	347 500 美元
☐ **b.**	1 095 000 美元	222 500 美元
☐ **c.**	1 155 000 美元	235 000 美元

☐ **d.** 1 283 077 美元　　　　　　106 923 美元

解析： 正确答案是 **c.** 1 155 000 美元和 235 000 美元。

完工产品的成本计算如下：

完工产品的成本 = 产品数量 × 约当产量的单位总成本

完工产品的成本 = 60 000 单位 × 约当产量的单位总成本

因为所有的材料在生产开始的时候进行投入，在 10 月份，材料的约当产量等于完工产品和在产品之和。

10 月份材料的约当产量 = 完工产品 + 在产品 = 60 000 + 20 000 = 80 000。

加工成本的约当产量等于开工和完工产品的约当产量之和再加上在产品存货的约当产量。

加工成本的约当产量 = 开工和完工产品的约当产量之和 + （完成的加工成本百分比）× 期末在产品存货

加工成本的约当产量 = 60 000 + 0.25 × 20 000 = 65 000 加工成本的约当产量

材料的约当产量单位成本 = （40 000 美元 + 700 000 美元）/ 约当产量 80 000

材料的约当产量单位成本 = 740 000 美元 / 约当产量 80 000 = 9.25 美元

加工成本的约当产量单位成本 = （32 500 美元 + 617 500 美元）/ 约当产量 65 000

加工成本的约当产量单位成本 = 650 000 美元 / 约当产量 65 000 = 10 美元

约当产量单位总成本 = （9.25 美元 + 10 美元）= 19.25 美元

60 000 单位完工产品的成本计算如下：

完工产品成本 = 60 000 单位产品 × 19.25 美元 = 1 155 000 美元

期末存货成本 = 材料约当产量 × 材料的约当产量单位成本 + 加工成本的约当产量 × 约当产量的单位加工成本

期末存货成本 = 20 000 材料约当产量 × 9.25/ 约当产量 + 5 000 加工成本的约当产量 × 10 美元 / 约当产量 = 235 000 美元

样题 1D2 – CQ10

考查内容：成本核算制度

克罗斯化学公司 12 月份有关产品 Xyzine（一种工业清洁剂）的数据如下所示：

生产流	实物量
完工并转入下一个部门	100
加：期末在产品存货	10（加工成本完工率为 40%）
预计入账的总数量	110
减：期初在建品存货	20（加工成本完工率为 60%）
12 月份新生产的数量	**90**

所有材料在生产过程开始时全部投入，加工成本在加工过程中均匀加入。期初在产品存货包括 120 美元的原材料和 180 美元已发生的加工成本。12 月份材料

投入为 540 美元，12 月份已发生的加工成本为 1 484 美元，克罗斯公司采用加权平均分步成本法。则 12 月份分摊给转入下一部门的产品的总加工成本为：

- ☐ **a.** 1 664 美元。
- ☐ **b.** 1 600 美元。
- ☐ **c.** 1 513 美元。
- ☐ **d.** 1 484 美元。

解析：正确答案是 **b.** 1 600 美元。

分配到下个部门的产品总加工成本的计算如下：

分配到下个部门的产品总加工成本 = 转移产品数量 × 约当产量的单位加工

转移产品数量 = 100

加权平均法假设所有的产品和成本都在当期发生（即没有期初存货）。

因此，加工成本的约当产量 = 完工产品数量 + 期末存货数量 ×（完工率百分比）

加工成本的约当产量 = 100 + 10 × 40% = 104

约当产量的单位加工成本 =（180 美元 + 1 484 美元）/104 约当产量

约当产量的单位加工成本 = 1 664 美元/104 = 16 美元/约当产量

分配到下个部门的产品总加工成本 = 100 单位 × 16 美元 = 1 600 美元

样题 1D2 – CQ12

考查内容：成本核算制度

沃勒公司采用加权平均分步成本法计算产品成本。在生产衬衫的过程中，B 材料分两次投入：产品完工 20% 的时候投料 40%；产品完工 80% 的时候投料 60%。季末有在产品 22 000 件，所有在产品完工率为 50%。考虑到材料 B，还在生产过程中的季末衬衫相当于多少个约当产量？

- ☐ **a.** 4 400 件。
- ☐ **b.** 8 800 件。
- ☐ **c.** 11 000 件。
- ☐ **d.** 22 000 件。

解析：正确答案是 **b.** 8 800 件。

期末存货中的 22 000 件衬衫完工率为 50%。因此材料 B 在期末存货中的投入量为 40%。

通过期末存货量 22 000 乘以材料 B 的投入量 40%，可以得到 8 800 件衬衫的约当产量。

衬衫的约当产量 = 22 000 件 × 0.4 = 8 800 件

样题 1D2 – CQ14

考查内容：成本核算制度

巧克力·倍克公司从事巧克力烘烤食品的生产。长期以来，公司通过比较收入和产品销售成本来评估一条产品线的获利能力。但新上任的会计师拜瑞·

怀特想采用作业成本法来考量送货人员的绩效成本。下面是公司两种主要产品的作业和成本资料：

	松饼	酪饼
收入	$53 000	$46 000
产品销售成本	$26 000	$21 000
送货作业		
送货次数	150	85
平均送货时长	10 分钟	15 分钟
每小时送货成本	$20.00	$20.00

若公司采用作业成本法，则下面的表述哪一项是正确的？

□ **a.** 松饼的盈利比酪饼高 2 000 美元。

□ **b.** 酪饼的盈利比酪饼高 75 美元。

□ **c.** 松饼的盈利比酪饼高 1 925 美元。

□ **d.** 松饼有更高的销售利润率，因此更具优势。

解析： 正确答案是 **c.** 松饼的盈利比酪饼高 1 925 美元。

除去装运费，松饼的毛利润计算如下：

松饼的毛利润 = 收入 − 产品销售成本 − 摊派的运输成本

松饼的毛利润 = 53 000 美元 − 26 000 美元 − 摊派的运输成本

松饼的毛利润 = 27 000 美元 − 摊派的运输成本

松饼摊派的运输成本计算如下：

松饼的装运成本 = 装运次数 × 每次装运成本

松饼的装运成本 = 150（装运次数）×（10 分钟/60 分钟）×20 美元/小时

$\qquad$ = 500 美元

松饼的毛利润 = 27 000 美元 − 500 美元 = 26 500 美元。

除去装运费用，奶酪蛋糕的毛利润计算如下：

奶酪蛋糕的毛利润 = 收入 − 产品销售成本 − 装运成本

奶酪蛋糕的毛利润 = 46 000 美元 − 21 000 美元 − 摊派的运输成本

奶酪蛋糕的毛利润 = 25 000 美元 − 摊派的运输成本

奶酪摊派的运输成本计算如下：

奶酪蛋糕摊派的运输成本 = 装运次数 × 每次装运成本

奶酪蛋糕摊派的运输成本 = 85（装运次数）×（15 分钟/60 分钟）

$\qquad$ ×20 美元/小时

$\qquad$ = 425 美元

奶酪蛋糕的毛利润 = 25 000 美元 − 425 美元 = 24 575 美元

奶酪蛋糕的毛利比松饼的毛利低 1 925 美元。

26 500 美元 − 24 575 美元 = 1 925 美元

样题 1D3 − CQ01

考查内容：制造费用

克罗斯化学公司 12 月份有关产品 Xyzine（一种工业清洁剂）的数据如下

所示。

生产流	实物量
完工并转入下一个部门	100
加：期末在产品存货	10（加工成本完工率为40%）
预计入账的总数量	110
减：期初在产品存货	20（加工成本完工率为60%）
12月份新生产的数量	**90**

所有材料在生产过程开始时全部投入，加工成本在加工过程中均匀加入。期初在产品存货包括120美元的原材料和180美元已发生的加工成本。12月份材料投入为540美元，12月份已发生的加工成本为1 484美元，克罗斯公司采用先进先出（FIFO）分步成本法。计算12月份加工成本的约当产量：

☐ **a.** 110件。
☐ **b.** 104件。
☐ **c.** 100件。
☐ **d.** 92件。

解析：正确答案是 **d.** 92件。

先进先出法基于在过程中的实际产品流转。因此，在12月份生产的约当产量被用来计算加工成本的计算过程如下：

加工成本的约当产量＝期初存货×（1－期初的加工成本完工率）＋产品开工生产并完工数量＋期末存货×完工率

加工成本的约当产量＝20单位×（1－0.6）＋80单位＋10单位×0.4

加工成本的约当产量＝8单位＋80单位＋4单位＝92单位

样题1D3－CQ03
考查内容：制造费用

桑福德公司的成本会计师辛西亚·罗杰斯正在编制一份管理报告，该报告必须包括制造费用的分配。各部门的制造费用预算额和某批次产品的数据如下：

	部门	
	模具	制作
物料	$690	$80
生产主管人员工资	1 400	1 800
间接人工	1 000	4 000
折旧	1 200	5 200
修理费	4 400	3 000
制造费用预算总额	$8 690	$14 080
直接人工工时数总计	440	640
#231批次直接人工工时数	10	2

公司采用部门制造费用分配率，计算模具部门基于直接人工工时分摊基础分摊到#231批次产品的制造费用：

- ☐ **a.** 44.00 美元。
- ☐ **b.** 197.50 美元。
- ☐ **c.** 241.50 美元。
- ☐ **d.** 501.00 美元。

解析： 正确答案是 **b.** 197.50 美元。

模具部门对#231批次产品所分摊的制造费用计算如下：

模具部门对#231批次产品所分摊的制造费用 = 模具部门制造费用分摊率 × 批次231所使用的直接人工工时

模具部门制造费用分摊率 = 模具部门总制造费用/模具部门使用的总直接人工工时

模具部门制造费用分摊率 = 8 690美元/440（直接人工工时）= 19.75美元/直接人工工时

模具部门231批次产品所分摊的制造费用 = 19.75美元 × 10（直接人工工时）= 197.50美元

样题 1D3 – CQ05

考查内容：制造费用

爱特梅尔公司产销两种产品。数据如下所示：

	A 产品	B 产品
生产并销售的产品数量	30 000	12 000
单位产品所需机器工时	2	3
每条产品线接受订单数	50	150
每条产品线生产订单数	12	18
生产运转次数	8	12
检验次数	20	30

预算的机器工时总计为100 000小时，预算的制造费用如下：

接受订单成本	$450 000
工艺成本	300 000
调整准备成本	25 000
检验成本	200 000
预算的间接成本总额	$975 000

工艺成本的成本动因是每条产品线的生产订单数。采用作业成本法，B产品的单位工艺成本是多少？

- ☐ **a.** 4.00 美元。
- ☐ **b.** 10.00 美元。
- ☐ **c.** 15.00 美元。
- ☐ **d.** 29.25 美元。

解析：正确答案是 **c**. 15.00 美元。

每件产品 B 的工艺成本计算如下：

每件产品 B 的工艺成本 =［（每份生产订单的工艺成本）×（生产产品 B 的订单数量）］/产品 B 的总量

每份生产订单的工艺成本 = 300 000 美元/30 生产订单总数

每份生产订单的工艺成本 = 10 000 美元/生产订单

每件产品 B 的工艺成本 =（10 000 美元×18）/12 000 件 = 15 美元/件

样题 1D3 – CQ08
考查内容：制造费用

洛戈公司有两个数据服务部门（系统部和设施部）用以支持三个生产部门（机加工部、组装部和精装部）。系统部的制造费用基于电脑使用小时来向其他部门分配；设施部的制造费用基于占用的平方英尺（以千平方英尺为单位）来分配。洛戈公司的其他资料如下：

部门	制造费用	电脑耗时	占用面积
系统部	$ 200 000	300	1 000
设施部	100 000	900	600
机加工部	400 000	3 600	2 000
组装部	550 000	1 800	3 000
精装部	620 000	2 700	5 000
		9 300	11 600

公司采用按步向下分配法分配服务部门成本，首先分配系统部的成本；以下哪项正确地反映了将要分配给设施部的系统部制造费用，以及将要分配给机加工部的设施部制造费用？

	系统部到设施部	设施部到机加工部
☐ **a.**	0 美元	20 000 美元
☐ **b.**	19 355 美元	20 578 美元
☐ **c.**	20 000 美元	20 000 美元
☐ **d.**	20 000 美元	24 000 美元

解析：正确答案是 **d**. 20 000 美元和 24 000 美元。

系统部门分配给设施部门的制造费用计算如下：

系统部门分配给设施部门的制造费用 = 设施部门的电脑使用小时数×系统部门的制造费用/所有部门的电脑使用小时数（除了系统部门）

系统部门分配给设施部门的制造费用 =［900 小时×200 000 美元］/9 000 小时 = 20 000 美元

设施部门现在有 120 000 美元可以分配给 3 个生产部门。

设施部门分配到加工部门的制造费用的计算过程如下：

设施部门分配到加工部门的制造费用 =（120 000 美元×加工部门占地面

积2 000 平方英尺）/3 个生产部门一共占地面积 10 000 英尺

设施部门分配到加工部门的制造费用 = 24 000 美元

样题 1D3 – CQ09
考查内容：制造费用

亚当公司从事电脑桌的生产，公司下一年度的间接制造费用预算信息如下：

	支持性部门		生产部门		
	维护部门	系统部门	加工部	制造部	合计
预算制造费用	$360 000	$95 000	$200 000	$300 000	$955 000
支持工作					
维护支持		10%	50%	40%	100%
系统支持	5%		45%	50%	100%

亚当公司采用直接法将支持部门发生的成本分配至生产部门。则加工部分摊给其产品的制造费用总计是多少？（结果近似到美元）

☐ **a.** 418 000 美元。

☐ **b.** 422 750 美元。

☐ **c.** 442 053 美元。

☐ **d.** 445 000 美元。

解析： 正确答案是 **d.** 445 000 美元。

直接分配方法假设服务部门只给生产部门提供服务。服务部门之间并不相互提供服务。因此，加工部门分配到产品中的总制造费用计算如下：

加工部门总制造费用 = 加工部门的制造费用 + 加工部门分担维护部门的制造费用 + 加工部门分担系统部门的制造费用

加工部门总制造费用 = 200 000 美元 + ［0.5/（0.50 + 0.40）］×360 000 美元 + ［0.45/（0.45 + 0.50）］×95 000 美元

加工部门总制造费用 = 200 000 美元 + 200 000 美元 + 45 000 美元 = 445 000 美元

第五章 内部控制 参考答案和解析

样题 1E1 – CQ01
考查内容：公司治理、风险与合规性

一家公司正在构建一项风险分析，以量化其数据中心所面临各种威胁的程度。扣除保险赔款后，下面哪种情形具有最高的年度损失？

	威胁发生的频率（以年记）	损失金额	保险保障率（％）
☐ **a.**	1	15 000 美元	85
☐ **b.**	8	75 000 美元	80
☐ **c.**	20	200 000 美元	80
☐ **d.**	100	400 000 美元	50

解析： 正确答案是 **a.** 1，15 000 美元，85。

面临危险的程度就是预期损失，它等于 1 除以危险发生的频率乘以损失的金额，再乘以 1 减去保险保障率。

预期损失 = 危险发生的频率 × 损失的金额 × （1 − 保险保障比率）

答案 a. 预期损失 =（1/1）× 15 000 美元 ×（1 − 0.85）= 2 250 美元

答案 b. 预期损失 =（1/8）× 75 000 美元 ×（1 − 0.8）= 1 875 美元

答案 c. 预期损失 =（1/20）× 200 000 美元 ×（1 − 0.8）= 2 000 美元

答案 d. 预期损失 =（1/100）× 400 000 美元 ×（1 − 0.5）= 2 000 美元

答案 a 扣除保险赔款后该年损失额最高。

样题 1E1 – AT12

考查内容：公司治理、风险与合规性

当销售部门的管理者有机会凌驾于会计部门的内部控制制度之上时，那么以下哪项存在弱点？

☐ **a.** 风险管理。

☐ **b.** 信息与交流。

☐ **c.** 监控。

☐ **d.** 控制环境。

解析： 正确答案是 **d.** 控制环境。

控制环境包括公司管理层对于控制理念的态度。

样题 1E1 – AT04

考查内容：公司治理、风险与合规性

在有效的内部控制制度内，职责分离是一个基本理念。不过，内部审计人员必须意识到，职责分离可能因为以下哪项因素而遭到削弱：

☐ **a.** 缺乏培训的员工。

☐ **b.** 员工间的共谋。

☐ **c.** 不定期的员工审查。

☐ **d.** 内部审计的缺失。

解析： 正确答案是 **b.** 员工间的共谋。

有效的职责分离意味着没有哪个员工可以同时负责授权、记录和保管任务。如果有两个或多个员工相互勾结，这些控制就会无效。

样题 1E1 – AT05

考查内容：公司治理、风险与合规性

某公司的管理层担心计算机数据遭到窃听，想要信息传输完全保密，则该公司应采用：

☐ **a.** 数据加密。

☐ **b.** 反呼叫系统。

☐ **c.** 信息确认程序。

☐ **d.** 密码规则。

解析： 正确答案是 **a.** 数据加密。

数据加密是使用秘密代码，确保数据传输不受未经授权的篡改或电子窃听。

样题 1E1 – AT08

考查内容：公司治理、风险与合规性

预防性控制：

☐ **a.** 与检测性控制相比，预防性控制往往更具成本效益。

☐ **b.** 与检测性控制相比，预防性控制的使用成本往往更高。

☐ **c.** 仅适用于通用会计控制。

☐ **d.** 仅适用于会计交易控制。

解析： 正确答案是 **a.** 与检测性控制相比，预防性控制往往更具成本效益。

在信息系统中存在 3 种控制类型，分别是预防性控制、检测性控制和改正性控制。预防性控制主要用于防止威胁、错误和不合理行为的发生。预防性控制比检测性控制更具成本效益。同时还可以对威胁、错误和不合理行为引发的问题进行纠正。

样题 1E1 – AT10

考查内容：公司治理、风险与合规性

以下哪项**不是** 1977 年出版的《反海外腐败法》对公司内部控制制度的要求？

☐ **a.** 管理层必须每年评估公司内部控制制度的有效性。

☐ **b.** 交易根据管理层的一般授权或具体授权来执行。

☐ **c.** 根据需要做好交易记录，1）从而使财务报表的编制符合公认会计原则（GAAP）或任何其他适用标准的要求，2）并维持资产的托管责任。

☐ **d.** 将记录的资产与实有资产相比较，并采取适当的措施处理二者之间的任何差异。

解析： 正确答案是 **a.** 管理层必须每年评估公司内部控制制度的有效性。

管理层每年对内部控制进行评估是基于 2002 年《萨班斯 - 奥克斯利法案》的要求，而不是《反海外腐败法》的要求。

样题 1E2 – AT11

考查内容：系统控制和安全防护措施

保护主文件不被遗失或损坏，想利用祖父 – 父亲 – 儿子原则进行文件存储，则以下哪一项**最**有可能削弱这一原则的效用？

- ☐ **a.** 使用磁带。
- ☐ **b.** 通风不佳。
- ☐ **c.** 将所有文件储存在一个地方。
- ☐ **d.** 数据加密无效。

解析： 正确答案是 **c.** 将所有文件储存在一个地方。

将所有文件存放在一个地方破坏了祖父 – 父亲 – 儿子原则中的多重备份的理念。

样题 1E2 – AT12

考查内容：系统控制和安全防护措施

在将新客户账单地址录入到艾米公司计算机数据库中时，一位职员错误地输入了一个不存在的邮编。结果，第一个月邮寄给该新客户的账单被退回到艾米公司。以下哪项控制**最**有可能在向数据库中输入地址时立刻发现这个错误？

- ☐ **a.** 上下限校验。
- ☐ **b.** 有效性校验。
- ☐ **c.** 奇偶校验。
- ☐ **d.** 记录数目校验。

解析： 正确答案是 **b.** 有效性校验。

有效性测试将数据与主材料中的数据进行对比以确保数据的准确性。在这个过程中，错误的数据（如不存在的邮编）将会被发现。

样题 1E2 – AT07

考查内容：系统控制和安全防护措施

在信息系统职能的组织中，**最**重要的职责分离是：

- ☐ **a.** 确保负责为系统编程的人员无权进行数据处理操作。
- ☐ **b.** 不允许数据库管理员在数据处理操作中提供帮助。
- ☐ **c.** 维护公用程序的编程人员要与维护应用程序的编程人员不同。
- ☐ **d.** 有一个独立的部门专门负责交易准备并验证交易输入正确与否。

解析： 正确答案是 **a.** 确保负责为系统编程的人员无权进行数据处理操作。

在组织中，信息技术职能将与其他的职能区分开。此外，在信息技术内部中程序员、分析师、运行人员、技术支持人员也应进行职责分离。

样题 1E2 – AT01

考查内容：系统控制和安全防护措施

会计控制关注于资产保护以及财务记录的可靠性。因此，这些会计控制可为以下选项提供合理的保证，**除了：**

- □ **a.** 根据管理层的一般授权或具体授权来执行交易。
- □ **b.** 定期比较记录的资产与现存资产，并恰当处理二者间的差异。
- □ **c.** 在必要时记录交易，以便财务报表的编制符合公认会计原则（GAAP）的要求，并且可以维持资产托管责任。
- □ **d.** 遵守方法和程序能确保营运效率并符合管理政策的要求。

解析： 正确答案是 **d.** 遵守方法和程序能确保营运效率并符合管理政策的要求。

内部控制系统主要关注资产的保障、记录的准确性和可靠性、经营的效率、政策的一致性、遵守相关的法律和法规。前两项属于会计控制，后三项属于管理控制。

样题 1E2 – AT05

考查内容：系统控制和安全防护措施

灾难恢复计划或业务连续性的一个关键方面是尽快恢复运营能力。为实现这一目标，公司可以同计算机硬件供应商达成一项协议，以使组织随时可获得满足自身特定需要的全部运营设施。下面哪一项**最好**地描述了这种情况？

- □ **a.** 不间断电力系统。
- □ **b.** 平行系统。
- □ **c.** 冷站。
- □ **d.** 热站。

解析： 正确答案是 **d.** 热站。

热站是安置在另外一个地方准备供公司软件硬件运转的备用站点。

第六章 技术和分析 参考答案和解析

样题 tb. er. plan. sys. 003_1905

考查内容：信息系统

下列哪个经济原则可以有助于企业资源规划（ERP）系统整合财务系统和非财务系统？

- □ **a.** 规模经济。
- □ **b.** 范围经济。
- □ **c.** 技能经济。
- □ **d.** 技术经济。

解析： 正确答案是 **b.** 范围经济。

范围经济是指通过整合组织的产品、服务、系统、部门（职能）和活动来提高效率。比如，财务系统与非财务系统的整合就是范围经济的一个例子。类似地，整合所有业务职能，如制造、营销、会计、财务和人力资源，是范围经济的另一个例子。从根本上说，范围经济指的是一个企业整合生产多种产品或提供多种服务的能力，其成本比各自单独生产更低。

样题 tb. er. plan. sys. 011_1905
考查内容：信息系统

结构化查询语言（SQL）和按示例查询（QBE）是下列哪一种数据库模型中最常用的查询工具？

- ☐ **a.** 网络数据模型。
- ☐ **b.** 关系数据模型。
- ☐ **c.** 对象数据模型。
- ☐ **d.** 层次数据模型。

解析：正确答案是 **b.** 关系数据模型。

结构化查询语言（SQL）是一种数据操作语言，在关系数据库管理系统中被大量使用。SQL 语句以 SQL 脚本的形式编写，而不使用图形用户界面。SQL 用于输入（插入）和修改数据库。类似地，基于示例的查询（QBE）是一种图形化的查询语言，在关系数据库管理系统中也被大量使用。作为中间步骤的 QBE 语言被转换成 SQL 语言，以便在后台最终执行用户查询。在 QBE 中，用户查询作为用户示例显示给数据库，以告诉系统用户真正希望数据库做什么。因此，关系数据模型大量使用 SQL 和 QBE 作为查询工具。

样题 tb. er. plan. sys. 017_1905
考查内容：信息系统

下列哪种情况最符合数据仓库解决方案的特点？

- ☐ **a.** 大型、集中、国际在线零售商希望客户交互的实时分析作为建议的引擎。
- ☐ **b.** 某非营利组织有三个不同的业务部门，每个都有自己的 IT 系统和基础设施，需要定期地分析各业务单元的绩效。
- ☐ **c.** 某独立的便利店和加油站协会希望为会员提供深入的客户趋势的统计分析。
- ☐ **d.** 某大型组织有一年的预算来创建一个分析平台，该平台允许用户和分析师构建历史客户活动的分析，一旦建立部署后可以运行长达五年。

解析：正确的答案是 **b.** 某非营利组织有三个不同的业务部门，每个都有自己的 IT 系统和基础设施，需要定期地分析各业务单元的绩效。

数据仓库为收集的数据提供一个集中地，并支持对历史数据的定期分析。

样题 tb. sec. brch. 002_1905

考查内容：数据治理

安全控制弱化了各种信息安全风险。安全意识训练最好归属于下列哪一项控制？

☐ **a.** 补偿性和纠正性控制。

☐ **b.** 预防性和威慑性控制。

☐ **c.** 预防性控制。

☐ **d.** 纠正性控制。

解析：正确答案是 **b.** 预防性和威慑性控制。

安全意识培训既是一种预防性控制，也是一种威慑性控制。作为一种预防控制，它阻止未经授权或非必要（或有害）的活动发生；作为一种威慑性控制，它威慑性地吓阻以上类型的活动。

样题 tb. sec. brch. 011_1905

考查内容：数据治理

关于防火墙和入侵检测系统（IDS）下列哪个陈述是正确的？

☐ **a.** 防火墙是 IDS 的替代品。

☐ **b.** 防火墙是 IDS 的替代方案。

☐ **c.** 防火墙是对 IDS 的补充。

☐ **d.** 防火墙是 IDS 的换代品。

解析：正确的答案是 **c.** 防火墙是对 IDS 的补充。

入侵检测系统（IDS）应该作为防火墙的补充，而不是作为防火墙的替代品、替换（二选一）或更替品，它们一起提供了很强的协同效应。防火墙是一种硬件或软件，通过屏蔽用户的计算机或网络免受恶意或非必要的网络流量的影响，从而保护用户免受外部的攻击者。防火墙还可以防止恶意软件通过互联网访问计算机或网络。配置的防火墙可以使用计算机网络地址、应用程序或端口阻止来自特定位置的数据，同时通过使用规则允许相关和必要的数据。

IDS 是一种硬件或软件产品，它从计算机或网络的各个区域收集和分析信息，以确定可能的安全漏洞，这些漏洞包括入侵（来自组织外部的黑客攻击）和误用（来自组织内部的员工攻击）。

样题 tb. sec. brch. 022_1905

考查内容：数据治理

关于网络攻击，身份窃贼可以通过以下哪种方式获取个人信息？

Ⅰ. 垃圾潜水。

Ⅱ. 侧录。

Ⅲ. 网络钓鱼。

Ⅳ. 假托。

☐ **a.** 只有Ⅰ。

□ **b.** 只有Ⅲ。

□ **c.** Ⅰ和Ⅲ。

□ **d.** Ⅰ，Ⅱ，Ⅲ和Ⅳ。

解析： 正确的答案是 **d.** Ⅰ、Ⅱ、Ⅲ和Ⅳ。

身份窃贼通过在工作中窃取记录或信息、贿赂有权获得这些记录的员工、入侵电子记录以及从员工那里骗取信息等方式来获取个人信息。个人信息的来源包括翻找垃圾，其中包括翻找个人垃圾、公司垃圾或公共垃圾。侧录包括通过捕获数据存储设备中的信息来窃取信用卡或借记卡号码。网络钓鱼和假托行为人冒充合法公司，声称你的账户有问题，通过电子邮件或电话窃取相关信息，这种做法分别被称为网络钓鱼或电话冒充（社交工程）。托辞欺诈者利用客户的部分个人资料冒充账户持有人获取该客户的账户资料。有了个人信息（如姓名、地址和社会保险号），打电话的人可能会试图说服银行员工提供保密的账户信息。虽然托辞电话可能很难辨别，但银行可以采取一些措施来减少托辞电话的发生，比如限制电话可能泄露客户信息的情况。银行的政策可以是客户信息只能通过电子邮件、短信、信函或面对面碰面披露。

样题 tb. sys. dev. lc. 002_1905

考查内容：技术演进下的财务转型

在项目计划启动和项目工作实施时，系统开发生命周期可以最好地描述以下哪个阶段？

□ **a.** 维护阶段。

□ **b.** 设计阶段。

□ **c.** 实现阶段。

□ **d.** 分析阶段。

解析： 正确答案是 **c.** 实现阶段。

实现阶段包括将项目计划付诸实施。构建每个可交付成果所需的活动将在项目需求文件和项目计划中明确规定。

样题 tb. sys. dev. lc. 014_1905

考查内容：技术演进下的财务转型

作为当前手动执行的财务管理活动，下列哪一项将是流程自动化的未来候选（替代）内容？

□ **a.** 组织的总会计师和CFO收到的一个包含季度结果的控制面板。

□ **b.** 损益表的创建是使用机器人而不是人工来分配和汇总要显示的数据。

□ **c.** 信用卡支付退款将根据月度销售报告自动调整。

□ **d.** 客户数据在组织网站的表单输入时自动加密。

解析： 正确的答案是 **b.** 损益表的创建是使用机器人而不是人工来分配和汇总要显示的数据。

通常，创建损益表报告的过程是传统的手工操作，而利用机器人可以自动化整个报告创建过程。

样题 tb. proc. au. 001_1905

考查内容：技术演进下的财务转型

部门引入了执行评估建模的新应用程序。下列哪一项最能描述这种创新能力？

- ☐ **a.** 模型可以基于用户输入计算资产的估值。
- ☐ **b.** 模型可以使用 10k 或 8k 归档文件计算资产的估值。
- ☐ **c.** 模型可以使用过程自动化快速计算资产的估值。
- ☐ **d.** 模型可以使用围绕资产的数据点和历史的例子快速计算资产的估值。

解析：正确答案是 **d.** 该模型可以利用资产的相关数据和历史实例快速计算出资产的价值。

评估建模使组织能够根据历史数据和行业趋势获得近乎准确的评估。

样题 tb. proc. au. 001_1905

考查内容：数据分析

下列哪一个最好描述了使用数据分析的业务原因？

- ☐ **a.** 组织希望自动化处理过程，例如通过光学字符识别（OCR）扫描文档并输入重复数据到相应字段。
- ☐ **b.** 首席财务官和总会计师希望看到以控制面板形式列出的现金流、应收账款、应付账款等日常报告。
- ☐ **c.** 内部调查要求有能力对数据进行取证评估，以确定是否存在欺诈或腐败行为。
- ☐ **d.** 组织希望对大量数据进行趋势分析、过滤处理和可视化估计，以使信息更容易理解。

解析：正确的答案是 **d.** 组织希望对大量数据进行趋势分析、过滤处理和可视化估计，以使信息更容易理解。

数据分析将使业务能够吸收大量数据，根据确定的趋势做出明智的决策。

样题 tb. bus. int. 006_1905

考查内容：数据分析

如果公司希望测试以数量形式表示的预测，那么哪种分析模型是最佳选择？

- ☐ **a.** 智能建模。
- ☐ **b.** 回归建模。
- ☐ **c.** 分类建模。
- ☐ **d.** 聚类建模。

解析：正确答案是 **b.** 回归建模。

回归问题需要数量的预测，回归分析可以有实值或离散输入变量。此外，输入变量按时间排序的回归问题称为时间序列预测问题。

样题 tb. ana. too. 002_1905

考查内容：数据分析

时间序列数据中，以下哪一项对家电和汽车制造商的影响最大？

☐ **a.** 趋势性的成分。

☐ **b.** 周期性的成分。

☐ **c.** 季节性的成分。

☐ **d.** 不规则的成分。

解析：正确答案是 **b.** 周期性的成分。

家电和汽车制造商受时间序列数据的周期性成分影响最大。周期性波动在长期内以通常模式重复，但以不同的频率和强度发生。因此，它们可以被分离，但不能完全预测。

时间序列分析使用过去的数据预测未来的数据，它由四个部分组成：趋势（向上或向下的数据移动）、周期（每隔几年发生的数据模式，与商业周期紧密联系）、季节性（在几周和几个月定期重复的数据模式）和随机变异（没有数据模式显示凹凸或标志的数据是由偶然和不寻常的情况引起，因此无法预测）。这种随机变化称为不规则成分。

美国注册管理会计师考试大纲——第一部分

（内容大纲 2020 年 1 月生效）

第一部分——财务规划、绩效与分析

第一章 外部财务报告决策（15%——A、B、C 级）

第 1 节 财务报表

对于资产负债表、利润表、所有者权益变动表和现金流量表，考生应该能够：

a. 识别财务报表的使用者及他们的需求。

b. 理解每一种财务报表的目的及用途。

c. 识别每一种财务报表的主要组成部分及分类。

d. 识别每一种财务报表的局限性。

e. 识别各种财务交易事项如何影响财务报表中的各项因素，确定对这些财务事项的正确分类。

f. 理解财务报表之间的关系。

g. 理解如何编制资产负债表、利润表、所有者权益变动表和现金流量表（间接法）。

关于综合报告，考生应能：

h. 定义综合报告、综合思考和综合呈报，并理解它们之间的关系。

i. 识别综合报告的主要目的。

j. 解释综合报告中价值创造、六项资本和价值创造过程等基础概念。

k. 识别综合报告中的各项组成部分，如组织概述和外部环境、公司治理、商业模式、风险和机遇、战略和资源配置、绩效、前景展望以及报告编制和列报基础。

l. 识别并解释采用综合报告的益处和面临的挑战。

第 2 节 确认、计量、估价和披露

考生应能：

资产估价

a. 识别应收账款计量的相关问题，包括确认坏账的时效及对坏账的估算。

b. 区分有追索权的方式销售（应收账款保理）应收账款和无追索权的方式销售应收账款，并确定其对资产负债表的影响。

c. 识别存货估值计量的相关问题，包括哪类货物可记入存货，哪些成本需记入存货，及使用哪种成本流转假设。

d. 识别与比较存货核算的成本流转假设。

e. 理解用于后进后出法和零售存货法的成本与市价孰低原则，同时理解用于其他存货计量方法的成本与可变现净值孰低原则。

f. 计算不同的存货计价方法对利润与资产产生的影响。

g. 分析存货估价错误造成的影响。

h. 识别不同存货估价方法的利弊。

i. 在既定条件下为公司推荐恰当的存货估价方法和存货的成本流转假设。

j. 理解以下债务性证券类型：交易性证券、可供出售证券以及持有至到期证券。

k. 理解债券和权益证券的计价。

l. 确定使用不同折旧方法对财务报表产生的影响。

m. 在既定数据下推荐一种折旧方法。

n. 理解长期资产和无形资产减值的会计处理，包括商誉减值的会计处理方法。

负债计价

o. 识别使用短期负债再融资的分类问题。

p. 比较使用保证担保计提法或服务担保计提法，记录售后担保成本对财务报表的不同影响。

所得税（适用于资产与负债的子课题）

q. 理解所得税费用的跨期分摊/递延所得税。

r. 区分递延所得税负债和递延所得税资产。

s. 区别暂时性差异和永久性差异，并分别举例。

租赁（适用于资产与负债的子课题）

t. 区分经营租赁和融资租赁。

u. 识别经营租赁和融资租赁在财务报表中的正确列报。

权益性交易

v. 识别影响实收资本和留存收益的交易事项。

w. 确认大额股票股利、小额股票股利以及股份分割对股东权益的影响。

收入确认

x. 将收入确认原则应用于不同类型的交易。

y. 运用收入确认所要求的五个步骤，理解与客户合同的收入确认问题。

z. 理解收入与费用匹配性原则，并能将该原则应用于既定情况中。

收益计量

aa. 定义利得与损失并说明其在财务报表中的正确列报。

bb. 理解处置固定资产利得与损失的会计方法。

cc. 理解费用确认实例。

dd. 定义并计算综合收益。

ee. 识别正确处置中止经营的会计方法。

美国公认会计原则与国际财务报告准则的差异

对比采用美国公认会计原则（GAAP）与采用国际财务报告准则（IFRS）对报告的财务结果带来的主要差别，以及对分析带来的影响。

ff. 识别并描述 GAAP 与 IFRS 之间的下列差异：（i）以股份为基础支付和员工福利费用确认方面的差异；（ii）与无形资产的开发成本和重新估价相关的差异；（iii）存货的成本计算、估价和减值方法（例如，后进先出法）方面的差异；（iv）经营租赁和融资租赁方面的差异；（v）长期资产的重新估价、折旧和借款成本资本化方面的差异；（vi）资产减值的确定、计量和损失转回方面的差异。

第二章 规划、预算编制与预测（20%——A、B、C 级）

第 1 节 战略规划

考生应能：

a. 讨论战略规划如何确定一个组织为实现其长期目标、愿景和使命所选择的路径；并能够区分愿景和使命。

b. 确定适合战略规划的时间框架。

c. 识别应该在战略规划过程中要分析的外部要素，并理解如何通过这些分析认清企业的机遇、局限和挑战。

d. 识别应该在战略规划过程中要分析的内部要素，并解释如何通过这些分析认清企业的长处、不足和竞争优势。

e. 理解公司使命如何有助于长期业务目标的形成，例如多种经营、增加或终止产品线，或者渗透新市场。

f. 解释为什么企业的短期目标、实现这些目标的战术以及运营计划（总预算）必须与战略规划保持一致，并且要有助于实现长期战略目标。

g. 识别成功的战略规划的特征。

h. 描述波特的一般战略，包括成本领先战略、差异化战略和专一化战略。

i. 阐述对以下规划工具和分析技术的理解，这些工具和技术包括：SWOT 分析、波特五力模型、情境分析、PEST 分析、情景规划、竞争分析、应急规划和 BCG 增长 – 占有率矩阵。

第 2 节 预算编制的相关概念

考生应能：

a. 描述预算编制在组织的总体规划和绩效评估过程中所扮演的角色。

b. 解释经济状况、行业状况、公司规划和预算之间的相互关系。

c. 识别预算编制在制定短期目标，以及规划和控制运营以实现这些目标过程中所扮演的角色。

d. 阐述对预算在根据既定目标衡量绩效方面所起作用的理解。

e. 识别成功的预算编制流程所具有的特征。

f. 解释预算编制流程如何促进组织部门之间的沟通并提升组织活动之间的协调性。

g. 描述与预算编制和绩效评估相关的可控成本概念。

h. 解释在预算编制流程中如何制订计划以实现组织资源的有效分配。

i. 识别不同类型预算的合适时间框架。

j. 识别哪些人参与预算过程可以获得最大成功。

k. 描述高级管理层在成功的预算编制中所扮演的角色。

l. 阐述对成本标准在预算编制中应用的理解。

m. 区分理想（理论）标准与当前可实现的（实际）标准。

n. 区分威权式标准与参与式标准。

o. 识别在确定直接材料标准和直接人工标准时所采用的步骤。

p. 阐述对标准设定中所采用技术（如作业分析和对历史数据的使用）的理解。

q. 讨论允许预算修订这一政策的重要性，该政策使得预算能够根据假设的重大变化而做出调整。

r. 解释预算在监测和控制支出以实现战略目标方面所扮演的角色。

s. 定义预算松弛，并讨论其对目标一致性的影响。

第 3 节 预测技术

考生应能：

a. 理解简单回归方程。

b. 定义多元回归方程，并明确多元回归分析在什么情况下适用于预测。

c. 计算简单回归分析的结果。

d. 阐述对学习曲线分析的理解。

e. 计算使用累积平均时间学习模型的结果。

f. 列举回归分析和学习曲线分析的优点和缺点。

g. 计算随机变量的期望值。

h. 识别期望值方法的优点和缺点。

i. 使用概率值来估计未来的现金流量。

第 4 节 预算编制的方法

针对每种预算制度（年度预算/总预算、项目预算、作业基础预算、零基预算、连续性（滚动）预算和弹性预算），考生应该能够：

a. 明确其目的、适用范围以及时限。

b. 识别预算组成部分，并解释这些组成部分之间的关系。

c. 理解如何编制预算。

d. 比较不同预算制度的优点和局限性。

e. 评估业务情况并推荐合适的预算编制方法。

f. 根据所给出的信息编制预算。

g. 计算增量变化对预算的影响。

第 5 节 年度利润计划与相关报表

考生应能：

a. 解释销售预算在年度利润计划编制中所扮演的角色。

b. 识别进行销售预测时需要考虑的因素。

c. 识别销售预算的各个组成部分并编制销售预算。

d. 解释销售预算与生产预算之间的关系。

e. 识别存货水平在生产预算的编制中扮演的角色，明确编制生产预算时应该考虑的其他因素。

f. 编制生产预算。

g. 阐述对直接材料预算、直接人工预算和生产预算之间关系的理解。

h. 解释存货水平和采购政策如何影响直接材料预算。

i. 根据相关信息，编制直接材料预算和直接人工预算，并且根据这些预算信息，评估实现生产目标的可行性。

j. 阐述对制造费用预算与生产预算之间关系的理解。

k. 将成本划分成固定成本和变动成本。

l. 编制制造费用预算。

m. 识别产品销售成本预算的各个组成要素，并编制产品销售成本预算。

n. 阐述对单位边际贡献与总边际贡献的理解，明确如何恰当地使用这两个概念，并且会计算单位边际贡献与总边际贡献。

o. 识别销售和管理费用预算的各个组成要素。

p. 解释销售和管理费用预算的具体组成要素可能对边际贡献造成怎样的影响。

q. 编制经营预算。

r. 编制资本支出预算。

s. 阐述对资本支出预算、现金预算和预计财务报表之间的关系的理解。

t. 定义现金预算的目的，并描述现金预算与其他预算之间的关系。

u. 阐述对信用政策、采购（应付账款）政策与现金预算之间的关系的理解。

v. 编制现金预算。

第6节 顶层规划和分析

考生应能：

a. 定义预计利润表、预计资产负债表和预计现金流量表的目的；并且阐明对上述三种报表和其他所有预算之间关系的理解。

b. 基于一些收入和成本假设，编制预计利润表。

c. 基于预计利润表中的信息，评估公司是否实现了其战略目标。

d. 运用财务预测数据来编制预计资产负债表和预计现金流量表。

e. 识别编制中期和长期现金预测时所需要的各项要素。

f. 使用财务预测数据来确定所需的外部融资额度和股利分配政策。

第三章 绩效管理（20%——A、B、C级）

第1节 成本度量和差异度量

考生应能：

a. 考虑所度量的责任中心或部门的类型，采用基于收入、制造成本、非制造成本和利润的指标分析绩效是否达到经营目标。

b. 解释绩效监控系统中的差异产生的原因。

c. 通过比较实际成果与总预算中的相关指标来进行绩效分析，计算预算产生的有利差异与不利差异，并为这些差异提供相应解释。

d. 通过比较实际成果与总预算中的相关指标来明确并描述该绩效度量方法的优点与局限性。

e. 根据实际销售（产出）量来分析弹性预算。

f. 通过比较弹性预算与总（静态）预算，计算销量差异与销售价格差异。

g. 通过将实际结果与弹性预算进行比较，计算弹性预算差异。

h. 调查弹性预算差异，以确定实际投入价格与预算投入价格以及实际投入数量与预算投入数量之间的具体差异。

i. 解释在例外管理中如何利用预算差异报告。

j. 定义标准成本制度，明确采用标准成本制度的原因。

k. 阐述对价格（费率）差异的理解，计算与直接材料投入和直接人工投入有关的价格差异。

l. 阐述对效率（用量）差异的理解，计算直接材料效率差异和直接人工效率差异。

m. 阐述对与固定制造费用和变动制造费用相关的开支差异和效率差异的理解。

n. 计算销售组合差异，解释其对收入和边际贡献的影响。

o. 计算并解释混合差异。

p. 计算并解释产出差异。

q. 阐述在服务型公司和制造型公司中如何应用价格差异、效率差异、支出差异和混合差异。

r. 通过计算变动制造费用支出差异、变动制造费用效率差异、固定制造费用支出差异和产量差异，分析间接制造成本差异。

s. 分析差异，识别差异产生的原因，并推荐纠正措施。

第2节 责任中心与报告分部

考生应能：

a. 识别并解释不同类型的责任中心。

b. 在给定的商业情景下推荐恰当的责任中心。

c. 计算边际贡献。

d. 分析边际贡献报告并评估绩效。

e. 识别组织评估的分部，包括按产品线、按地理区域划分的分部以及其他类型的分部。

f. 解释为什么共同成本在分部之间分配可能是绩效评估中的一个问题。

g. 明确共同成本的分配方法，如独立成本分配法和增量成本分配法。

h. 定义转移定价，明确转移定价的目的。

i. 明确确定转移价格的方法，列出并解释各种定价方法的优缺点。

j. 使用变动成本、完全成本、市场价格、协商价格和双重定价等方法来确认和计算转移价格。

k. 解释各种业务问题如何影响转移定价，上述问题包括存在外部供应商以及与产能利用相关的机会成本。

l. 描述关税、汇率、税收、货币限制、征用风险以及材料和技能的可获得性等特殊问题如何影响跨国公司的绩效评估。

第3节 绩效评估

考生应能：

a. 解释为什么绩效评估指标应与战略目标和运营目标直接相关；为什么及时反馈很重要；以及为什么绩效指标应与被评估元素的驱动因素相关（例如，成本动因或收入动因）。

b. 解释在确定产品获利能力、业务部门获利能力以及客户获利性时所牵涉的问题，包括成本量度、成本分配、投资量度以及估价。

c. 计算产品线的获利能力、业务部门的获利能力和客户获利性。

d. 根据获利能力对客户和产品做出评估，并且提出建议以改善获利能力和/或放弃不产生利润的客户及产品。

e. 定义并计算投资收益率（ROI）。

f. 分析并解读投资收益率的计算。

g. 定义并计算剩余收益（RI）。

h. 分析并解读剩余收益的计算。

i. 比较 ROI 与 RI 作为绩效评估指标的优点及局限性。

j. 解释收入和费用确认政策会如何影响对收益的量度，以及如何降低业务部门间的可比性。

k. 解释存货计价政策、产权共同以及总资产量度政策如何影响投资量度，并降低业务部门之间的可比性。

l. 定义关键绩效指标（KPIs），并讨论这些指标在评估公司绩效时的重要性。

m. 明确平衡计分卡概念，识别其各个组成要素。

n. 识别并描述平衡计分卡的指标，包括财务指标、客户满意度指标、内部业务流程指标，以及学习与成长指标。

o. 明确并描述成功实施和利用平衡计分卡的特征。

p. 阐述对战略地图以及它所扮演角色的理解。

q. 分析并解释平衡计分卡，并在上述分析的基础上实施绩效评估。

r. 在给定的运营目标和实际成果条件下，对绩效评估方法和定期报告方法提出建议。

第四章 成本管理（15%——A、B、C级）

第 1 节 成本度量概念

考生应能：

a. 计算固定、变动和混合成本并理解每种成本在长期和短期内的习性以及改变成本类型与相关范围的假设对这些成本的影响。

b. 识别成本对象和成本池，并把各项成本分配到适当的作业中去。

c. 理解成本动因的性质和类型，以及成本动因和已发生成本之间所存在的因果关系。

d. 理解成本核算的各种方法以及累积在在产品和产成品中的成本。

e. 识别并定义成本核算方法，诸如实际成本法、正常成本法和标准成本法；分别使用这些方法计算成本；识别每一种方法适当的用途；描述每一种方法的优点和局限性。

f. 理解变动（直接）成本法和吸收（完全）成本法以及各自的优点和局限性。

g. 采用变动成本法和吸收成本法，计算存货成本、产品销售成本和营业利润。

h. 理解变动成本法和吸收成本法对存货价值、产品销售成本和营业收益的不同影响。

i. 采用变动成本法和吸收成本法编制简易利润表。

j. 正确使用联产品和副产品成本计算法。

k. 理解分离点和可分离成本的概念。

l. 采用物理指标法、分离点销售价值法、恒定毛利率（边际毛利）法和可变现净值法，确定对联产品和副产品成本的分摊额；描述每一种方法的优点和局限性。

第2节 成本核算制度

对每一种成本核算制度（分批成本法、分步成本法、作业成本法、生命周期成本法），考生应该能够：

a. 定义该制度的性质，理解其成本流程并识别其恰当的用途。

b. 计算存货价值和产品销售成本。

c. 理解正常和非正常损耗的恰当会计处理。

d. 讨论与产品和服务、定价、制造费用分摊和其他相关问题的成本信息中的战略意义。

e. 识别并描述每一种成本核算制度的优点和局限性。

f. 理解分步成本法中约当产量的概念，并计算约当产量的价值。

g. 定义作业成本法中的各项组成部分，诸如成本池、成本动因、资源动因、作业动因和增值作业。

h. 采用作业成本法计算产品成本，并与采用传统制度计算出的成本相比较，分析其结果。

i. 解释作业成本法如何应用于服务型企业。

j. 理解生命周期成本法的概念和将上游成本、制造成本及下游成本都包括在成本内的战略意义。

第3节 制造费用

考生应能：

a. 区分固定制造费用和变动制造费用。

b. 确定合适时段划分变动制造费用和固定制造费用。

c. 理解确定制造费用分摊率的不同方法，例如全厂制造费用分摊率、部门制造费用分摊率和个别成本动因费率。

d. 描述用于确定制造费用分摊率所采用的各种方法的优点和局限性。

e. 识别变动制造费用的组成部分。

f. 确定变动制造费用所适用的分配基础。

g. 计算单位变动制造费用。

h. 识别固定制造费用的组成部分。

i. 识别固定制造费用所适用的分摊基础。

   j. 计算固定制造费用的分摊率。

   k. 描述固定制造费用可能会过度分配或分配不足，以及相关差额应如何计入产品销售成本、在产品和产成品账户。

   l. 比较并对比传统的制造费用分摊方法与以作业为基础的制造费用分摊方法。

   m. 采用作业成本法计算制造费用。

   n. 识别并描述以作业为基础分摊制造费用的优点。

   o. 解释为什么企业要把诸如人力资源部或信息技术部等服务部门的成本分摊给各个分部、部门或作业。

   p. 采用直接分配法、交叉分配法、阶梯分摊法和双重分摊法计算服务或辅助部门的成本分摊。

   q. 采用高低点法估算固定成本，理解如何利用回归分析法估算固定成本。

第 4 节 供应链管理

考生应能：

   a. 解释供应链管理。

   b. 定义精益资源管理技术。

   c. 识别并描述实施精益资源管理技术对经营的优势。

   d. 定义物料需求计划（MRP）。

   e. 识别并描述采用及时系统对于经营的优势。

   f. 识别并描述企业资源计划（ERP）对于经营的优势。

   g. 解释外包的概念，并识别这一策略的优点和局限性。

   h. 理解约束理论的一般概念。

   i. 识别约束理论分析中的五个步骤。

   j. 定义产量成本法（超级变动成本法），并采用产量成本法计算存货成本。

   k. 定义并计算产量贡献。

   l. 描述产能水平如何影响产品成本计算、产能管理、定价决策和财务报表。

   m. 解释采用实际产能作为计算固定间接成本分摊率的分母如何能提高对产能的管理。

   n. 计算实施上述各种方法在财务上产生的影响。

第 5 节 业务流程改进

考生应能：

   a. 定义价值链分析。

   b. 识别价值链分析的各个步骤。

   c. 解释如何使用价值链分析以便更好地理解一个企业的竞争优势。

   d. 定义和识别增值作业并举出实例，解释价值增加的概念如何与提高绩效有关。

e. 理解流程分析和业务流程再造并计算相应的节约结果。

f. 定义最佳实践法分析，讨论一个组织如何应用这项分析来提高绩效。

g. 理解流程绩效标杆分析。

h. 识别标杆分析对创造竞争优势带来的好处。

i. 基于作业管理原则提出改进流程绩效的建议。

j. 解释持续改进的方法、作业管理法和质量绩效之间的关系。

k. 解释持续改进的概念，以及这个概念与实施理想标准和改进质量之间的关系。

l. 描述并识别质量成本的构成项目，通常称为预防成本、评估成本、内部故障成本和外部故障成本。

m. 计算实施上述流程的财务影响。

n. 识别并讨论提高财务运作效率的方法，包括流程梳理、流程培训、识别浪费和产能过剩、识别错误的根本原因、减少会计循环时间（加速关账）以及服务共享。

第五章 内部控制 （15%——A、B、C 级）

第 1 节 公司治理、风险与合规性

考生应能：

a. 阐述对内部控制风险以及对内部控制风险管理的理解。

b. 识别并描述内部控制目标。

c. 解释公司的组织结构、政策、目的和目标以及公司的管理理念和管理风格等因素对控制环境的范围和效益的影响。

d. 识别董事会在保证公司运营符合股东利益最大化方面的责任。

e. 识别公司治理结构（例如，公司章程、规章制度、政策和流程）。

f. 阐述对公司治理结构的理解，包括 CEO、董事会、审计委员会、管理层和其他利益相关者的权利和义务；以及做出经营决策的流程。

g. 描述内部控制的设计如何能就实现实体目标提供合理（但非绝对）的保证，这些目标包括：（i）运营效益与效率；（ii）财务报告的可靠性；（iii）对现行法律和法规的合规性。

h. 解释为何人事政策和程序是有效的内部控制环境的组成部分。

i. 定义并举例说明职责分离。

j. 解释以下四种职责为何应由不同的部门或同一职能部门内不同的人员履行：（i）授权执行交易；（ii）记录交易；（iii）保管交易中所涉及的资产；（iv）定期将现存资产与记录的资产进行对账。

k. 阐述对独立检查与独立验证的重要性的理解。

l. 识别安全控制方面的实例。

m. 解释以下手段为何是一种控制方法，即：使用事先编号的表格以及制定具体的政策和程序详细规定有权接收具体文件的人员。

n. 定义固有风险、控制风险和检查风险。

o. 定义和区分为预防性控制和检测性控制。

p. 描述《萨班斯－奥克斯利法案》的主要内部控制条款（201 条款、203 条款、204 条款、302 条款、404 条款和 407 条款）。

q. 识别上市公司会计监督委员会（PCAOB）在就内部控制审计提供指导方面的作用。

r. 区分自上而下（基于风险的方法）和自下而上这两种内部控制审计。

s. 识别上市公司会计监督委员会（PCAOB）在第 5 号审计准则中列出的内部控制审计优先采用的方法。

t. 识别并描述《海外反腐败法》中的主要内部控制条款。

u. 识别并描述发起人委员会（COSO）的《内部控制整合框架》（2013 年版）的五个主要组成部分。

v. 评估企业的内部控制风险水平，就如何减轻内部控制风险提供战略建议。

w. 阐述对外部审计人员职责的理解，包括外部审计人员出具的审计意见类型。

第 2 节 系统控制和安全措施

考生应能：

a. 描述会计职能的分离如何能提升系统安全性。

b. 识别信息系统所面临的威胁，包括输入操纵、程序变更、直接修改文件、数据被盗、蓄意破坏、病毒、木马程序、失窃以及网络欺诈。

c. 阐述对系统开发控制如何用于提升系统输入、处理、输出和存储功能的准确性、有效性、安全性、保密性和适应性的理解。

d. 识别用于限制对物理硬件访问的程序。

e. 识别管理层用来保护程序和数据库，使之免于遭受非授权使用的手段。

f. 识别输入控制、流程控制和输出控制；并解释说明这些控制为何是必要的。

g. 识别并描述存储控制的类型；理解为何采用存储控制以及何时采用该项控制。

h. 识别并描述与有安全保障的传输线路进行数据传输相比，使用互联网传输的固有风险。

i. 定义数据加密；描述使用互联网后，为何数据加密显得更加必要。

j. 识别防火墙及其使用。

k. 理解如何使用作业流程图评估控制。

l. 解释定期备份所有程序和数据文件的重要性，以及将备份存储在一个安全的远程站点的重要性。

m. 定义业务连续性计划。

n. 定义灾难恢复计划的目的；识别灾难恢复计划的各个组成部分包括热站、温站和冷站。

第六章 技术和分析（15%——A、B 和 C 级）

第 1 节 信息系统

考生应能：

a. 识别会计信息系统（AIS）在价值链管理中发挥的作用。

b. 理解 AIS 循环，包括现金收入，支出，生产，人力资源和工资，融资，不动产、厂房和设备以及总账（GL）和记账系统等环节的内容。

c. 识别并解释实施财务系统和非财务系统分离面临的挑战。

d. 定义企业资源计划（ERP），识别并解释其优缺点。

e. 解释企业资源计划如何通过整合企业各方面的活动，帮助组织克服财务系统和非财务系统分离带来的挑战。

f. 定义关系数据库并理解数据库管理系统。

g. 定义数据仓库。

h. 定义企业绩效管理（EPM）［亦称公司绩效管理（CPM）或业务绩效管理（BPM）］。

i. 讨论企业绩效管理如何促进组织的业务规划和绩效管理。

第 2 节 数据治理

考生应能：

a. 定义数据治理，即通过管理和控制在保证数据安全和供应的前提下实现数据的综合性利用。

b. 全面理解诸如 COSO 的《内部控制和企业风险管理框架》和信息系统审计与控制协会（ISACA）的《信息和相关技术的控制目标》等数据治理框架内容。

c. 识别数据生命周期的各阶段，即数据捕捉、数据维护、数据合成、数据使用、数据分析、数据发布、数据存档和数据清理。

d. 讨论记录归档留存（或记录管理）政策的重要性。

e. 识别并解释用于发现并阻止网络攻击的控制方法和技术工具，如渗透性和脆弱性测试、生物识别、高级防火墙和访问控制。

第 3 节 技术演进下的财务转型

考生应能：

a. 定义系统开发生命周期（SDLC），包括系统分析，概念设计，实体设

　　计，实施和转换，以及运营和维护。

b. 解释业务流程分析在提高系统绩效中的作用。

c. 定义机器人流程自动化（RPA）及其益处。

d. 评估技术在哪些方面能提高会计数据和信息处理的效率和效果［如人工智能（AI）］。

e. 定义云计算并描述其如何提高效率。

f. 定义软件即服务（SaaS）并解释其优缺点。

g. 认识区块链、分布式账户和智能合约的潜在应用。

第4节 数据分析

　　考生应能：

商业智能 *(business intelligence，BI)*

a. 定义大数据，描述并解释从大数据中获取洞察力的机遇和挑战。

b. 解释企业如何使用结构化、半结构化和非结构化数据。

c. 描述数据应用的进程，即从数据到信息汇集，再到知识汲取，再到获得具有洞察力的见解，直至最后采取行动。

d. 描述管理数据分析的机遇和挑战。

e. 解释为什么数据和数据科学能力是战略资产。

f. 定义商业智能（BI），即数据技术、软件工具和最佳商业实践的综合应用，它将数据转换为可应用的信息，以便做出更好的决策并优化绩效。

数据挖掘 *(data mining)*

g. 定义数据挖掘。

h. 描述数据挖掘带来的挑战。

i. 解释为什么数据挖掘是一个迭代过程，既是艺术又是科学。

j. 解释如何使用查询工具［例如，结构化查询语言（SQL）］来检索信息。

k. 描述分析师如何挖掘大数据集以揭示模式并提供深刻见解。

分析工具 *(analytic tools)*

l. 解释将分析模型与数据契合面临的挑战。

m. 定义数据分析的不同种类，包括描述型、诊断型、预测型和规范型。

n. 定义以下分析模型：聚类模型、分类模型和回归模型，确定哪个模型何时适用。

o. 理解简单回归方程和多元回归方程的原理。

p. 根据具体情况计算回归方程的结果。

q. 理解判定系数（R平方）和相关系数（R）。

r. 理解时间序列分析，包括趋势、周期性、季节性和不规则模式。

s. 识别并解释回归分析和时间序列分析的优点和局限性。

t. 定义估计标准误差、拟合优度和置信区间。

u. 解释如何使用预测分析技术形成见解并提出建议。

v. 描述探索性数据分析以及如何使用它来揭示模式和贡献见解。

w. 定义敏感性分析并确定何时使用它最恰当。

x. 理解模拟模型的运用，包括蒙特卡洛技术。

y. 识别敏感性分析和模拟模型的优点和局限性。

z. 理解假设（或目标寻求）分析。

aa. 识别并解释数据分析的局限性。

数据可视化 *(visualization)*

bb. 利用表格和图形设计最佳实务操作来避免复杂信息沟通中的偏差。

cc. 评估数据可视化选项并选择最佳表示方法（例如：直方图、箱线图、散点图、点状图、表格、指示板、条形图、饼形图、折线图和气泡图）。

dd. 理解可视化技术的优点和局限性。

ee. 确定沟通结果的最有效渠道。

ff. 使用有效的可视化技术以一种有影响力的方式沟通结果、结论和建议。

选择题实战练习及参考答案

第一部分——财务规划、绩效和分析

下列选择题是已使用过（退出）的 ICMA 用题，现经 ICMA 的许可使用。这些解析是最初的答案，ICMA 并没有将其公布，而是作为进一步的说明来使用，以帮助考生更好地理解这些问题。

第一章 外部财务报告决策（15%——A、B 和 C 级）

1. 一名会计师正在使用间接法编制现金流量表。她在资产负债表上发现上年度的设备余额为 295 700 美元，本年度的设备余额为 304 000 美元，本年度折旧费用为 22 400 美元。本年度公司以 40 000 美元的价格出售设备，获得 21 600 美元的收益。在现金流量表中，本年度购买设备的现金流出是多少？
   □ **a.** 4 300 美元。
   □ **b.** 49 100 美元。
   □ **c.** 52 300 美元。
   □ **d.** 70 700 美元。
      解析：正确答案是 **b.** 49 100 美元。
      首先计算当年售出设备的账面价值，而账面价值是通过现金收入减去销售确认的收益来计算。本题中，当年售出设备的账面价值为 18 400 美元（40 000 美元 – 21 600 美元）。
      计算设备本年度余额的公式是上年度余额减去折旧，减去已售出设备账面价值，再加上当初采购金额。应用这个公式，购买设备的现金流出等于 49 100 美元（304 000 美元 – 295 700 美元 + 22 400 美元 + 18 400 美元）。

2. 麦杰斯特（Majesty）游乐园最近安装了一个新的刺激游乐设施。尽管该景点的平均寿命为 40 年，但麦杰斯特估计该游乐设施将流行 15 年，此后将被拆卸并更换为其他游乐设备。公园出游率基于当地经济情况，难以预测。麦杰斯特应采用以下哪种方法折旧该游乐设施：
   □ **a.** 余额递减法。
   □ **b.** 15 年寿命的直线法。
   □ **c.** 40 年寿命的直线法。
   □ **d.** 产出单位。
      解析：正确答案是 **b.** 15 年寿命的直线法。
      在长期资产为本组织提供利益的时期内确认折旧。直线折旧法等额确认资产使用寿命期间的折旧金额。麦杰斯特估计该游乐设施将在 15 年内被取代，并且可以假定每年提供相等的效益，它应使用 15 年寿命的直线折旧法。

第二章 规划、预算编制与预测（20%——A、B 和 C 级）

3. 在战略规划中，PEST 分析最好描述为评估下列哪一个因素？
   - ☐ **a.** 政治、经济、社会和技术。
   - ☐ **b.** 人、环境、可持续性和策略。
   - ☐ **c.** 流程、效率规模和时间。
   - ☐ **d.** 产品、员工、优势和威胁。

   解析：正确答案是 **a.** 政治、经济、社会和技术。

   PEST 分析是一种专门用于分析外部和内部状况的工具。这个缩略词代表政治、经济、社会和技术。

4. 以下哪一个最好地描述了为什么一个公司的预算应该以公司的战略规划为基础？
   - ☐ **a.** 帮助控制成本，使得产品销售能够盈利。
   - ☐ **b.** 确定实现战略目标所需的资源。
   - ☐ **c.** 查明与上年相比发生变化的外部因素和保持不变的外部因素。
   - ☐ **d.** 制定标准来衡量员工的业绩。

   解析：正确答案是 **b.** 确定实现战略目标所需的资源。

   基于公司战略计划的预算可以帮助公司确定实现战略目标所需的资源，因为组织支出和投资的资源代表了组织的战略。因此，有效预算可以确定哪些支出有助于公司实现其目标，也可以确定哪些支出对实施其战略是无效的。

5. 一名会计师估算了公司明年运营预算中工厂设施的修理费。在分析了历史维修成本后，会计师确定了以下概率分布。

概率	维修成本
15%	$ 2 000 000
45%	2 500 000
30%	3 500 000
10%	5 000 000

   该会计师为明年的运营预算估计的修理费是多少？
   - ☐ **a.** 1 850 000 美元。
   - ☐ **b.** 1 925 000 美元。
   - ☐ **c.** 2 975 000 美元。
   - ☐ **d.** 3 250 000 美元。

解析：正确答案是 **c**. 2 975 000 美元。

计算一组可能结果的期望值公式为：EV = ∑（rp），其中 r = 产出的结果，p = 结果的概率。在这种情况下，修理费用的期望值 2 975 000 美元〔（15% ×2 000 000 美元）+（45% ×2 500 000 美元）+（30% ×3 500 000 美元）+（10% ×5 000 000 美元）〕。

6. 以下哪一种预算将允许管理层根据成本驱动因素（如直接工时或机器工时）的变化来最好地评估成本的变化情况？

- ☐ **a**. 滚动预算。
- ☐ **b**. 作业基础预算。
- ☐ **c**. 生产预算。
- ☐ **d**. 成本预算。

解析：正确答案是 **b**. 作业基础预算。

以作业为基础的预算编制使大多数组织对许多驱动成本的作业有了更具经验和更详细的看法。整个组织都确定并使用核心活动根据实际耗费关系分配成本，从而有利于管理部门对成本进行更准确的计划、控制和评估。

7. 一家钢铁公司为排架行业制造重型支架。该公司预算生产和销售 100 万件支架，产品没有期初和期末的库存。相关的运营、收入和成本数据如下。

支架单位售价	22. 50 美元
单位直接材料用量	4 磅
单位直接工时	0. 15 小时
材料每磅成本	1. 75 美元
直接人工每小时成本	9. 00 美元
变动销售总成本	2 250 000 美元
固定成本合计	1 500 000 美元

根据提供的数据，每个支架的单位边际贡献是多少？

- ☐ **a**. 14. 15 美元。
- ☐ **b**. 11. 90 美元。
- ☐ **c**. 10. 60 美元。
- ☐ **d**. 10. 40 美元。

解析：正确答案是 **b**. 11. 90 美元。

单位边际贡献可用单位销售价格减去单位变动成本总额得出。在这个例子中，每个单位的变动成本总额包括每单位 7. 00 美元的直接材料（4 磅 ×1. 75 美元）、每单位 1. 35 美元的直接人工（0. 15 小时 ×9. 00 美元）和每单位 2. 25 美元的变动销售成本额（2 250 000 美元 ÷1 000 000 单位）。单位边际贡献为 11. 90 美元〔22. 50 −（7. 00 +1. 35 +2. 25）〕。

8. 公司生产一种产品，每台售价 125 欧元。该产品的边际贡献率为销售额的 35%，直接材料占销售额的 10%，可变制造费用占销售额的 5%，固定成本为每年 20 万欧元。总会计师想要编制一份预计利润表，其中销售量从 10 000 台增加到 12 000 台，平均所得税税率为 25.71%。由于销售量增加导致的营业利润变化是多少？

☐ **a.** 50 000 欧元。

☐ **b.** 65 000 欧元。

☐ **c.** 75 000 欧元。

☐ **d.** 87 500 欧元。

解析：正确答案是 **d.** 87 500 欧元。

营业利润是指未计利息和税费前的利润。计算销售量增长所带来的营业利润变化的一种方法是将增加的 2 000（12 000 − 10 000）单位乘以单位边际贡献（即 43.75 欧元 = 125 × 35% 欧元）。可以使用这一公式是因为无论生产 10 000 台产品还是 12 000 台产品，固定成本 200 000 欧元将保持不变。因此，营业利润将增加 87 500 欧元（2 000 × 43.75 欧元）。

第三章 绩效管理（20%——A、B 和 C 级）

9. 公司总预算中的预测信息如下。

销售（25 000 台）	$ 250 000
制造费用（1/3 是固定费用）	120 000
其他营业费用（全部是固定费用）	100 000

如果公司实际售出 27 500 台，使用弹性预算时的营业利润将是：

☐ **a.** 33 000 美元。

☐ **b.** 43 000 美元。

☐ **c.** 47 000 美元。

☐ **d.** 51 000 美元。

解析：正确答案是 **c.** 47 000 美元。

营业利润是销售收入减去所有经营成本在利息和税前的结果。在使用弹性预算时，必须首先计算单位销售价格和单位可变成本才能计算营业利润。销售价格是每台 10 美元（250 000 美元除以 25 000 台），而单位变动制造成本等于 3.20 美元，因为只有 2/3 的成本是变动成本 [120 000 美元 × (2÷3) ÷25 000 台]。如果公司实际售出 27 500 台，销售收入是 275 000 美元（27 500 台 × 10 美元），总变动成本为 88 000 美元（27 500 台 × 3.20 美元），固定制造总成本为 40 000 美元 [120 000 美元 × (1÷3)]，其他营业费用等于 100 000 美元，因为它们都是固定的。因此，营业利润为 47 000 美元 [275 000 美元 − (88 000 美元 + 40 000 美元 + 100 000 美元)]。

10. 酒店的维修部被视为：

☐ **a.** 成本中心。

☐ **b.** 收入中心。

☐ **c.** 利润中心。

☐ **d.** 投资中心。

解析：正确答案是 **a.** 成本中心。

说明：正确的答案是 A. 成本中心。成本中心是一个组织单位，其经理只负责成本。成本中心通常包括不产生收入的服务部门或员工部门。酒店的维修部就是一个不产生收入的部门的例子。

11. 在平衡计分卡上，下面的每一个都是客户维度指标的一个例子，除了：

☐ **a.** 经济增加值。

☐ **b.** 客户保留。

☐ **c.** 完成订单的时间。

☐ **d.** 客户投诉数量。

解析：正确答案是 **a.** 经济增加值。

客户维度是与目标客户和细分市场相关的绩效，经济增加值是财务维度的内容。

第四章 成本管理（15%——A、B 和 C 级）

12. 一个奶牛场在某年度生产下列联产品，总联合成本为 9 000 000 欧元。

产品	千克
牛奶	1 170 000
黄油	570 000
酸奶	330 000
奶酪	930 000

根据这些信息，下列哪一项最准确地反映了物理指标法下联合成本的分配？

☐ **a.** 牛奶生产线应该分配 1 710 000 欧元的联合成本。

☐ **b.** 黄油生产线应该分配 990 000 欧元的联合成本。

☐ **c.** 酸奶生产线应该分配 3 510 000 欧元的联合成本。

☐ **d.** 奶酪生产线应该分配 2 790 000 欧元的联合成本。

解析：正确答案是 **d.** 奶酪生产线应该分配 2 790 000 欧元的联合成本。

根据物理指标法，四种产品的联合成本可以根据每种产品的千克数与生产的所有产品的千克数总量所占的百分比来分摊。生产总量为 3 000 000 千克（1 170 000 + 570 000 + 330 000 + 930 000 千克）。分配给奶酪生产线的联合成本为 2 790 000 欧元 [9 000 000 × （930 000 ÷ 3 000 000）]。

13. 生命周期成本计算法是：

☐ **a.** 检查产品各个方面以确认成本效率的一种流程。

☐ **b.** 管理价值链中所有成本的一种流程。

☐ **c.** 一种将与产品相关的销售费用最小化的成本计算方法。

☐ **d.** 一种以客户为重点的成本计算方法。

解析：正确答案是 **b.** 管理价值链中所有成本的一种流程。

生命周期法分析涉及产品从摇篮到坟墓的成本分析。因此，生命周期成本法是管理价值链中所有成本的一种流程。

14. 一家公司生产和销售三种产品，这些产品都是在同一个工厂制造的。该公司的总会计师决定将制造工厂的所有预算制造费用累积到一个单一的成本池中。然后根据每种产品使用的直接人工工时将成本池的成本分配给这三种产品。在这种分配方法中，该总会计师最有可能使用哪种类型的制造费用分摊率？

☐ **a.** 部门制造费用分摊率。

☐ **b.** 变动制造费用分摊率。

☐ **c.** 固定制造费用分摊率。

☐ **d.** 工厂制造费用分摊率。

解析：正确答案是 **d.** 工厂制造费用分摊率。

总会计师最有可能在此分配中使用工厂制造费用分摊率，因为他（她）决定将所有预算中的制造费用累积到一个单一的成本池中。

15. 当遇到一些瓶颈作业和一些非瓶颈作业时，用于最大限度地增加营业收益的方法被描述为：

☐ **a.** 敏感性分析。

☐ **b.** 次优决策。

☐ **c.** 约束理论。

☐ **d.** 工厂总生产率。

解析：正确答案是 **c.** 约束理论。

约束理论的目标是通过优化产量、管理约束和关注持续改进来提高流程的速度。约束因素是流程链中的一个薄弱环节，它将限制系统的其他部分。只要找出并消除制约因素，就可以最大限度地增加营业收益。

第五章 内部控制（15%——A、B 和 C 级）

16. 内部控制只能为实现实体控制目的提供合理的保证，因为：

☐ **a.** 管理层监管内部控制。

☐ **b.** 内部控制的成本不应超过其收益。

☐ **c.** 董事会是积极且独立的。

☐ **d.** 审计师的首要责任是发现欺诈行为。

解析：正确答案是 **b.** 内部控制的成本不应超过其收益。

在内部控制有效性和与之相关的成本之间总是有一种权衡。实施控制将提高质量和精确性，但有些控制只会稍微改进保证程度，也无法证明实施控制的相关成本增加是合理的。

17. 下列哪一类审计用于确定一家公司是否履行了监管或法律义务？
    □ **a.** 运营审计。
    □ **b.** 生产力（率）审计。
    □ **c.** 绩效审计。
    □ **d.** 合规性审计。
    　解析：正确答案是 **d.** 合规性审计。
    　每种类型的审计都旨在检查特定的控制，以确定特定的业务功能是否得到了良好的控制和管理。合规性审计的重点是审查具体与确保遵守法律、法规和公司政策有关的控制措施。

18. 通过使用一种算法对电子数据进行编码使未经授权的个人无法读取信息，这可以被确定为是：
    □ **a.** 防火墙。
    □ **b.** 蠕虫。
    □ **c.** 病毒。
    □ **d.** 加密。
    　解析：正确答案是 **d.** 加密。
    　加密可以帮助保护通过组织网络传输的数据的安全。加密转换数据，因此数据以不可读的格式发送。

参考文献

American Institute of Certified Public Accountants, www. aicpa. org.

Anderson, David R. , Dennis J. Sweeney, Thomas A. Williams, Jeff Camm, and R. Kipp Martin. *Quantitative Methods for Business*, 11th ed. Mason, OH: South-Western, 2010.

Arens, Alvin A. , Randal J. Elder, and Mark S. Beasley. *Auditing and Assurance Services: An Integrated Approach*, 13th ed. Upper Saddle River, NJ: Prentice-Hall, 2009.

Bergeron, Pierre G. *Finance: Essentials for the Successful Professional*. Independence, KY: Thomson Learning, 2002.

Bernstein, Leopold A. , and John J. West. *Financial Statement Analysis: Theory, Application, and Interpretation*, 6th ed. Homewood, IL: Irwin, 1997.

Blocher, Edward J. , David E. Stout, Paul E. Juras, and Gary Cokins. *Cost Management: A Strategic Emphasis*, 6th ed. New York: McGraw-Hill, 2013.

Bodnar, George H. , and William S. Hopwood. *Accounting Information Systems*, 10th ed. Upper Saddle River, NJ: Prentice-Hall, 2010.

Brealey, Richard A. , Stewart C. Myers, and Franklin Allen. *Principles of Corporate Finance*, 10th ed. New York: McGraw-Hill, 2011.

Brigham, Eugene F. , and Michael C. Ehrhardt. *Financial Management: Theory and Practice*, 14th ed. Mason, OH: Cengage, 2013.

Campanella, Jack, ed. *Principles of Quality Costs: Principles, Implementation, and Use*, 3rd ed. Milwaukee: ASQ Quality Press, 1999.

Committee of Sponsoring Organizations of the Treadway Commission (COSO), www. coso. org.

Committee of Sponsoring Organizations of the Treadway Commission (COSO). Enterprise Risk Management-Integrated Framework, 2004.

COSO. Enterprise Risk Management-Integrating with Strategy and Performance (2017), https://www. coso. org/Pages/ERM-Framework-Purchase. aspx.

Daniels, John D. , Lee H. Radebaugh, and Daniel Sullivan. *International Business: Environments and Operations*, 14th ed. Upper Saddle River, NJ: Prentice-Hall, 2012.

Evans, Matt H. Course 11: The Balanced Scorecard, www. exinfm. com/training/pd-files/course11r. pdf.

Flesher, Dale. *Internal Auditing: Standards and Practices.* Altamonte Springs, FL: Institute of Internal Auditors, 1996.

Financial Accounting Standards Board, www. fasb. org.

Financial Accounting Standards Board. *Statements of Financial Accounting Concepts.* Norwalk, CT: Author.

Forex Directory. "U. S. Dollar Charts," www. forexdirectory. net/chartsfx. html.

Garrison, Ray H. , Eric W. Noreen, and Peter Brewer. *Managerial Accounting*, 14th ed. Boston: McGraw-Hill/Irwin, 2011.

Gelinas, Ulric J. Jr. , Richard B. Dull, and Patrick Wheeler. *Accounting Information Systems*, 9th ed. Cincinnati: South-Western College Publishing, 2011.

Gibson, Charles H. *Financial Reporting and Analysis*, 13th ed. Mason, OH: South-Western Cengage Learning, 2013.

Goldratt, Elihayu M. , and Jeff Cox. *The Goal: A Process of Ongoing Improvement*, 25th anniversary revised ed. Great Barrington, MA: North River Press, 2011.

Grant Thorton, LLP, www. grantthornton. ca.

Greenstein, Marilyn, and Todd M. Feinman. *Electronic Commerce: Security, Risk Management, and Control.* Boston: McGraw-Hill Higher Education, 2000.

Hildebrand, David K. , R. Lyman Ott, and J. Brian Gray. *Basic Statistical Ideas for Managers*, 2nd ed. Belmont, CA: Thomson Learning, 2005.

Hilton, Ronald W. , Michael W. Maher, and Frank H. Selto. *Cost Management: Strategies for Business Decisions*, 4th ed. Boston: McGraw-Hill Irwin, 2007.

Horngren, Charles T. , Srikant M. Datar, and Madhav Rajan. *Cost Accounting: A Managerial Emphasis*, 14th ed. Upper Saddle River, NJ: Prentice-Hall, 2012.

Hoyle, Joe B. , Thomas F. Schaefer, and Timothy S. Doupnik. *Advanced Accounting*, 10th ed. Boston: McGraw-Hill Irwin, 2010.

Institute of Internal Auditors. *International Standards for the Professional Practice of Internal Auditing*, https://na. theiia. org/standards-guidance/mandatory-guidance/Pages/Standards. aspx.

Institute of Management Accountants, www. imanet. org.

Institute of Management Accountants. *Enterprise Risk Management: Frameworks, Elements, and Integration.* Montvale, NJ: Author, 2006.

Institute of Management Accountants. *Enterprise Risk Management: Tools and Techniques for Effective Implementation.* Montvale, NJ: Author, 2007.

Institute of Management Accountants. *IMA Statement of Ethical Professional Practice.* Montvale, NJ: Author, 2005.

Institute of Management Accountants. *Managing Quality Improvements.* Montvale, NJ: Author, 1993.

Institute of Management Accountants. *Value and Ethics: From Inception to Practice.* Montvale, NJ: Author, 2008.

International Accounting Standards Board, www. ifrs. org.

Investopedia. com, *www. investopedia. com.*

Kaplan, Robert S. , and David P. Norton. *The Balanced Scorecard: Translating Strategy into Action.* Boston: Harvard Business School Press, 1996.

Kaplan, Robert S. , and David P. Norton. *The Strategy-Focused Organization: How Balanced Scorecard Companies Thrive in the New Business Environment.* Boston: Harvard Business School Press, 2001.

Kaplan, Robert S. , and David P. Norton. "Using the Balanced Scorecard as a Strategic Management System. " *Harvard Business Review* (January-February 1996).

Kieso, Donald E. , Jerry J. Weygandt, and Terry D. Warfield. *Intermediate Accounting,* 14th ed. Hoboken, NJ: John Wiley & Sons, 2012.

Larsen, E. John. *Modern Advanced Accounting,* 10th ed. New York: McGraw-Hill, 2006.

Laudon, Kenneth C. , and Jane P. Laudon. *Management Information Systems,* 11th ed. Upper Saddle River, NJ: Pearson Prentice Hall, 2010.

Mackenzie, Bruce, Danie Coetsee, Tapiwa Njikizana, Raymond Chamboko, Blaise Colyvas, and Brandon Hanekom. *Interpretation and Application of International Financial Reporting Standards.* Hoboken, NJ: John Wiley & Sons, 2012.

McMillan, Edward J. *Not-for-Profit Budgeting and Financial Management.* Hoboken, NJ: John Wiley & Sons, 2010.

Moeller, Robert R. , *COSO Enterprise Risk Management,* 2nd ed. Hoboken, NJ: John Wiley & Sons, 2011.

Moyer, R. Charles, James R. McGuigan, and Ramesh P. Rao. *Contemporary Financial Management,* 13th ed. Mason, OH: Cengage, 2014.

MSN Money, "Currency Exchange Rates," http://investing. money. msn. com/investments/exchange-rates/.

Nicolai, Loren A. , John D. Bazley, and Jefferson P. Jones. *Intermediate Accounting,* 11th ed. Mason, OH: Cengage, 2010.

Olve, Nils-Göan, and Anna Sjötrand. *The Balanced Scorecard,* 2nd ed. Oxford, UK: Capstone, 2006.

Hartgraves, Al L. , and Wayne J. Morse. *Managerial Accounting,* 6th ed. Lombard, IL: Cambridge Business, 2012.

Rosenberg, Jerry M. *The Essential Dictionary of International Trade.* New York: Barnes & Noble, 2004.

Sarbanes-Oxley, www. sarbanesoxleysimplified. com/sarbox/compact/htmlact/sec406. html.

Sawyer, Lawrence B. , Mortimer A. Dittenhofer, and Anne Graham, eds. 2003. *Sawyer's Internal Auditing: The Practice of Modern Internal Auditing,* 5th ed. Altamonte Springs, FL: Institute of Internal Auditors, 2003.

Securities and Exchange Commission, www. sec. gov/rules/final/33－8177. htm.

Shim, Jae K. , and Joel G. Siegel. *Schaum's Outlines: Managerial Accounting,* 2nd ed. New York: McGraw-Hill, 2011.

Siegel, Joel G. , Jae K. Shim, and Stephen W. Hartman. *Schaum's Quick Guide to Business Formulas*: 201 *Decision-Making Tools for Business, Finance, and Accounting Students*. New York: McGraw-Hill, 1998.

Simkin, Mark G. , Jacob M. Rose, and Carolyn S. Norman. *Core Concepts of Accounting Information Systems*, 12th ed. Hoboken, NJ: John Wiley & Sons, 2012.

Stiglitz, Joseph E. *Globalization and Its Discontents*. New York: Norton, 2002.

Subramanyam, K. R. , and John L. Wild, *Financial Statement Analysis*, 10th ed. New York: McGraw-Hill, 2009.

U. S. Department of Justice. Foreign Corrupt Practices Act, Antibribery Provisions, www. usdoj. gov/criminal/fraud/fcpa/guide. pdf.

U. S. Securities and Exchange Commission, www. sec. gov.

Van Horne, James C. , and John M. Wachowicz Jr. *Fundamentals of Financial Management*, 13th ed. Harlow, UK: Pearson Education, 2008.

Warren, Carl S. , James M. Reeve, and Jonathan Duchac. *Financial and Managerial Accounting*, 12th ed. Mason, OH: Cengage, 2013.

Wessels, Walter J. *Economics*, 5th ed. New York: Barron's, 2012.

XE. com, www. xe. com.

考试大纲索引

说明：索引页码为英文原书页码。

索引

说明：索引页码为英文原书页码。

T